AF534086

Andreas Pacek

Landschaftsfotografie

Das große Praxisbuch

BILDNER

Der Autor:

Andreas Pacek, Jahrgang 1971, ist einer der bekanntesten deutschsprachigen Landschaftsfotografen. Er liebt das Spiel mit dem Licht und intensiven Wetterstimmungen. Seine Fotografien sind Ausdruck einer tiefen Leidenschaft für die Natur und die Fotografie. Die Ergebnisse seiner fotografischen Exkursionen zeigt er in zahlreichen Ausstellungen, Bildbänden und in Großkalenderwerken.

BILDNER Verlag GmbH
Bahnhofstraße 8
94032 Passau
http://www.bildner-verlag.de
info@bildner-verlag.de

ISBN: 978-3-8328-0444-2

Autor: Andreas Pacek
Druck: FINIDR s.r.o., Lípová 1965, 73701 Český Těšín, Tschechische Republik

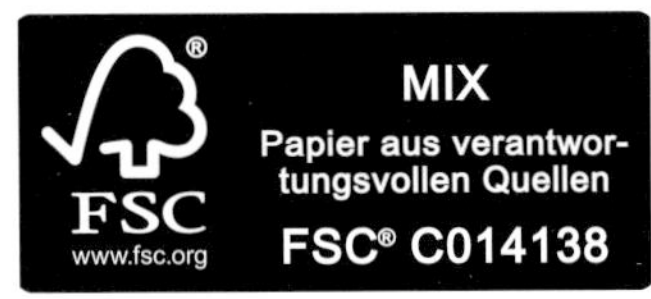

INHALT

1. Suche nach Inspiration 8
Daheim ist es am schönsten 13
Deutschland ist einzigartig 19
Nebenmotive von Interesse 24
Stimmung versus Bildaufbau 27

2. Planung und Motivsuche 32
Motivrecherche im Internet 35
Roadmap für die Fototour 35
Jahreszeiten einbeziehen 36
Winter 36
Frühling 40
Sommer 43
Herbst 45
Land unter, Ebbe und Flut 46
Motivsuche vor Ort 49
Immer weiter neue Stellen suchen 50
Immer wieder an der gleichen Stelle 52
Zeit für die Feinjustage auf Augenhöhe 55

3. Landschaft modellieren 58
Räumlicher Bildaufbau 61
Harmonischer Bildaufbau 61
Regelgemäß 61
Gegen die Regel 62
Wohin mit dem Horizont? 64
Blicke direkt ins Bild leiten 71
Spiel mit Farben und Mustern 72
Landschaft mal monochrom 76
Verdichten mit Telebrennweite 79
Absolute oder partielle Schärfe? 81
Bewegung ins Bild bringen 83
Ruhe ins Bild bringen 84

4. Wind und Wetter 88
Stimmungskiller Hochnebel 90
Nebel als Stimmungsmacher 93
Typisches Winterwetter 97
Regen und Wetterumschwünge 98
Magisches Licht 103
Goldener Bogen am Horizont 104
Farbenspiel zur goldenen Stunde 107
Wolkenformationen am Himmel 107

5. Licht ist alles ... 112
Ein tag hat nur 24 Stunden ... 115
Morgenstund' hat Gold im Mund ... 117
Es geht auch zur Mittagszeit ... 118
Blaue Stunde, goldene Stunde ... 123
Keine stockdunklen Bilder ... 127
Weiße Nächte in Island ... 128
Winkel zum Sonnenuntergang ... 133
Sich dem Licht anpassen ... 134

6. Himmelskörper fotografieren ... 140
Sonne ... 142
Schöner Sterneffekt durch Abblenden ... 142
Die Sonne als untergehender Feuerball ... 147
Mond ... 148
Beste Zeit für perfekte Mondaufnahmen ... 148
Sterne ... 154
Belichtungszeit und ISO-Empfindlichkeit ... 154
Polarlicht ... 157
Polarlicht und wie es entsteht ... 157
Kp-Index und Polarlichtvorhersage ... 163
Polarlicht und seine Formen ... 165
Blitze ... 167
Der ideale Zeitpunkt, Blitze einzufangen ... 167
Kunstlicht ... 171
Landschaft mit Kunstlicht bestreichen ... 171

7. Stadt, Land, Fluss ... 174
Stadtlandschaften ... 176
Silhouetten und Skylines abbilden ... 176
Über den Dächern der Großstadt ... 185
Kunstlichter zur Blauen Stunde ... 189
Kultivierte Landschaft ... 190
Getreidefelder und Weinberge ... 190
Bäume und Wald ... 195
Solitäre und kleine Baumgruppen ... 195
Mit langen Brennweiten im Wald ... 195
Im Nebel und nach dem Regen ... 195
Heide und Moor ... 197
Hügellandschaften ... 200
Alpines gebirge ... 201
Blickwinkel, Standpunkte und Sichtweisen ... 203
Alpenglühen und andere Lichter ... 206
Berge verdichten ... 207
Flüsse und Wasserfälle ... 208
Der Lauf des Flusses ... 208
Wasser mit langer Belichtungszeit ... 210
Seen ... 213
Linien und Struktur ins Bild bringen ... 213
Meer ... 214
Nur Sand, Wasser und Himmel ... 214
Arbeiten mit Langzeitbelichtung ... 216
Starke Nebenmotive einbauen ... 219
Wilde Küsten und Buchten ... 220

8. Auf Adlers Schwingen 222
Aus der Drohnenperspektive 224
Alles von oben ist langweilig 224
Meine DJI Mavic 2 Pro 226
Drohnenkameras und Rauschen 227
Rechtlich gar nicht so einfach 229
Tipps zur Drohnensteuerung 233

9. Motive für Fotoausflüge 236
Rügen 239
Recker Moor 241
Externsteine 243
Harz 245
Sächsische Schweiz 247
Hohes Venn-Eifel 251
Dahner Felsenland 253
Nationalpark Kellerwald-Edersee 255
Westerwald 257
Moselschleifen 260
Romantischer Rhein 263
Siebengebirge 267
Bayerische Alpen 269
Großbritannien 272
Island 278
Norwegen 283

10. Besser fotografieren 284
Belichtung und Messmethode 287
Fotografieren mit Filtervorsatz 287
Graufilter im Einsatz 288
Grauverlaufsfilter im Einsatz 291
Polarisationsfilter im Einsatz 297
Wirkung der Brennweiten 302
Bildbewertung mit dem Histogramm 304
Nacht- und HDR-Aufnahmen 305
Lampen-Fokus und High-ISO-Check 309
Geheimnis guter Landschaftsbilder 311

Index 314

Bildnachweis 318

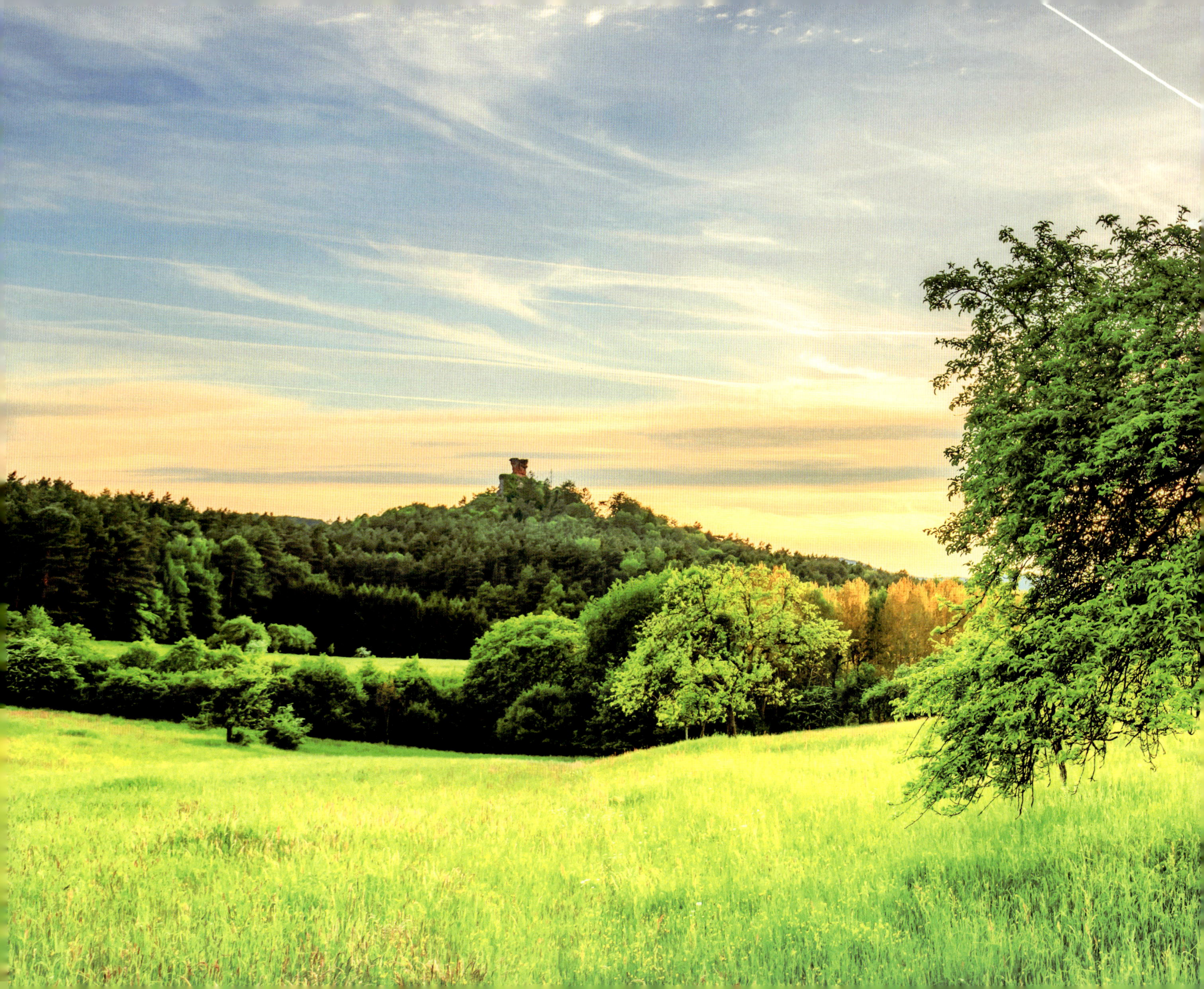

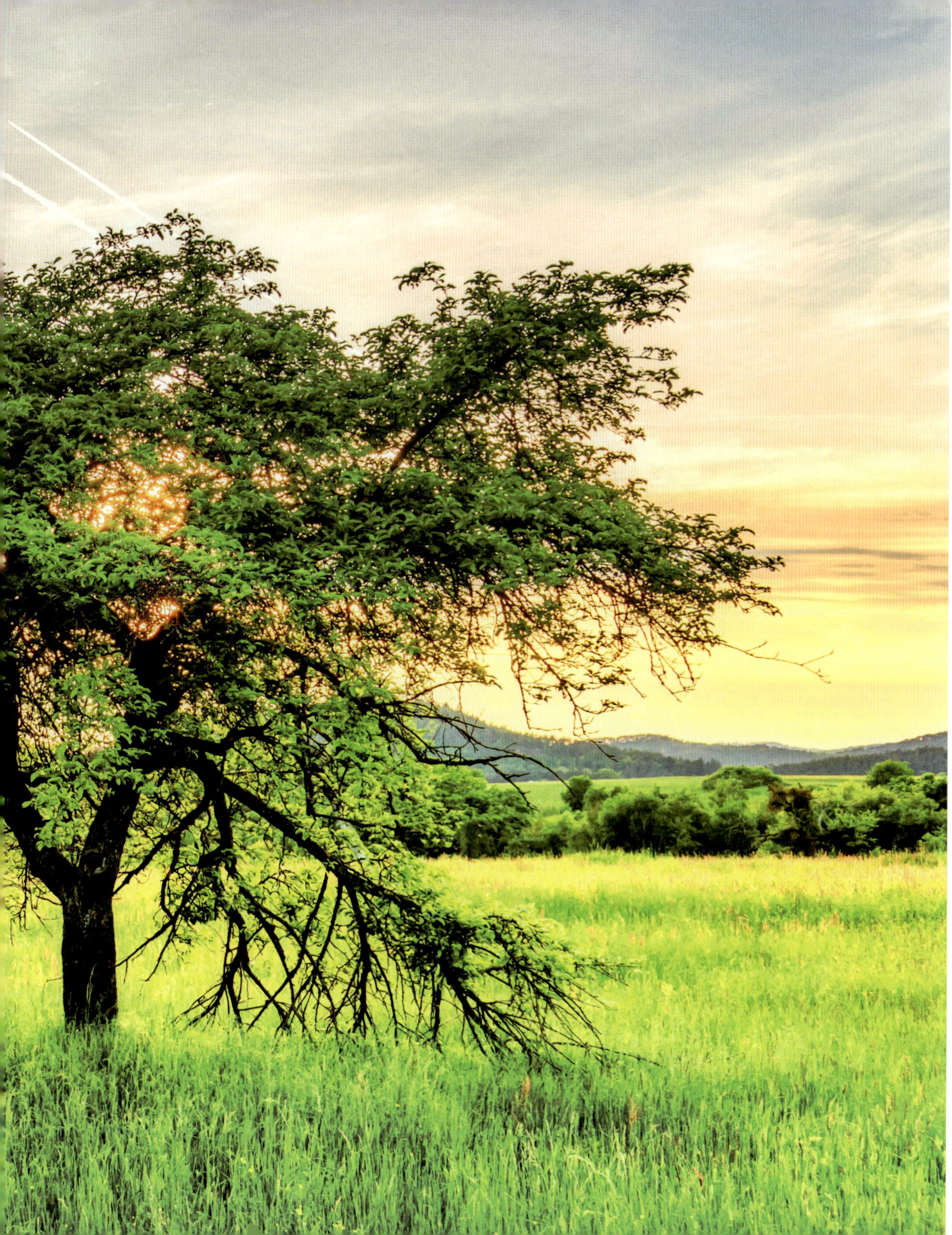

Kapitel 1

SUCHE NACH **INSPIRATION**

Landschaftsfotografie ist eine leise Disziplin und eines der faszinierendsten fotografischen Themengebiete überhaupt. Die Suche nach dem besten Aufnahmestandort, die Jagd nach dem perfekten Licht und die Auseinandersetzung mit den Naturgewalten gehören dazu. Man ist dem Himmel nah, was der Landschaftsfotografie auch einen meditativen Charakter verleiht. Und Fotografen auf der Suche nach Inspiration finden insbesondere in unberührten Landschaften eine Fülle davon.

Wilde Wiesen und dichte Wälder, Landschaftsfotografie im Dahner Felsenland.

24–120 mm 1:4 | 24 mm | 1/250 s | f/7.1 | ISO 200

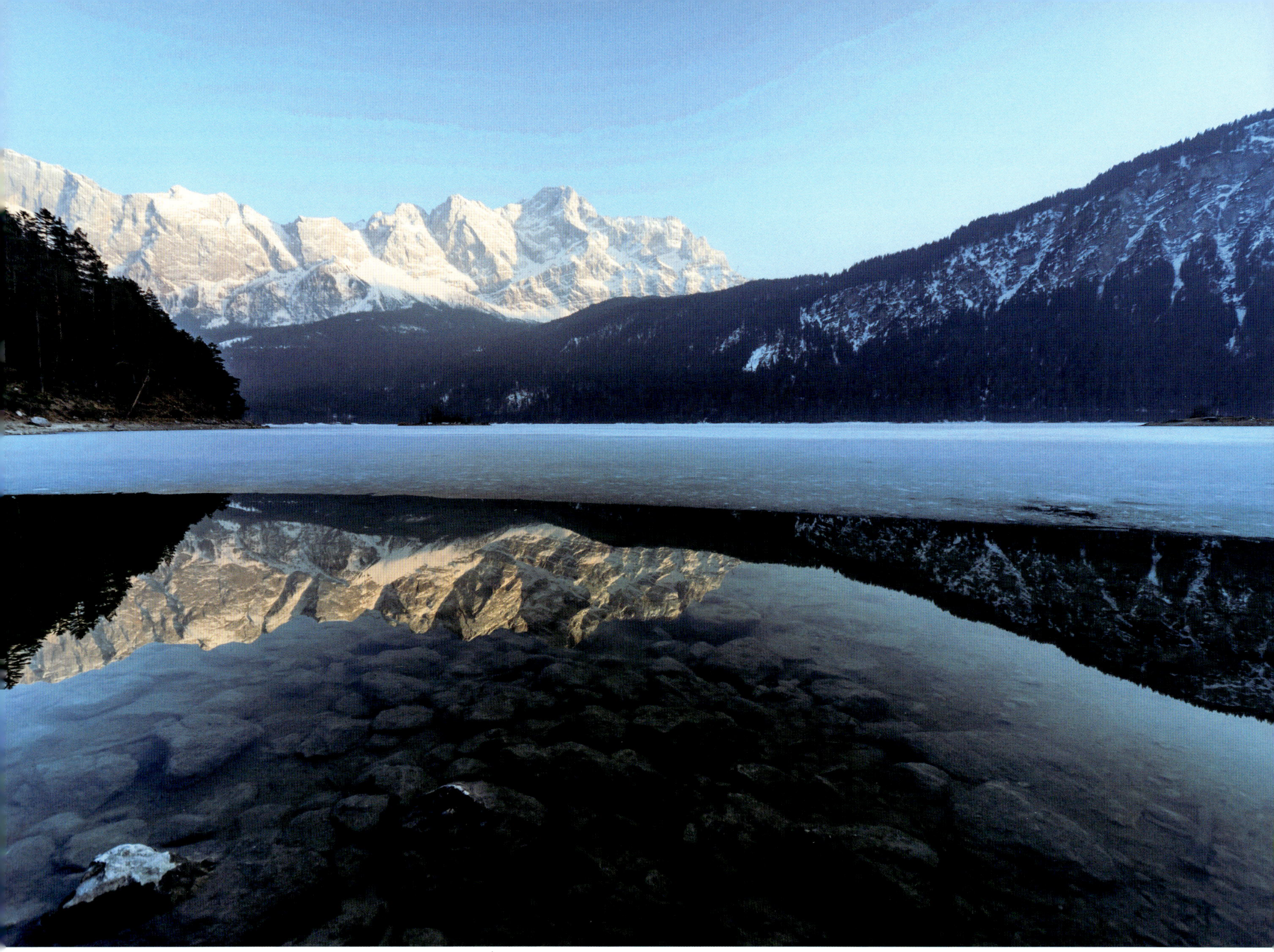

Auch Franz Marc und seine Mitstreiter von der Künstlervereinigung »Der Blaue Reiter« ließen sich von einer Landschaft inspirieren. Franz Marc nennt die Landschaft südlich von München, rund um den Kochelsee, mit weiteren Seen, Mooren und Bergen, sein »Blaues Land«. Gerade hier, am Rand der Alpen, wechseln die Wetter- und Lichtverhältnisse sehr schnell und bieten inspirierende Stimmungen. Am Abend oder Morgen verschwimmen Seen, Hügel und Berge zu einem blauen Band, dem blauen Land. Landschaft und Natur werden zu einer großen Inspirationsquelle.

100 Jahre vor Franz Marcs Tod malte Caspar David Friedrich mit »Der Wanderer über dem Nebelmeer« eines der bekanntesten Landschaftsbilder. Das faszinierende Bild zeigt eine dramatische Nebelszene in der Sächsischen Schweiz. Bei meinem letzten Besuch an genau diesem Ort versuchte ich, die Position des Malers zu finden. Der markante Zirkelstein war klar auf dem Bild zu erkennen, aber der Rest passte irgendwie nicht zusammen. Caspar David Friedrich mischte frecherweise vier bis fünf unterschiedliche Stellen aus der Sächsischen und der Böhmischen Schweiz zu einem einzigartigen Bild und einer einzigartigen Lichtstimmung. Diesen Ausblick kann man lange suchen.

Der Eibsee leuchtet im abendlichen blauen Farbton.

12–24 mm 1:4.5–5.6 | 12 mm | 1/250 s | f/5 | ISO 200

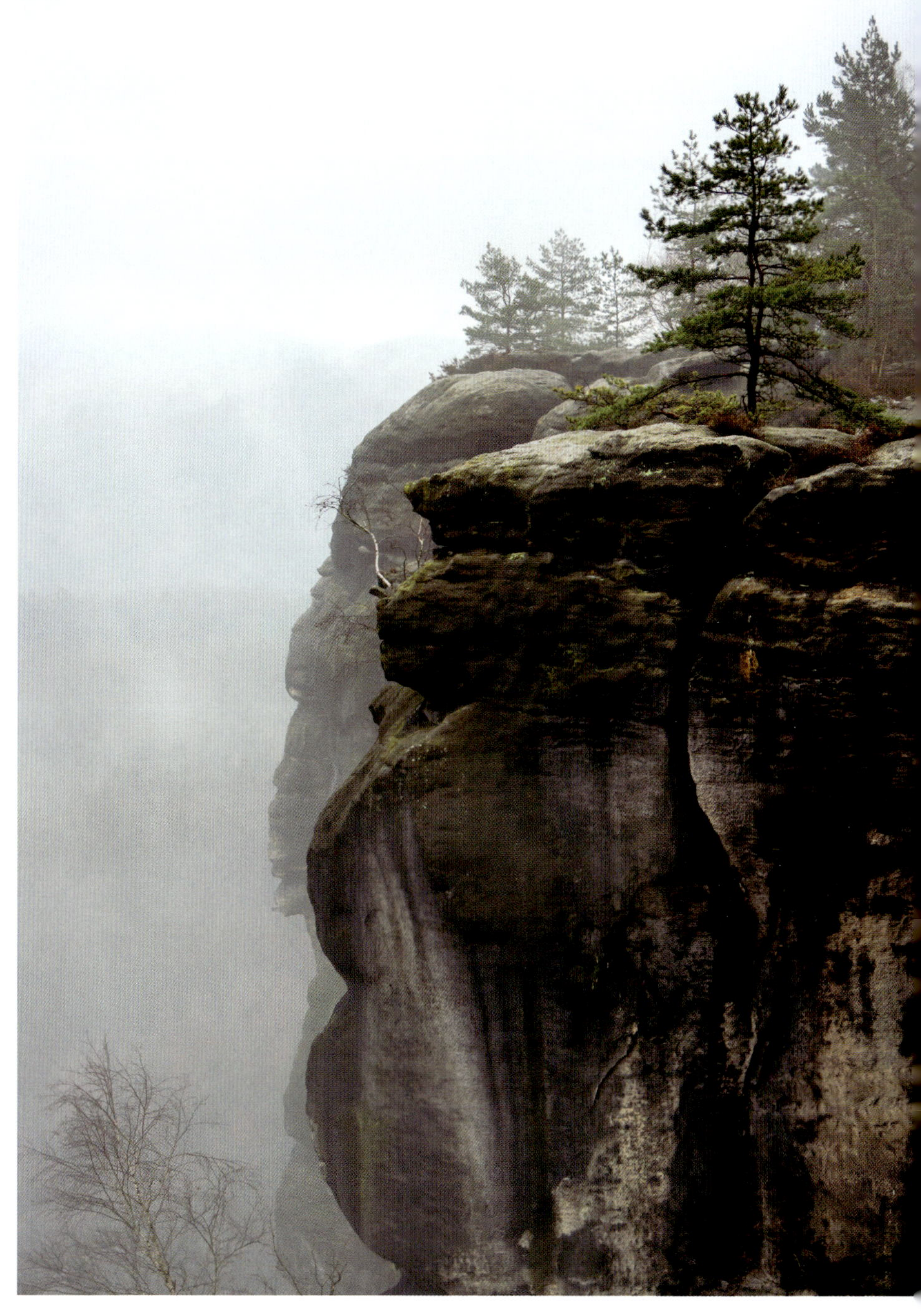

Nebelszene in der Sächsischen Schweiz.

24–120 mm 1:4 | 44 mm | 1/500 s | f/4 | ISO 400

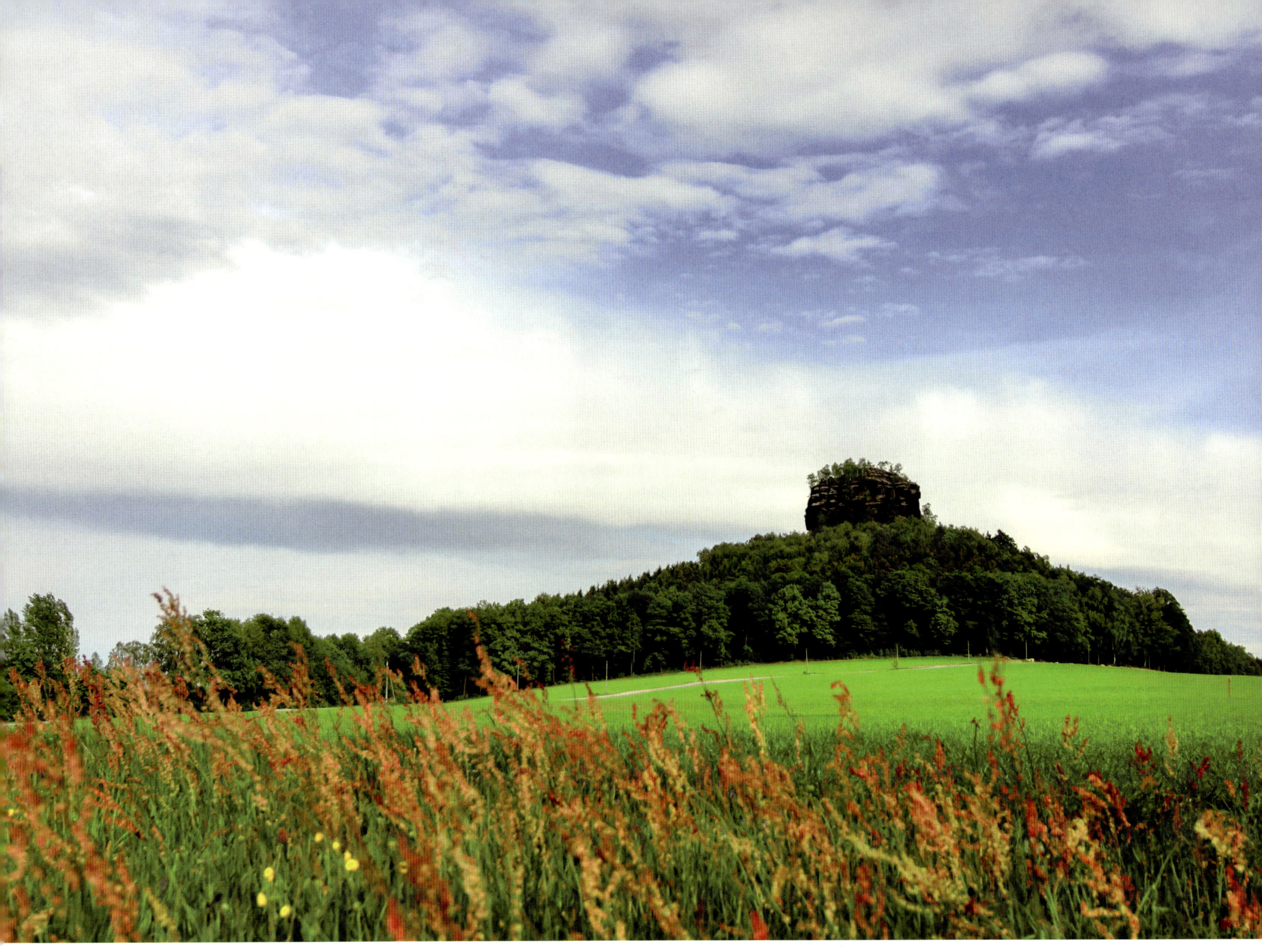

Im Gegensatz zu einem Fotografen hat ein Maler unendlich viele Möglichkeiten. Er kann Motive erfinden und muss nicht auf die richtigen Proportionen achten. Auch die Physik ist ihm egal (dem Fotografen steht eventuell vor einem schönen Berg ein Haus im Weg), und er muss auch nicht tagelang auf einen schönen Sonnenuntergang warten. Landschaftsfotografie ist eines der anspruchsvollsten fotografischen Themen. Viele Landschaftsbilder erzeugen wenig Faszination. Sie haben mehr dokumentarischen Charakter und zeigen eher: Ich war da. In der Natur selbst verbindet man viele Eindrücke wie den Wind, Geräusche und die eigene Stimmung. Man erlebt die Szene. Die große Herausforderung ist es, etwas von der erlebten Stimmung in das Bild zu transportieren. Es müssen einige Faktoren stimmen, um ein faszinierendes Landschaftsfoto aufzunehmen.

Da auch die Vegetation, der Stand der Sonne und damit das Datum wichtig für die Wirkung eines Bilds sind, habe ich Tag und Monat der Aufnahme bei den Exif-Angaben notiert. Bei der Landschaftsfotografie ist die Stimmung häufig wichtiger als viel Technik. Die Technik-Themen wurden daher auch ans Ende gestellt. Fotografische Grundlagen werden vorausgesetzt, wobei viele Bilder auch im Automatikmodus fotografiert werden können. Ich hoffe, dass dieses Buch Hilfe und Inspiration ist, um die Schönheit der Landschaft auf die Speicherkarte gebannt zu bekommen. Und zu guter Letzt: Entwickeln Sie, wie viele Maler früher, Leidenschaft und Begeisterung für die Natur und Landschaft. Lassen Sie Ihre Stimmung mit ins Bild einfließen.

Der Zirkelstein in der Sächsischen Schweiz.

12–24 mm 1:4 | 22 mm | 1/800 s | f/4 | ISO 400

DAHEIM IST ES **AM SCHÖNSTEN**

Diese Redewendung beschreibt treffend, wie jeder Mensch an bestimmten Landschaften oder an seinem Heimartort hängt, unabhängig davon, wie imposant, schön oder eventuell unattraktiv eine Landschaft daherkommt. Während ich einige Gegenden in Deutschland eher mit Industrie als mit Natur assoziiere, sind die Einwohner dort viel besser mit der Umgebung vertraut. Sie kennen die schönsten Stellen zum Fotografieren. Sie würden niemals freiwillig aus Ihrer Heimat wegziehen. Vor allem Jugendliche sind aber auch schnell von ihrer Heimat gelangweilt und wollen weg. Trotzdem zieht es viele irgendwann wieder nach Hause.

Auch ich merke, wie sehr ich mich an mein heimatliches Landschaftsbild des Mittelgebirges gewöhnt habe. In den flachen Ebenen Norddeutschlands oder im Gebirge fühle ich mich nicht so wohl wie in meiner gewohnten Umgebung. Auch eine Landschaft kann einen Menschen prägen. Ich komme aus Neuwied, einer noch ziemlich jungen Stadt zwischen Bonn und Koblenz am Rhein. Das Neuwieder Becken (eine große Ebene am Rhein) ist industriell geprägt. Diese Gegend steht daher nicht unbedingt für Naturfotos. Auch die Landschaft des romantischen Rheins beginnt erst knapp 20 Kilometer entfernt. Trotzdem finde ich hier zuhauf schöne Fotomotive und Landschaften. Es ist auch eine Herausforderung, seine eigene Heimat zu entdecken und neue Sichtweisen zu finden.

Warum reite auf diesem Thema herum? Jeder Fotograf hat in seiner Heimat einen großen Vorteil: Er kennt die besten Stellen und Motive und hat keine lange Anfahrt. Wenn ich sehe, dass ein schöner Regenbogen kommt, der Vollmond ansteht oder sich ein einzigartiger Sonnenuntergang andeutet, kann ich spontan losziehen, um die schönsten Bilder zu schießen. Wenn ich hingegen nur zwei bis drei Tage in einer Gegend bin, muss ich die äußeren Bedingungen hinnehmen.

Mein Wohnort Neuwied ist nah am Rhein gelegen, mit Blick in die Vulkaneifel. Regenfronten kommen bei uns im Allgemeinen vom Westen her über die Eifel, im Sommer bilden sich vor allem nachmittags Quellwolken, und es besteht die Gefahr von Gewittern. Regenbogen stehen dann in östlicher Blickrichtung. Diesen herrlichen Regenbogen habe ich zu Hause aus dem Fenster gesehen und war zehn Minuten später auf dem Feld vor der Abtei Rommersdorf.

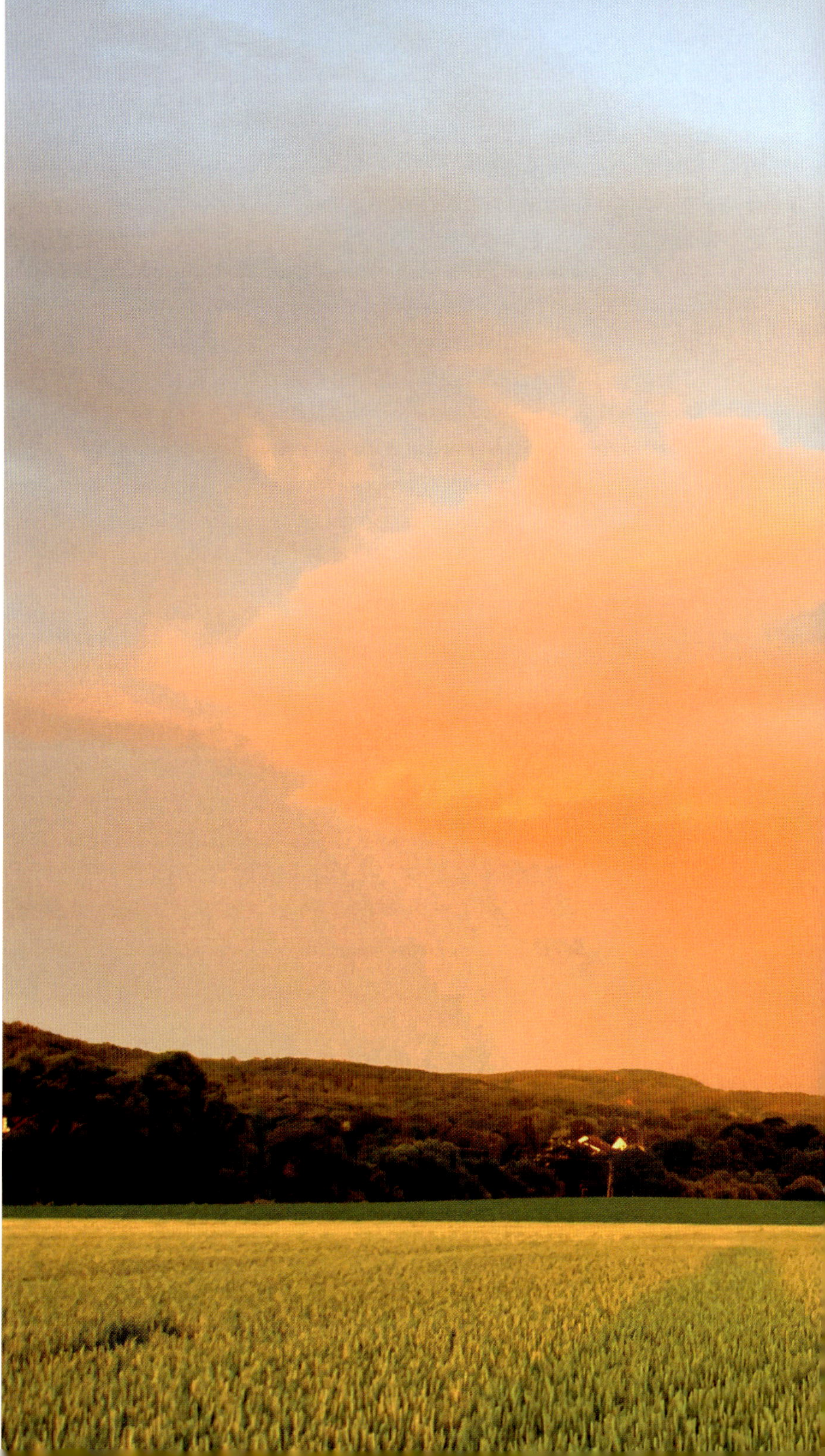

Regenbogen mit der Abtei Rommersdorf im Hintergrund.

24–85 mm 1:2.8-4 | 24 mm | 1/100 s | f/4.5 | ISO 500

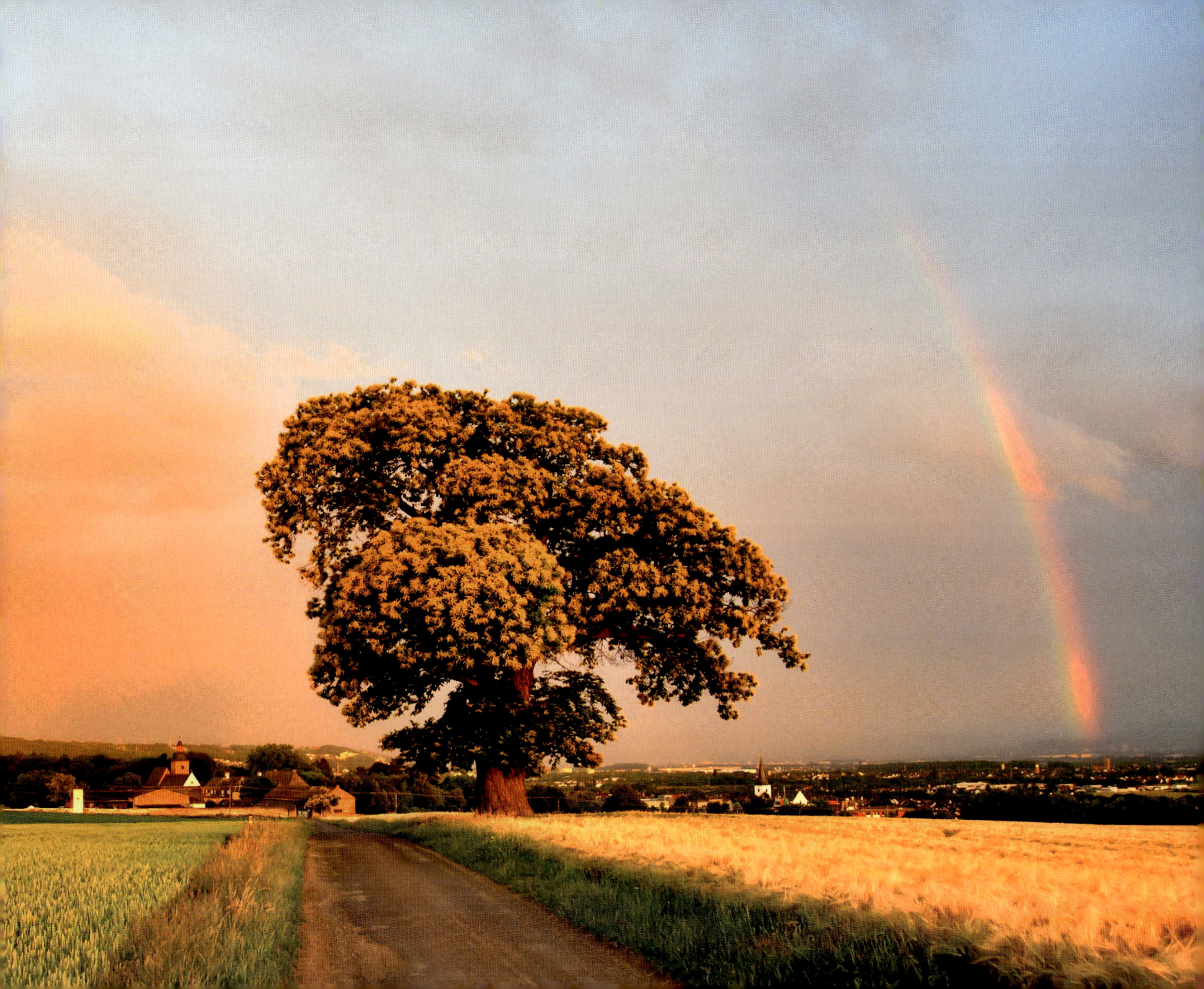

In der Nähe steht die frei stehende Wülfersberg-Kapelle mit Blickrichtung nach Westen, perfekt für Sonnenuntergangsbilder. Bei einem schönen Sonnenuntergang bietet sich auch eine kurze Tour oberhalb von Leutesdorf an. Bei einem der ältesten Weinorte im Mittelrheintal verengt sich das Rheintal, und der fotogene Ort kann abends im schönen Streifenlicht fotografiert werden.

Nach einem Regen zieren Nebelschwaden das Wiedtal mit seiner Ruine Altwied. Ich checke gern frühmorgens die Webcams, ob sich ein Ziel lohnt. Die Vallendarer Webcams zeigen beispielsweise die aktuelle Lichtstimmung für das komplette Neuwieder Becken. Das ist perfekt für den Sonnenaufgang hinter dem Neuwieder Deich und Schloss. Weitere Ziele liegen in einem Radius von 20 Kilometern (Koblenz, Laacher See, Burg Rheineck und vieles mehr). Wenn man seine Heimat und die äußeren Bedingungen kennt, ist es einfacher, zu tollen Landschaftsbildern zu kommen.

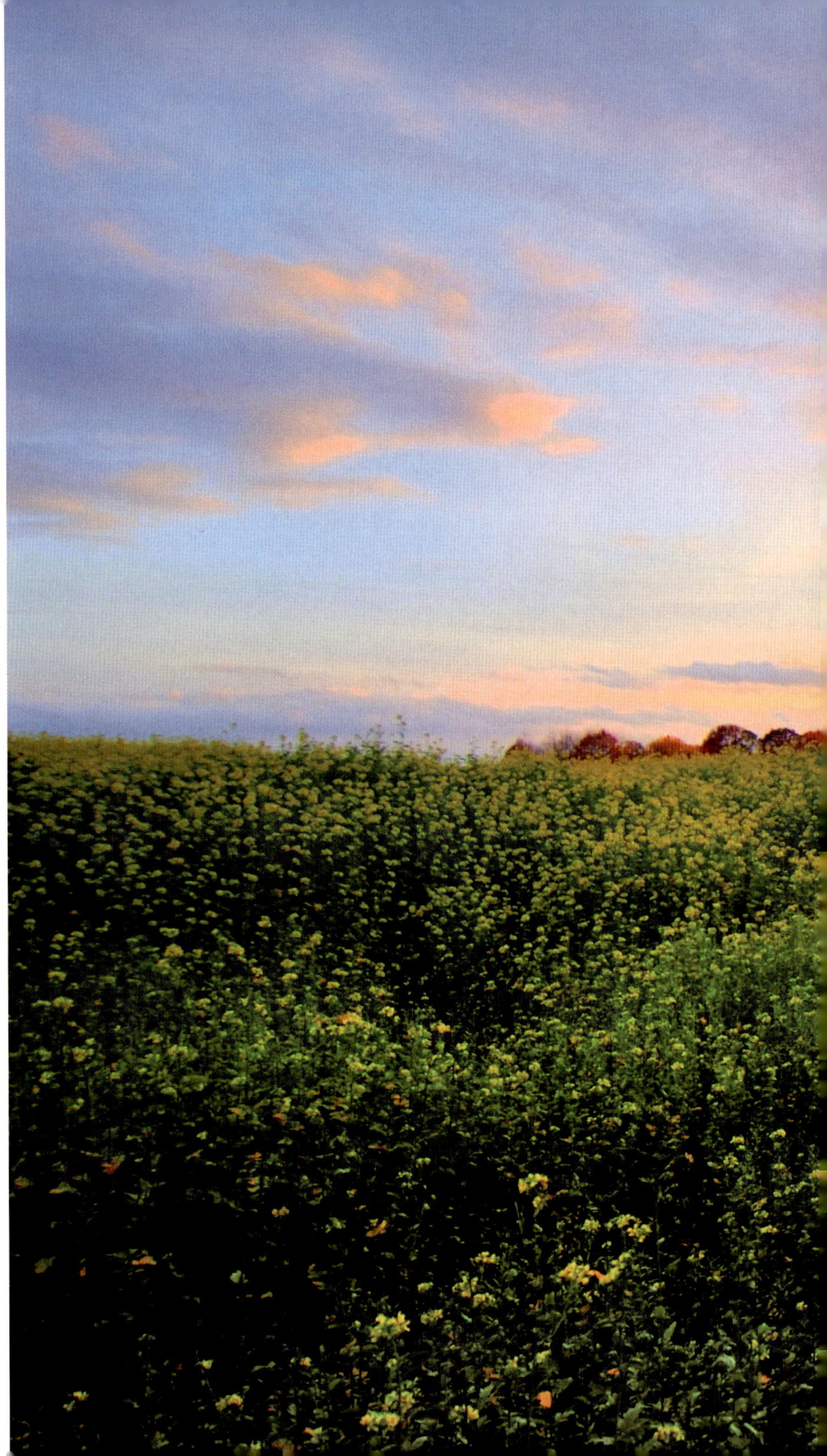

Die Wülfersberg-Kapelle nahe Neuwied.

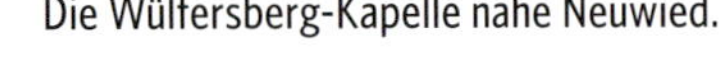
12–24 mm 1:4 | 12 mm | 1/80 s | f/4 | ISO 100

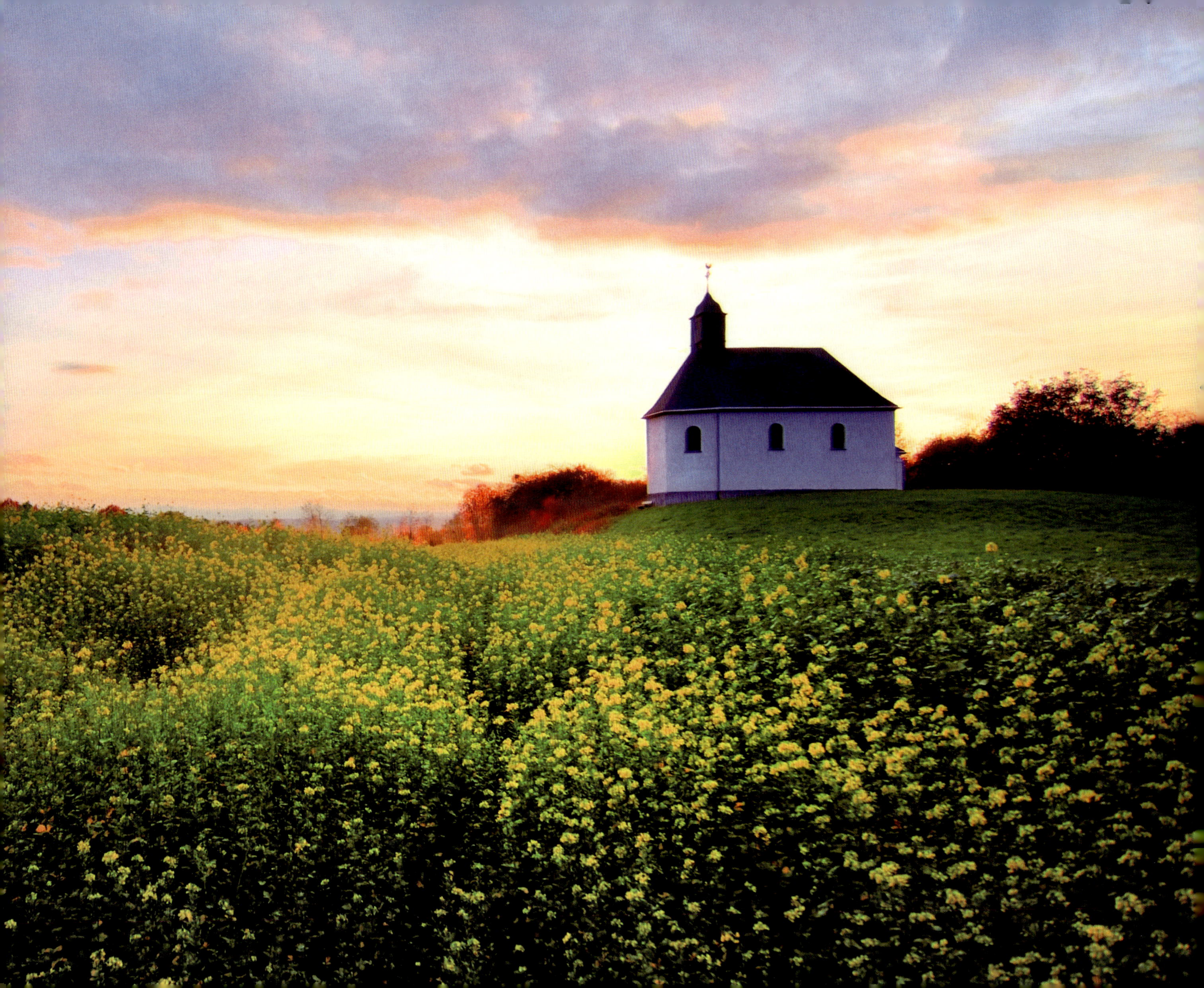

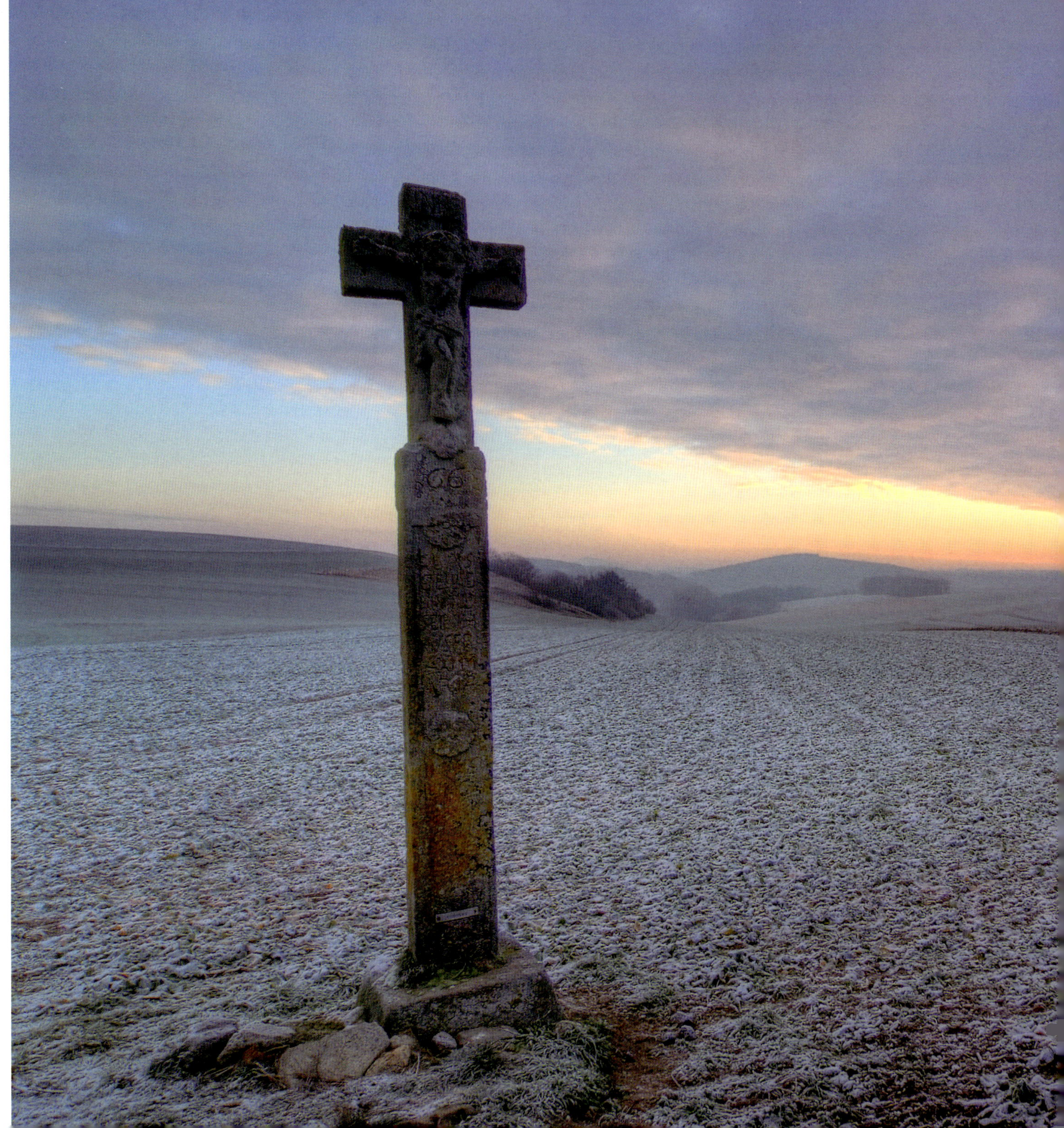

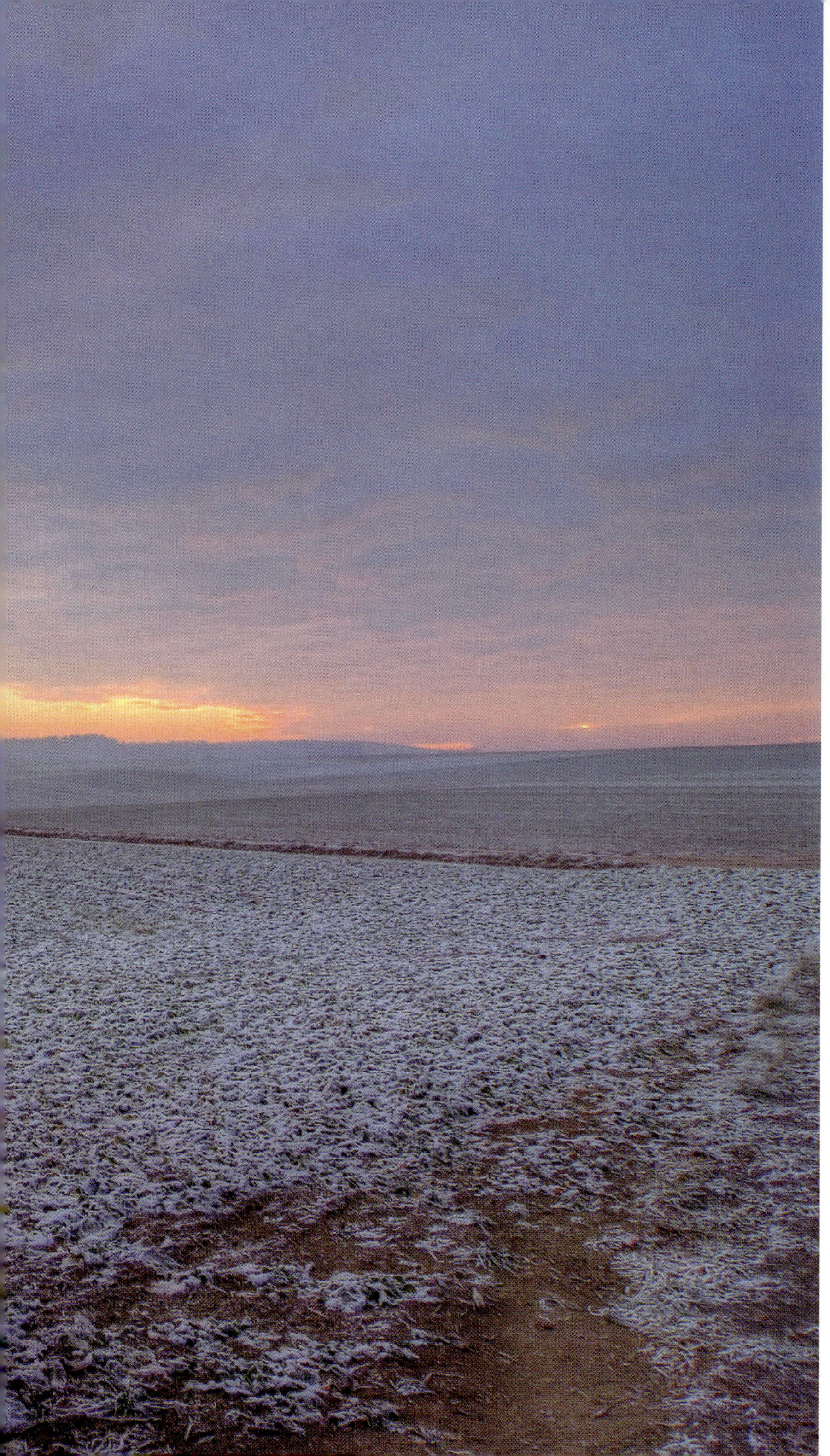

DEUTSCHLAND IST **EINZIGARTIG**

Bei Fotowettbewerben sind häufig Bilder von landschaftlichen Topzielen wie Island, Norwegen oder Patagonien zu sehen. Wem das passende Budget oder die Zeit für lange Touren fehlt, der muss mit Zielen daheim vorliebnehmen. Aber es gibt keinen Grund, frustriert zu sein.

Hügellandschaft bei Welling in der Eifel.

10–20 mm 1:4–5.6 | 12 mm | 1/13 s | f/8 | ISO 100 | HDR

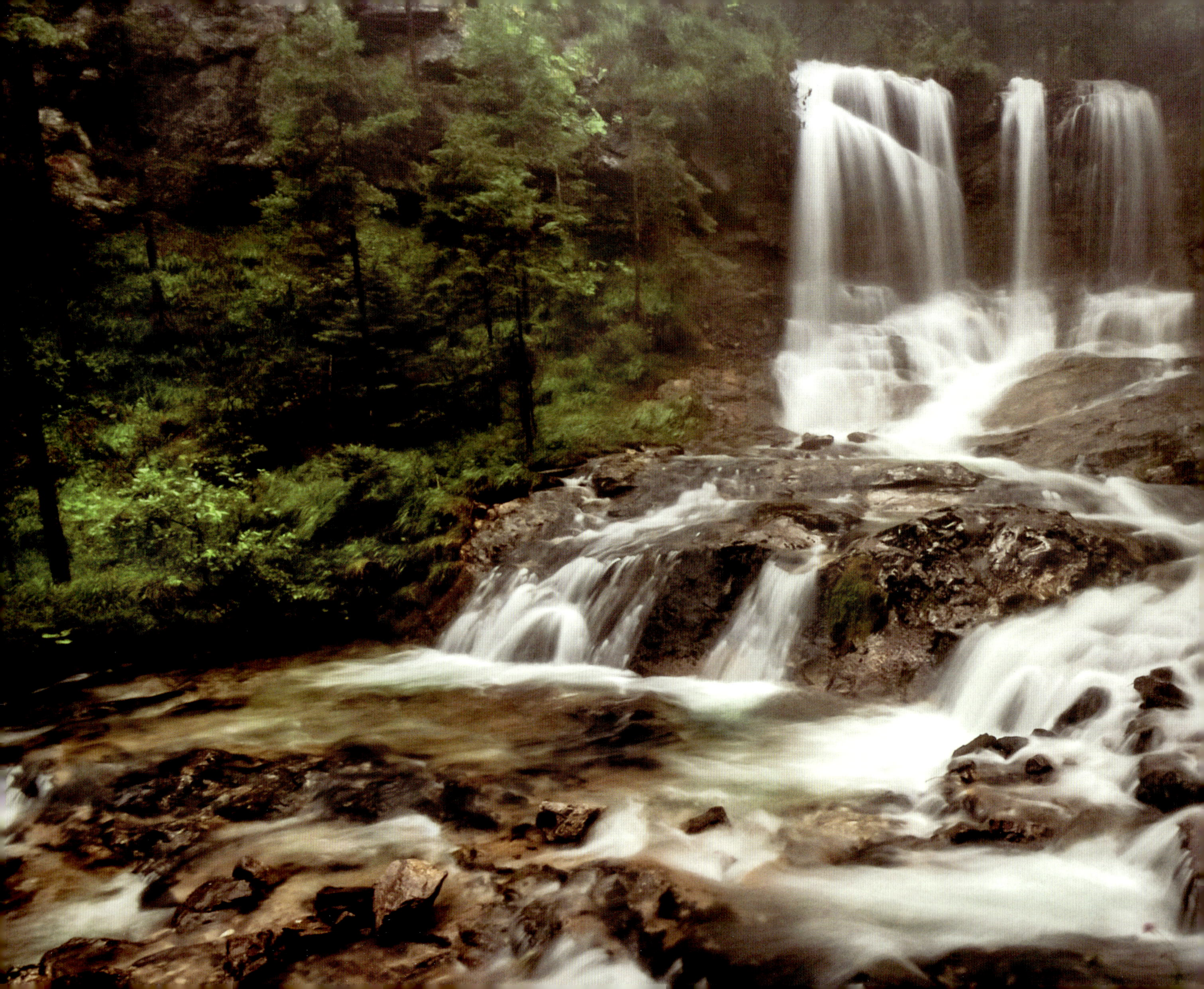

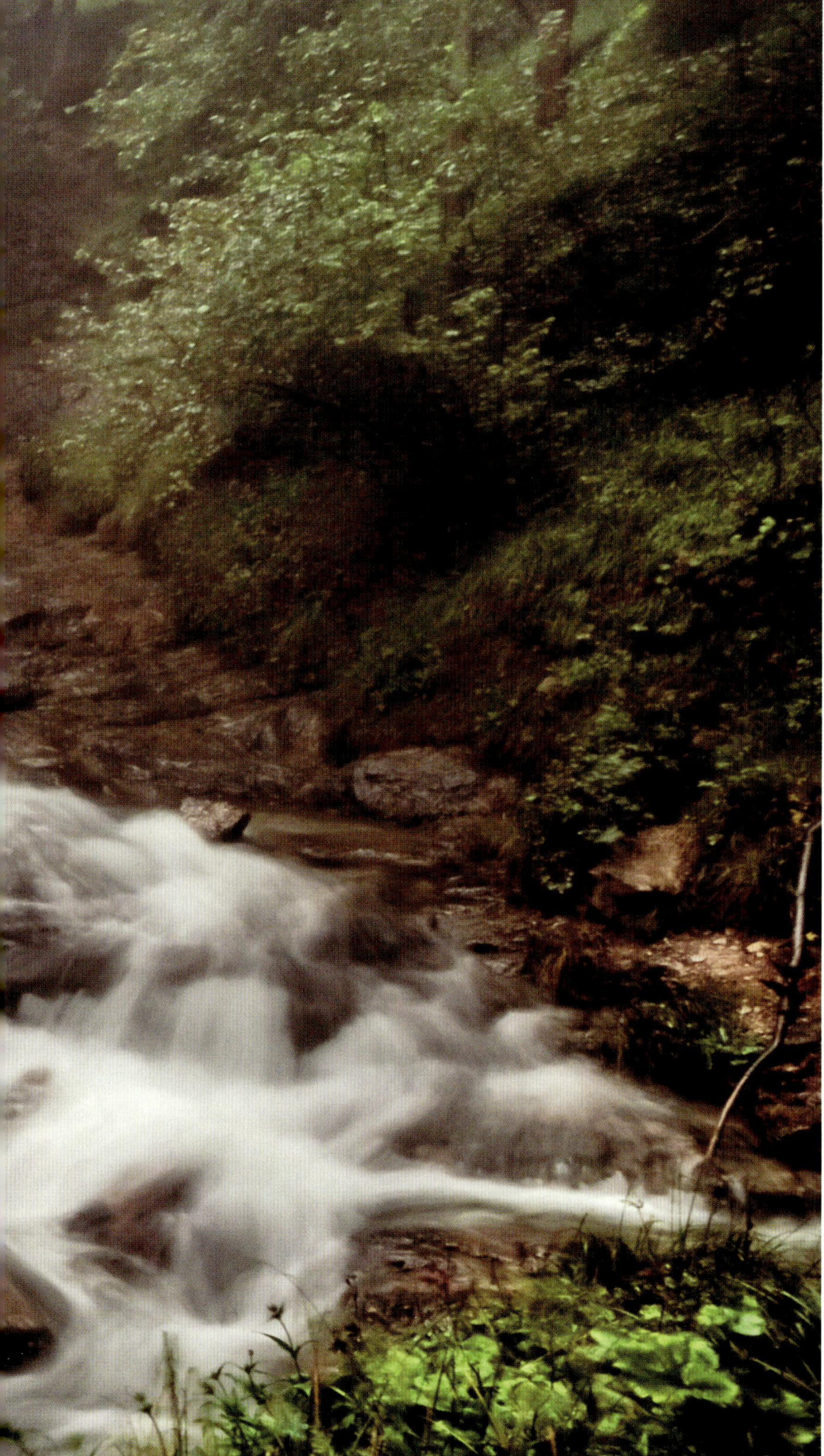

Wir haben in Deutschland die schönsten und landschaftlich abwechslungsreichsten Gebiete quasi vor der Haustür: die Bergwelt der Alpen mit ihren Seen, eine Vielzahl von Mittelgebirgen mit ihrem Mix von Bergen und Tälern wie den Schwarzwald oder den Harz und einzigartige Wälder wie den Kellerwald am Edersee. Hügellandschaften wie in der Toskana finden sich in der Eifel oder dem Kraichgau. Fotogene Flussschleifen befinden sich besonders viele an der Mosel. Es gibt einzigartige Felsformationen wie die Externsteine oder die Tafelberge der Sächsischen Schweiz. Relikte von Vulkanen wie die Eifelmaare, Moore wie das Große Torfmoor bei Lübbecke, Heidegebiete wie die Lüneburger Heide und Küstenlandschaften wie das Wattenmeer.

Die Weißbachfälle bei Inzell.

10–20 mm 1:4–5.6 | 10 mm | 1/2 s | f/22 | ISO 100

Die einzige Landschaftsform, die ich vermisse, sind wilde Meeresteilküsten, wie es sie in Großbritannien, Norwegen oder einigen Mittelmeergegenden gibt. Der große Teil der deutschen Küsten ist leider Flachland. Eine Ausnahme sind die Kreidefelsen in Rügen, die natürlich eine Reise wert sind.

Mein erstes Buchprojekt »Leuchtendes Rheintal« begann als Hobby. Häufig habe ich auf dem Weg zur Arbeit oder nach Hause am Rhein gehalten, um die aktuelle Stimmung zu fotografieren. Es gibt keinen Grund, im Sessel sitzen zu bleiben, die eigene Heimat bietet eine Vielzahl von Motiven.

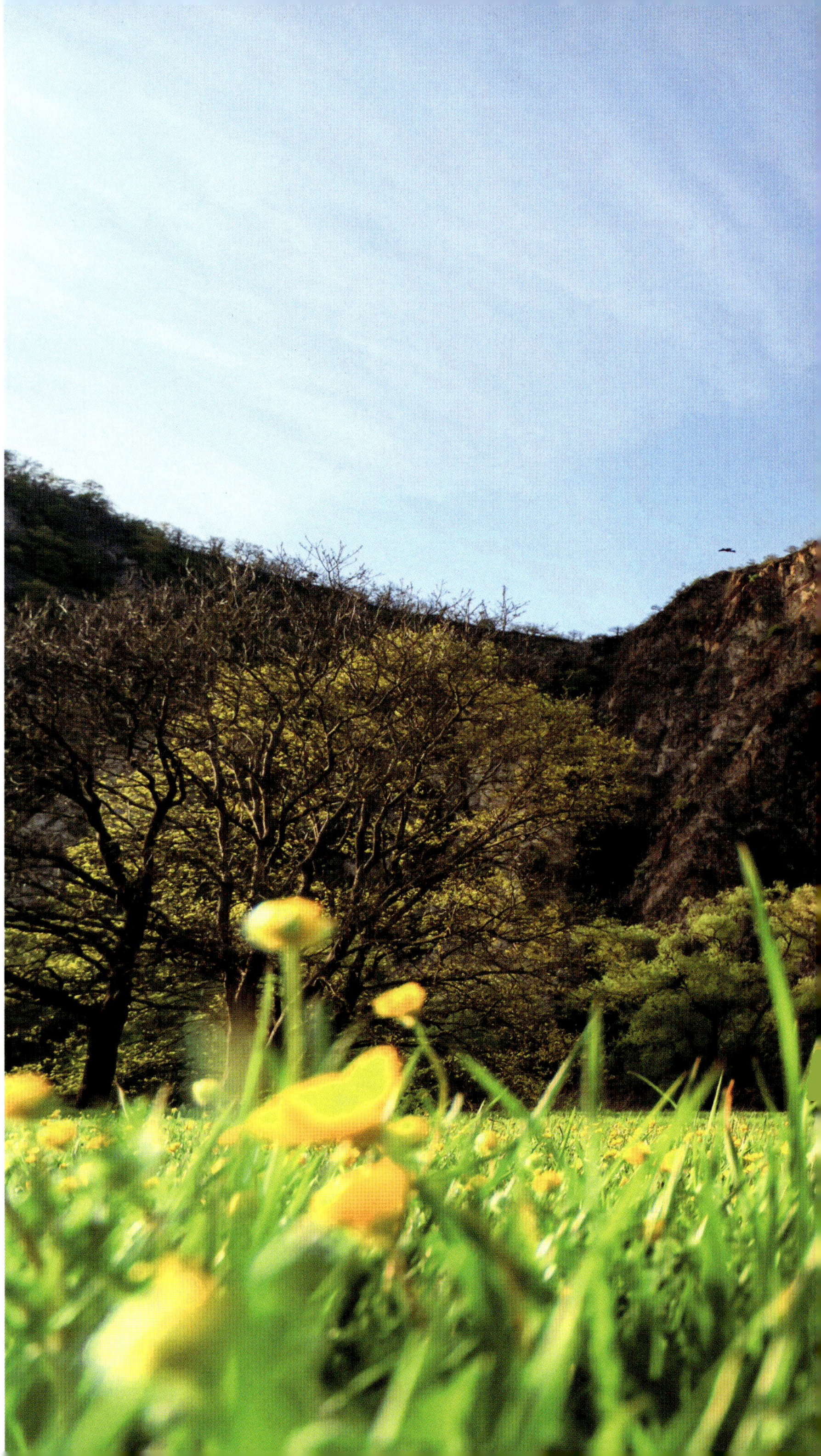

Frühlingswiese vorm Rotenfels bei Bad Münster am Stein-Ebernburg.

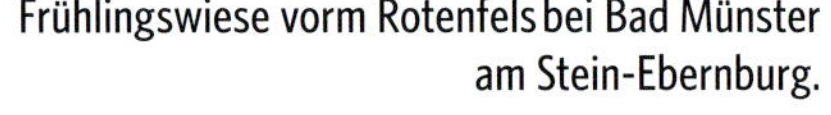

12–24 mm 1:4.5–5.6 | 12 mm | 1/500 s | f/5 | ISO 320

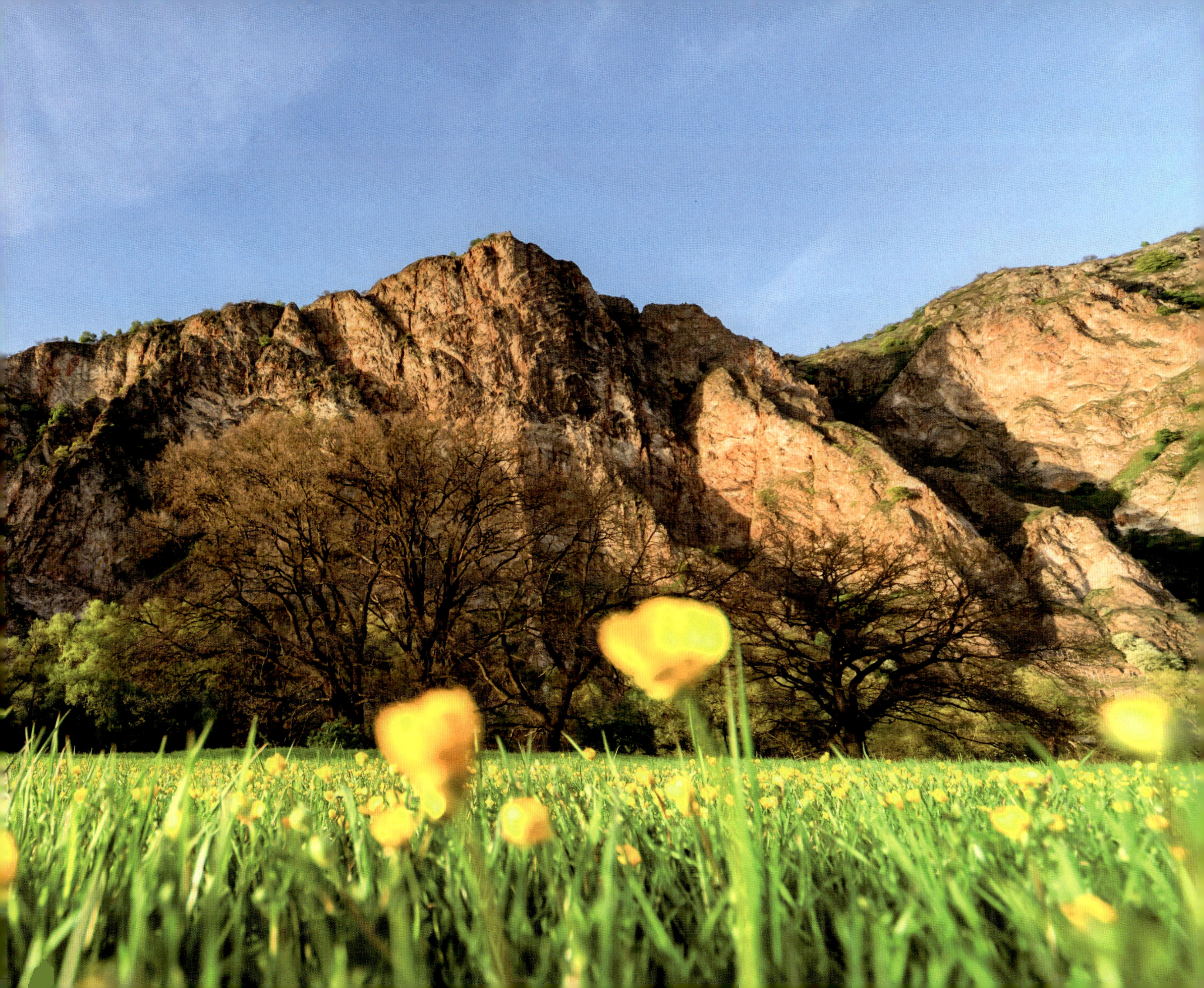

NEBENMOTIVE VON INTERESSE

Nach dem Loblied auf die eigene Heimat und auf die Schönheit Deutschlands muss auch ein großer Nachteil von Deutschland erwähnt werden. Hier gibt es kaum wilde Natur. Es gibt wenige Landschaften, wo nicht irgendwelche menschlichen Relikte herumstehen und die völlig naturbelassen sind. Reine Naturfotografie ist hier schwieriger. Man muss fast immer versuchen, Kulturlandschaften oder menschliche Relikte ins Bild zu integrieren, oder man sucht Ausschnitte, in denen sie nicht zu sehen sind. Einige Objekte empfinde ich als besonders störend, beispielsweise Windräder, die fast jedes Landschaftsbild beeinträchtigen.

Wem pure Natur zu wenig ist, der sollte starke Nebenmotive - sogenannte Points of Interests, kurz POIs - wie Burgen, Leuchttürme oder Stege in die Bildgestaltung einbeziehen. Daher gefallen mir auch Landschaftsziele wie Großbritannien sehr gut. Gerade in Schottland gibt es eine Unmenge alter Gemäuer, die ein Bild bereichern. Aber Deutschland mit seinen Burgen und Ruinen kann gut mithalten und macht tolle Bilder möglich.

An diesem Punkt sehe ich die Abgrenzung der Landschaftsfotografie zur Naturfotografie. Während die reine Naturfotografie keine künstlichen Relikte im Bild zeigen will und sich häufig auf Details konzentriert, wie einzelne Pflanzen oder Tiere in ihrer natürlichen Umgebung, ist die Landschaftsfotografie freier. Menschliche Relikte, sogar Stadtlandschaften und Kulturlandschaften, können im Bild vorkommen und es bereichern. Ein Landschaftsbild zeigt häufig auch einen größeren Ausschnitt und zusätzlich Strukturen eines Landschaftsabschnitts. Daraus ergibt sich die große Herausforderung, solch ein Bild ruhig und spannend zugleich zu fotografieren.

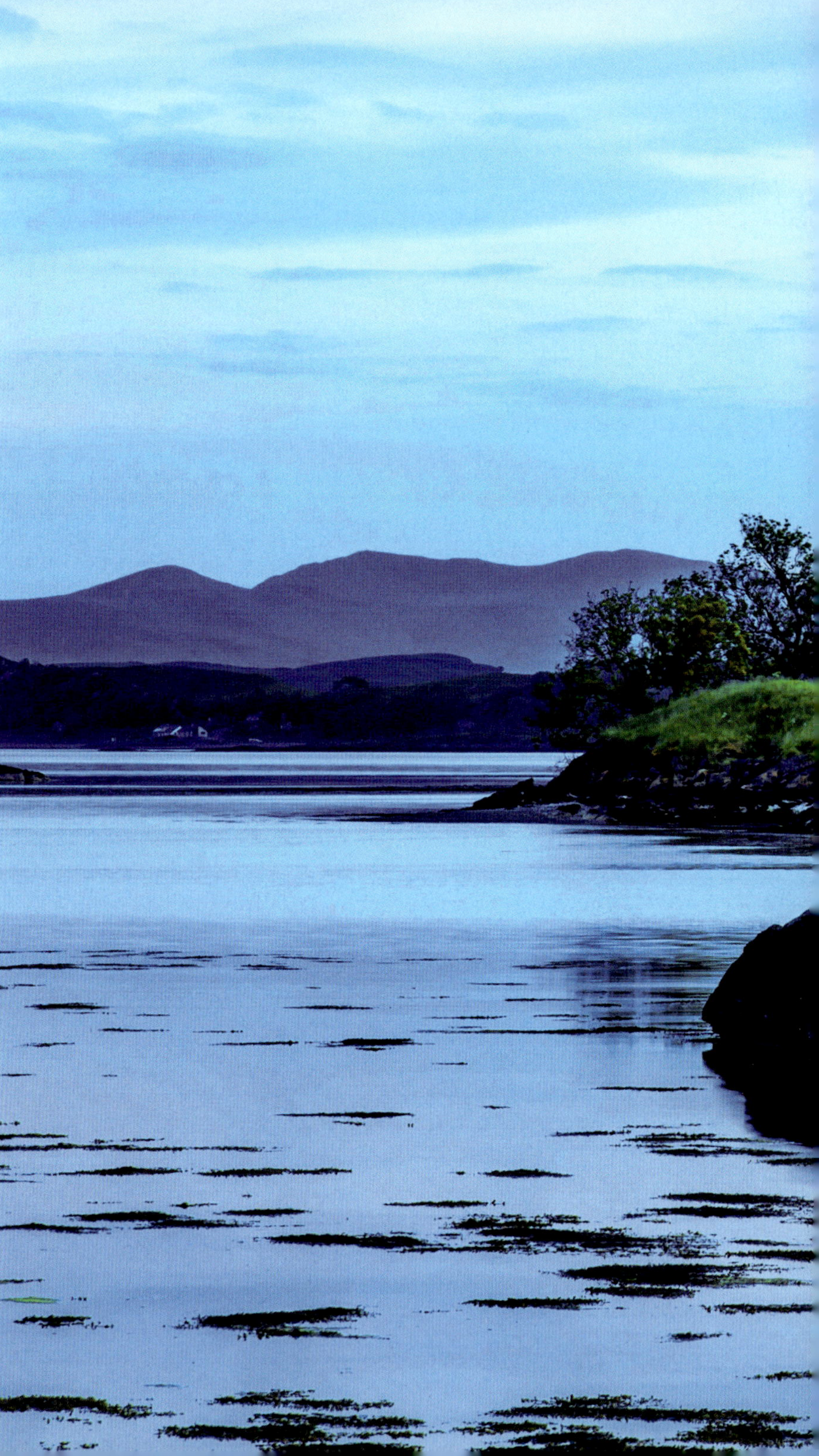

Die Burg Castle Stalker bei Port Appin in Schottland.

24–120 mm 1:4 | 92 mm | 1.30 s | f/11 | ISO 100

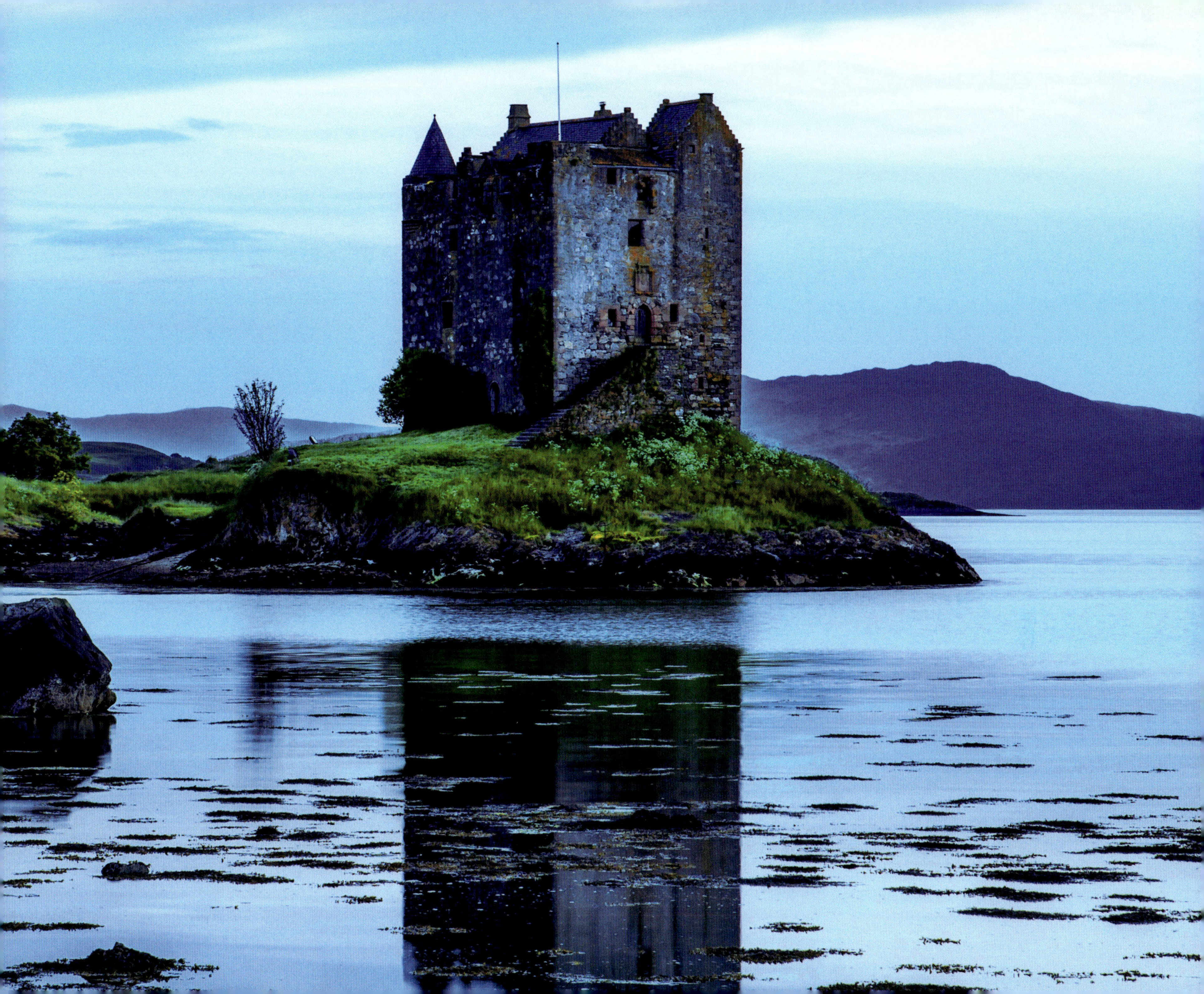

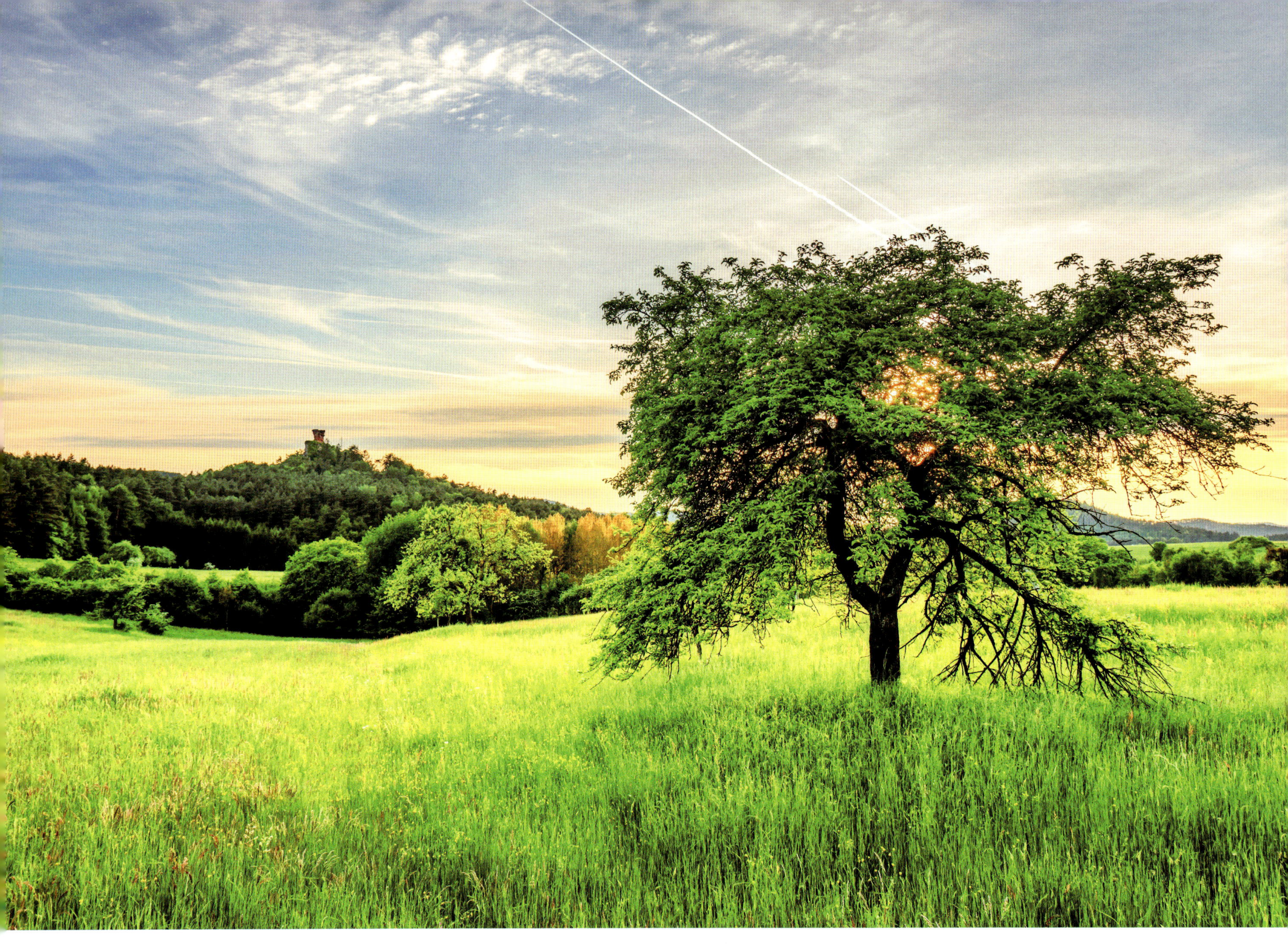

STIMMUNG VERSUS **BILDAUFBAU**

Wie bereits erwähnt, ist das Vermitteln von Stimmung und Gefühlen eines der wichtigsten Stilmittel in der Landschaftsfotografie. Viele Fotografen stoppen bei einem schönen Sonnenuntergang automatisch, um ihn festzuhalten. Dabei wird der Aufbau des Bilds oft vernachlässigt. Wird der Bildaufbau beachtet oder werden weitere reizvolle Motive als Vordergrund ins Bild gebaut, entfaltet es eine noch stärkere Wirkung. Bei einem schönen Himmel suche ich zügig nach passenden Motiven für den Vordergrund. Gibt es ein Hauptmotiv im Bild, ist es einfacher, das Bild aufzubauen. Ich versuche, das Motiv zu betonen, unwichtige Bildbestandteile auszublenden oder als Verstärkung zu nutzen.

In der Natur sind häufig auch Nebenmotive zu sehen, oder ein Bild besteht nur aus Nebenmotiven, z. B. mehreren Bäumen. Motive können auch nur die Strukturen eines Felds oder Schäfchenwolken über dem Horizont sein. Beliebt sind auch monotone Bilder, beispielsweise des Meers, mit einer langen Belichtungszeit. Wird ein Hauptmotiv von mehreren Nebenmotiven umgeben, sollte es auf jeden Fall klar erkennbar sein, z. B. durch seine Position im Bild, durch Schärfe oder seine Größe. Der Betrachter wird andernfalls verwirrt, und sein Blick wandert im Bild ziellos zwischen den einzelnen Motiven umher.

Burg oder Baum, was ist das Hauptmotiv? Ursprünglich sollte die Burg Drachenfels im Dahner Felsenland das Hauptmotiv sein und der Baum nur als rechte Stopplinie für den Blick dienen. Dann gefiel mir aber der Baum auf der wilden Wiese so gut, dass ich die Burg mit einem Weitwinkel schrumpfen ließ und den Baum als rechtes Hauptmotiv betonte.

24–120 mm 1:4 | 24 mm | 1/250 s | f/7.1 | ISO 200

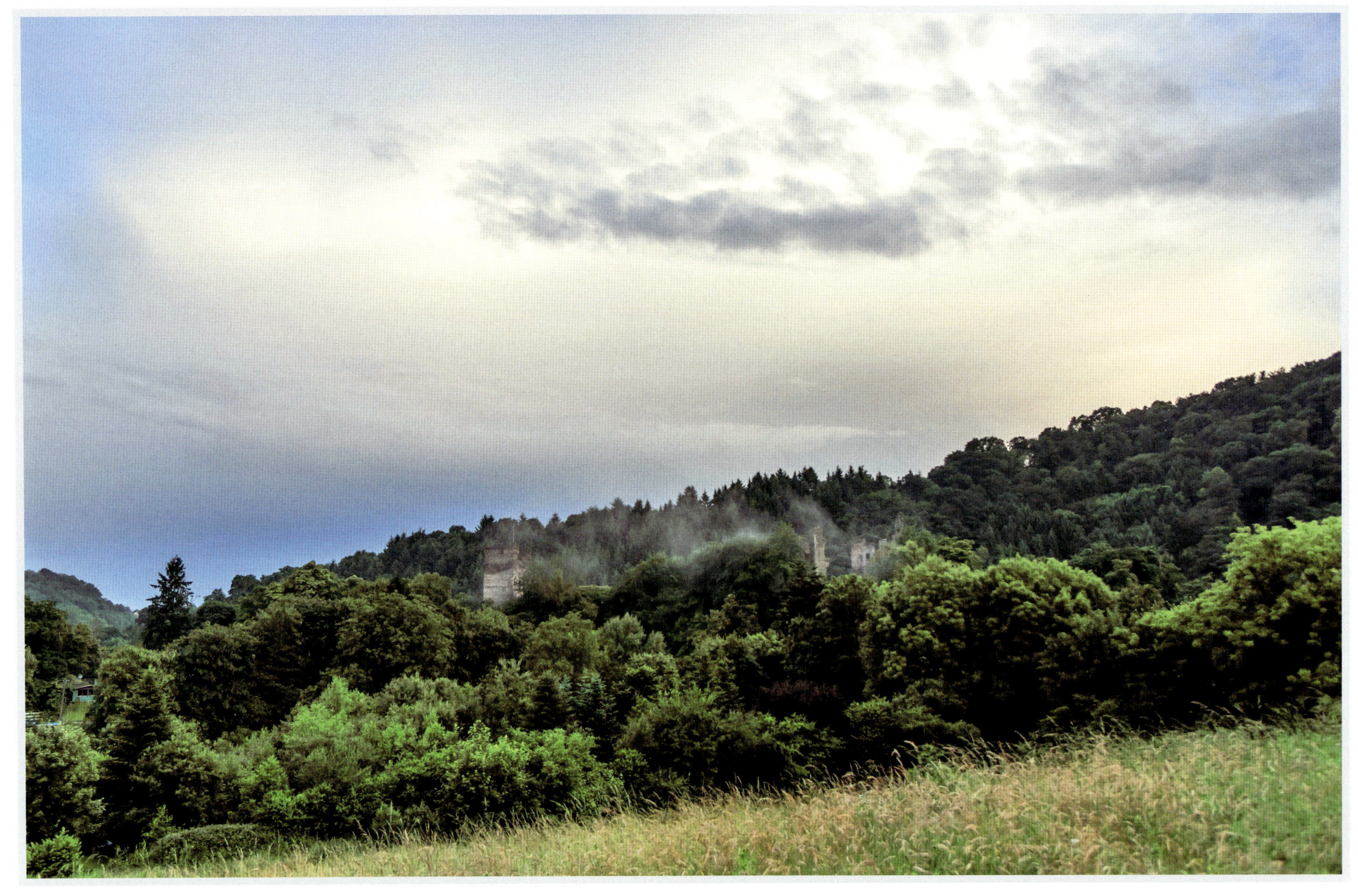

Die Ruine Altwied im Nebel, eine stimmungsvolle Szene. Der Regen hat sich verzogen, Nebel bildet sich um die Ruine, in der Ferne bricht der blaue Himmel durch. Durch die beiden getrennten Burgen ist das Hauptmotiv nicht klar, die Türme sind ebenfalls schlecht zu erkennen.

24–120 mm 1:4 | 24 mm | 1/1250 s | f/4 | ISO 500

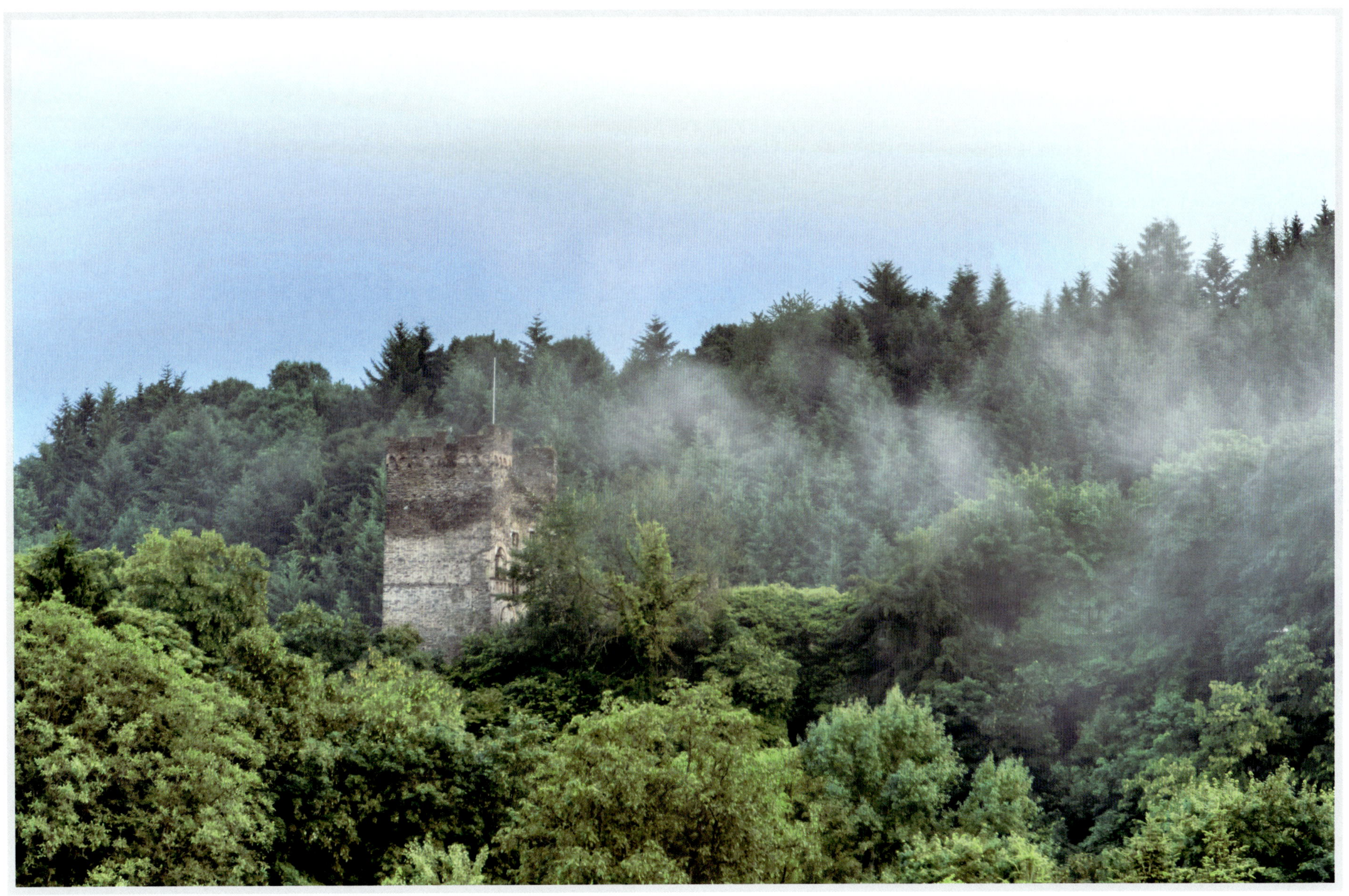

Diese Aufnahme zeigt nur einen Turm der Burg, sie ist klarer zu erfassen, aber vom Himmel ist wenig zu sehen.
Die Stimmung im ersten Bild gefällt mir besser.

24–120 mm 1:4 | 92 mm | 1/320 s | f/4 | ISO 500

Ein weiteres Bild innerhalb dieser Session zeigt den Fluss Wied, fotografiert aus einer niedrigen Position. Obwohl der Fluss infolge des Hochwassers eine unschöne braune Färbung hat, zeigt er durch die Spiegelung des Himmels ein schönes Muster. Das Bild an sich ist unruhig, es gefällt mir aber trotzdem.

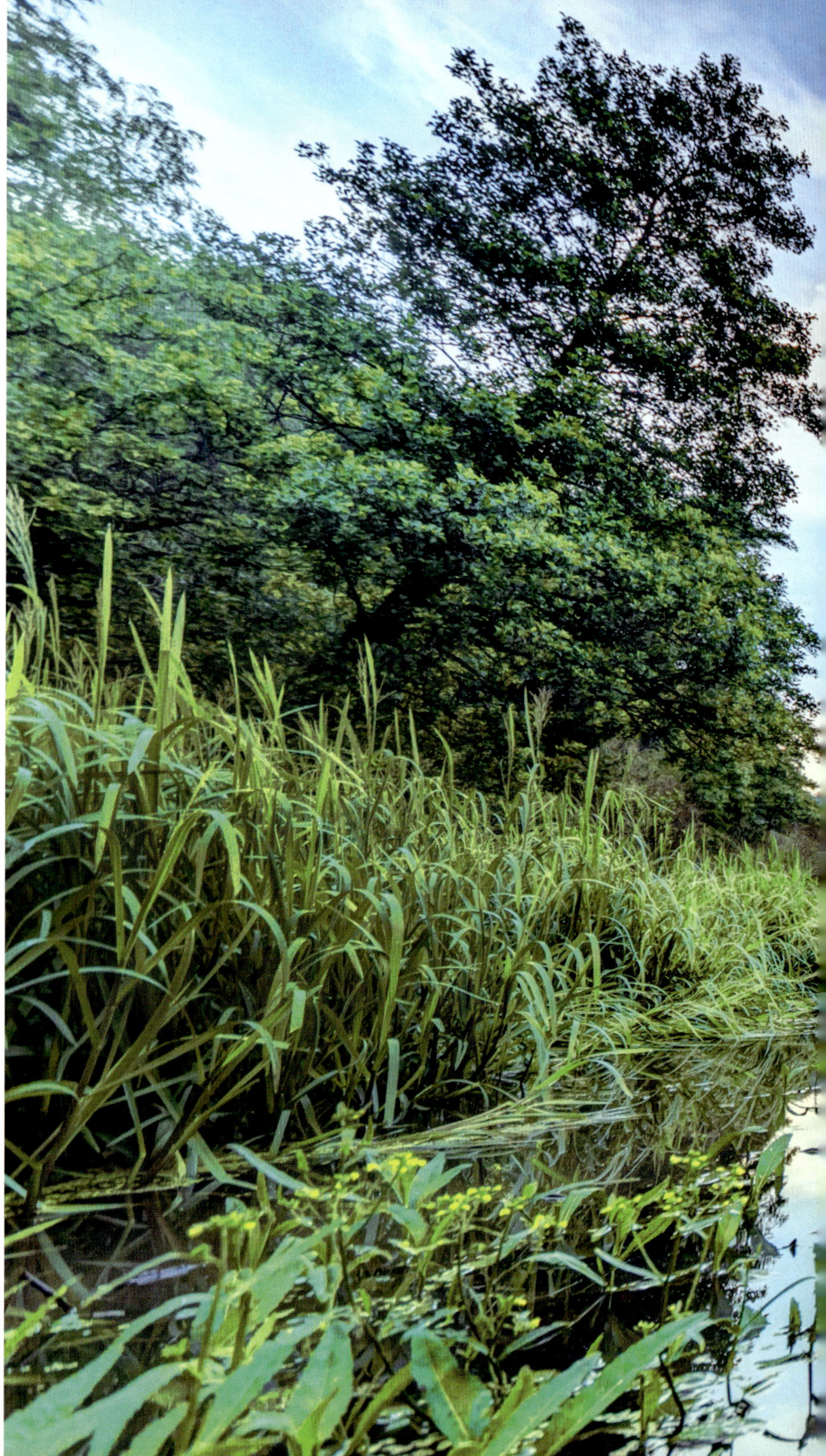

Die Ränder des Flusses als Leitlinien ziehen den Blick ins Bild hinein, der schräge Nadelbaum am linken Rand stoppt den Blick. Nebel und Wolkenstimmungen garnieren es, auch die gelben Blumen unten am Rand dienen als Eyecatcher. Einzig das Gestrüpp am linken Rand empfinde ich als zu unruhig.

12–24 mm 1:4.5–5.6 | 12 mm | 1/200 s | f/5.6 | ISO 800

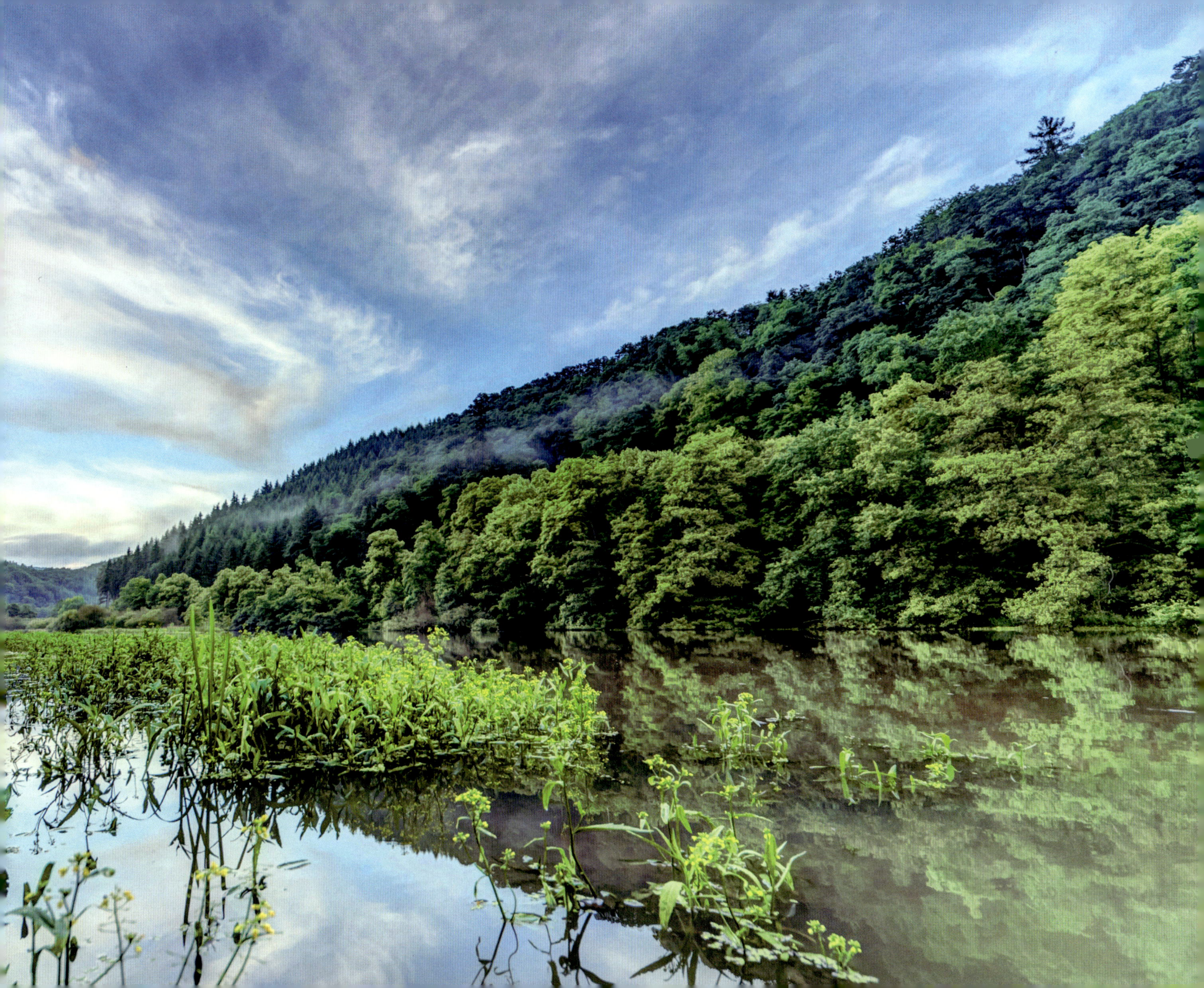

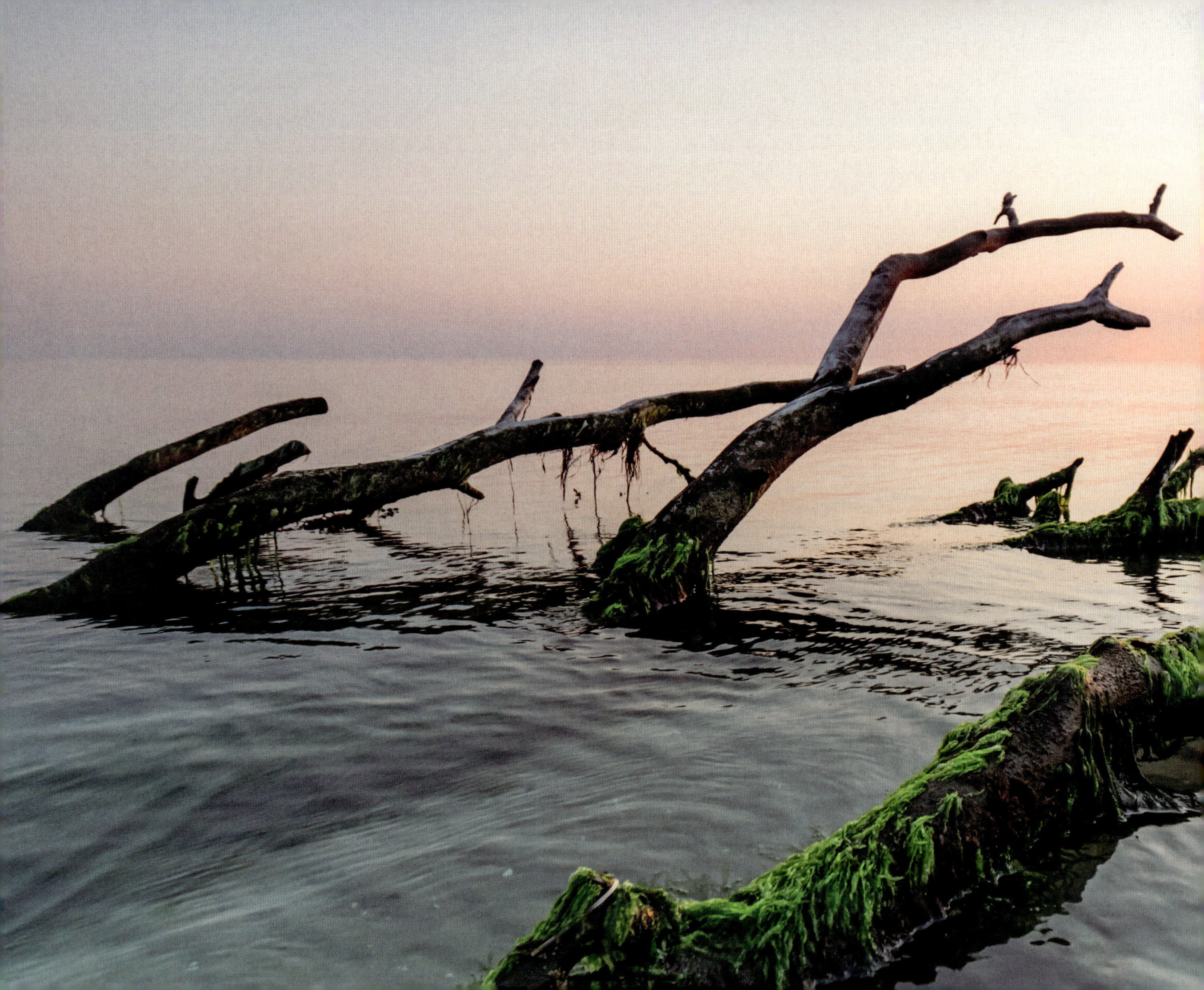

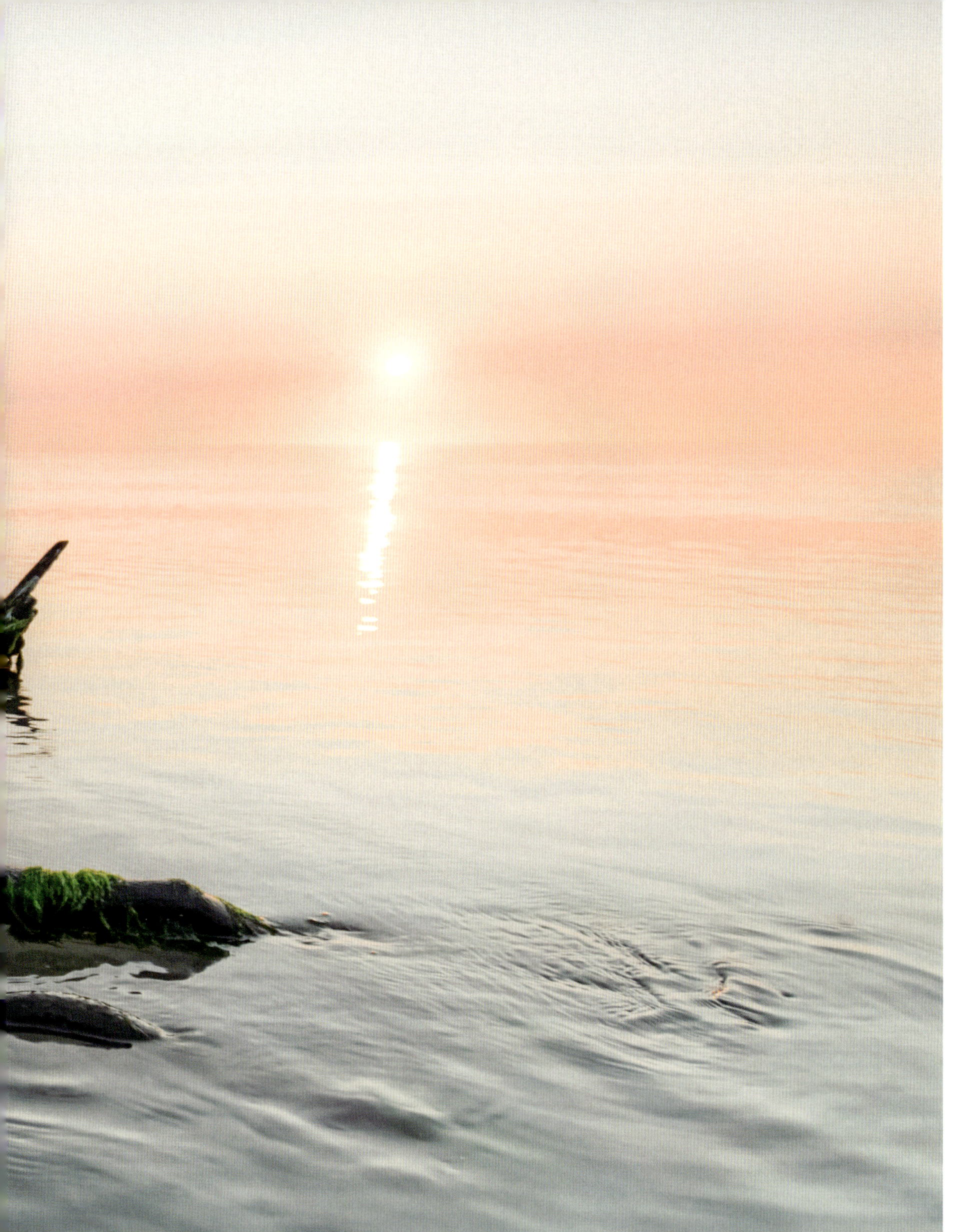

Kapitel 2

PLANUNG UND **MOTIVSUCHE**

Organisiert man seine Fototour selbst, kann – je nach Ziel– eine gründliche Planung zu wesentlich besseren Bildern führen. Der große Vorteil ist natürlich, dass man viel flexibler entscheiden kann, wie lange man an welchem Fotopunkt bleiben will. Vor Beginn einer Fototour heißt es erst einmal warten auf die Inspiration. Manchmal kommt sie zufällig, beispielsweise durch ein Bild in einem Kalender oder durch einen Werbespot.

Mohn in Northumberland, Bamburgh Castle. Wie ein rotes Band zieht sich der Klatschmohn über halb Europa, von England bis zur Toskana. Das erzeugt eine unglaublich melancholische Stimmung. Ob Brachland oder Feld, hat es genug geregnet, siedeln sich die Mohnpflanzen überall an. Vor allem im englischen Kulturraum erinnert der Klatschmohn an den Ersten Weltkrieg, auf frischen Gräbern und aufgewühlter Erde in Flandern blühte er zuerst.

24–120 mm 1:4 | 85 mm | 1/5000 s | f/4 | ISO 320

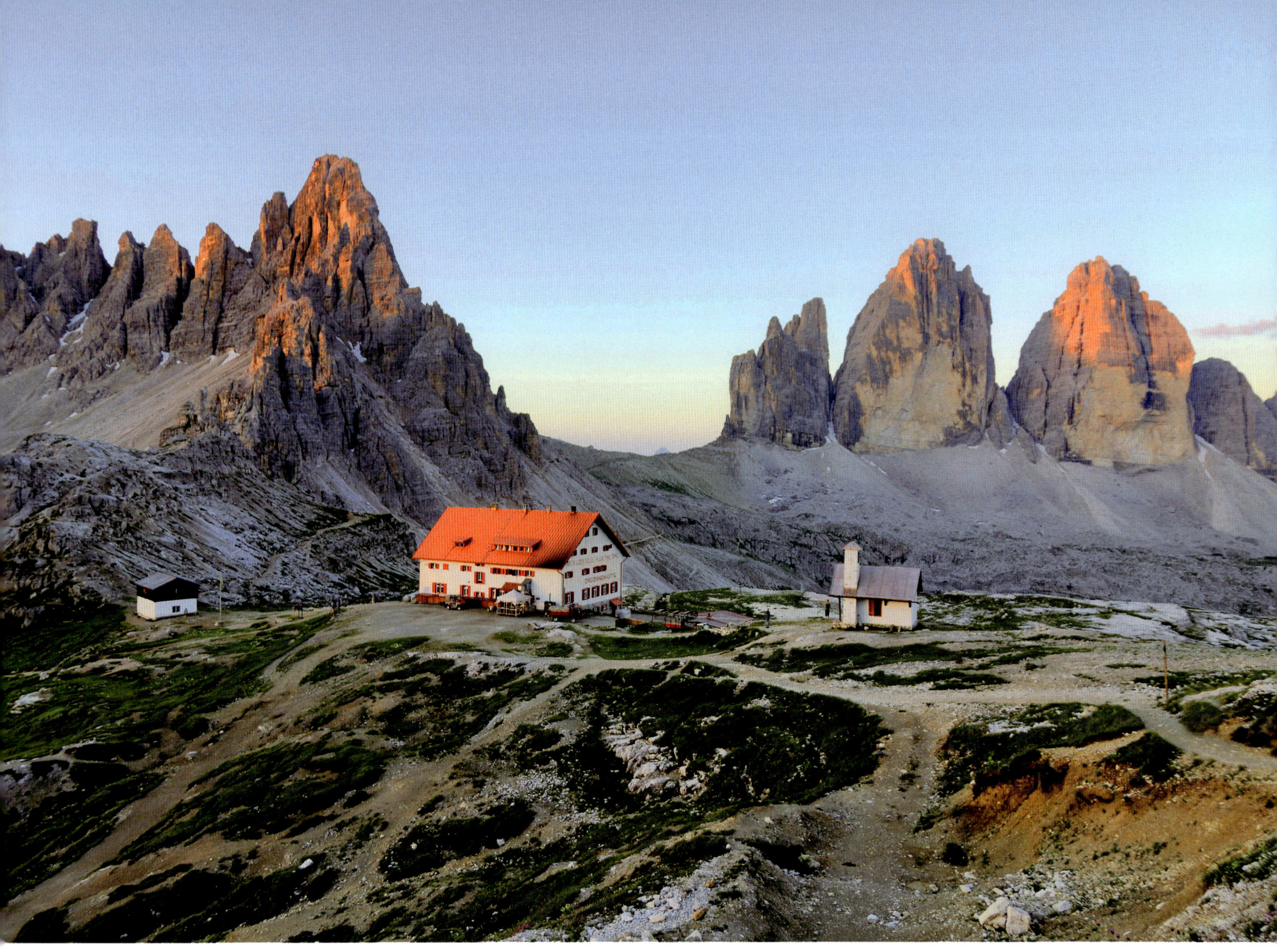

Die Drei Zinnen in den italienischen Dolomiten hatte ich mehrmals in einem Werbespot gesehen, sodass wir sie als Zwischenstopp auf dem Weg in den Familienurlaub einplanten. Und in der Tat sehe ich seitdem die Dolomiten als eines der reizvollsten Ziele im Alpenraum an, das ich unbedingt auch mal länger besuchen will. Auch ein Bild in der Schule kann durchaus als Anregung dienen. Von der Wülfersberg-Kapelle in Neuwied sah ich ein Foto in der Grundschule meiner Kinder: eine frei stehende Kapelle, noch dazu Richtung Sonnenuntergang und nur paar Kilometer von zu Hause entfernt. Sie wurde in den letzten Jahren eines meiner Lieblingsziele.

MOTIVRECHERCHE IM INTERNET

Bei gezielten Recherchen suche ich meine Motive in der Regel im Internet, wie wahrscheinlich die meisten anderen Fotografen auch. Vor allem bei Fotoportalen wie Flickr oder Fotocommunity finden sich häufig schönere Bilder einer Landschaft als bei einer Google-Suche. Ich freue mich auch immer, Webseiten von Fotografen zu finden, die beispielsweise in einer schönen Gegend wohnen und diese detailliert und hervoragend fotografiert haben.

Die Drei Zinnen in Südtirol sind ein unglaublich faszinierendes Fotomotiv und das Wahrzeichen der Dolomiten.

12–24 mm 1:4 | 12 mm | 1/160 s | f/4 | ISO 100

Roadmap für die Fototour

Wenn ich einen schönen Spot gefunden habe, kommt der schwierigere Teil: herauszufinden, wo genau dieser Ort liegt und wie man am besten dorthin kommt. Bei der Google-Maps-Suche gibt es eine hilfreiche Funktion, und zwar die Anzeige von Bildern mit ihrer ungefähren Position. Nach Eingabe des gesuchten Orts können rechts am Rand getaggte Bilder mit der ungefähren Position gezeigt werden. Häufig ist die GPS-Angabe ungenau oder wurde vom Fotografen fälschlicherweise an eine andere Stelle gesetzt. Trotzdem ist es eine sehr gute Hilfe für die Motivsuche. Ich wende dafür teilweise viel Zeit auf und erstelle mir eine Roadmap mit Adressen und Motiven für eine Fototour, die ich in der festgelegten Reihenfolge abfahren will. Als Nächstes kontrolliere ich die Zeiten für Sonnenaufgang und Sonnenuntergang, eventuell den Mondaufgang und die Ausrichtung der Sonne sowie die Wettervorhersage. Vor Ort wird es meistens doch noch herausfordernd, denn meine Adressen sind häufig zu ungenau, ich habe zu wenig Zeit eingeplant oder das Wetter hat sich geändert.

Dieses Jahr hatte ich auf dem Rückweg von einem Termin einen Abendbesuch im Harz eingeplant. Ich habe die Adressen der unterschiedlichen Teufelsmauern und des Bodetals im Internet gefunden. Da ich das erste Mal im Harz war, waren die paar Stunden natürlich viel zu kurz, und ich habe nicht alle gesuchten Stellen gefunden. Fürs nächste Mal habe ich mir vorgenommen, möglichst die exakten GPS-Koordinaten zu finden und natürlich mehr Zeit einzuplanen.

JAHRESZEITEN EINBEZIEHEN

Bei der Planung von Fototouren sollten Sie bedenken, wie sich die Vegetation verändert oder ob manche Jahreszeiten für Ihre Fototour überhaupt sinnvoll sind.

Winter

Der Winter ist die Zeit für Schnee- und Eisbilder. Leider gab es in den letzten Jahren in niederen Lagen wenig Schnee. Der Mittelrhein und die Mosel wurden so gut wie gar nicht weiß. Bei meinem einjährigen Fotoprojekt, die Mosel von der Quelle bis zu Mündung zu fotografieren, konnte ich nur in den Vogesen ein paar Schneereste vor die Linse bekommen. Als Alternative sind die höheren Lagen der Mittelgebirge oder die Alpen angesagt oder natürlich Touren nach Nordeuropa.

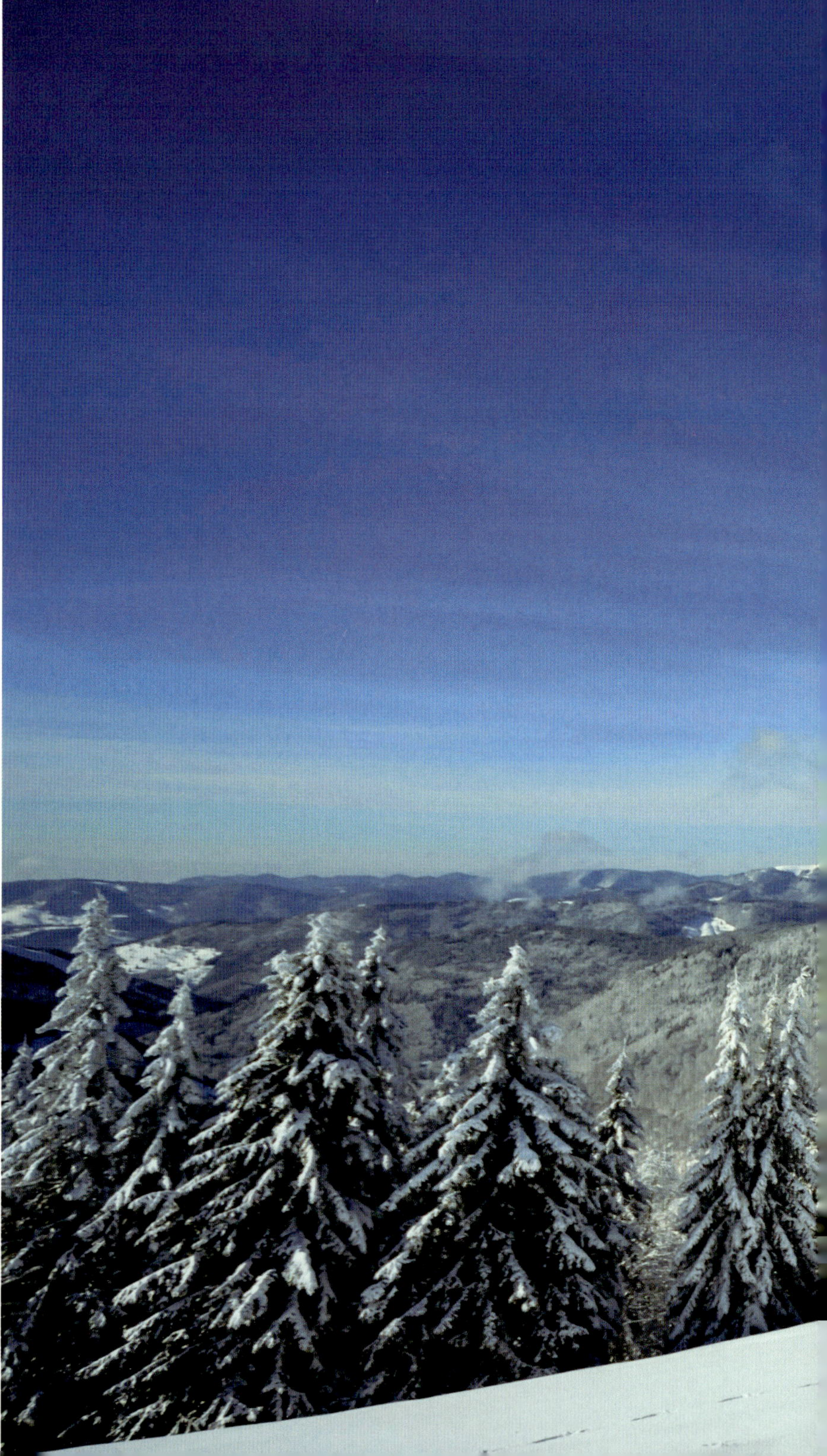

Wenigstens am Feldberg ist in der Regel noch genügend Schnee zu finden, während das Rheinland grau bleibt.

12–24 mm 1:4.5–5.6 | 18 mm | 1/3200 s | f/5.6 | ISO 200

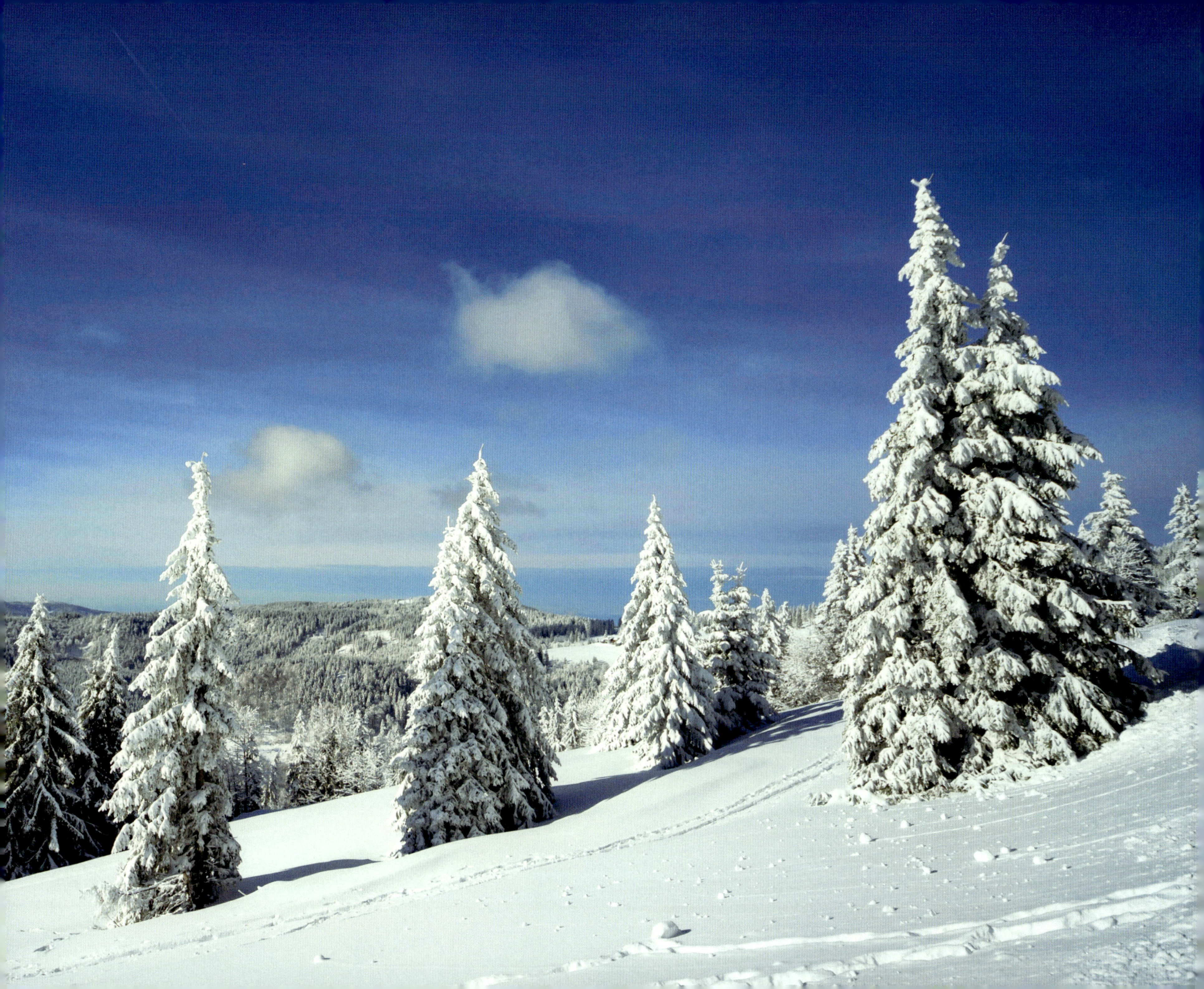

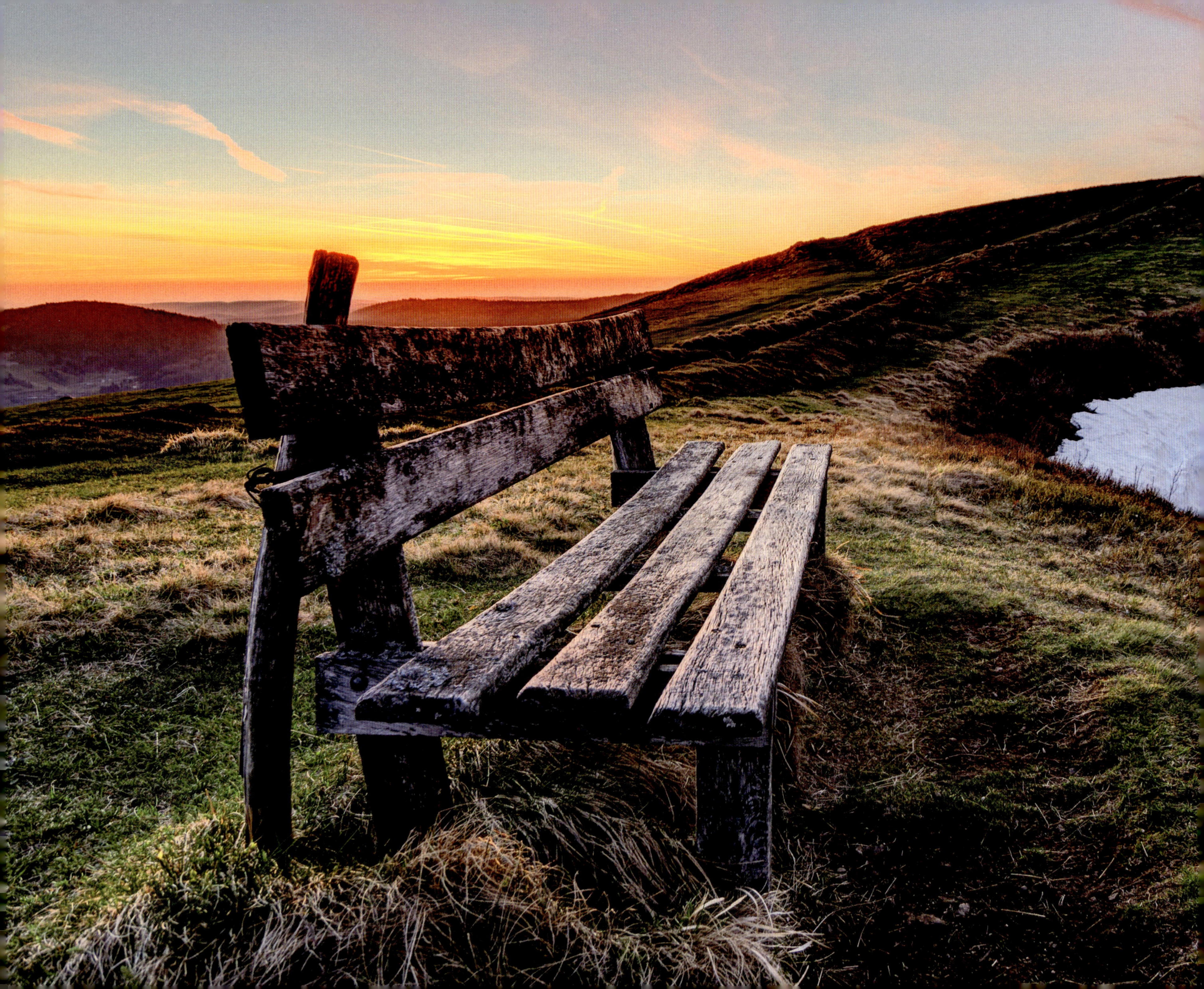

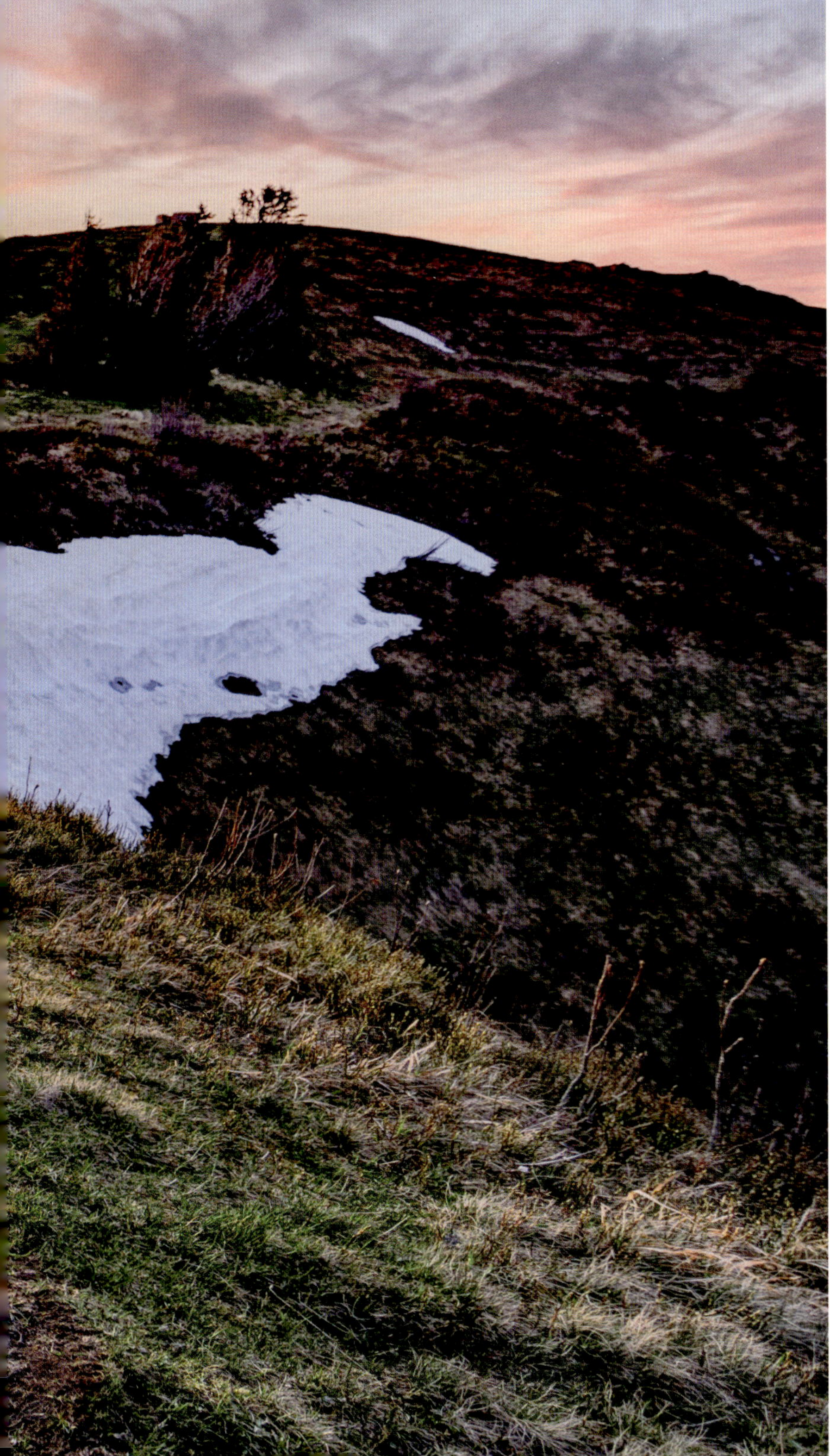

Im Winter fotografiere ich eher wenige Landschaften daheim. Die Gegend ist Grau in Grau und das Wetter häufig von Dunst und Hochnebel geprägt. Trotzdem gibt es Tage, die sich tatsächlich gut zum Fotografieren eignen. Manche Objekte wie Burgen oder Felsen sind gut zu fotografieren, wenn sie nicht komplett zugewachsen sind. Mit einem schönen Sonnenuntergang oder bei Nebel sind durchaus schöne, stimmungsvolle Bilder möglich. Für Sonnenaufgangsbilder müssen Sie im Winter nicht so früh aufstehen. Polarlichter sind nur sichtbar, wenn es dunkel ist. Daher sind nur der späte Herbst und die Wintermonate für die Fotografie von Polarlichtern geeignet.

Schneereste in den Vogesen oberhalb der Moselquelle auf dem Le Drumont.

12–24 mm 1:4 | 12 mm | 1/8 s | f/5 | ISO 100

Frühling

Der Frühling ist meine liebste Jahreszeit. Die Natur explodiert. Anfang April leuchten im Rheinland die Buschwindröschen, in Rügen blühen sie oft erst vier Wochen später. Die Zeiten der Blühphasen sind je nach Ort unterschiedlich, im Gebirge fängt der Frühling manchmal erst Ende Juni an. Die Toskana dagegen ist im Juni schon ziemlich braun gebrannt. Die Obstbäume blühen in weißer Pracht. Der Wald sieht im Frühling aus wie ein Märchenwald. Mischwälder blühen in einem Mix aus grünen und weißen Farben. Ende April blüht auf zahlreichen Ackerflächen der Raps. Für echte Naturfans ist es nur eine Kulturpflanze, ich selbst liebe die gelben Rapsfelder als Farbtupfer in der Landschaft. Leider dauert das Blühen nur kurze Zeit an. Ab Mitte Mai blüht der Mohn, und die Weinberge fangen langsam zu grünen an.

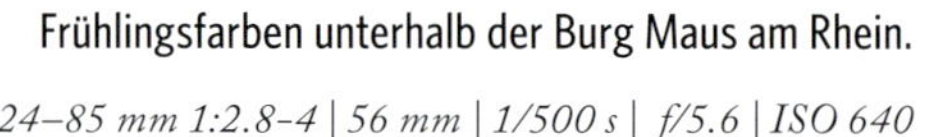

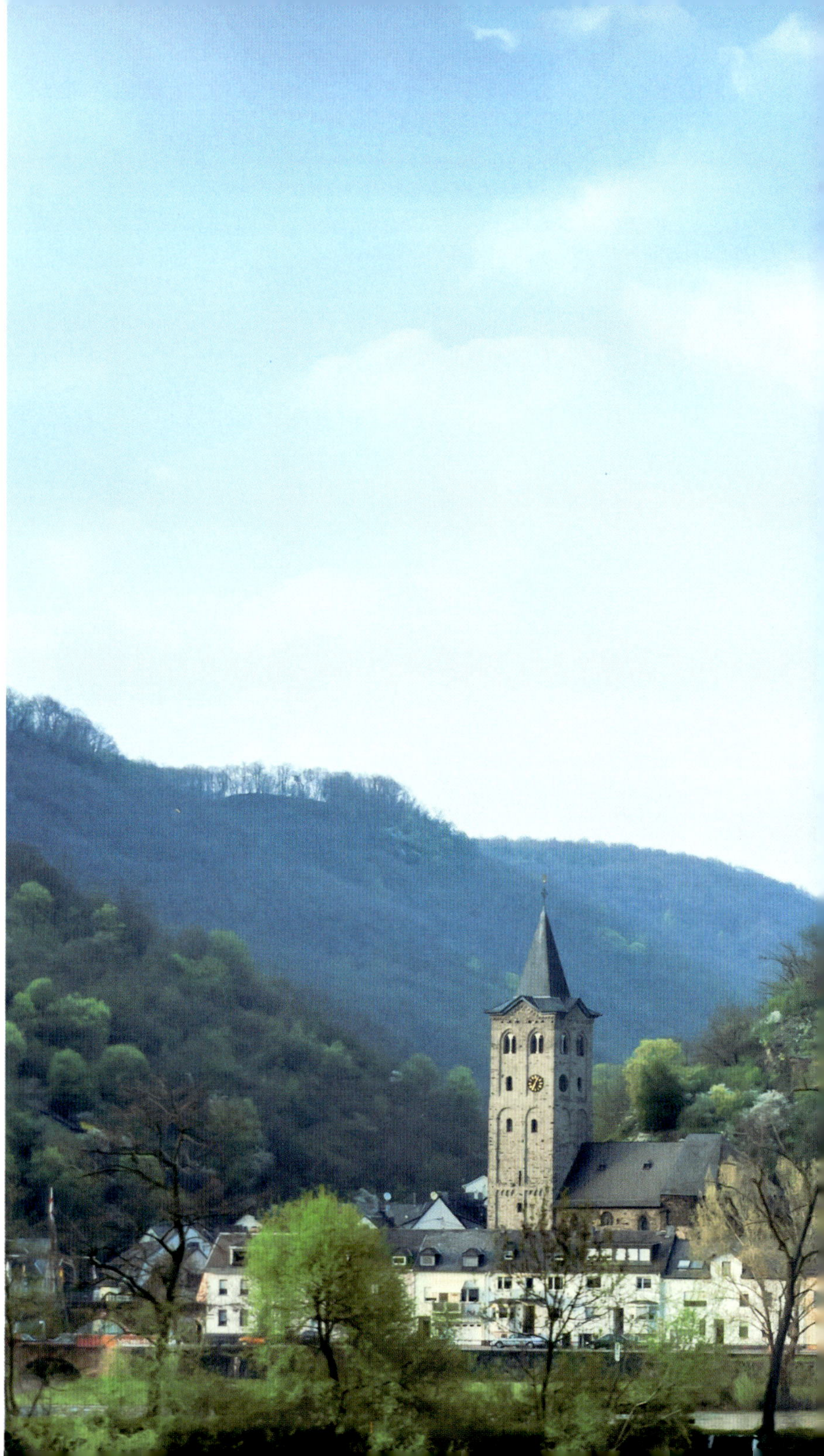

Frühlingsfarben unterhalb der Burg Maus am Rhein.

24–85 mm 1:2.8-4 | 56 mm | 1/500 s | f/5.6 | ISO 640

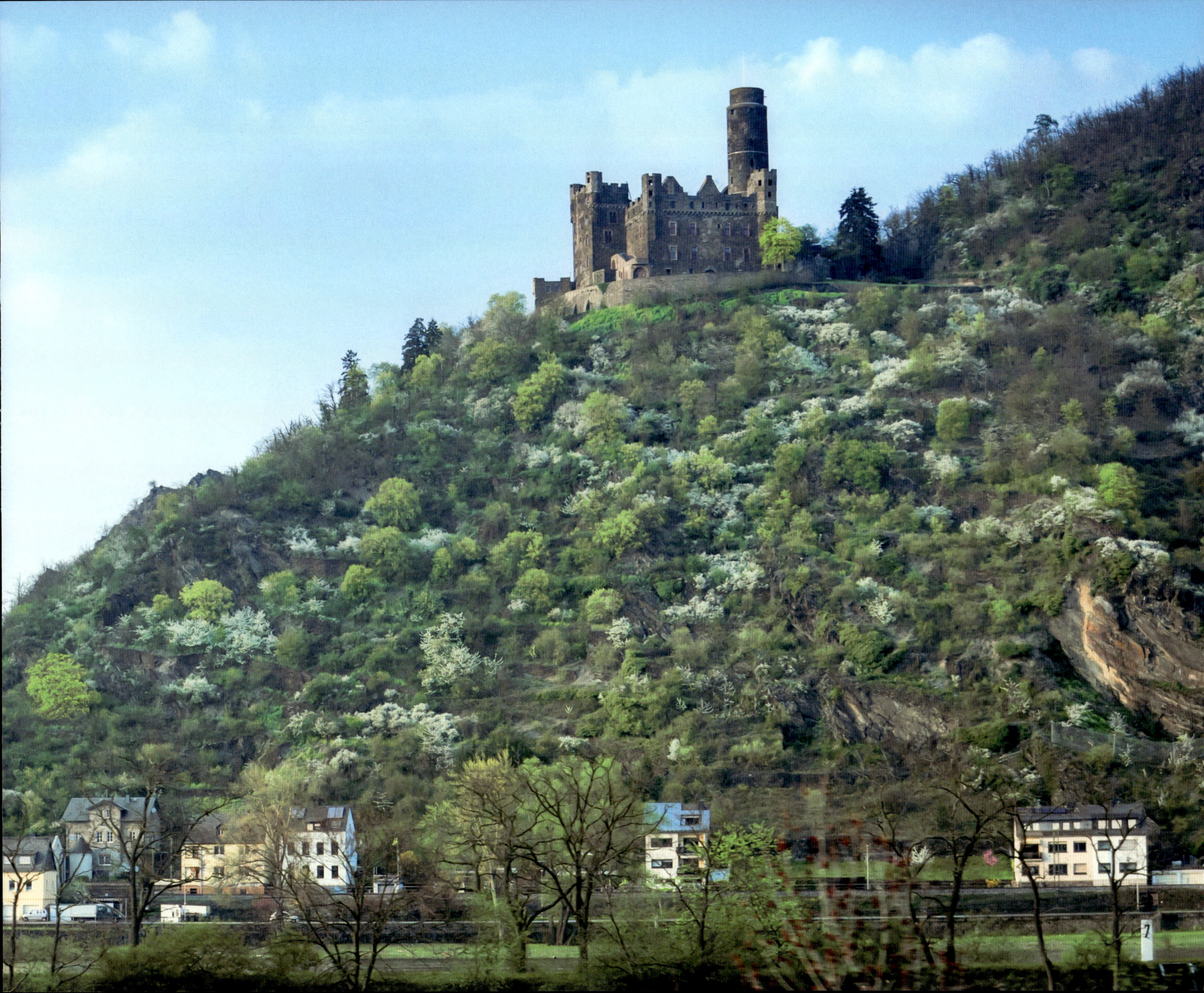

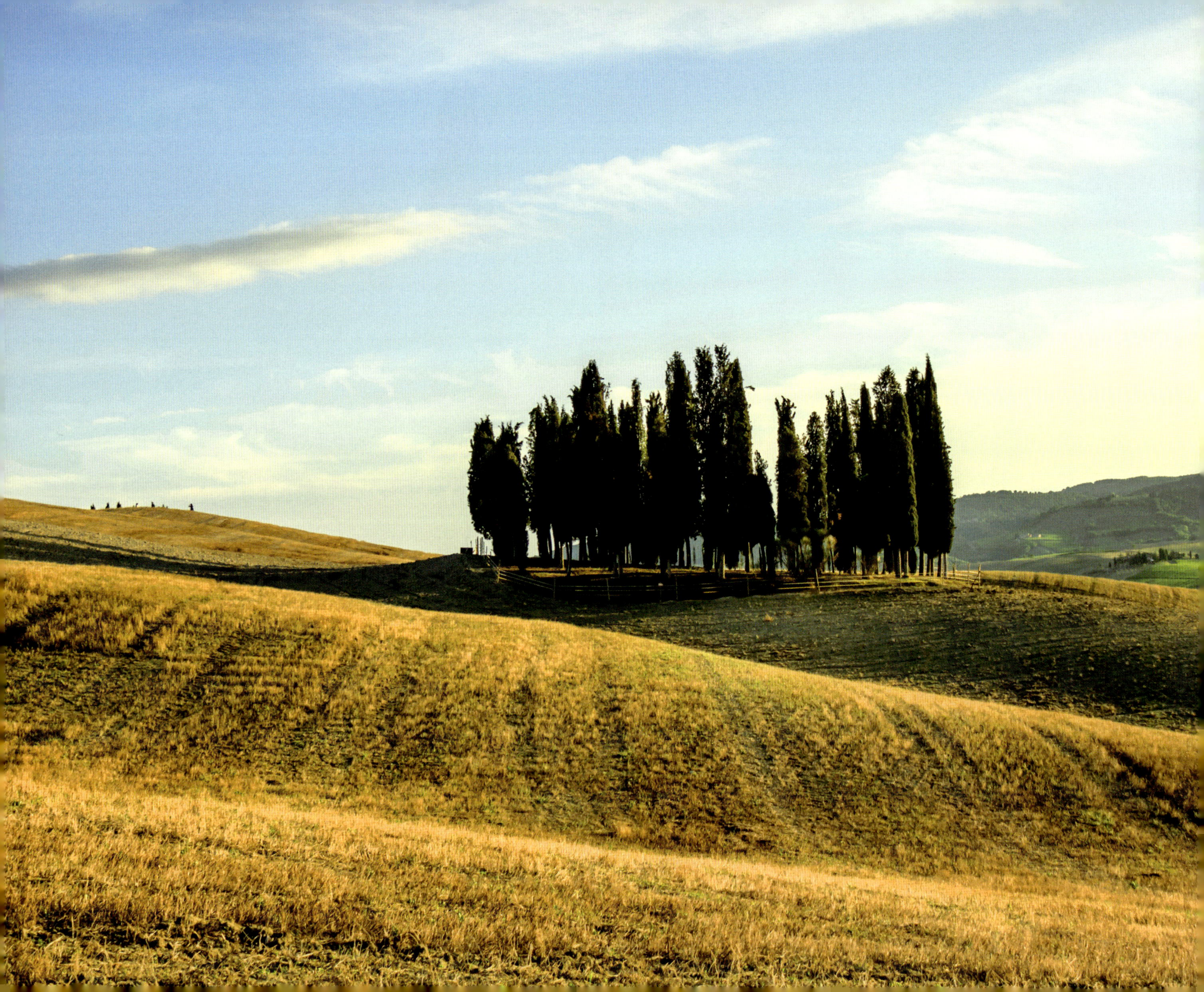

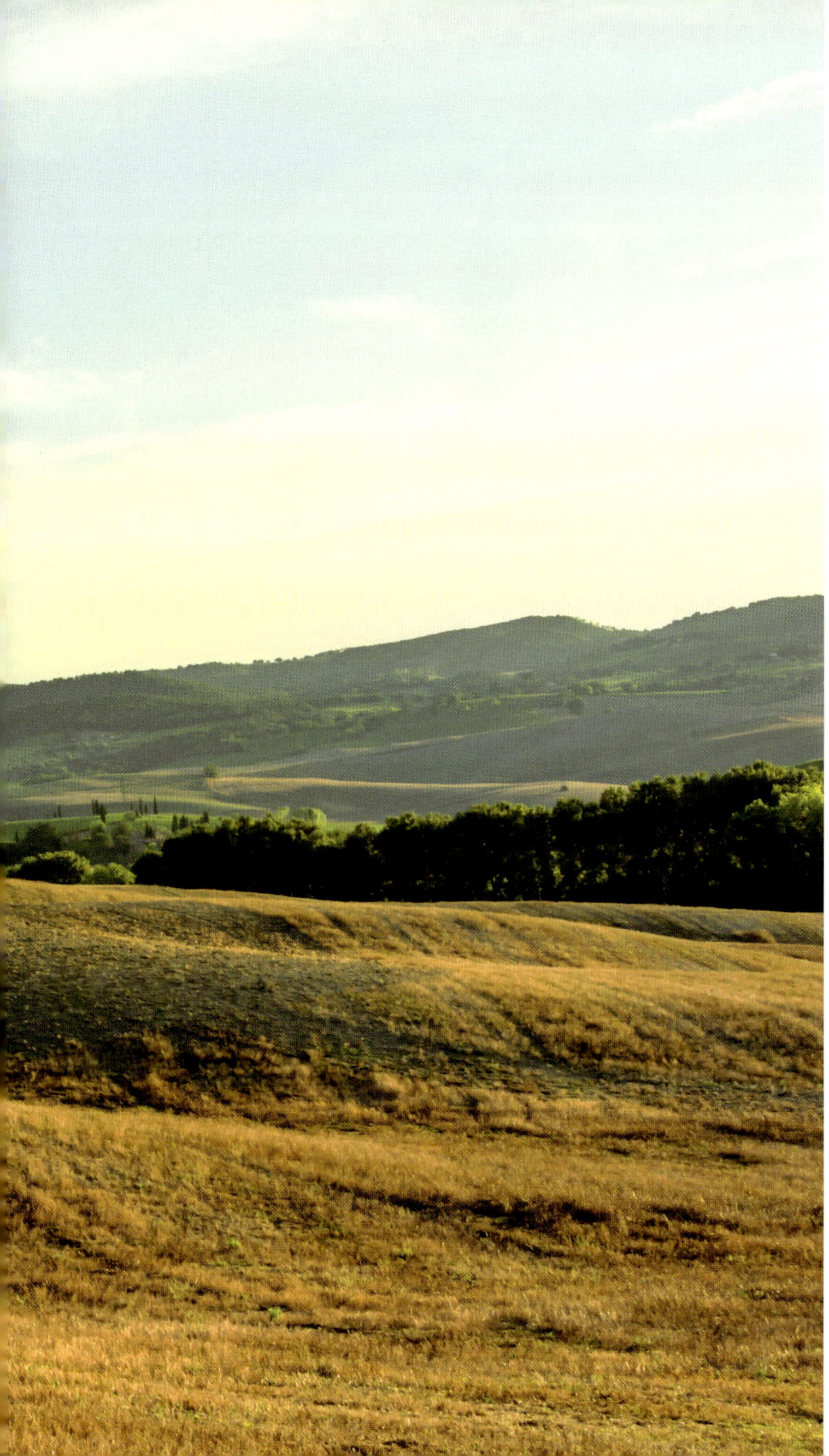

Sommer

Der Sommer beginnt auf der Nordhalbkugel um die Sommersonnenwende. Dann stehen die längsten Tage des Jahrs an. Es beginnt eine Hochzeit für Fototouren. Bei klaren Tagen ist es in Mitteleuropa knapp 17 Stunden lang hell. In Nordeuropa geht die Sonne über dem Polarkreis gar nicht unter. Es ist die Zeit der weißen Nächte, perfekt für lange Landschaftstouren. Schreitet der Sommer weiter voran, werden die Felder immer brauner, sind abgeerntet, und auch der Wald ist nicht mehr richtig grün. Die Sonne steht hoch am Himmel, die Luft ist häufig diesig, es ist mehr Badezeit als Fotozeit – zumindest in unseren Breiten.

Abgeerntete Felder bei der Zypressengruppe Santa Maria, San Quirico d'Orcia.

24–120 mm 1:4 | 24 mm | 1/640 s | f/5 | ISO 160

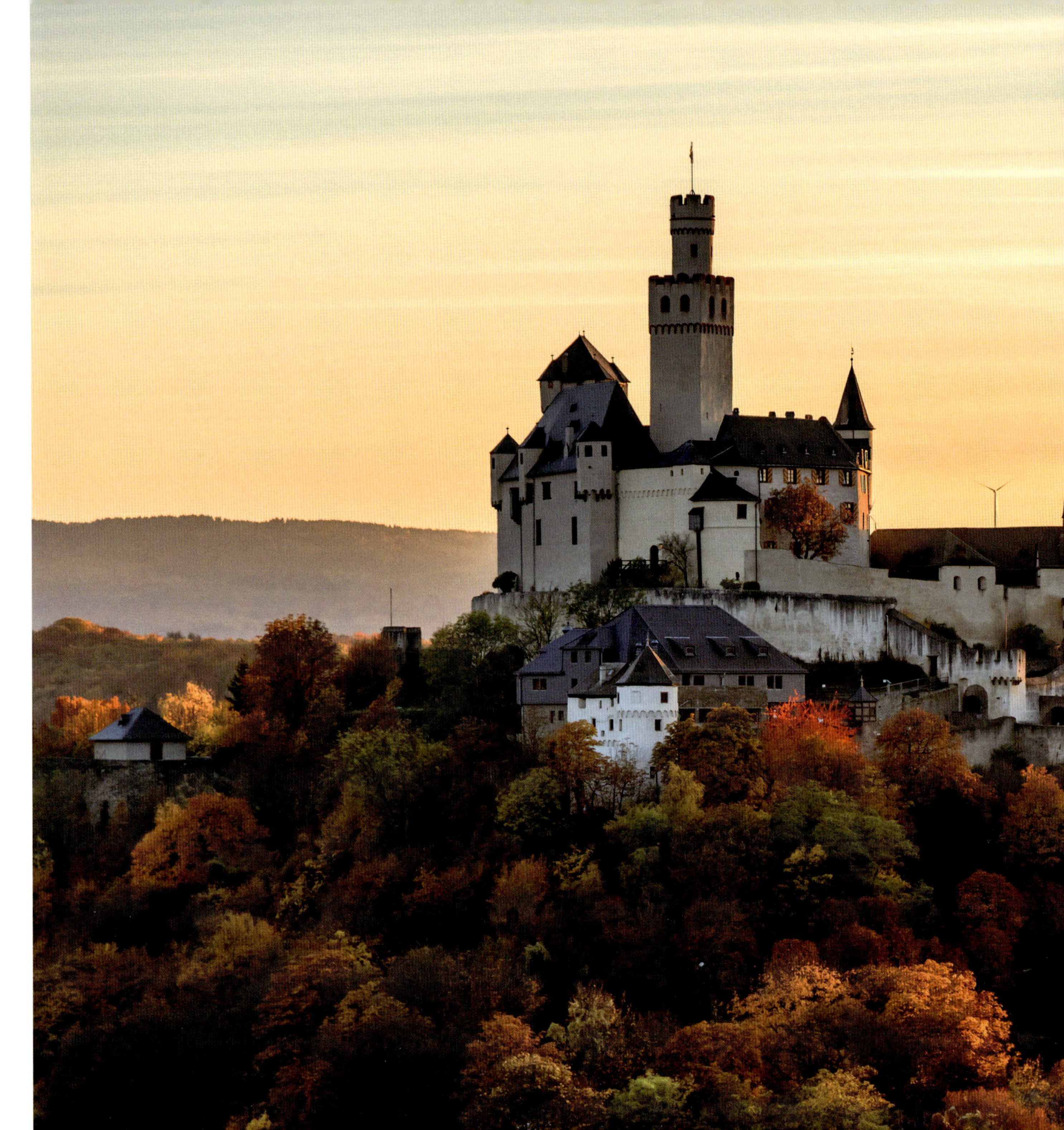

Indian Summer an der Marksburg.

24–120 mm 1:4 | 120 mm | 1/800 s | f/5 | ISO 400

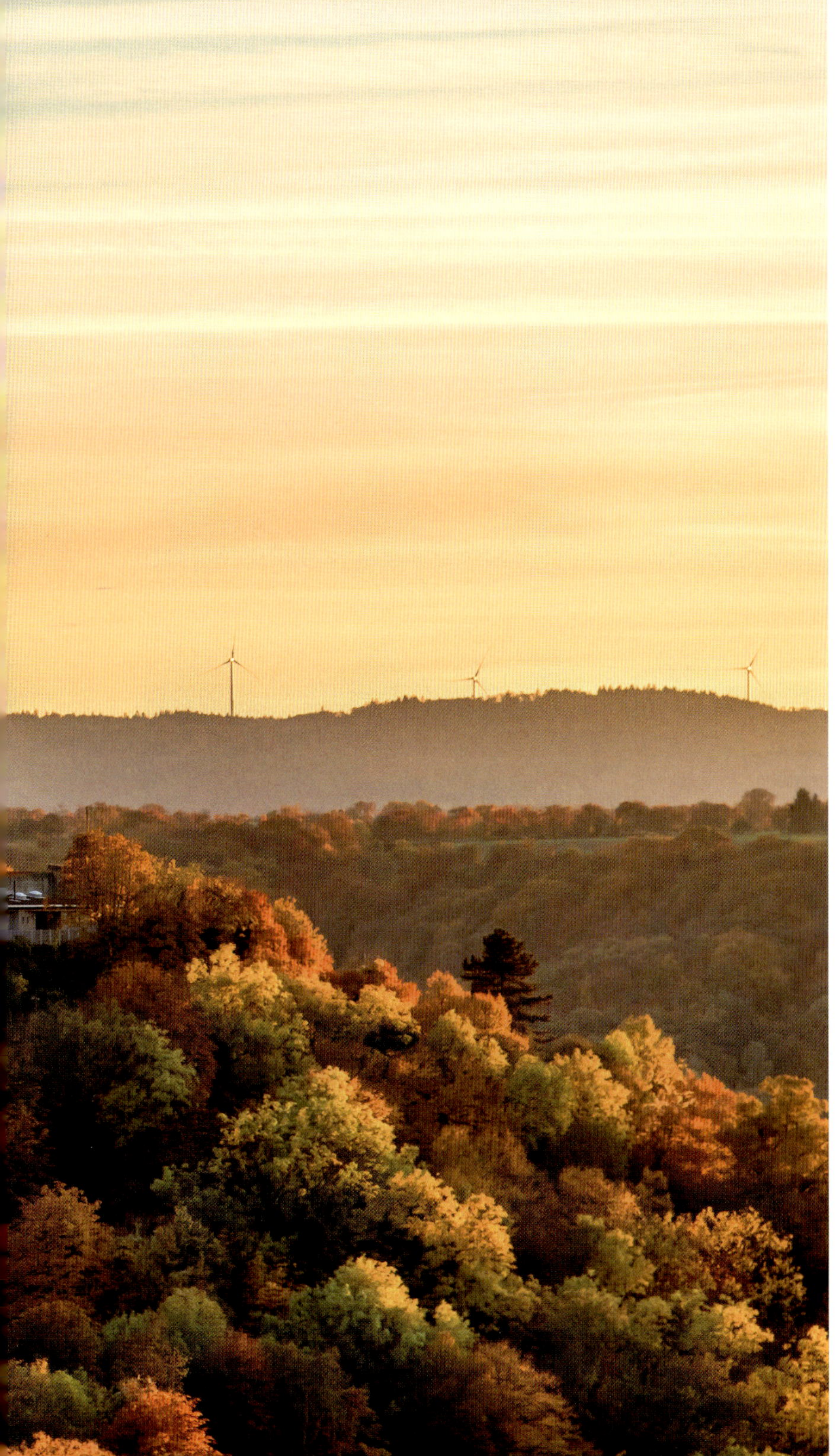

Herbst

Jetzt beginnt wieder eine interessante Zeit für Landschaftsfotografen – der Herbst. Ende August blühen die Heidegebiete, und Anfang September stellt sich in der Regel bei uns der morgendliche Herbstnebel ein. Die Tage werden kälter, die wird Luft klarer, und die Bäume und Weinberge fangen an, in unterschiedlichen Farben zu leuchten. Die Sonne steht nicht mehr so hoch, das Licht wird weicher und die Sicht klarer. Der Indian Summer ist zwar ein Begriff der nordamerikanischen Westküste, aber auch in unseren Breiten sind leuchtende Herbstbilder möglich. Im sogenannten Altweibersommer im September und Oktober beherrschen Hochdruckgebiete das Klima. Die Folge sind strahlend blauer Himmel mit teils sommerlichen Temperaturen am Tag, aber teils schon frostigen Graden in der Nacht. Je stärker die Nachtfröste und wärmer die Tage sind, desto stärker wird auch die Blattfärbung. Wälder und Weinberge strahlen in unterschiedlichsten Farben.

LAND UNTER, EBBE UND FLUT

Neben der Vegetation gibt es weitere Punkte, die bedacht werden müssen. Vor allem an Flüssen verändert der Wasserstand die Landschaft. In sehr trockenen Monaten kann beispielweise der Rhein direkt im Flussbett fotografiert werden. An der Loreley sind dann die starken Riffe sichtbar, die schon diversen Schiffen zum Verhängnis wurden. Bei höherem Wasserstand gelangt man an diversen Stellen nicht mehr ans Wasser, um Steine im Vordergrund mit aufzunehmen.

Auch ein wichtiges Thema: Ebbe und Flut. Das englische Eiland Holy Island kann nur über einen Damm überquert werden, wenn gerade Ebbe ist. Im Internet sind die Ebbe- und Flutzeiten zu finden. Manche Landschaftsabschnitte sind bei Ebbe unattraktiver, der Boden ist matschig und wirkt unruhig. Ebenso können Stürme oder etwaige Arbeiten eine Landschaft verändern.

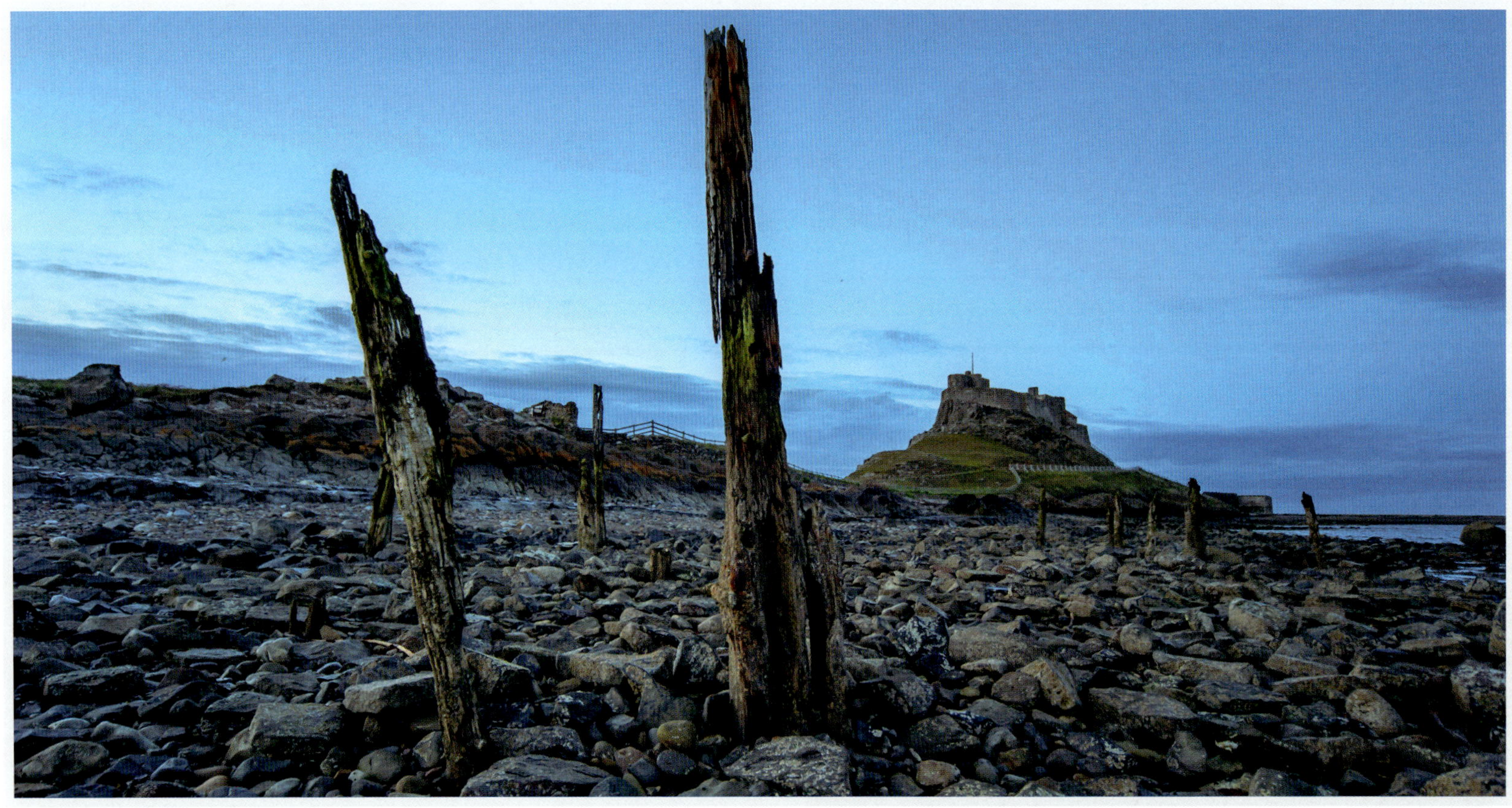

Holy Island Lindisfarne. Mit etwas Wasser im Vordergrund sähe dieses Foto noch interessanter aus.

12–24 mm 1:4.5–5.6 | 17 mm | 1/4 s | f/5.6 | ISO 200

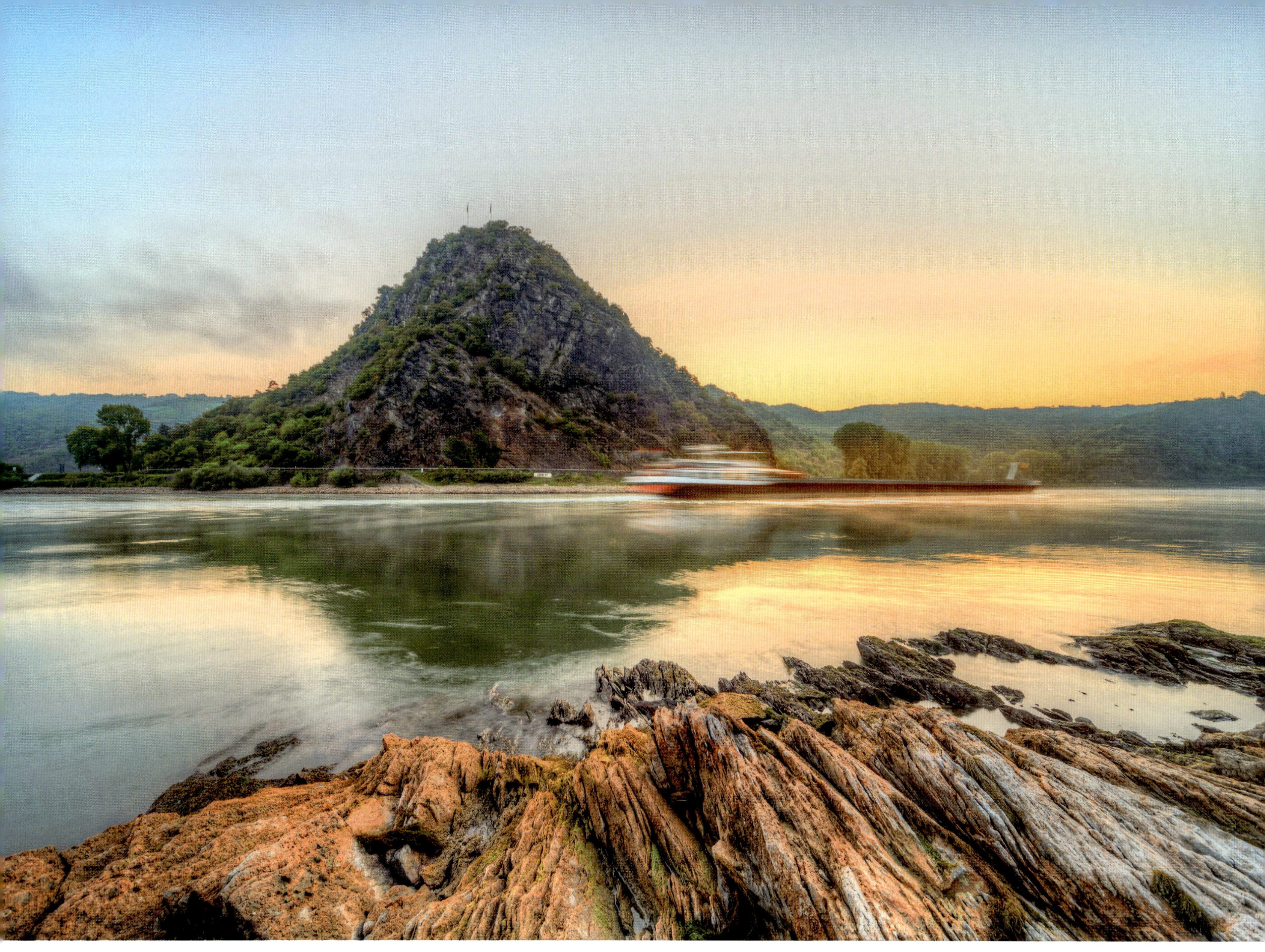

Frei liegende Riffe an der Loreley.

12–24 mm 1:4.5–5.6 | 12 mm | 1/2 s | f/8 | ISO 50 HDR

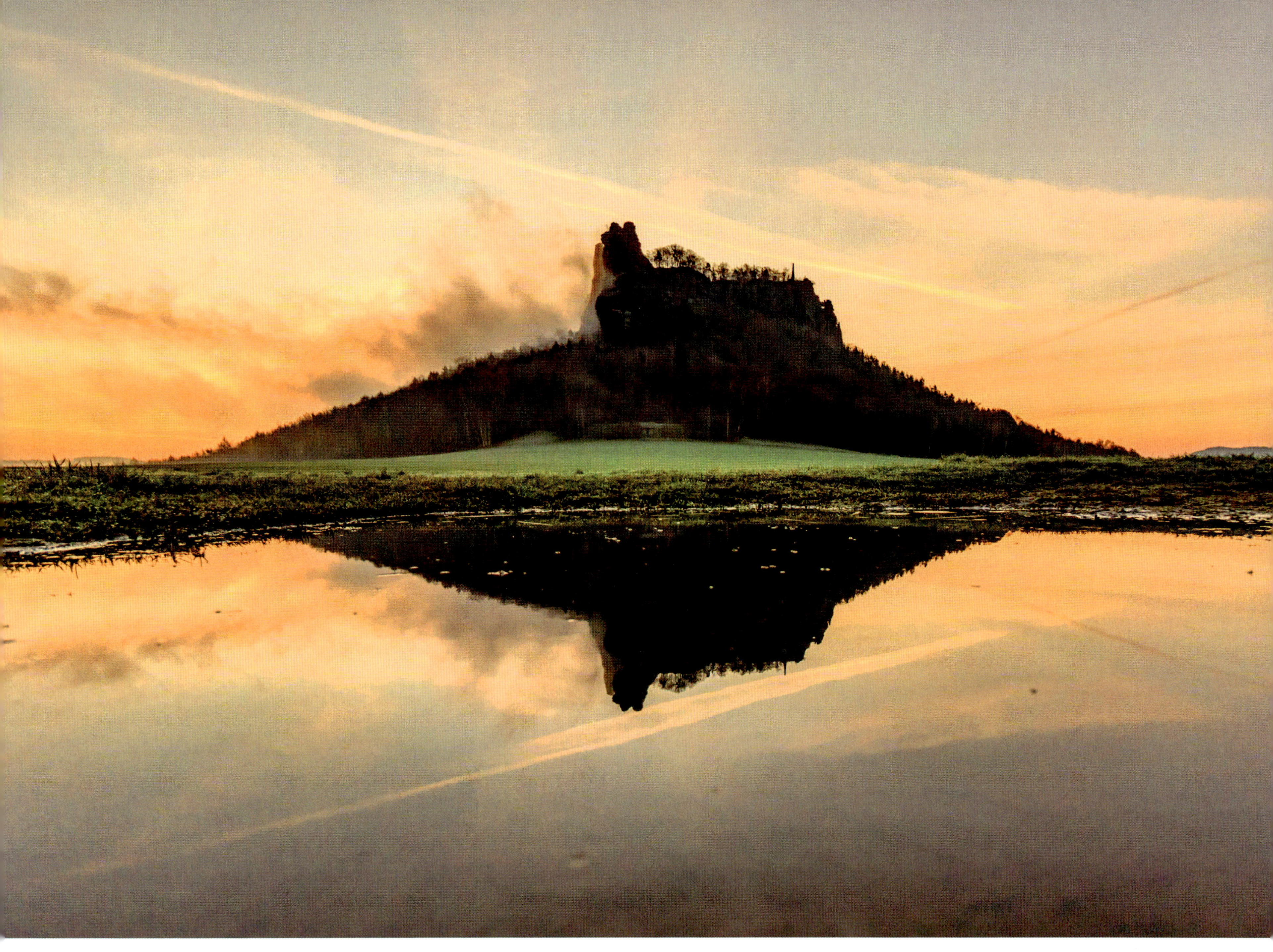

Lilienstein in der Sächsischen Schweiz.

E 10–18 mm F4 OSS | 11 mm | 1/400 s | f/4 | ISO 400

MOTIVSUCHE VOR ORT

Vor Ort heißt es, die besten Motive und Details zu finden. Wenn ich in einer Landschaft unterwegs bin, suche ich tatsächlich am liebsten einzelne Punkte, wie exponierte Felsen oder Bäume, die als Hauptmotiv fungieren können. Aus diesem Grund empfinde ich die Fotografie in einigen Mittelgebirgen als herausfordernd. Als Beispiel sei der Westerwald genannt, er ist stark bewachsen, und es gibt wenige freie Bergkuppen, die als Motiv dienen können. Die Sächsische Schweiz oder der Harz bieten Motive, die einfacher zu fotografieren sind. In der Sächsischen Schweiz ragen an diversen Stellen exponierte Tafelberge oder Felsen aus Sandstein aus der Landschaft, im Harz sind es die Teufelsmauern.

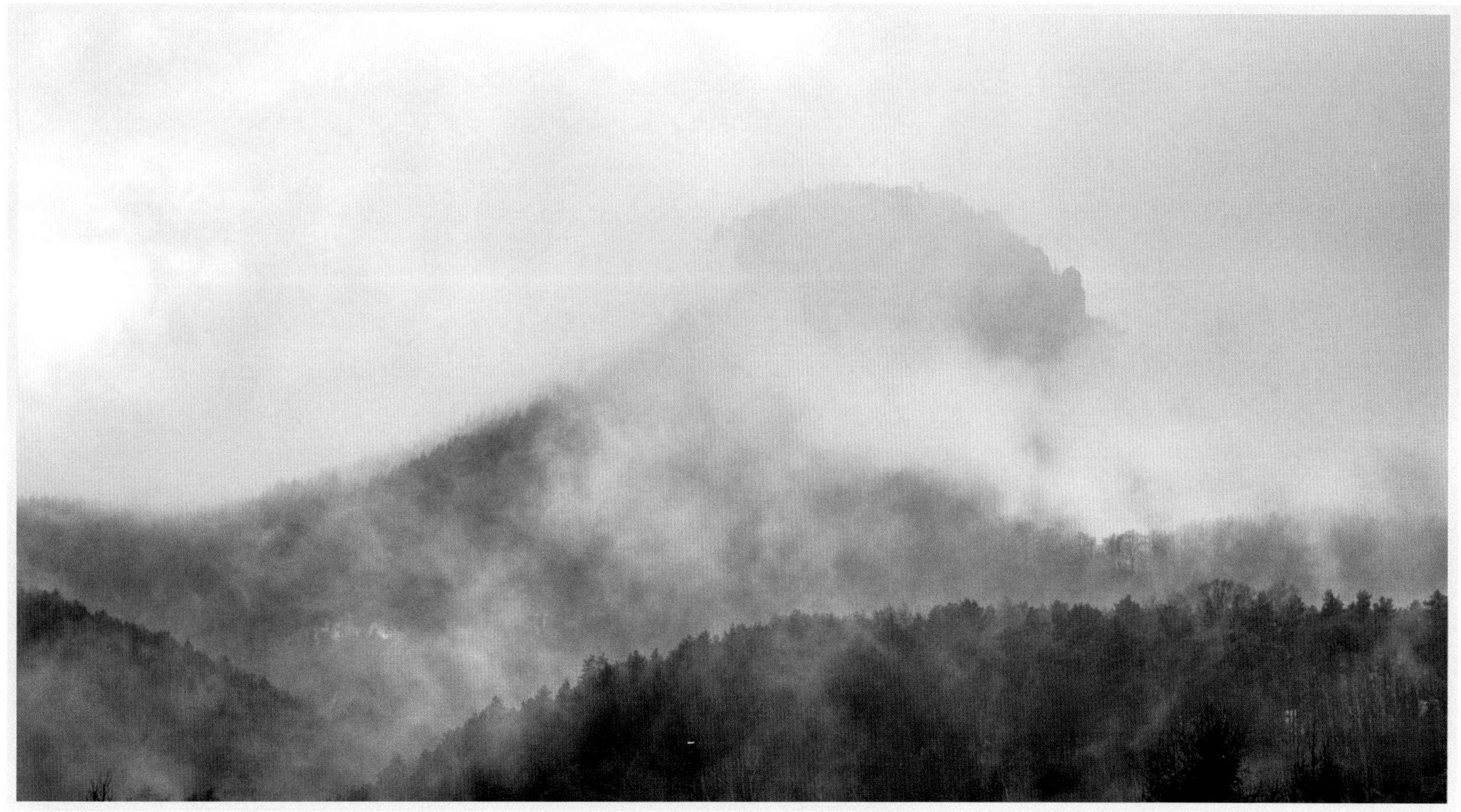

24–120 mm 1:4 | 120 mm | 1/800 s | f/4.5 | ISO 320

Immer weiter neue Stellen suchen

Die Suche nach einem guten Fotostandpunkt gehört zu den ersten Tätigkeiten bei einer Fototour. Die Devise ist, immer weiter und nach neuen Stellen suchen. Es passiert mir häufig, dass ich mich an ein, zwei Stellen festfotografiere, aber nachher die besten Stellen verpasse. Daher nehme ich mir jedes Mal wieder vor, auch bekannte Fotospots erst einmal abzulaufen und nach neuen oder den schönsten Aussichtspunkten zu suchen. Vor allem wenn Sie vorhaben, eine Position nachts aufzusuchen, ist es sinnvoll – falls zeitlich möglich –, sie vorher zu erkunden.

Ich war zum ersten Mal am Eibsee. Im Eibsee spiegelten sich Teile des Wettersteingebirges mit der Zugspitze. Wir gingen den Weg los vom Parkplatz und stoppten nach knapp einem Drittel des Wegs an einer Stelle, von der aus es einen schönen Blick geben soll. Leider war die Situation vor Ort nicht wie geplant. Laut der Webcam vom Eibsee sollte auf dem See Eis sein, ich wollte Bilder machen, indem ich einige Eisschollen auftürme und anleuchte, im Stil des Gletschersees Jökulsárlón. Vor Ort war das Eis am See aber am Rand schon angeschmolzen, die Eisschicht nur fingerdick. Also fielen meine Experimente ins Wasser. Und so richtig spektakulär war die Stelle dann doch nicht. Also machten wir uns auf, bis wir trödelnd den Punkt direkt gegenüber den Bergen erreichten. Dort waren die Symmetrie und der Blick viel schöner. Leider waren wir aber so spät, dass wir nur noch paar der letzten Sonnenstrahlen am Gipfel erwischten.

Die morgendlichen Sonnenstrahlen färben den ersten Schnee auf dem Lusen im Bayrischen Wald in ein zartes Rosa.

80–200 mm 1:2.8 | 175 mm | 1/500 s | f/5 | ISO 640

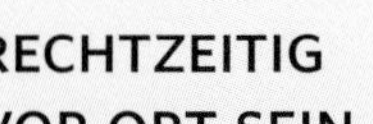

RECHTZEITIG VOR ORT SEIN

Nur allzu oft verpasst man die letzten Sonnenstrahlen. Gerade bei hellen, monotonen Motiven und natürlich bei schneebedeckten Bergen ergibt der Schein der Sonne eine wunderschöne Verzierung. Daher sollten Sie früh genug vor Ort bereitstehen.

Immer wieder an der gleichen Stelle

Das Licht, und damit auch ein Motiv, verändert sich ständig. Wenn die Stimmung aktuell wenig hergibt, kann die Landschaft zu einem späteren Zeitpunkt, ob nur ein paar Stunden später oder zu einer anderen Jahreszeit, wesentlich schöner daherkommen. Ich habe einige Motive in der Nähe, die ich mehrmals anfahren musste, bis ich mit dem Bild zufrieden war. Gegenüber der Stadt Neuwied, zwischen dem Engwetter bei Leutesdorf und dem Andernacher Krahnenberg, verengt sich das Rheintal wieder. Vom Andernacher Krahnenberg aus gibt es den schönsten Blick auf den Sonnenaufgang über Neuwied und dem Rheintal. Wenn im Frühherbst der erste Nebel auftritt, bleibt er manchmal über Stunden an dieser engen Stelle hängen. Einmal habe ich stundenlang gewartet und irgendwann das Warten abgebrochen. Insgesamt war ich fünfmal über einen längeren Zeitraum an dieser Stelle, bis das perfekte Licht da war. Eine Mischung aus Schleier- und Schäfchenwolken ergab ein unglaublich schönes Muster am Himmel und eine starke Gesamtstimmung im Bild.

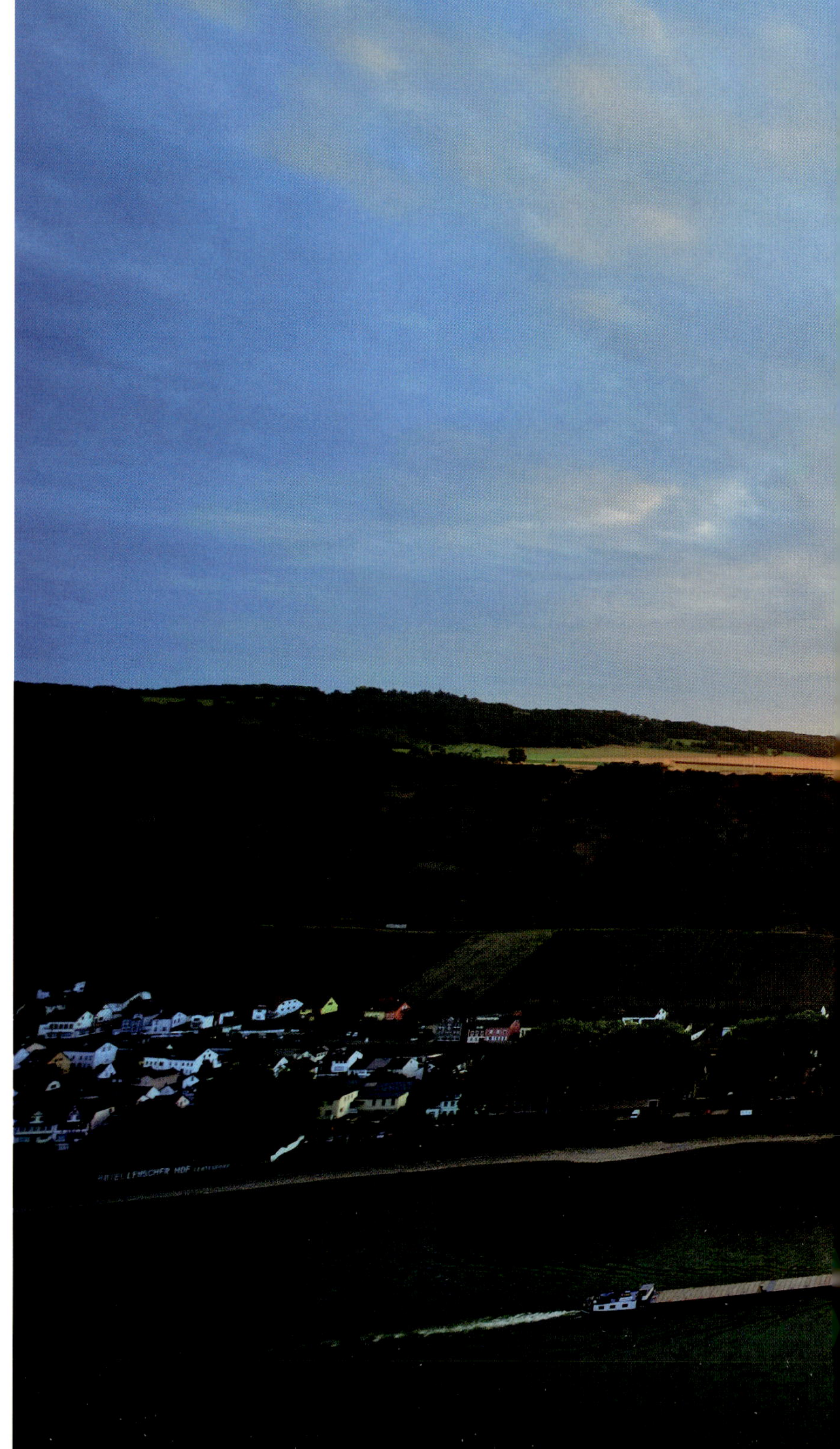

Blick vom Andernacher Krahnenberg.
Perfekt, von hier aus gibt es den schönsten Blick auf den Sonnenaufgang über dem Rheintal nahe Neuwied.

12–24 mm 1:4.5–5.6 | 12 mm | 1/320 s | f/7.1 | ISO 200

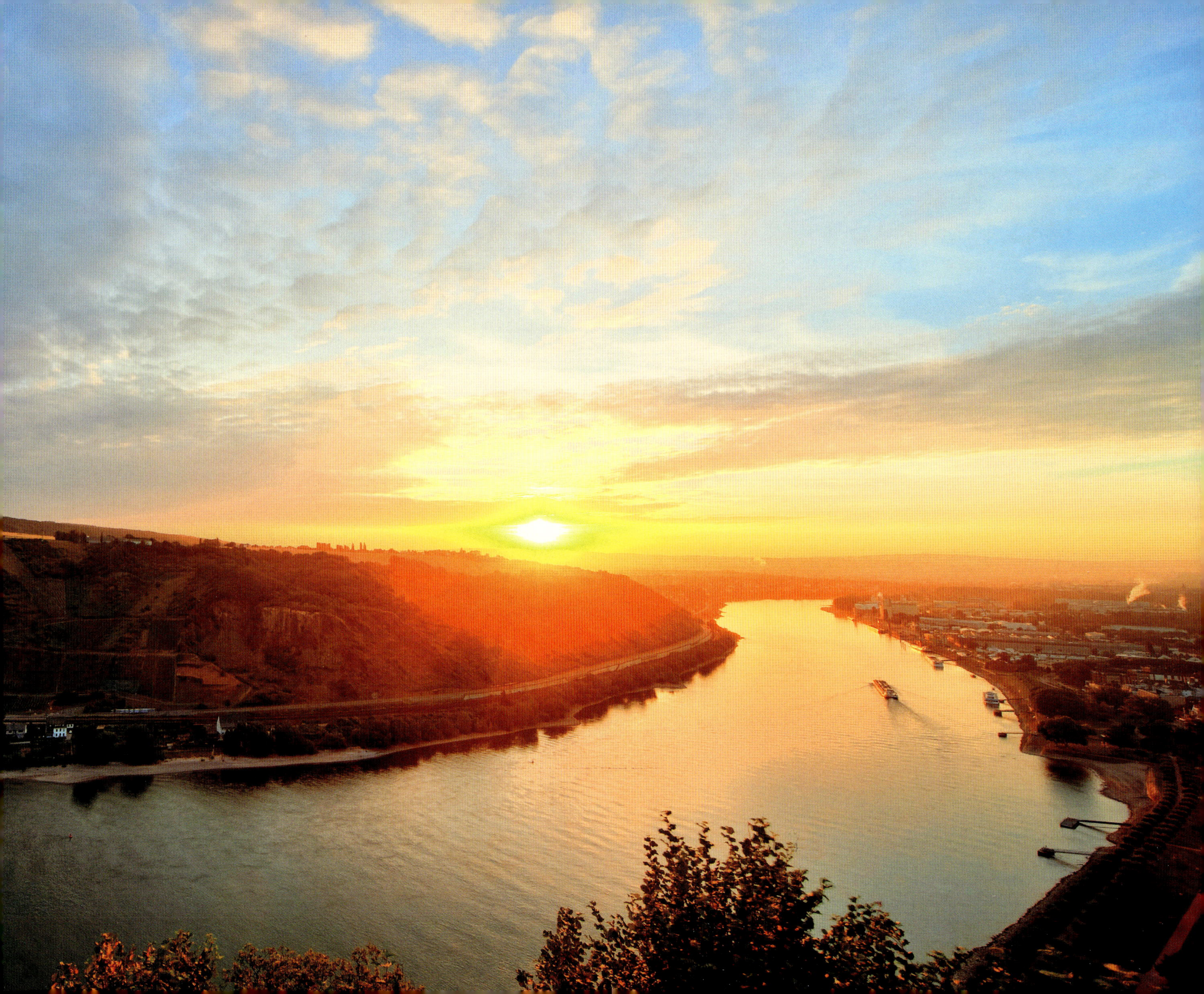

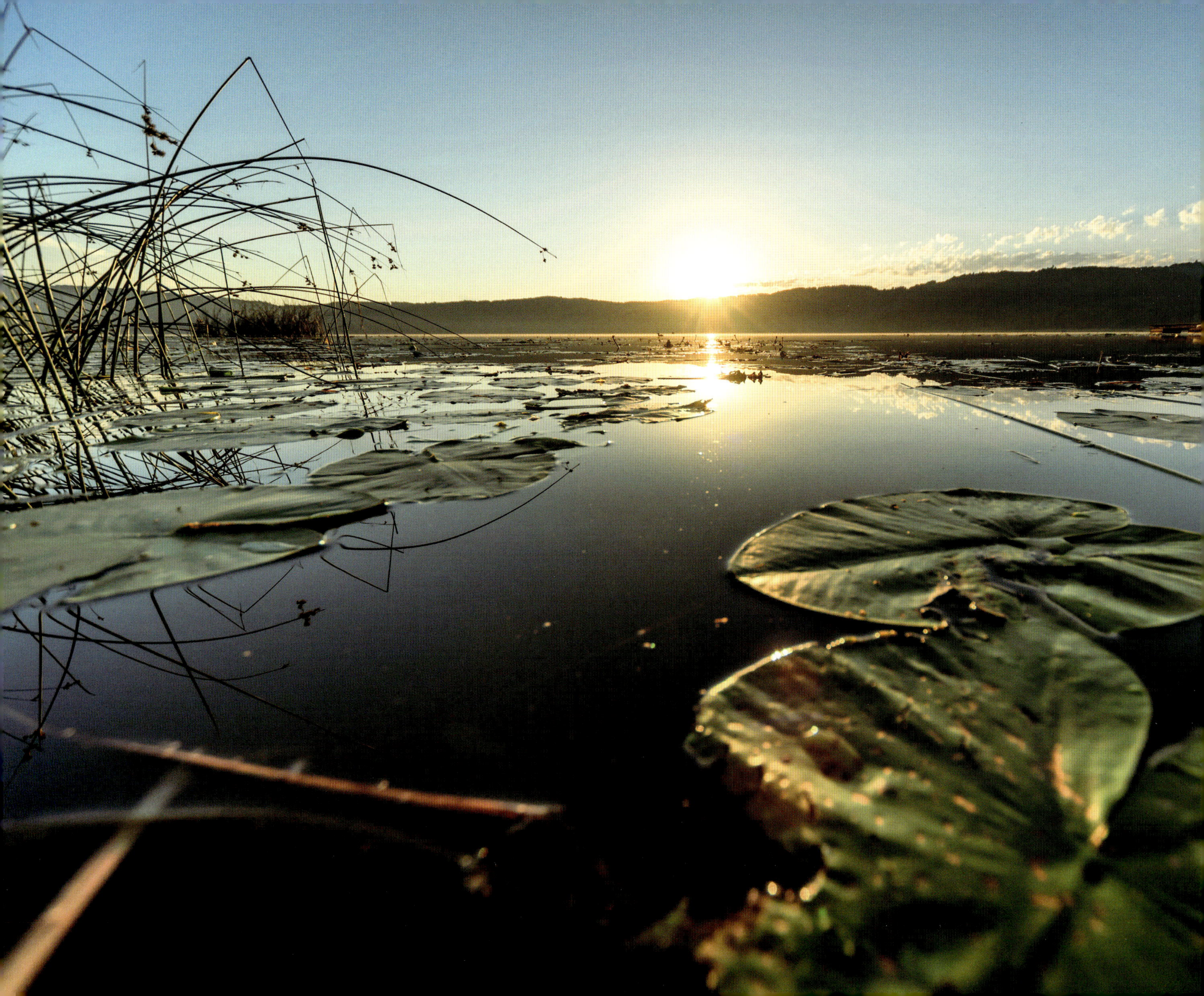

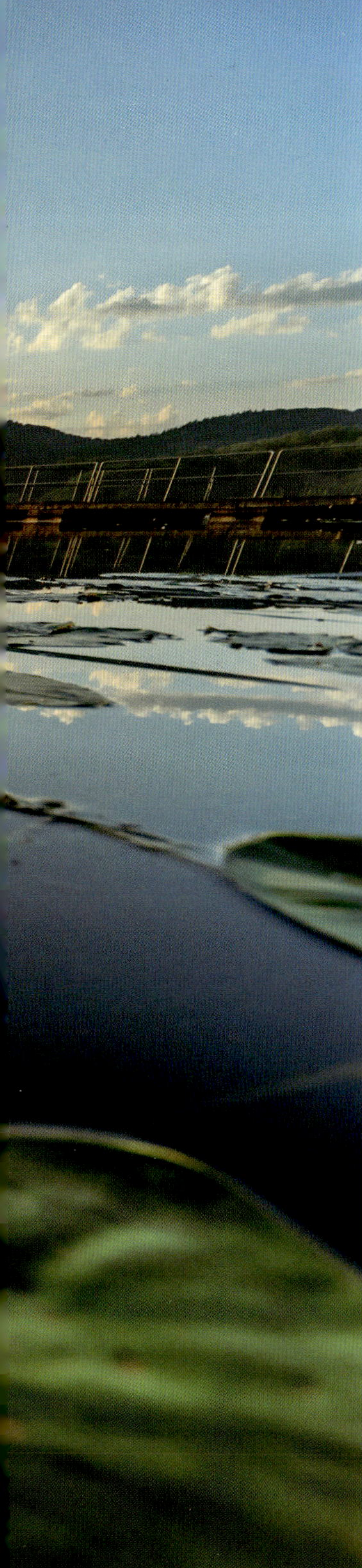

Zeit für die Feinjustage auf Augenhöhe

Hat man einen guten Fotospot gefunden, ist es Zeit für die Feinjustage. Schon wenige Zentimeter können die Bildwirkung gravierend verändern. Fotografieren Sie von oben, gehen Sie in die Hocke, verschieben Sie die Kamera um geringe Ausschnitte. Ich liebe den Einsatz von Schwenkdisplays bzw. Live-View. Arbeiten Sie mit Objekten im Vordergrund, spielen Sie mit Unschärfen oder Mustern, Steinen und Linien, die ins Bild führen.

Ich liebe Motive auf Augenhöhe - Seerosen am Laacher See. Unterschiedliche Bildhöhen ergeben unterschiedliche Bilder.

12–24 mm 1:4.5–5.6 | 12 mm | 1/800 s | f/5.6 | ISO 250

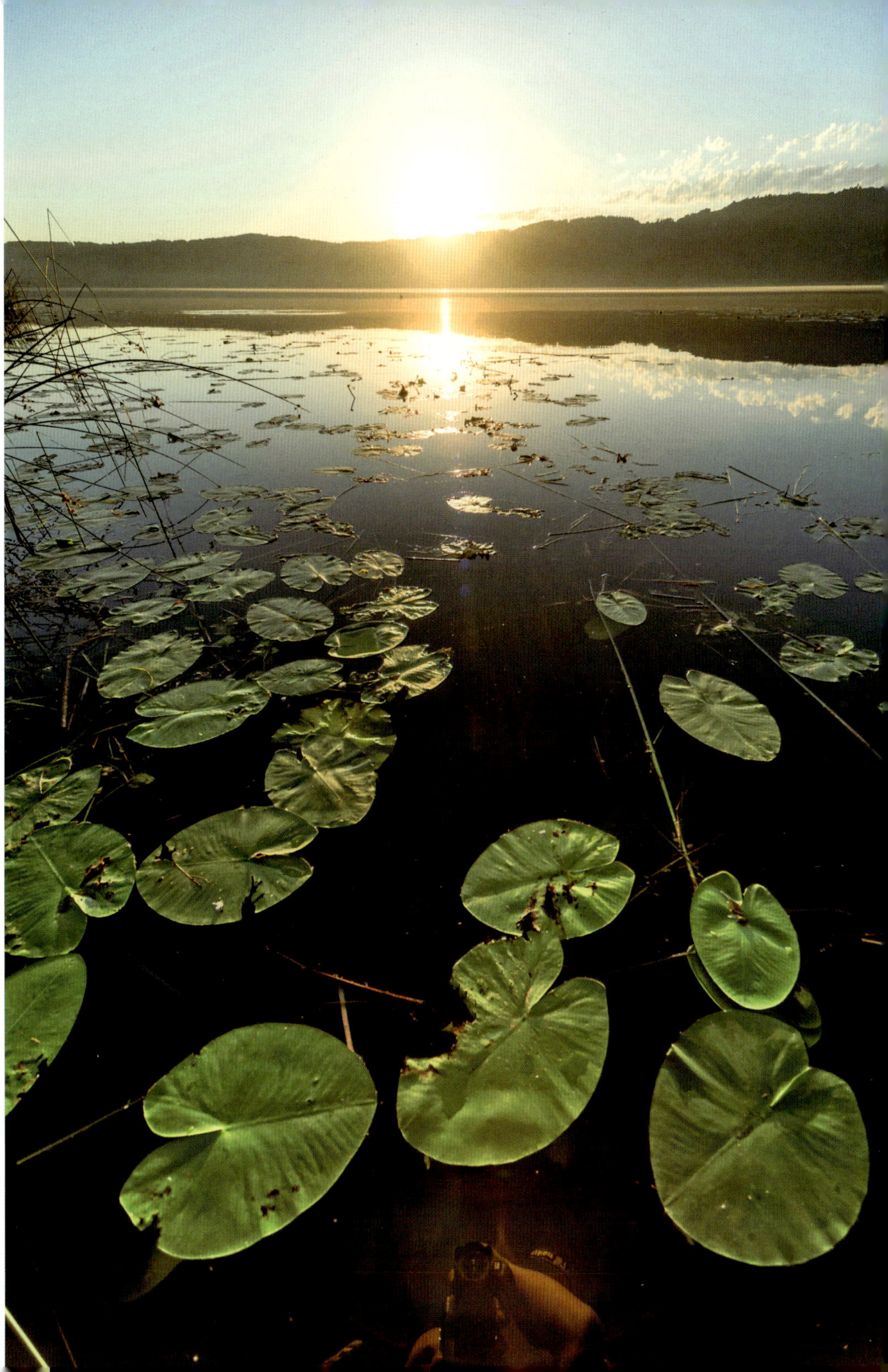

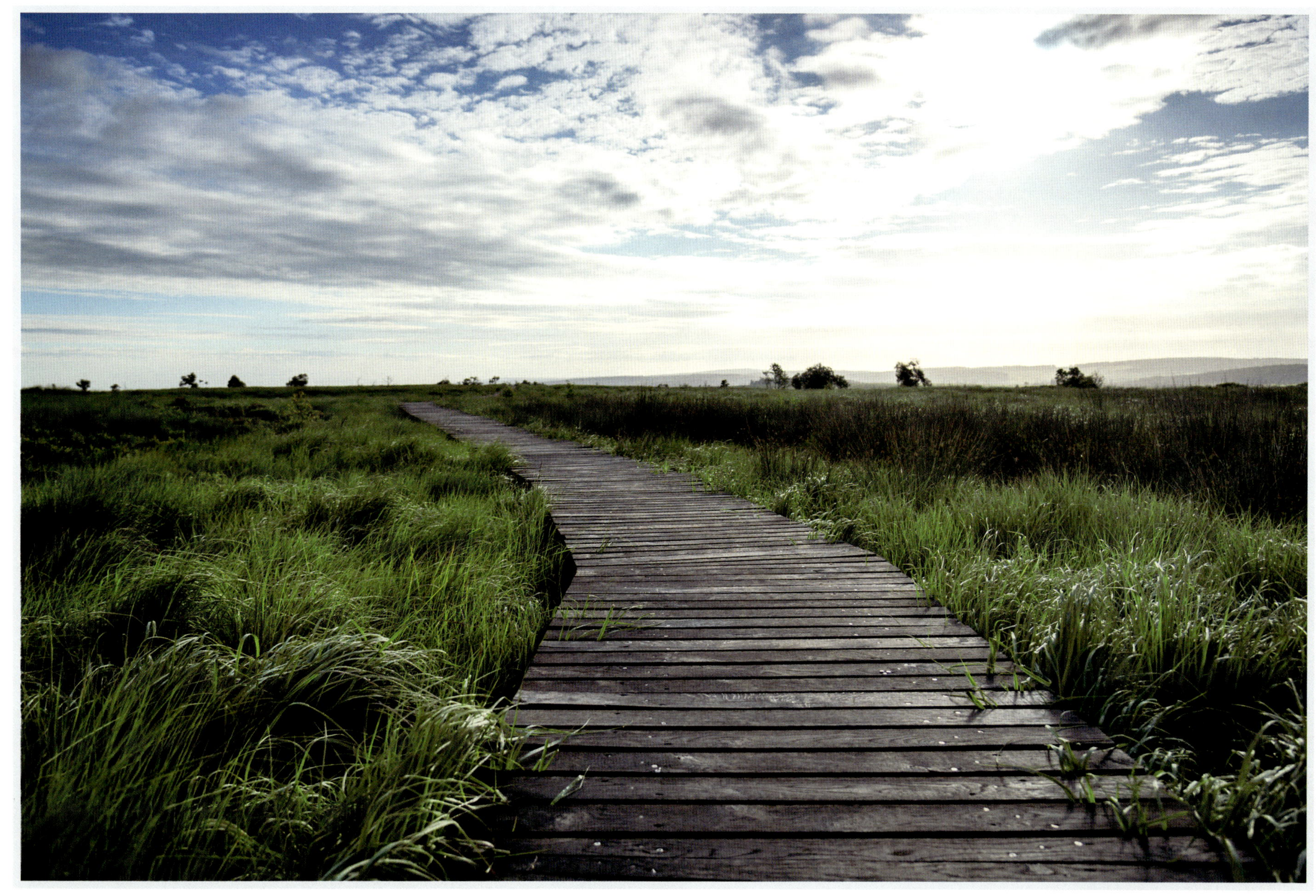

Ein Steg ist z. B. ein gutes Motiv, um zu sehen, wie sich die Wirkung der Position auf das Bild verändert. Hier kann man sehr gut mit verschiedenen Höhen und Brennweiten experimentieren.

24–120 mm 1:4 | 27 mm | 1/640 s | f/4.5 | ISO 100

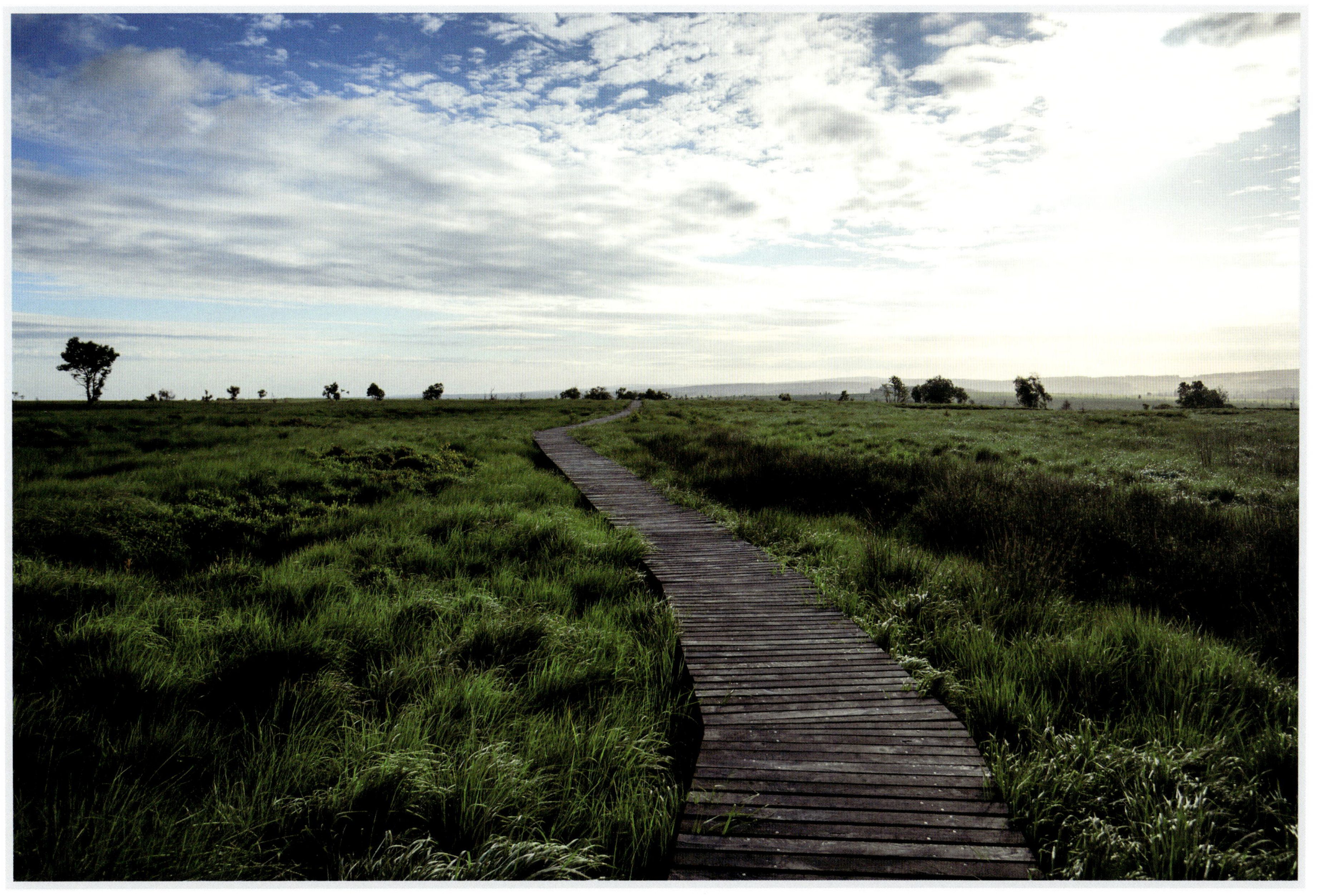

Ein langer Holzsteg im Hohen Venn – normale versus tiefe Position. Im Stehen sehen die Proportionen des Stegs wie gewohnt aus, und der Verlauf des Stegs ist zu erkennen. Die tiefe Position aber macht das Ganze spannender. Pflanzen umgeben den Steg, die Proportionen sind verschoben, und das Ende ist nicht erkennbar.

24–120 mm 1:4 | 24 mm | 1/800 s | f/4.5 | ISO 100

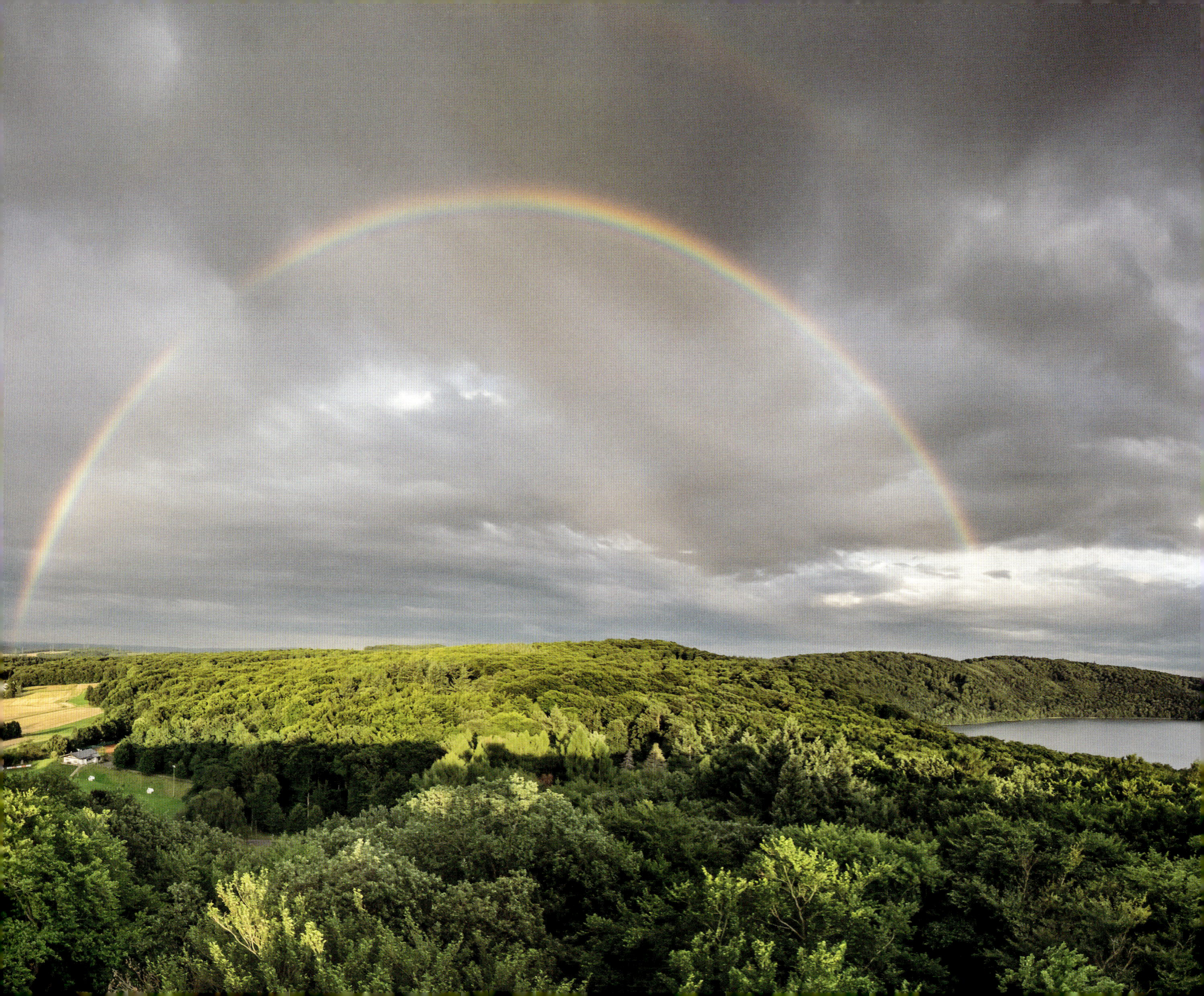

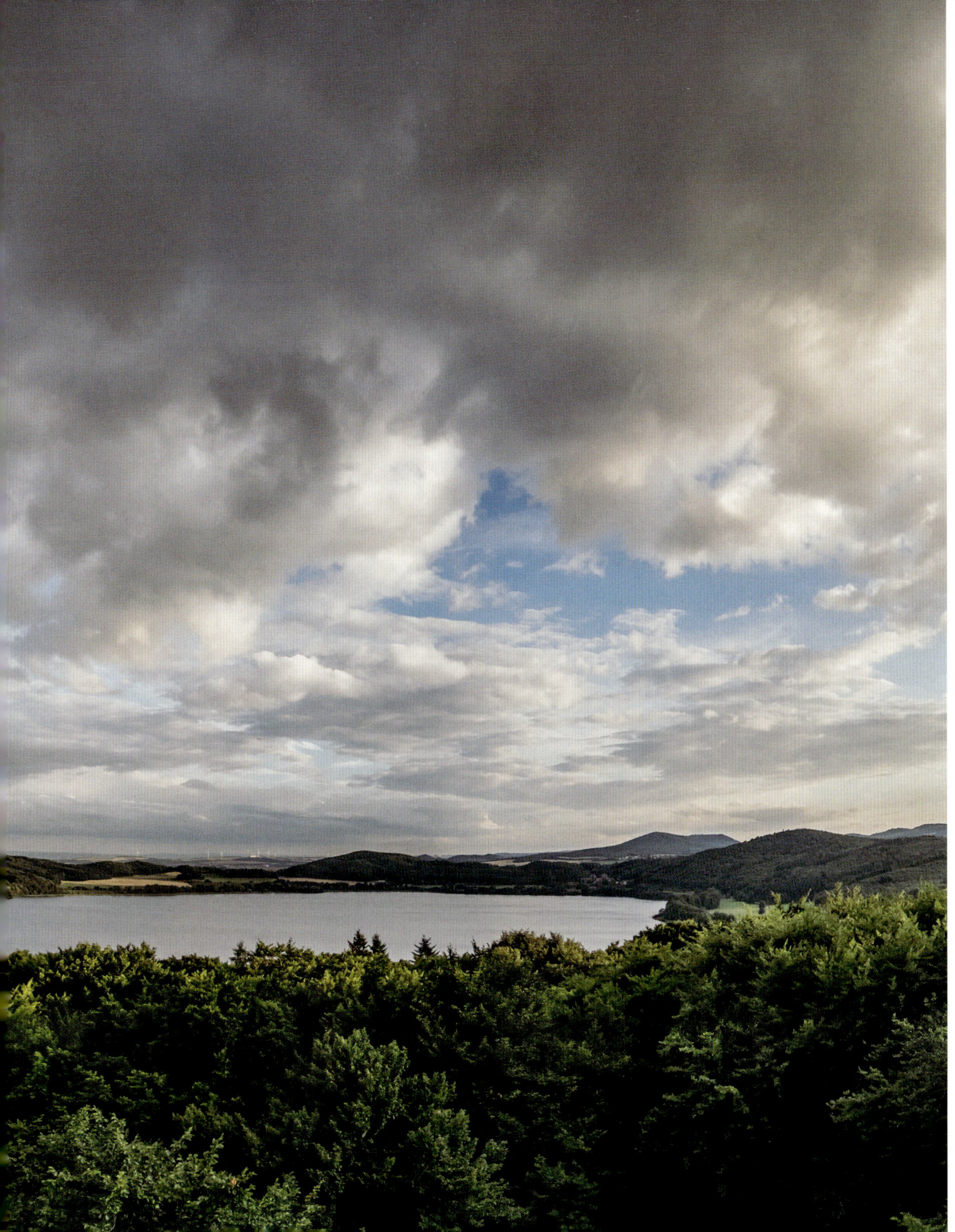

Kapitel 3

LANDSCHAFT **MODELLIEREN**

Die Regeln der Bildgestaltung sind kein Geheimnis, sie aber in der Praxis gekonnt umzusetzen, kann besonders bei Landschaftsfotos eine Herausforderung sein. Ziel ist es immer, ein spannendes und interessantes Bild zu zeigen. Wie das geht, erfahren Sie in diesem Kapitel.

Die Kuppen der erloschenen Eifelvulkane über dem Nebelmeer werden mit der Sonne zwischen Kruft und dem Fernmeldeturm Kühkopf bei Koblenz zusammengestaucht.

80–200 mm 1:2.8 | 80 mm | 1/640 s | f/5 | ISO 400.

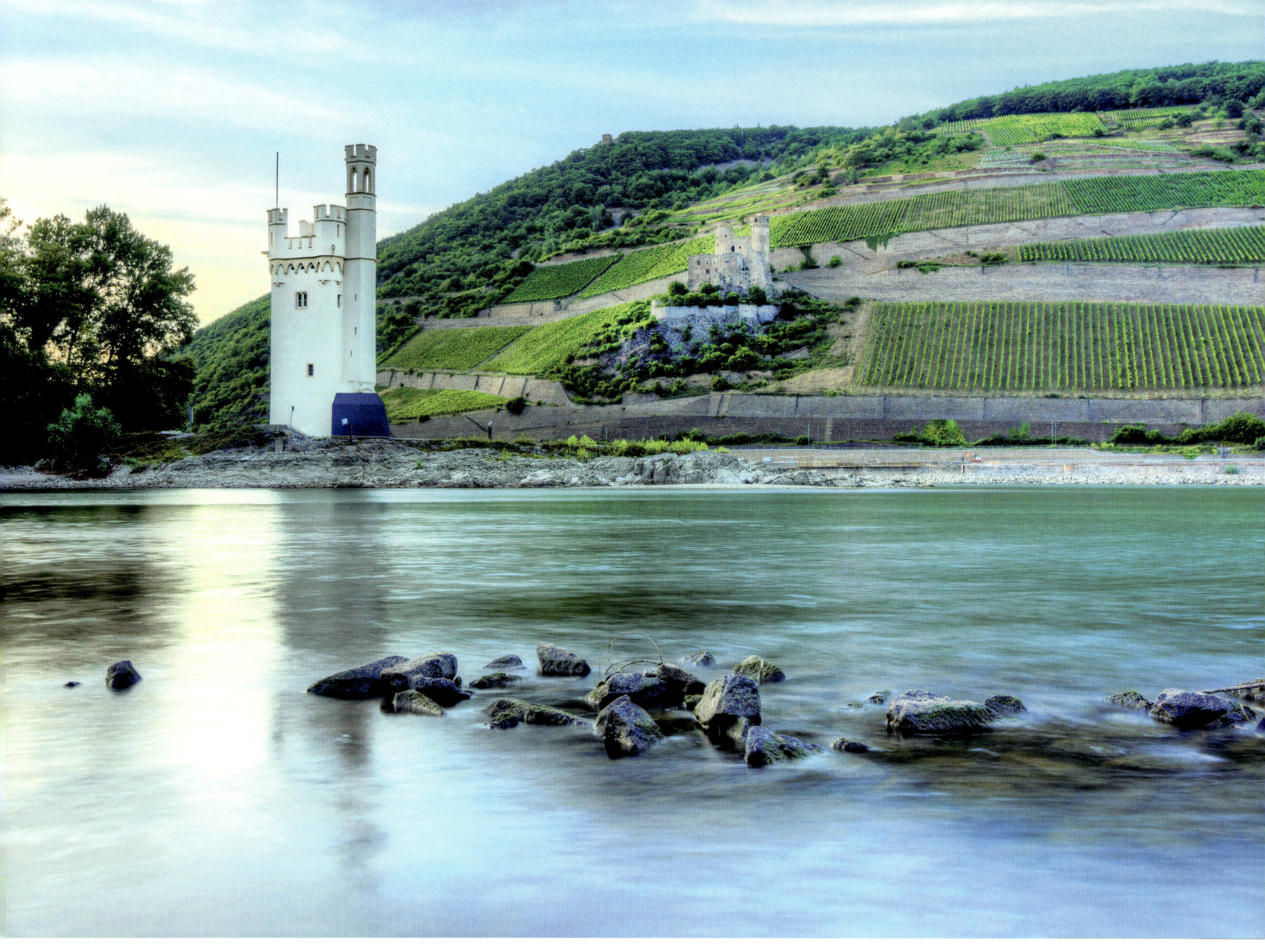

RÄUMLICHER BILDAUFBAU

Fotografie ist zweidimensional. Ein räumlicher Bildaufbau hilft, insbesondere bei Landschaftsmotiven, etwas von der Weite einer Szenerie wiederzugeben. Vor allem beim Einsatz von Weitwinkelobjektiven ist der räumliche Bildaufbau extrem wichtig. Bei Weitwinkelbildern kann eine große Szene aufgenommen werden, aber viele Bildbestandteile werden durch die weite Brennweite zu klein dargestellt. Als Folge wirkt ein solches Bild häufig leer. Wenn ich an analoge Zeiten denke (die es natürlich jetzt auch noch gibt), fallen mir häufig Äste als eine Art Rahmen ein, die oben ins Bild geschnitten wurden. Heute wird diese Hilfe für einen räumlichen Bildaufbau seltener genutzt.

Ich selbst versuche, meine Bilder möglichst immer wie folgt aufzubauen:

- **Unten** – Blumen, Pflanzen oder Steine. Mittlerweile ist mir die Suche nach Motiven für den Vordergrund so in Fleisch und Blut übergegangen, dass ich automatisch in die Knie gehe und versuche, jede Pflanze oder Bodenwelle mit ins Bild zu nehmen.
- **Mitte** – Hier liegt häufig mein Hauptmotiv.
- **Oben** – Ich fotografiere wann immer möglich bei einem spektakulären Himmel. Der Himmel als obige Bereicherung eines Bilds wird schnell vergessen. Dazu mehr im Kapitel »Wind und Wetter«.

HARMONISCHER BILDAUFBAU

Speziell bei Bildern mit einem dominierenden Hauptmotiv stellt sich die Frage: Wo positioniere ich mein Hauptmotiv? Häufig wird das Motiv, beispielsweise ein Baum, in die Mitte gesetzt. Damit ist sofort klar, was das Hauptmotiv ist. Das entspricht der Sehgewohnheit des Auges, und der Kamerasucher zeigt hier sein Ziel. Für den Betrachter wirkt so ein Bild hingegen oft gewöhnlich. Das Motiv in der Mitte wird direkt erkannt, und das Interesse erlischt. Spannende Bilder hingegen lassen einen Betrachter länger im Bild verweilen.

Regelgemäß

Der bekannteste Gestaltungstipp ist der Goldene Schnitt. Der Goldene Schnitt ist aber keine Fotografenerfindung, sondern eine mathematische Regel, die bereits in der griechischen Antike definiert wurde. Was ist das Besondere an dieser Regel? Sie gibt das perfekte Teilungsverhältnis bzw. den harmonischen Aufbau von Proportionen in einem Bild wieder. Deren genaue mathematische Berechnung ist für die Praxis nicht relevant – spannender ist, was sie bei einem Foto bewirkt.

Während der Goldene Schnitt ein Bild in Bereiche von exakt 61,8 zu 38,2 % trennt, wird in der Praxis häufig die Drittelregel eingesetzt, eine Alternative zum Goldenen Schnitt, die bei der Fotografie einfacher umzusetzen ist. Viele Kameras bieten die Möglichkeit, ein Drittelraster einzublenden. Dabei wird das Bild in drei gleiche horizontale und drei vertikale Bereiche unterteilt. Es wird gedrittelt: 33,3 % zu 33,3 % zu 33,3 %.

Der Mäuseturm bei Bingen, Beispiel einer Dreiteilung. Unten liegen Steine im Fluss, dann gibt es eine mittlere Ebene, die dominant den Mäuseturm zeigt, gefolgt vom Himmel, der oberhalb der beiden Burgen als farbliches Beiwerk wahrgenommen wird.

12–24 mm 1:4 | 19 mm | 3 s | f/8 | ISO 100

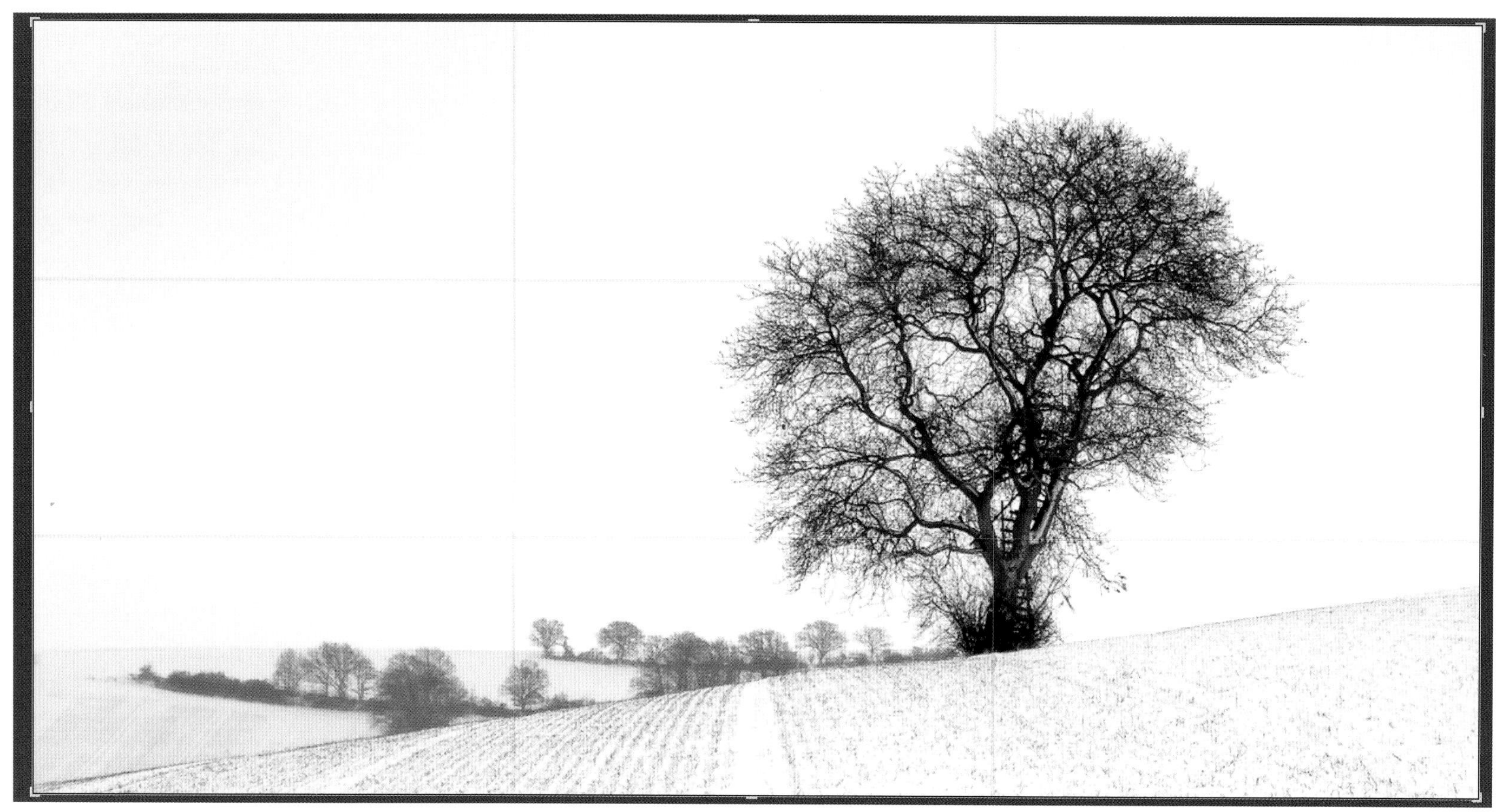

Der allein stehende Baum steht exakt an der rechten Drittellinie.

18–50 mm 1:2.8 | 44 mm | 1/160 s | f/7.1 | ISO 125

Wenn Sie z. B. einen frei stehenden Baum auf einem Feld aufnehmen wollen, sollten Sie das Hauptmotiv (den Baum) nicht in die Bildmitte stellen. Das Bild würde unharmonisch und langweilig wirken, da in der rechten Hälfte nur noch leere Fläche wäre und nichts mehr passiert. Platzieren Sie den Baum an den Kreuzungspunkten der gedachten Drittellinien, wird der Blick des Betrachters besser durchs Bild geleitet. Das Foto wirkt harmonischer und interessanter, das Auge wandert zum Motiv. Als besonders harmonisch wird im europäischen Kulturkreis eine Position im rechten oberen Drittel gesehen. Dabei wandert das Auge von links unten nach rechts oben.

Gegen die Regel

Es gibt aber auch nicht wenige Situationen, in denen es interessanter ist, Regeln bewusst zu brechen, statt sie sklavisch zu befolgen. Denn es gibt auch Motive, die mittig platziert besser wirken – etwa die Statue von

König Stanislas auf dem Place Stanislas in Nancy, wie das nächste Beispielbild zeigt. Ich teile auch gern Bilder mit einer Spiegelung horizontal in der Mitte, beide Bildbestandteile sehen dann gleich gut aus. Und bei Hochformat setze ich das Motiv häufig genau in die Mitte, hier ist mir zu wenig Platz, um ein Motiv noch in irgendein Drittel zu verschieben. Dabei spielt für mich auch häufig die folgende Regel eine Rolle: Ein Motiv braucht Platz zum Atmen. Sie passt zwar eher zu Menschen und Tieren, gilt aber auch für Landschaftsmotive.

Place Stanislas in Nancy. Die Statue ist der zentrale Punkt des Platzes, das Gebäude dahinter ist symmetrisch aufgeteilt, und das soll diese Aufnahme auch zeigen.

12–24 mm 1:4 | 12 mm | 30 s | f/9 | ISO 100

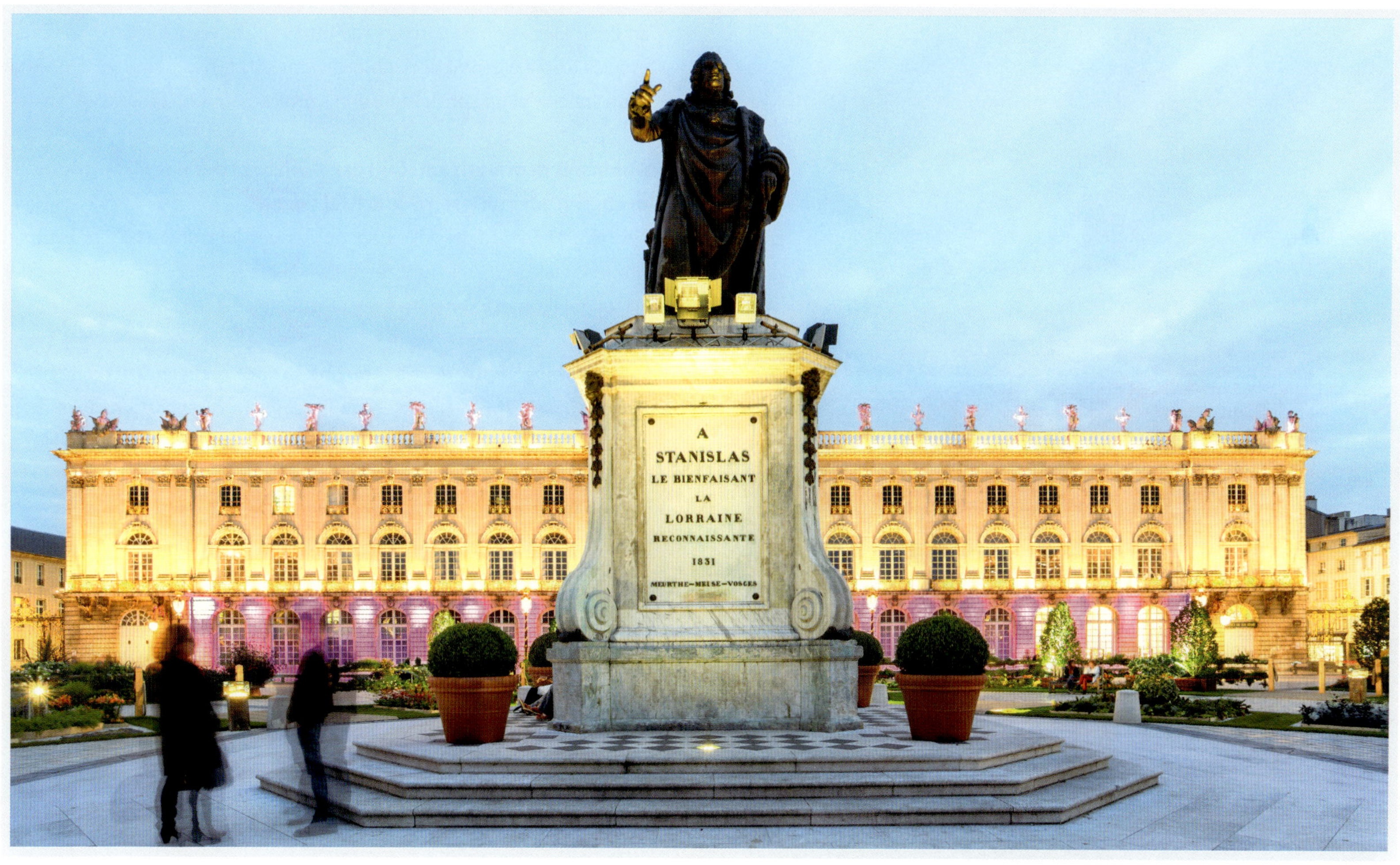

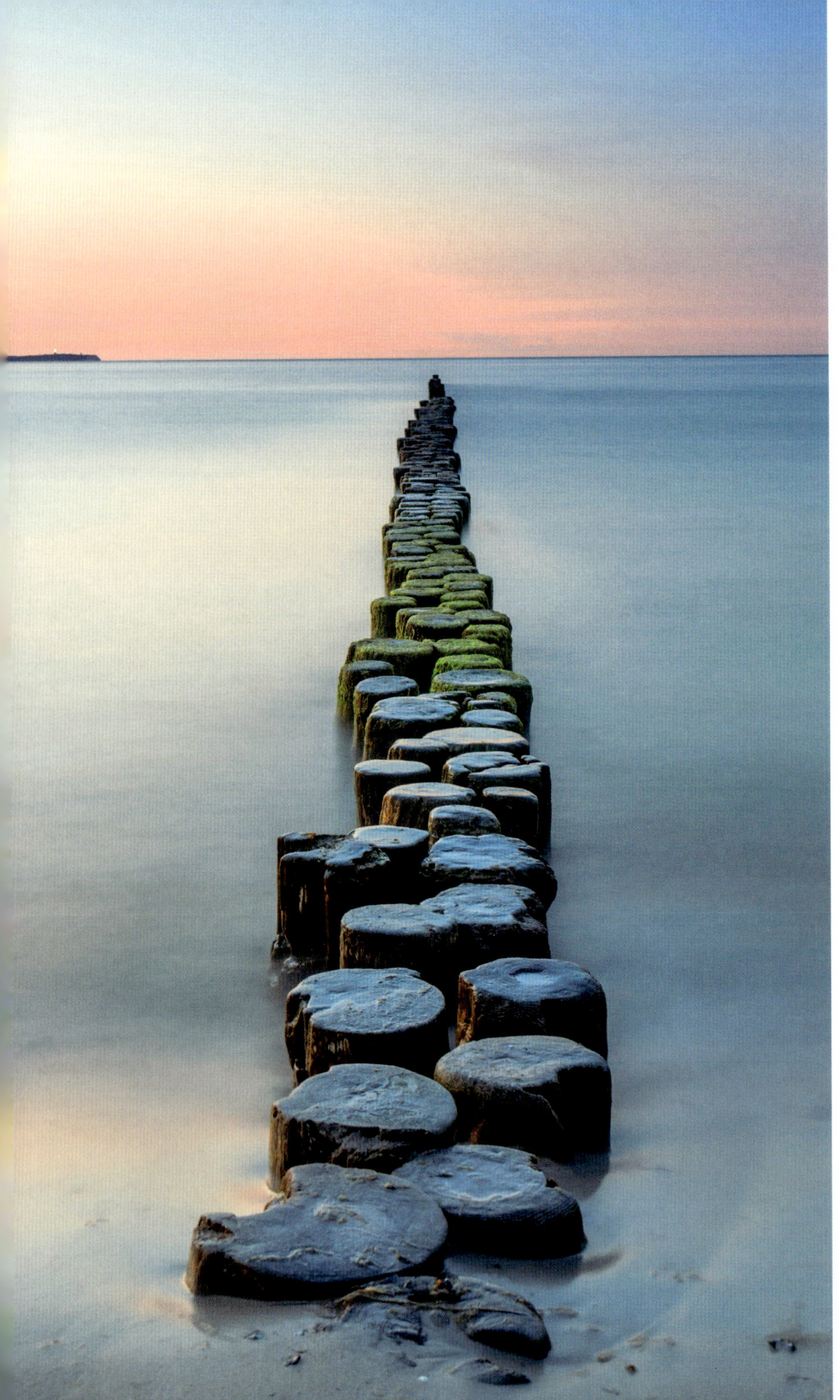

WOHIN MIT DEM **HORIZONT**?

Im Zusammenhang mit der Drittelregel wird häufig die folgende Frage gestellt: Fotografiere ich besser im Quer- oder im Hochformat? Das Querformat entspricht der Sehgewohnheit unseres Auges und ist natürlich sinnvoll für weite Landschaftsbilder. Die meisten Fotos und fast alle Videos werden im Querformat aufgenommen. Hochformat setze ich dann ein, wenn es von der Agentur explizit vorgegeben wird. Oder, und das ist die eigentliche Antwort, wenn das Motiv nur im Hochformat seine volle Wirkung entfalten kann - große Bäume, Türme usw.

Wohin mit dem Horizont! Soll der Horizont oder das Hauptmotiv im oberen oder unteren Bilddrittel liegen?
Das hängt in der Regel davon ab, ob der Vordergrund oder der Himmel fotogener ist bzw. was man zeigen will. Eine schöne Blumenwiese oder ein toller Himmel kann gern zwei Drittel des Bilds einnehmen.

Soll das Hauptmotiv vertikal im linken oder rechten Drittel liegen?
Auch das hängt vom Motiv ab. Falls möglich, versuche ich, links mehr Luft zu lassen und den Blick nach rechts wandern zu lassen. Beim Hochformat hingegen platziere ich mein Motiv gern in die Mitte, dort passt meiner Meinung nach die Drittelregel nur auf die Höhe bezogen.

Buhnen auf Rügen, Ostsee. Nachdem ich länger versucht hatte, diese schmale, lange Buhne in ein Querformat-Bild zu quetschen, habe ich es im Hochformat aufgenommen. Hier entfaltet das Bild seine Wirkung viel stärker. Die zentral gelegene Buhne (nicht im Goldenen Schnitt) lenkt den Blick zum Horizont, der allerdings im Goldenen Schnitt liegt.

24–120 mm 1:4 | 44 mm | 30 s | f/11 | ISO 100

Im Querformat wirkt die Buhne zu gedrungen.

24–120 mm 1:4 | 66 mm | 30 s | f/14 | ISO 100

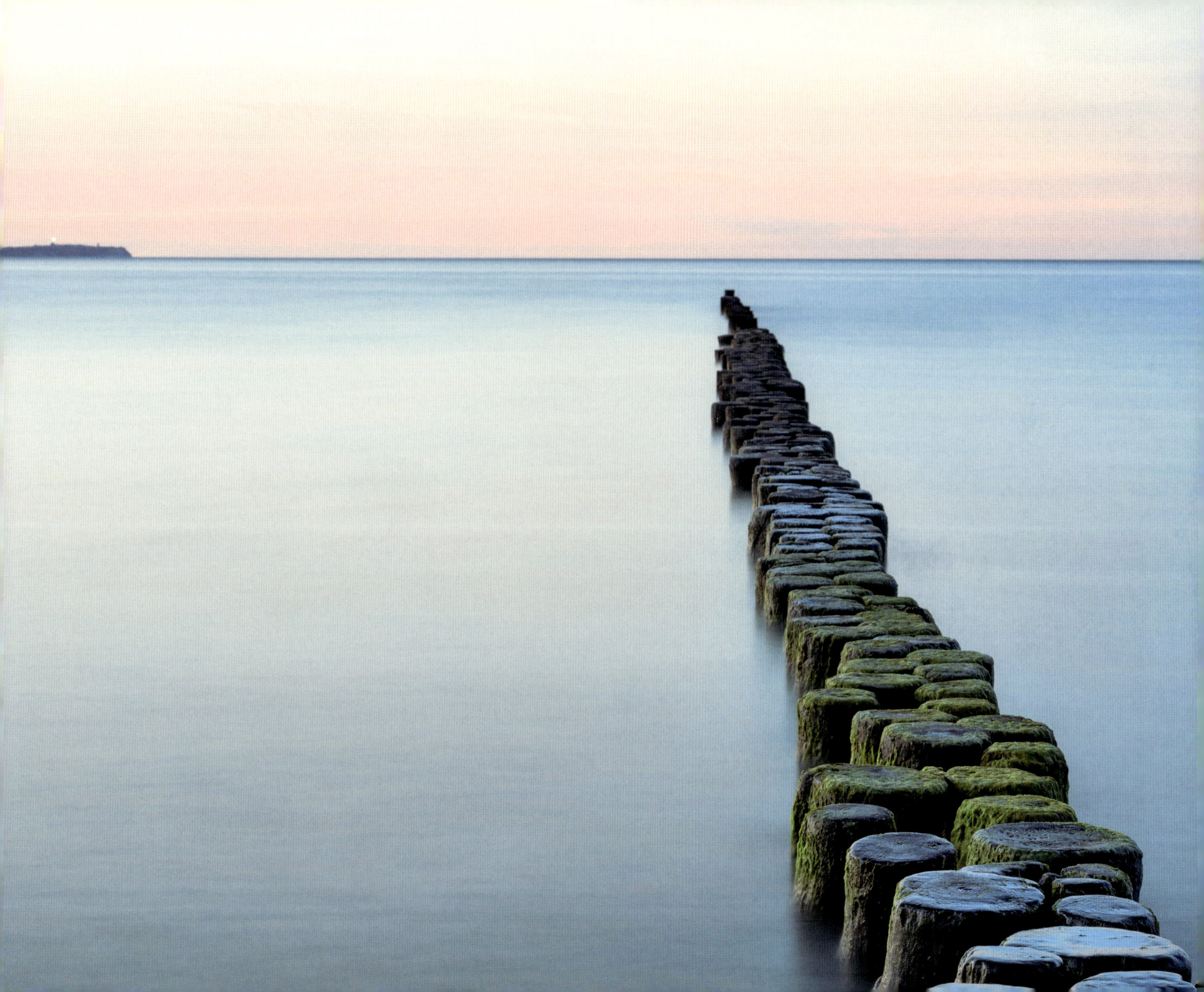

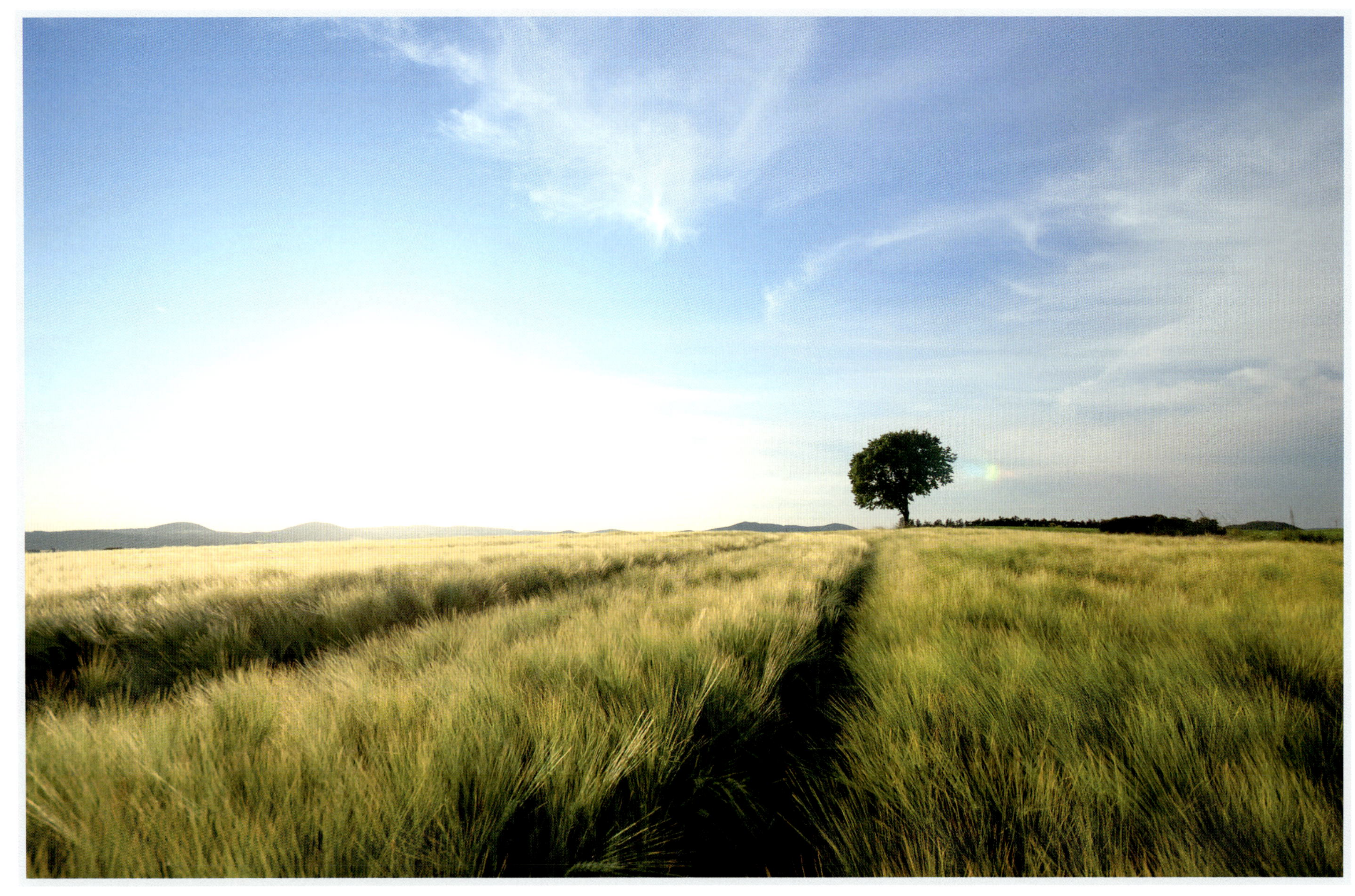

Querformat-Beispiel 1.

10–20 mm 1:4–5.6 | 10 mm | 1/250 s | f/5.6 | ISO 200

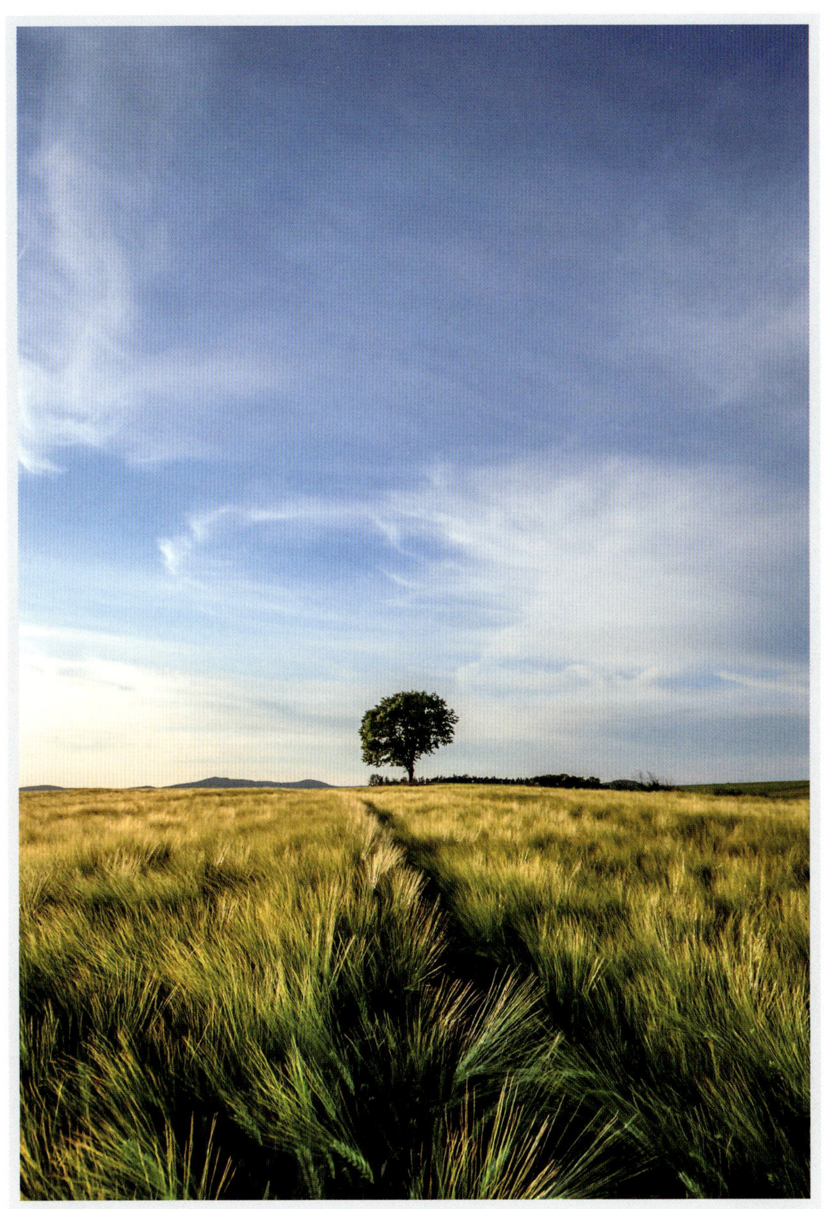

Hochformat-Beispiel 1.

10–20 mm 1:4–5.6 | 10 mm | 1/230 s | f/6.3 | ISO 160

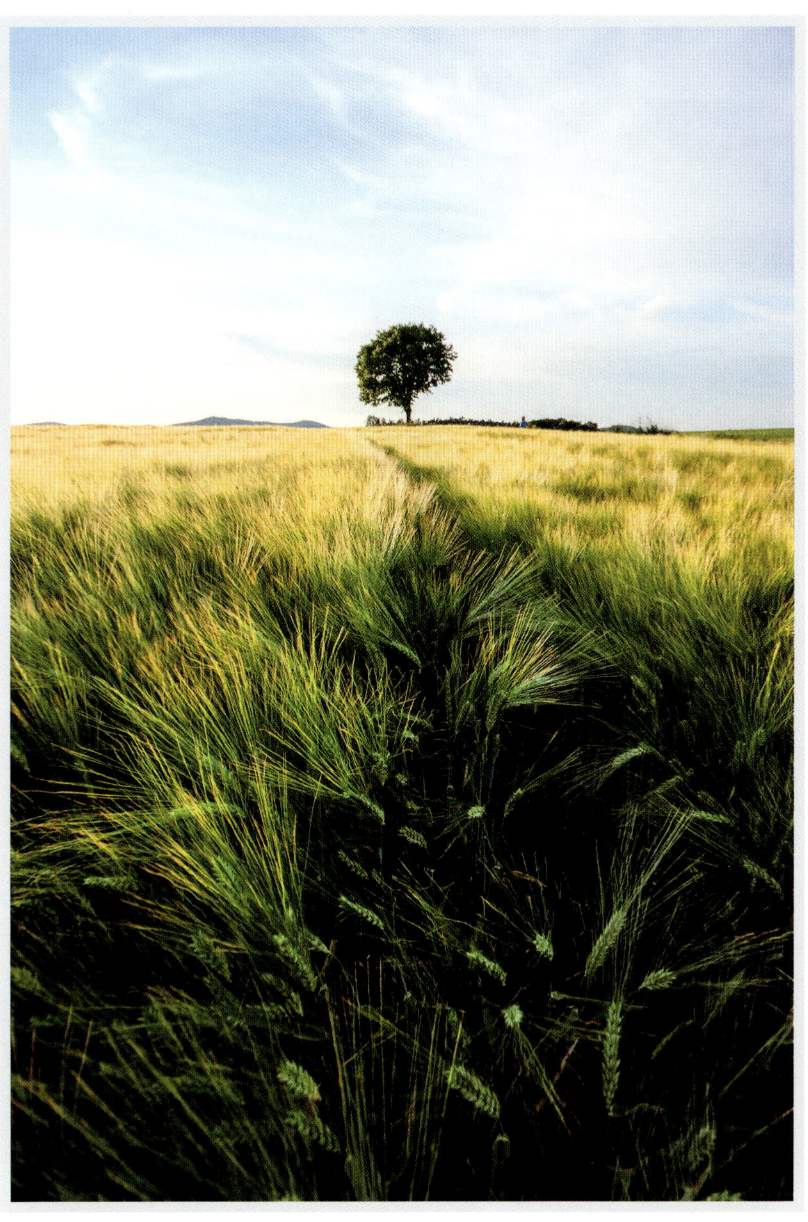

Hochformat-Beispiel 2.

10–20 mm 1:4–5.6 | 10 mm | 1/60 s | f/6.3 | ISO 160

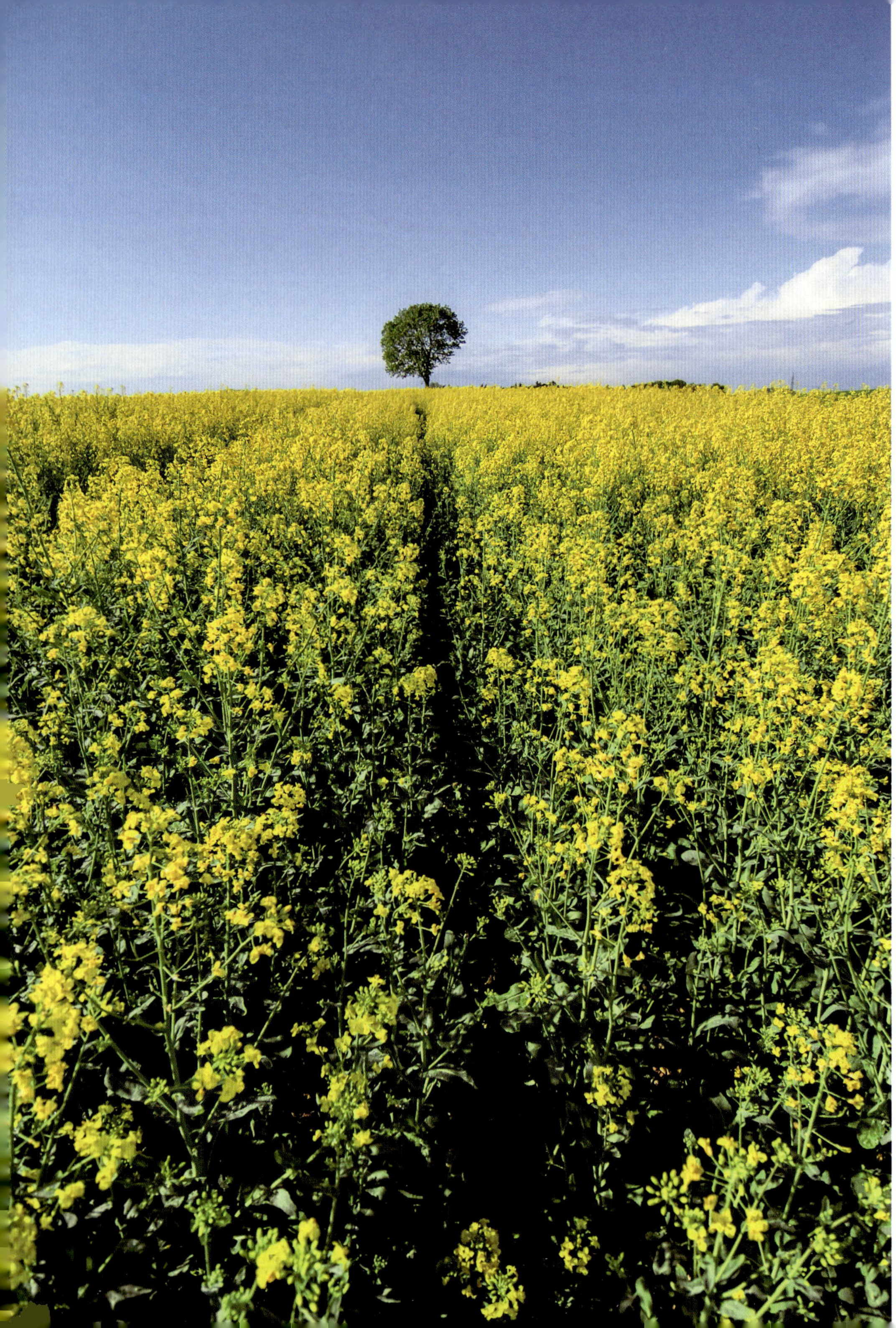

Fazit: Der Horizont sollte im oberen oder unteren Drittel liegen; je nachdem, was im Bild wichtiger ist. Das Hauptmotiv wird dann vertikal im ersten oder zweiten Drittel platziert. Fassen Sie diese Gestaltungsregeln nicht zu akademisch auf, sondern probieren Sie selbst aus, was Ihnen gefällt. Mal im Quer- und mal im Hochformat, mal anhand des Goldenen Schnitts und gern auch mal voll auf die Mitte.

Hochformat-Beispiel 3.

12–24 mm 1:4 | 12 mm | 1/450 s | f/5 | ISO 100

Querformat-Beispiel 2.

24–70 mm 1:2.8 | 29 mm | 1/2500 s | f/6.3 | ISO 320

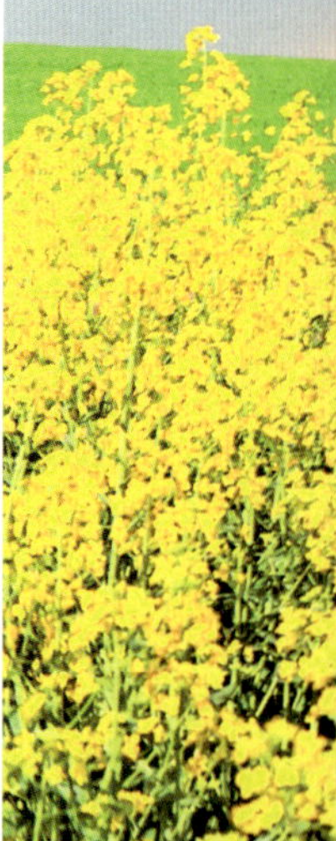

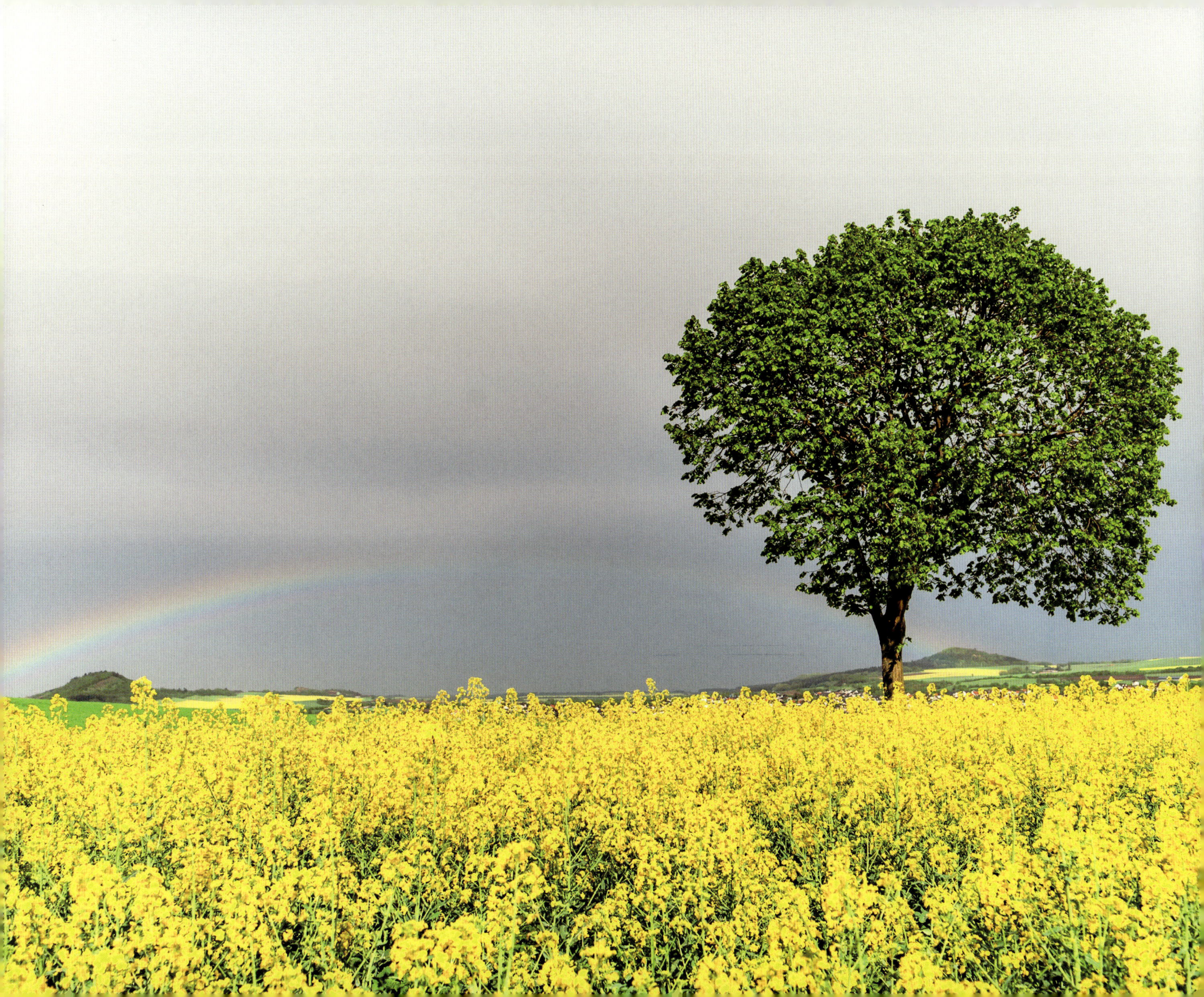

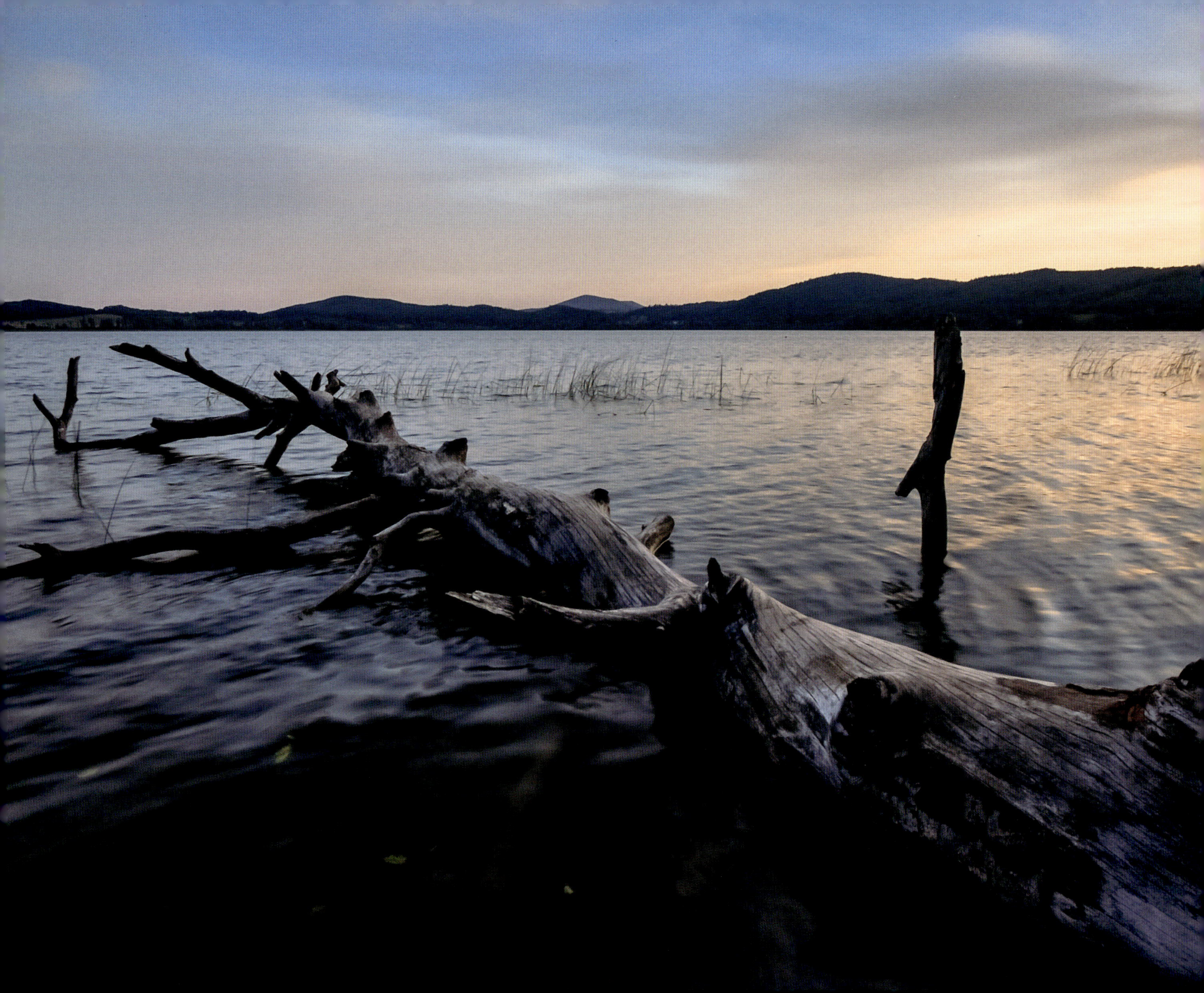

BLICKE DIREKT INS BILD LEITEN

Ich liebe Linien. Linien leiten den Blick ins Bild und halten ihn dort fest. Dabei führen diagonale Linien häufig zum Hauptmotiv hin – Sie sind die Leitlinien. Ich suche vor allem beim Landschafts- oder Stadtfotos nach Linien, die den Betrachter zum Motiv hinführen. Das kann ein Fluss sein, Wege im Feld, die Struktur eines Berges und vieles andere mehr. Vertikale oder horizontale Linien hingegen fixieren das Auge. Im Zusammenspiel führen die diagonalen Linien ins Bild. Ein Pfosten am Rand als horizontale Linie stoppt den Blick und sorgt dafür, dass der Betrachter das Bild nicht verlässt. Linien und Formen helfen, ein Bild harmonischer wirken zu lassen.

Der tote Baum fungiert am Laacher See als diagonale Linie, der Pfosten als vertikale Linie.

10–20 mm 1:4–5.6 | 10 mm | 1/8 s | f/7.1 | ISO 100

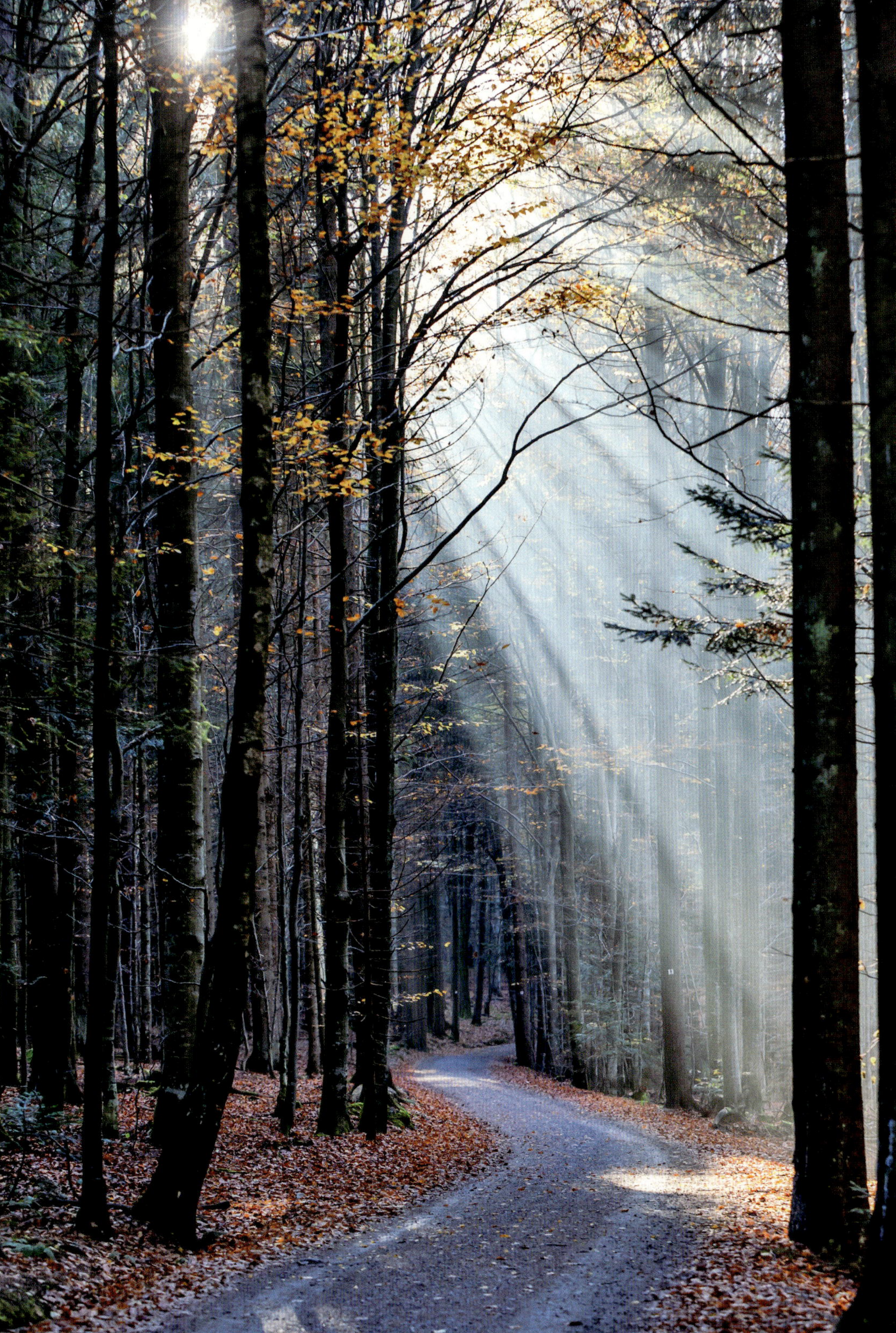

Die Sonnenstrahlen und der Weg führen ins Bild, die Bäume begrenzen den Blick. Nationalpark Bayerischer Wald.

80–200 mm 1:2.8 | 80 mm | 1/320 s | f/4 | ISO 1600

SPIEL MIT **FARBEN** UND **MUSTERN**

Ein weiteres Gestaltungsmittel ist das Spiel mit Farben, Mustern und Wiederholungen. Dafür bietet die Natur eine Vielzahl von Beispielen. Wiederkehrende Farben oder Komplementärfarben wie Rot und Grün können gestalterisch eingesetzt werden. Besonders beliebt sind Mohnblumen im frischen grünen Gras oder andere Wiesen und Pflanzen.

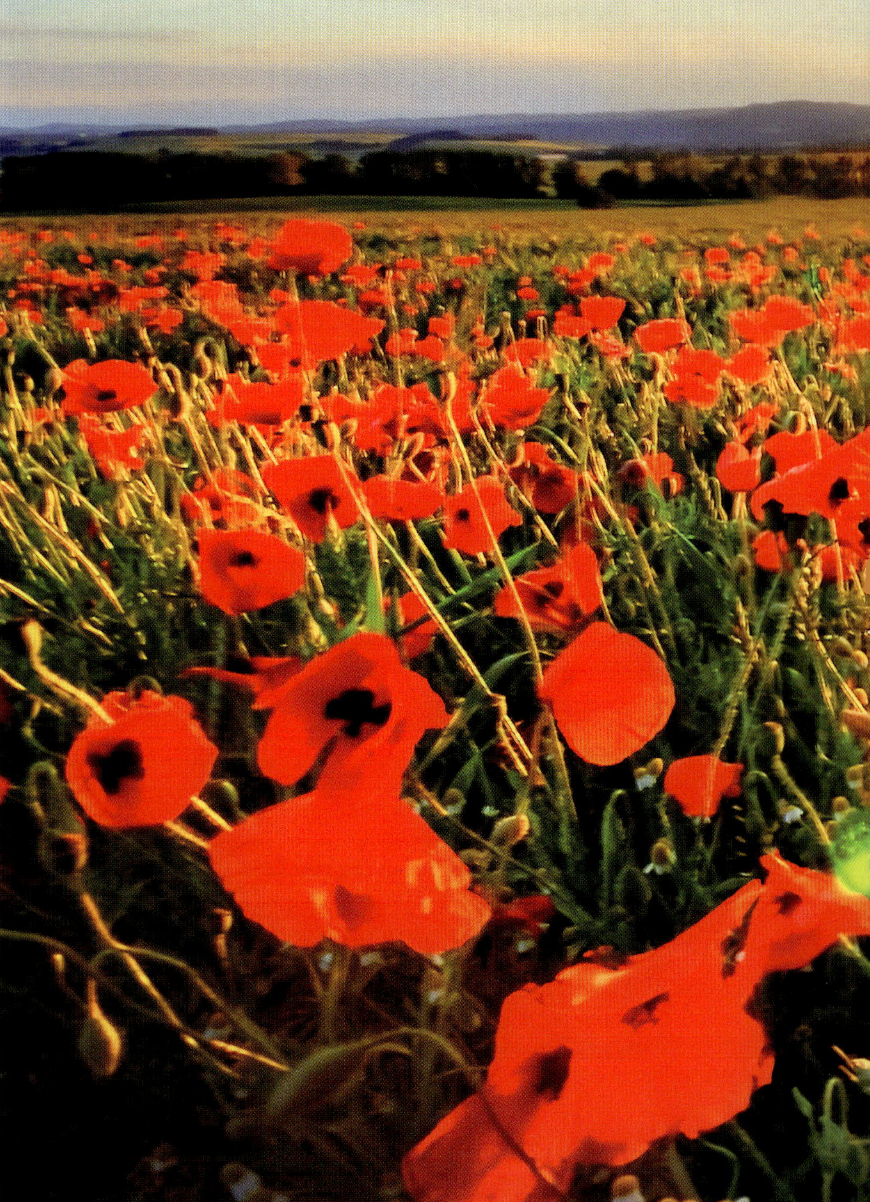

In voller Blüte - ein Mohnfeld in der Vulkaneifel.

11 mm | 1/30 s | f/8 | ISO 100

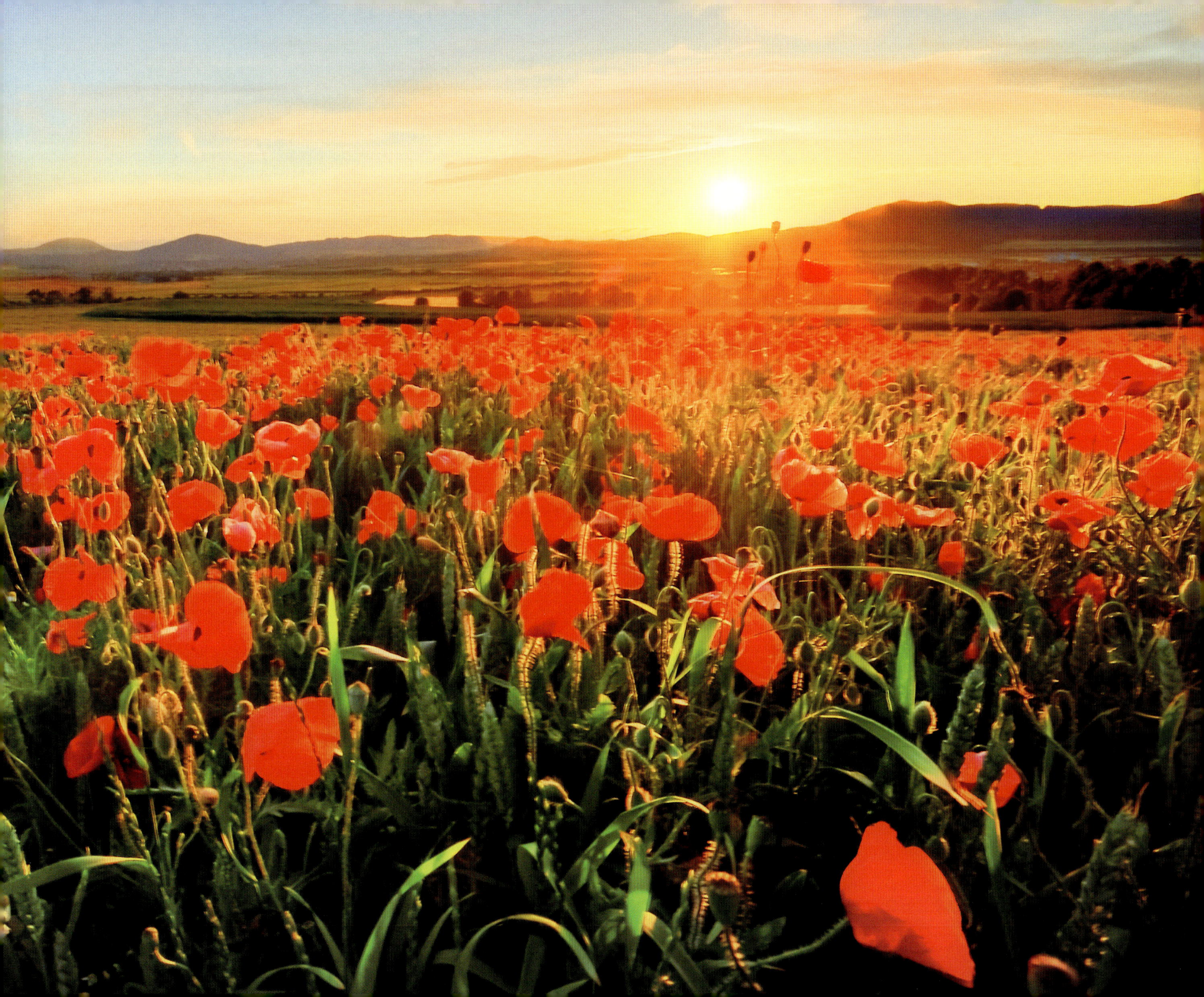

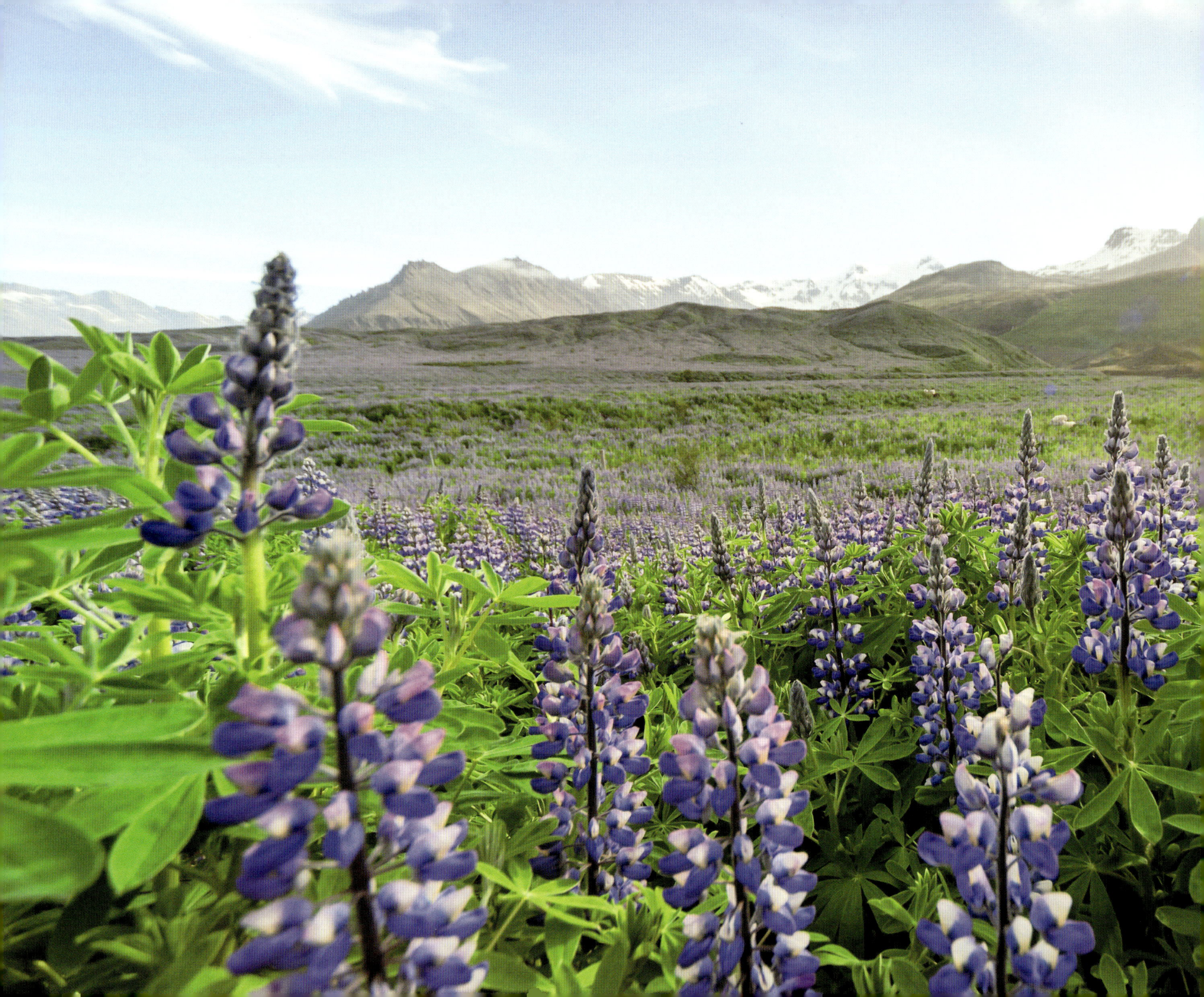

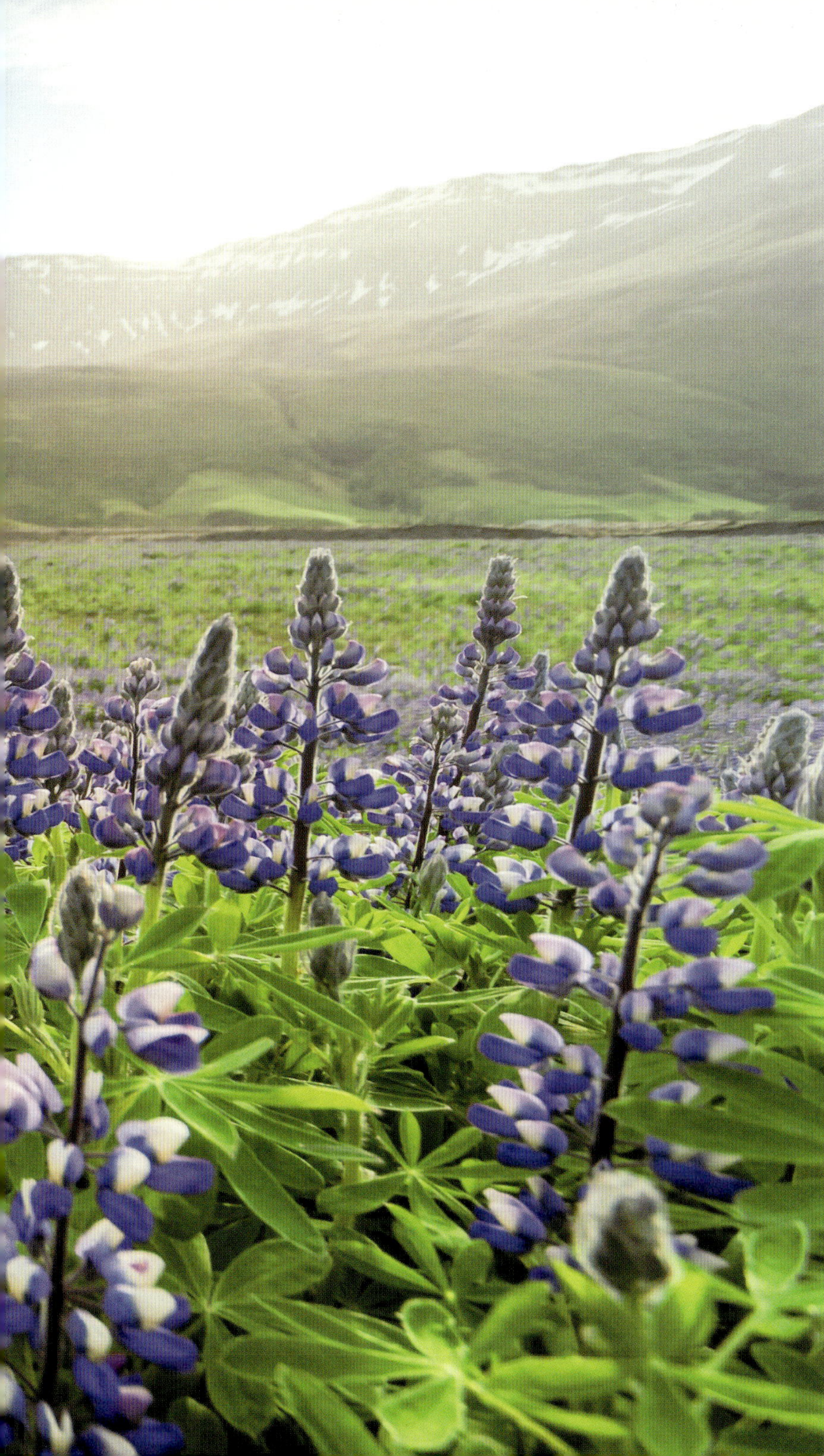

Ein perfektes Beispiel für Wiederholungen sind die auf Island im Sommer besonders häufig zu findenden Lupinen-Kolonien, die sich manchmal fast bis zum Horizont erstrecken.

Ein Farbenmeer aus lilafarbenen Lupinen auf Island.

12–24 mm 1:4.5–5.6 | 12 mm | 1/800 s | f/6.3 | ISO 320

LANDSCHAFT MAL **MONOCHROM**

Monochrome Landschaftsbilder, solche, die auf wenige Farben und Flächen reduziert sind, wirken ruhig und harmonisch. Viele Landschaftsbilder werden durch ruhige Passagen aufgewertet. Homogene Flächen im Bild erzeugen diesen Effekt. Etwa das Meer, abgebildet als tiefblaue Fläche, oder ein Fluss, der mithilfe des Graufilters zum diffusen Band wird. Dafür reichen für einen Fluss in der Nähe Belichtungszeiten von rund fünf Sekunden, bei einem Wasserfall ist eine halbe Sekunde ausreichend.

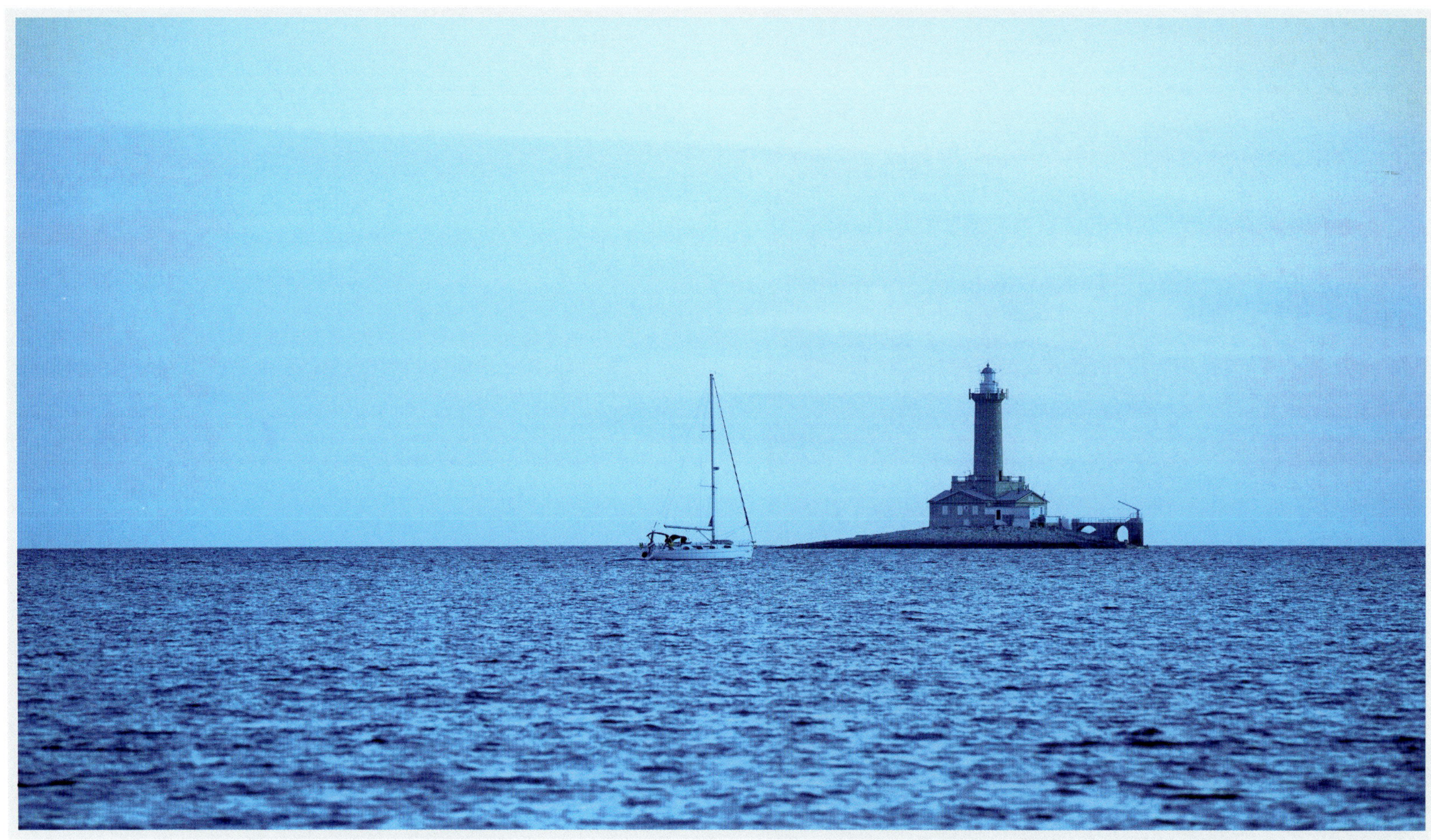

Der Leuchtturm auf der kroatischen Insel Porer. Die Wellenstrukturen und das Boot wirken in diesem Bild unruhig.

120–400 mm 1:4.5–5.6 | 270 mm | 1/160 s | f/5.6 | ISO 1000

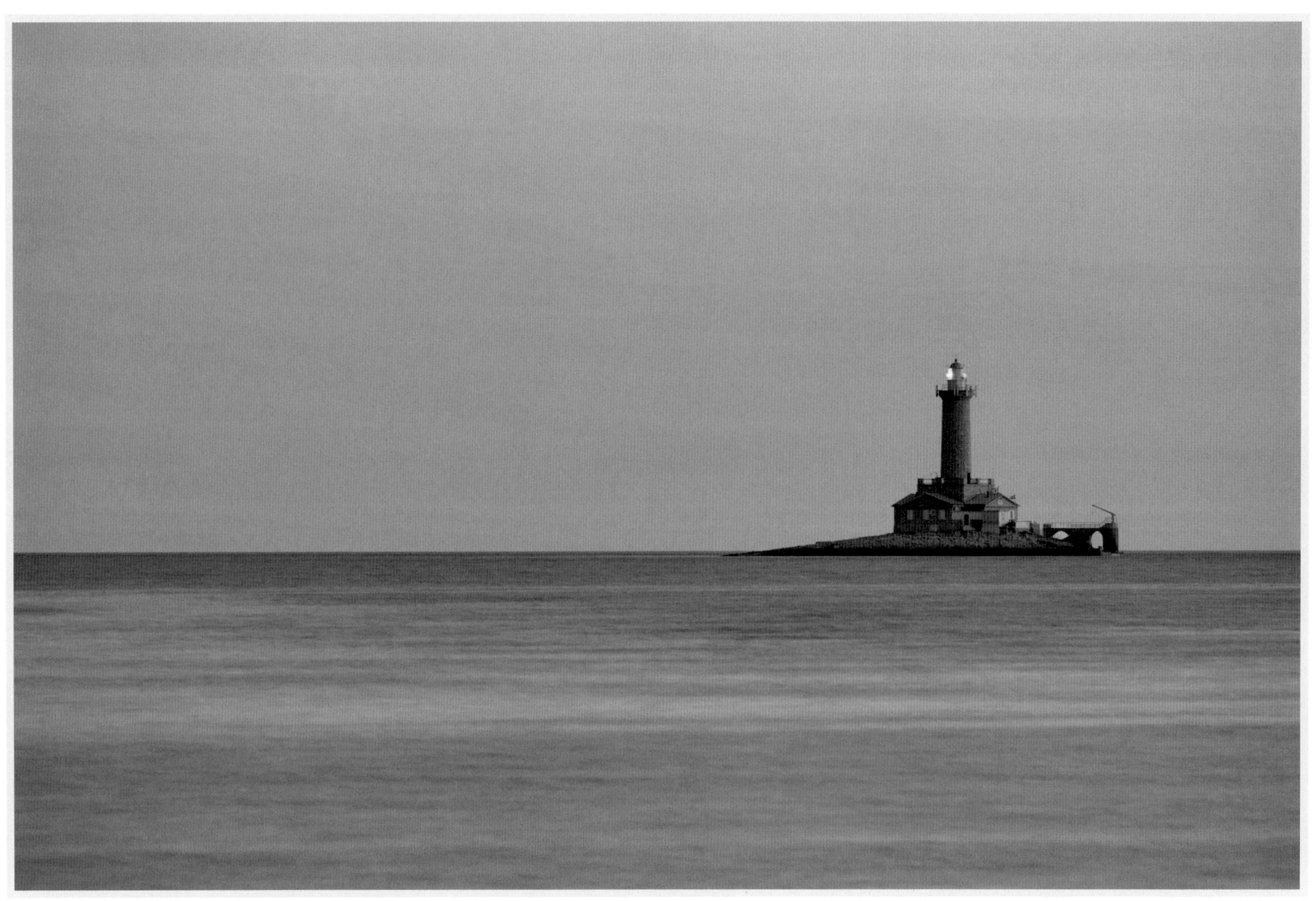

Dieses Bild wirkt viel ruhiger. Infolge der langen Belichtungszeit wird das Meer als blaues Band gezeigt, es gibt nur den Leuchtturm als Motiv. Zudem ist sein Licht eine Bereicherung für das Bild.

120–400 mm 1:4.5–5.6 | 300 mm | 6 s | f/9 | ISO 200

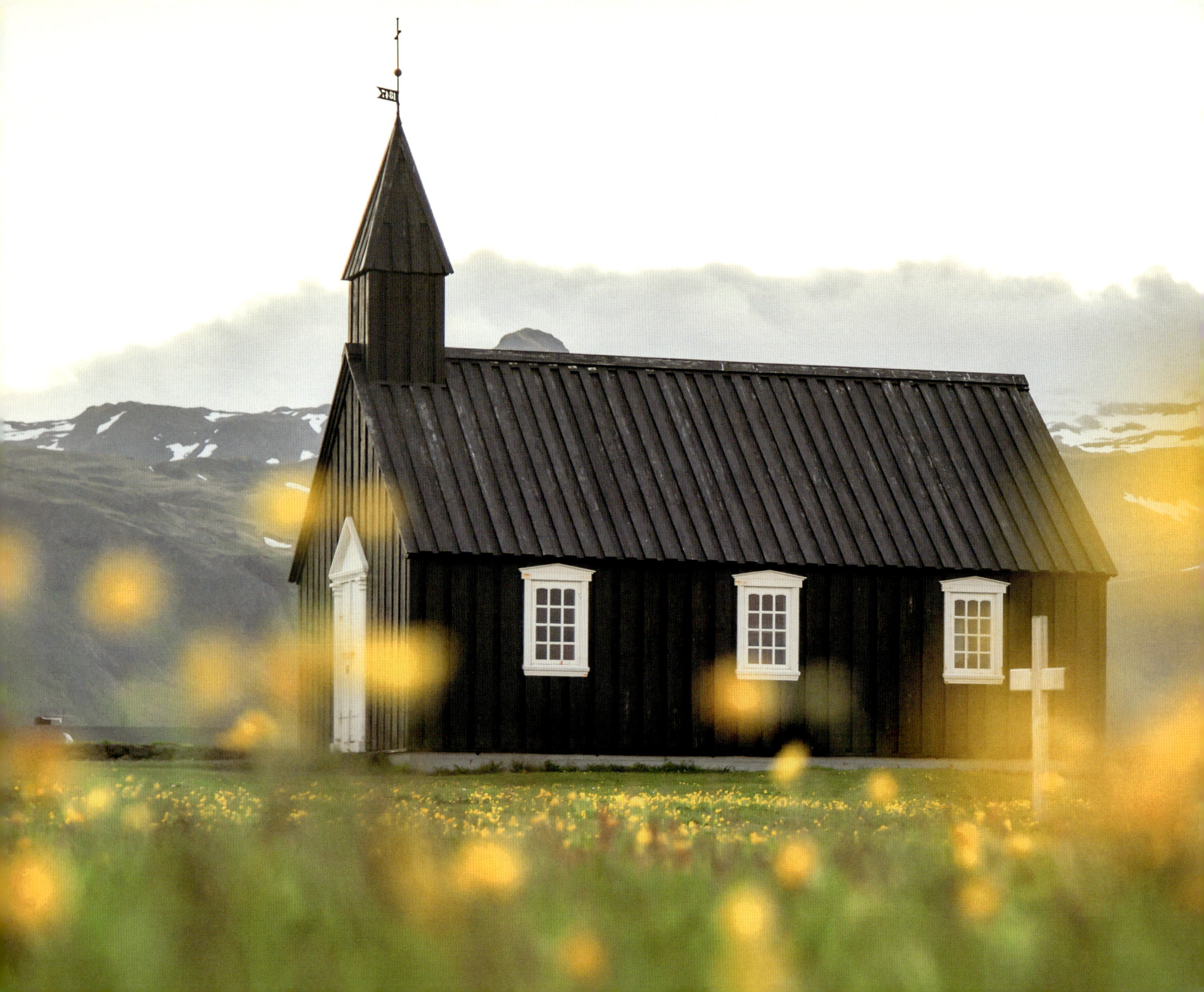

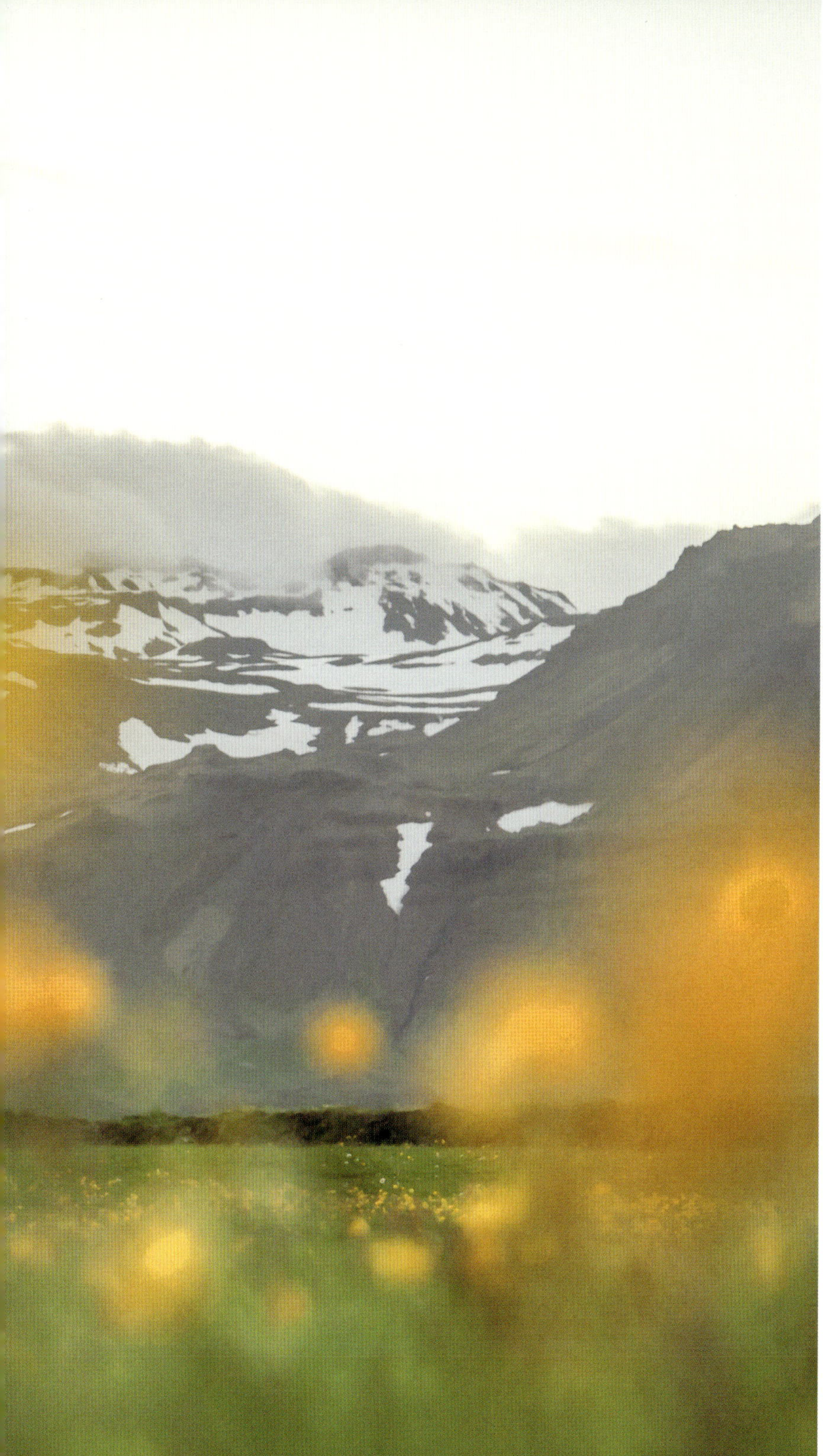

VERDICHTEN MIT TELEBRENNWEITE

Beim Einsatz langer Brennweiten werden Bildebenen zusammengestaucht, und es ergeben sich teils dramatische, düstere Szenen. Besonders Landschaften wirken dadurch meist majestätischer und monumentaler. Der deutsche Fotograf Andreas Feininger nutzte diesen Effekt schon sehr früh und setzte mit selbst gebauten Teleobjektiven New Yorks Wolkenkratzer gekonnt in Szene. Mit Telebrennweiten kann auch ein schöner räumlicher Aufbau erfolgen, wenn durch Blumen oder andere Objekte fotografiert wird. Der Vordergrund wird unscharf dargestellt, sodass sich ein farbiges, leuchtendes Bokeh ergeben kann. Für schöne Ergebnisse müssen Sie experimentieren. Bei dichten Pflanzen im Vordergrund kann gegebenenfalls sogar ein leichtes Weitwinkelobjektiv genutzt werden, eventuell wird der Vordergrund doch zu unruhig. Je länger die Telebrennweite ist, desto stärker treten der Unschärfe- und Bokeh-Effekt auf.

Die schwarze Kirche von Búðir in Island. Die Butterblumen wirken teilweise als unscharfe gelbe Flecken, verleihen dem Bild aber trotzdem ein interessantes Flair.

24–120 mm 1:4 | 75 mm | 1/250 s | f/4 | ISO 640

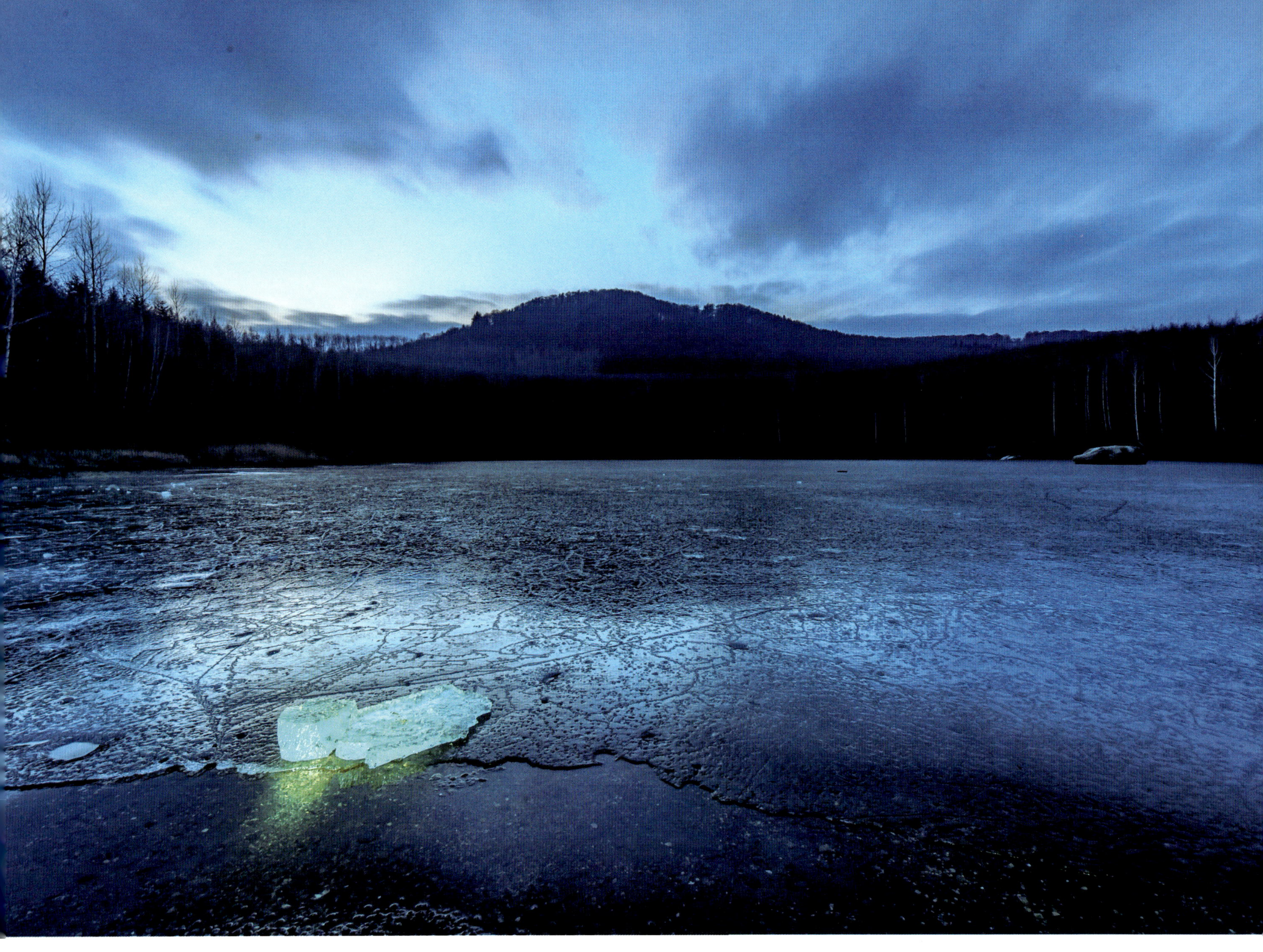

ABSOLUTE ODER **PARTIELLE** SCHÄRFE?

Landschaftsfotos zeigen oft viele Details, mit der Folge, dass den meisten Fotografen eine maximale Schärfe von Vordergrund bis Hintergrund sehr wichtig ist. Daher wird gern stark abgeblendet, oder es werden andere Techniken eingesetzt, um eine hohe Schärfentiefe zu bekommen. Mögliche Techniken sind der Einsatz von Tilt- und Shift-Objektiven, das Erstellen von übergroßen Bildern aus einer Serie von Einzelbildern, die gesticht, also »vernäht« werden, oder das Focus Stacking, das Fotografieren von Bildern mit verschiedenen Schärfeebenen, die via Bildbearbeitungs-App zusammengelegt werden.

Mir selbst ist absolute Schärfe über das ganze Bild nicht wichtig. Es reicht ein scharfer Fokuspunkt oder ein scharfer Bildbereich. Wenn ich mit dem Auge auf eine Landschaft schaue, sind die Bestandteile im Vordergrund auch nur unscharf wahrnehmbar. Vor allem bei Weitwinkelobjektiven ist eh fast alles auf dem Bild scharf. Ab und zu - vor allem beim Einsatz von Teleobjektiven und der daraus resultierenden geringen Tiefenschärfe - hätte ich auch gern den Vordergrund scharf. Mir reicht in diesen Fällen ein Focus Stacking aus zwei Bildern.

Dabei wird im ersten Bild einmal auf Objekte im Vordergrund und in einem zweiten Bild auf im Hintergrund befindliche Obejekte fokussiert. Nach den Aufnahmen wandern die Bilddateien auf den Computer und werden in Adobe Photoshop ineinander kopiert.

Welche ist die beste Blende für Landschaftsfotos?

Viele Fotografen blenden auf einen mittleren Blendenwert von vielleicht f/6 bis f/8 ab, im Normalfall sollte mit einer Spiegelreflexkamera auf nicht mehr als f/11 bis f/13 abgeblendet werden. Dann nämlich schlägt die Beugungsunschärfe zu, und es können teilweise leicht matschig wirkende Bilder entstehen. Bei der Auswertung meiner Bilder fiel mir auf, dass ich in der Regel nur moderat abblende, ich arbeite gern mit Blende f/4 oder f/5.6.

Da ich meine Objektive häufig wechsle, habe ich mit Sensorstaub zu kämpfen. Abgeblendet auf Blende f/14, werden die Staubpartikel auf dem Sensor meiner Kamera über dem Krufter Waldsee als schwarze Punkte dargestellt. In dunkleren, aber nicht so homogenen Bildteilen fallen die Staubflecken häufig nicht auf.

Dieses Bild vom Krufter Waldsee zeigt, dass es mal wieder Zeit für eine Sensorreinigung wird. Je stärker man abblendet, je kleiner damit die Blende wird - das kann schon ab Blende f/5.6 passieren -, desto stärker sind diese störenden Punkte. Bei diesem Bild habe ich außerdem versucht, Eisblöcke mit einer LED-Lampe anzuleuchten.

12–24 mm 1:4.5–5.6 | 15 mm | 8 s | f/14 | ISO 200

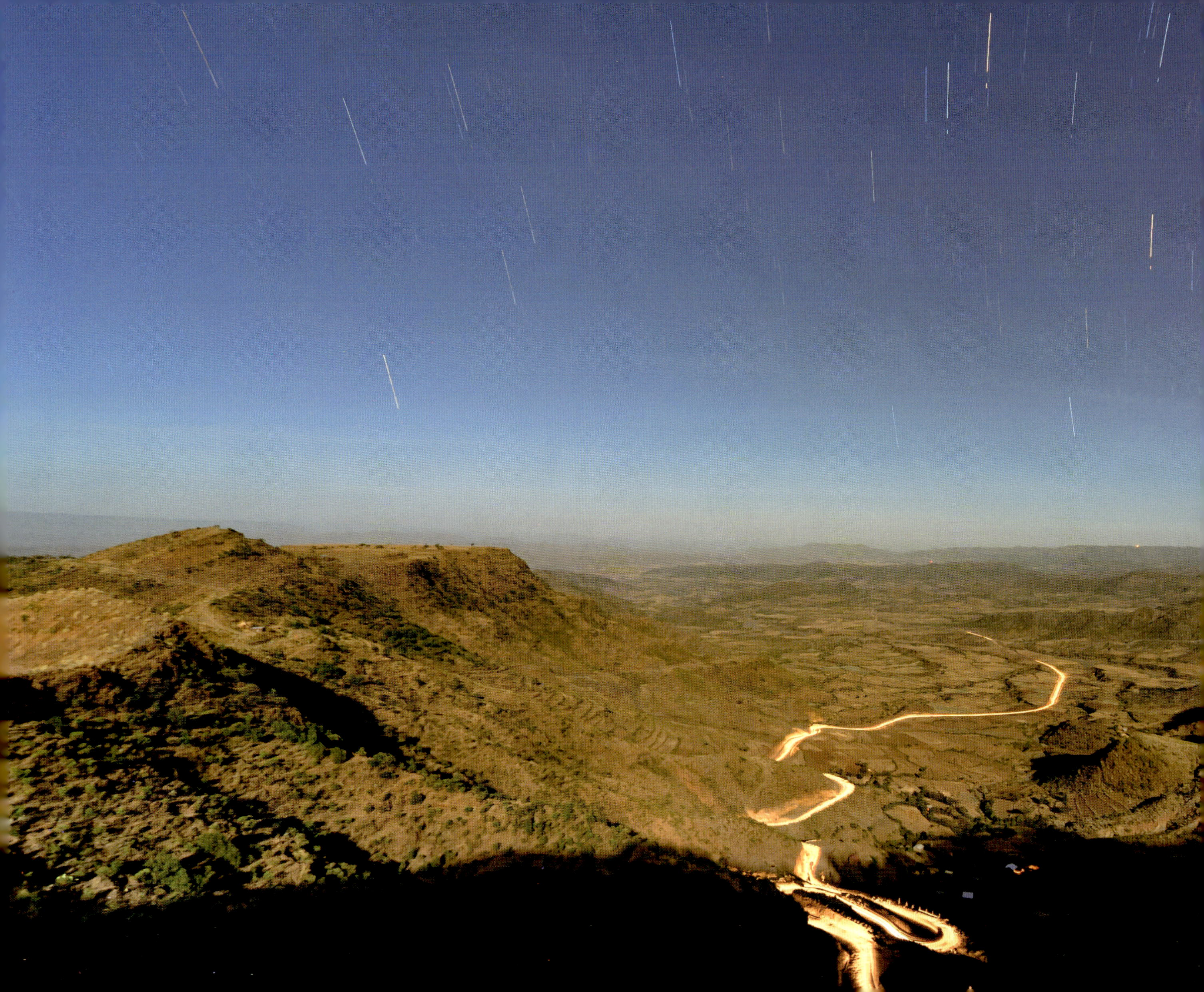

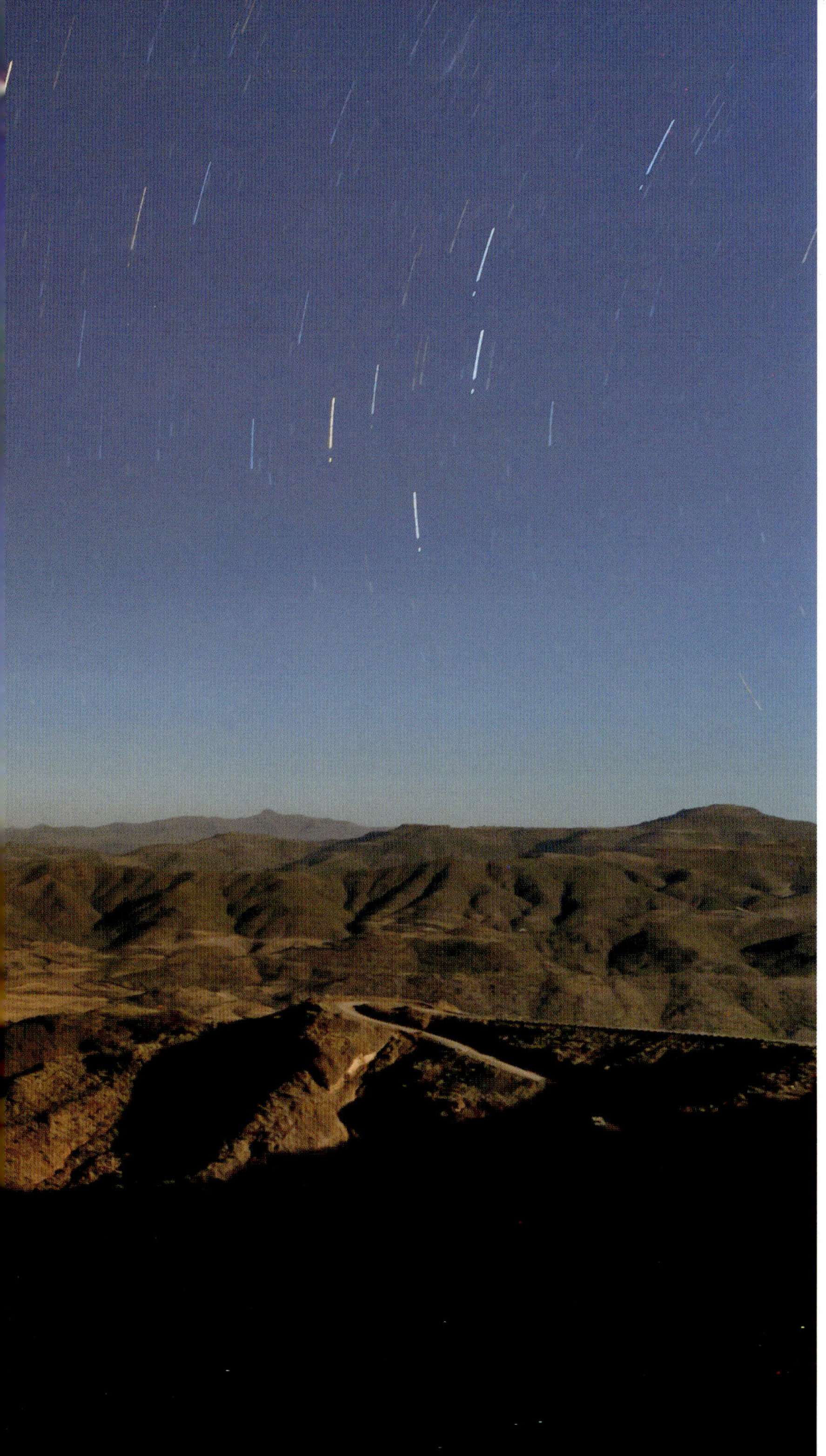

BEWEGUNG INS BILD BRINGEN

Mit langen Belichtungszeiten kann man auch in eine Landschaft Bewegung bringen. Diesen Effekt kann man prima bei windigen Tagen einsetzen. So nimmt man z. B. verwischte Blumen oder vorbeiziehende Wolken als Effekt wahr. Tiere in Bewegung oder die Lichter eines Autos in der Wüste ergeben weitere interessante Bilder.

Ein unwirklich wirkendes Bild in der Wüste vor der heiligen Stadt Lalibela in Äthiopien. Der Vollmond lässt die Wüste fast taghell erscheinen. Infolge von Belichtungszeiten von mehreren Minuten und mehreren Bildern, die übereinander gelegt wurden, scheinen die Sterne und die einsamen Autos in Bewegung zu sein. Die Angabe von 182 Sekunden steht nur für ein Bild.

12–24 mm 1:4.5–5.6 | 12 mm | 182 s | f/5.6 | ISO 200

RUHE INS BILD BRINGEN

Das Wichtigste zuletzt. Ein Bild soll das Auge beruhigen und zugleich faszinieren. Ich merke, dass ich bei sehr unruhigen Fotos schlechte Laune bekomme. Es sind zu viele Informationen darauf, meine Augen finden keinen Fixpunkt und irren durchs Bild. Es ist im Grunde wie in einem vollen Bus, Tausende Stimmen quaken wild durcheinander, das Gehirn wird kirre. Häufig tritt bei mir der Effekt bei Bildern auf, die mit einem kleinen Sensor gemacht wurden oder die einen unordentlichen Hintergrund haben. Der Hintergrund, als Stütze des Vordergrunds, wird vor allem von Anfängern oft übersehen. Ist er zu unruhig, stört er das ganze Bild.

Während wir aber ein Foto zu Hause oder im Studio ordnen können – alles Störende entfernen –, ist das draußen nicht ohne Weiteres möglich. Landschaftsfotos zeigen meist sehr viele Informationen, wodurch wieder die Gefahr besteht, dass der Betrachter verwirrt wird und sich vom Bild abwendet. Neben allen bisher genannten Tipps, ein Bild zu ordnen, sollten Sie immer das Gesamtbild im Auge behalten: Gibt es störende Elemente im Bild oder Dinge, die den Blick irritieren?

Im englischen Dartmoor versuchte ich, mehrere schottische Hochlandrinder zu fotografieren. Die ersten Bilder waren zu unruhig, es waren mehrere Tiere darauf und der Boden wirkte sehr unruhig. Bei diesem Bild, mit der gleichen Brennweite, bin ich nah heran und in die Hocke gegangen. Alles Störende wurde ausgeblendet, es dominiert der kritische Blick des hoffentlich nicht aggressiven Rinds. Zudem wirkt das Bild ruhig, weil es fast konsequent von nur einer Farbe (Braun) lebt. Da ich dem Tier doch sehr nah auf die Pelle rückte, würde ich mich beim nächsten Mal vorher über den Charakter von schottischen Hochlandrindern kundig machen. Einem spanischen Stier wäre ich eher mit einem Teleobjektiv begegnet.

16-50 mm 1:3.5-5.6 | 31 mm | 1/1000 s | f/5 | ISO 100

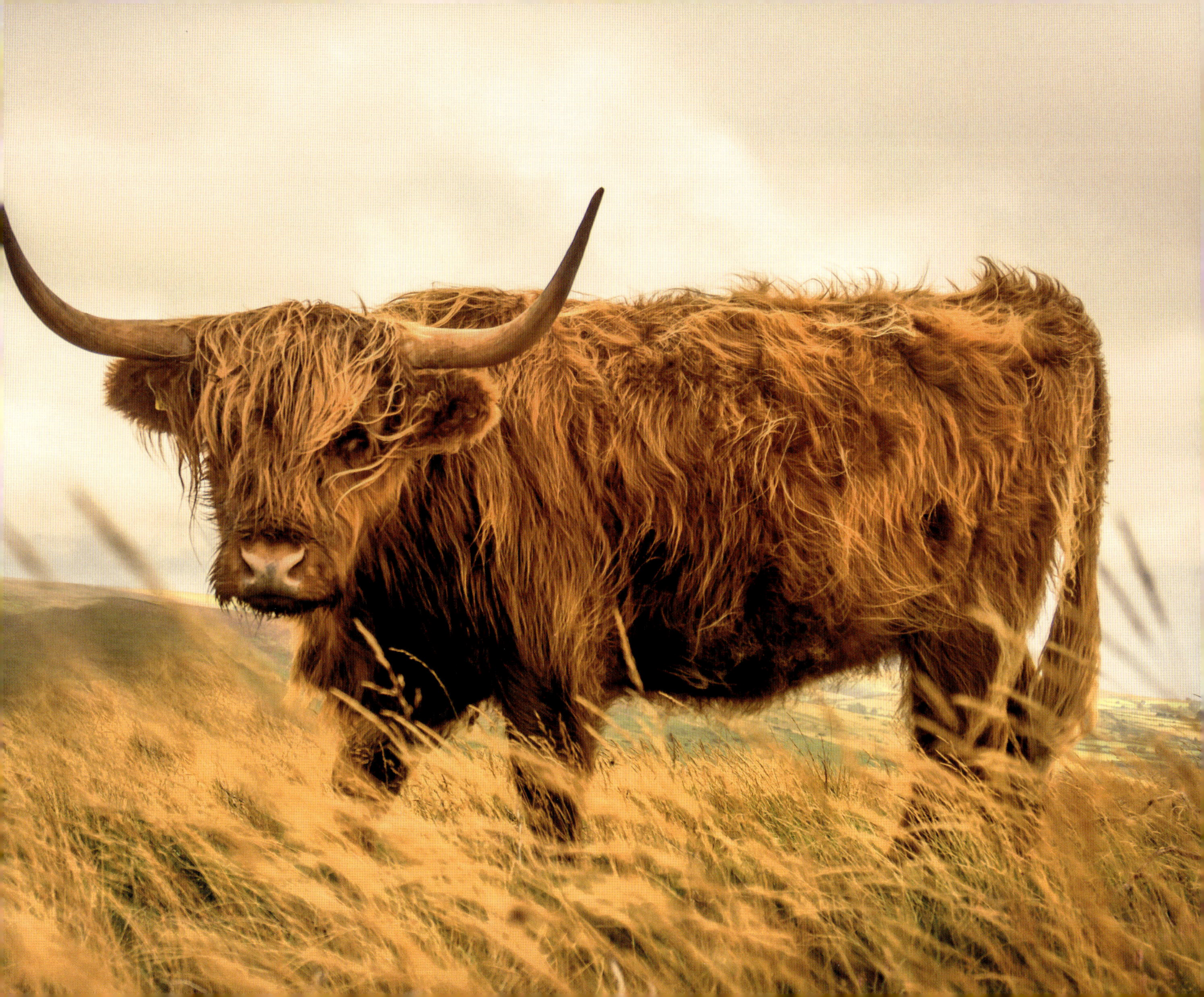

Kleine störende Elemente, wie z. B. Müll, können gegebenenfalls direkt aus dem Bild entfernt werden. Sie können versuchen, diese Elemente durch Änderungen des Ausschnitts auszublenden. Ich stemple Objekte, die nicht fest zur Szene gehören, beispielsweise Müll oder Kräne, später per Bildretusche einfach weg. Aber auch Naturbestandteile, die ein Bild unruhig machen, versuche ich, durch Wechsel oder Verschiebung des Aufnahmestandpunkts auszublenden.

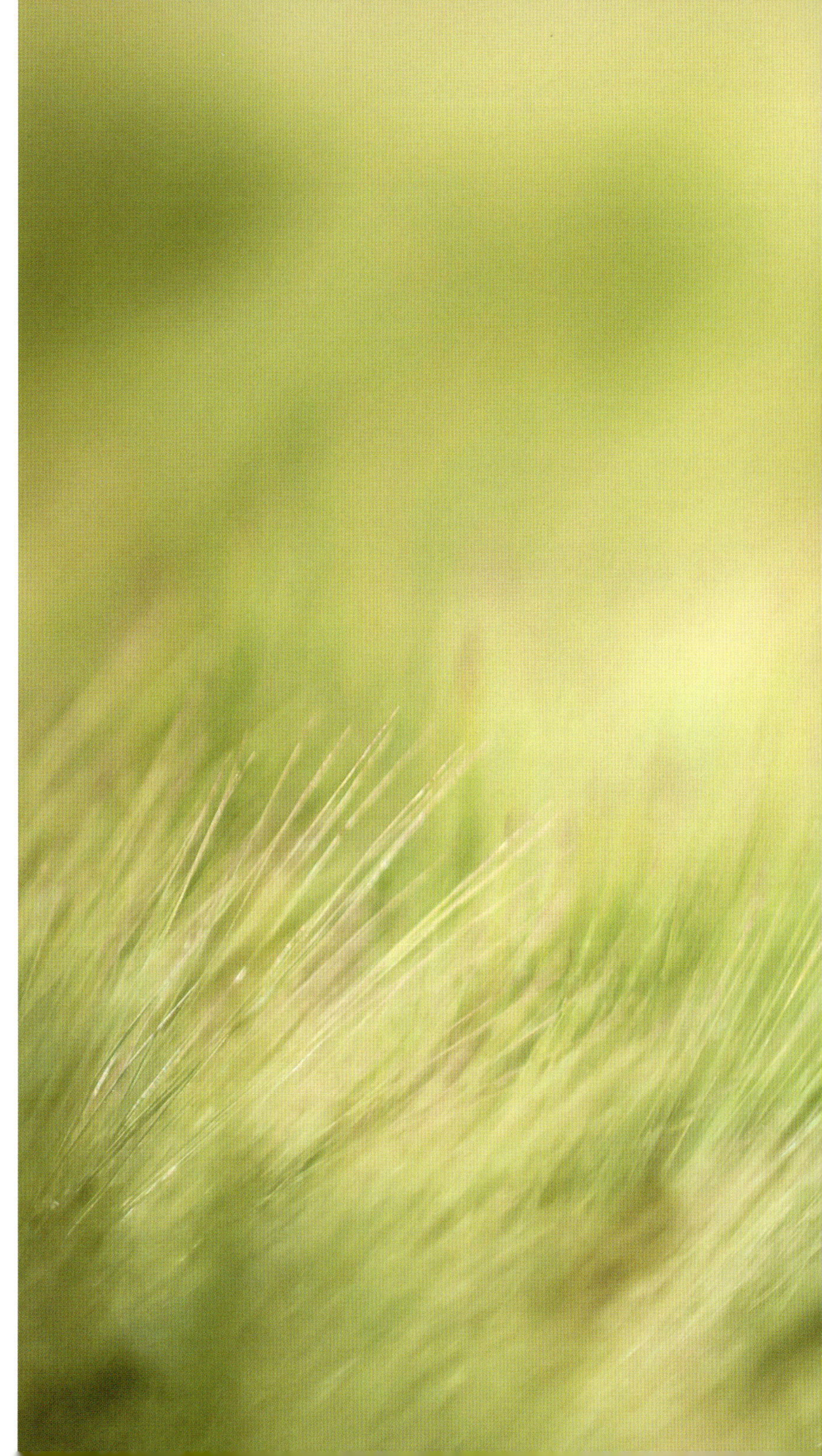

Der knappe Ausschnitt von 200 mm zeigt eine einzelne Mohnblume im grünen Feld, ein ruhiger Bildaufbau, es sind keine störenden Elemente zu sehen. Nur zwei Farben prägen das Bild.

80–200 mm 1:2.8 | 200 mm | 1/1600 s | f/3.5 | ISO 200

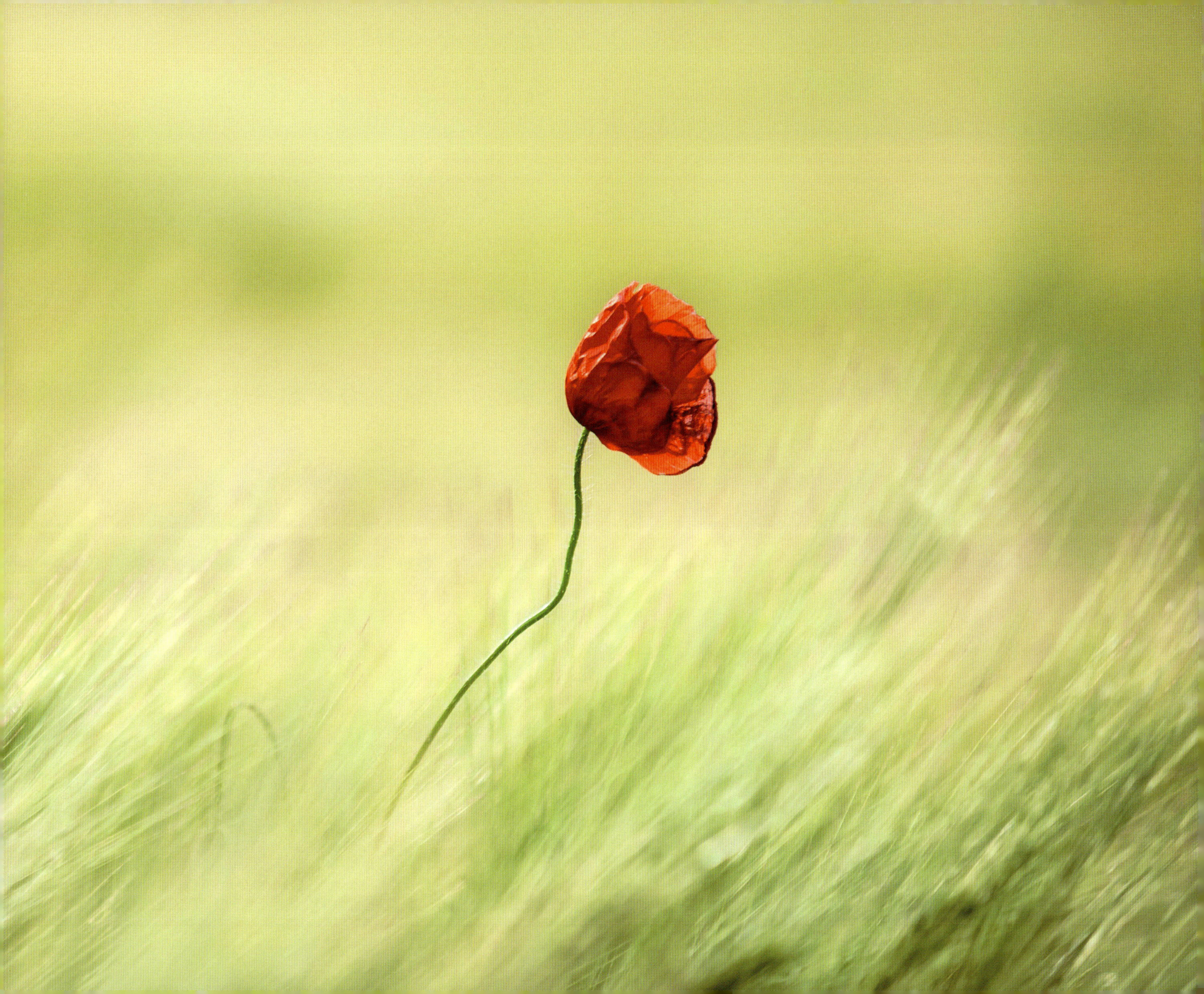

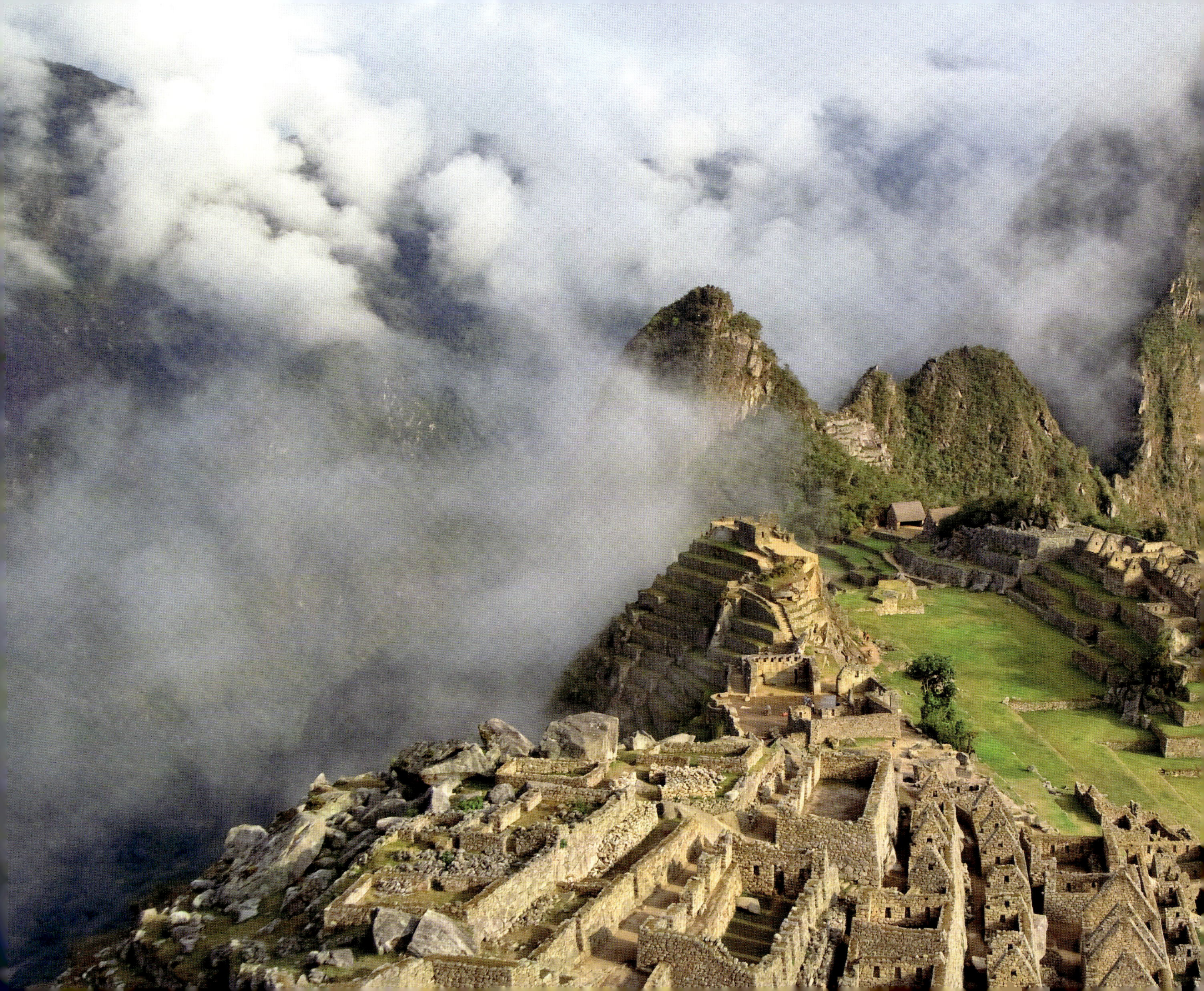

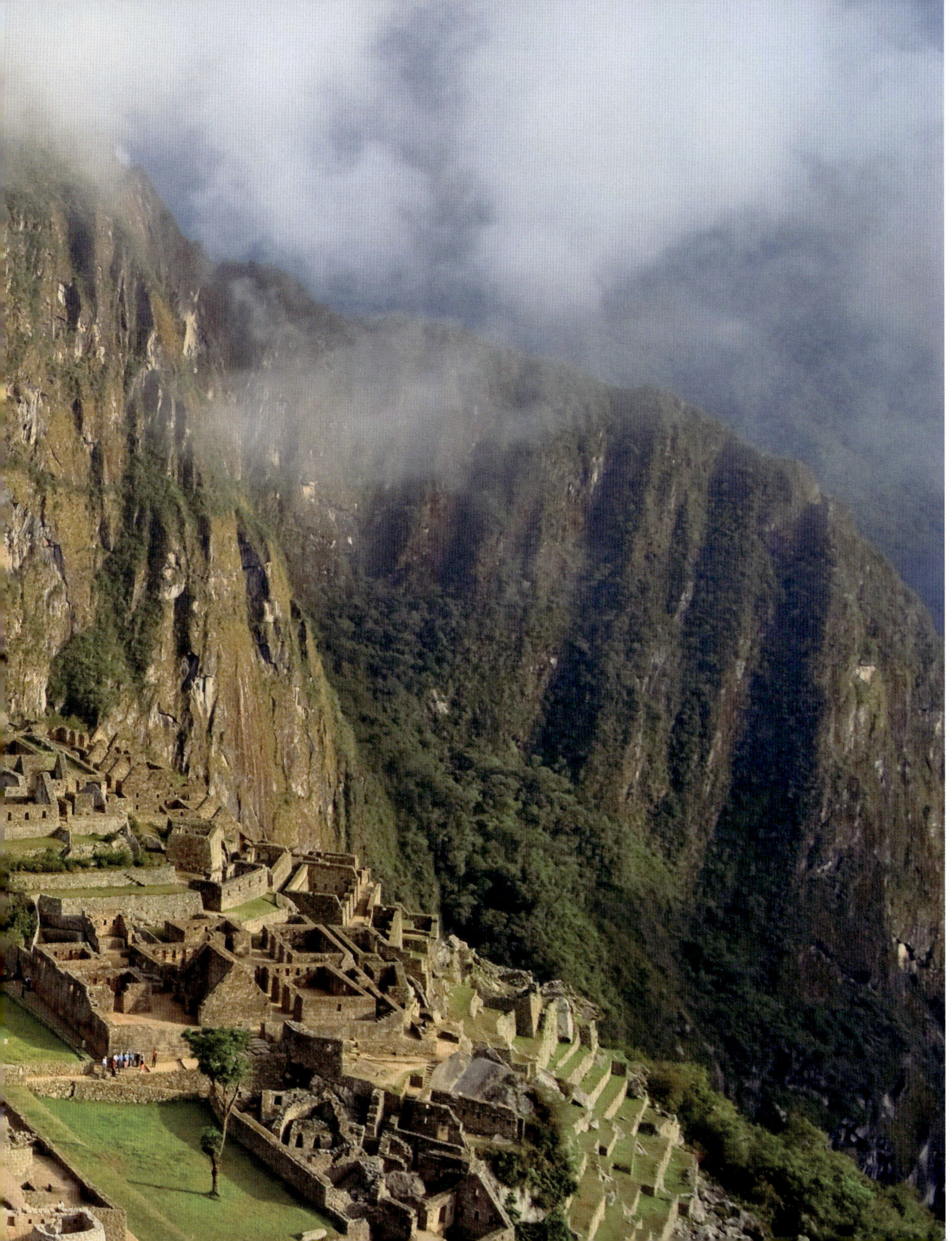

Kapitel 4

WIND UND **WETTER**

Eine schöne Landschaft und das passende Licht sind die Hauptzutaten für sehenswerte Landschaftsfotos. Eine weitere Zutat wird aber häufig außer Acht gelassen: das Wetter. In meinen Augen ist das Wetter genauso wichtig wie das Licht; es gibt einen engen Zusammenhang. Wie das Licht wirkt, hängt immer auch vom Wetter ab und nicht nur von der Uhrzeit. Beispielsweise schlagen aus meiner Sicht Schäfchen- oder Schleierwolken die Regel »Mittags ist tabu«. Deshalb steht dieses Kapitel bewusst vor dem Kapitel zum Licht.

Morgens umhüllt Nebel die Andenruinen von Machu Picchu. Wird die Sonne stärker, verschwindet der Nebel und damit auch die mystische Stimmung.

28–75 mm 1:2.8 | 28 mm | 1/640 s | f/5.6 | ISO 250

STIMMUNGSKILLER **HOCHNEBEL**

Gibt es tatsächlich ein Wetter, das die Lust am Fotografieren mindert? Ja, und zwar hängt vor allem im Spätwinter und manchmal sogar den ganzen Februar lang in vielen Gegenden Deutschlands eine graue, depressive Suppe am Himmel. Wenn die Landschaft grau ist, macht es die Stimmung fad, und man lässt den Fotoapparat besser zu Hause. Das Paradoxe daran ist, dass Hochnebel eigentlich ein Hochdruckgebiet ist, und die Wettervorhersage Sonne prophezeit. Tatsächlich scheint die Sonne in den Bergen, aber unten im Flachland, wie z. B. im Rheinland, liegt eine feuchte, kalte Schicht. Da es zudem windstill ist, bleibt der Hochnebel unten hängen und kann nicht verdrängt werden. Diese Wetterlage nennt man Inversion, eine Umkehr der normalen Temperaturverhältnisse, oben ist es wärmer als unten. Die Höhe dieser Schicht pendelt häufig zwischen 500 bis 1.000 Metern. Nur die höchsten Gipfel unserer Mittelgebirge bekommen dann noch Sonne ab.

Frankreich im Oktober 2013. Ich war für mein Moselbuch unterwegs. Die Wettervorhersage versprach für die nächsten Tage gutes Wetter. Normalerweise ist der Oktober wettertechnisch ein schöner Monat. Ich hatte Hotels entlang der Mosel in Frankreich gebucht und war unterwegs in Richtung der Moselquelle in den Vogesen. Aber das Wetter zog sich zu und blieb so. Die Bilder waren teilweise so grau, dass ich die Reise abgebrochen habe. Mittlerweile schaue ich daher nach Wettervorhersagen, die die Sonnenscheindauer und den Stand der Wolken beschreiben.

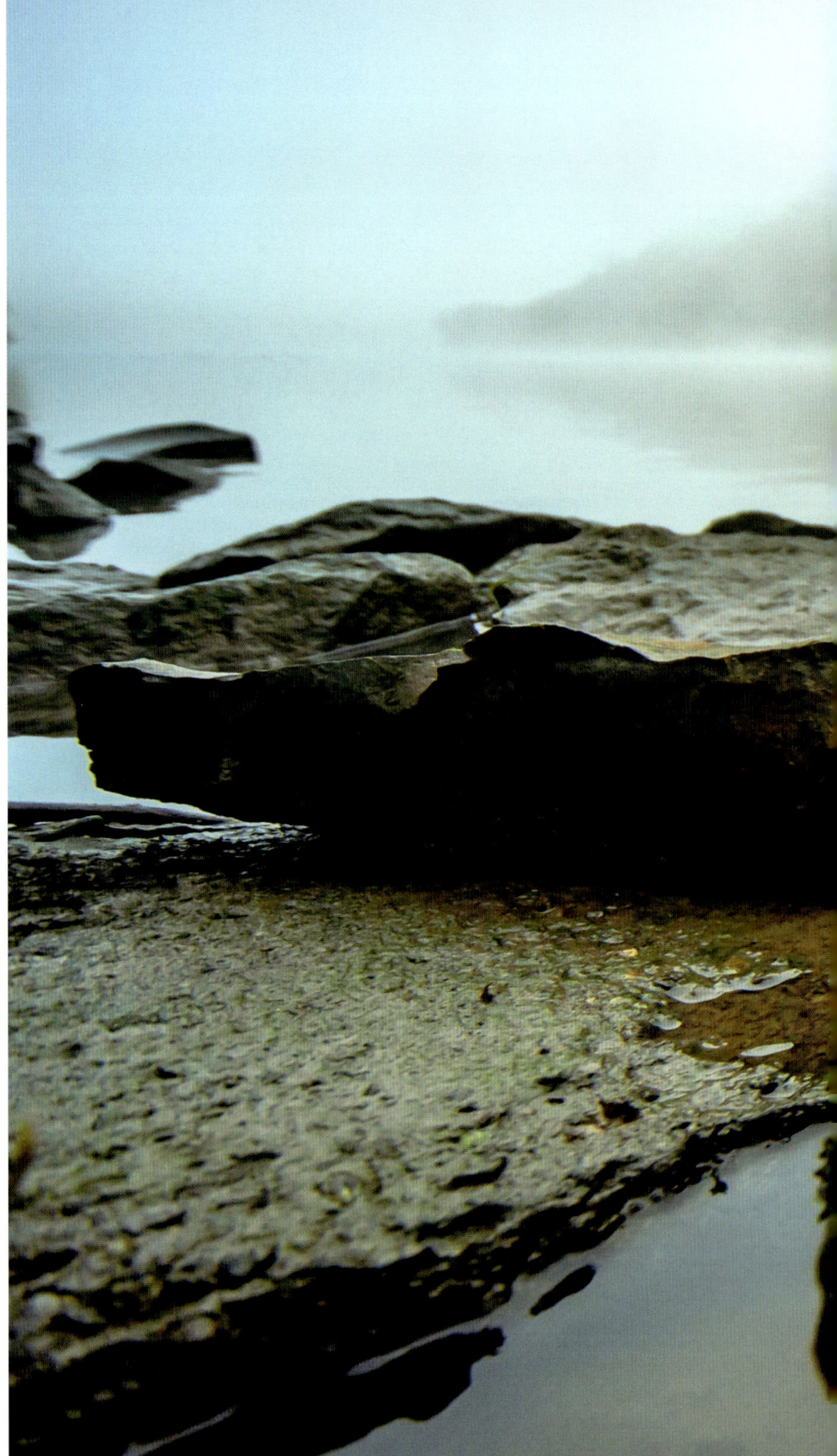

Ein gelbes Ahornblatt ist der einzige Farbtupfer bei diesem ruhigen Nebelbild an der Mosel.

12–24 mm 1:4.5–5.6 | 14 mm | 1/320 s | f/5.6 | ISO 320

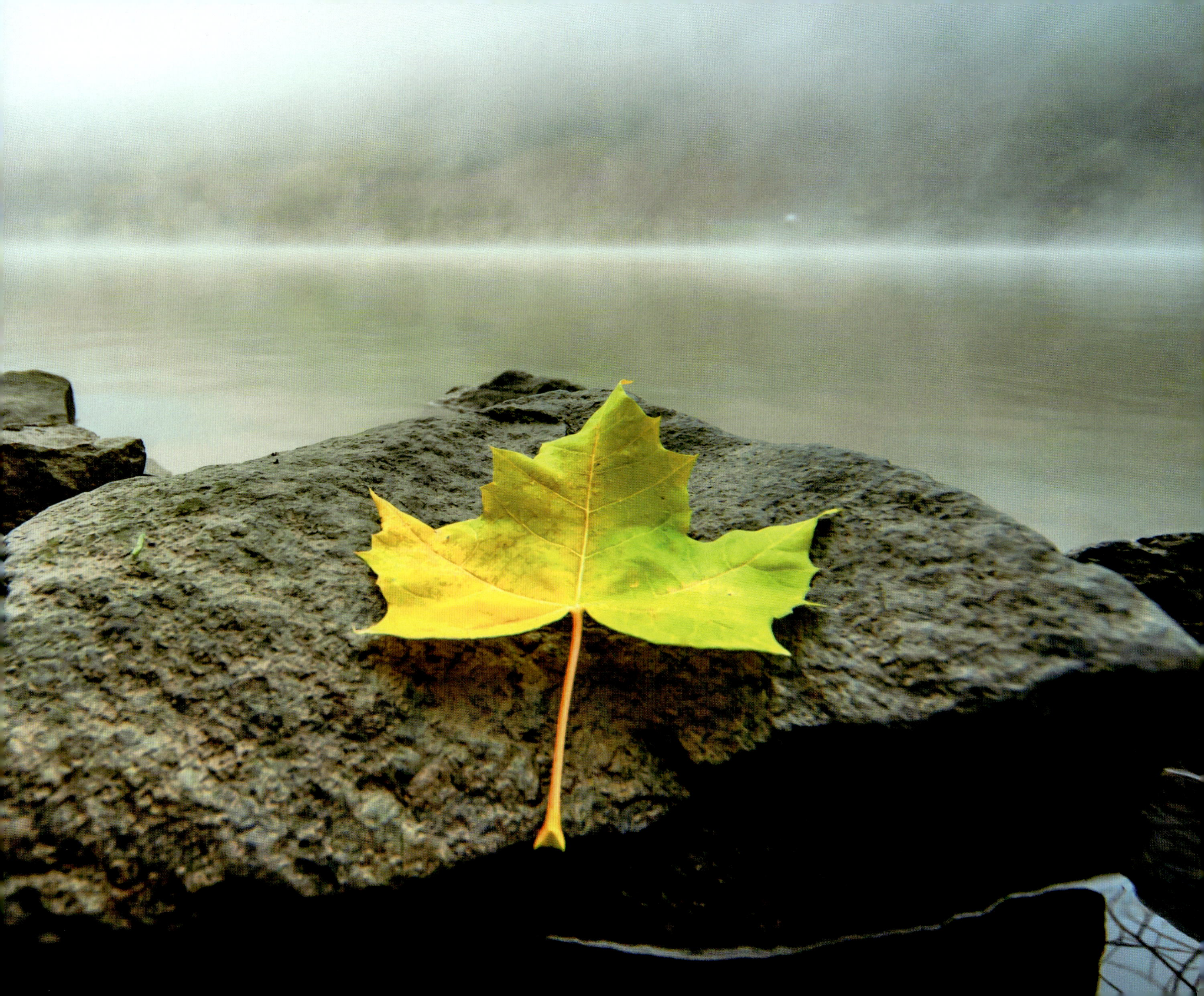

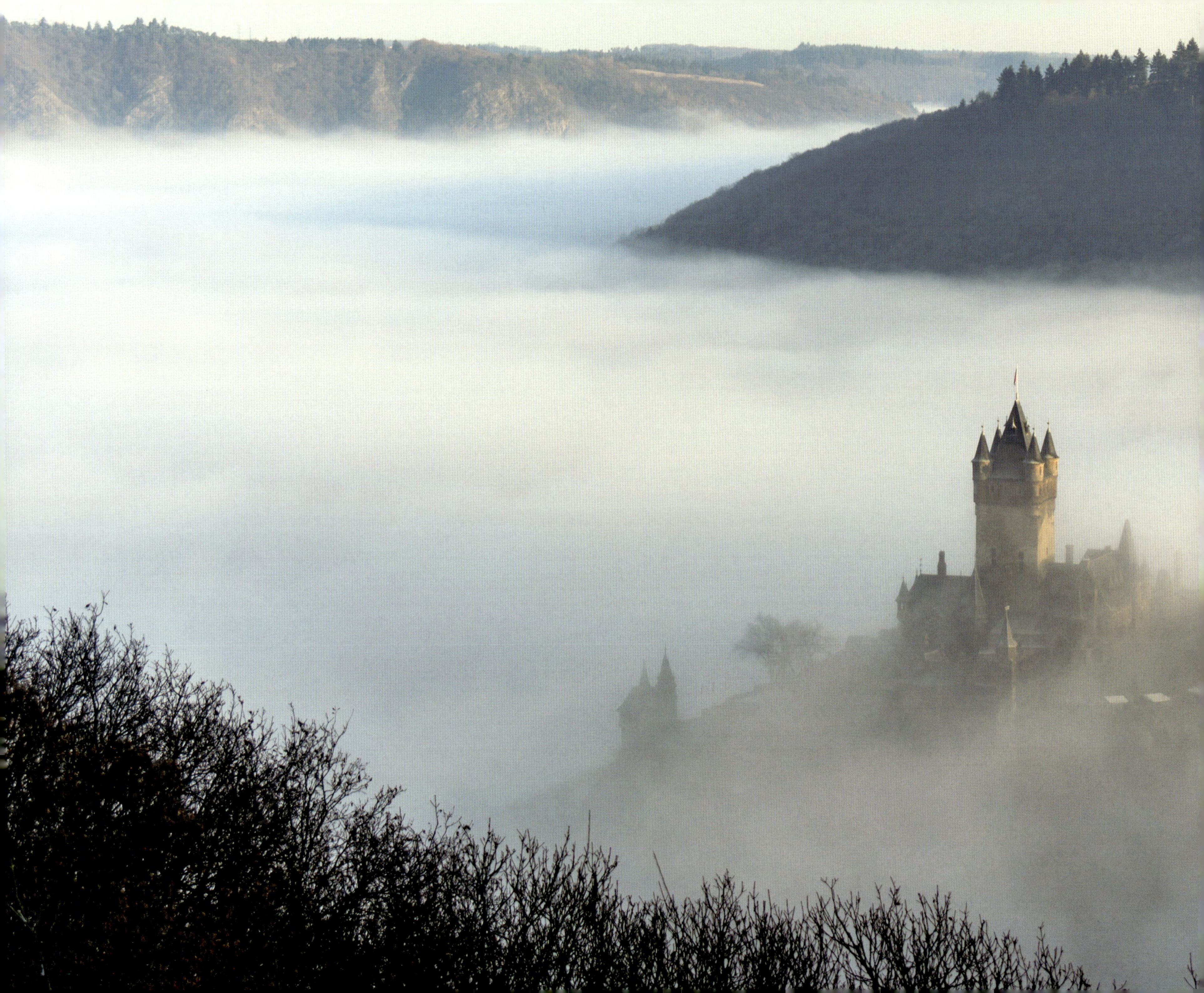

NEBEL ALS **STIMMUNGSMACHER**

Im großen Gegensatz zum Hochnebel erzeugt Nebel Bilder mit mystischer und faszinierender Stimmung. Nebelschwaden, am besten vermischt mit Sonnenstrahlen, bieten die spannendste Stimmung für Landschaftsbilder. Auch Bilder im Wald sind bei Nebel viel mystischer als bei klarer Witterung, Baumriesen und Äste wirken wie Gerippe und Gespenster und erzeugen Szenen wie aus einem Horrorfilm. Nebel erzeugt auch monochrome und ruhige Stimmungen, damit ergeben sich manchmal fast schwarz-weiß wirkende Bilder.

Technisch gesehen sind Hochnebel und Nebel erst einmal das Gleiche, nämlich feuchte Luft, die in der Landschaft hängt. Aus Nebel wird Hochnebel, wenn im Laufe des Tags die Sichtweite über einen Kilometer hinausgeht und die Nebelschicht in die Höhe steigt. Der Nebel schafft es aber nicht, sich komplett aufzulösen. Bodennebel bildet sich regelmäßig in kalten Senken, Flusstälern oder über feuchten Feldern, bevor er sich weiter ausbreitet. Gerade diese lokalen Nebelfelder lösen sich schnell auf und können eine stimmungsvolle Atmosphäre erzeugen. Nebel bildet sich nach kalten und feuchten Nächten, wenn am Morgen die warme Sonne die feuchte Luft erwärmt. Wie bei Hochnebel muss es windstill sein, Wind vertreibt die feuchten Schichten. Deshalb tritt der Nebel vor allem im frühen Herbst und an ruhigen Sonnentagen auf.

Die Reichsburg Cochem schaut aus dem Nebeltal heraus. Manchmal hängt im Tal dichter Nebel, während sich oberhalb der Hügel eine fantastische Stimmung zeigt. Die Nebeldecke hat hier eine Höhe von knapp 200 Metern.

24–120 mm 1:4 | 40 mm | 1/640 s | f/4 | ISO 160

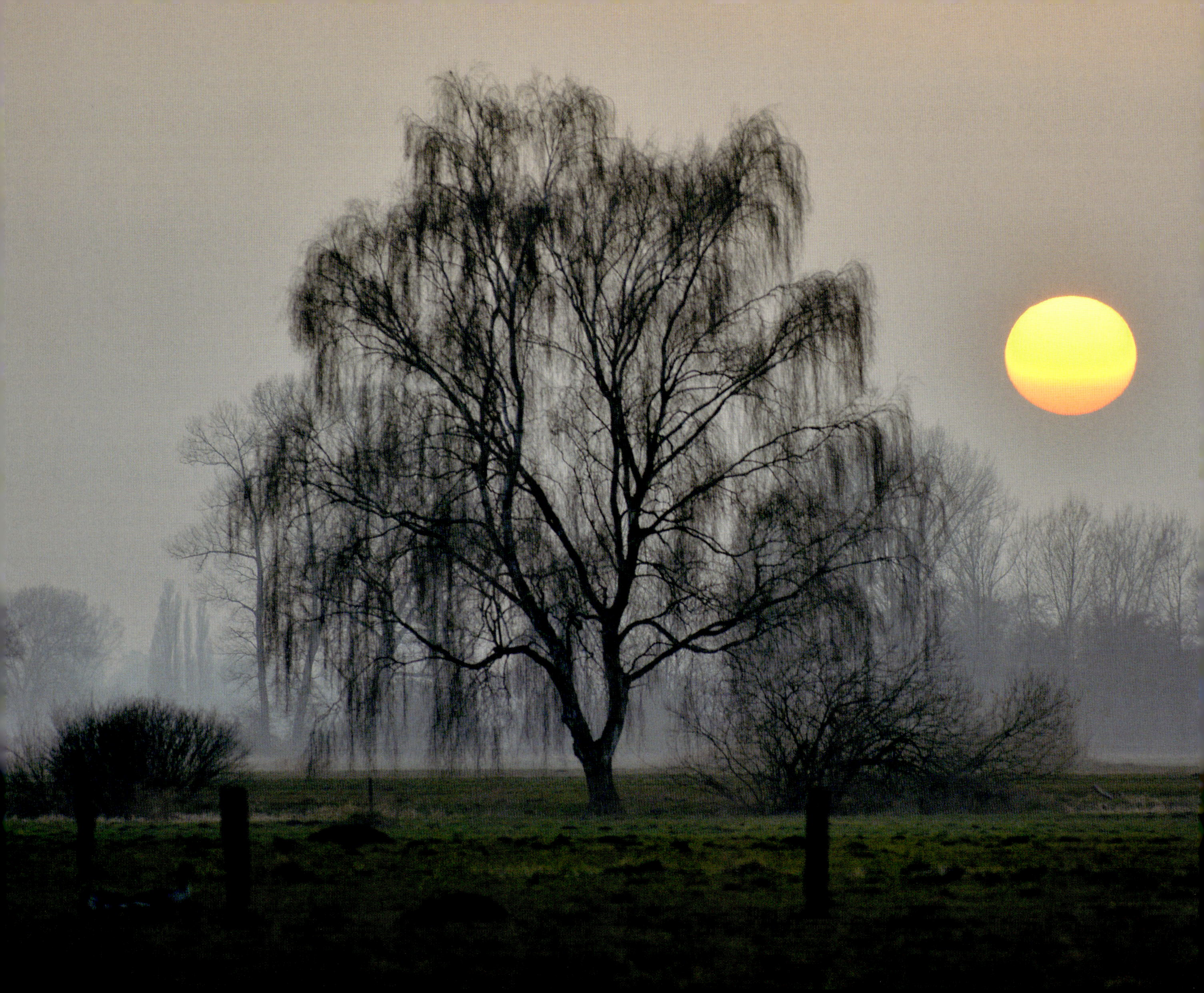

KEINE REGEL OHNE AUSNAHMEN

Bäche und Wasserfälle im Wald beispielsweise sind auch bei Hochnebel einen Besuch wert. Das Licht ist homogen, ein Wasserfall kann einfacher als im Sonnenlicht fotografiert werden. Die partielle Belichtung durch den Blätterwald mit Sonne lässt einen Bach oder einen Wasserfall sehr unruhig aussehen. Es können teilweise ausgefressene, helle Sonnenflecken entstehen. Bei einer inversen Wetterlage ist das nicht so.

Und: Sind am grauen Himmel minimale Strukturen erkennbar, kann man ein fades Bild im RAW-Konverter mit den Funktionen *Kontrast* und/oder *Klarheit* sehenswert machen.

Sonnenuntergänge, wie hier im großen Torfmoor bei Lübbecke, sind bei Nebel am schönsten.
Die dampfende Schicht zaubert eine wunderschöne samtene Sonne hervor.

80–200 mm 1:2.8 | 200 mm | 1/1250 s | f/3.5 | ISO 400

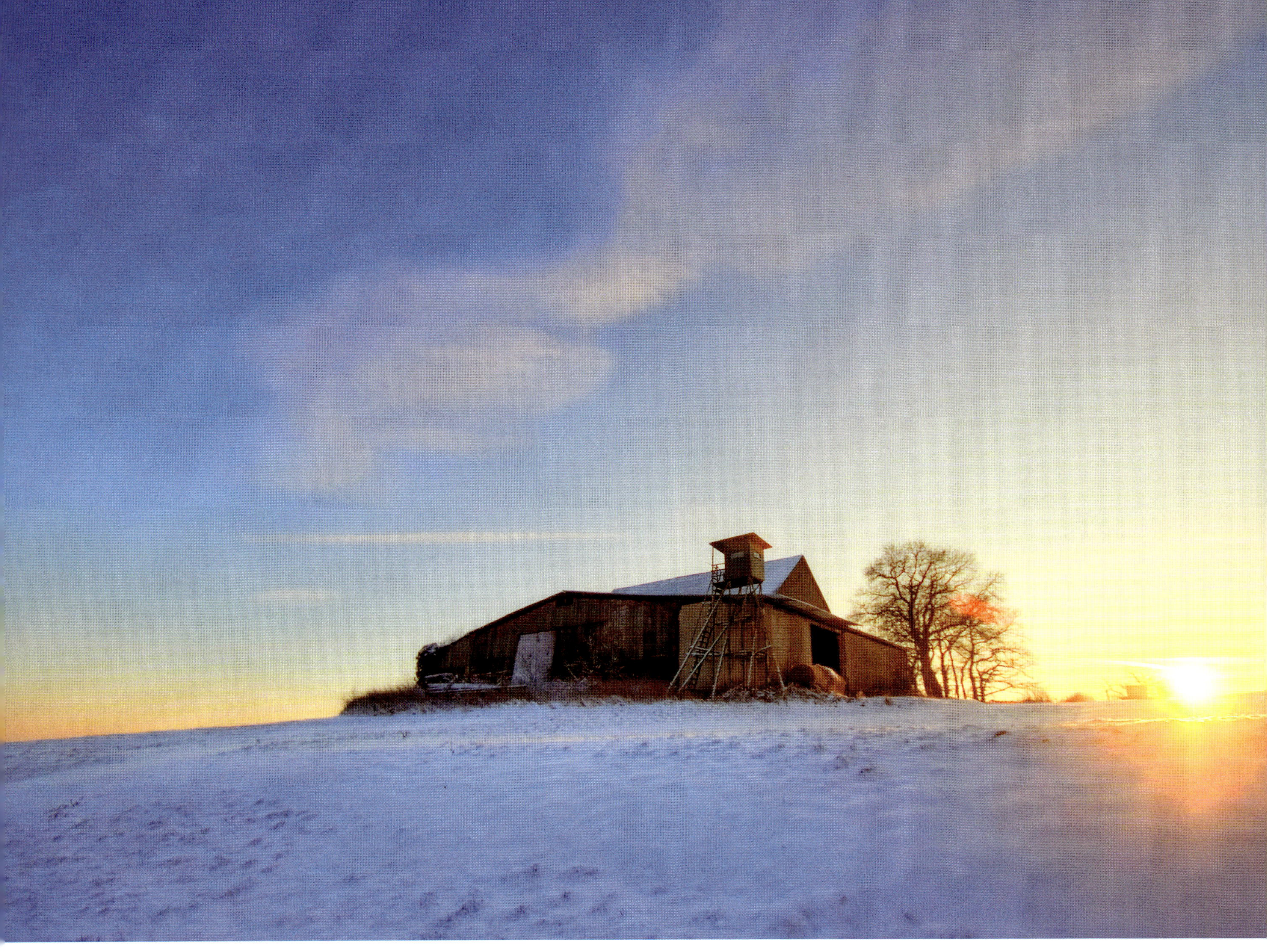

Sonnenuntergang bei einem Bauernhof nahe Neuwied.

10 mm | 1/640 s | f/5.6 | ISO 160

TYPISCHES **WINTERWETTER**

Was ist typisches Winterwetter? Im mitteleuropäischen Flachland, in manchen Jahren ganz ohne Schnee, gibt es häufig trübes und feuchtes Depressionswetter. In Hochlagen hingegen, wie dem Schwarzwald oder den Alpen, können Schnee und Eis wahre Wintermärchen hervorzaubern. Eis und Schnee legen sich über nackte Pflanzen und Steine, aus dem Grau werden strahlend weiße Landschaften. Die Sonne steht viel tiefer als im Sommer, das Licht ist weicher. Winterbildern verzeiht man auch Hochnebel eher, das Weiß setzt sich vom Grau ab, die ruhige Stimmung ist gewollt.

Ihre besondere Stärke erzeugen Winterbilder bei klarem Himmel. Garniert mit einem tiefen Blau zur Mittagszeit oder einem leuchtend roten Sonnenuntergang, ergibt sich ein unglaublicher Kontrast zwischen reinem Weiß, blauen und roten Farbtönen.

Beim Fotografieren im Schnee ist Folgendes zu beachten:

- Je nach Kälte sind die Batterien schneller leer, zusätzliche Akkus sind immer sinnvoll. Die Akkus werden geschont, je länger sie in der Tasche bzw. im Warmen bleiben.

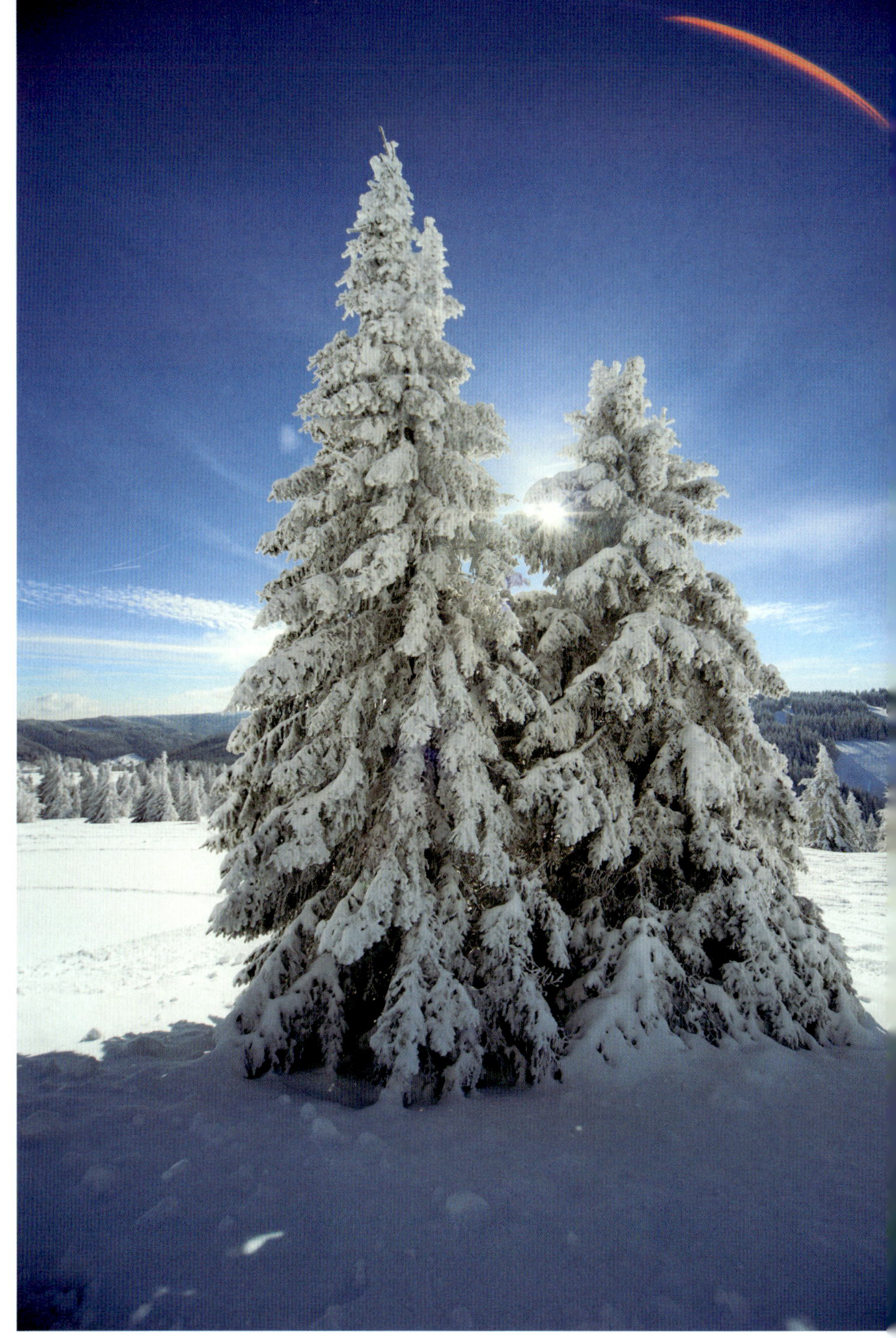

Der Feldberg im Schwarzwald. 12:50 Uhr am Mittag, trotzdem steht die Sonne so niedrig, dass man sie fast packen kann.

12–24 mm 1:4.5–5.6 | 12 mm | 1/2000 s | f/5.6 | ISO 200

- Ein extremer Wechsel zwischen Kalt und Warm kann auch zum Beschlagen der Kamera oder zu Kondenswasser führen. Ich selbst mute meinem Equipment viel zu, wechsele auch im Winter Objektive und nutze die Kamera ohne Einschränkung. Vor allem die Profimodelle können eine Menge ertragen. Aber nach langen Touren, wenn die Kamera stark abgekühlt ist, lasse ich den kompletten Rucksack erst einmal im Zimmer akklimatisieren, bevor ich die Kamera öffne oder wieder anschalte.

- Schnee ist sehr hell, Schneebilder können den Belichtungsmesser irritieren. Die Folge können unterbelichtete Bilder sein. Eine Plus-Korrektur oder das Fotografieren im manuellen Modus hilft. Das Weiß des Schnees sollte nicht komplett ausfressen und seine Struktur beibehalten.

REGEN UND **WETTERUMSCHWÜNGE**

Bei Regen setzen die meisten Fotografen erst einmal aus. Keiner mag nass werden, und für die Kamera ist Regen auch nicht wirklich gesund. Viele Profimodelle und Objektive sind allerdings abgedichtet. Im Equipment-Kapitel werden dazu noch einige Tipps gegeben. Bei strömendem Regen setze ich natürlich auch aus, aber Regengebiete sollten nicht ignoriert werden. Regen reinigt die Luft, vor allem Wälder und Wiesen leuchten nach einem Regenschauer am intensivsten.

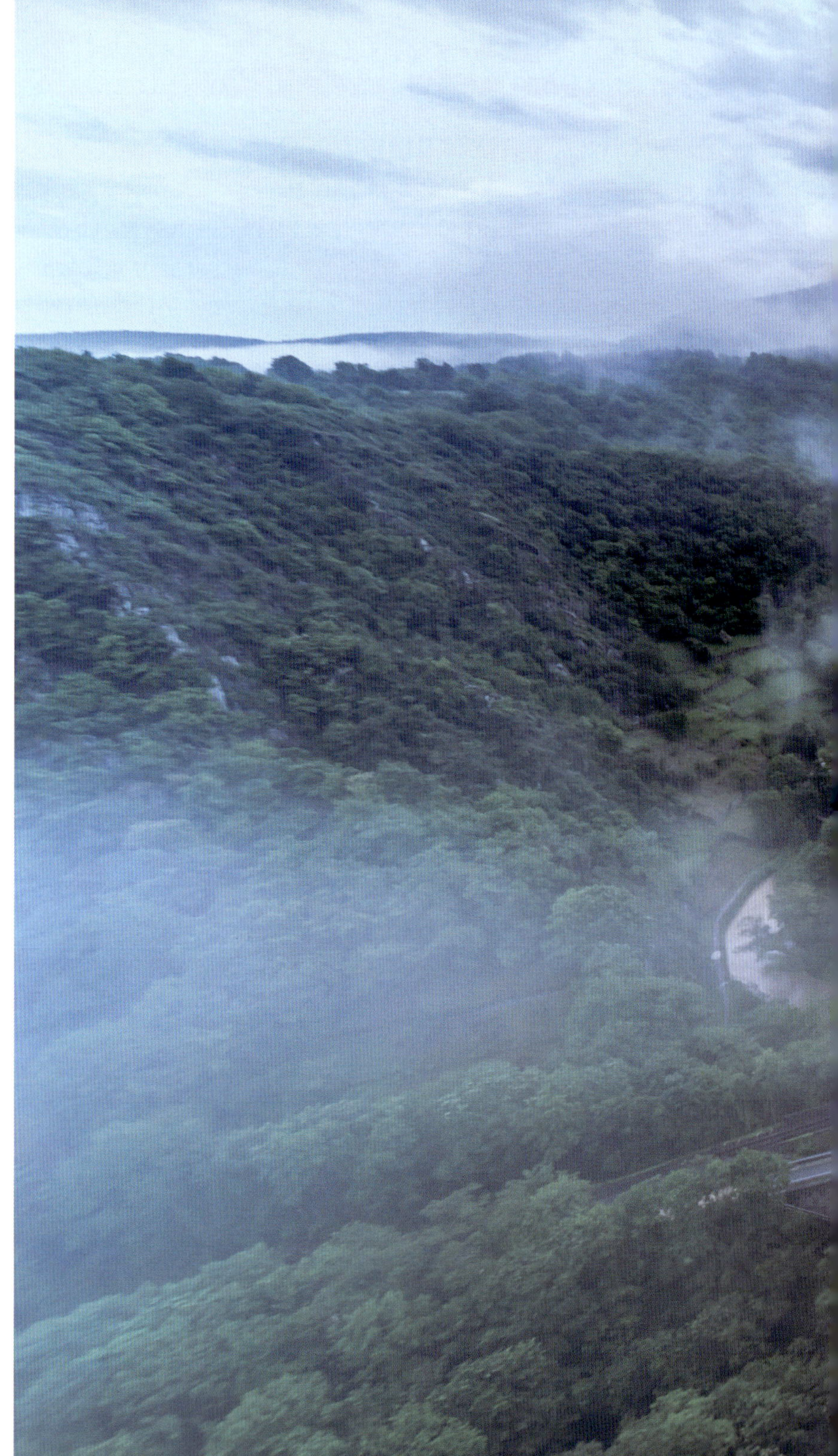

Die Burg Are im Ahrtal nach einem Regenschauer.
Das Bild entstand einige Tage vor dem größten Hochwasser seit Messbeginn an der Ahr.
Die Stimmung erinnert mich an die bei den Ruinen von Machu Picchu in Peru.

12–24 mm 1:4.5–5.6 | 12 mm | 4 s | f/5.6 | ISO 50

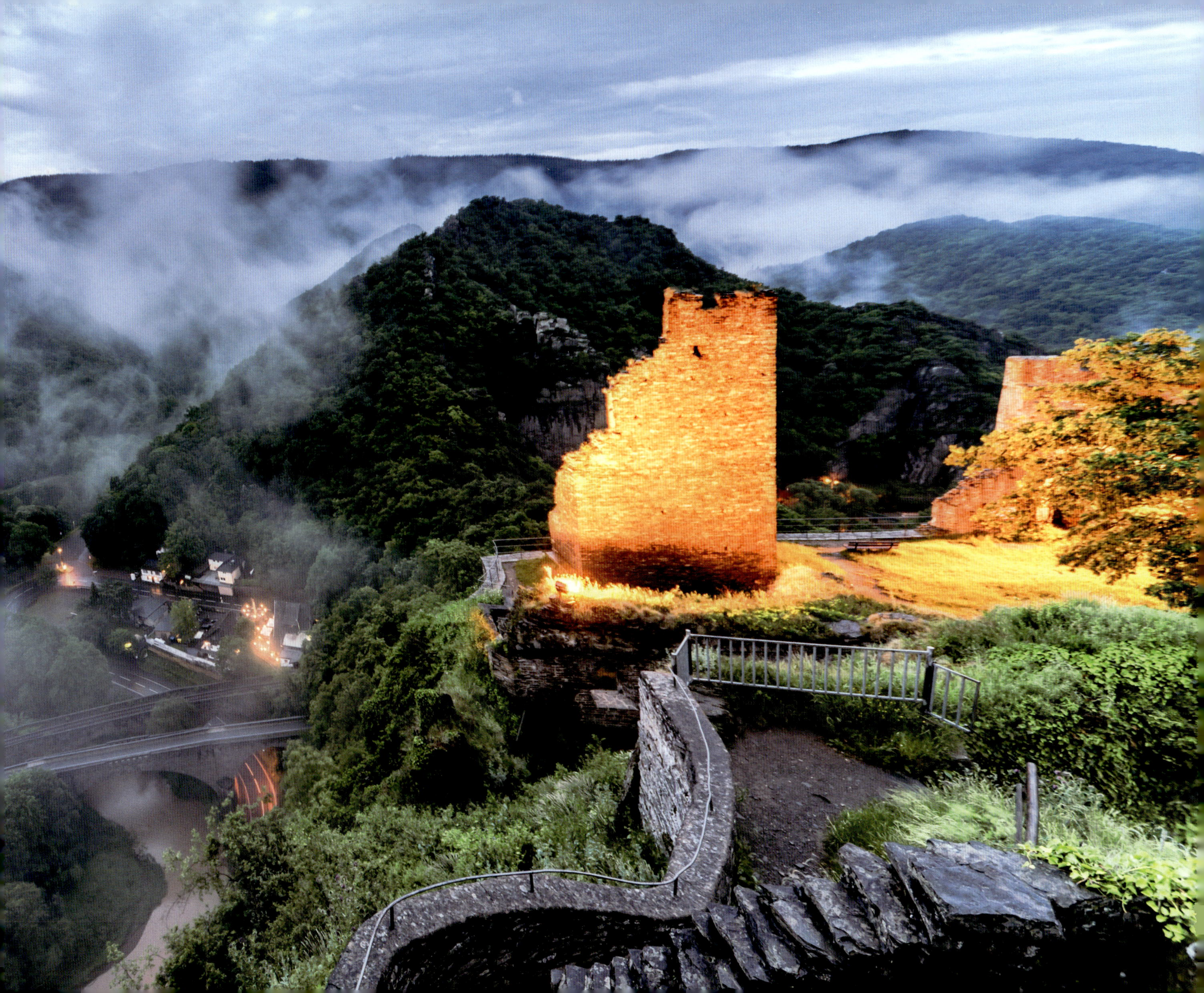

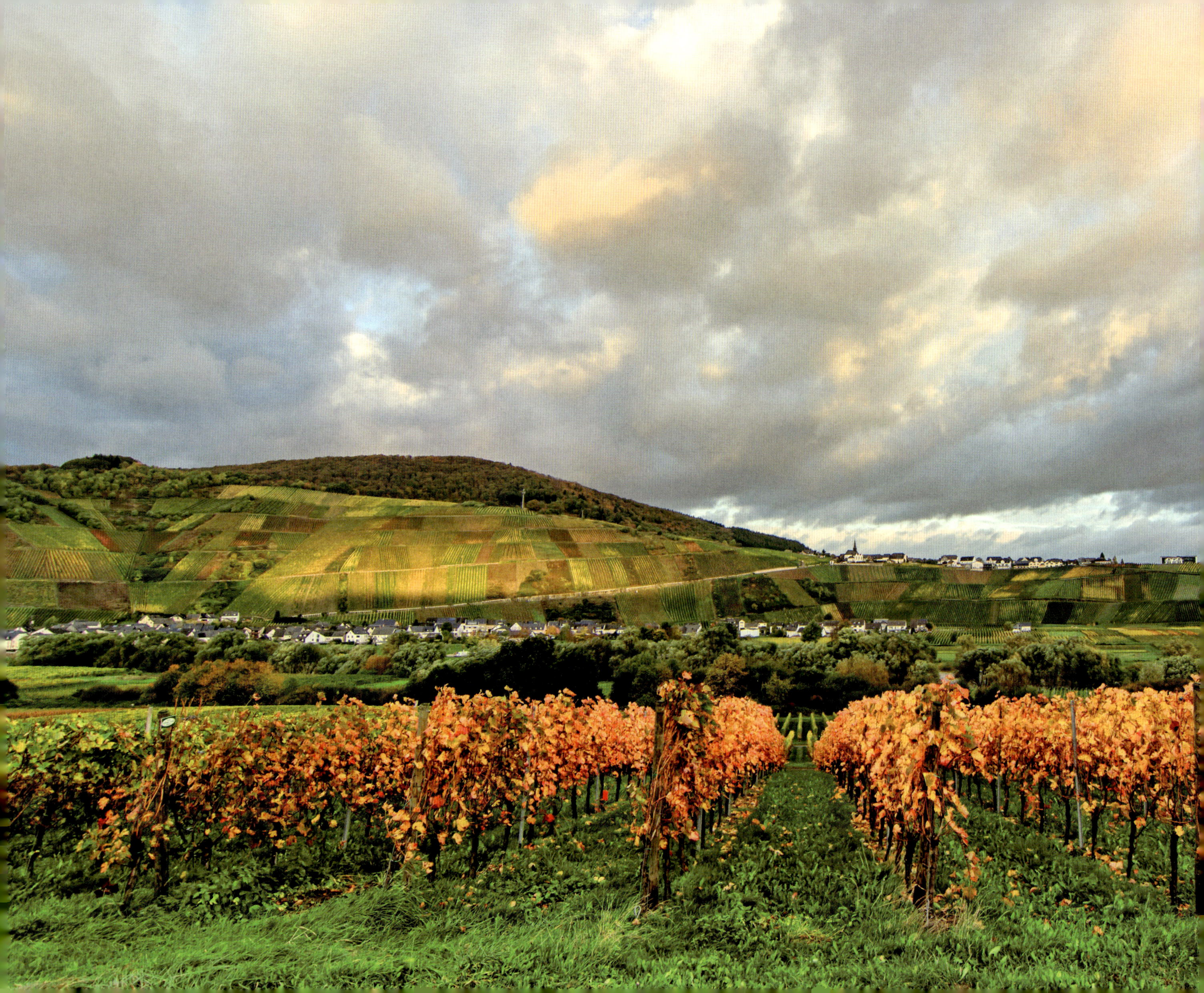

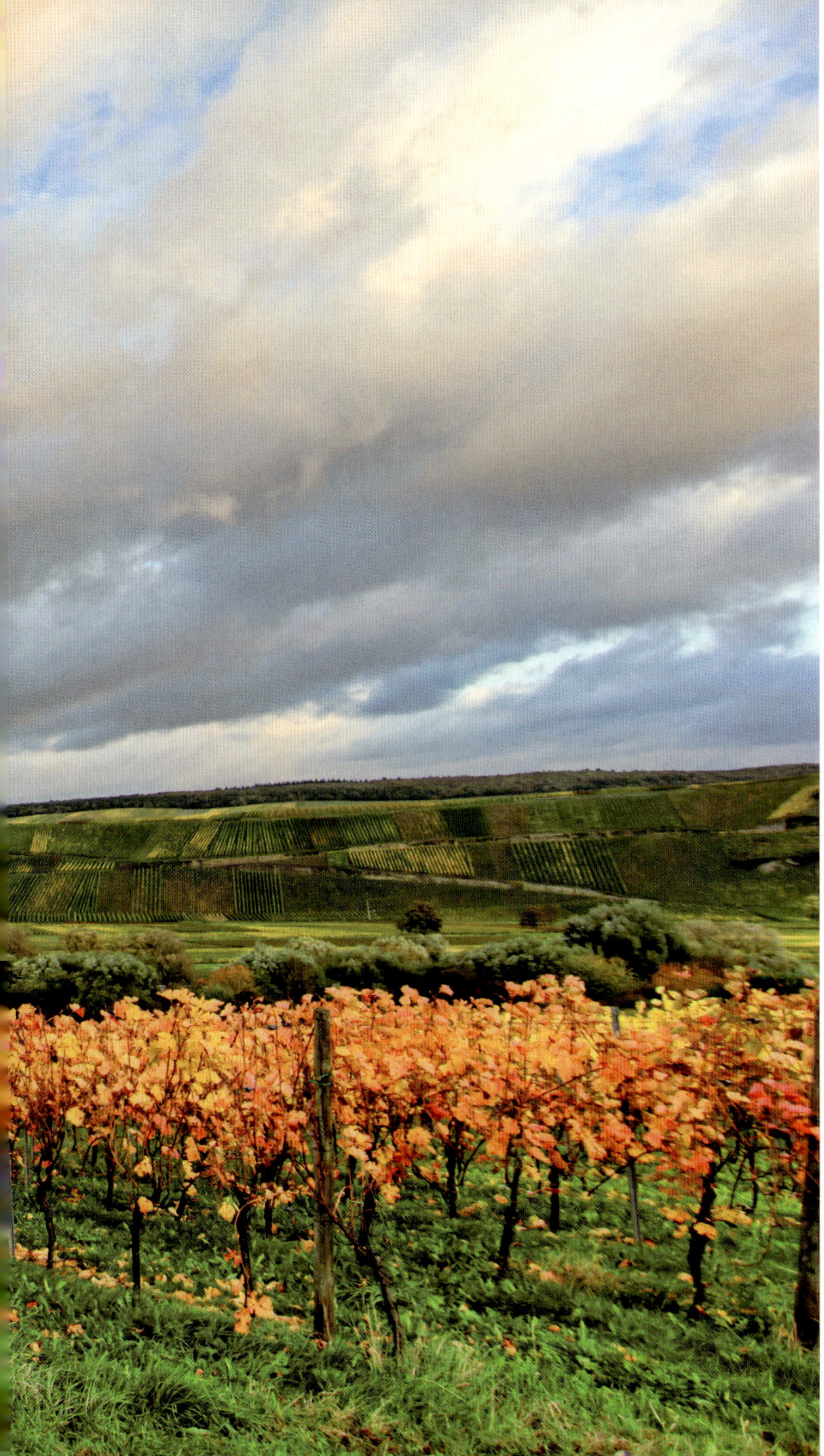

Nach starkem Regen kann Nebel entstehen. Als Rheinländer bin ich ein wenig neidisch auf die Wetterverhältnisse in den Alpen und im Alpenvorland. Dort gibt es Nebelschwaden am Boden und kleine Nebelwolken über den Bäumen. Im flachen Rheintal entstehen solche Stimmungen selten. Nach heftigen Regengüssen und aufklarendem Himmel ergeben sich aber solche Stimmungen auch bei uns.

Wenn kurz nach einem Gewitter oder Regenschauer der Himmel aufreißt, ergibt sich meist ein wunderbarer Farbenmix am Himmel. Wetterumschwünge sind ein Garant für eindrucksvolle Landschaftsfotos, der Himmel zeigt eine Mischung aus verschiedenen Wolken und Farben.

Im Rhein-Mosel-Gebiet kommt das Wetter in der Regel aus dem nahen Frankreich. Die dunklen Wolken über der Eifel sind schon von Weitem zu erkennen. Vor allem im Frühsommer ziehen diese Regengebiete durch. Wenn sich ein Wetterumschwung ankündigt (egal, ob das Unwetter abklingt oder kommt) und es gerade auf die goldene Stunde zugeht, fahre ich spontan los zum Fotografieren.

Farbexplosion an der Mosel. An diesem Wochenende zogen immer wieder Regengebiete durch. Als ich aufstand, sah der Himmel an der Mittelmosel sehr grau aus. Nach kurzer Zeit riss er unerwartet auf. Schwere Wolken mischten sich mit der aufgehenden Sonne und ergaben einen Mix aus leuchtenden Wolken und Weinstöcken.

12–24 mm 1:4 | 12 mm | 1/125 s | f/5 | ISO 100

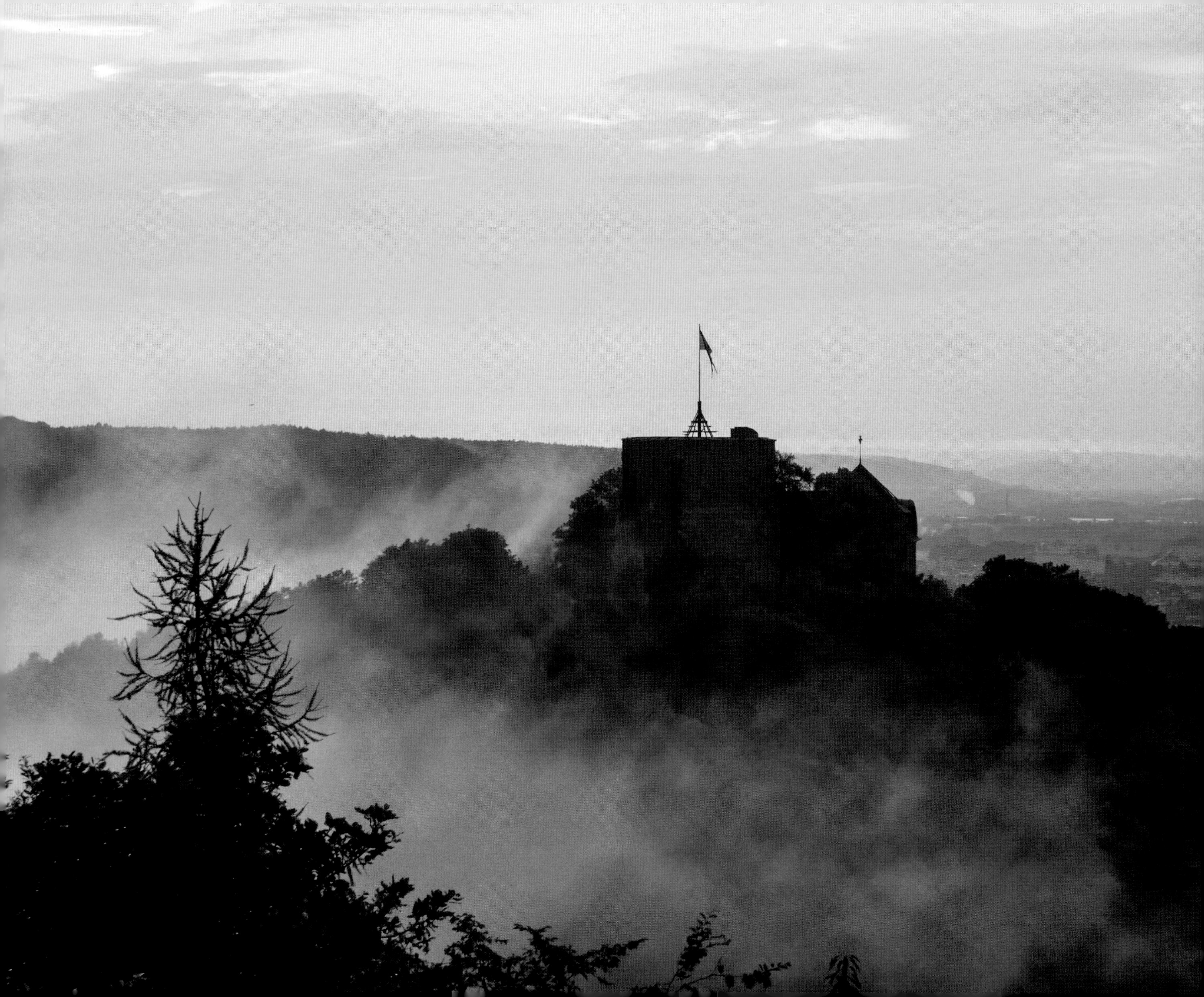

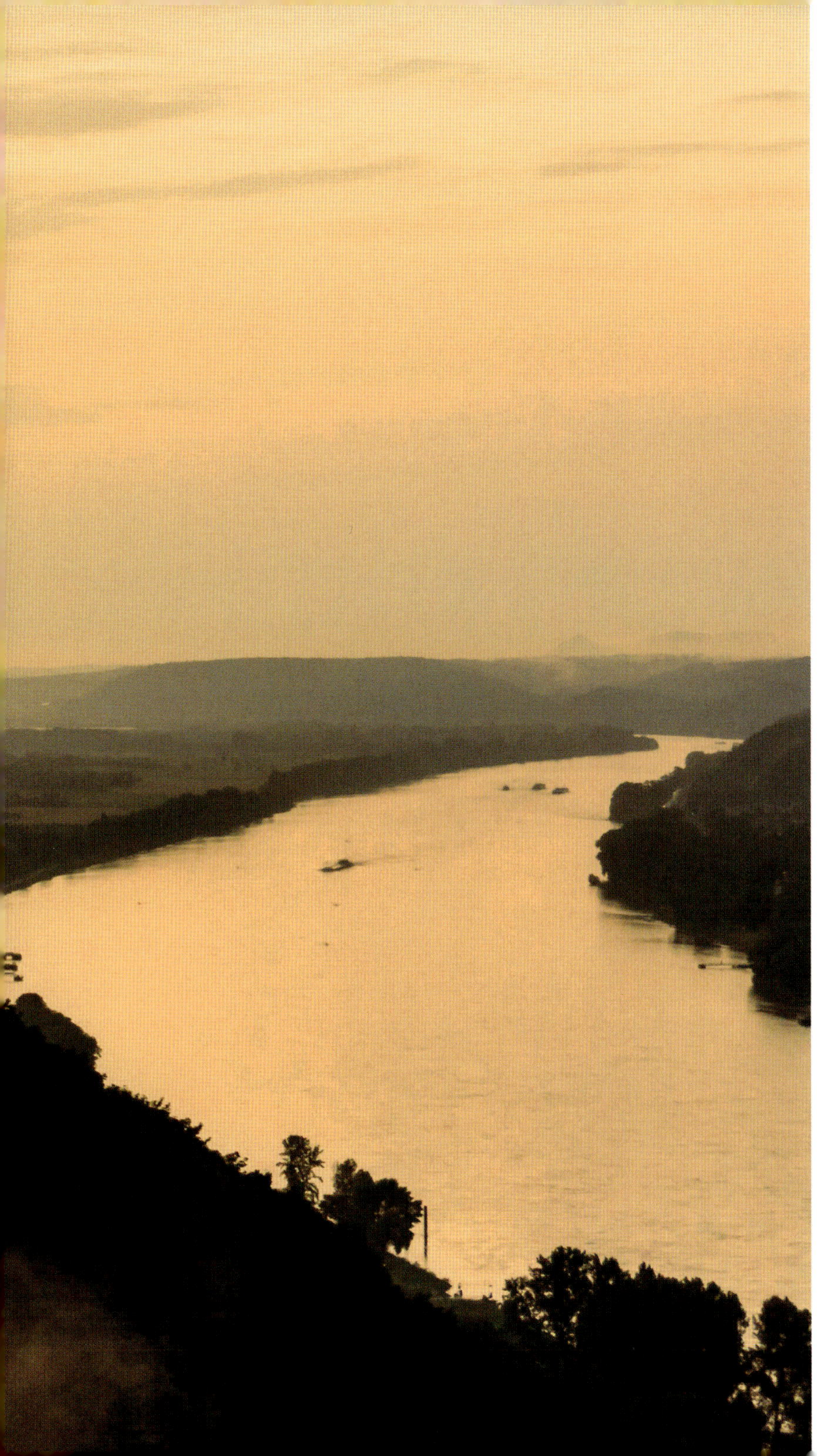

GANZ WICHTIG

Damit es einen leuchtenden Abendhimmel gibt, muss direkt über dem Horizont ein Spalt frei sein, dann können die Sonnenstrahlen die dunklen Wolken von unten anleuchten. Ist der Horizont hingegen komplett bewölkt, können höchstens ein paar Sonnenstrahlen den Himmel über den Wolken bestrahlen. Dann ist der Effekt aber wesentlich geringer.

Magisches Licht

Schottland ist bekannt für seine Wetterumschwünge und sein Regen-Sonne-Gemisch. Der typische Spruch lautet hier »Wenn dir das Wetter nicht gefällt, warte ein paar Minuten«. Tatsächlich wechseln dort Regen, Schnee, Wolken und Sonne so schnell, dass man es nicht mehr zählen kann. Und genau dieser Mix, der Wechsel zwischen verschiedenen Wetterstimmungen und Wolkenkonstellationen, vor allem zu Sonnenaufgangs- und Sonnenuntergangszeiten, sorgt für das magische Licht.

Ein seltenes Bild, die Burg Rheineck, umgeben von einem frischen Regennebel.

16-50 mm 1:3.5-5.6 | 32 mm | 1/200 s | f/5 | ISO 400

Goldener Bogen am Horizont

Regenbogen sind eine der schönsten atmosphärischen Erscheinungen am Himmel. Obwohl sie regelmäßig vorkommen, gibt es weniger Bilder von Regenbogen als gedacht. Regenbogen entstehen bei einer bestimmten Regen-Sonne-Konstellation, bei der die meisten Menschen im Trockenen sitzen. Der Himmel muss so geteilt sein, dass in einem Teil des Himmels die Sonne scheint und es im anderen Teil regnet. Damit Regenbogen sichtbar werden, muss die Sonne schräg in einem Winkel bis maximal 42 Grad stehen. Im Sommer steht die Sonne mittags auf 60 Grad. Regenbogen sind daher im Sommer nur morgens oder am späten Nachmittag zu sehen.

Das Fotografieren von Regenbogen kann also tatsächlich geplant werden. Neben dem richtigen Sonnenwinkel muss nur noch eine Regen-Sonne-Konstellation auftreten. Dies ist bei uns das Aprilwetter oder das Wechselwetter bei Gewittern. Da Gewitter in der Regel erst nachmittags auftreten, gibt es dann auch am ehesten einen Regenbogen zu sehen. Vor Ort ist es einfach, festzustellen, wo ein Regenbogen zu sehen ist. Regenbogen stehen immer gegenüber der Sonne am Horizont. Wenn die Sonne im Westen steht, erscheint der Regenbogen im Osten. Vor allem abends und bei einem schönen farbigen Horizont strahlt ein Regenbogen noch intensiver.

SELTENE HALOS AUS EISWOLKEN

Halos sind im Gegensatz zu Regenbogen eher unbekannte atmosphärische Erscheinungen. Dabei handelt es sich um Reflexionen von Licht an Eiskristallen. Am Himmel werden dafür Eiswolken (Cirrus- oder Federwolken) benötigt. Im Winter sind diese Effekte häufiger zu sehen, teilweise auch in Bodennähe. Es gibt verschiedene Arten von Lichtringen oder Lichtsäulen.

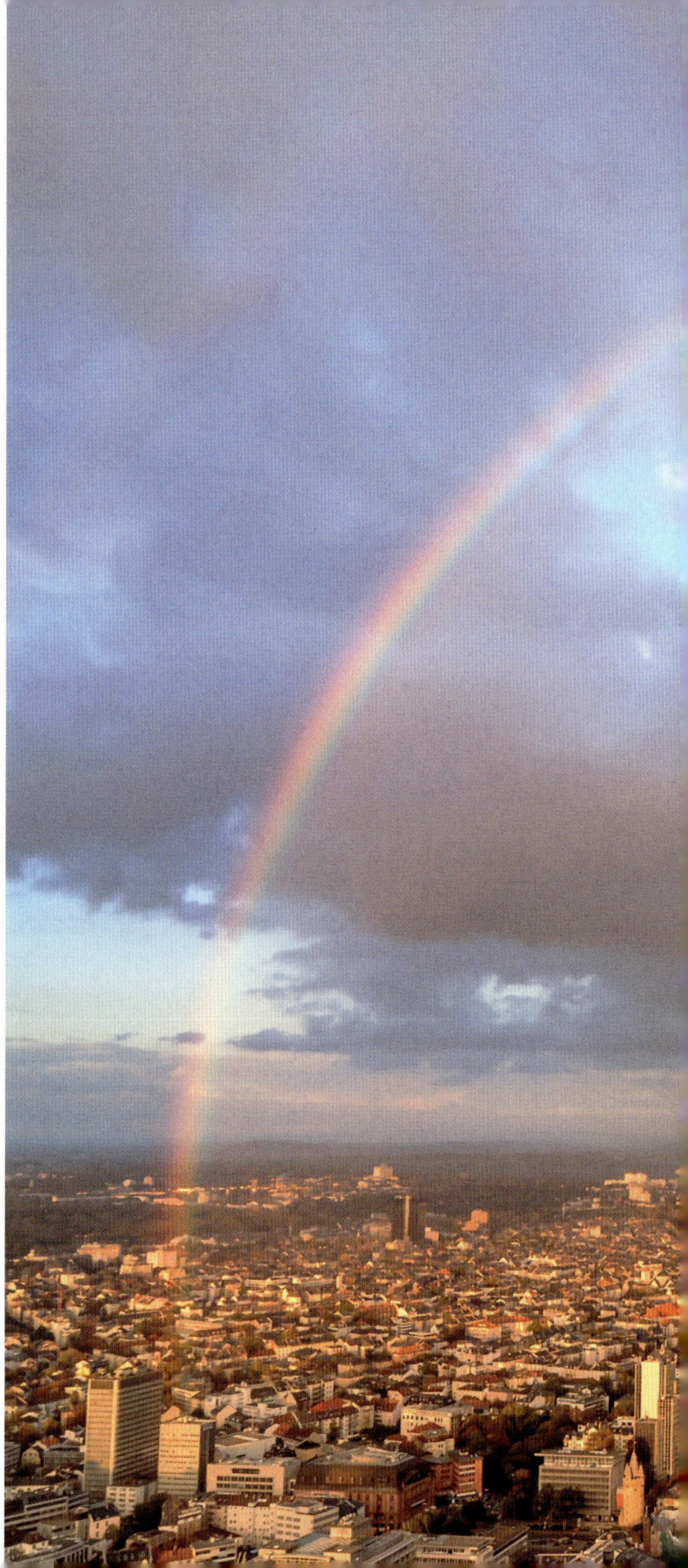

Regenbogen über Frankfurt.

12–24 mm 1:4 | 12 mm | 1/80 s | f/5.6 | ISO 160

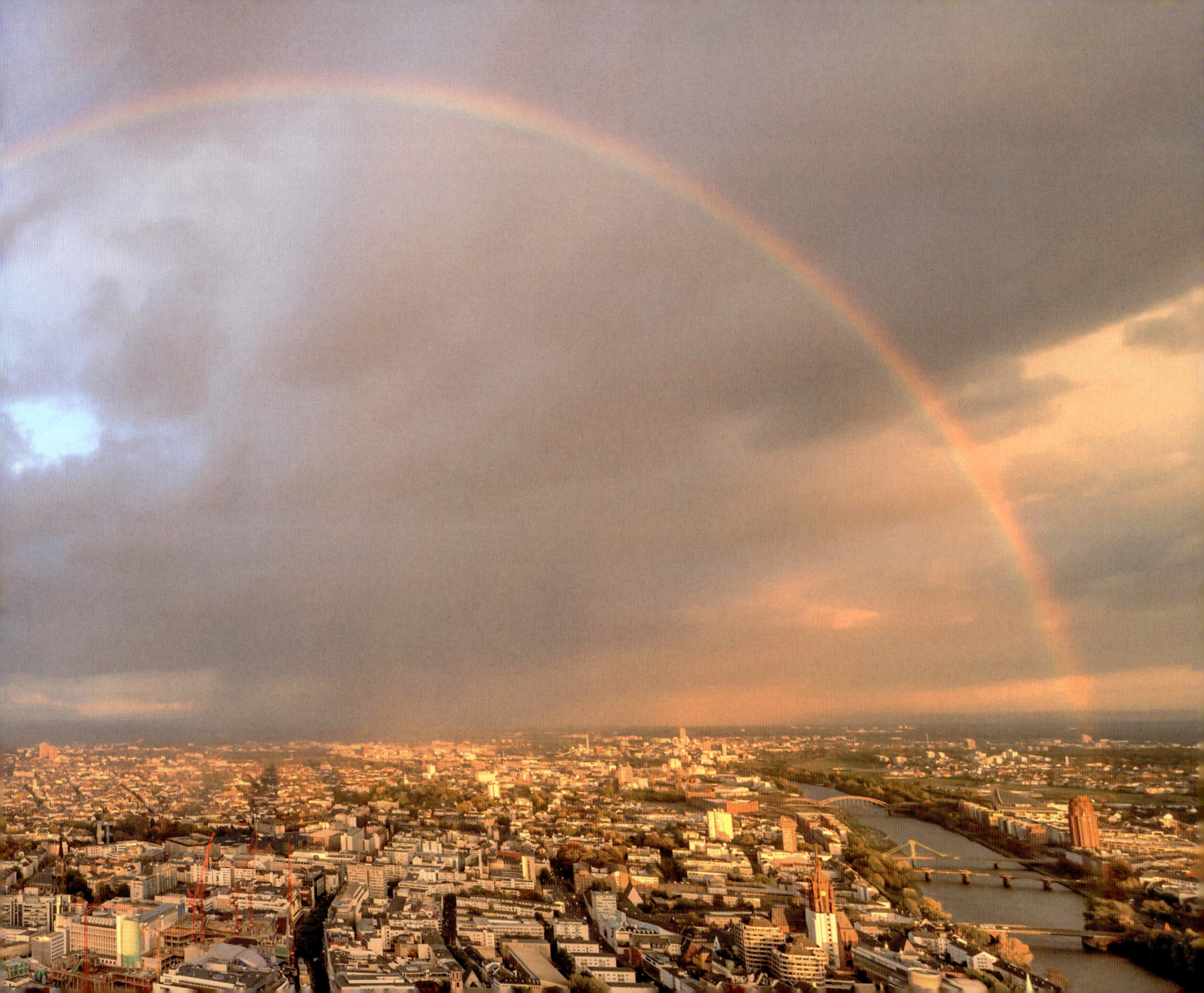

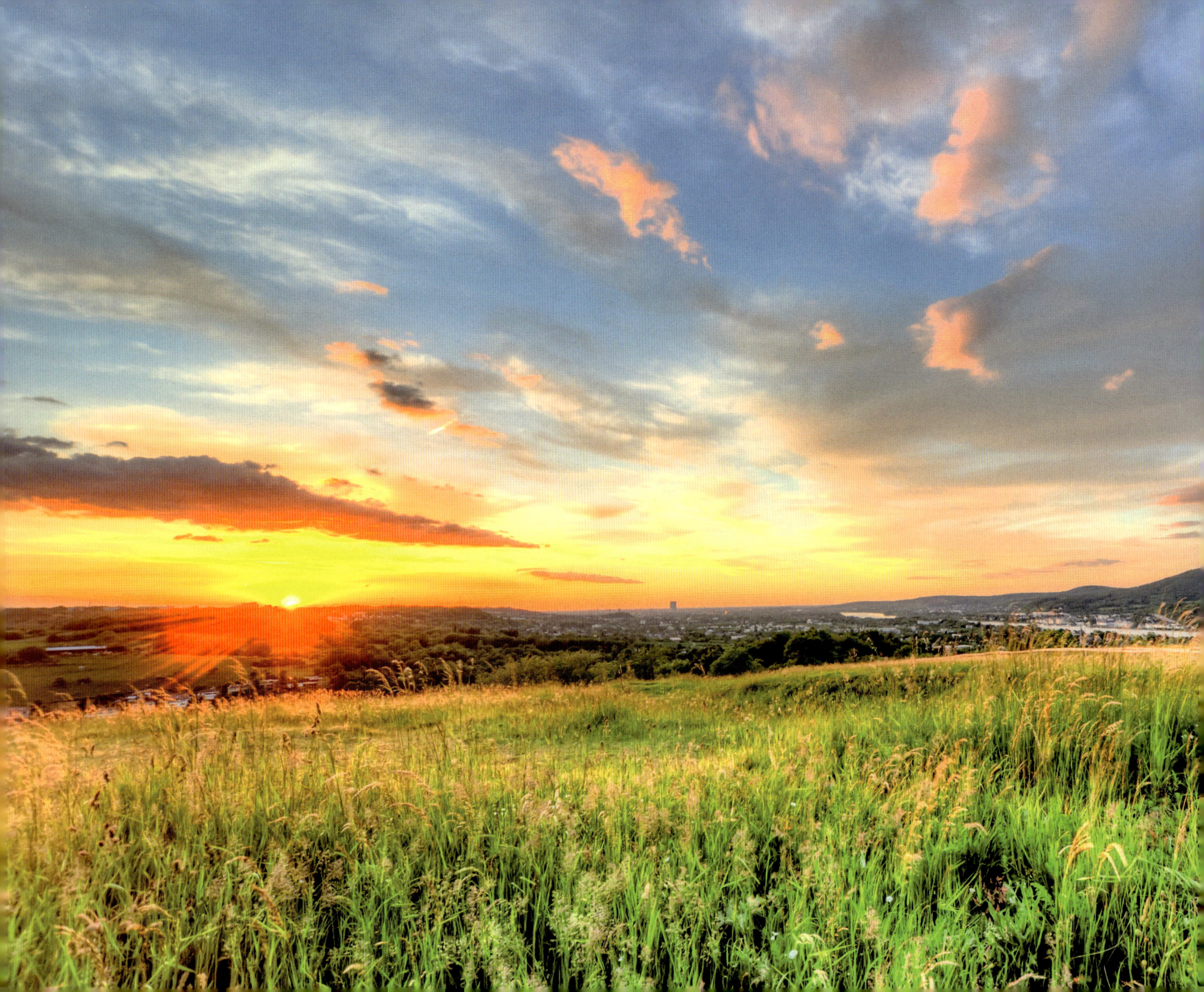

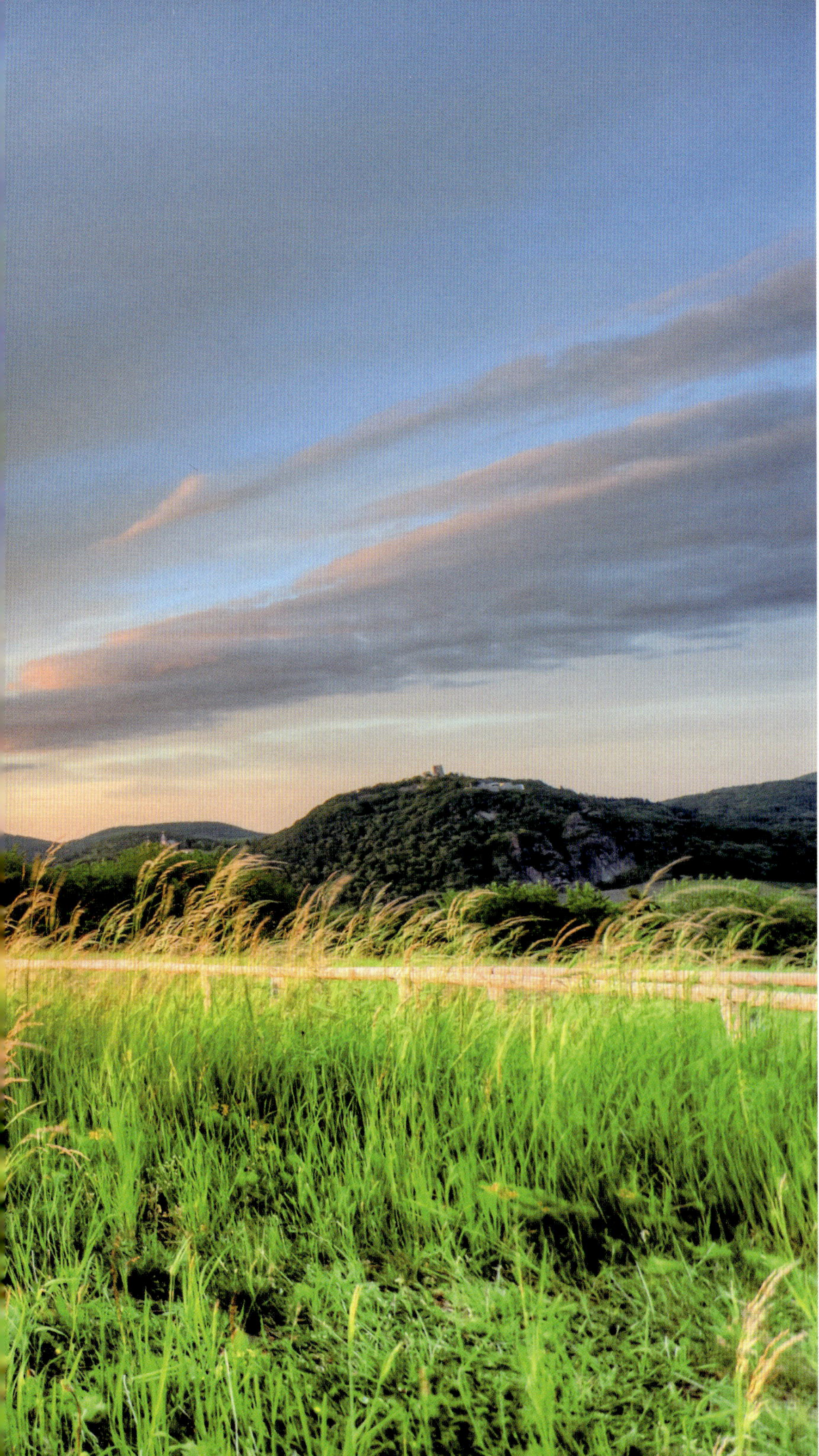

FARBENSPIEL ZUR GOLDENEN STUNDE

Blauer und wolkenfreier Himmel - zum Grillen und Baden super. Zum Fotografieren von Landschaften ist es nicht unbedingt mein Traumwetter. Sicher ist ein wolkenfreier Himmel schöner als Hochnebel, aber wenn der Himmel völlig strukturlos, ohne eine einzige Wolke ist, wirkt er langweilig. Nach Regentagen wirken ein blauer Himmel und die Landschaft relativ frisch. Nach längeren Sonnentagen kann so ein Tag vor allem im Sommer sehr blass wirken. Auch ein Sonnenuntergang sieht an einem klaren Abend eher blass aus. Für Sternenfotografie ist ein freier Himmel natürlich gut geeignet.

Wolkenformationen am Himmel

Die schönsten Sonnenuntergänge, aber auch tagsüber schönsten Himmel, gibt es bei leichten Wolken. Meine Lieblingswolken sind Schleier- und Schäfchenwolken. Schleierwolken (Cirrostratus) und Federwolken (Cirrus) sind die Tattoos am Himmel, es sind für mich die schönsten Strukturen am Himmel. Es handelt sich um sehr hohe Wolken, die Vorboten von schlechtem Wetter sein können. Leider gibt es Schleierwolken nicht lange, weil das Wetter irgendwann kippt bzw. sich der Himmel zuzieht.

Vor allem zur goldenen Stunde kann der Himmel bei lockeren Wolken in leuchtende Farben explodieren.

12–24 mm 1:4.5–5.6 | 12 mm | 1/80 s | f/6.3 | ISO 400

Cirrocumulus, Altocumulus und Quellwolken (Cumulus) sind die Wattebäusche am Himmel, der blaue Himmel ist dann umgeben von schönen weißen Wolken. Bei all diesen Wolken oder Wolkenkombinationen ist meiner Meinung nach das Fotografieren von Landschaften auch tagsüber gut möglich. Die direkte Sonne wird gemildert oder verschwindet auch mal hinter Wolken, und es gibt damit wunderschöne Verzierungen des Himmels. Natürlich entfalten diese Wolken ihre Stärke bei einem schönen Sonnenauf- oder Sonnenuntergang noch mehr.

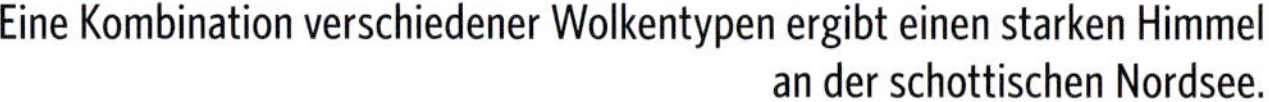

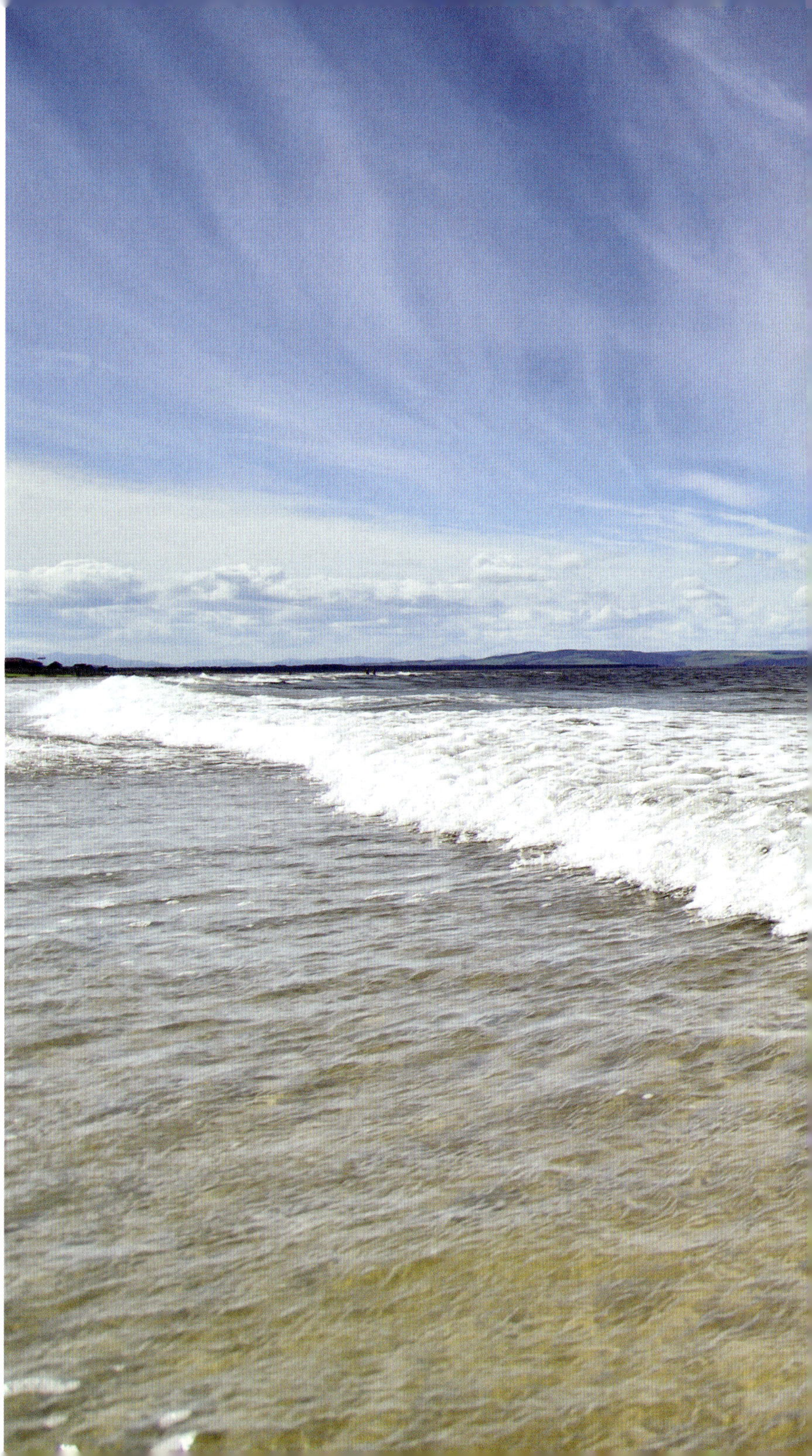

Eine Kombination verschiedener Wolkentypen ergibt einen starken Himmel an der schottischen Nordsee.

12–24 mm 1:4 | 13 mm | 1/1000 s | f/4.5 | ISO 100

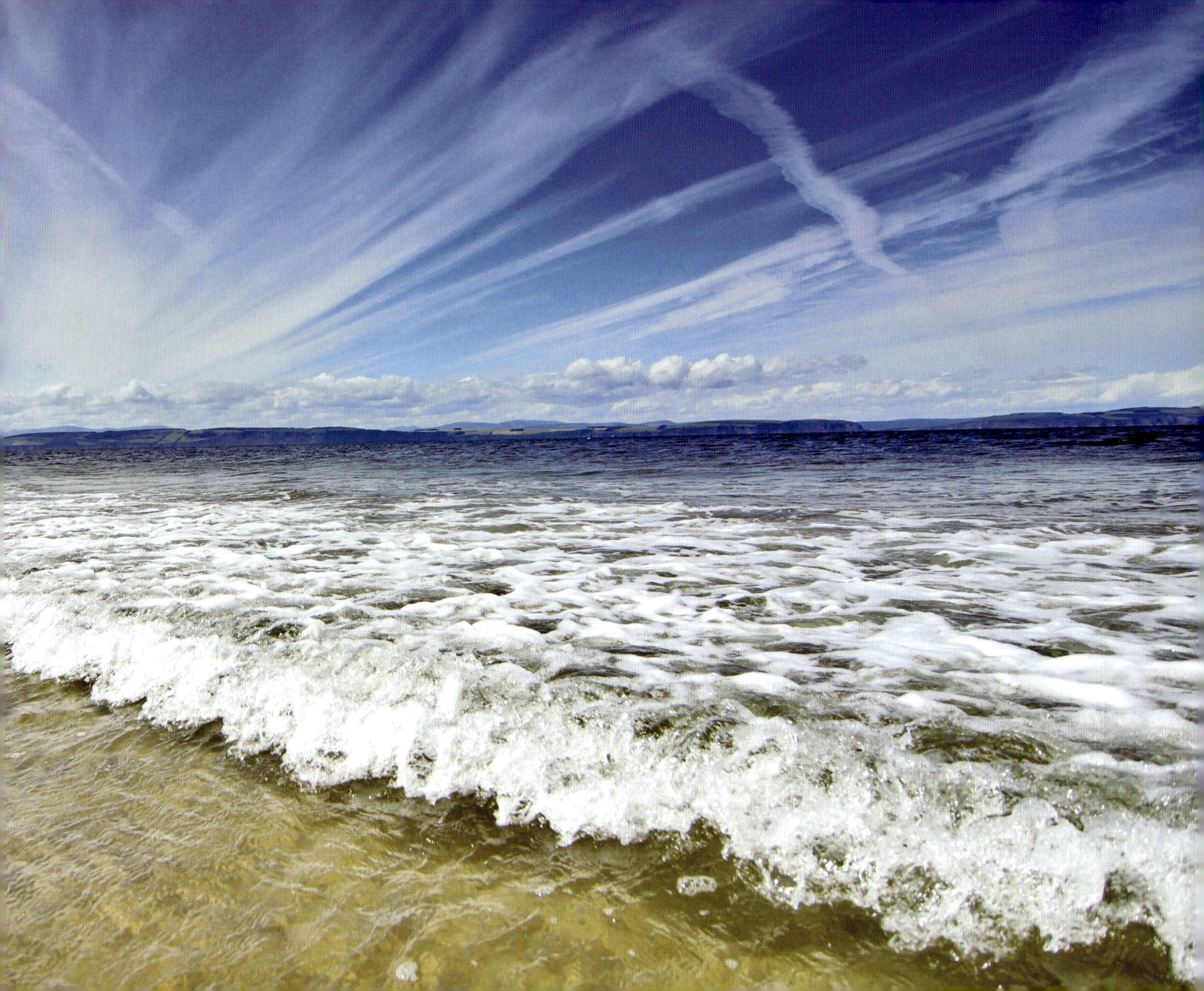

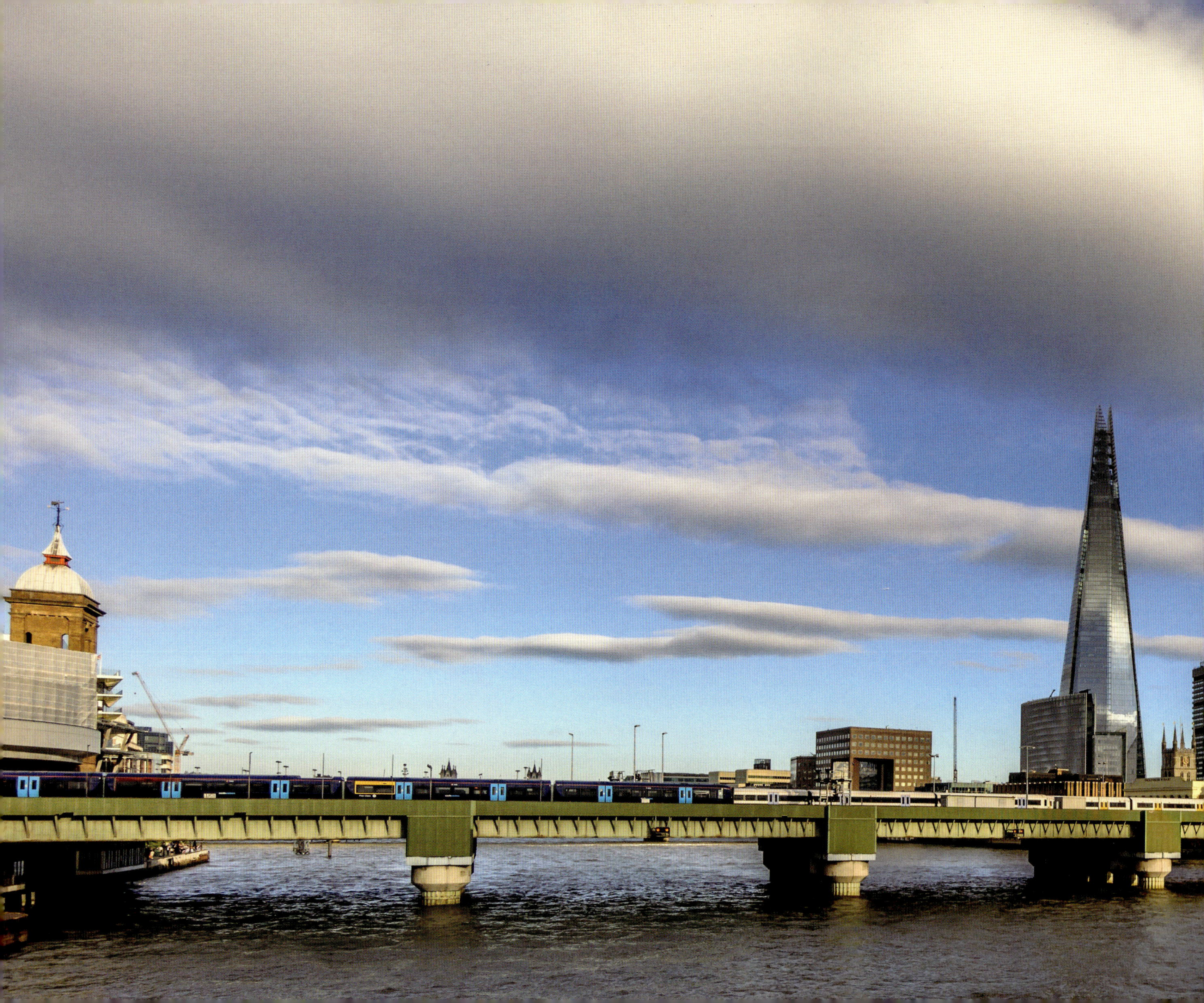

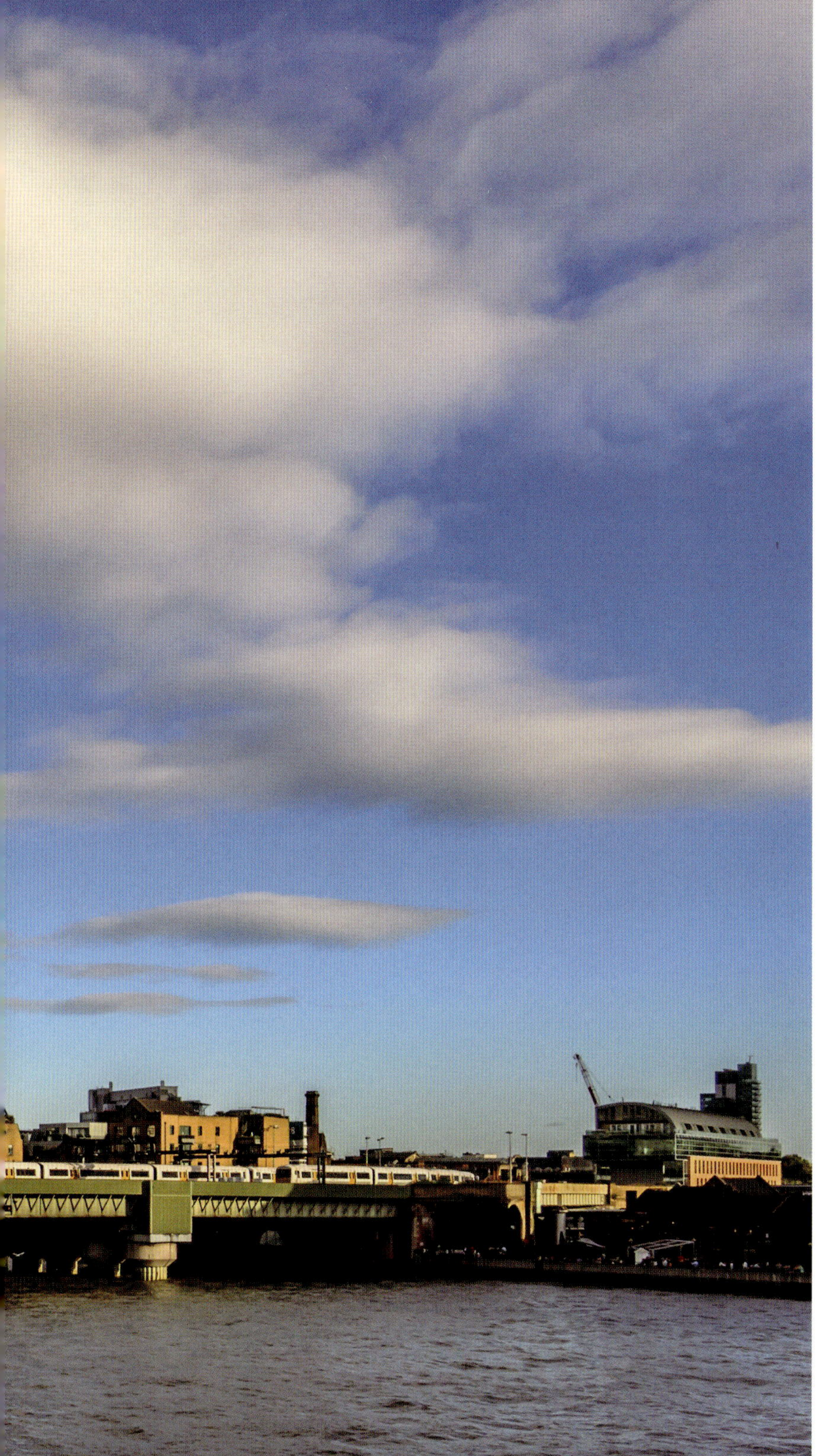

Cumulus (Quellwolken), auch bekannt als die klassischen Schäfchenwolken, werden ihrem weiteren Namen, Schönwetter- oder Haufenwolke, gerecht: Sie entstehen meist an sonnigen Tagen und ausreichender Luftfeuchtigkeit. Die Sonne erwärmt tiefe Luftmassen, es bilden sich einzelne abgegrenzte Wattebäusche. Die vorherrschende Thermik bringt die Wolken an den Himmel. Damit ist auch ihre Höhe klar: Es sind tiefe Wolken, die teilweise schon in mehreren Hundert Metern Höhe zu finden sind.

The Shard ist mit seinen 310 Metern Höhe das höchste Gebäude Londons und verdeutlich so die ungefähre Höhe der Wolke.

10-18mm 1:4 | 11 mm | 1/640 s | f/5.6 | ISO 100

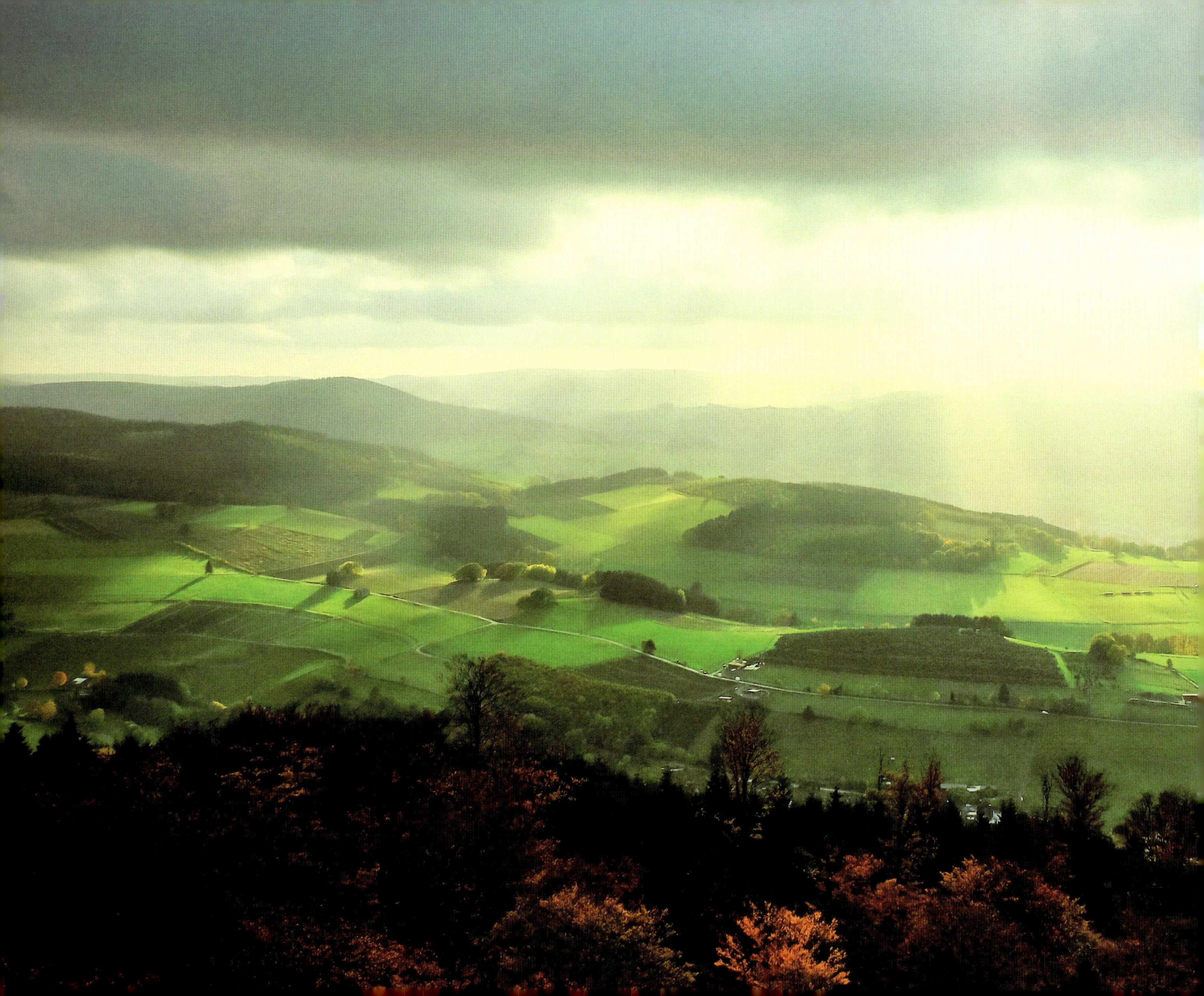

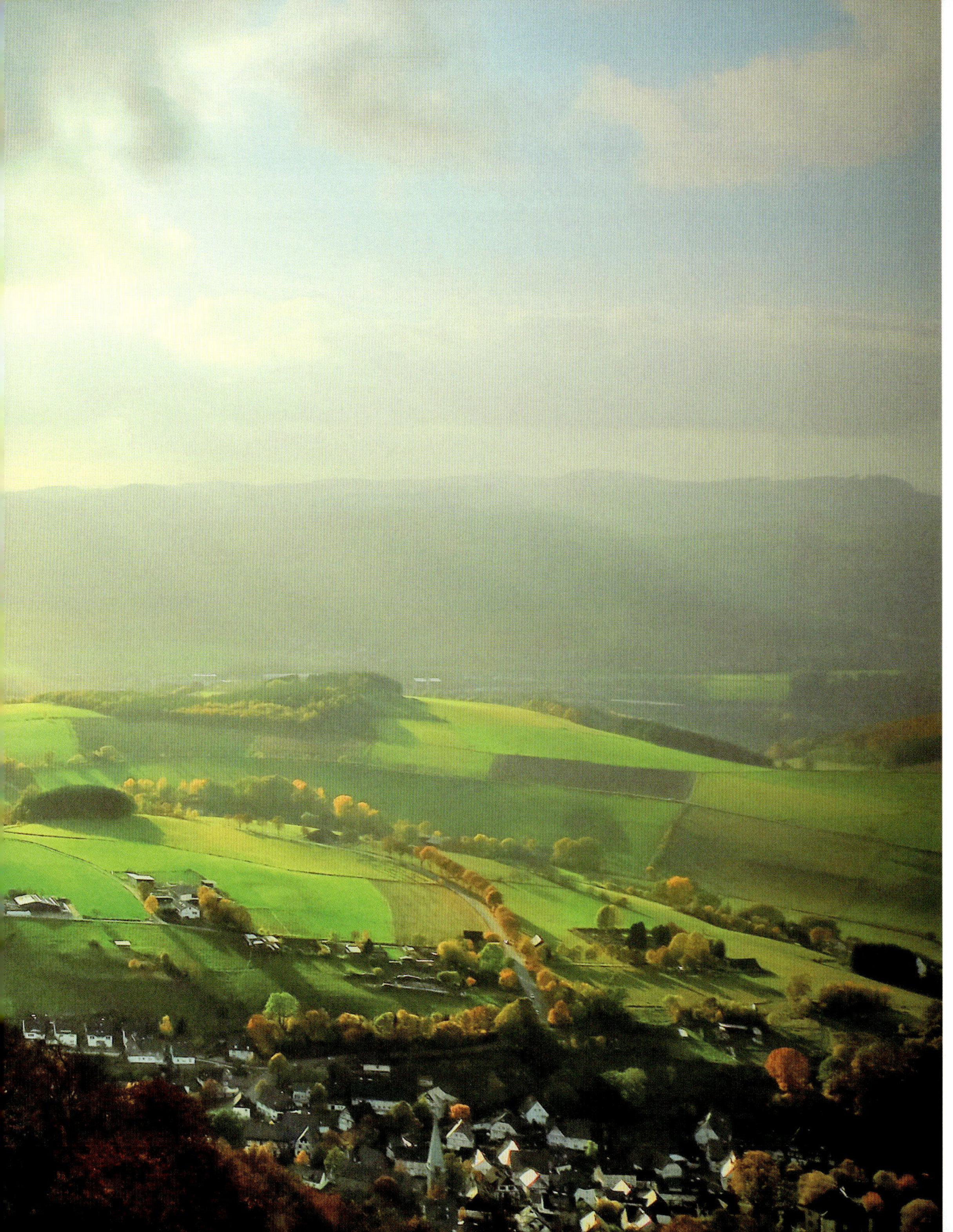

Kapitel 5

LICHT IST ALLES

Diese Feststellung ist zwar reichlich abgedroschen, aber speziell in der Landschafts- und Cityfotografie führt kaum ein Weg an dieser Weisheit vorbei. Mir gefällt der Ausspruch des Fotografen Man Ray: »Alles kann durch das Licht verändert, deformiert oder eliminiert werden. Es ist genauso geschmeidig wie der Pinsel.« Durch das passende Licht kann jedes Fotomotiv charmant und spannend dargestellt werden. Und wie ein Pinsel ein Bild verändert, verändert das Licht eine Landschaft – ständig.

Die Sonne bricht durch die grauen Wolken und lässt die Hügel des Rothaargebirges leuchten.

16–50 mm 1:3.5–5.6 | 16 mm | 1/250 s | f/6.4 | ISO 800

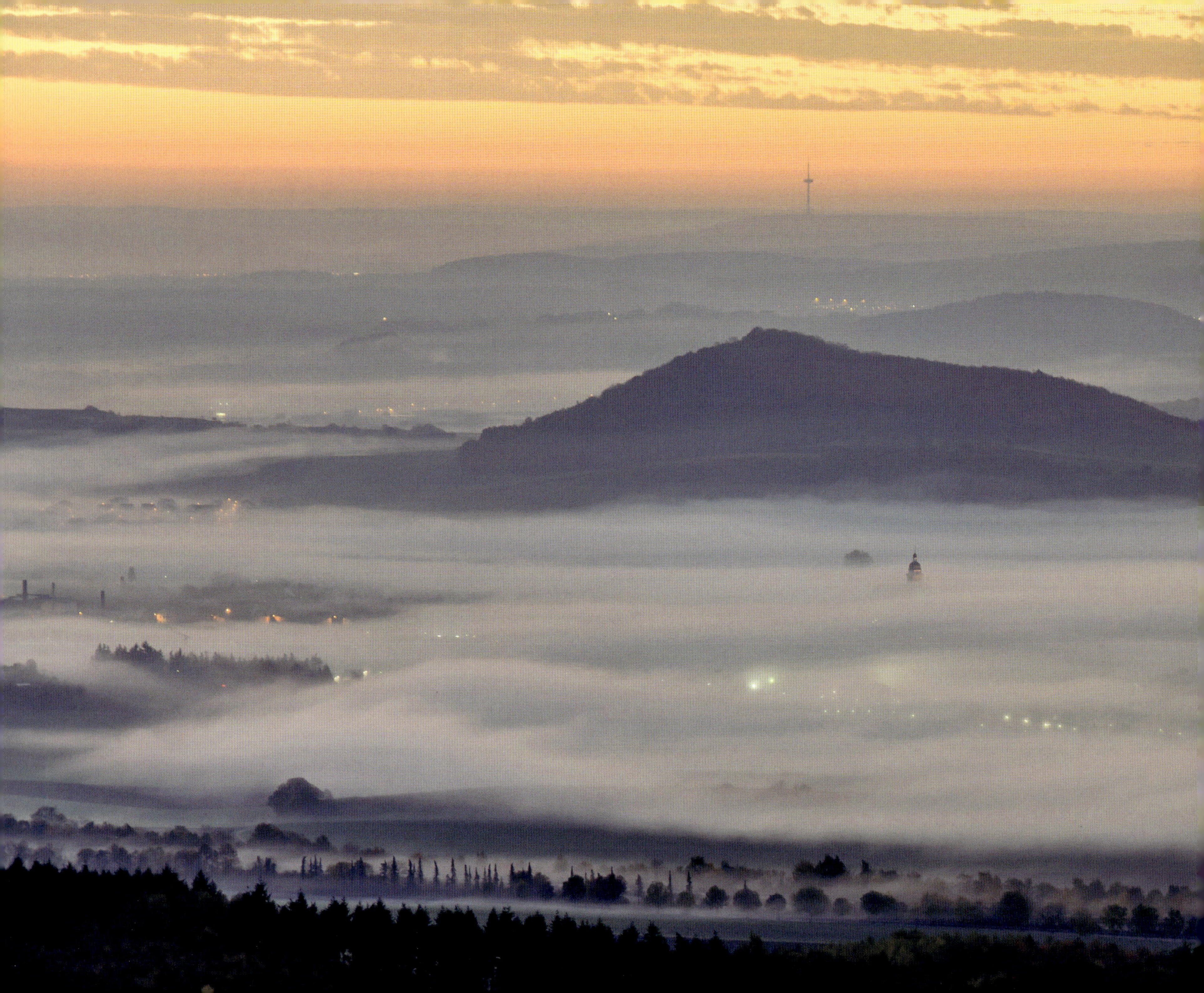

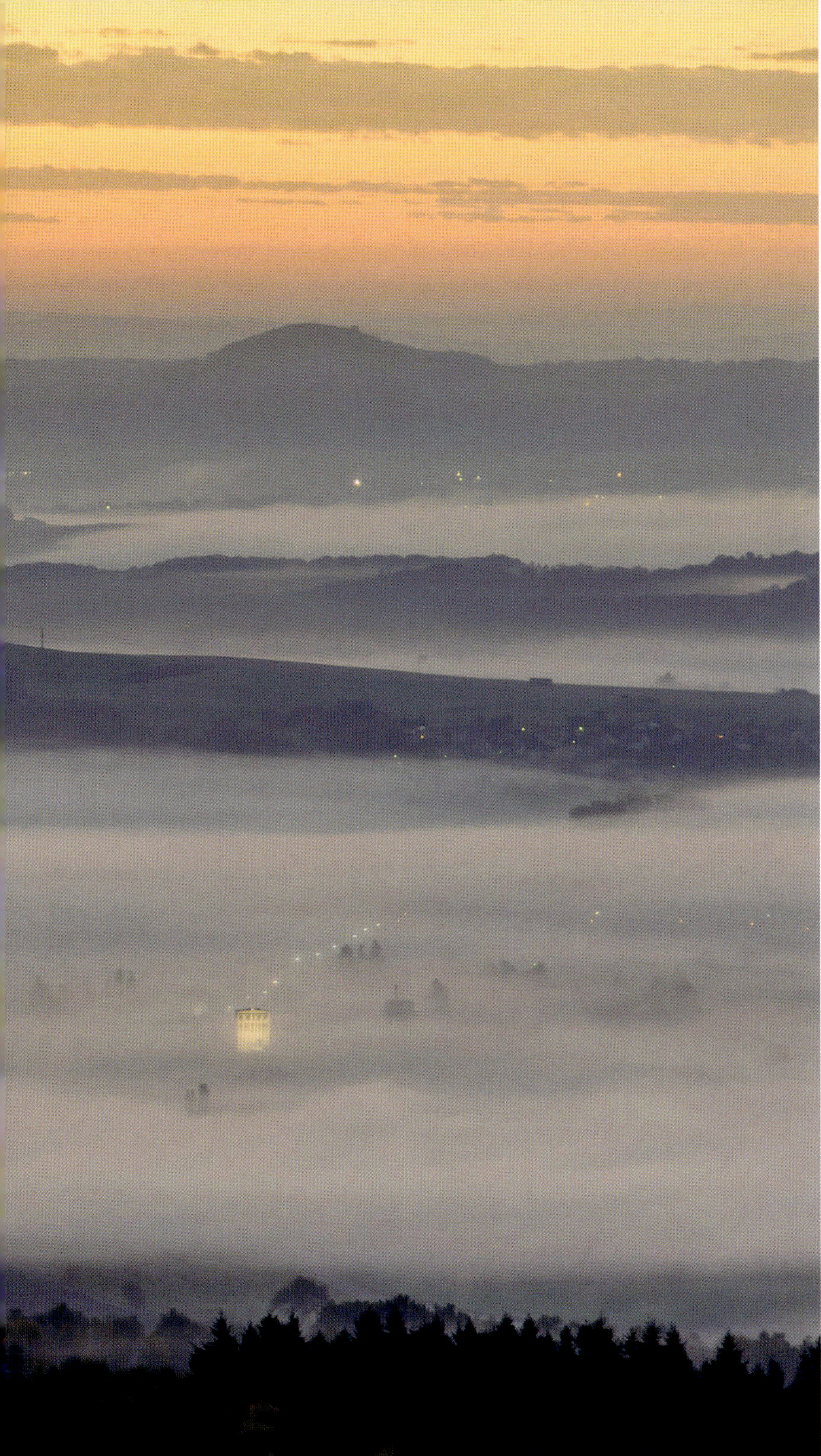

EIN TAG HAT NUR **24 STUNDEN**

■ In unseren Breiten dauert der Tag zur Sommersonnenwende, der längste Tag, knapp 17 Stunden. Am 21. Dezember zur Wintersonnenwende liegt die Tagesdauer bei 8 Stunden. Je weiter nördlich vom Äquator Sie stehen, umso länger sind auf der Nordhalbkugel die Tage im Sommer, im Winter hingegen umso kürzer. Ab dem Polarkreis, um den 66sten Breitengrad, geht die Sonne zur Sonnenwende gar nicht mehr unter bzw. kommt im Winter nicht mehr richtig über dem Horizont hervor. Die Tabelle zeigt eine Übersicht über die Dauer des längsten und des kürzesten Tag in Stunden an verschiedenen Orte, angefangen im Süden bis zum hohen Norden.

ORT	TAGDAUER 21.06.2016	TAGDAUER 21.12.2016
Äquator	12,1 Std.	12,1 Std.
Pisa, Toskana	15,2 Std.	9 Std.
München	15,5 Std.	8 Std.
Rügen	17,1 Std.	7,2 Std.
Portree, Isle of Sky, Schottland	18 Std.	6,4 Std.
Tromsø, Norwegen	24 Std.	0 Std.

Lichter scheinen durch den Morgennebel hindurch, Kruft.

16–85 mm 1:3.5–5.6 | 72 mm | 1.30 s | f/5.6 | ISO 100

MORGENSTUND' HAT GOLD IM MUND

Ein idealer Frühlingstag in einer von Flüssen und Hügeln dominierten Landschaft mit gutem Wetter wäre für mich wie folgt: Falls möglich, stehe ich bei Beginn der Dämmerung mit der Kamera bereit. Falls es nicht vorher schon sehr trockene Tage gab, ist jetzt die Zeit für mystische Fotos zur Blauen Stunde und mit Morgennebel. Gibt es an diesem Standort in der Landschaft künstliche Lichter, beispielsweise die eines Dorfs, empfehle ich, schon etwas früher in der Nacht zu kommen. Es besteht dann die Gelegenheit zu besonderen Lichtstimmungen, und zwar, wenn die Lichter durch den niedrigen Nebel scheinen.

Dann beginnt die goldene Stunde. Das ist die Zeit vor Sonnenuntergang bzw. nach dem Sonnenaufgang am Morgen. Wenn der Himmel nicht bewölkt ist, wird die Landschaft in ein magisches Licht getaucht. Goldene Farben bestrahlen die Bergkuppen, Gebäude und Pflanzen, das ist die beste Zeit für schöne Gegenlichtaufnahmen. Die Sonne ändert ihre Farbe von Blau, ins Rötliche, Orangefarbene und dann in einen goldenen Farbton.

Besonders schön sind Bilder, auf denen die tiefen, fast über dem Boden verlaufenen Sonnenstrahlen ein Bild beleuchten. Die Phase der Goldenen Stunde ist die erste gute Zeit des Tages zum Fotografieren.

Die tiefen Sonnenstrahlen erzeugen eine surreale Szene. Das Recker Moor von einem Turm aus fotografiert.

80–200 mm 1:2.8 | 175 mm | 1/55 s | f/5 | ISO 100

ES GEHT AUCH ZUR **MITTAGSZEIT**

Die Sonne steigt schnell auf, und das Licht wird hart. Vormittags bis nachmittags fahre ich weiter, oder es ist Pause angesagt. Aber die Aussage, dass der Mittag tabu sei, kann ich nicht per se unterschreiben. Auch zur Mittagszeit können passable Fotos gemacht werden. Es hängt viel von den äußeren Randbedingungen ab. Bei bestimmten Wolkenkonstellationen oder Nebel kann das Licht auch mittags noch gut sein.

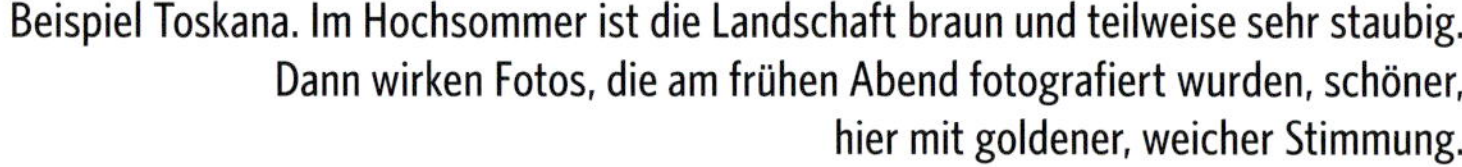

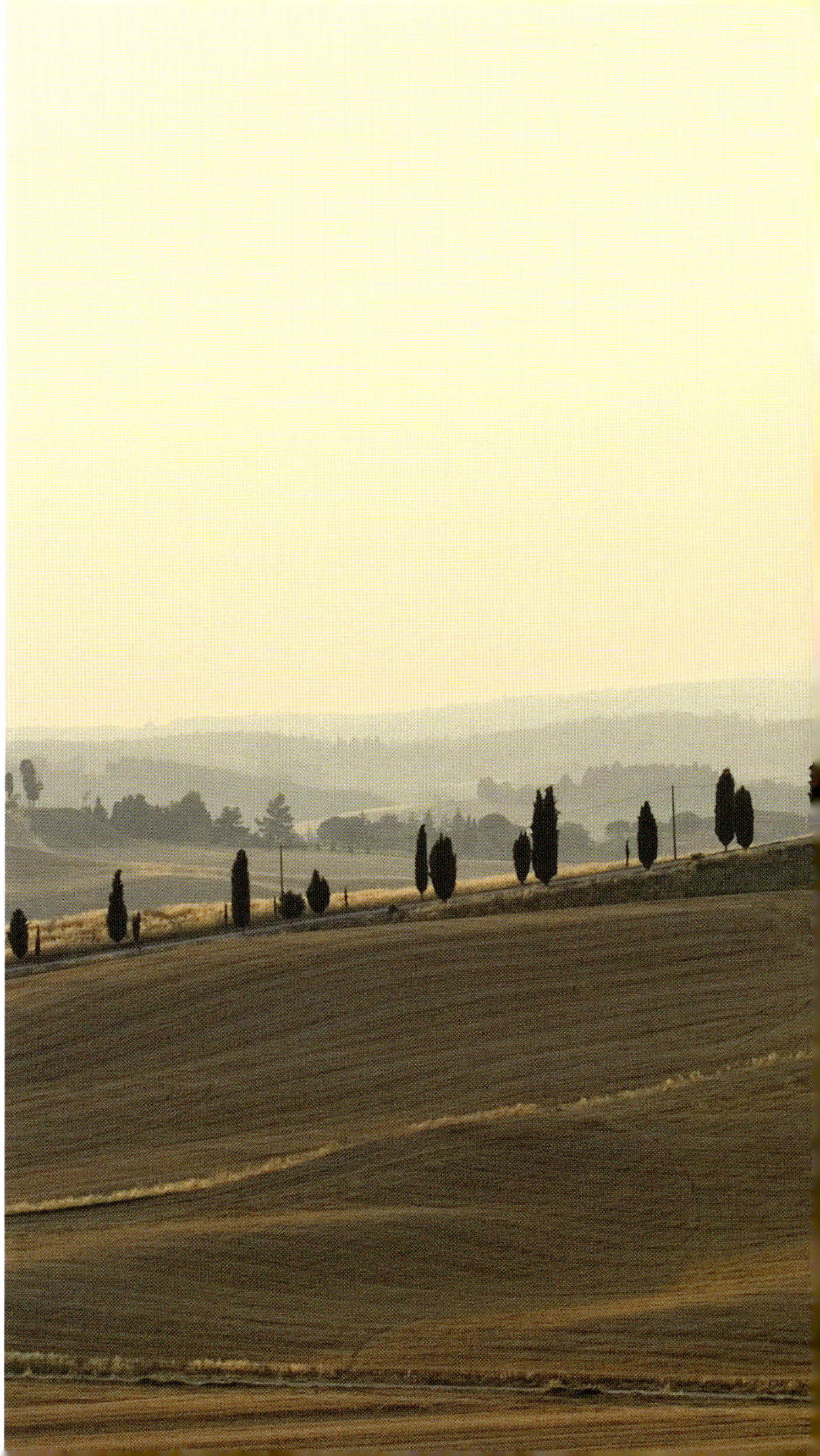

Beispiel Toskana. Im Hochsommer ist die Landschaft braun und teilweise sehr staubig. Dann wirken Fotos, die am frühen Abend fotografiert wurden, schöner, hier mit goldener, weicher Stimmung.

80–200 mm 1:2.8 | 92 mm | 1/500 s | f/5 | ISO 250

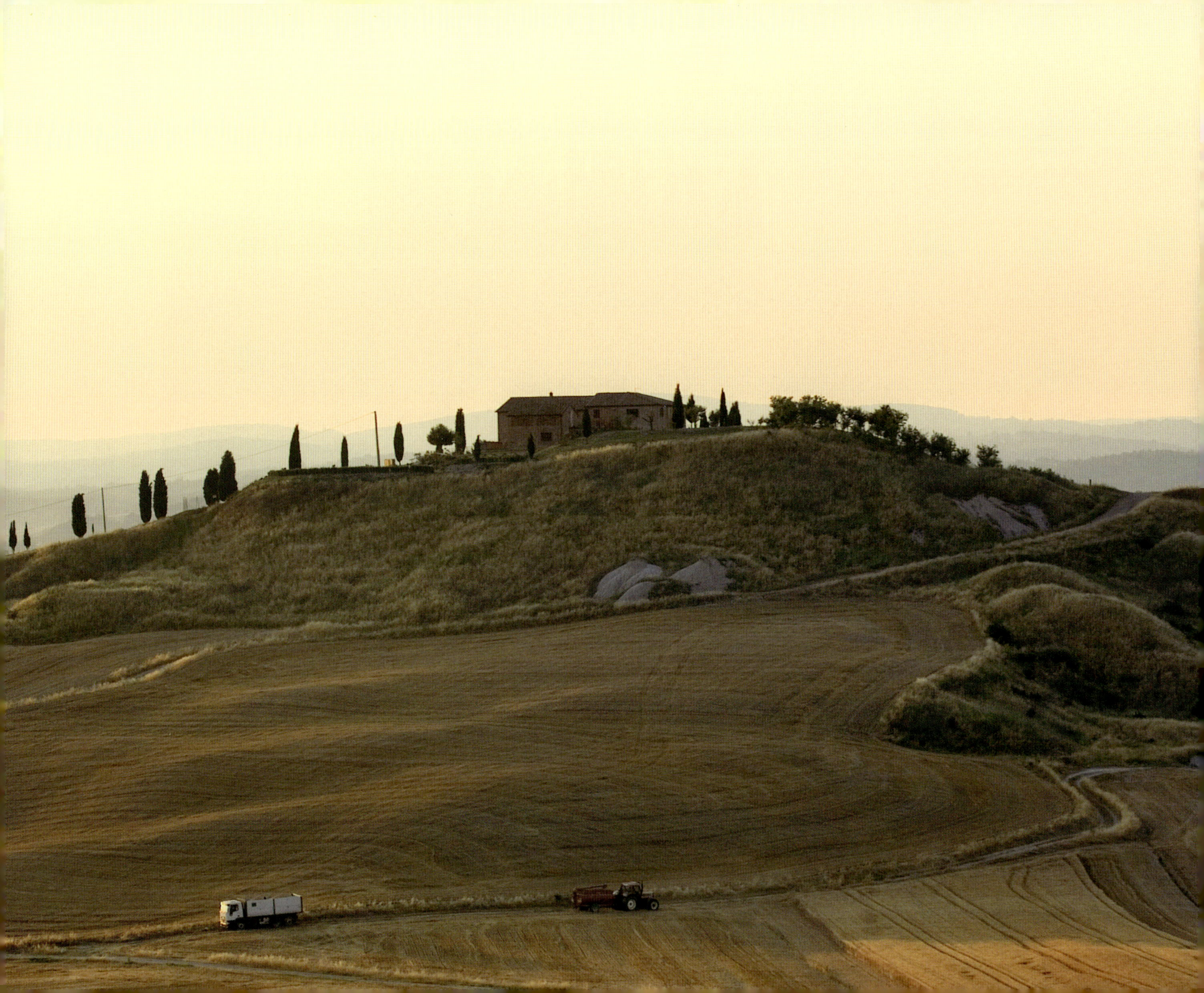

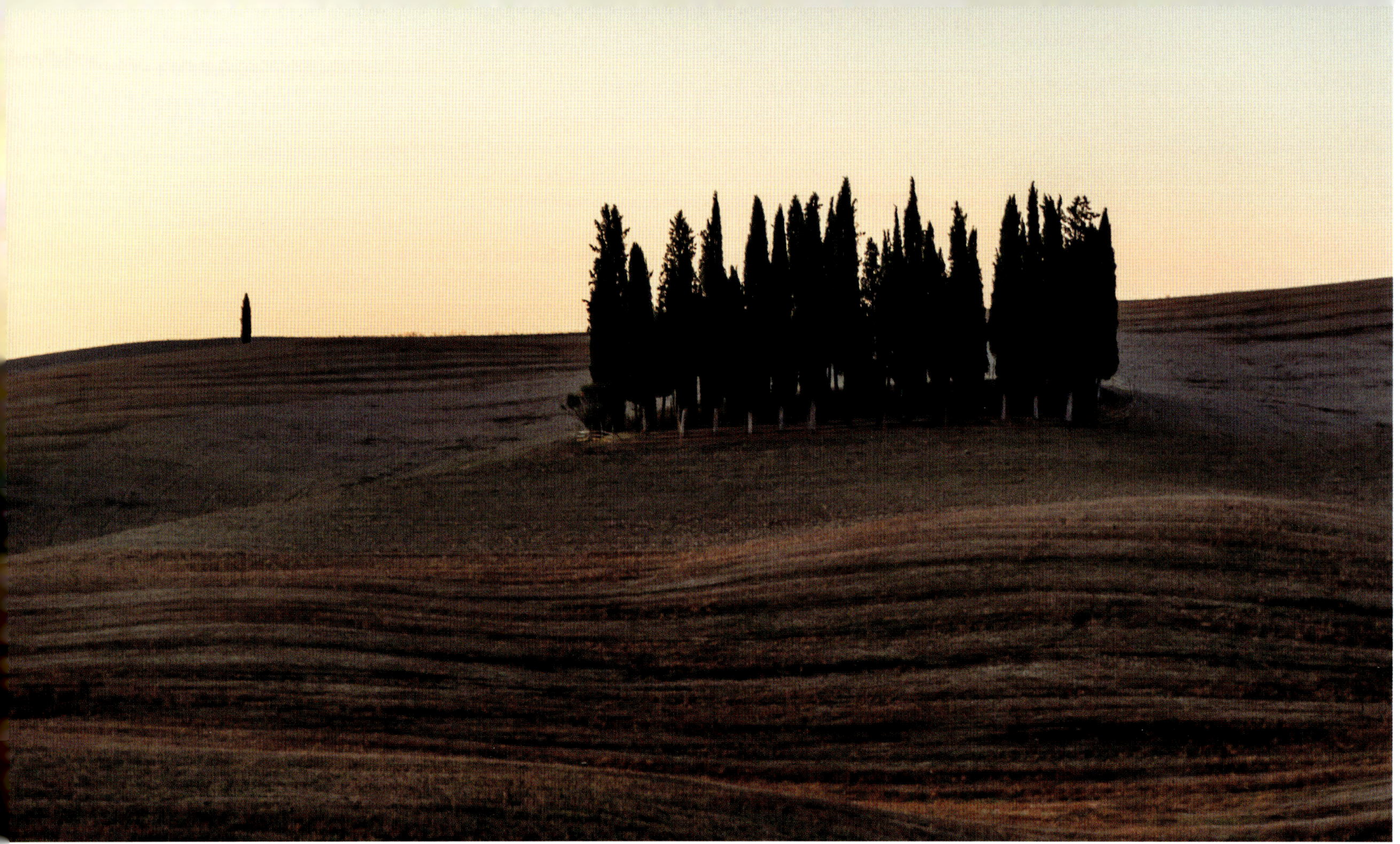

Es gibt weitere Gründe, mittags zu fotografieren. Wenn Sie beispielsweise in einem dichten Wald oder einem engen Tal unterwegs sind oder wenn Sie unter Wasser fotografieren möchten. In diesen Fällen wird das Licht gedämpft und nicht als so störend empfunden. Sobald die Sonne nachmittags wieder schräg steht, geht es weiter. Das Licht wird schöner. Wenn die Sonne immer noch relativ hoch steht, versuche ich, mit der Sonne im Rücken zu fotografieren und nicht gegen die Sonne. Diese Richtung ist immer blasser, bei solchen Bildern frisst der Himmel manchmal teilweise komplett aus, er wird fast weiß.

Die Zypressengruppe Santa Maria bei San Quirico d'Orcia habe ich bei Sonnenaufgang um 06:27 Uhr fotografiert. Trotzdem wirkt das Bild langweilig, die Sonne ist noch nicht aufgegangen, es fehlt die Struktur in der Landschaft, und auch der Himmel ist leer.

24–120 mm 1:4 |
92 mm | 1/80 s | f/4 | ISO 1000

Ganz anders das Bild um 14:42 Uhr im Juli noch zur Mittagszeit. Schwere weiße Wolken garnieren die Landschaft um die Zypressengruppe und erzeugen eine spannende Stimmung.

12–24 mm 1:4 |
24 mm | 1/1000 s | f/5.6 | ISO 125

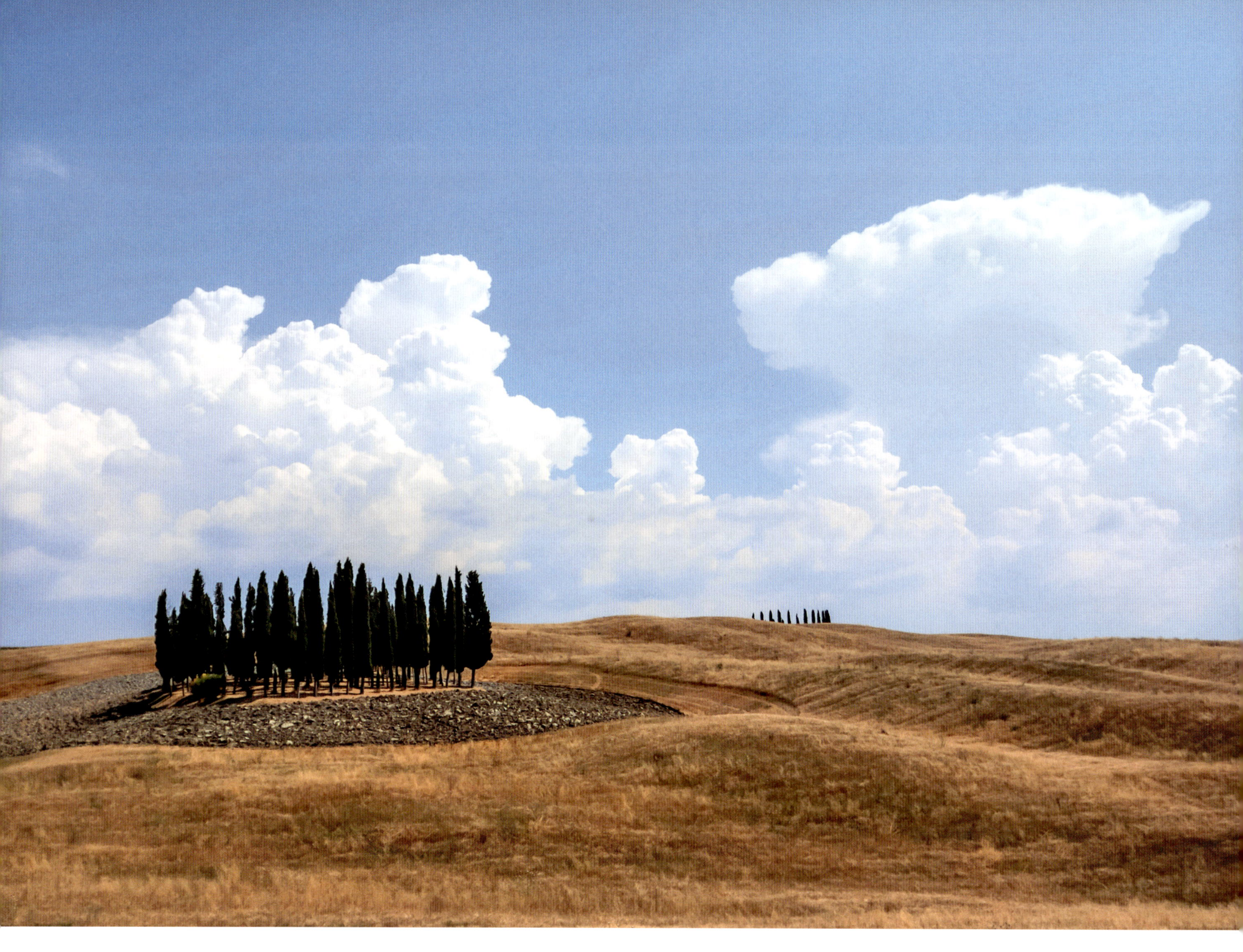

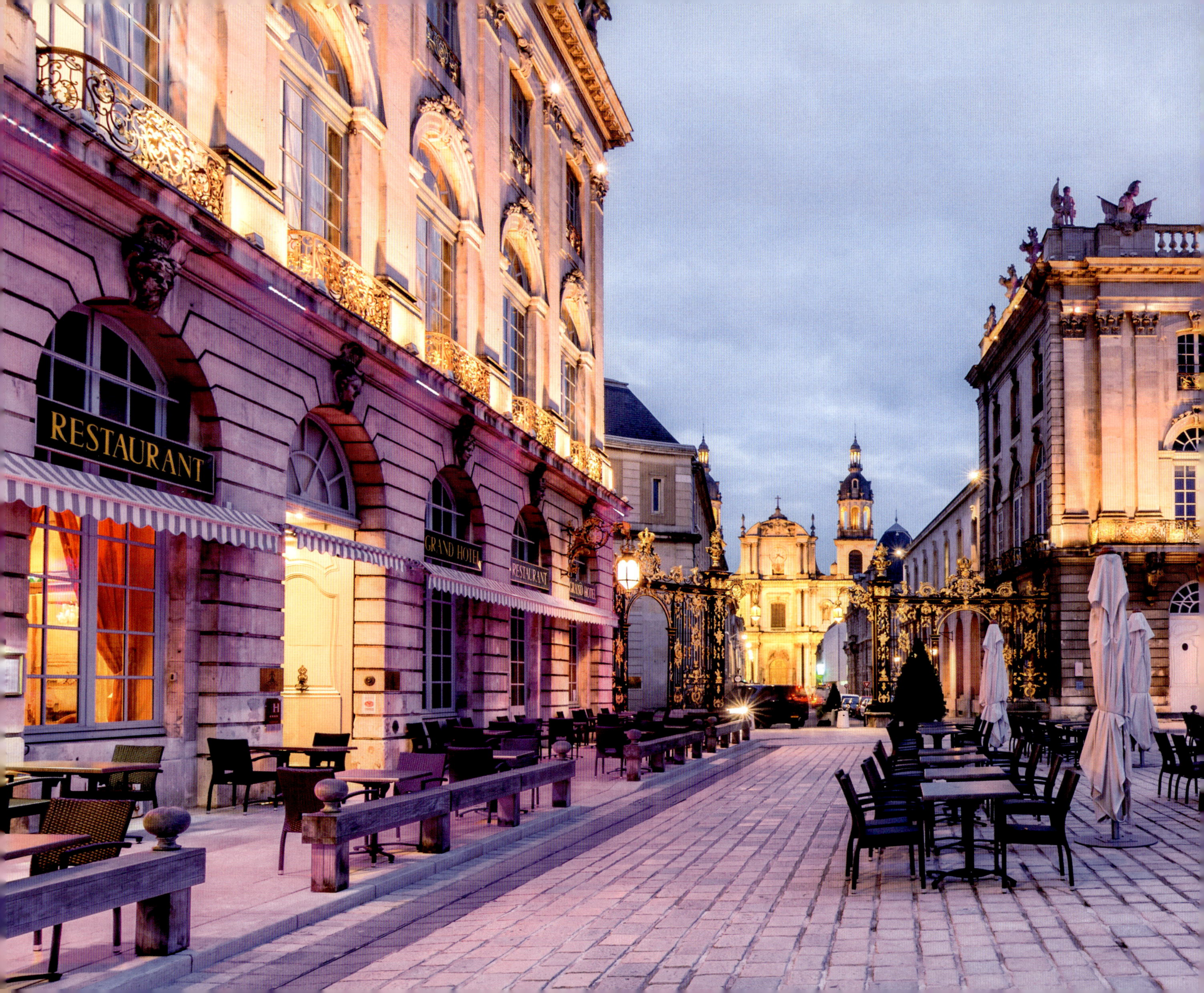
RESTAURANT
GRAND HOTEL
RESTAURANT

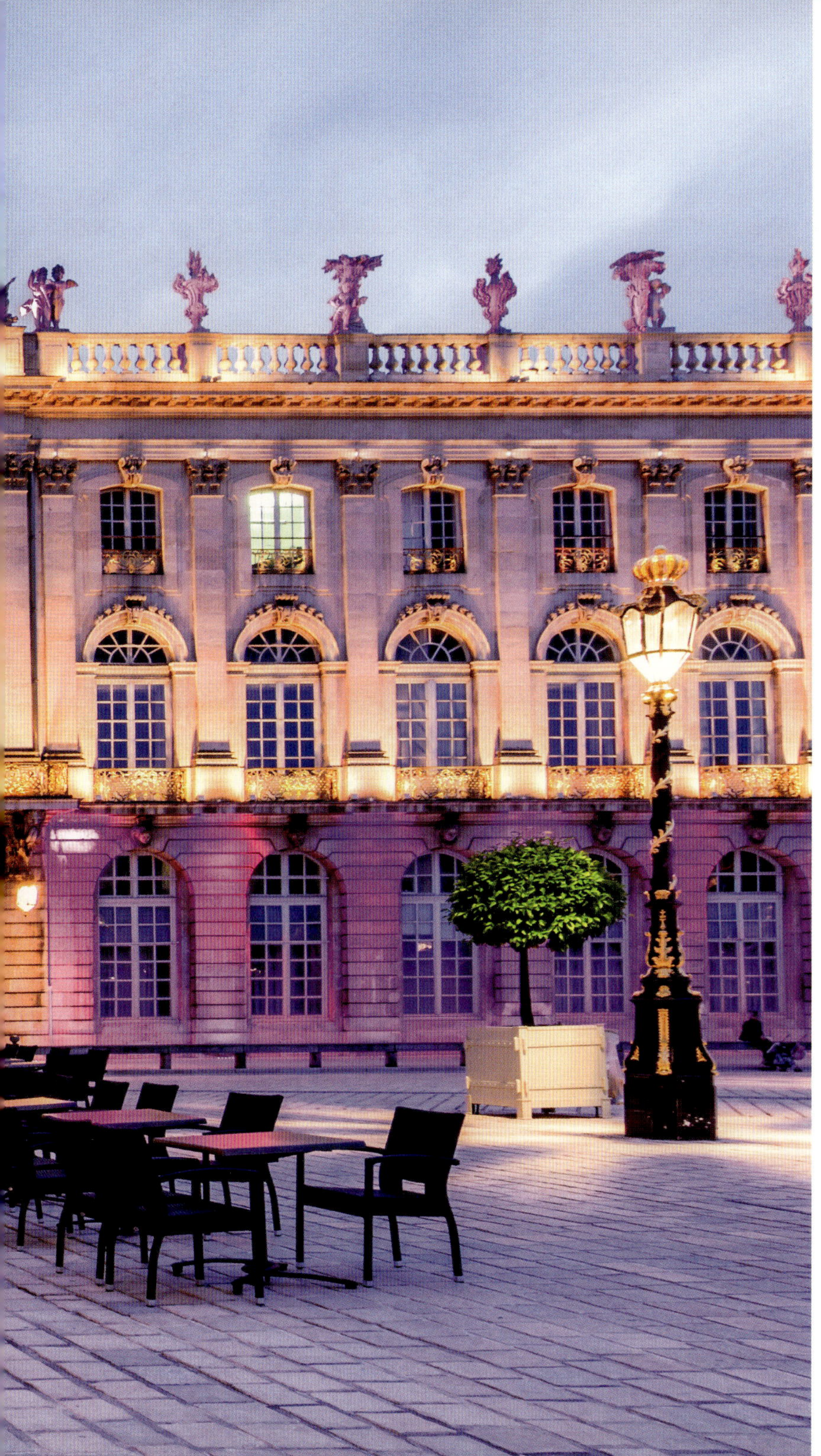

BLAUE STUNDE, **GOLDENE** STUNDE

Jetzt geht es Richtung Abend. Nach der Goldenen Stunde wandelt sich der Farbton ins dunkle Blau, die Blaue Stunde beginnt. Sie steht für eine romantische und dramatische Stimmung und bezeichnet die Abendstimmung. Aber natürlich ist die Phase des blauen Lichts genauso am Morgen vorhanden. Die Blaue Stunde zu nutzen ist eines der besten Rezepte für schöne Farben. Vor allem auf Cityfotos vermischen sich eine Vielfalt von künstlichen Lichtquellen und Farben mit dem tiefen Blau des Himmels. Auch Bildagenturen haben diesen Trend längst erkannt, aktuell werden viele Bilder von dieser Stimmung geprägt. Natürlich ist die Blaue Stunde auch für reine Landschaftsfotografien geeignet. Häufig entstehen monotone, ruhige Bilder.

Was ist für Fotografen das Besondere an der Blauen Stunde?

Sie funktioniert auch bei trübem, unattraktivem Himmel oder bei richtig schlechtem Wetter. Eines meiner Lieblingsbeispiele aus Nancy in Frankreich: Ich war entlang der Mosel unterwegs. Die Wettervorhersage ging von schönem Wetter aus. In Frankreich hatte sich jedoch ein sehr diesiger Himmel eingestellt. Die Aufnahme am Nachmittag wirkte deprimierend, fast farblos. Wenige Stunden später setzte mit der Abenddämmerung ein schönes Farbspiel ein.

Das am Nachmittag noch trist wirkende Motiv, der Place Stanislav in Nancy, erstrahlt zur Blauen Stunde am Abend in wunderbaren Farben.

12–24 mm 1:4 | 12 mm | 13 s | f/11 | ISO 100

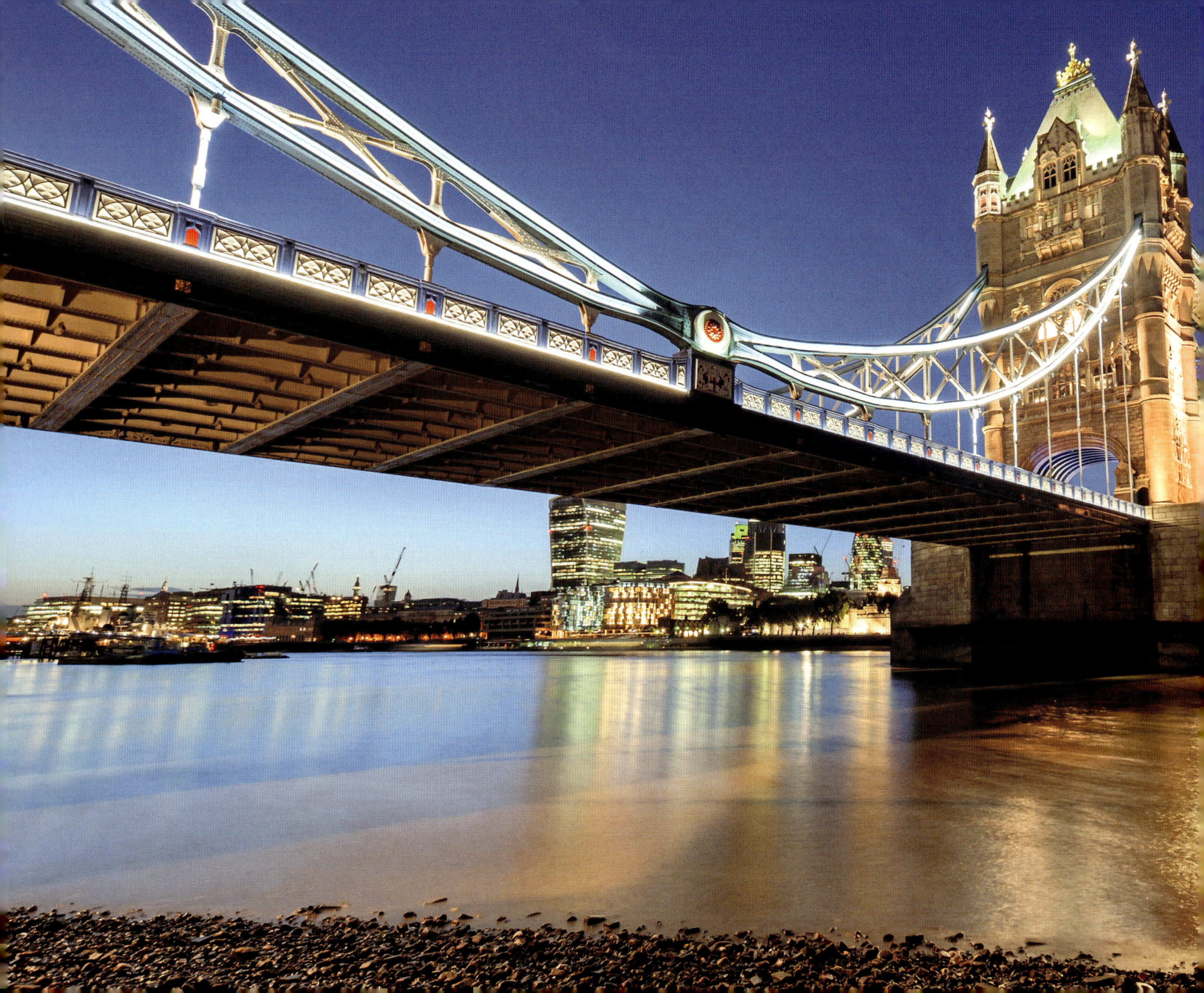

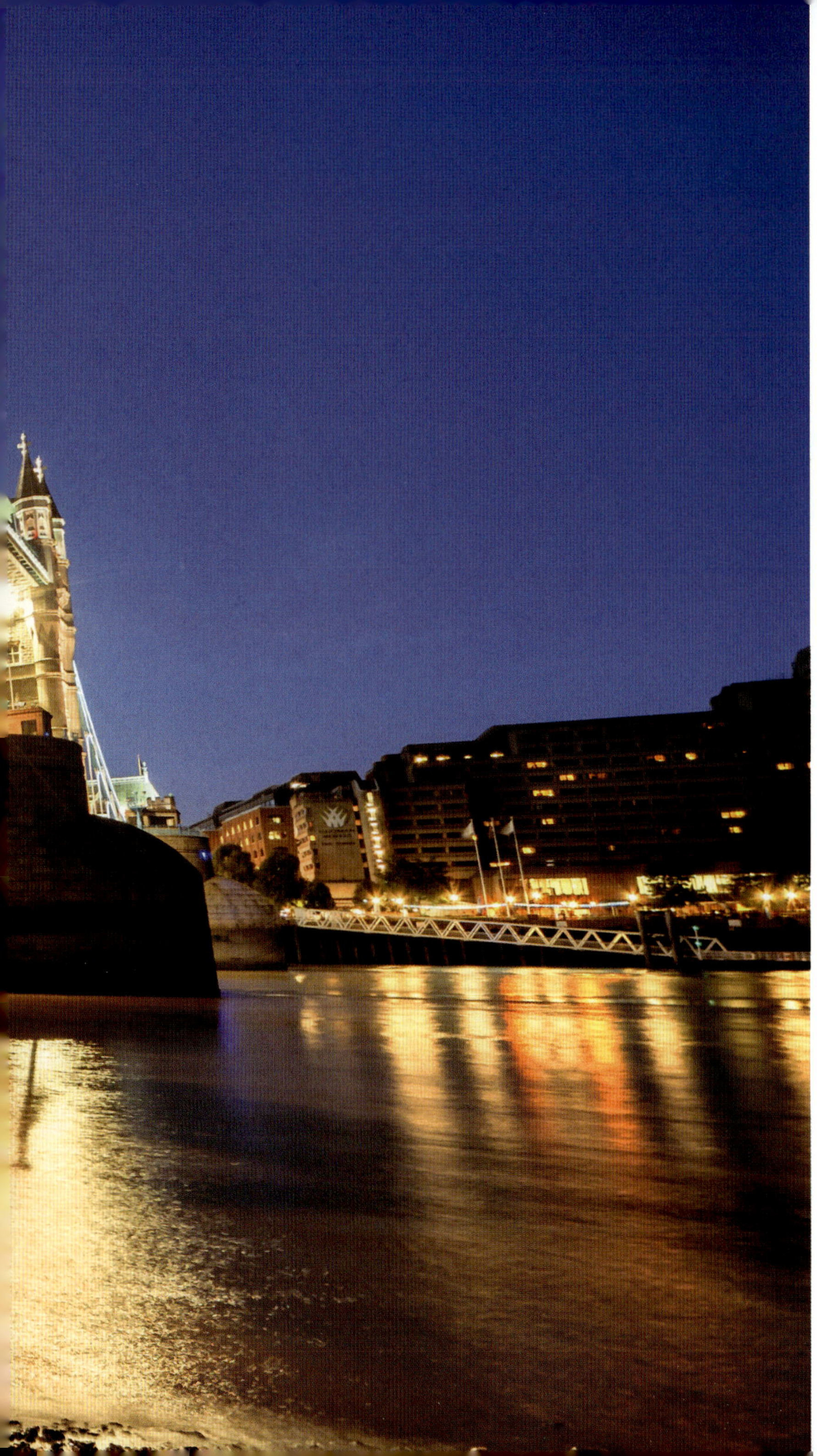

Eine weitere große Stärke zeigt die Blaue Stunde bei Motiven mit Wasser. Flüsse haben meistens eine trübe Farbe, nach starkem Regen wird das Wasser sogar braun. Die Blaue Stunde peppt die Farbe auf. Abends geht die Farbe des Flusses infolge von Spiegelungen und Reflexionen des Himmels vom Bräunlichen ins Blaue über. Dann ist der Fluss besonders fotogen.

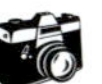

WIE LANGE DAUERT DIE BLAUE STUNDE?

Die Blaue Stunde dauert je nach Ort und Jahreszeit unterschiedlich lang. Wenn Sie wissen wollen, wann die blaue Stunde schlägt, egal, an welchem Ort auf diesem Globus Sie sich befinden, dann liegen Sie mit einer dieser beiden Apps immer richtig:

PhotoBuddy – PhotoBuddy ist das perfekte Berechnungs- und Planungsinstrument für Fotografen. Mit PhotoBuddy verpassen Sie keine blaue Stunde mehr. Die App gibt Belichtungseinstellungen für unterschiedlichste Motivsituationen vor, berechnet Ihnen millimetergenau die Schärfentiefe der aktuellen Aufnahmesituation und vieles andere mehr.

Sun Seeker – Diese App zeigt die Koordinaten sowie den Verlauf der Sonnenbahn am Aufnahmetag oder zu einem frei wählbaren anderen Zeitpunkt an. Angegeben werden auch Sonnenaufgangs- und Sonnenuntergangszeiten sowie der Winkel, aus dem die Sonne an einem bestimmten Ort zu einer bestimmten Zeit scheint. Mit diesem Programm können Sie abschätzen, wann das gewünschte Licht wie geplant auf Ihre Location scheinen wird – wenn Wolken es nicht verhindern.

**Die Themse zeigt sich in London meist in sattem Braun.
Zur Blauen Stunde aber nimmt der Fluss die Blaufärbung des Himmels an.**

12–24 mm 1:4.5–5.6 | 16 mm | 8 s | f/8 | ISO 200

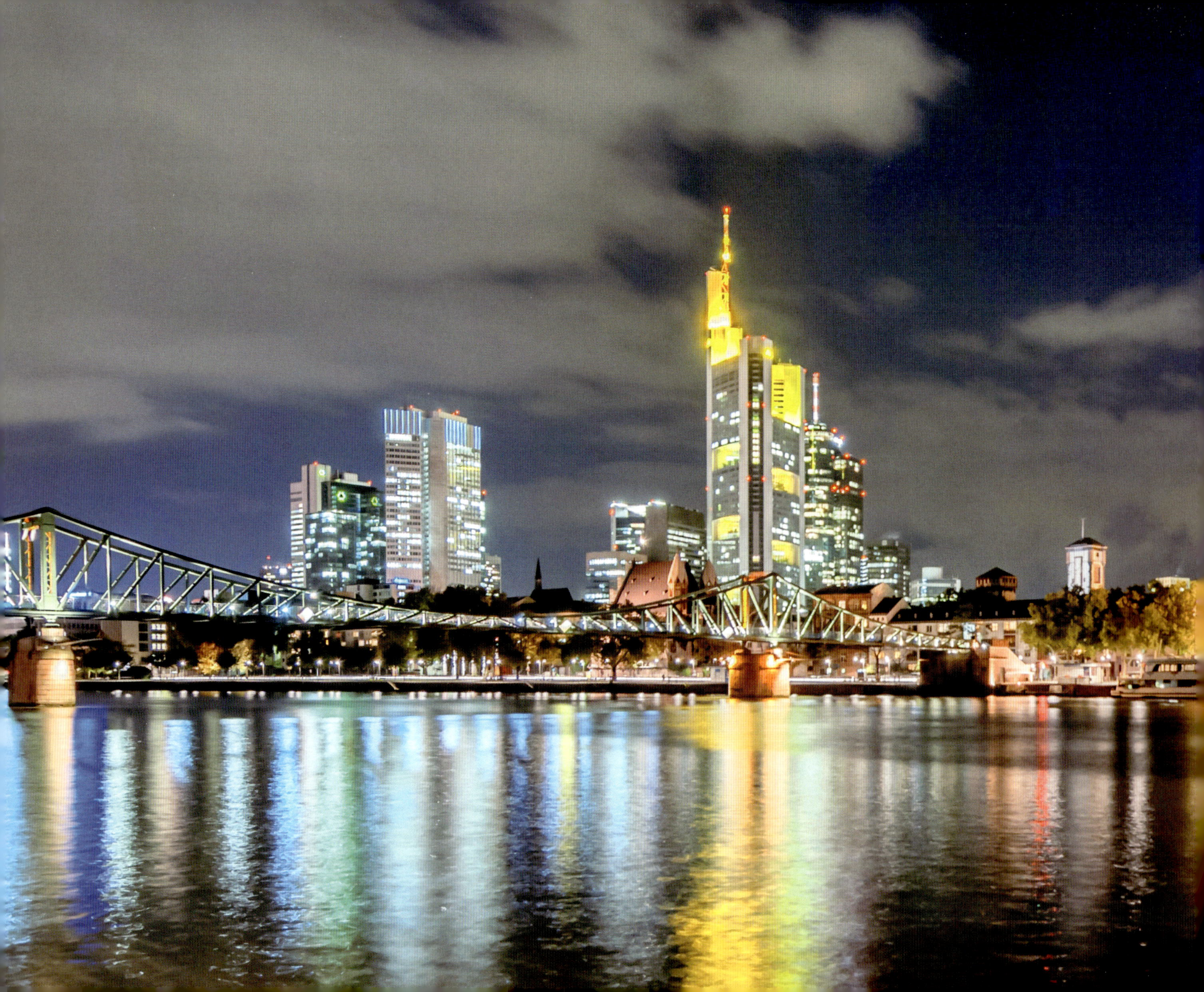

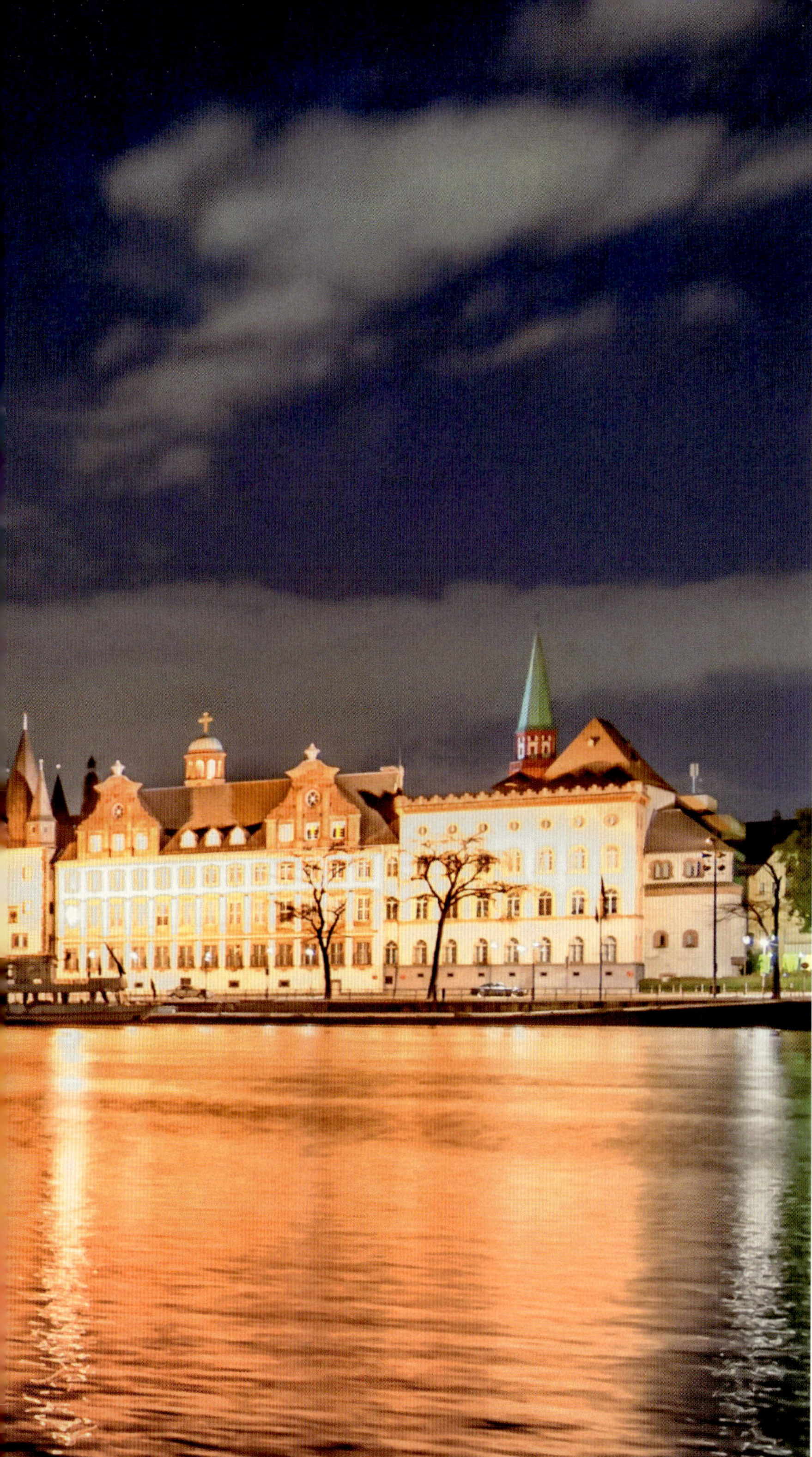

KEINE **STOCKDUNKLEN** BILDER

Mein Motto ist: keine stockdunklen Bilder. Bei richtig dunkler Nacht, ohne Wolkenstrukturen oder Sternen am Himmel, stelle ich das Fotografieren in der Regel ein. Wenn selbst sehr lange Belichtungszeiten keine Stimmung ins Bild bringen, höre ich auf. Interessant ist ein Effekt, der zu Beginn der völligen Schwärze manchmal auftritt: Obwohl der Himmel komplett dunkel ist, bringt die Kamera doch noch einen sehr farbigen Himmel zum Vorschein, und zwar besonders in der entgegengesetzten Richtung der Sonne. Wenn im Westen der Himmel frei von Bewölkung ist, aber am Horizont im Osten Wolken liegen, werden diese noch durch die Sonne (die für uns nicht mehr sichtbar ist) farbig angestrahlt. Der ist Effekt so schwach, dass die Augen ihn nicht wahrnehmen, aber die Kamera mit langen Belichtungszeiten noch schöne Bilder hervorbringen kann. Auch sehr schwache Polarlichter sind mit bloßem Auge nicht zu sehen, aber die Kamera kann sie noch sichtbar machen.

Dieser Himmel in Frankfurt ist fast schon zu schwarz. Mit einem tiefblauen Himmel wäre das Bild schöner.

12–24 mm 1:4 | 14 mm | 12 s | f/5 | ISO 100

WEISSE NÄCHTE IN ISLAND

Carpe noctem. Nutze die Nacht. Dies war das Motto einer Islandreise. Im Juni herrschen in Island diese unglaublichen Zeiten: 180 Minuten blaue Stunde und dann wieder fast drei Stunden Sonnenaufgang. Geschlafen wurde am Tag und fotografiert in der Nacht. Nur dass es keine richtige Nacht gab. Es war eher das Licht eines sehr trüben Tags. Für das nächste Mal würde ich mir aber lieber eine Zeit aussuchen, in der es auch mal zwei bis drei Stunden in der Nacht dunkel wird, um mehr Bilder zur blauen Stunde oder mit Sternen und eventuell Polarlichtern schießen zu können. An Tagen, an denen die Sonne zu sehen ist, würde ich das Licht von ca. 23:00 Uhr bis knapp 04:00 Uhr morgens eher als lange rote Stunde bezeichnen. Im »Goldenen Kreis« sind wir mit dem Licht gefahren. Bei Abenddämmerung haben wir zuerst die Vulkane im Westen und zur Morgendämmerung den Gullfoss und den Strokkur im Osten fotografiert.

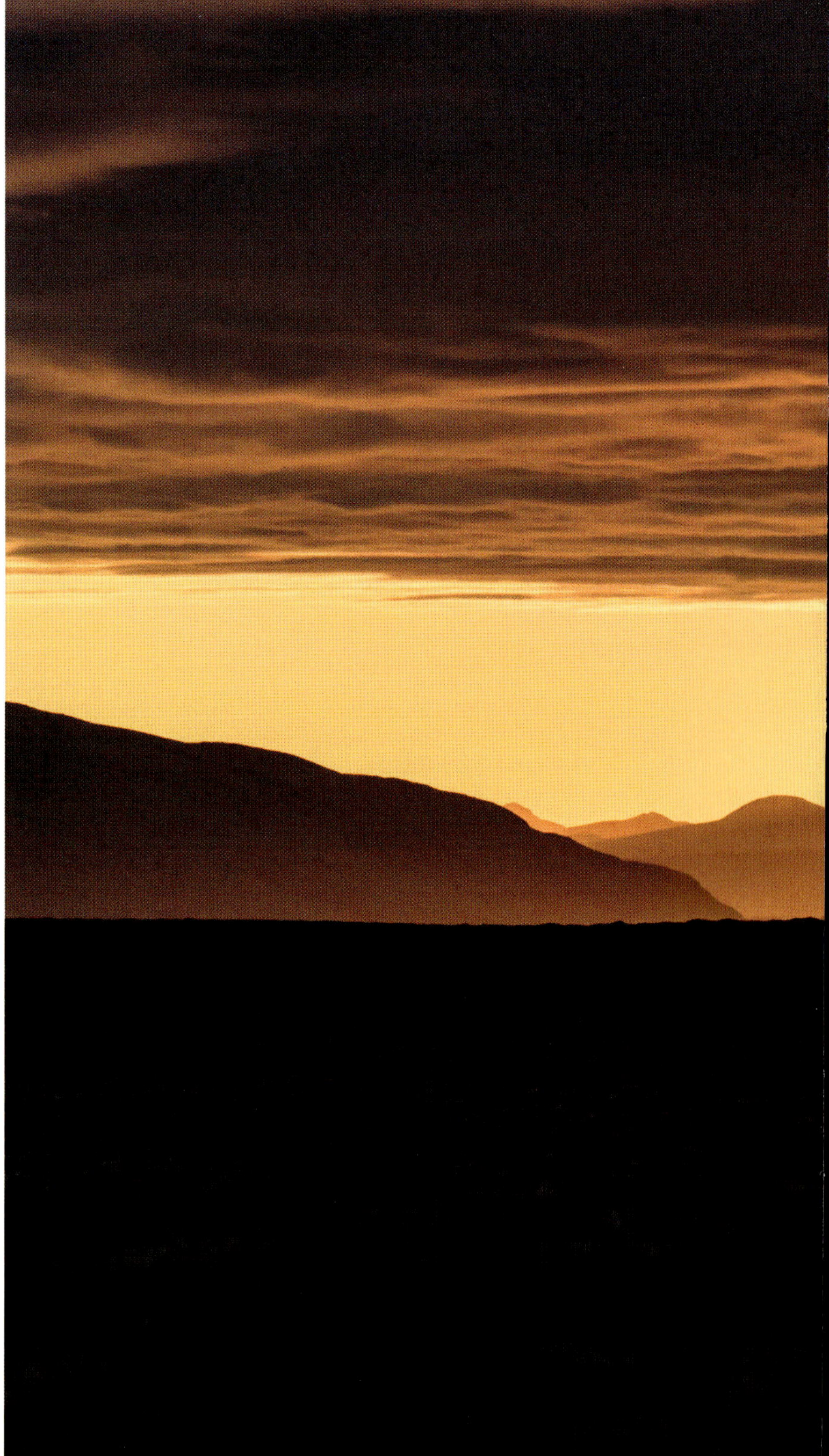

Goldene Stunde im »Goldenen Kreis«.

120–400 mm 1:4.5–5.6 | 135 mm | 1/4000 s | f/4.8 | ISO 1250

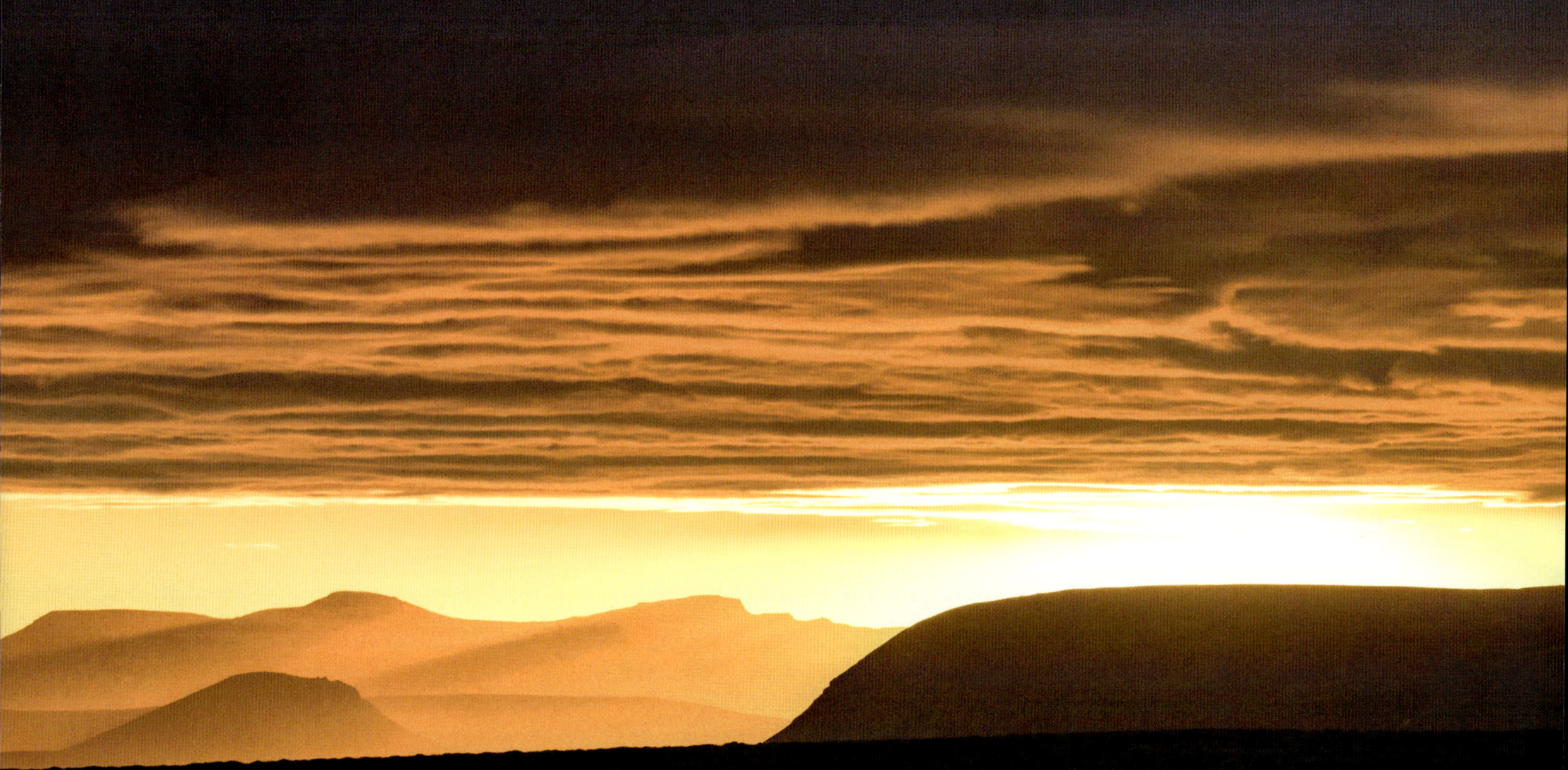

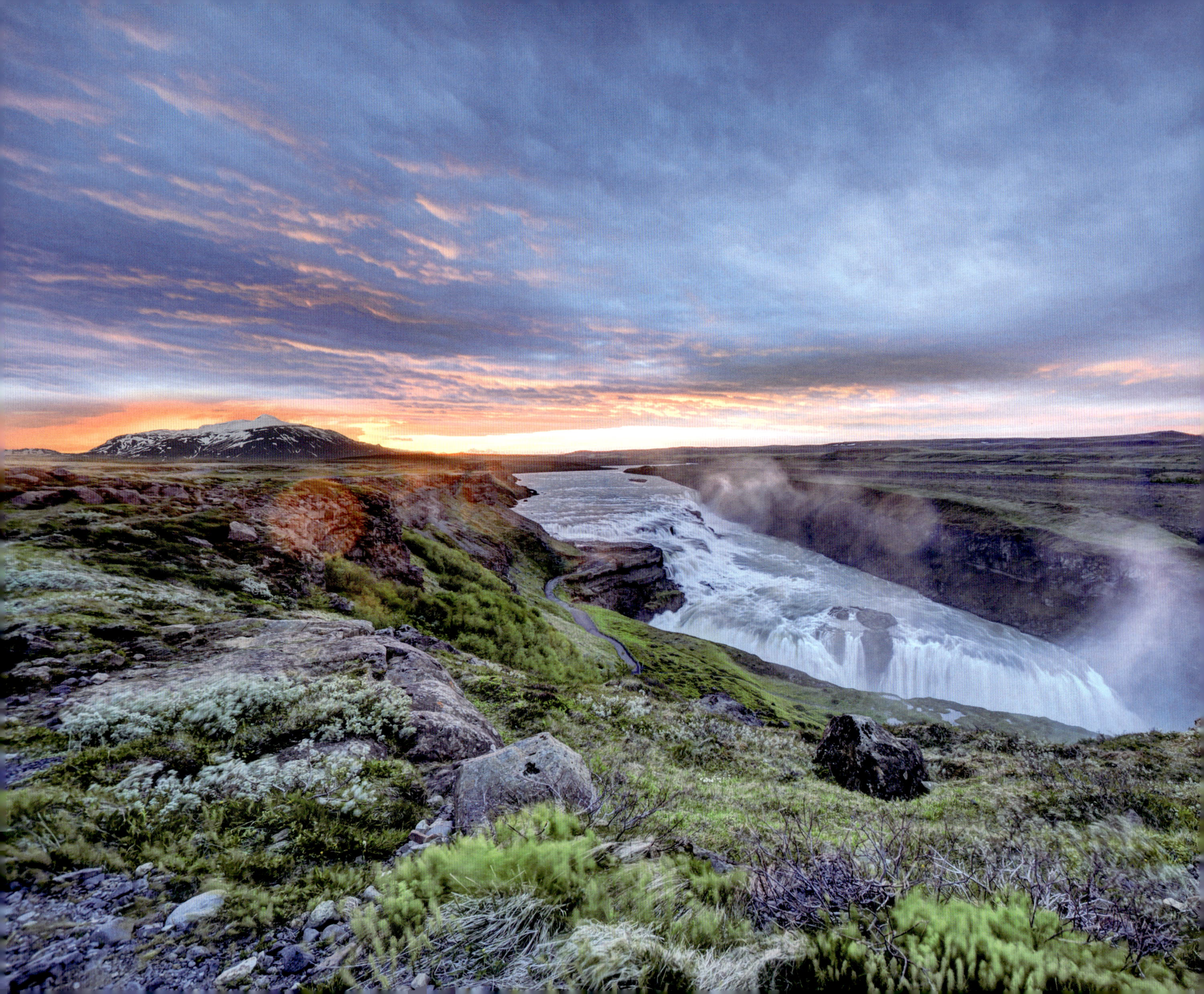

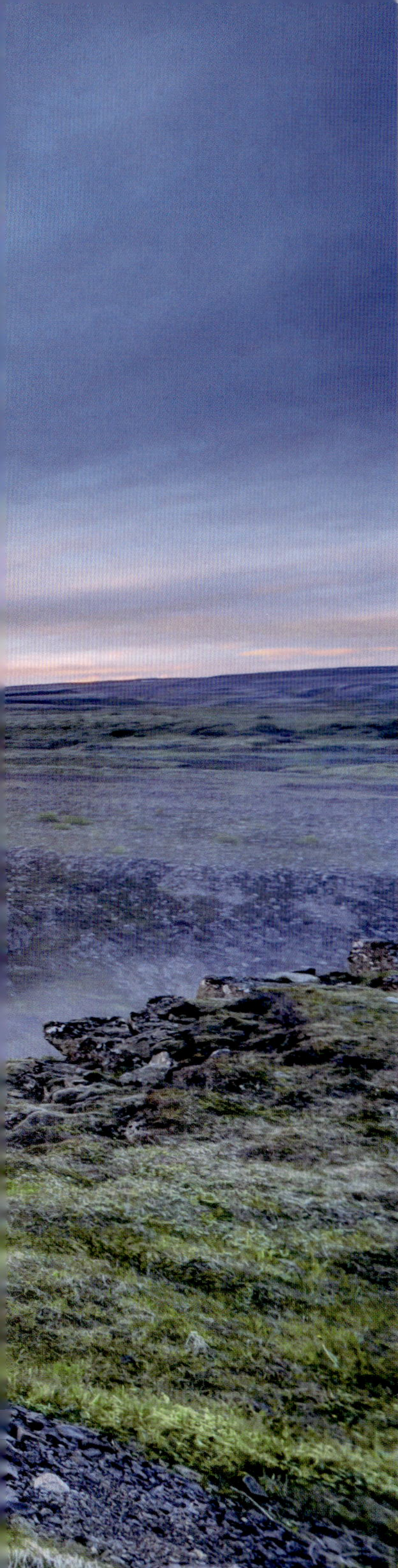

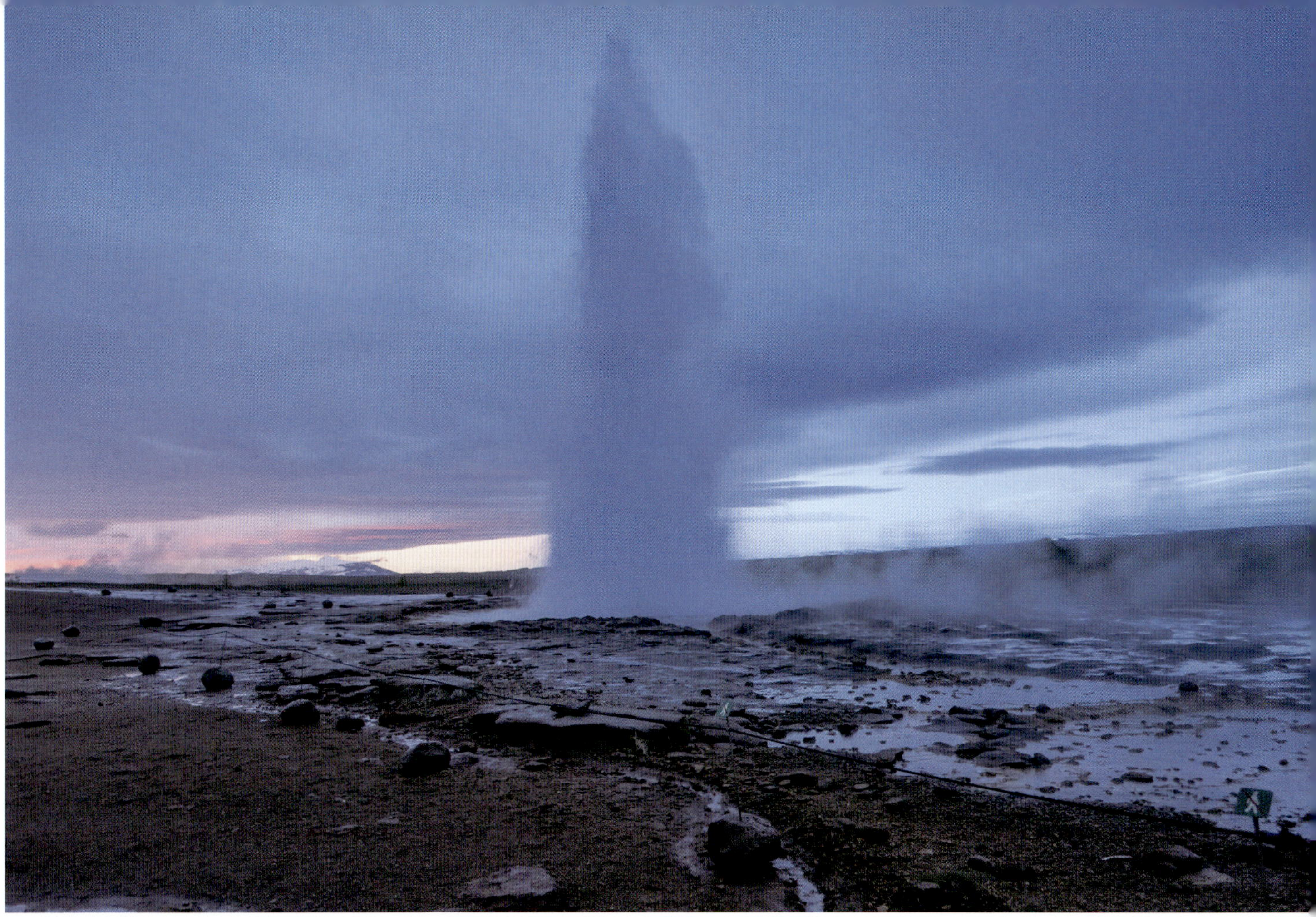

Der Geysir Strokkur in Aktion.

27.06.2015, 03:59 Uhr | Nikon D750 | 24–120 mm 1:4 | 24 mm | 1/60 s | f/4 | ISO 1000

Links: Nur für uns: der Gullfoss mit dem Vulkan Hekla im Hintergrund.

12–24 mm 1:4.5–5.6 | 12 mm | 1/4 s | f/4.5 | ISO 50

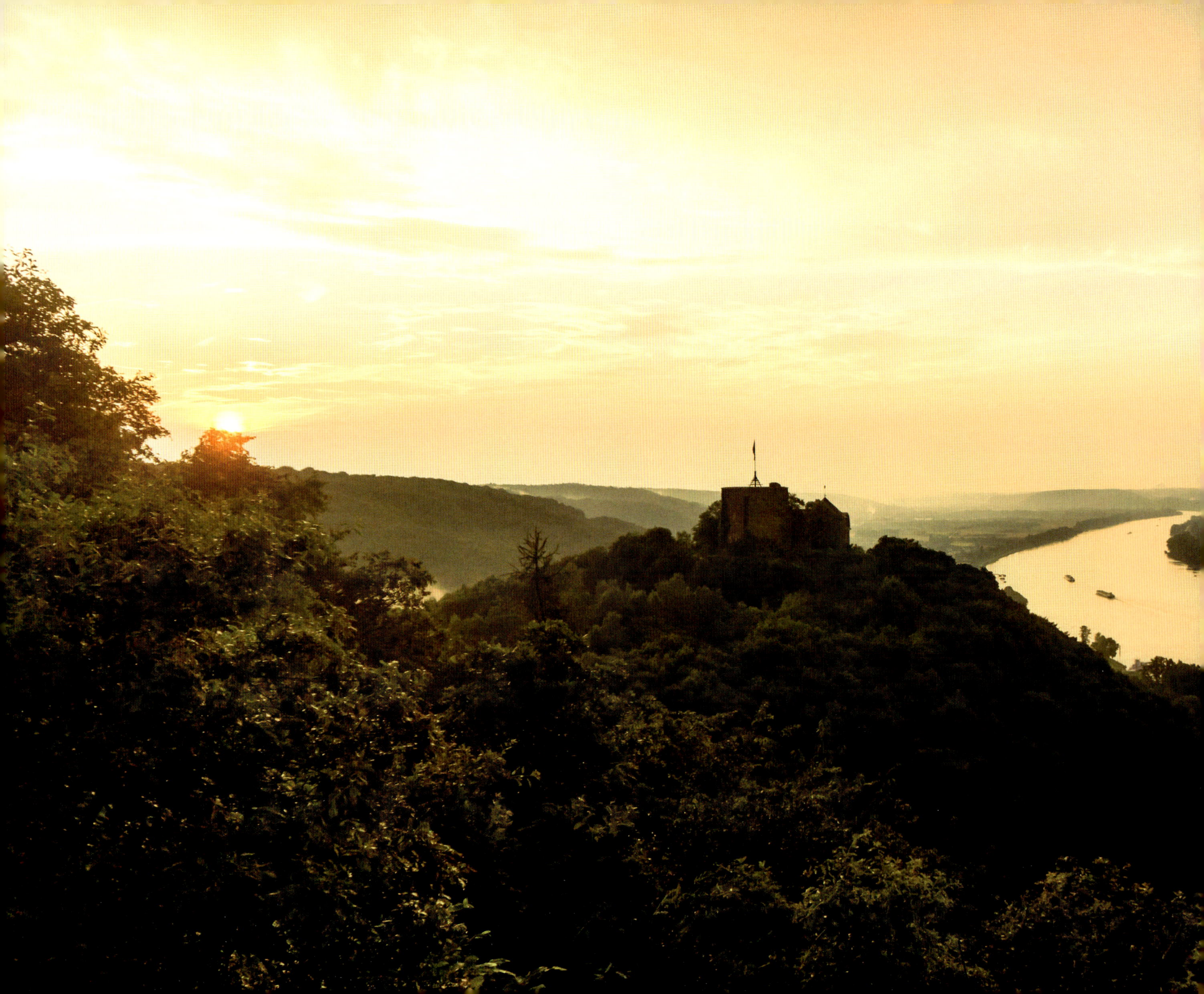

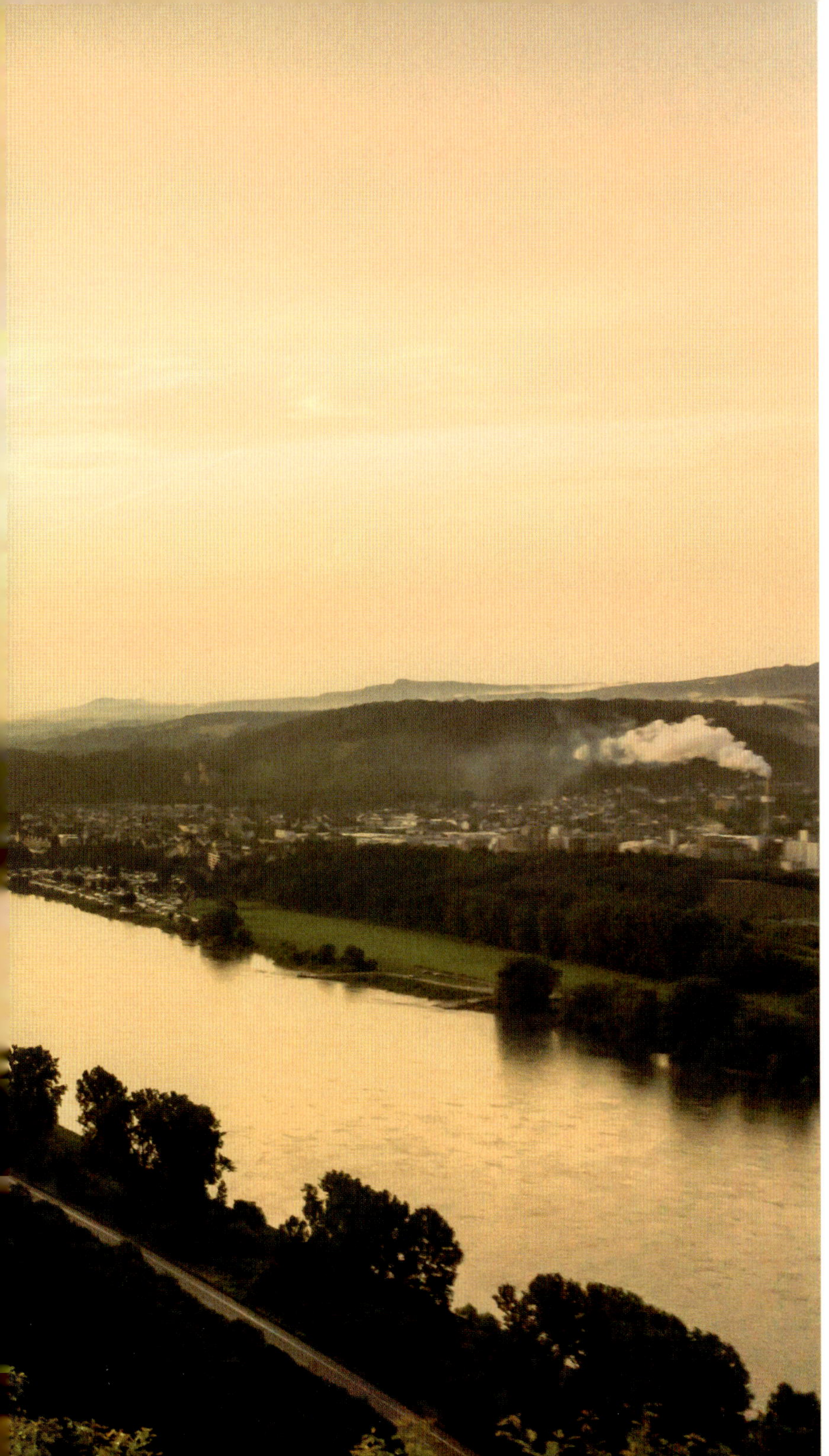

WINKEL ZUM SONNENUNTERGANG

Die Sonne geht bei einem bestimmten Winkel auf (90 Grad im Osten) und wieder unter (270 Grad im Westen). Das bedeutet, manche Motive liegen irgendwo dazwischen. Diese Motive kann man nur schlecht mit der Morgen- oder Abendröte fotografieren. Manchmal liegen sogar die schönsten Motive in einem unpassenden Winkel zum Sonnenuntergang. Aber die Ausrichtung der Erde und damit auch der Winkel des Sonnenuntergangs an einem bestimmten Punkt ändert sich ununterbrochen. Wenn Sie ein Motiv gern mit der Abend- oder Morgenröte fotografieren möchten, prüfen Sie, ob der Winkel zu einer anderen Jahreszeit günstiger liegt.

Im Juli ging die Sonne endlich hinter der Burg Rheineck unter.

16-50 mm 1:3.5-5.6 | 16 mm | 1/640 s | f/4 | ISO 400

SICH DEM **LICHT ANPASSEN**

Das Thema Licht und Landschaft hat derart viele Facetten, dass es keine eindeutigen Regeln gibt, wann ein Bild wirkt und wie eine schöne Stimmung entsteht. Position, Tageszeit, Datum, Wetter, das Motiv selbst, der Winkel der Kamera zum Motiv und zum Licht und noch einige Dinge mehr - all dies gilt es zu berücksichtigen. Draußen gelten die Gesetze der Natur. Trotz guter Planung mag das Licht anders als erwartet sein, eine Wolke hat sich wieder vor die Sonne geschoben, oder der Himmel ist zu leer. Probieren Sie, vor allem bei längeren Touren, verschiedene Zeiten und damit Ausrichtungen zur Sonne aus. Fahren Sie eine Landschaft zu einem Zeitpunkt an, an dem das Licht voraussichtlich günstig ist. Die gute Nachricht ist, dass man mit der Zeit ein Gefühl für die perfekte Lichtstimmung entwickelt. Lassen Sie sich darauf ein und passen Sie sich dem Wetter an.

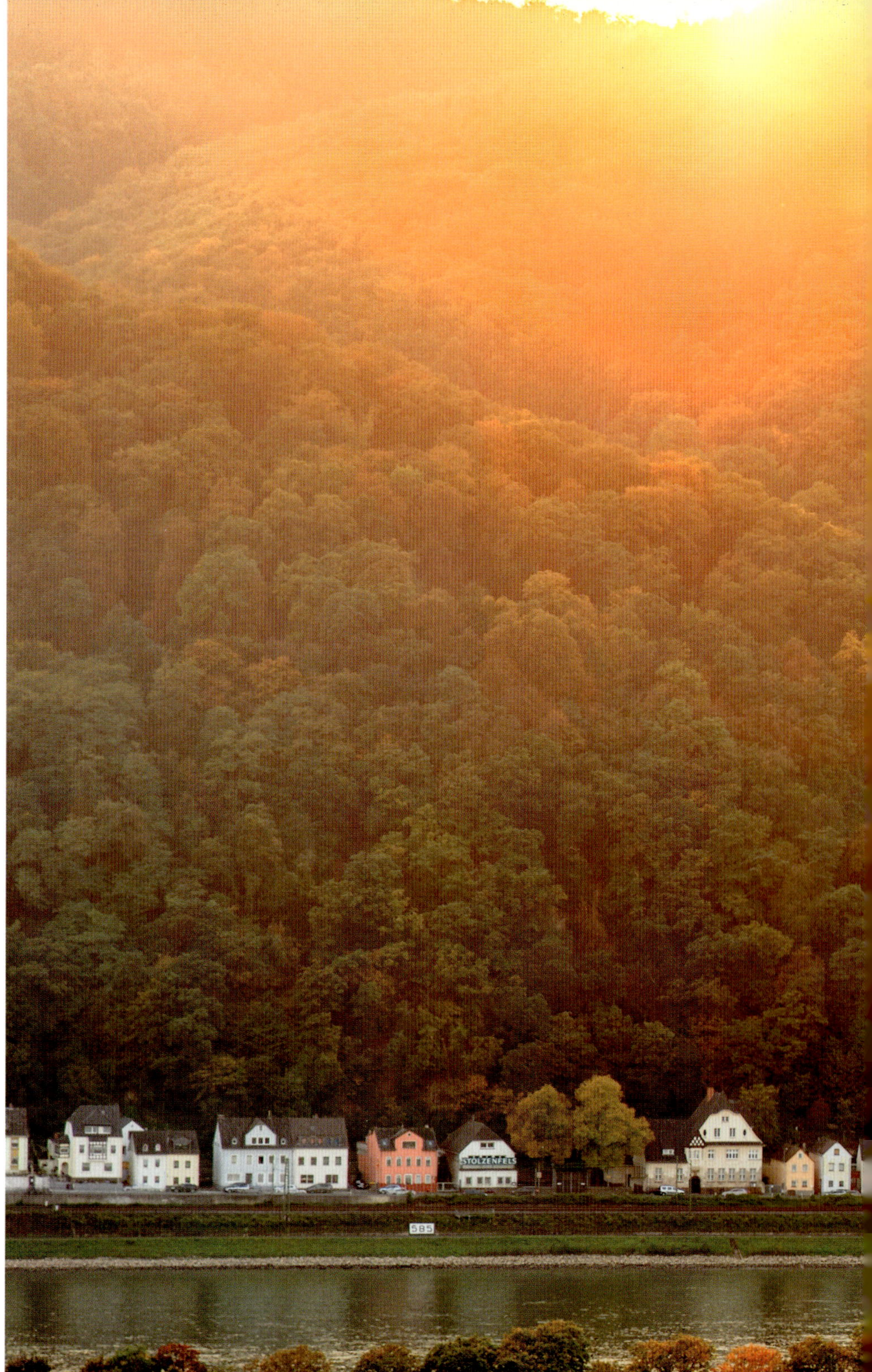

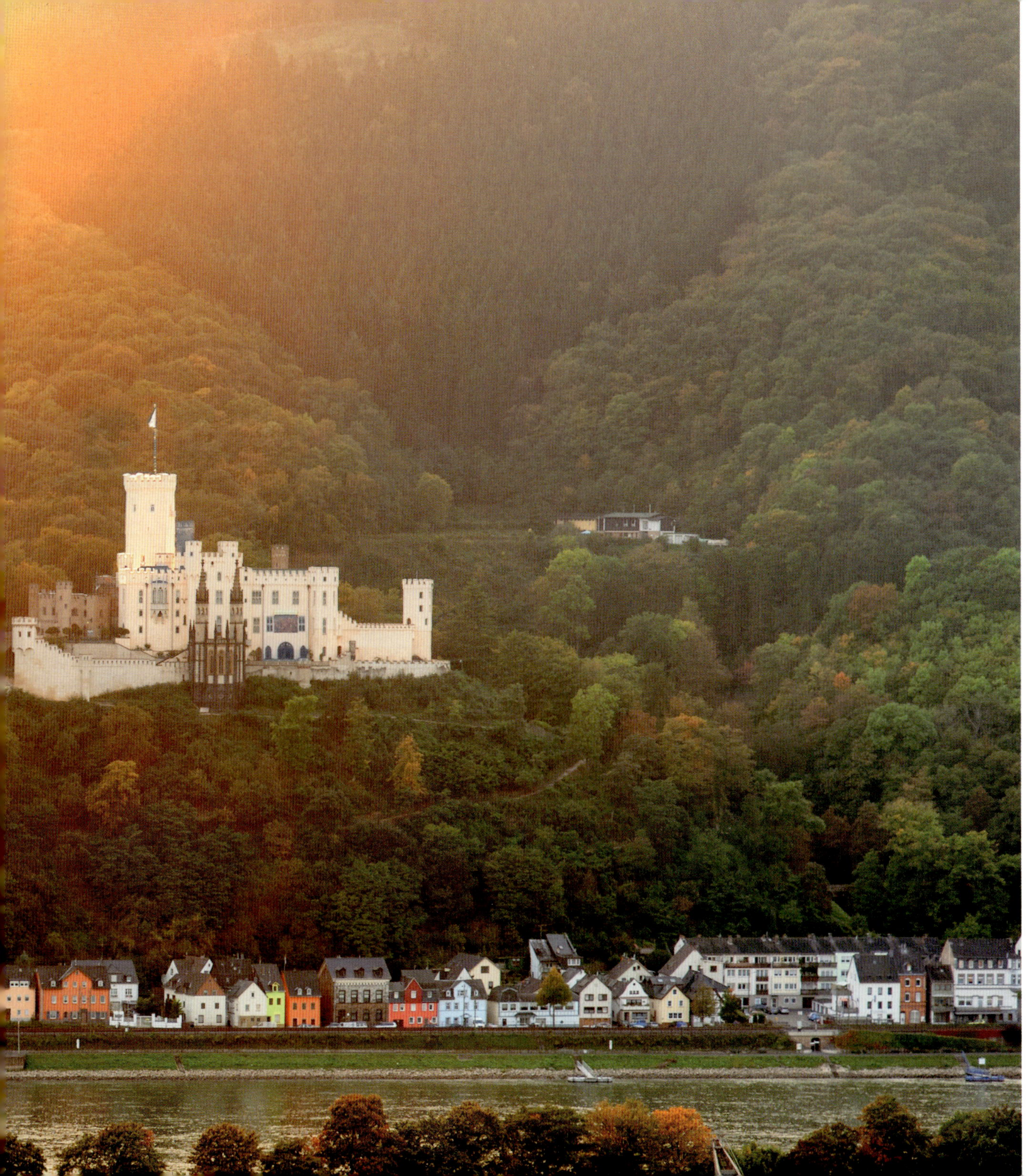

Die Schloss Stolzenfels am Rhein, mit der herbstlichen Abendsonne im Hintergrund.

24–120 mm 1:4 | 120 mm | 1/200 s | f/5 | ISO 250

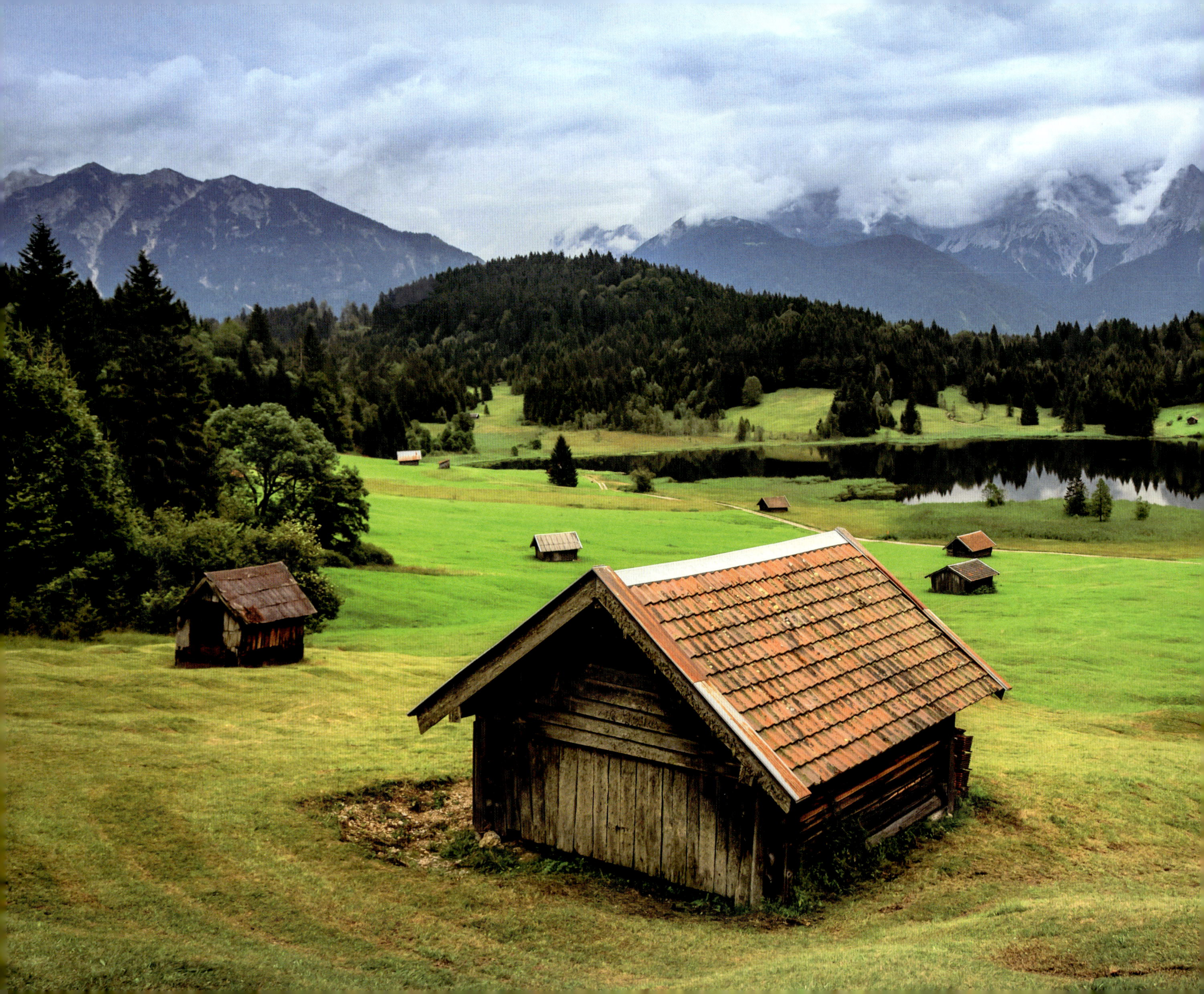

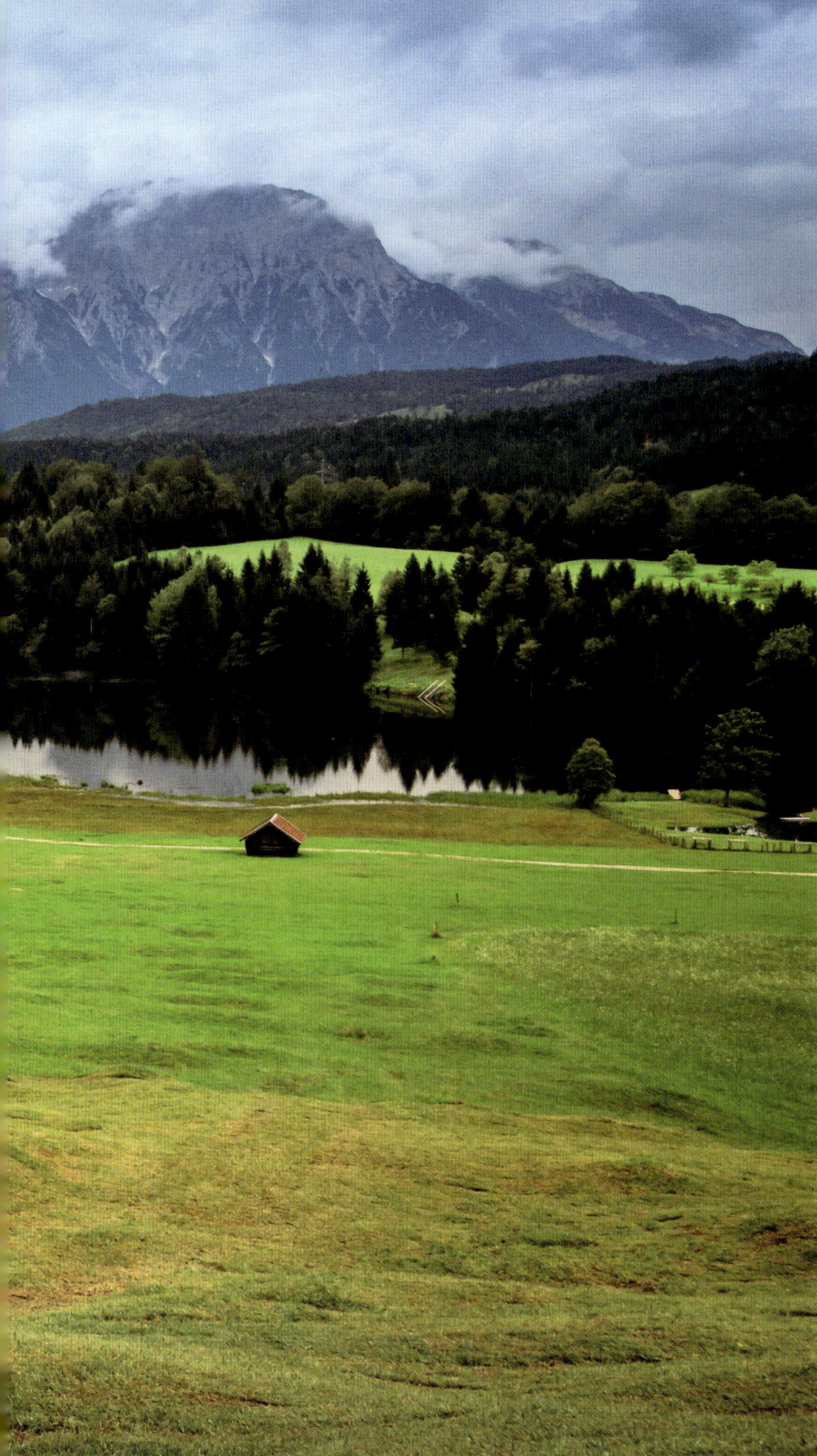

Im August waren wir spontan ein Wochenende lang in den Alpen unterwegs, die Vorhersage versprach am Samstag einen Sonne-Wolken-Mix und am Sonntag einen klaren Himmel. Im Internet hatten wir Bilder vom Geroldsee (Wagenbrüchsee) gesehen. Er ist ein tolles Motiv, vor dem See stehen Hütten, und hinter dem See sind die Alpen zu sehen. Leider war das Wetter mal wieder völlig anders als vorhergesagt. Am Freitag hatte es den ganzen Tag geregnet, auch am Samstag war es noch dicht bewölkt.

Infolge der hohen Luftfeuchtigkeit war es Sonntagmorgen sehr neblig, das frühe Aufstehen (4:00 Uhr) hatte sich nicht gelohnt, der See blieb im Nebel. Nachdem wir viel Zeit mit Warten vertrödelt hatten, fuhren wir weiter Richtung Garmisch Partenkirchen. Dort war der Himmel schon lange klar, das Alpenglühen war leider fast schon vorbei. Trotzdem gelangen uns noch einige stimmungsvolle Bilder.

Der Geroldsee in den Alpen, ein echtes Postkartenmotiv. Leider war das Wetter an diesem Tag mal wieder völlig anders als vorhergesagt.

24–120 mm 1:4 | 24 mm | 1/2000 s | f/5 | ISO 320

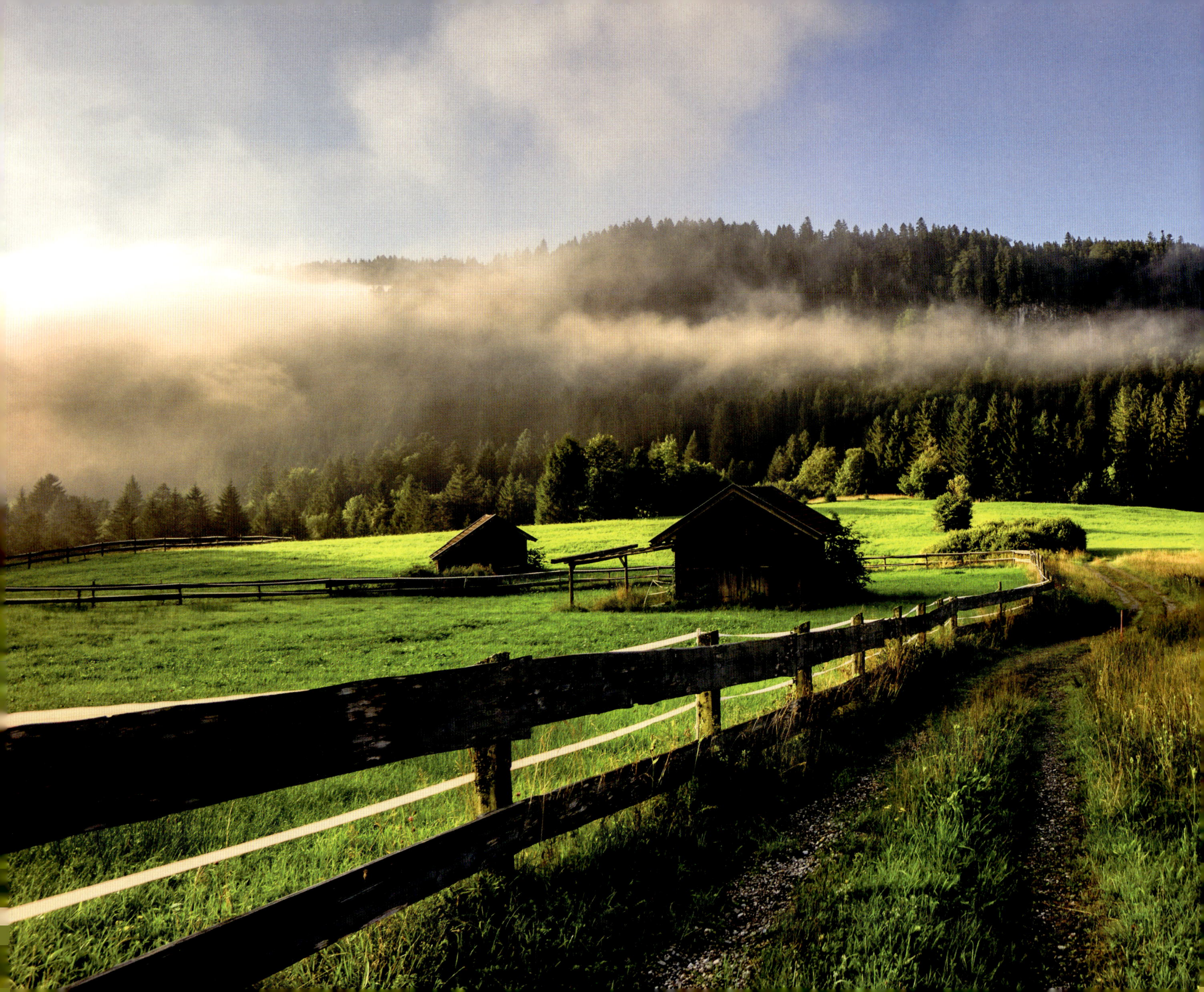

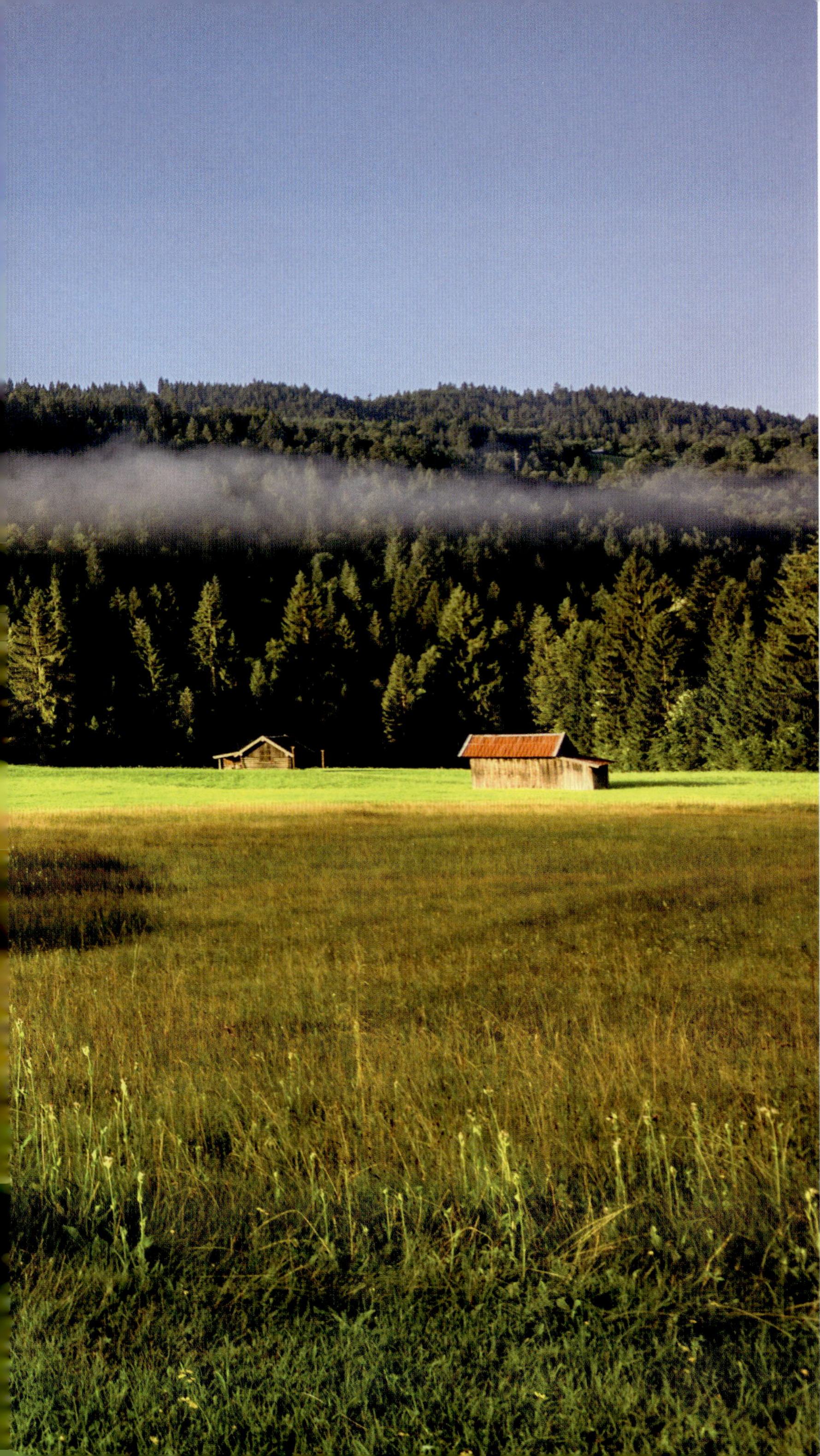

Klarer Himmel nahe Garmisch Partenkirchen, aber das Alpenglühen ist leider fast schon vorbei, dennoch gelingen einige stimmungsvolle Bilder.

10–18mm 1:4 | 10 mm | 1/200 s | f/5.6 | ISO 100

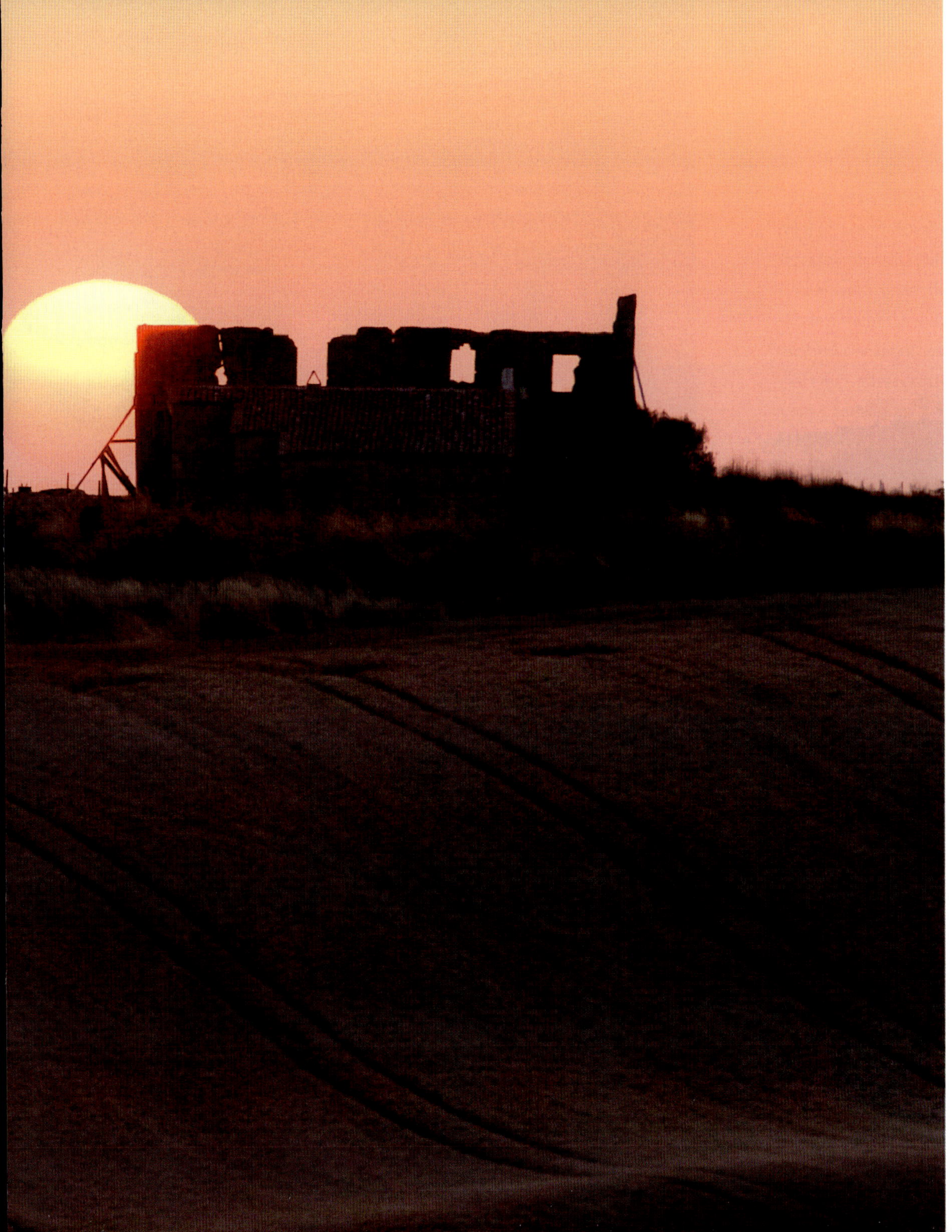

Kapitel 6

HIMMELSKÖRPER FOTOGRAFIEREN

Eine besondere Herausforderung ist das Fotografieren von Himmelskörpern. Bei allen Himmelskörpern gilt: Der Himmel muss klar sein oder nur schwache, lose Wolken haben, damit diese sichtbar werden.

Die Sonne steht als Feuerball hinter der Ruine in der Nähe von Pienza in der Toskana.

80–200 mm 1:2.8 | 200 mm | 1/100 s | f/4.5 | ISO 100

SONNE

Die Sonne als natürliche Lichtquelle ist ein perfektes Beiwerk für bestechend schöne Landschaftsbilder. Hoch am Himmel zeigt sie sich im Allgemeinen als ausgefressener Fleck in der Aufnahme. Der Helligkeitsunterschied zum Rest des Bilds ist enorm. Eine Möglichkeit, diesen Helligkeitsunterschied auszugleichen, ist der Einsatz eines Grauverlaufsfilters. Alternativ können Sie sich dem Licht der Sonne anpassen und sie fotografieren, wenn sie sehr niedrig über dem Horizont steht. Die Herausforderung ist, die Sonne als Sonnenstern und mit möglichst wenig ausgefressenem Weiß zu fotografieren.

Schöner Sterneffekt durch Abblenden

Um einen schönen Sterneffekt zu erzeugen, muss abgeblendet werden, sprich, die Blendenöffnung verkleinert werden. Mit Blende f/13 erscheint die Sonne als schöner Stern. Je mehr man die Blende schließt, umso stärker tritt um das Zentrum der Lichtquelle herum ein Sterneffekt auf. Vermeiden Sie Übertreibungen, denn bei zu starkem Abblenden können störende Lichtreflexe und Blendenflecken auftreten. Versuchen Sie, die Sonne im Goldenen Schnitt zu positionieren. Dabei verlaufen die Sonnenstrahlen schräg und geben dem Bild mehr Dynamik.

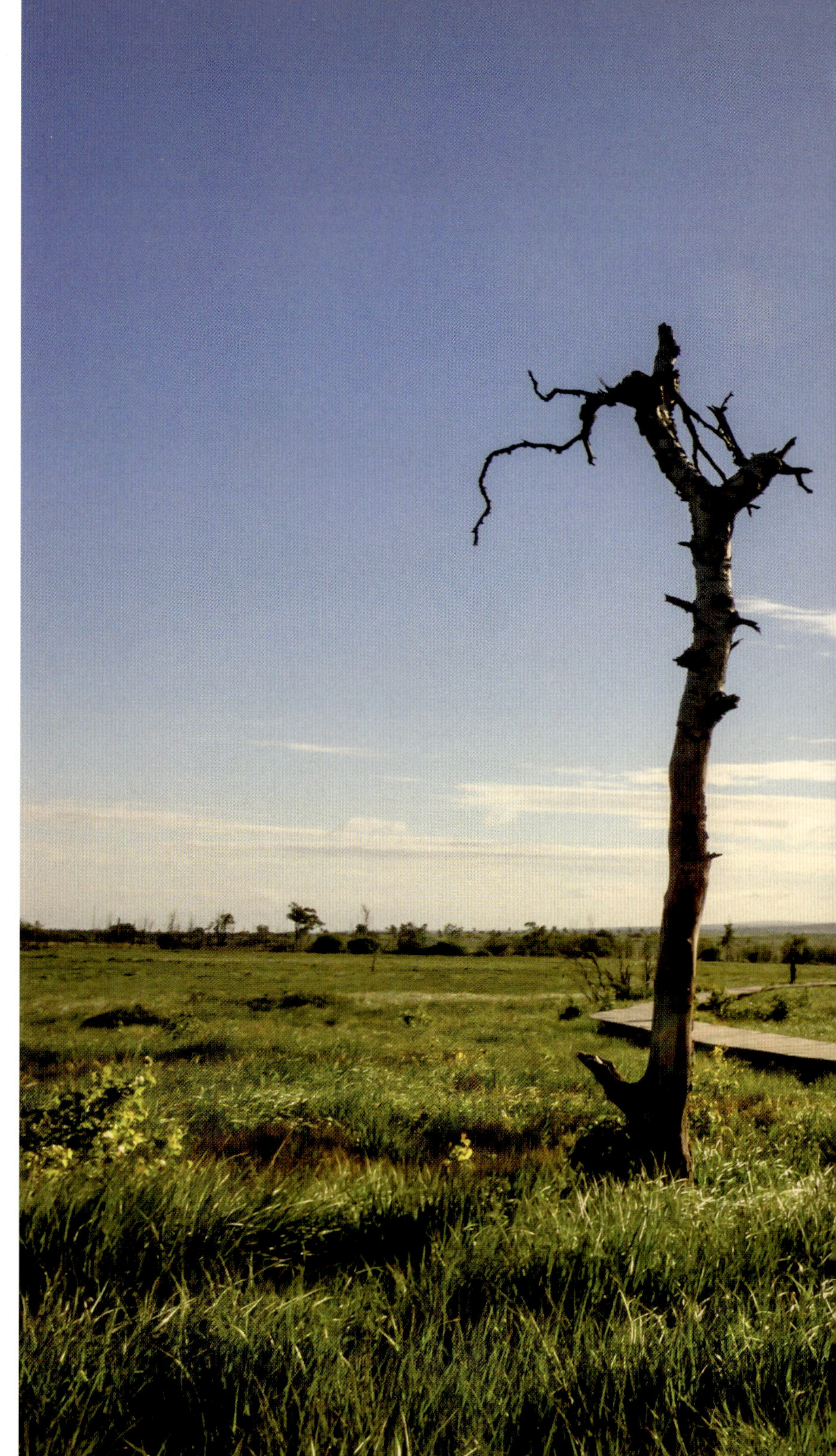

Blende f/14 zeigt die Sonne als Blendenstern, fördert aber auch Blendenflecken und Störungen am Objektiv. Mit einer größeren Blendenöffnung von z. B. 6.3 würde die Sonne nur als ausgefressener weißer Fleck abgebildet.

10–18 mm 1:4 | 11 mm | 1/320 s | f/14 | ISO 100

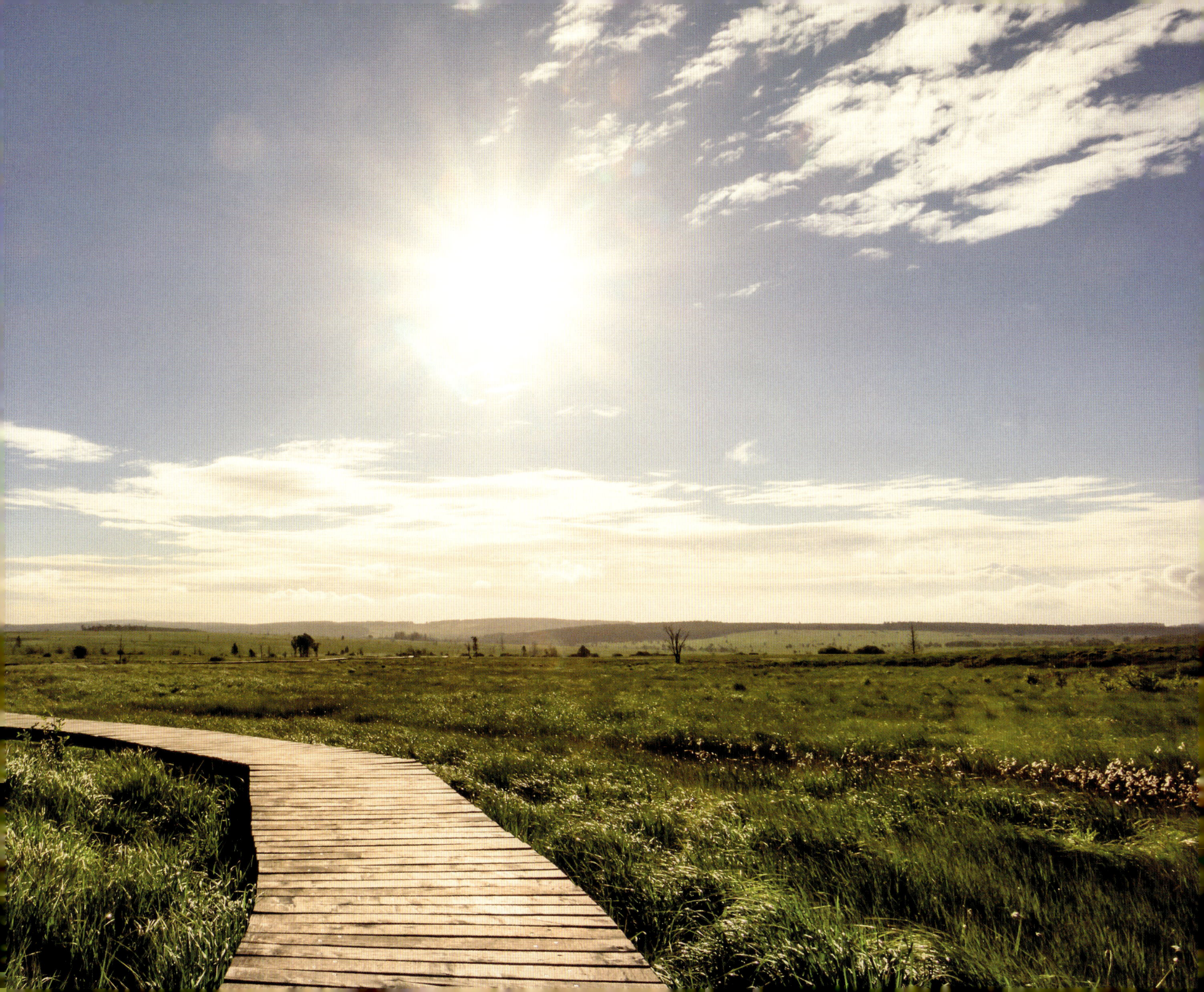

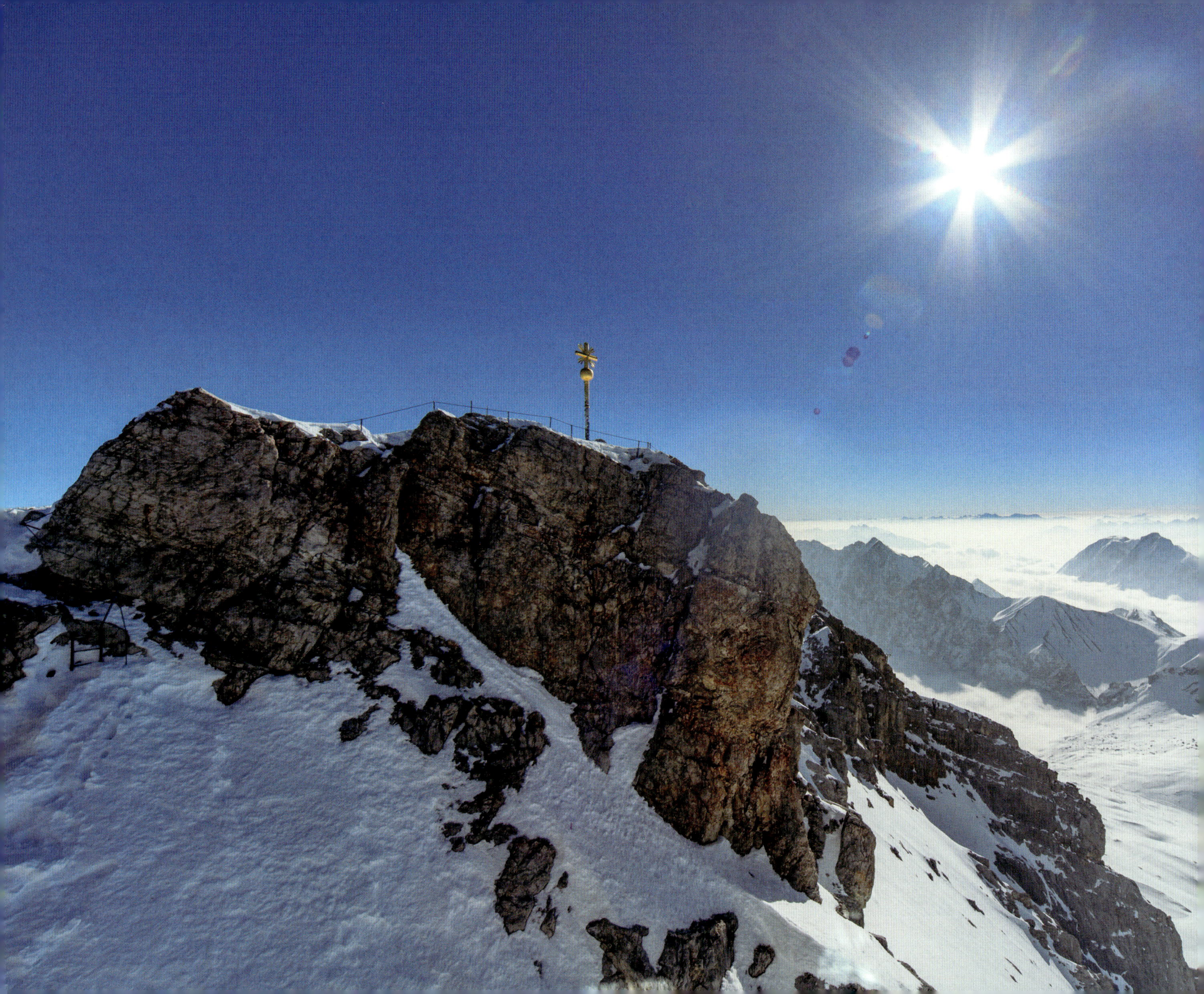

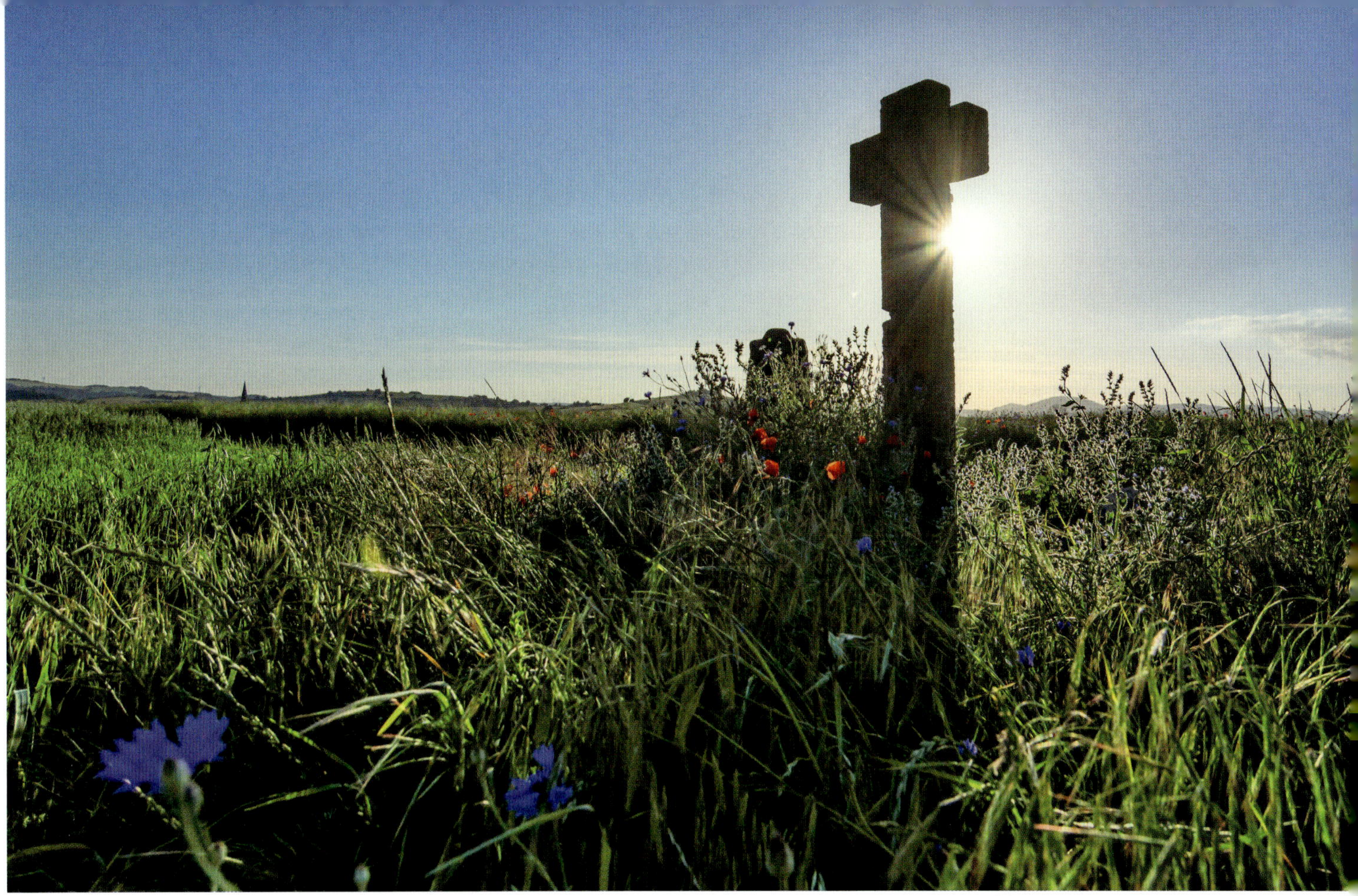

Das Gipfelkreuz auf der Zugspitze. Die Sonne ist zwar schon seit zwei Stunden aufgegangen, aber durch ihre geringe Höhe wird sie nicht ausgefressen dargestellt und kann als Nebenmotiv schön ins Bild integriert werden. Manche Objektive zeigen stärkere Blendenflecken wie z. B. das Sigma Weitwinkel 12-24mm.

12–24 mm 1:4.5–5.6 | 13 mm | 1/500 s | f/13 | ISO 50

Im Idealfall gilt: Je tiefer die Sonne am Horizont steht, desto einfacher kann sie fotografiert werden. Ist die Sonne zu stark, gibt es den Trick, die Sonne zwischen einem Objekt durchscheinen zu lassen. Es gibt auch die Möglichkeit, die Sonne nur halb am Rand aufzunehmen, wie bei diesem Eifelkreuz. Dadurch erscheint die Sonne auch mehr als Stern, bzw. die Sonnenstrahlen werden auf dem Bild besser sichtbar.

12–24 mm 1:4 | 12 mm | 1/4000 s | f/7.1 | ISO 320

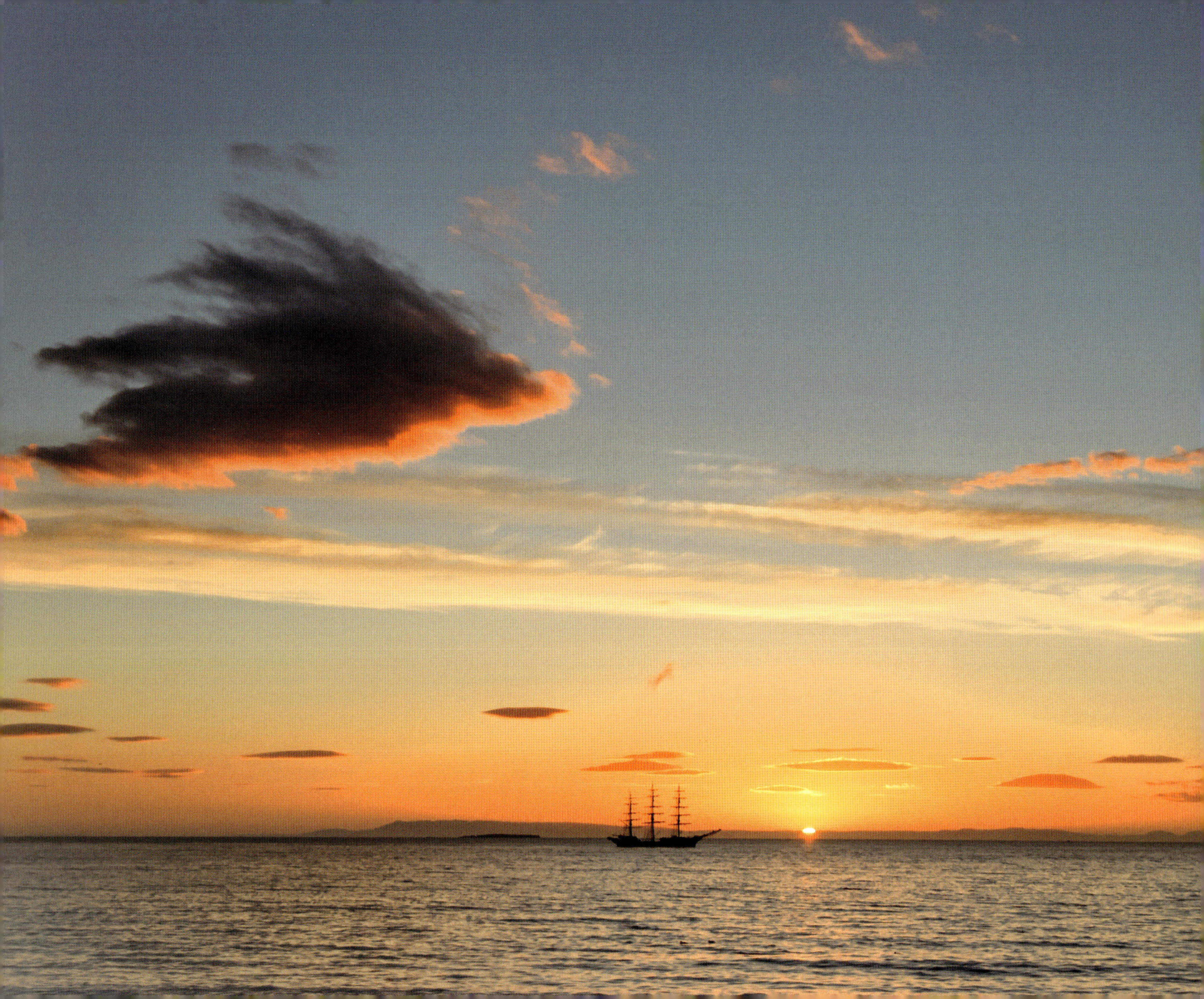

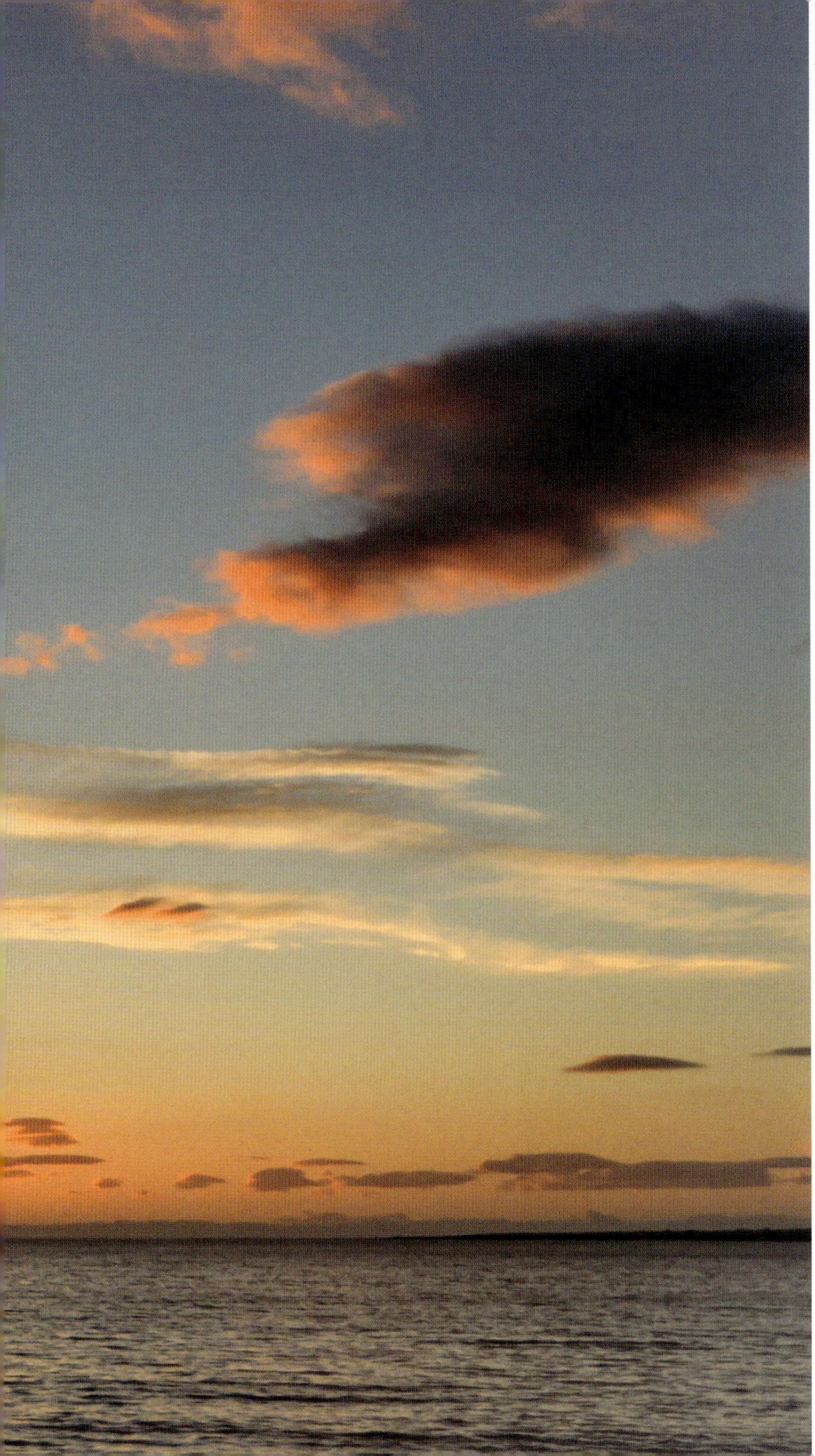

Die Sonne als untergehender Feuerball

Ein schöner Sonnenuntergang, mit der Sonne als untergehendem Feuerball, ist eines der wahrscheinlich am weitesten verbreiteten Motive. Auch dieses Motiv stellt eine Herausforderung dar. Es eignet sich vortrefflich für die Erstellung einer Belichtungsreihe. Anschließend kann man am Computer immer noch prüfen, ob ein einzelnes Bild gut belichtet ist oder ob man besser ein HDR aus den Einzelbildern erstellen will.

Wo kann die Sonne am besten im Bild positioniert werden?
Ich positioniere die Sonne gern im Goldenen Schnitt. Von den Brennweiten her fotografiere ich die Sonne in der Landschaft primär mit einem Weitwinkel als Lichteffekt. Oder ich versuche, die Sonne mit langer Telebrennweite (400 mm) in ein Motiv einzubauen.

Ein Sonnenuntergang in der Bucht von Kirkjufell.

24–120 mm 1:4 | 38 mm | 1/5000 s | f/4 | ISO 800

MOND

Obwohl der Mond keine reine Lichtquelle ist, sondern nur das Licht der Sonne reflektiert, ist er meist viel heller als der Rest der Landschaft. Im Grunde gibt es hier ähnliche Probleme mit einem großen Kontrastunterschied wie bei der Sonnenfotografie. Fotografiert man z. B. den Vollmond am dunklen Nachthimmel, ist man erstaunt, mit was für kurzen Zeiten er fotografiert werden muss, damit sein Weiß nicht ausfrisst und die Mondkrater zu sehen sind. Bei ISO 100 und Blende f/5.6 ist häufig eine Belichtungszeit von 1/250 Sekunde nötig. Der Nachthimmel wird bei solch einer Belichtungszeit schwarz-dunkel.

Beste Zeit für perfekte Mondaufnahmen

Will man den Mond nicht nur als ausgefressenen Leuchtkörper mit auf dem Bild haben, sondern ihn mit seinem Mondkratern korrekt belichtet wissen, fotografieren Sie ihn in der Dämmerung zu Beginn der blauen Stunde. Die Empfehlung lautet: einen Tag vor Vollmond, kurz, nachdem er aufgegangen ist. Es ist dann noch hell genug, und es gibt noch keinen großen Helligkeitsunterschied zwischen Mond und Landschaft. Der Mond befindet sich noch nah am Horizont und steht fotogen über der Landschaft. Bei der Belichtungszeit sollten Sie darauf achten, dass sich der Mond schnell bewegt und irgendwann anfängt, zu verwischen.

Die Mondperiode hat eine Dauer von knapp 30 Tagen. Also gibt es jeden Monat nur an zwei bis drei Tagen, vorausgesetzt der Himmel ist klar, die Möglichkeit, den Vollmond zu fotografieren.

Ein Vollmond ist nicht nur ein schönes Motiv. Der Mond kann auch als weiche Lichtquelle genutzt werden. Steht der Vollmond hoch am Himmel, können Sie auch nachts einiges erkennen und schöne, samtene Landschaftsfotos erstellen. Teilweise wirken Vollmondnächte so hell, dass andere Lichter wie Sterne oder Polarlichter dagegen verblassen. Vor allem Vollmondnächte mit Schnee wirken ungewohnt hell und sind eine Erfahrung wert.

Position des Mondaufgangs

Zur Bestimmung der Position des Mondaufgangs nutze ich Apps wie z. B. den Sun Seeker oder die Website *mondverlauf.de* als Hilfe.

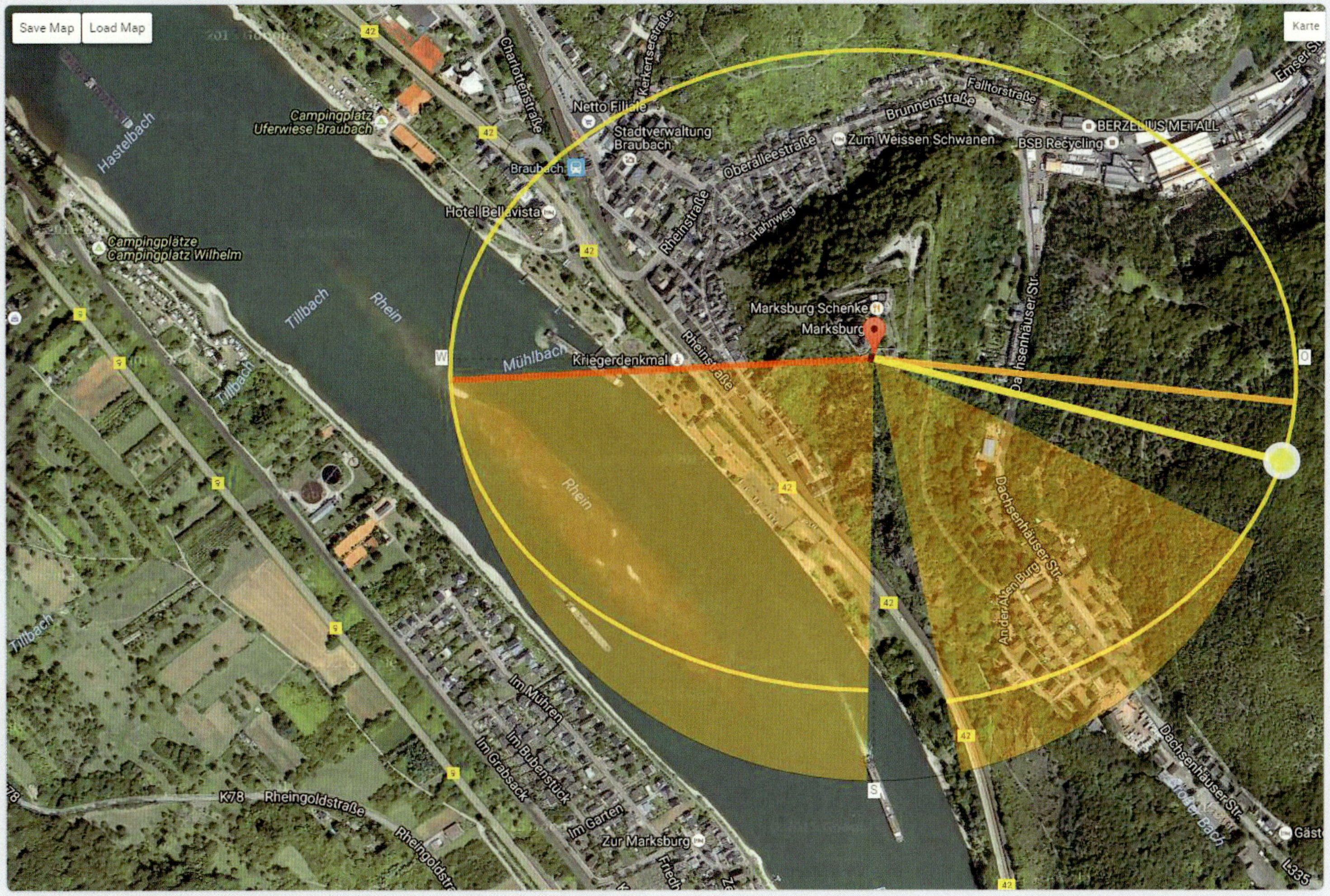

www.mondverlauf.de/#/50.2716,7.6494,15/

Versuchen Sie, den Mond möglichst groß, mit einem Nebenmotiv davor, zu fotografieren. Je größer die Brennweite, umso besser. Mein größtes Objektiv hat eine Brennweite von 400 mm, damit können schon kleinere Objekte wie z. B. eine Burgruine füllend davor positioniert werden. Da man vom Winkel her ein Stück nach oben fotografieren muss, sollte das Objekt ein gutes Stück höher als der eigene Standpunkt liegen. Die Krux dabei ist, die korrekte Position des Mondaufgangs zu erwischen. Stehen Sie mit der Kamera, falls möglich, auf einem Weg oder freien Feld, damit die Möglichkeit besteht, die Position rasch zu wechseln.

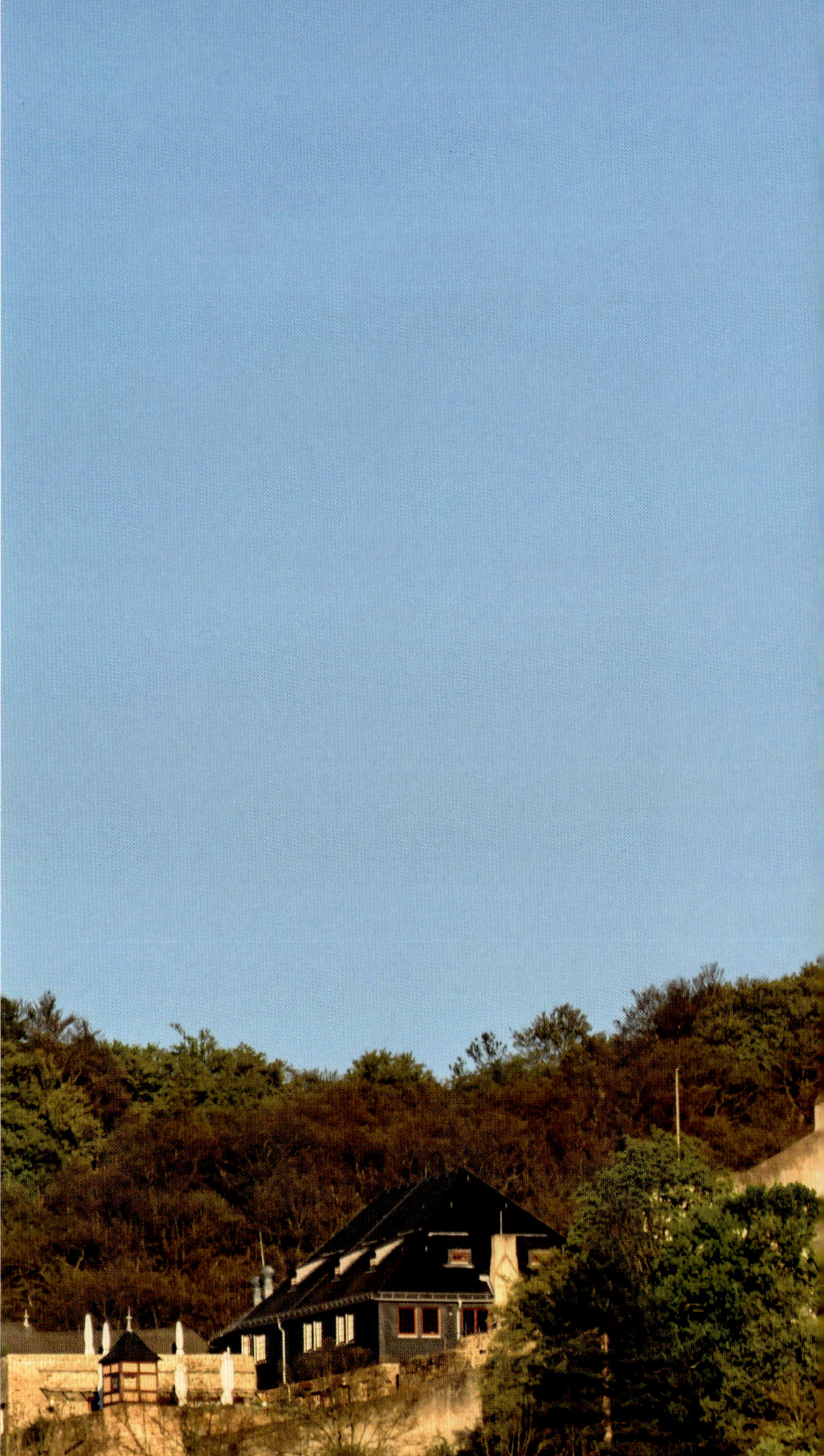

Beim Mondaufgang über der Marksburg hatte ich mich mit der Zeit ziemlich verschätzt. Laut Vorhersage sollte der Mond um 19:00 Uhr aufgehen. Ich stand aber in einem so steilen Winkel unterhalb der Burg, dass der Mond erst um 20:00 Uhr zu sehen war. Zudem stand ich auch in einem falschen Winkel vor der Burg, der Mond war in dieser Zeit weitergewandert. Zum Glück konnte ich entlang des Rheinuferwegs die passende Aussichtsstelle ablaufen.

120–400 mm 1:4.5–5.6 | 400 mm | 1/640 s | f/8 | ISO 200

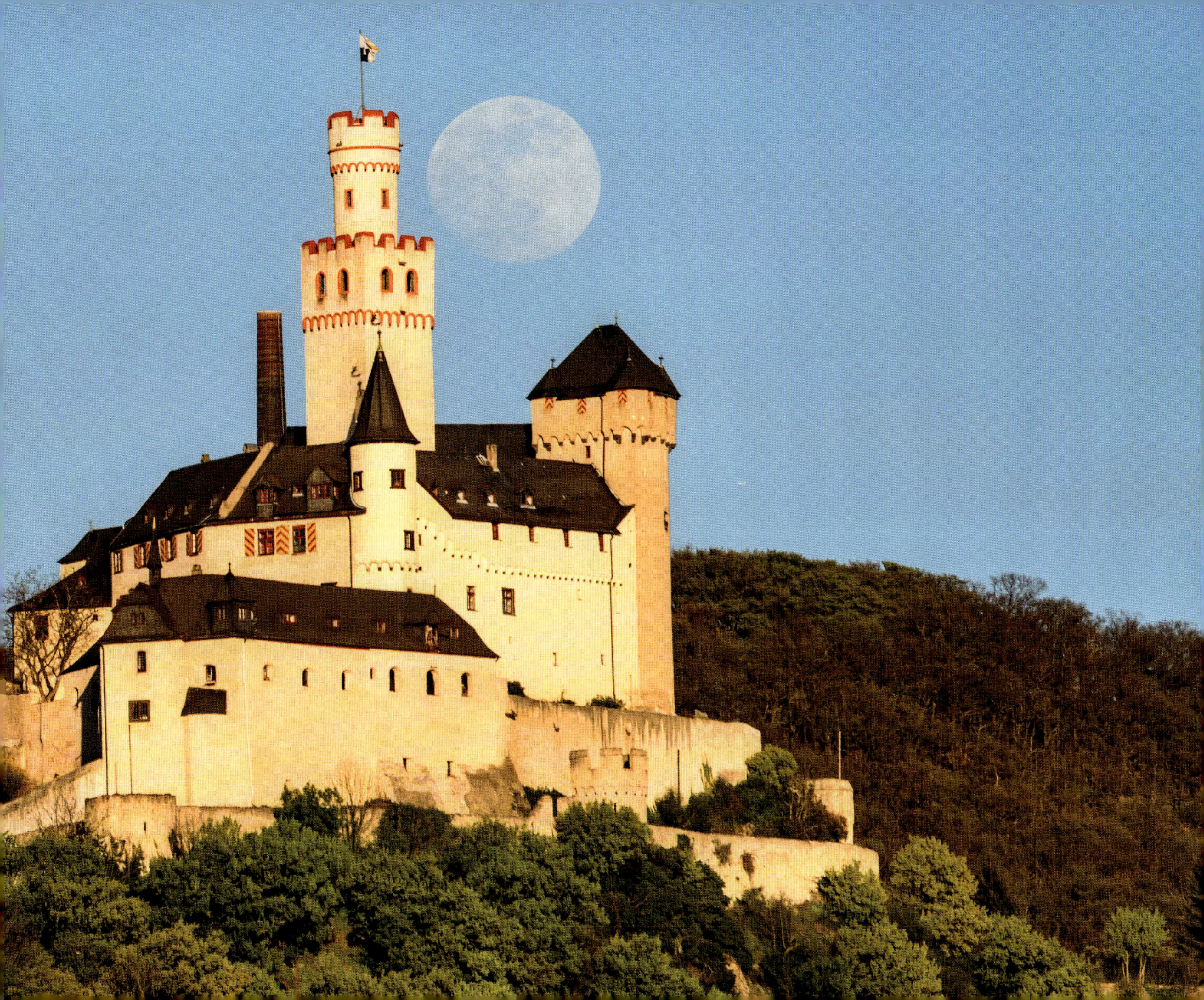

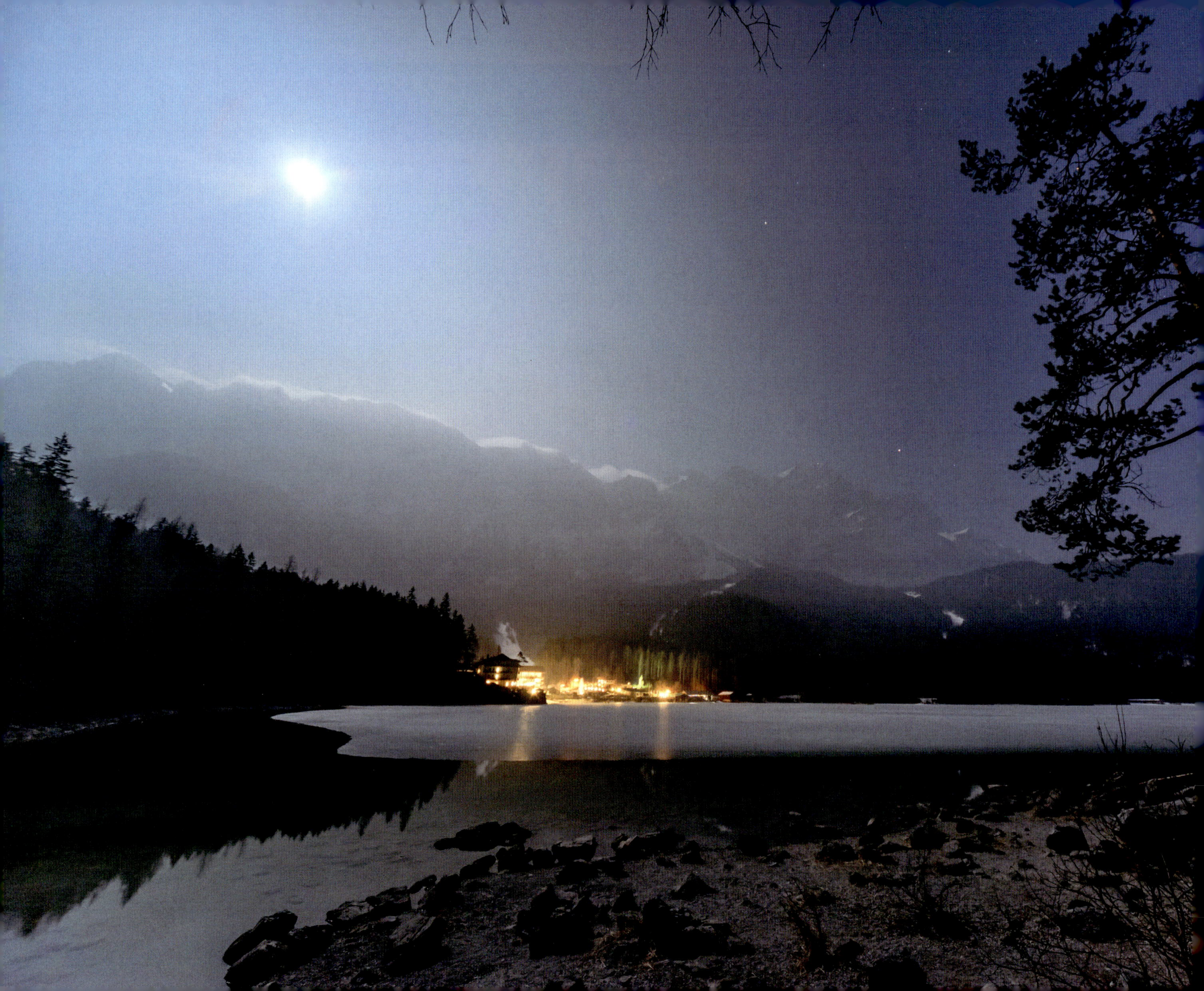

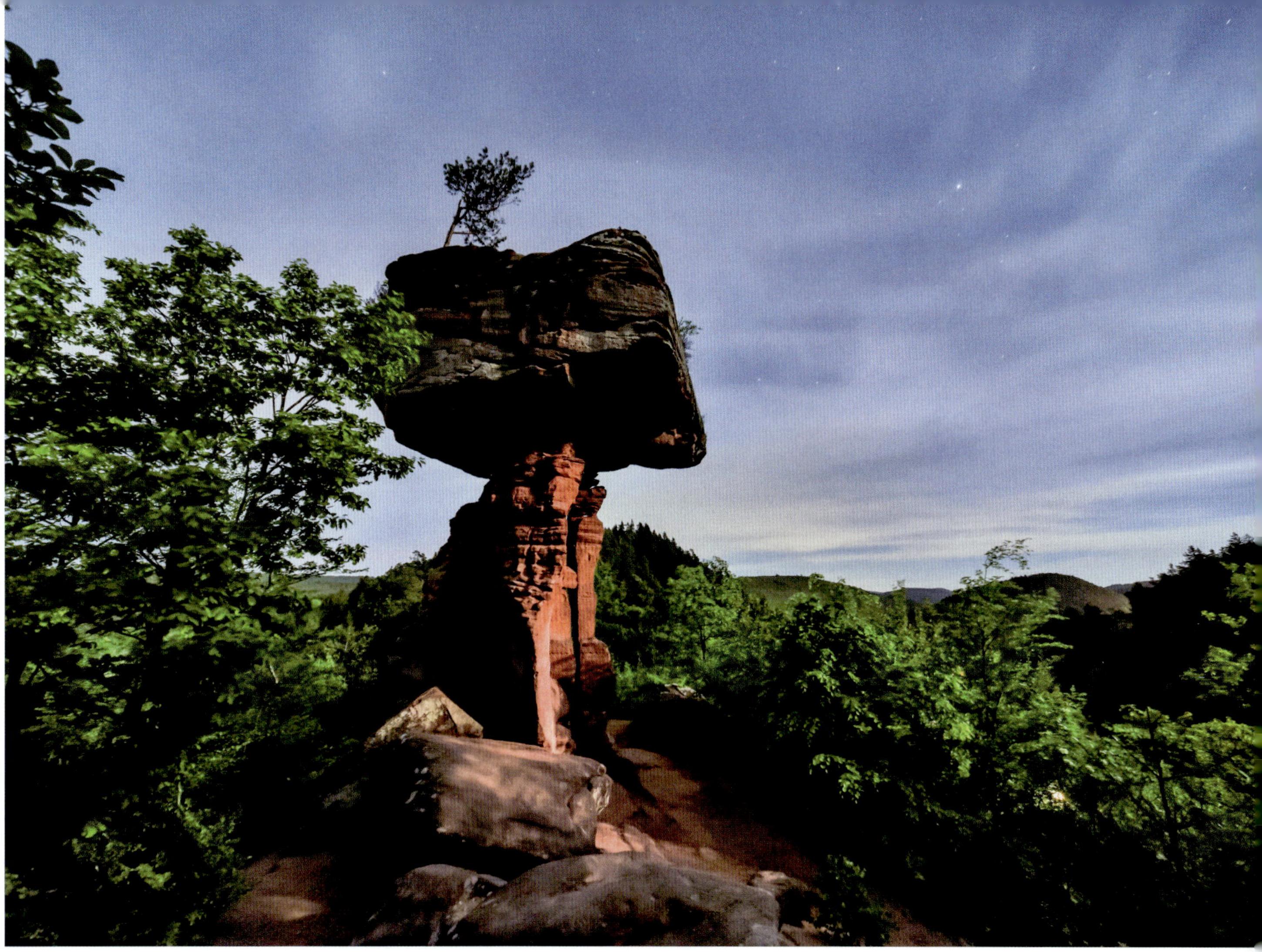

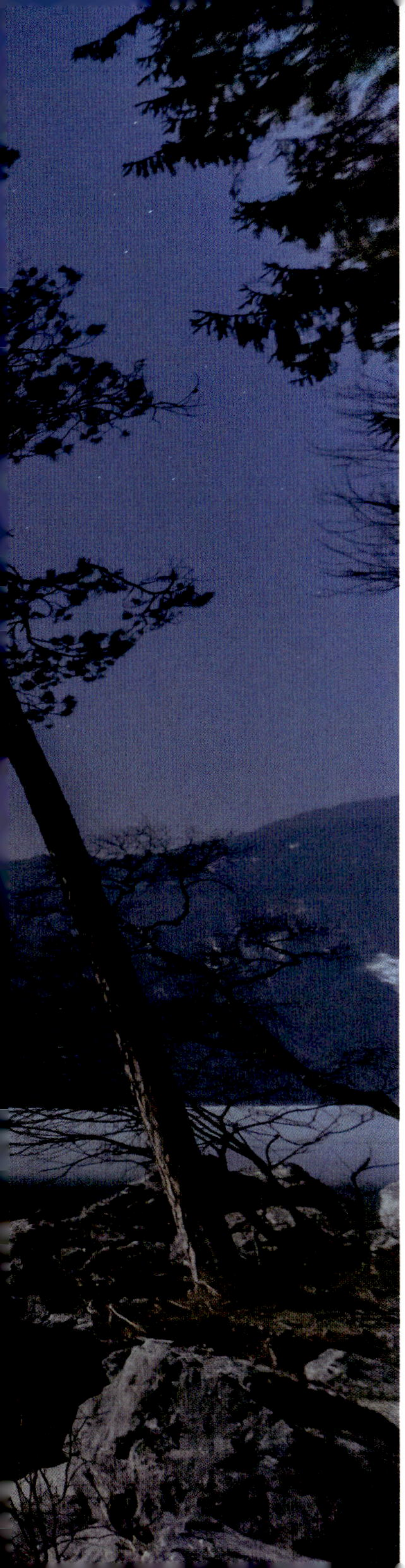

Der Vollmond zaubert durch die Blätter ein mystisches Muster auf den Teufelstisch bei Hinterweidenthal, anhand der langen Belichtung zeigt der Himmel längere Strukturen.

21.05.2016, 23:18 Uhr | Nikon D750 | 12–24 mm 1:4.5–5.6 | 12 mm | 40 s | f/6.3 | ISO 500

Vollmond über dem Eibsee.

12–24 mm 1:4.5–5.6 | 12 mm | 8 s | f/5 | ISO 800

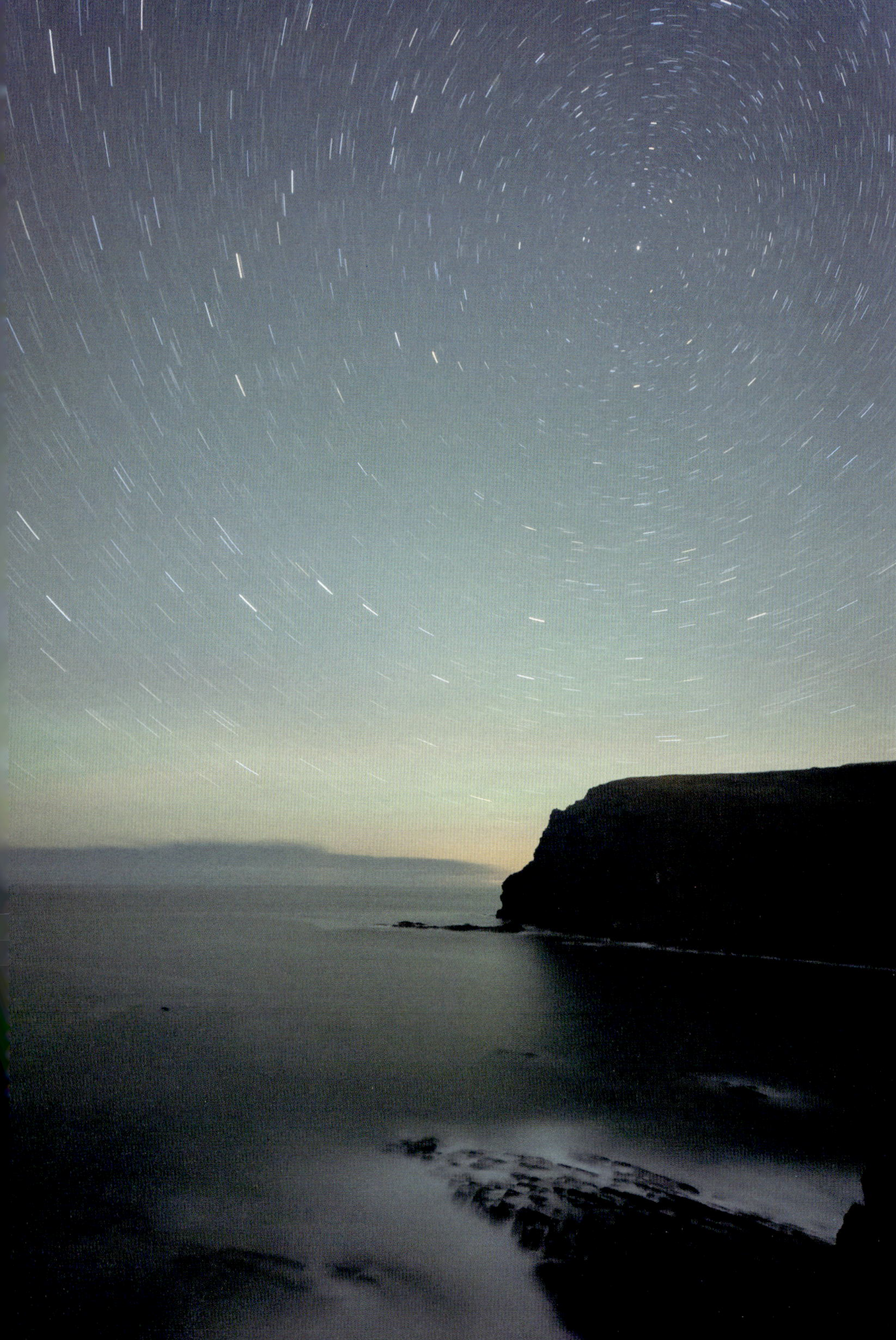

STERNE

Ein weiteres beliebtes Motiv ist ein magischer Sternenhimmel. Bedingt durch die Entfernung, ist Sternenlicht sehr schwach. Schon das Licht einer nahe gelegenen Stadt, Dunst oder der Vollmond lässt die Sterne am Himmel verblassen. Als Folge dessen sind sie schlechter sichtbar. Für die Sternenfotografie eignen sich besonders Gebiete mit einer geringen Lichtverschmutzung. Darunter versteht man Gebiete mit möglichst wenig künstlichem Licht, es gibt in Deutschland einige Sternenparks oder ähnlich passende Gebiete.

Belichtungszeit und ISO-Empfindlichkeit

Um Sterne zu fotografieren, nutze ich in erster Linie eine Vollformatkamera. Natürlich können Sie auch alle anderen vergleichbaren Spiegelreflexkameras oder spiegellose Systemkameras mit Wechselobjektiv einsetzen. Damit die Sterne am Himmel als saubere Punkte zu sehen sind, darf eine Belichtungszeit von ca. 30 bis 60 Sekunden nicht überschritten werden. Bei längeren Belichtungszeiten werden die Sterne als Streifen dargestellt. Lichtstarke Objektive sind von Vorteil; falls Sie kein lichtstarkes Objektiv besitzen, stellen Sie an der Kamera höhere ISO-Werte ab ISO 1600 ein.

Um einen weiten Sternenhimmel aufs Bild zu bekommen, fotografiere ich gern mit 12 mm an Vollformat. Das entspricht einem Bildwinkel von 121 Grad, und damit ist über die Hälfte des Horizonts mit auf dem Bild. Dabei versuche ich, möglichst immer einen schönen Vordergrund einzubauen.

Crackington Haven, Cornwall. Der Unterschied zwischen einer Belichtung von 11 versus 26 Minuten ist klar sichtbar.

12–24 mm 1:4.5–5.6 | 17 mm | 698 s | f/5 | ISO 1600

Belichten Sie länger als 60 Sekunden, werden die Sterne als Streifen dargestellt. Daraus kann aber auch ein besonders schöner Effekt entstehen – das Kreisen der Sterne. Dabei wird die Kamera exakt am Polarstern ausgerichtet und es wird lange belichtet. Auf der Nordhalbkugel ist der Polarstern der Fixpunkt am Horizont. Er liegt genau über dem Nordpol. Dadurch sieht es so aus, als ob er fest stehen und alle anderen Sterne sich um ihn drehen würden. Die Streifen der einzelnen Sterne verdichten sich zu einem Kreis.

Ich selbst fotografiere Sterne gern mit einer Einzelaufnahme. Dabei nimmt das Rauschen zu, und der Vordergrund wird je nach Situation sehr hell. Damit der Vordergrund nicht zu hell ist, fotografiere ich manchmal fünf bis sechs Einzelbilder mit einer Belichtungszeit von um die fünf Minuten. Die beste Bildqualität erzielt man aber, wenn man mehrere Einzelbilder aufnimmt. Eine mögliche Konstellation, je nach Dunkelheit, wären 30 bis 40 Einzelbilder mit einer Belichtungszeit von einer Minute, ISO-Wert 1600 und Blende f/4.8 – größte Blende bei meinem Sigma 12-24mm. Anschließend werden die Einzelbilder am Computer mit Photoshop oder der Startrails-Software (startrails.de) übereinandergelegt und verrechnet. Mir aber ist diese Lösung zu aufwendig, deshalb bleibe ich vorzugsweise bei einem Einzelbild.

12–24 mm 1:4.5–5.6 | 20 mm | 1557 s | f/5.3 | ISO 800

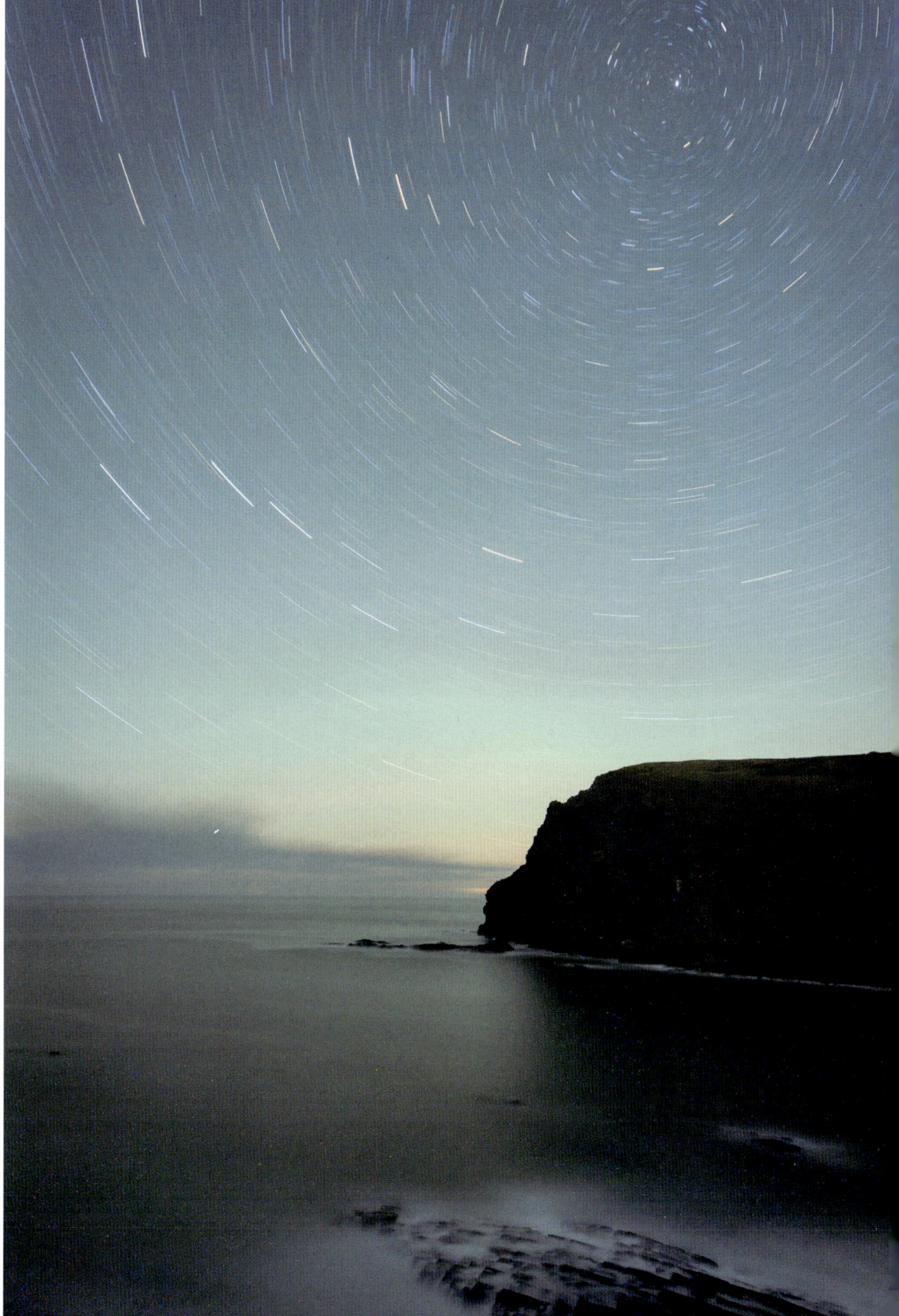

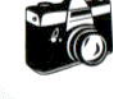

LICHTVERSCHMUTZUNG IN MITTELEUROPA

Diese Karte bietet einen schönen Überblick über die Lichtverschmutzung in Mitteleuropa.

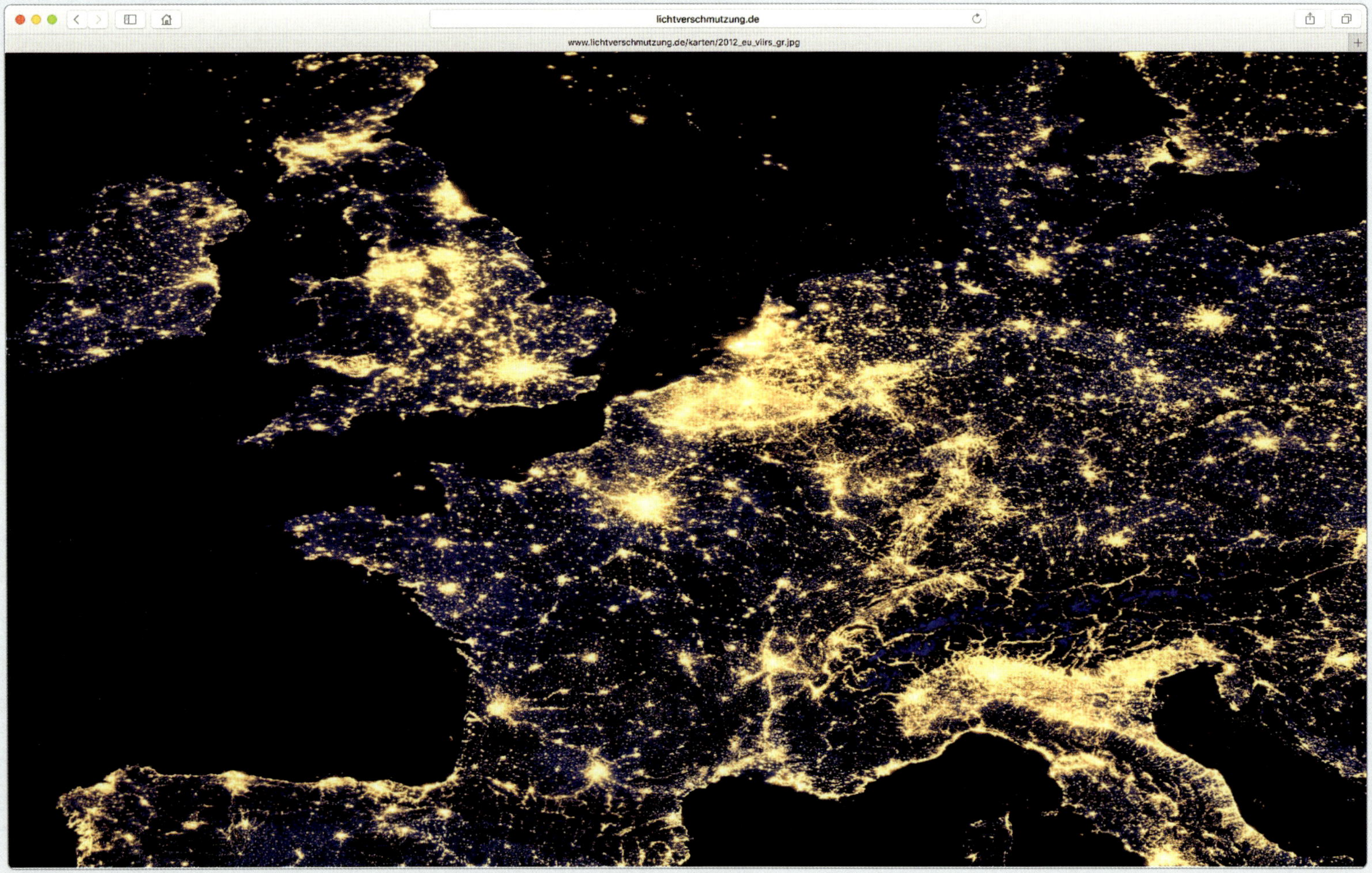

www.lichtverschmutzung.de/karten/

POLARLICHT

Das Polarlicht ist eine Leuchterscheinung, die unter vielen Namen bekannt ist. Kind der Sonne, Nordlicht, Südlicht, oder es wird rein wissenschaftlich als Aurora borealis bezeichnet. Polarlichter sind eines der spektakulärsten Naturwunder und für Naturfotografen so etwas wie der Heilige Gral. Sie sind aber auch ein launisches Naturwunder. Im Gegensatz zu anderen Lichtstimmungen müssen viele Faktoren stimmen, damit man Polarlichter sehen kann. Polarlichter sind sehr schwache Lichterscheinungen. Wie bei der Sternenfotografie muss der Himmel klar und dunkel sein. Daher sind sie, in Abhängigkeit von der Entfernung zum Polarkreis, im Sommer nicht sichtbar, weil zu dieser Jahreszeit die Mitternachtssonne über dem Polarkreis nicht untergeht.

Polarlicht und wie es entsteht

Polarlichter sind auch nicht mit Blitzen vergleichbar. Sie entstehen in Höhen über 100 Kilometer und damit am oberen Rand der Atmosphäre. Die uns bekannten Wolkentypen treten in Höhen bis 13 Kilometer auf. Gibt es am Himmel dichte Schäfchenwolken (Altocumulus), ist der Himmel ab einer Höhe von sieben Kilometern dicht.

Wo gibt es Polarlichter zu sehen?

Bei der Antwort auf diese Frage ist etwas Physik erforderlich. Polarlichter bzw. das Polarlicht ist ein »Kind der Sonne«. Die Sonne schleudert unablässig Wolken aus Elektronen und Protononen ab. Diese Energiewolken, Meteoriten aus Elektronen, durchqueren das Weltall und treffen auch auf den Planeten Erde, der aber von einem Magnetfeld umschlossen wird, dessen Feldlinien sich vom Süd- zum Nordpol ziehen. Ohne diesen Schutzschild wäre ein Leben auf der Erde unmöglich, da die Energiewolken das Leben auf der Erde verstrahlen würden. Gleich einem Magneten, der metallische Gegenstände anzieht, werden die Elektrononen entlang der Feldlinien zu den Polen gelenkt.

Während das Magnetfeld bei uns sehr hoch über der Erde steht, nähert es sich am Polarkreis der Erde. In diese Zone rund um den Polarkreis münden die Feldlinien des magnetischen Schutzschilds. Diese Zone nennt man Polarlicht-Oval. Dabei handelt es sich um eine ovale Zone mit einer Breite von ca. 200 bis 1.000 Kilometer und einem Durchmesser von 3.000 bis 4.000 Kilometer. Beim Auftreffen auf die Erdatomsphäre, in ca. 100 Kilometer Höhe, treffen die Elektronen auf Sauerstoffatome der Erdatomsphäre und regen diese zum Leuchten an. Die Folge ist, dass das grüne Polarlicht am Himmel erscheint.

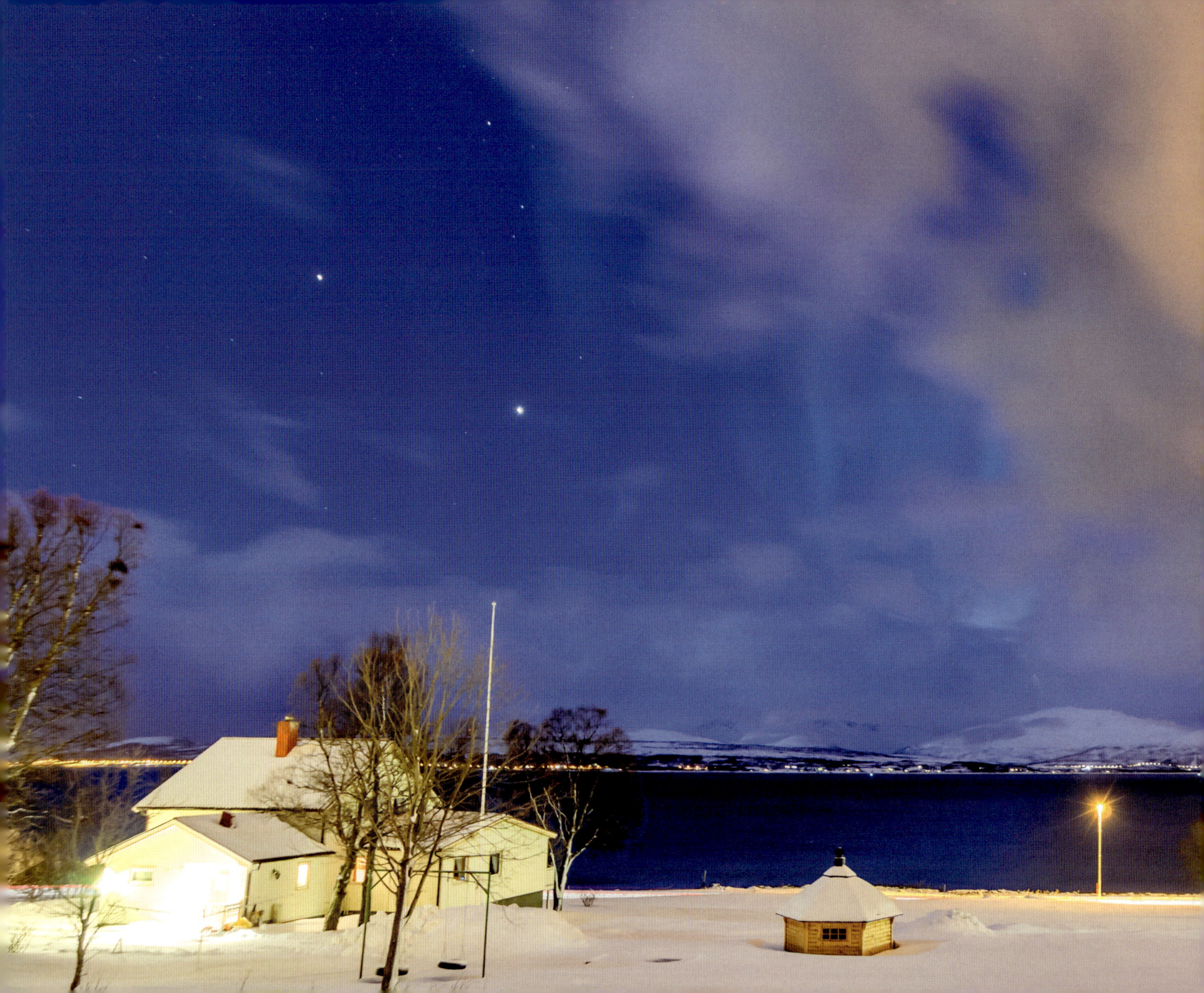

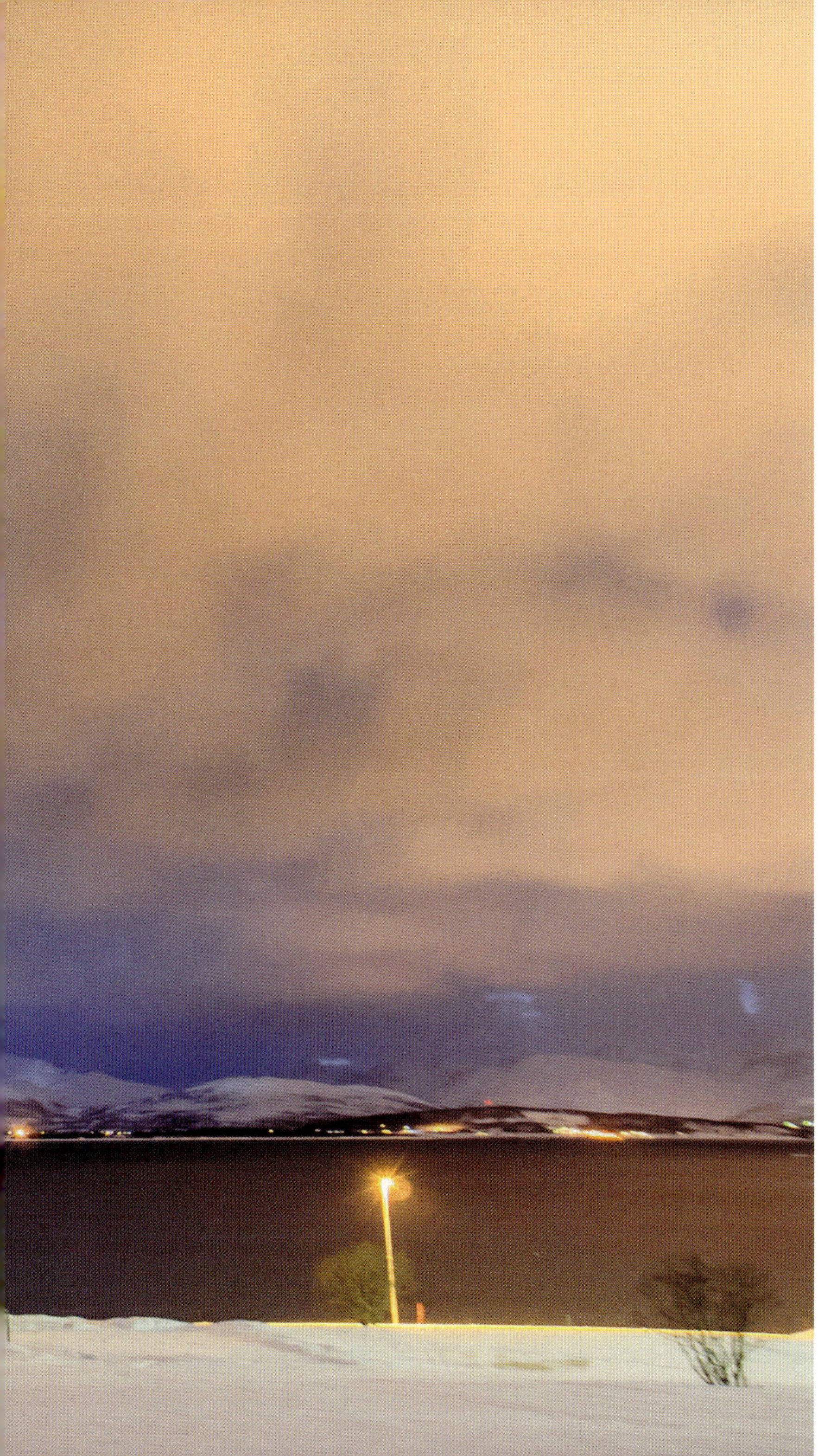

In dieser Zone rund um den Polarkreis sind in aktiven Jahren fast jede Nacht Polarlichter zu sehen. Im Norden zieht sich das Oval um Nordskandinavien, Island, Grönland, Nordamerika und Sibirien. Ebenso gibt es das Oval rund um den Südpol. Und je nach Sonnenaktivität verändert sich das Oval.

Polarlichter in Tromsø, wie bei Sternen stören das künstliche Licht und die Bewölkung die schwache Lichterscheinung.

12–24 mm 1:4 | 12 mm | 10 s | f/4.8 | ISO 800

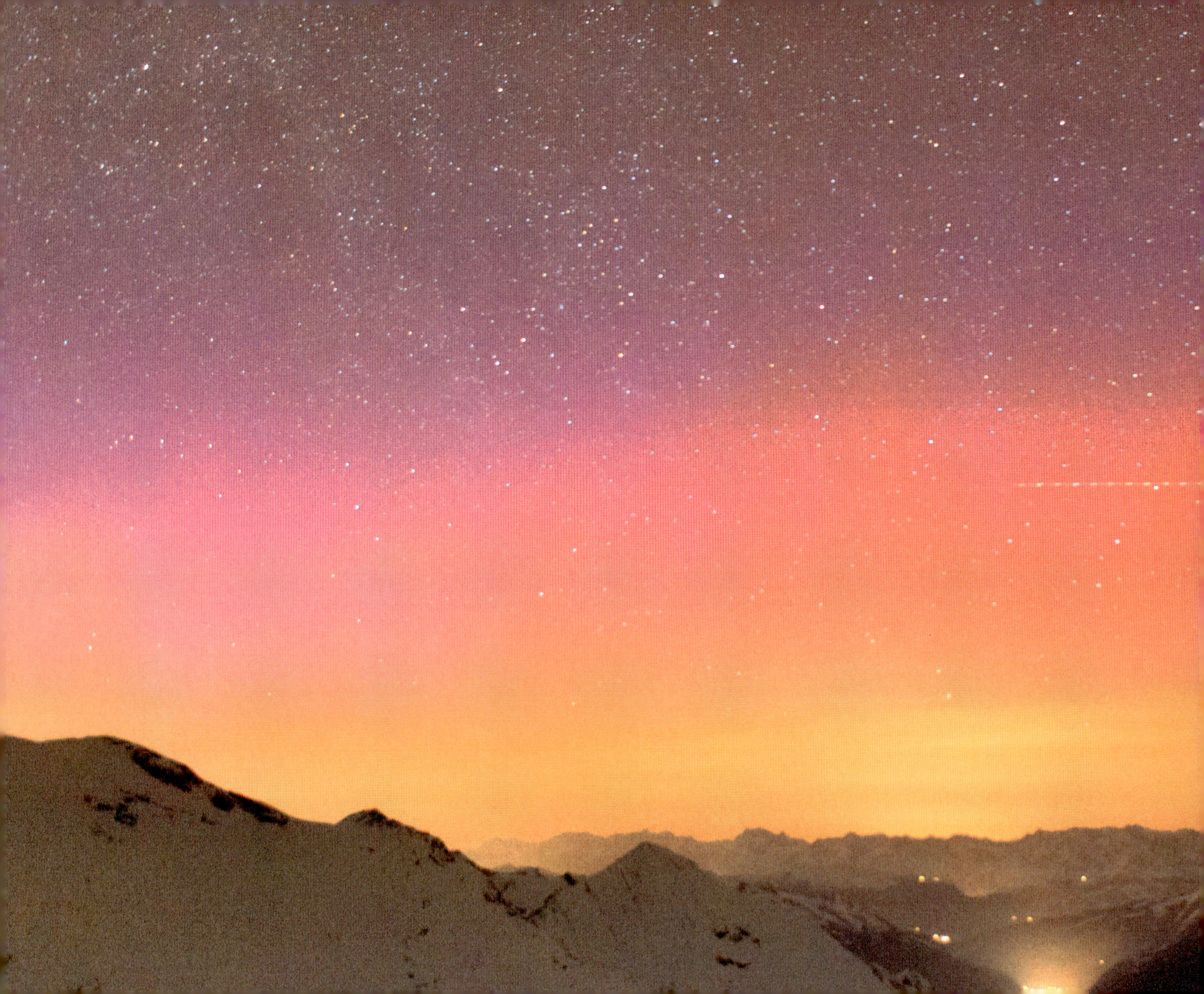

Ist das Polarlicht auch in Deutschland zu sehen?
Das Magnetfeld der Erde ist flexibel. Wenn Sonnenwinde auftreten, verformt es sich, und die Energiewolken können auch in Deutschland der Erde näherkommen. Bei sehr starken Sonnenwinden können daher auch einige Male im Jahr in Deutschland Polarlichter auftreten. In Höhen über 200 Kilometer leuchten die Sauerstoffatome rot. Bei starken Sonnenwinden werden Stickstoffatome zum Leuchten angeregt und senden rotes und violettes bis blaues Licht aus. Die Sonnenaktivität und damit die Stärke der Sonnenwinde unterliegt in der Regel einem elfjährigen Zyklus. Während in Jahren mit niedriger Aktivität selbst über dem Polarkreis nur an wenigen Tagen im Monat die Möglichkeit für Polarlichter besteht, können in aktiven Jahren fast jede Nacht Polarlichter gesehen werden. 2003 war die Sonnenaktivität so stark, dass selbst in Südeuropa Polarlichter zu sehen waren. 2012 war auch wieder ein aktives Jahr.

In aktiven Jahren können einige Male im Jahr Polarlichter in Deutschland fotografiert werden. Bei einem starken Sonnensturm kann man auch schon mal in den Alpen Glück haben. (Foto: Hermann Scheer)

18–50 mm | 18 mm | 20 s | f/2.8 | ISO 6400

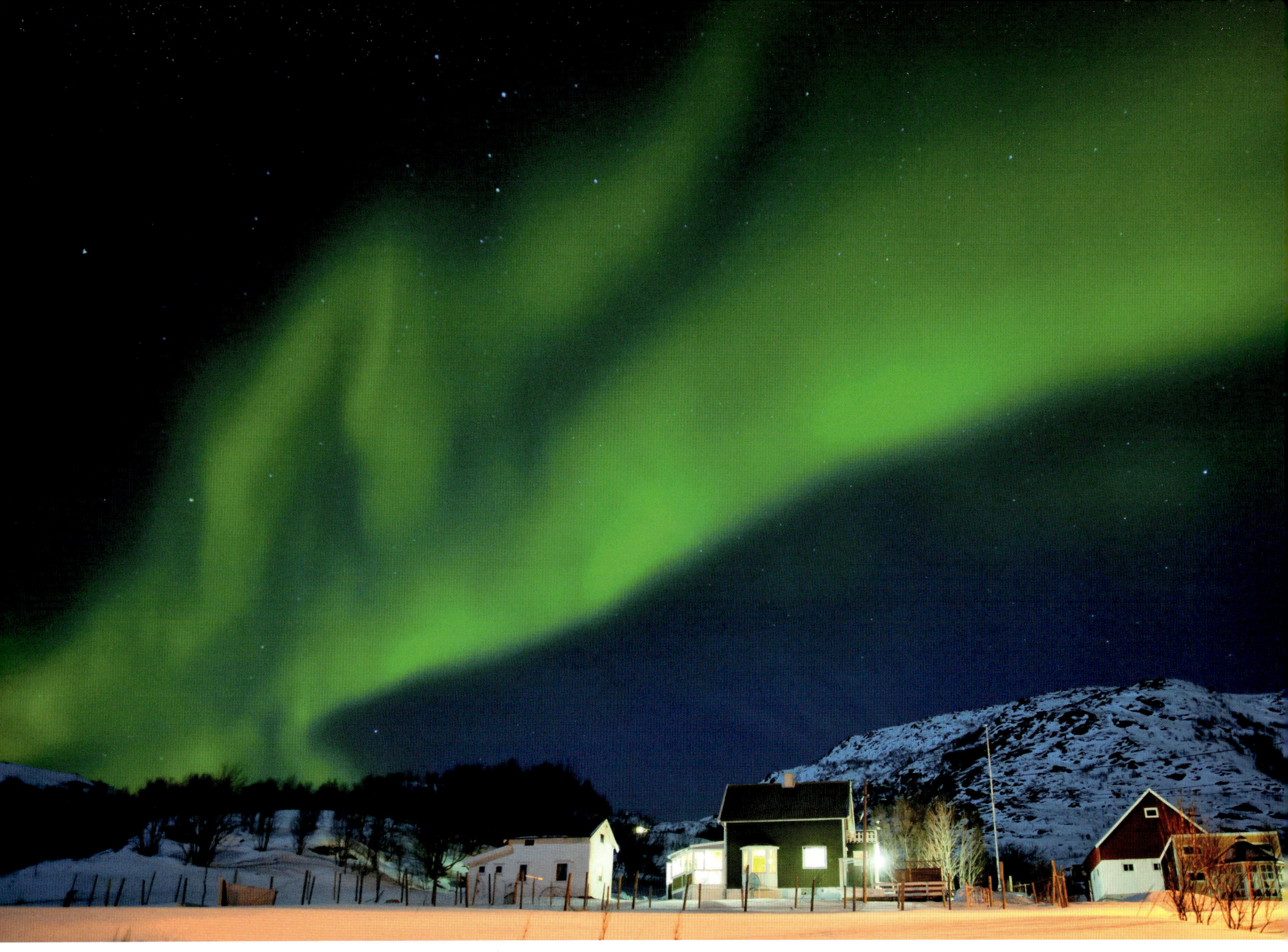

Hier standen wir an einer schmalen Landzunge auf der Insel Kvaløya, die Polarlichter traten direkt neben uns am Himmel auf. Um die Polarlichter vom Wasser aus aufzunehmen, hätten wir die Seite des Fjords wechseln müssen, inzwischen wären die Polarlichter wieder weg gewesen.

24–85 mm 1:2.8–4 | 24 mm | 5.50 s | f/3.2 | ISO 640

Kp-Index und Polarlichtvorhersage

Die Sonnenwinde werden von Sonneneruptionen erzeugt und können von Satelliten gemessen werden. Sie benötigen ein bis drei Tage, um auf der Erde aufzutreffen. Damit kann das Auftreten von Polarlicht grob vorhergesagt werden. Die tatsächliche Stärke, oder das genaue Auftreffen, ist hingegen ungewiss. Beispielsweise kann ein starker Sonnenwind schneller in der Erdatmosphäre eintreffen als errechnet, und die Polarlichter erscheinen am Tag, oder es ändert sich ein anderer Faktor.

Der Kp-Index ist ein Messwert für die Stärke der Magnetfeldschwankungen der Erde. Je stärker die Sonnenwinde, desto mehr verformt sich das Magnetfeld. Damit ist der Kp-Index auch ein Gradmesser für eventuelle Polarlichterscheinungen. Die Scala reicht von 0 bis 9. Ab einem Wert von 1 bis 2 können Polarlichter bei passendem Wetter rund um Nordskandinavien gesichtet werden. Ab einem Wert von 5 bis 6 sind Polarlicht-Sichtungen in Deutschland möglich. Der Kp-Index wird für drei Stunden von verschiedenen Messstationen auf der Erde berechnet. Damit lässt sich eine genauere Planung von Polarlicht-Sichtungen vornehmen.

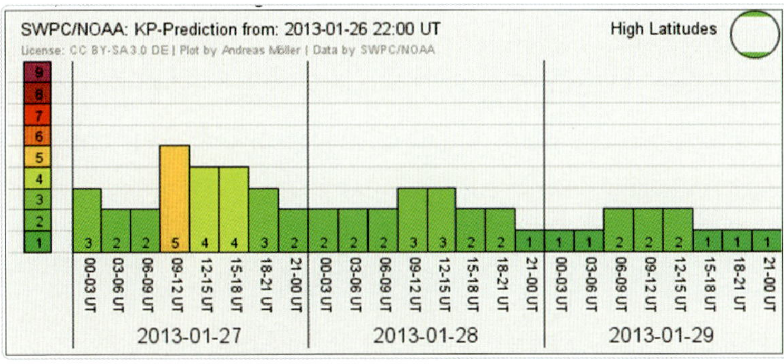

Äquivalent zum Kp-Index verändert sich auch das Polarlicht-Oval. Die folgende Abbildung zeigt das Polarlicht-Oval am 17.01.2013 mit einer Stärke von 4. Der sichtbare Bereich reicht bis nach Dänemark.

Die nächste Abbildung zeigt das Polarlicht-Oval am 26.01.2013 mit einer Stärke von 2. Dabei reicht der sichtbare Bereich nur bis zu den Lofoten, Norwegen.

Eine genaue Vorhersage der Zeit und Position vor Ort ist nicht möglich. Trotz Vorhersage von Polarlichtern traten bei unserem Besuch in Troms Polarlichter nur einmal gegen 18:00 Uhr und nur am nächsten Tag erst gegen 23:00 Uhr auf. Dies bedeutet stundenlanges Warten und Suchen. Auch die Richtung und die genaue Stelle variieren.

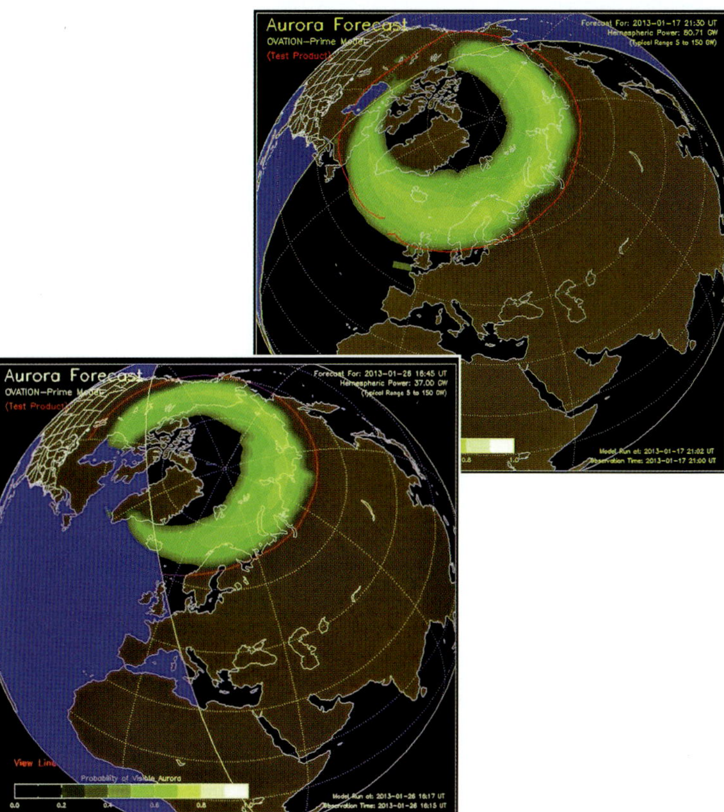

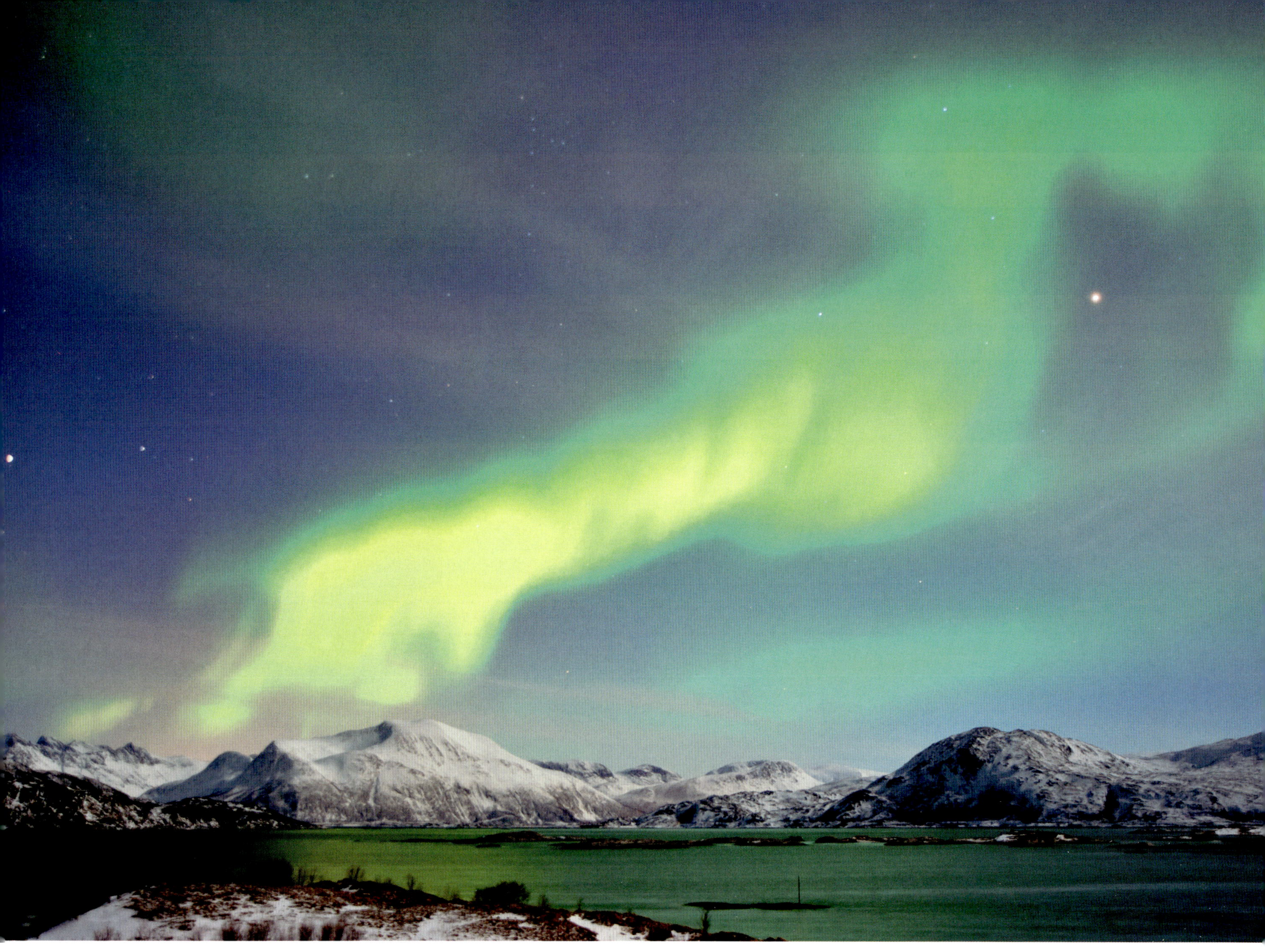

Polarlicht und seine Formen

Polarlichter treten in verschiedenen Formen auf. In mittleren Breiten (Deutschland) ist nur die diffuse Form sichtbar. Die häufigste Form in der aktiven Polarlichtzone sind ruhige grüne Bögen, die sich von Ost nach West ziehen. Diese Bögen können Hunderte Kilometer lang sein. Teilweise können sich die Lichter stundenlang am Horizont aufhalten. Bei sehr starken Sonnenstürmen können sich ringförmige Strahlen (Korona) bilden, die in unterschiedlichen Farben pulsieren.

Manche Polarlichter sind nur sehr schwach oder gar nicht sichtbar, können aber mit einer guten Kamera und einem lichtstarken Objektiv noch fotografiert werden. Im Grunde gelten bei der Fotografie von Polarlichtern die gleichen Regeln wie bei der Sternenfotografie. Regeln wie freier Himmel, kein störendes Licht und dunkle Nacht wurden schon erwähnt. Polarlichter bewegen sich aber teilweise schneller als Sterne (Sterne bewegen sich nicht wirklich, sondern die Erde bewegt sich). Belichtungszeiten zwischen 10 und 20 Sekunden sind gute Richtwerte.

Am beeindrucktesten in Sommerøy: Ein Bogen wandelt sich zu einer Figur - fast wie ein himmlisches Wesen - und bewegt sich auf uns zu. Ein Moment voller Ehrfurcht.

24–85 mm 1:2.8-4 | 30 mm | 10 s | f/3.2 | ISO 800

24–85 mm 1:2.8-4 | 34 mm | 18 s | f/3.5 | ISO 800

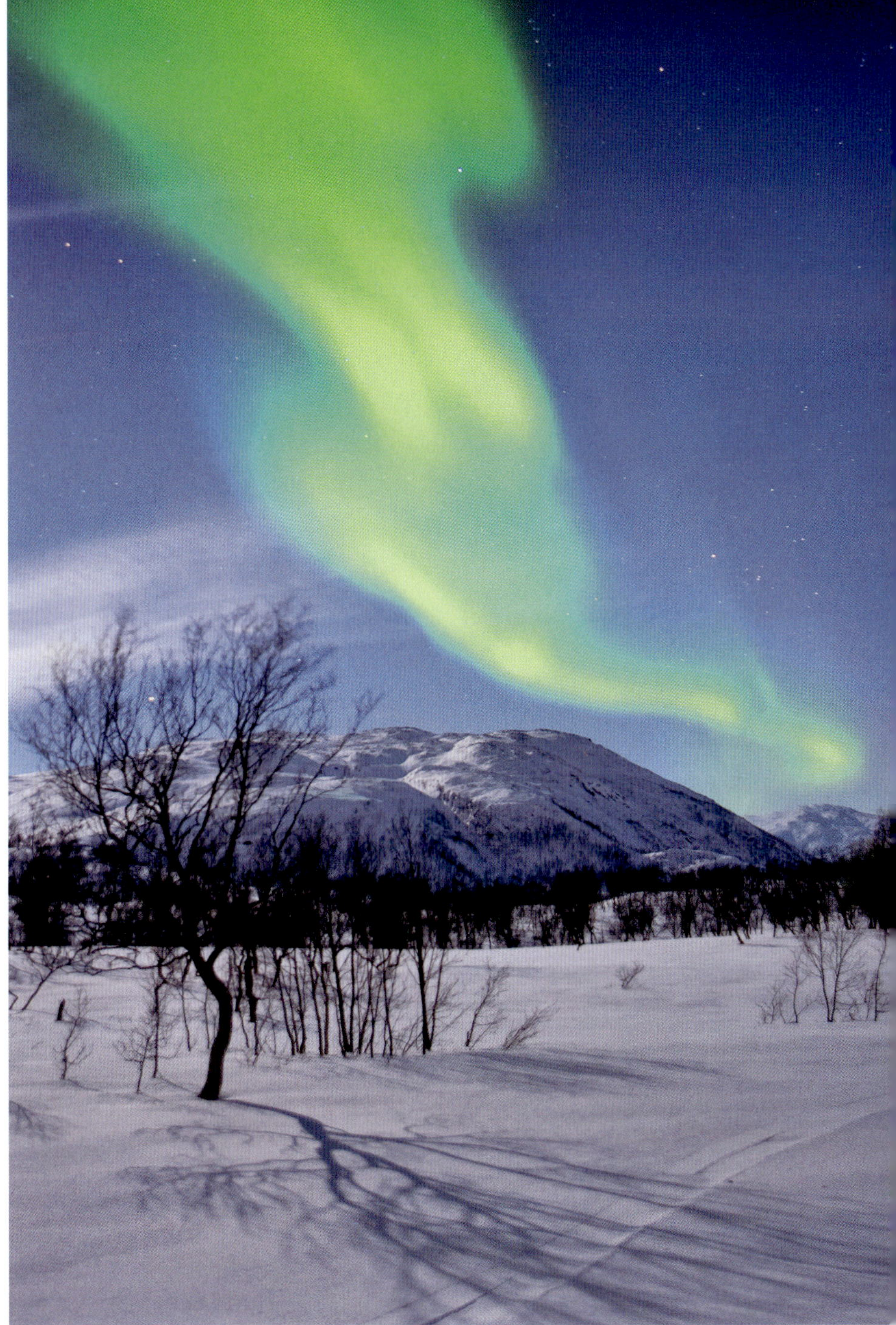

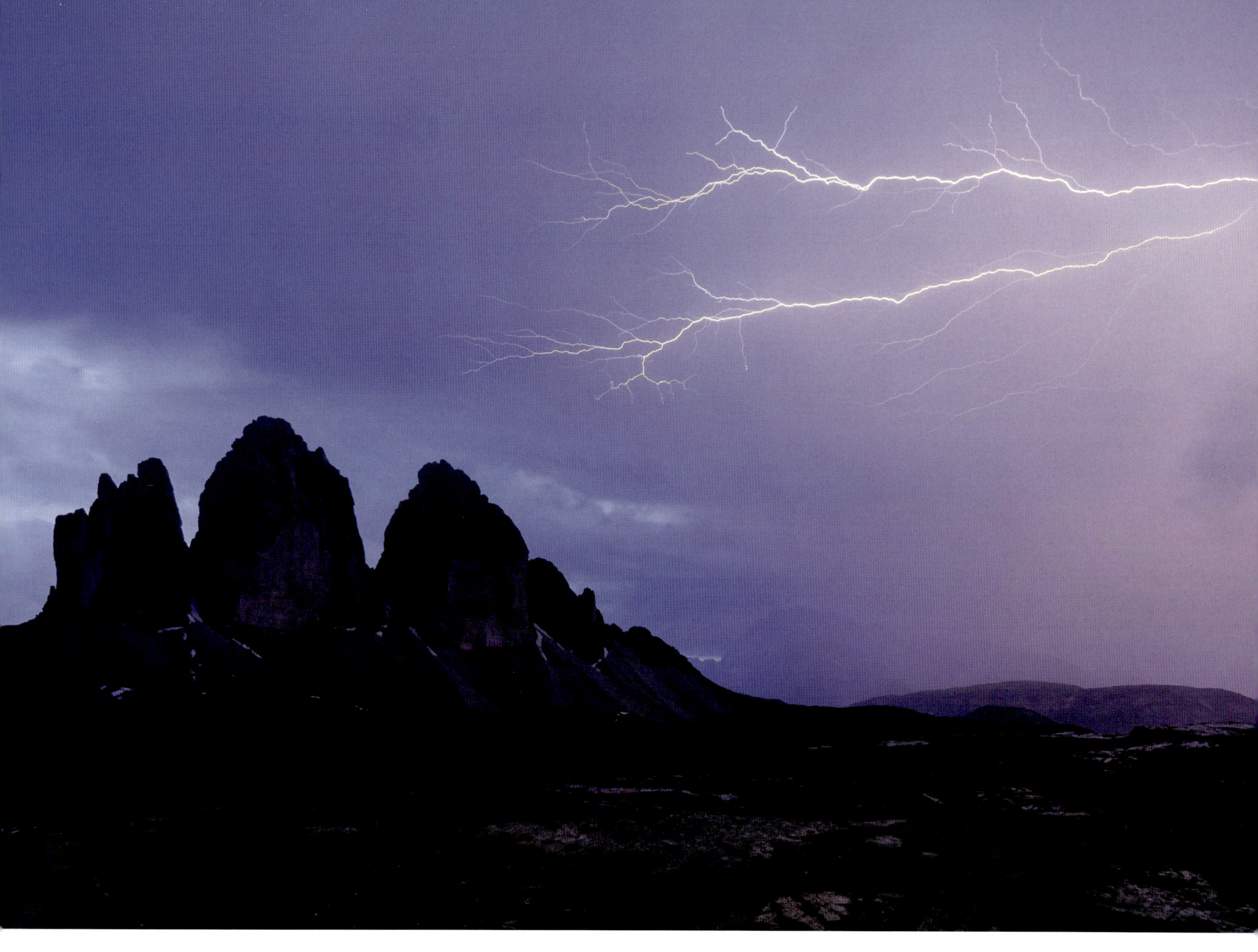

BLITZE

Blitze erzeugen weitere spannende Lichtstimmungen, aber das Wichtigste: Safety first! Es gibt im Jahr an die zehn Tote durch Blitze in Deutschland. Den meisten Menschen sollten die Sicherheitsregeln bekannt sein. Befindet sich das Gewitter über einem, bieten nur das geschlossene Auto und feste Gebäude Schutz vor einem Blitzeinschlag. Einfache offene Hütten reichen definitiv nicht aus. Am besten sind Hütten mit Blitzableiter geeignet oder feste Gebäude, beispielweise aus Stein. Natürlich sollte man Bäume oder metallische Gegenstände meiden, ein Metallstativ auf offenem Feld klingt nicht wirklich gesund. Unterwegs buche ich immer gern ein erhöhtes Zimmer mit Aussicht, hier sind bis jetzt meine besten Blitzbilder entstanden.

Gewitter und damit Blitze werden in der Regel über diverse Quellen angekündigt, viele Wetterseiten haben dazu aktuelle Karten mit Vorhersagen. Zudem gibt es regelmäßige Zeiten, wann mit Gewittern zu rechnen ist. Häufig ist das der Sommer, wenn sich schwülwarme Luft entlädt oder ein rascher Wetterumschwung mit starken Temperaturunterschieden ansteht. Insbesondere im Gebirge kann ein Gewitter schneller entstehen und schon innerhalb einer Viertelstunde zur Gefahr werden.

Der ideale Zeitpunkt, Blitze einzufangen

Gewitter fotografiere ich abends oder nachts. Dann kann ein Blitz mit langen Belichtungszeiten viel einfacher eingefangen werden. Zudem wirkt ein Blitz am Tag nicht so spektakulär.

Wie fotografiert man Blitze?

Neben den benötigten Standards wie Stativ und Fernauslöser fotografiere ich Blitze generell im Bulb-Modus. Ich arretiere den Auslöser und entriegele ihn wieder, sobald ein Blitz einschlägt. Und schon ist das Bild im Kasten. Ein Blitz ist viel heller als astronomische Phänomene wie das Polarlicht. Ich fotografiere viel nach Gefühl, dauert die Belichtung zu lange, stoppe ich sie – damit das Bild bei einem Blitzeinschlag nicht überbelichtet wird – und starte dann das neue Foto. Und wie immer gilt: Ein Blitz wirkt in einer imposanten Gegend oder mit einem markanten Vordergrund viel stärker.

Blick aus der Dreizinnenhütte in den Dolomiten. Ein schönes Motiv, verziert mit Blitzen und dazu sicher und trocken. Besser geht es nicht.

12–24 mm 1:4 | 12 mm | 19 s | f/4 | ISO 100

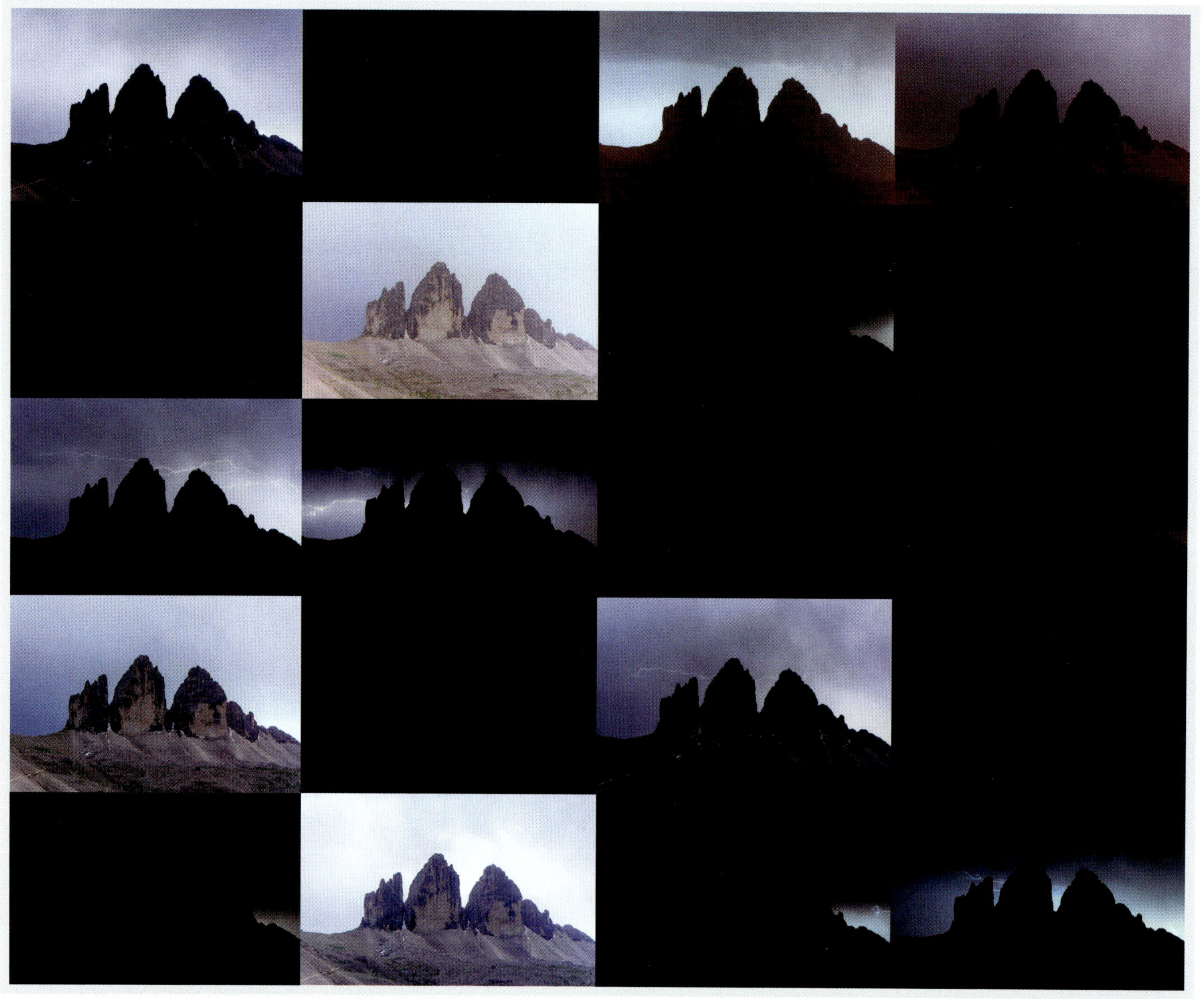

Diese Collage zeigt verschiedene Aufnahmen der Drei Zinnen bei einem Gewitter. Die Bilder ließ ich von der Kamera automatisch schießen. Der Fernauslöser war arretiert, und jedes Bild wurde mit ISO 160, Blende f/4 und 30 s bei 24 mm Brennweite belichtet. Wie man sieht, ist die Belichtung für die herrschenden Lichtverhältnisse viel zu dunkel, bei einem starken Blitz aber hell genug.

Aufgenommen von einem Fenster mit Blick zum Comer See, die Belichtung war auf den dunklen See ausgerichtet. Als ein sehr starker Blitz einschlug, war das Bild überlichtet.

24–120 mm 1:4 | 44 mm | 15 s | f/4 | ISO 500

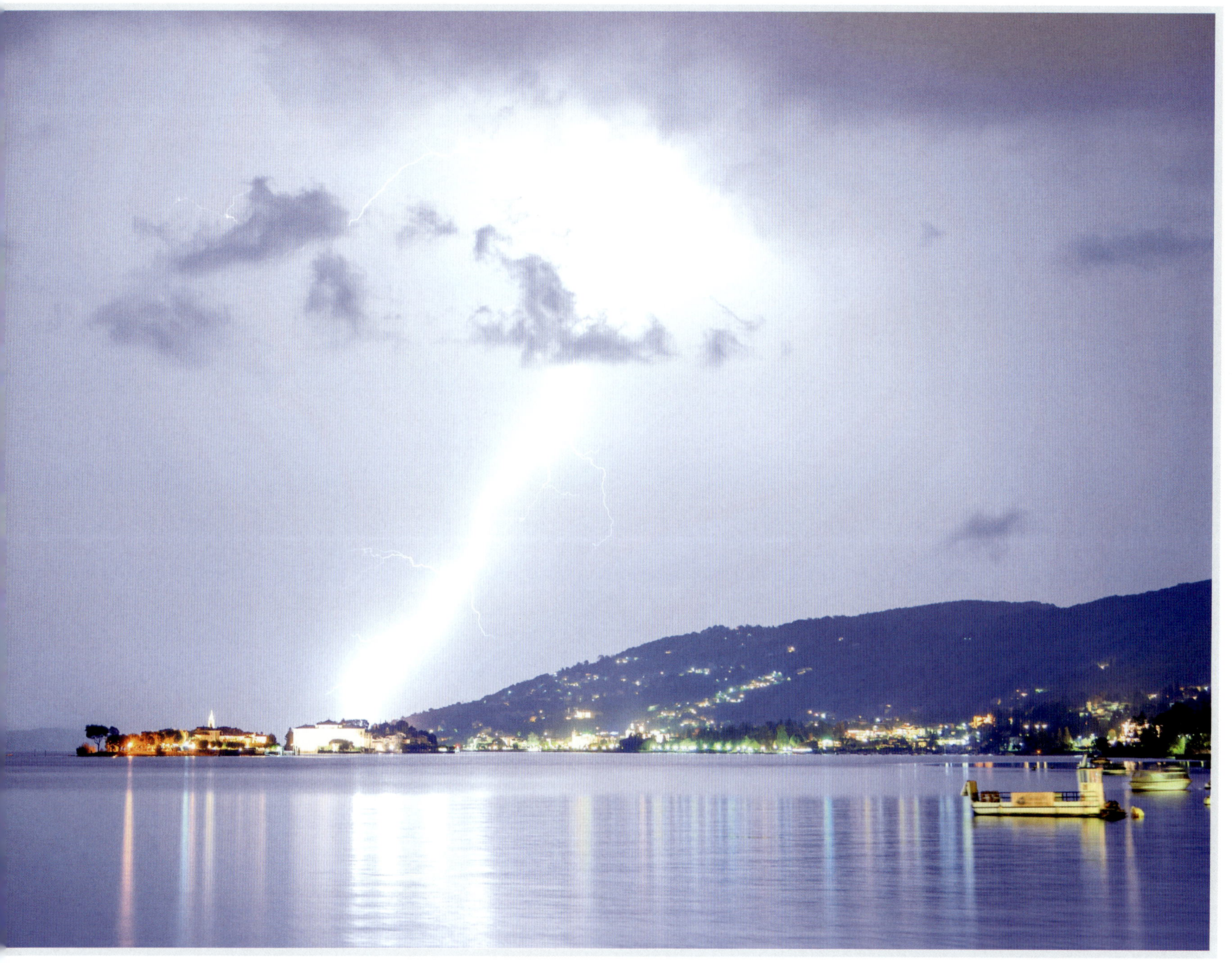

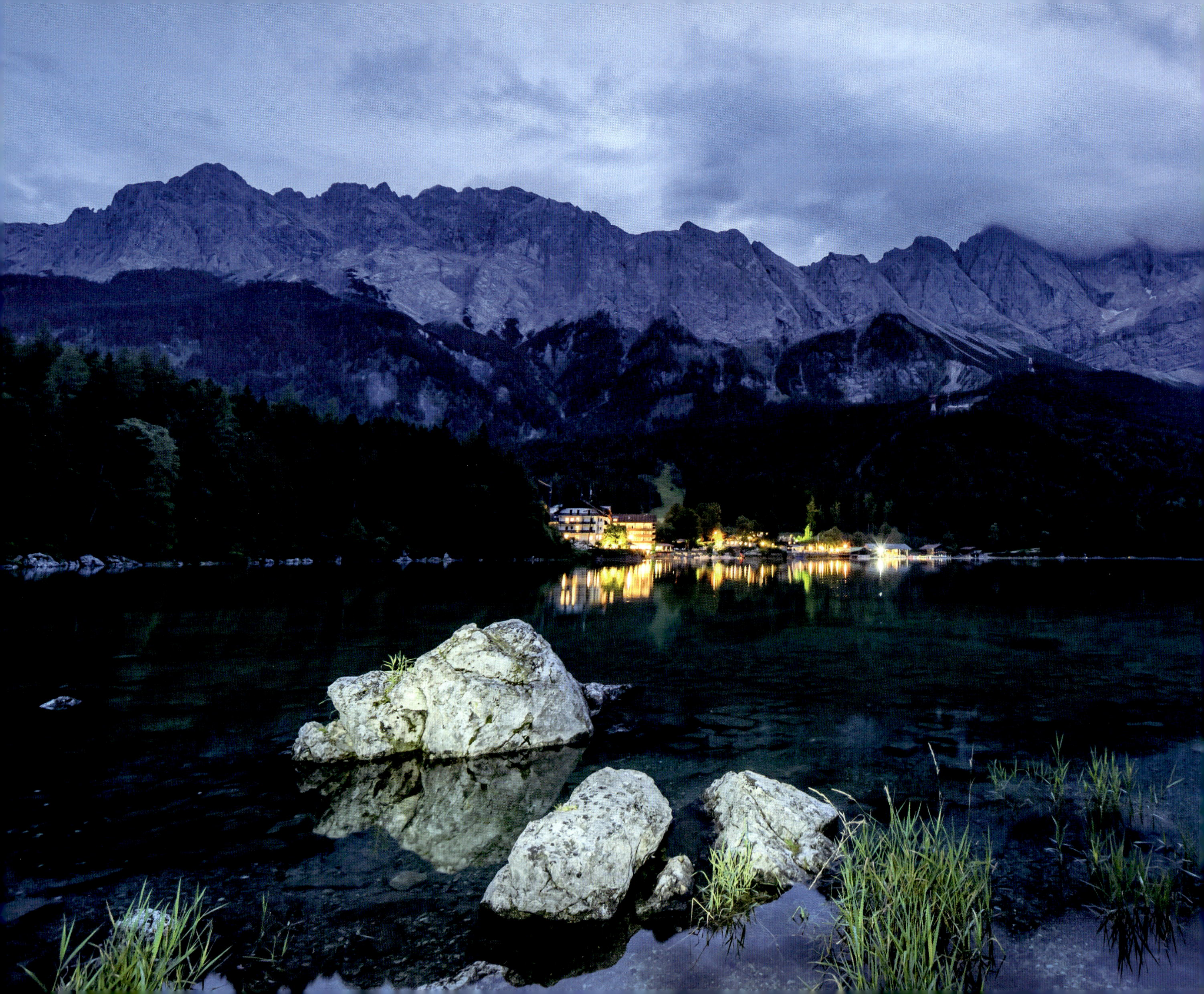

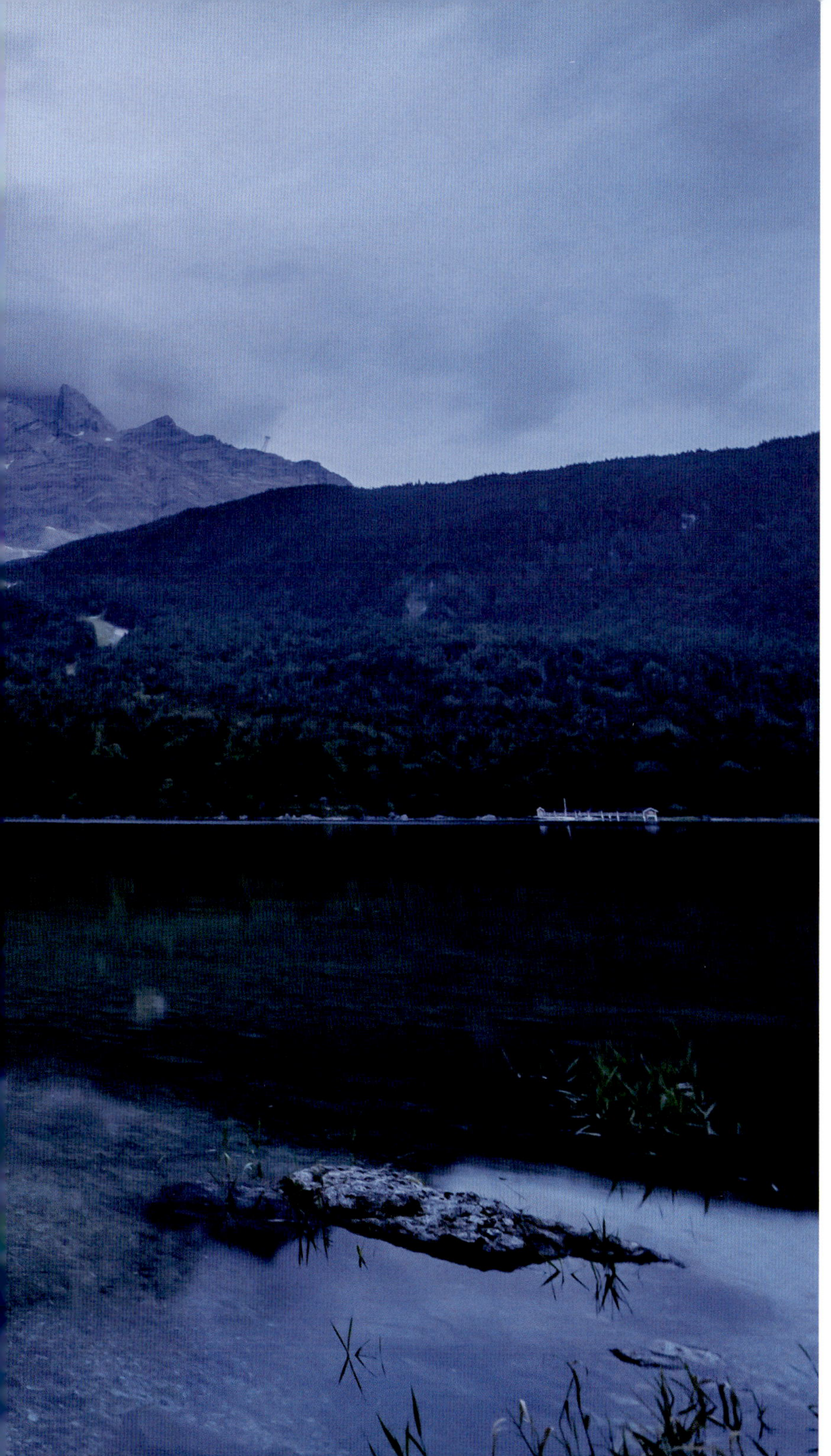

KUNSTLICHT

LED-Leuchten gibt es mittlerweile schon einige Jahre auf dem Markt. Neben dem Einsatz als sehr starke Taschenlampe nutze ich LED-Leuchten auch, um Motive anzuleuchten. Meine »LED Lenser M14« hat eine Reichweite von bis zu 280 Metern. Bäume oder Gebäude können damit angeleuchtet werden. Die Lampe ersetzt damit einen externen Scheinwerfer.

Landschaft mit Kunstlicht bestreichen

Um eine Landschaft auszuleuchten, quasi mit Licht zu bestreichen, benötige ich einige Sekunden. Ich nutze diesen Effekt manchmal bei sehr dunklen Bildern mit einer längeren Belichtungszeit.

Die Steine im Vordergrund des Eibsees wurden mit einer LED-Lampe beleuchtet.

12–24 mm 1:4.5–5.6 | 14 mm | 8 s | f/5.6 | ISO 250

Eine weitere Möglichkeit, kleine Lichteffekte ins Bild zu setzen, ist der Einsatz eines beleuchteten Zelts oder einer kleinen Lampe. Ich habe mir ein kleines orangefarbenes Zelt gekauft, um einen besonderen Lichteffekt im Bild zu haben. Auch der Einsatz einer Person mit einer Lampe kann einen netten Effekt auf ein Bild haben.

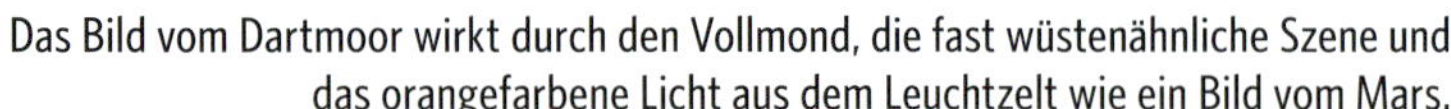

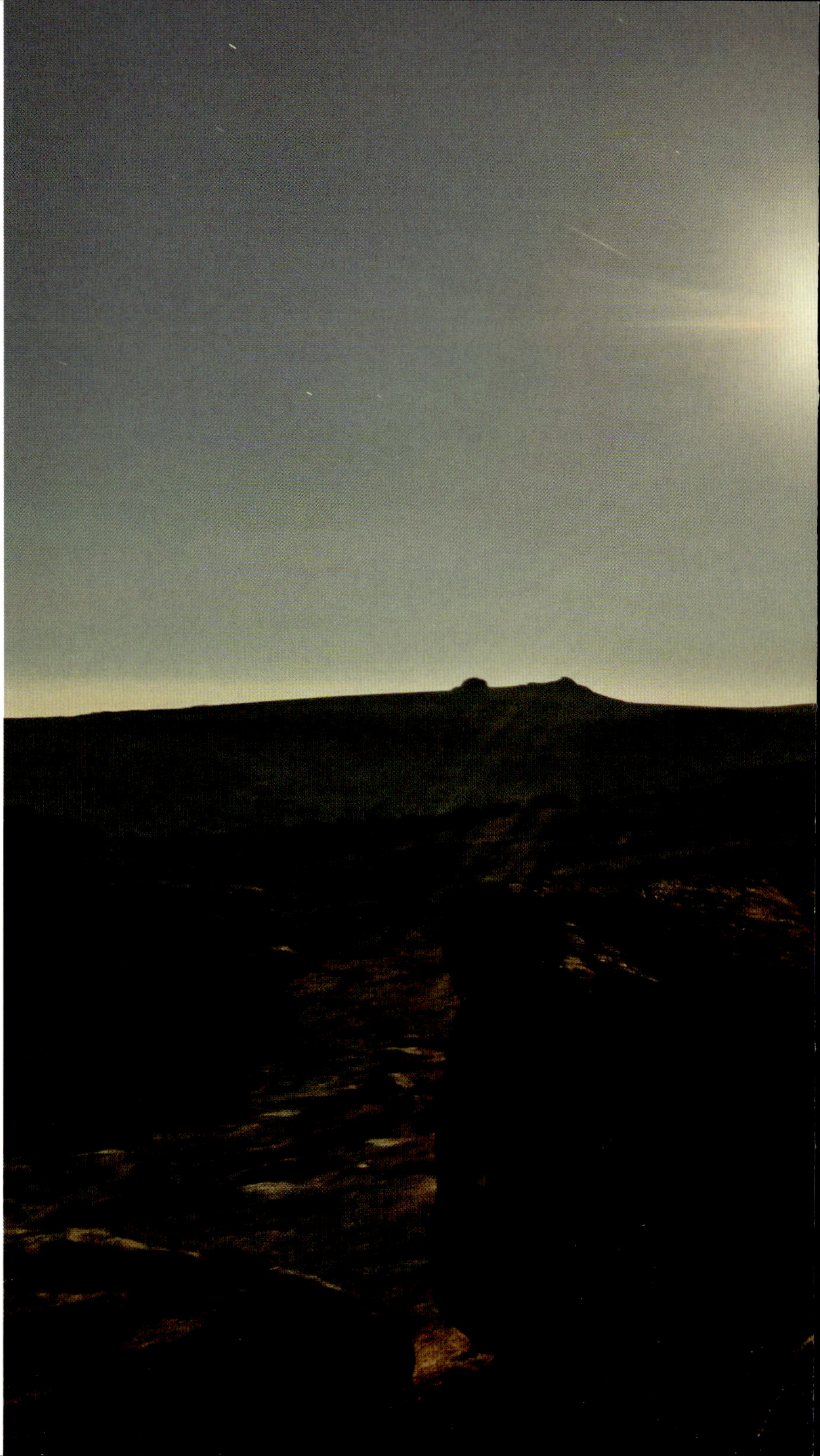

Das Bild vom Dartmoor wirkt durch den Vollmond, die fast wüstenähnliche Szene und das orangefarbene Licht aus dem Leuchtzelt wie ein Bild vom Mars.

12–24 mm 1:4.5–5.6 | 12 mm | 6.30 s | f/4.5 | ISO 800

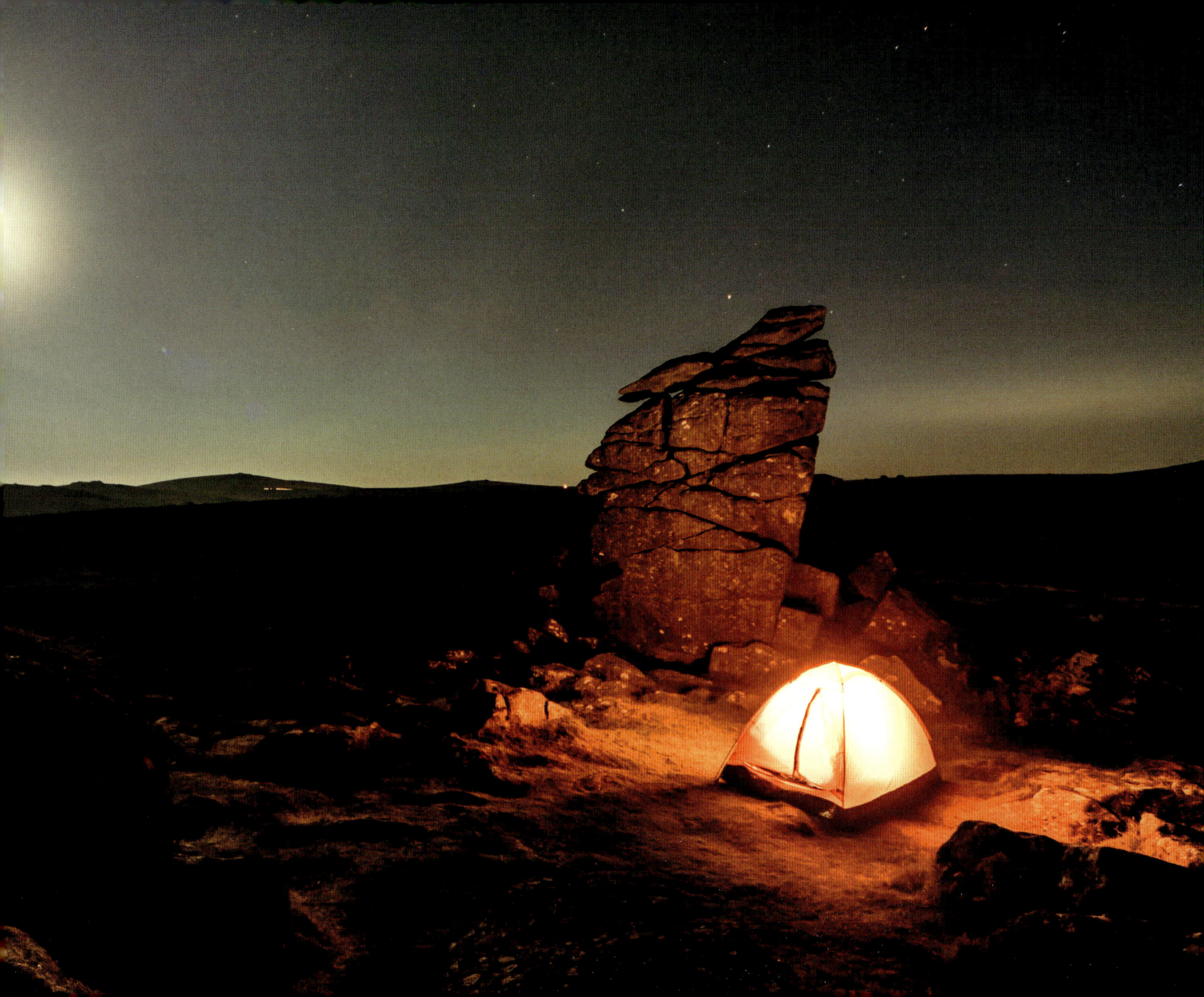

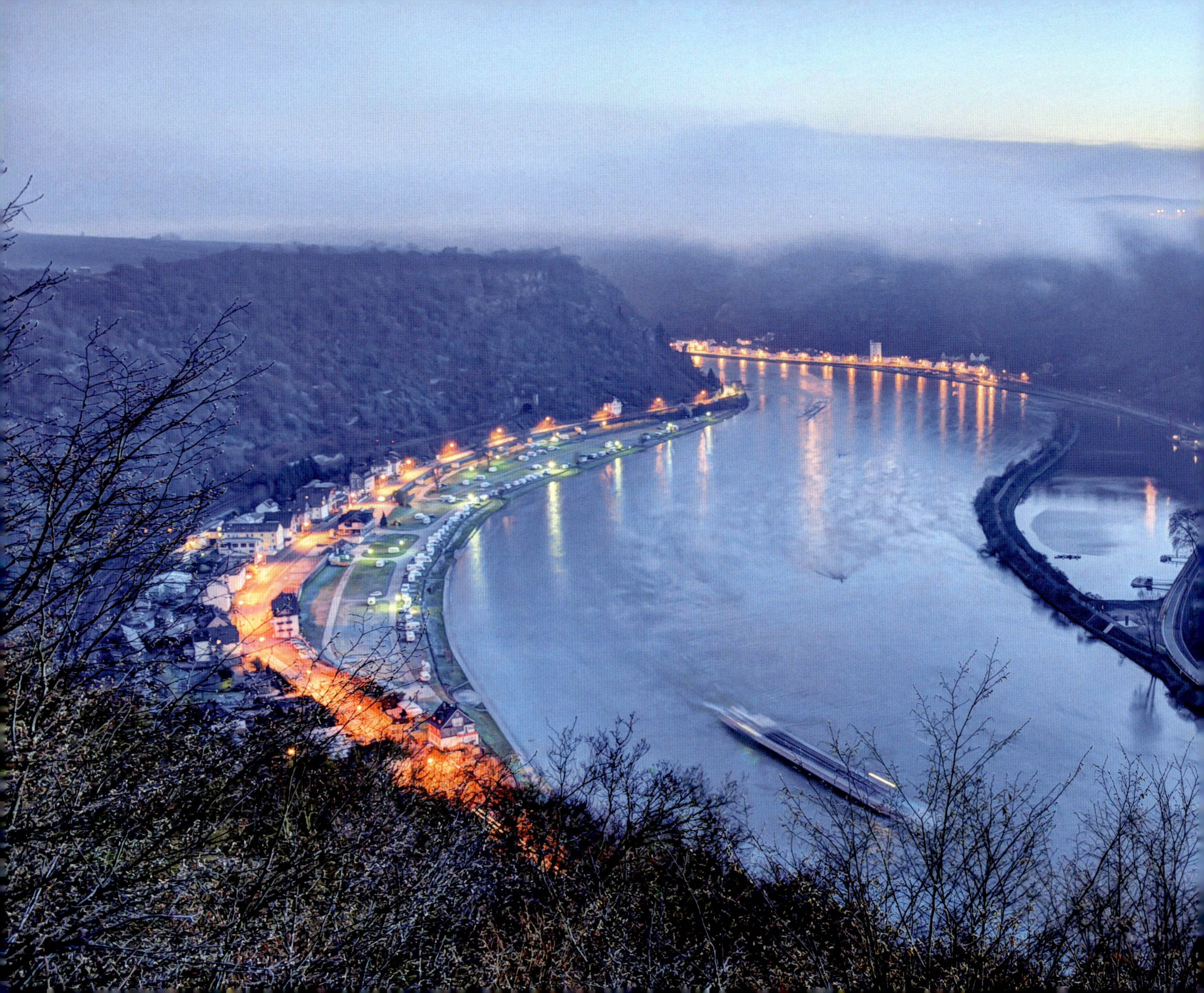

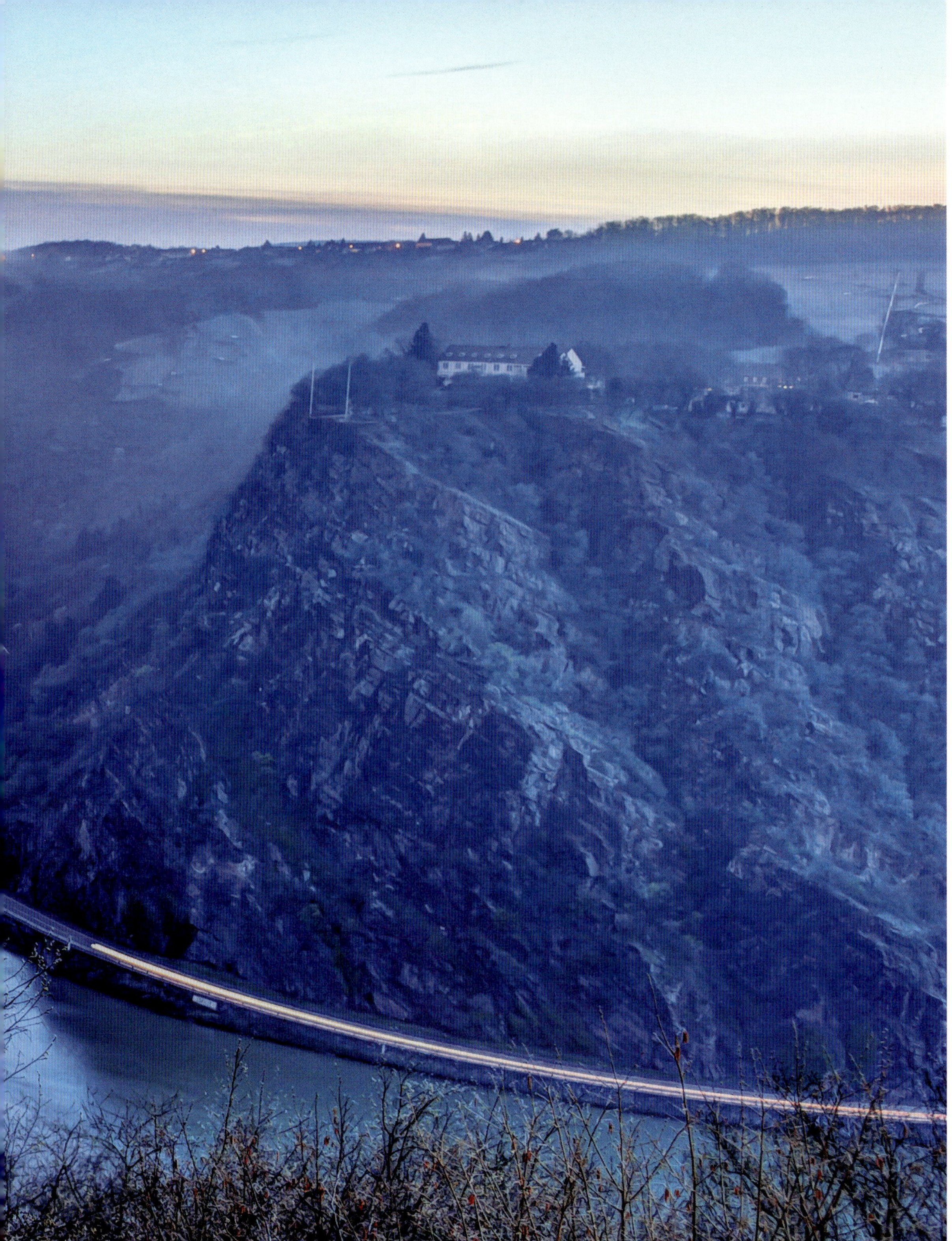

Kapitel 7

STADT, LAND, FLUSS

Es müssen nicht immer Fernreisen sein, jede Landschaft hat ihre ganz besonderen Reize. Deutschland und ganz Mitteleuropa bieten einen breiten Mix aus Küstenebenen, Heidegebieten, Wäldern, Mittelgebirgen, Hochgebirgen, aber auch großartige Stadtlandschaften, die insbesondere zur Goldenen und zur Blauen Stunde zum Fotografieren animieren. Ein Fest für jeden Landschaftsfotografen.

Der erhöhte Standpunkt gegenüber der Loreley zeigt den Lauf des Flusses als ein leicht geschwungenes S.

24–120 mm 1:4 | 24 mm | 1/400 s | f/5.6 | ISO 320

STADTLANDSCHAFTEN

Großstädte mit ihrem funkelnden Lichtermeer, ganze Stadtlandschaften, aber auch kleine, in einer idyllischen Landschaft gelegene Dörfer bieten spannende Motive en masse. Städte und Dörfer sind aber wiederum auch ein Chaos aus vielen Objekten, die auf dem Foto passend angeordnet werden müssen.

Silhouetten und Skylines abbilden

Auf der Suche nach guten Bildern, die den Charakter eines Orts zeigen, ist es mir am wichtigsten, die Silhouette eines Orts fotografisch einzufangen. Dabei suche ich eine markante Sicht auf einen Punkt mit Wiedererkennungswert. Bei von Hochhäusern und Wolkenkratzern dominierten Städten, die gegen den Himmel fotografiert werden, ist es die Skyline, die vorzugsweise im Panoramaformat fotografiert wird. Typisch sind die Skylines amerikanischer Großstädte mit ihren einzigartigen Wolkenkratzern. Leider ist dieses Vorhaben nicht so einfach. Viele Städte sind zugewachsen mit Industriegebieten und Einkaufscentren. Eine markante und zugleich schöne Silhouette der Stadt ist nicht vorhanden, und es fehlt der passende Fotopunkt.

Viele solcher Stadtansichten werden mit Teleobjektiven über eine größere Entfernung oder gegenüber von einem See oder Fluss fotografiert. Solche Standorte versuche ich auch immer zu finden. Ein Fluss oder See gegenüber einer markanten Stadtansicht ist dabei einer der besten

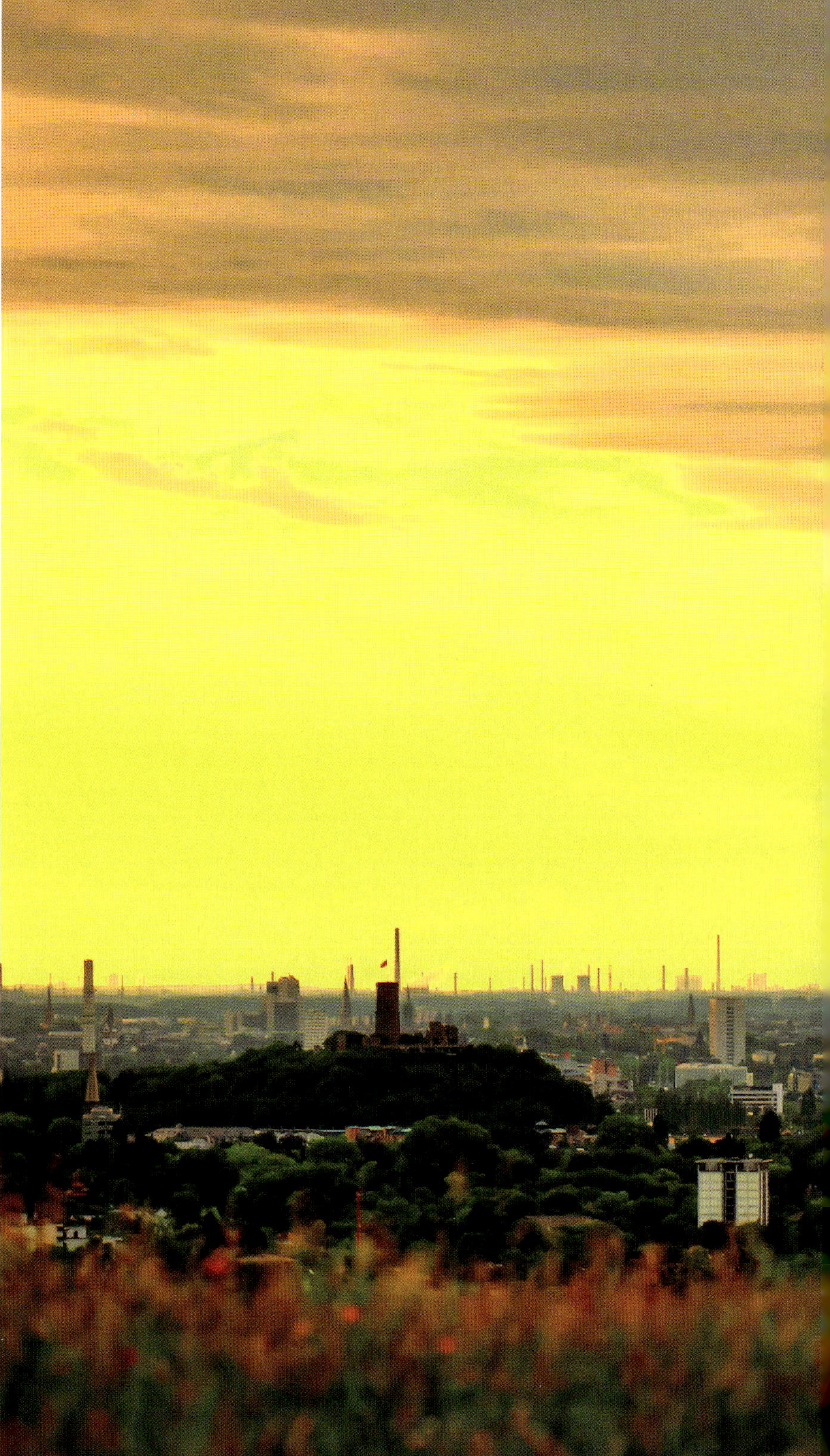

Von einem erhöhten Standort aus und bei guter Fernsicht bringt der Einsatz von Teleobjektiven tolle Bilder. Vom Rodderberg aus mit 135 mm fotografiert, kommen sich die Städte Bonn und Köln näher.

135 mm | 1/1250 s | f/6.3 | ISO 500

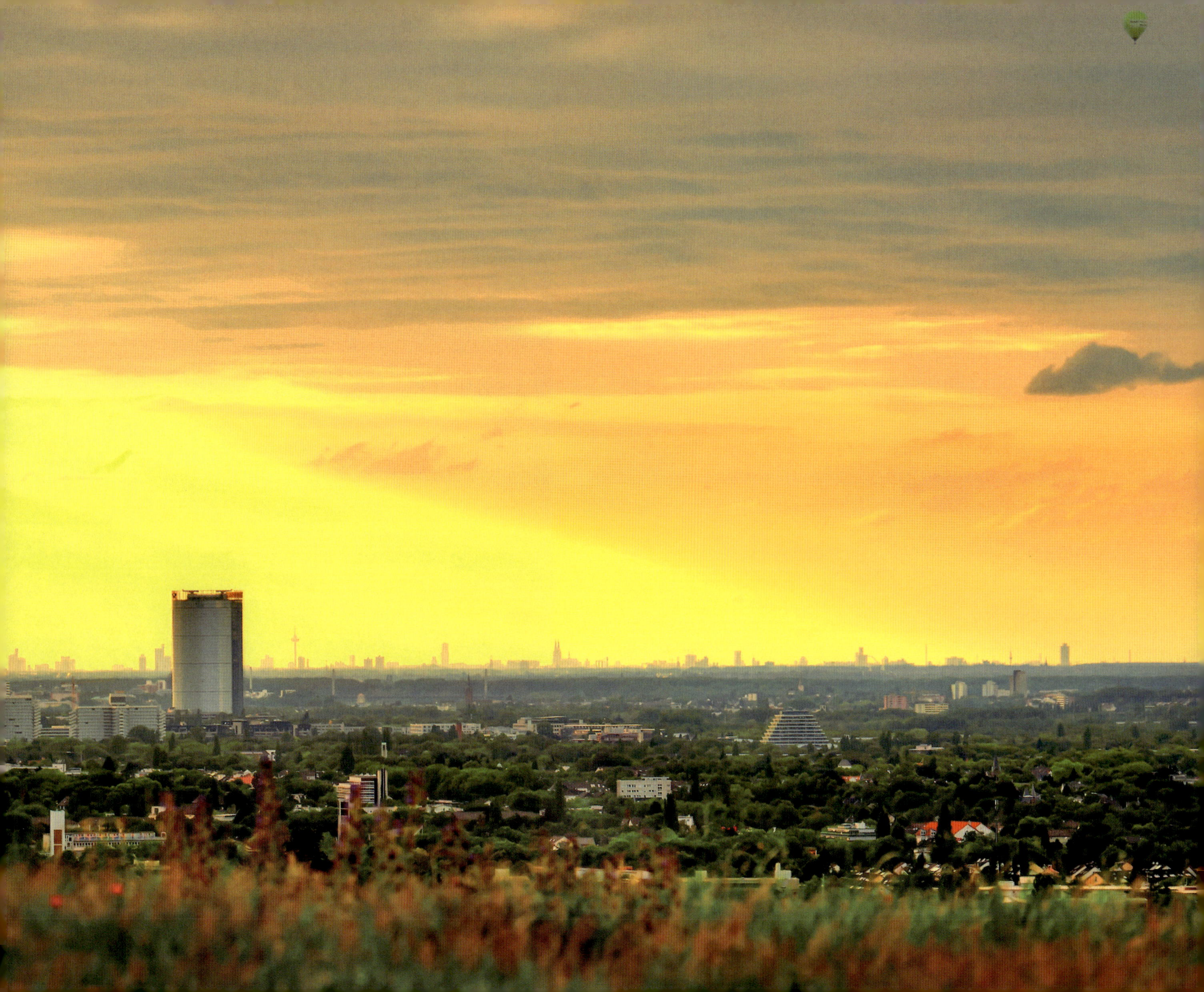

Fotostandpunkte. Dort ist meistens genügend Platz, um einen Teil einer Stadt zu fotografieren. Zudem liegen an Flüssen häufig die schönsten Bauten einer Stadt. Am Wasser kann auch wieder mit Spiegelungen und Reflexionen gearbeitet werden.

Bei vielen kleineren Dörfern steht die Kirche im Mittelpunkt des Orts, die ich immer gern als Fixpunkt nehme. Anders in Mittelgebirgslandschaften, dort liegen die Dörfer häufig in Tälern, und man hat keine andere Wahl, als von einem möglichst hohen Standpunkt aus herunter ins Dorf zu fotografieren. Um den besten Blickpunkt zu finden, kann es schon mal vorkommen, dass man das ganze Dorf mehrmals umrundet. Dabei ist es wichtig, unattraktive Gebäude oder Industriegebiete aus dem Bild zu schieben.

An dieser Stelle noch einmal eine Fotografenweisheit: Schnell knipsen ist etwas anderes, als mit viel Mühe den besten Standort zu suchen und auf das beste Licht zu warten. Bei einigen Kundenaufträgen hatte ich auch das Problem, dass ein Ort komplett mit störenden Objekten eingekreist war, ich fand einfach keine freie Sicht auf den Ort. In solchen Fällen wäre es von Vorteil, eine Drohne am Rand des Orts aufsteigen zu lassen und diesen aus geringer Höhe zu fotografieren. Schon eine geringe Flughöhe von 30 Metern kann über Häuser und Bäume im Vordergrund hinausreichen und den Blick auf den ganzen Ort ermöglichen.

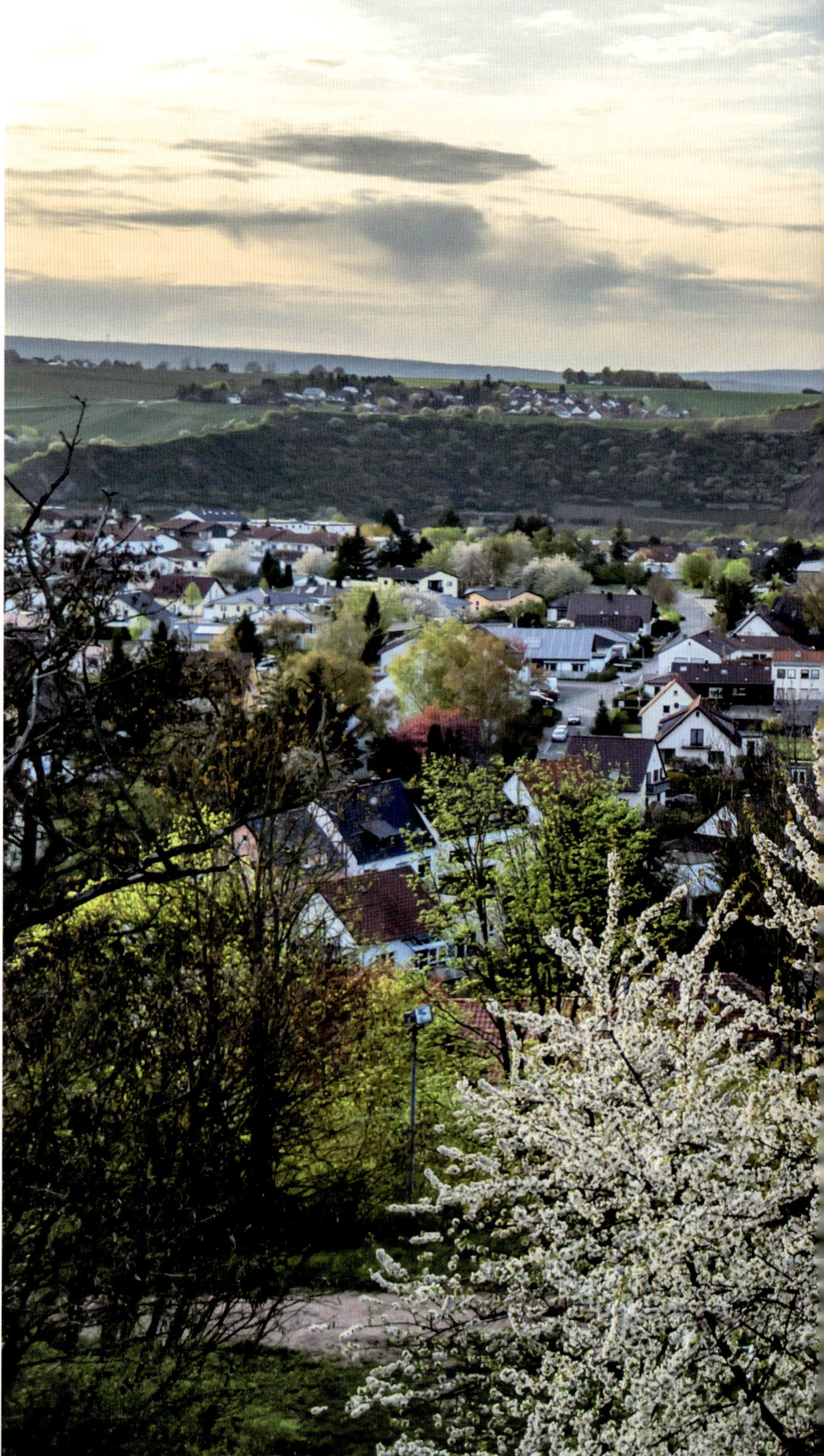

Bad Münster am Stein-Ebernburg vor dem Rotenfels. Dieses Bild entstand oberhalb des Orts.

24–120 mm 1:4 | 34 mm | 1/320 s | f/4 | ISO 400

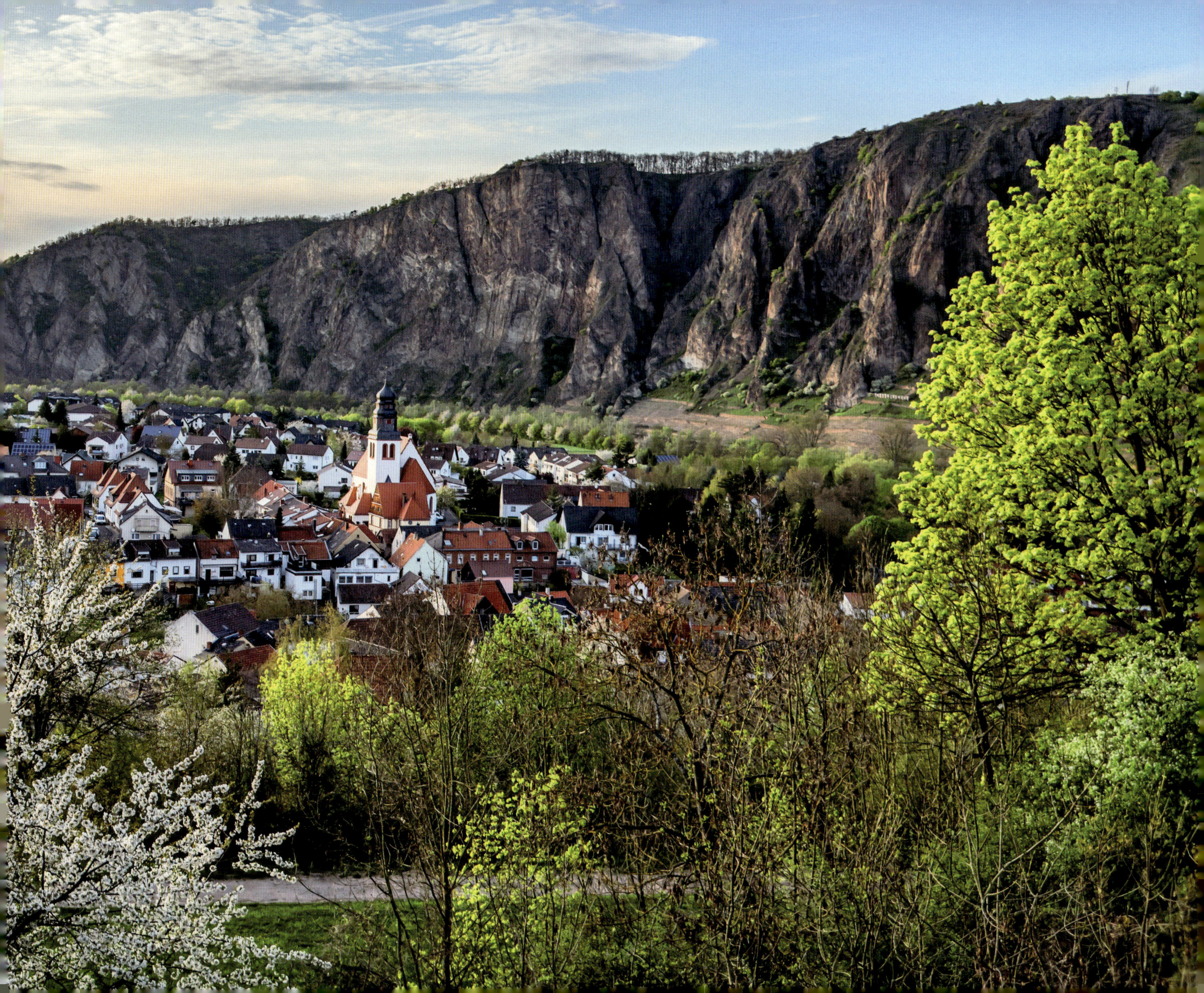

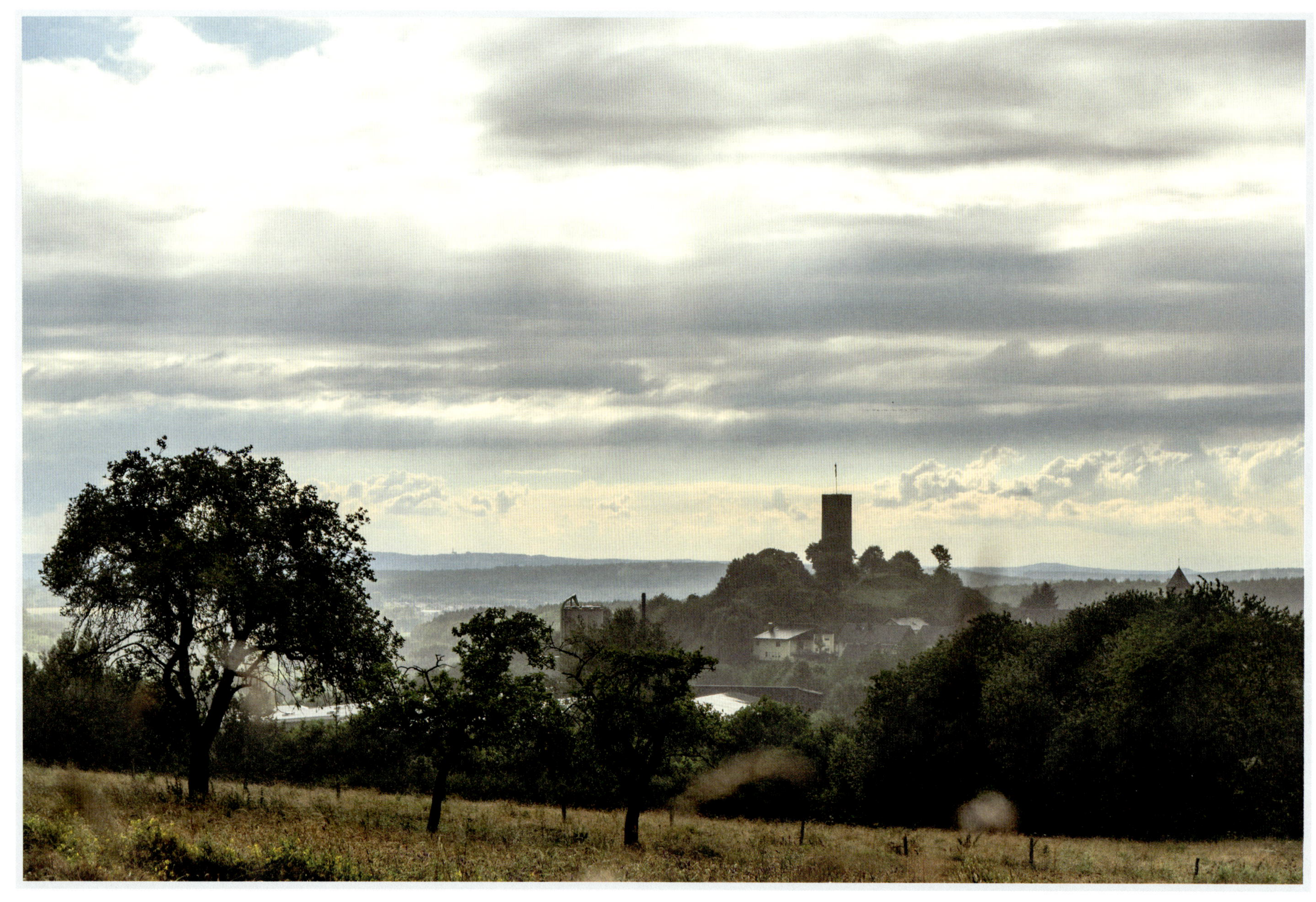

Das Dorf Hartenfels im Westerwald wird von der gleichnamigen Burg dominiert. Bei dieser Position stören die Gewerbehallen im Vordergrund.

24–120 mm 1:4 | 78 mm | 1/2500 s | f/5.6 | ISO 250

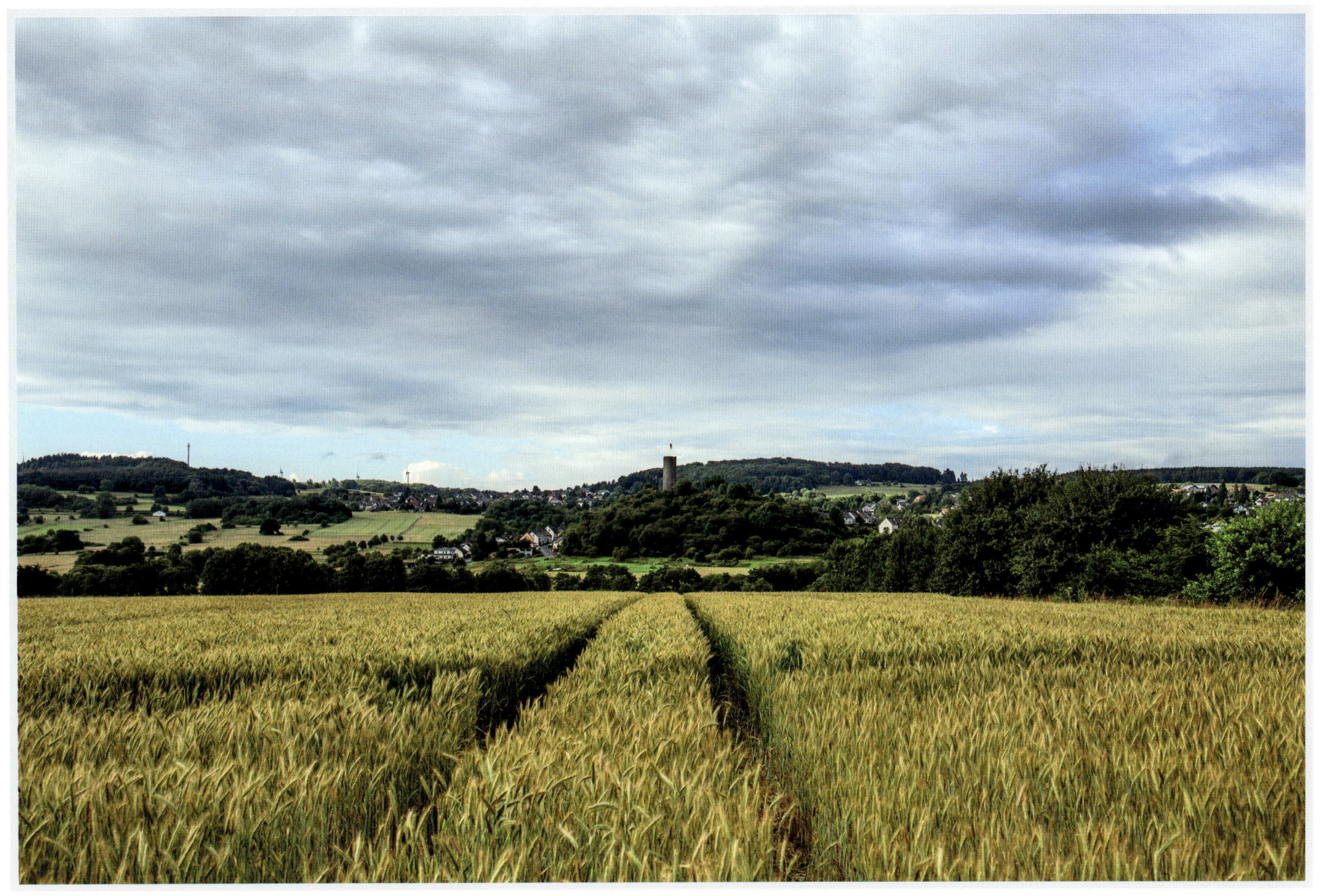

Unterhalb des Orts gab es zwar ein fotogenes Feld als Vordergrund, aber der Ort verliert sich in der Weite.

24–120 mm 1:4 | 38 mm | 1/1000 s | f/5.6 | ISO 250

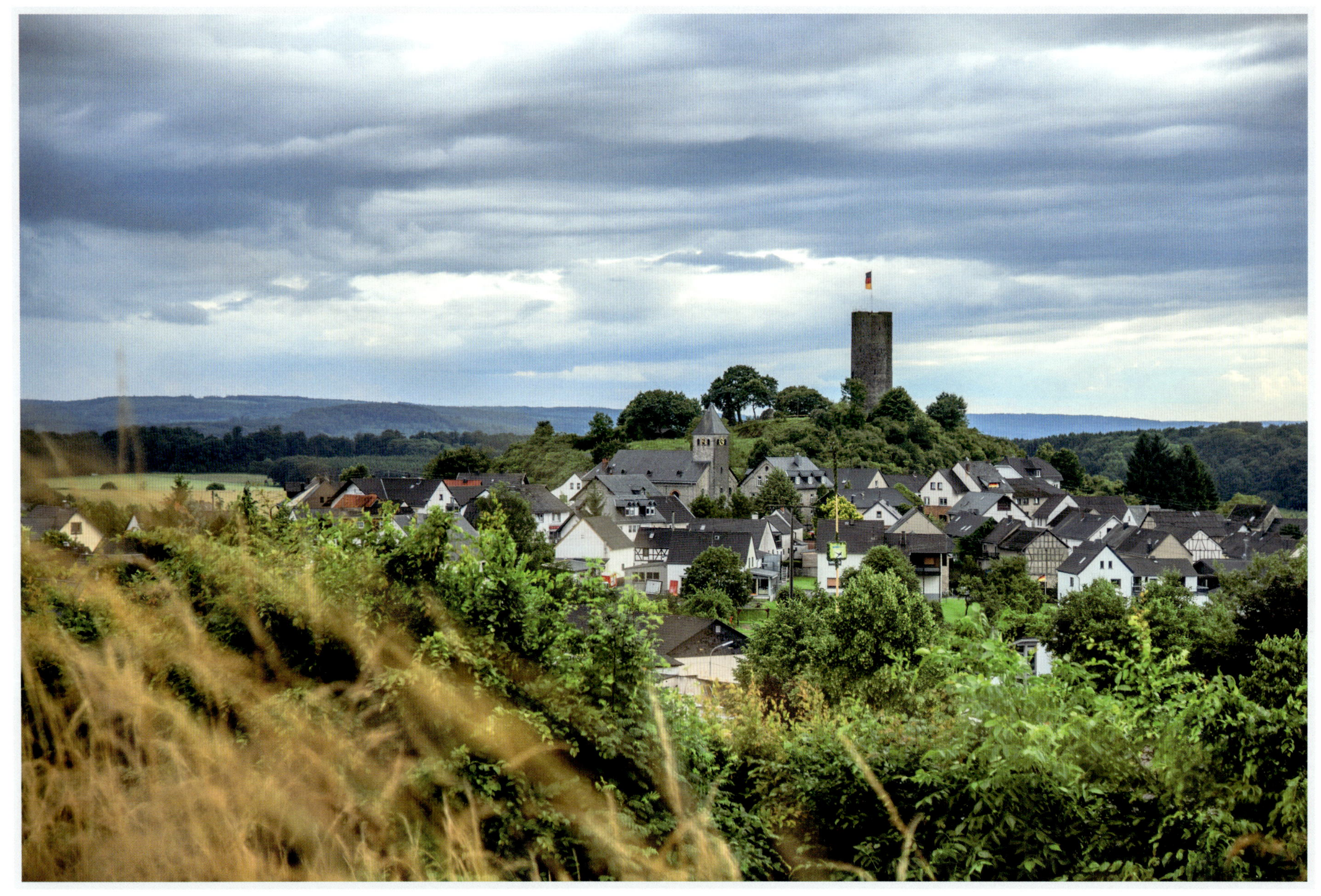

Direkt oberhalb des Orts gab es eine schöne Sicht auf den Ort, aber das Bild ist immer noch etwas unruhig.

24–120 mm 1:4 | 75 mm | 1/1250 s | f/4 | ISO 250

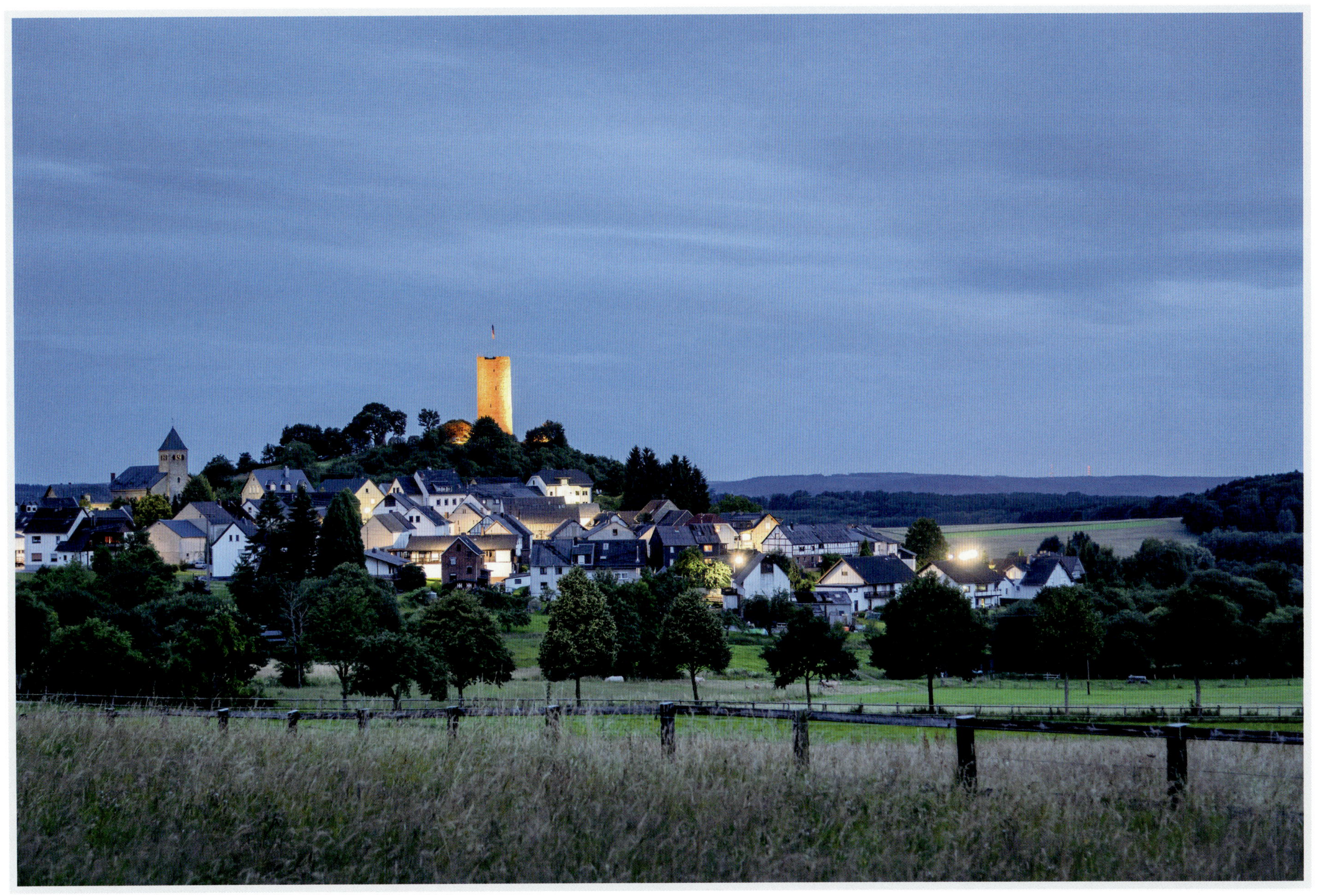

Abends und mit einem Zaun als Linie ergab es aus nördlicher Sicht das schönste Foto des Orts.

24–120 mm 1:4 | 58 mm | 6 s | f/4 | ISO 500

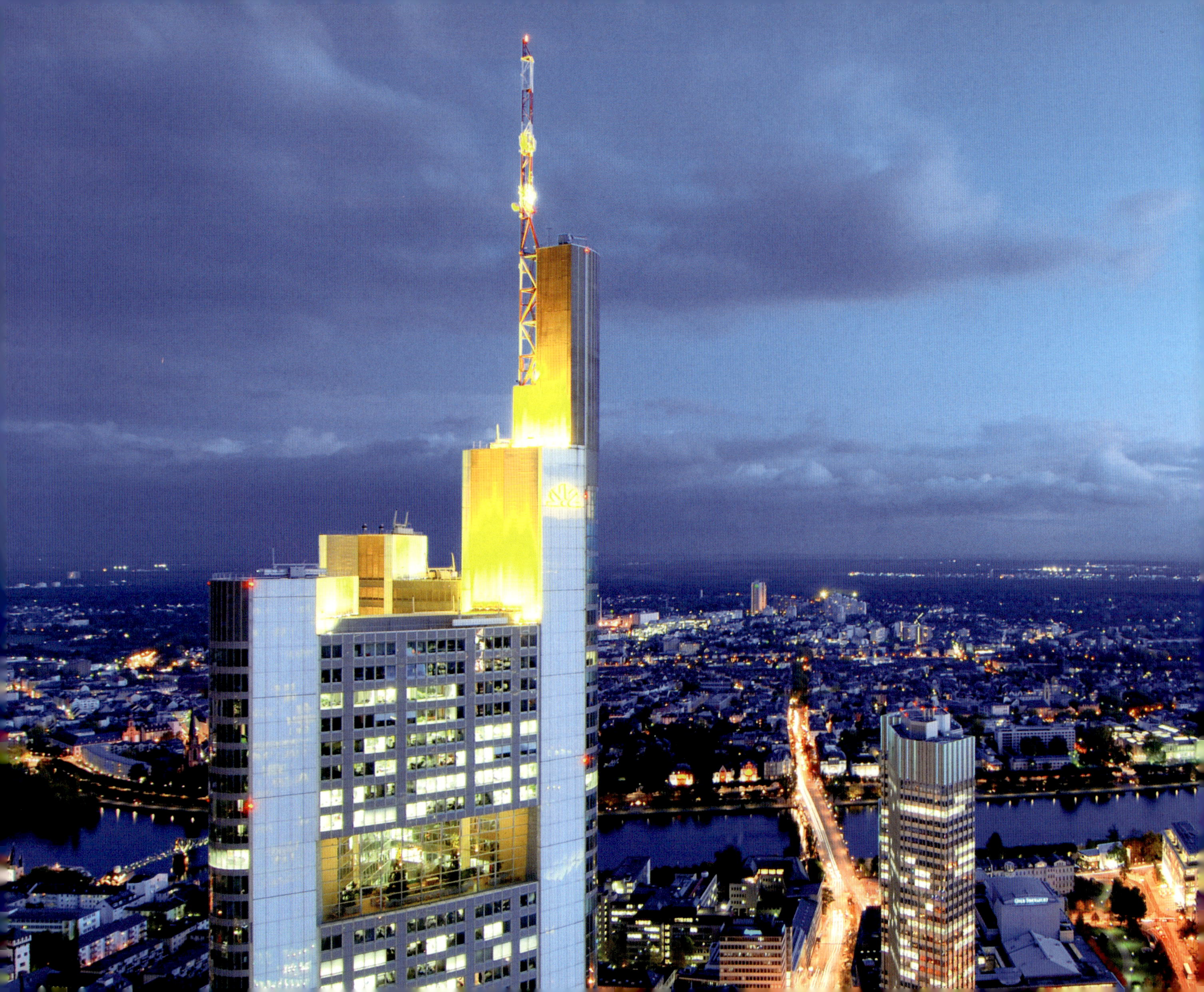

Über den Dächern der Großstadt

Über den Dächern einer Stadt ergeben sich ganz andere interessante Motive. Aus Häuserblocks und Straßen, gespickt mit vielen Details, werden Fluchtlinien, aus denen ganz andere spannende Bilder entstehen. Leider sind solche Aussichtspunkte rar gesät. In größeren Städten oder touristischen Orten gibt es manchmal Aussichtspunkte oder Türme. Im Vorfeld einer Tour suche ich immer im Internet nach solchen Aussichtspunkten. In Frankfurt gibt es beispielsweise den unglaublichen Blick vom Maintower, in Köln hat man schönen Ausblick vom Hochhaus Kölntriangle. In einigen Orten sind Kirchtürme als Aussichtspunkt freigegeben. Leider bieten manche Türme nur eine begrenze Sicht, so z. B. der Kölner Dom. Seine Fenster sind mit Draht geschützt.

Blick herab vom Maintower auf die Taunus-Metropole Frankfurt am Main.

12–24 mm 1:4 | 12 mm | 14 s | f/7.1 | ISO 100

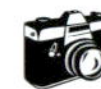

MEHR NÄHE ZUM MOTIV

Übernachte ich in einer Stadt, versuche ich, in einem Hotel möglichst ein Zimmer ganz oben zu bekommen. Dort sind häufig Fotos möglich, die nicht schon Tausende Fotografen abgelichtet haben. Ein Zimmer oder auch ein Parkhaus, das knapp über den Dächern einer Stadt liegt, erlaubt fast intime Blicke auf eine Stadt. Der Fotograf ist auf Augenhöhe mit den Fenstern umliegender Wohnungen, es entsteht eine Nähe zum Motiv.

Blick aus dem Hotel Park Inn, Berlin.

10–22 mm 1:3.5–4.5 | 10 mm | 1/80 s | f/3.5 | ISO 100

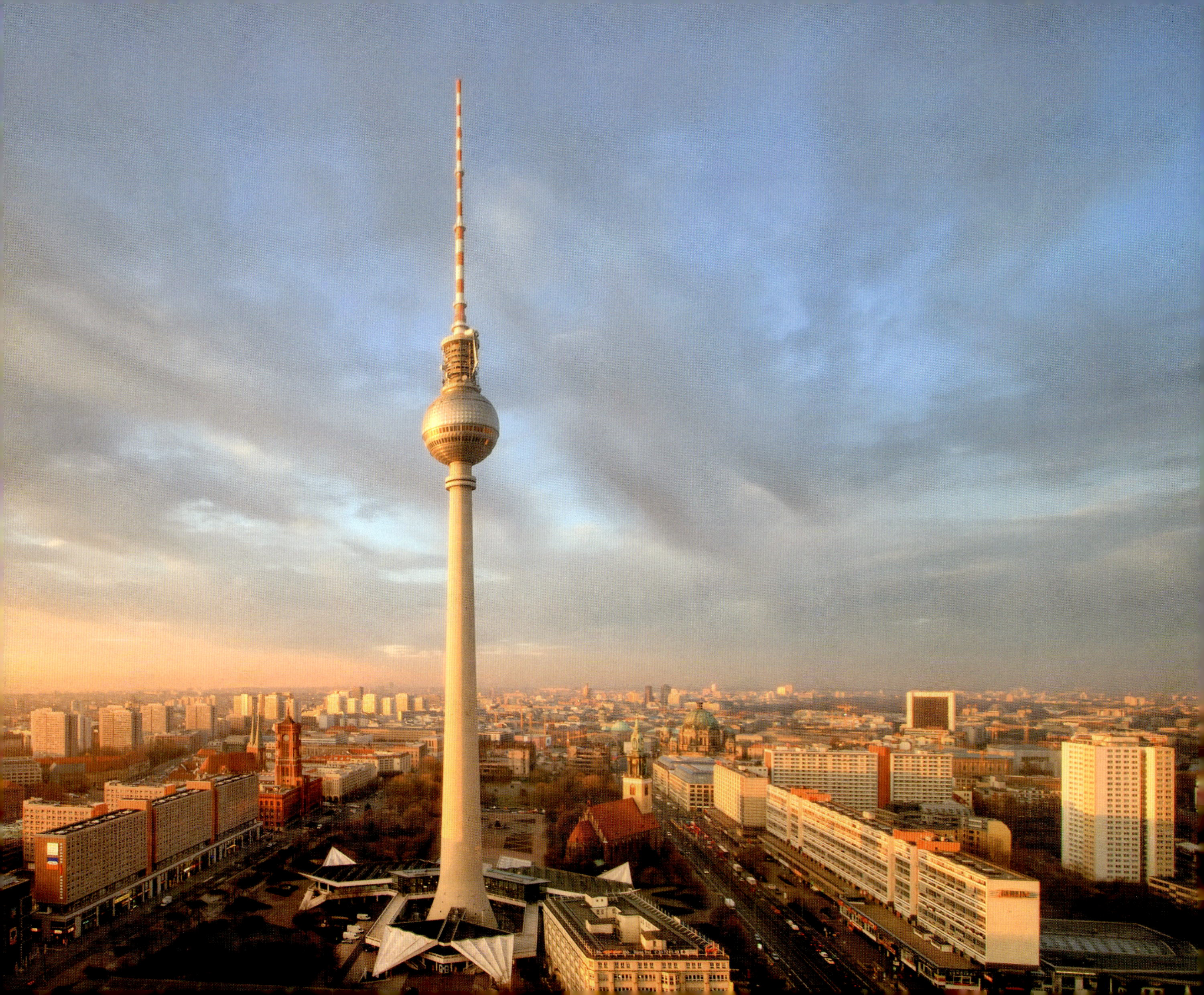

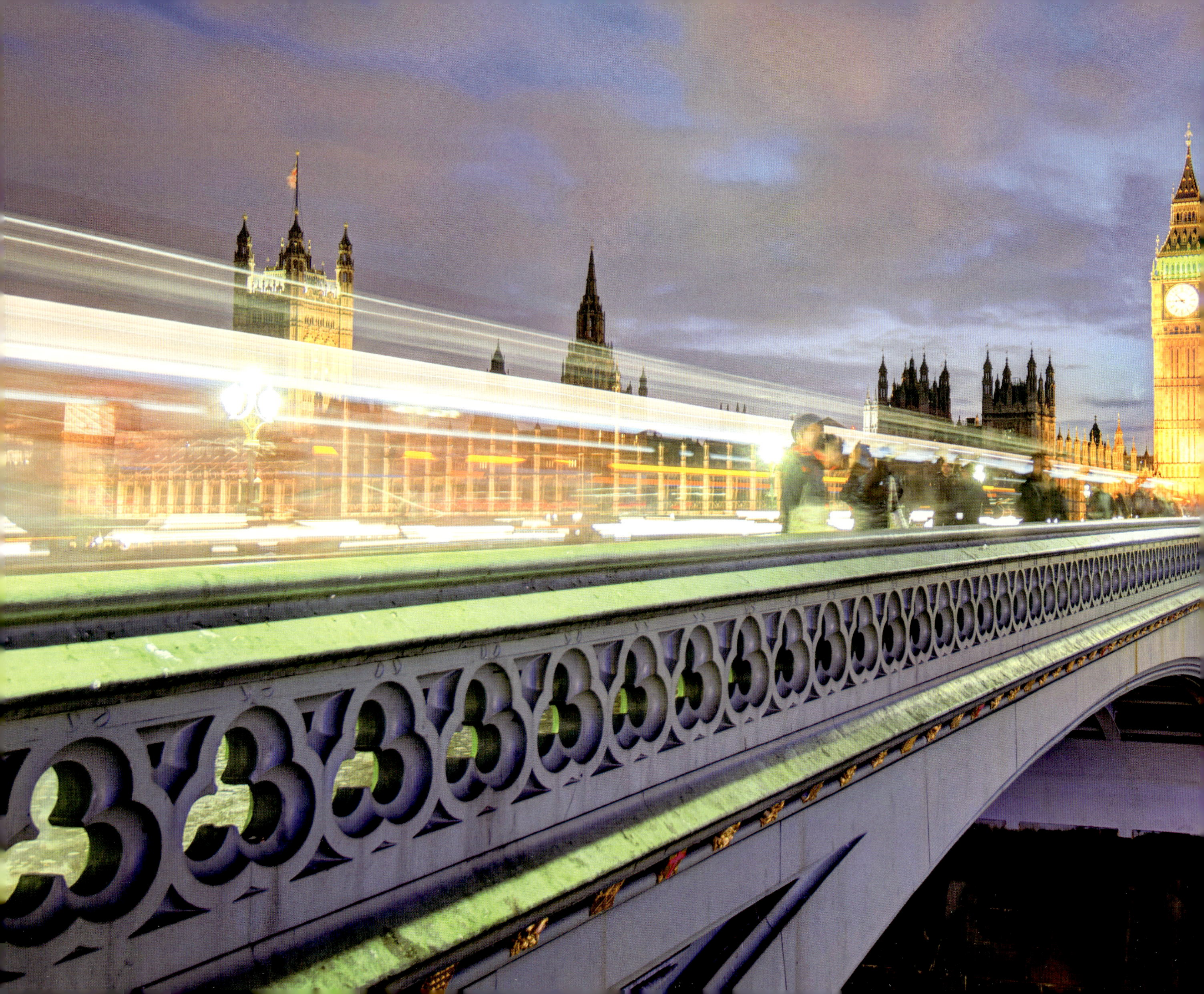

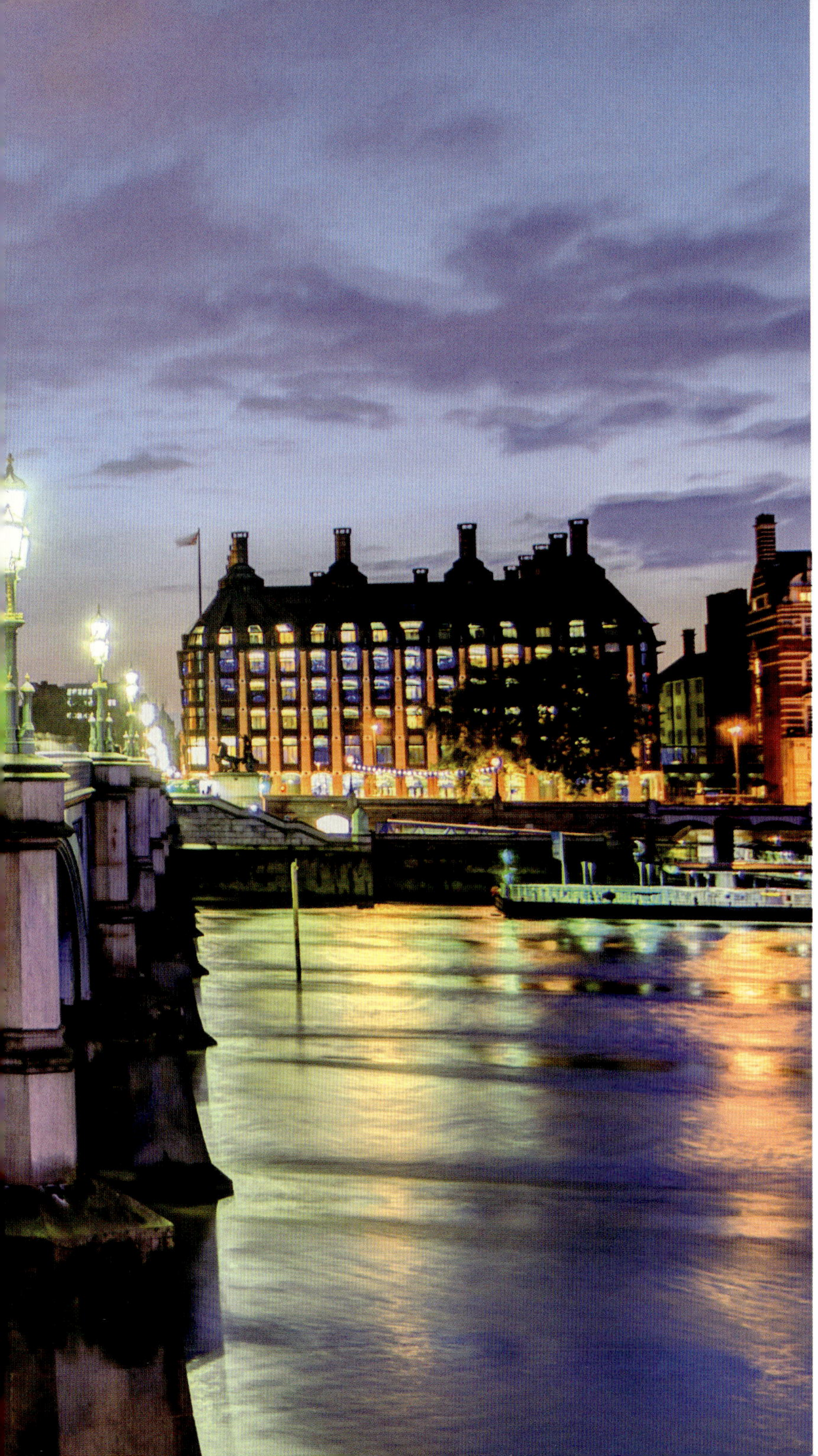

Kunstlichter zur Blauen Stunde

Städte sind prädestiniert für Bilder zur Blauen Stunde. Das natürliche Licht wird mit den Lichtern der Straßenbeleuchtung, beleuchteten Gebäuden und anderen Kunstlichtquellen vermischt. Fahrende Autos oder Züge erzeugen bei längeren Belichtungszeiten Lichtstreifen und geben den Bildern zusätzliche Dynamik.

Die Lichtstreifen eines vorbeifahrenden Busses auf der Westminster Bridge beim Big Ben in London verzieren diese Aufnahme kurz vor Ende der Blauen Stunde.

12–24 mm 1:4 | 19 mm | 4 s | f/4 | ISO 100

KULTIVIERTE LANDSCHAFT

Deutschland ist eines der am dichtesten besiedelten Länder Europas. Freie Wiesen sind selten geworden, kultivierte Felder oder bebautes Land dominieren die Landschaft. Nichtsdestotrotz sind Felder, mit ihrer gleichmäßigen Struktur und ihren Mustern, auch ein lohnendes Motiv. Denken Sie nur an die herrlichen gelben Rapsfelder, die im Frühjahr zum Fotografieren einladen.

Getreidefelder und Weinberge

Ist der Raps verblüht, sind es die dichten Getreidefelder mit ihren verschiedenen Farben, von saftigem Grün bis zu goldenem Braun kurz vor der Ernte. Farbtupfer aus rotem Mohn und blaue Kornblumen dienen als verzierendes Beiwerk. Ein Klassiker sind Traktorspuren im Feld als Führungslinien. Sie können mit verschiedenen Bildaufbauten im Quer- oder Hochformat experimentieren. Strohballen auf dem Feld sind ein weiteres interessantes Motiv. Testen Sie in Ruhe den Aufbau des Bilds aus verschiedenen Ebenen. Weiße Wolken am Horizont verschönern das Bild weiter.

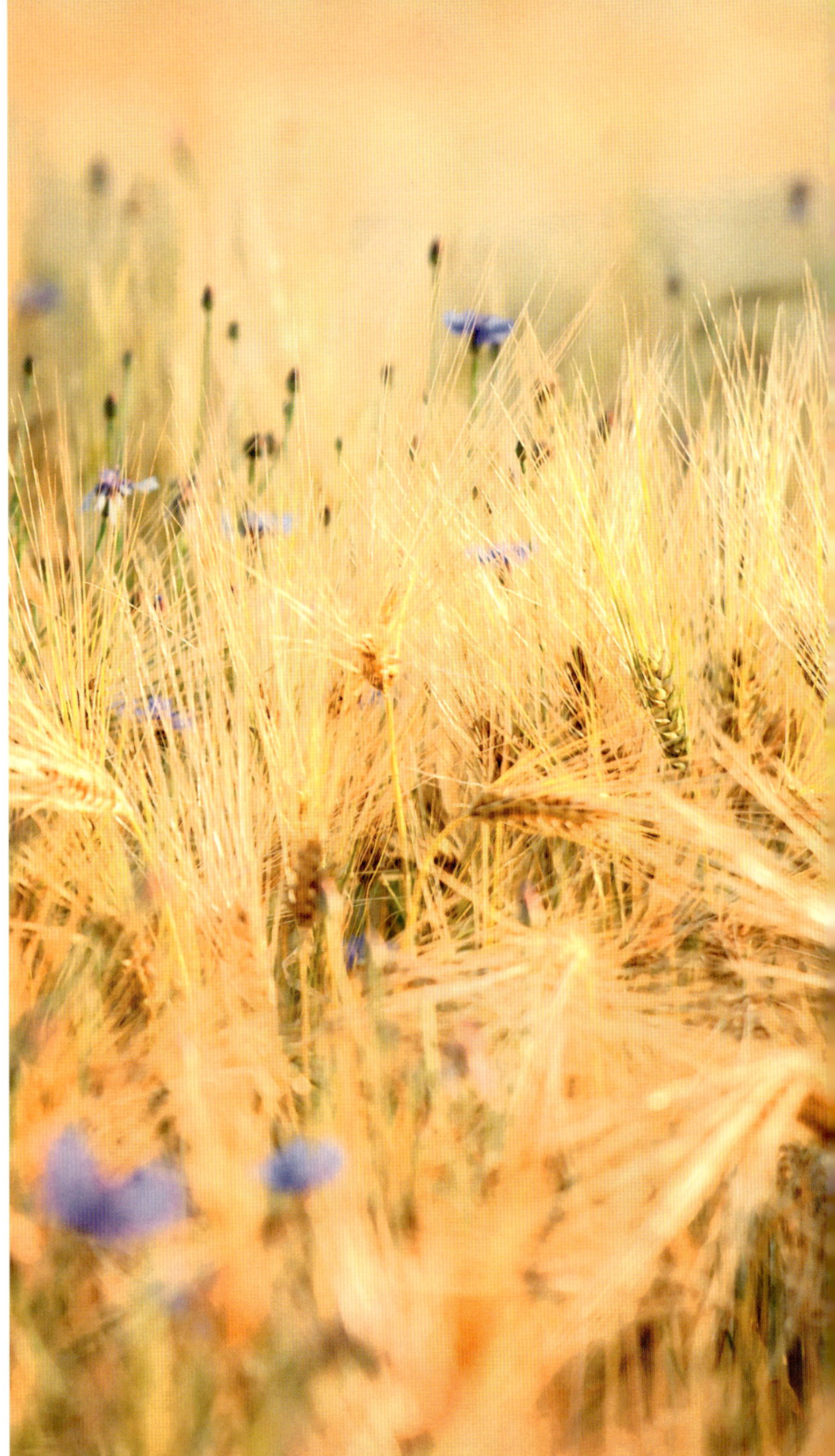

Kornblumen blühen etwas später als Mohn; in der Regel finden sich die Pflanzen ab Juni auf den Feldern. Kornblumen kommen vor allem auf Feldern und Wiesen vor, wo wenig gedüngt wird.

80–200 mm 1:2.8 | 135 mm | 1/1250 s | f/4.5 | ISO 500

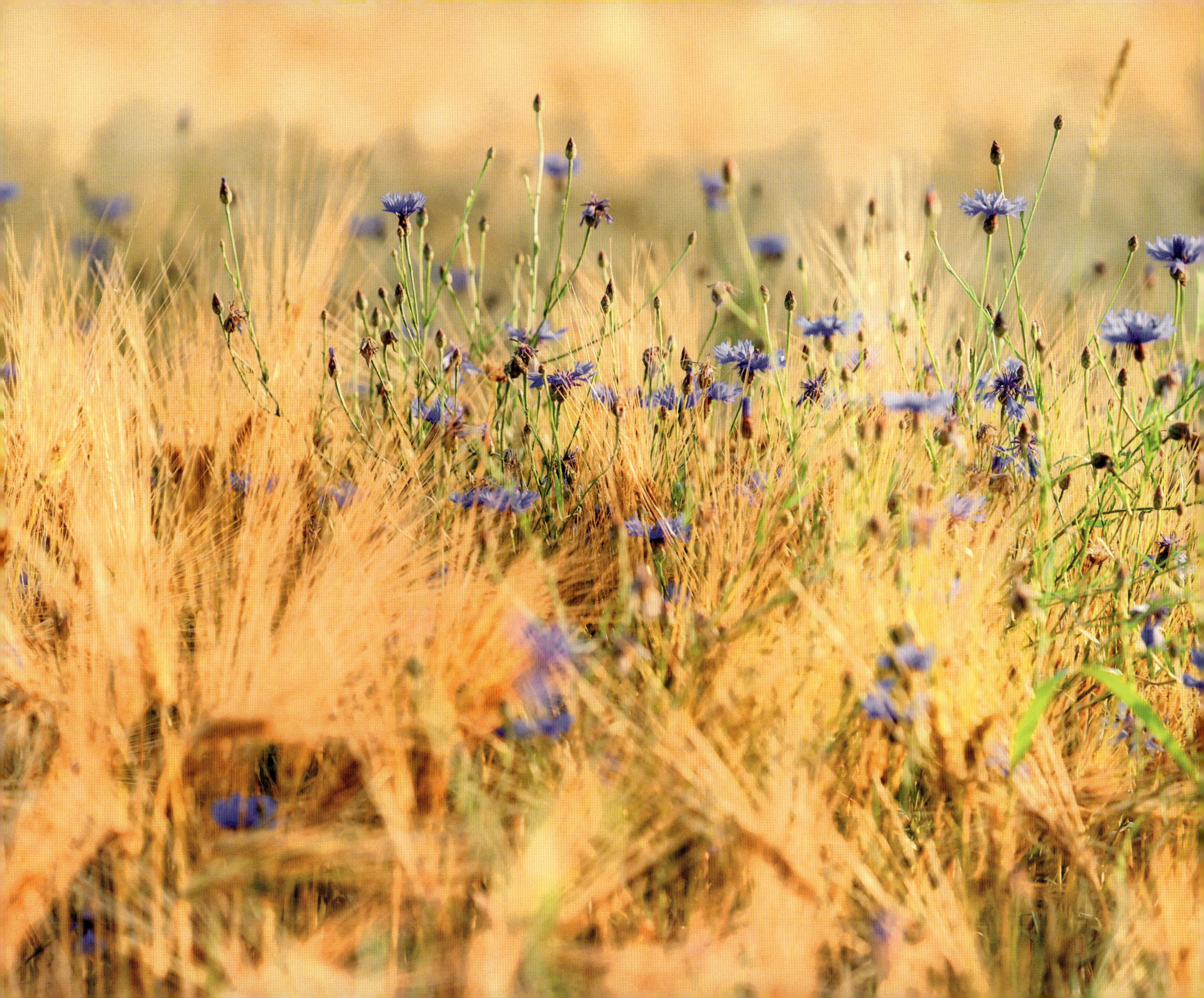

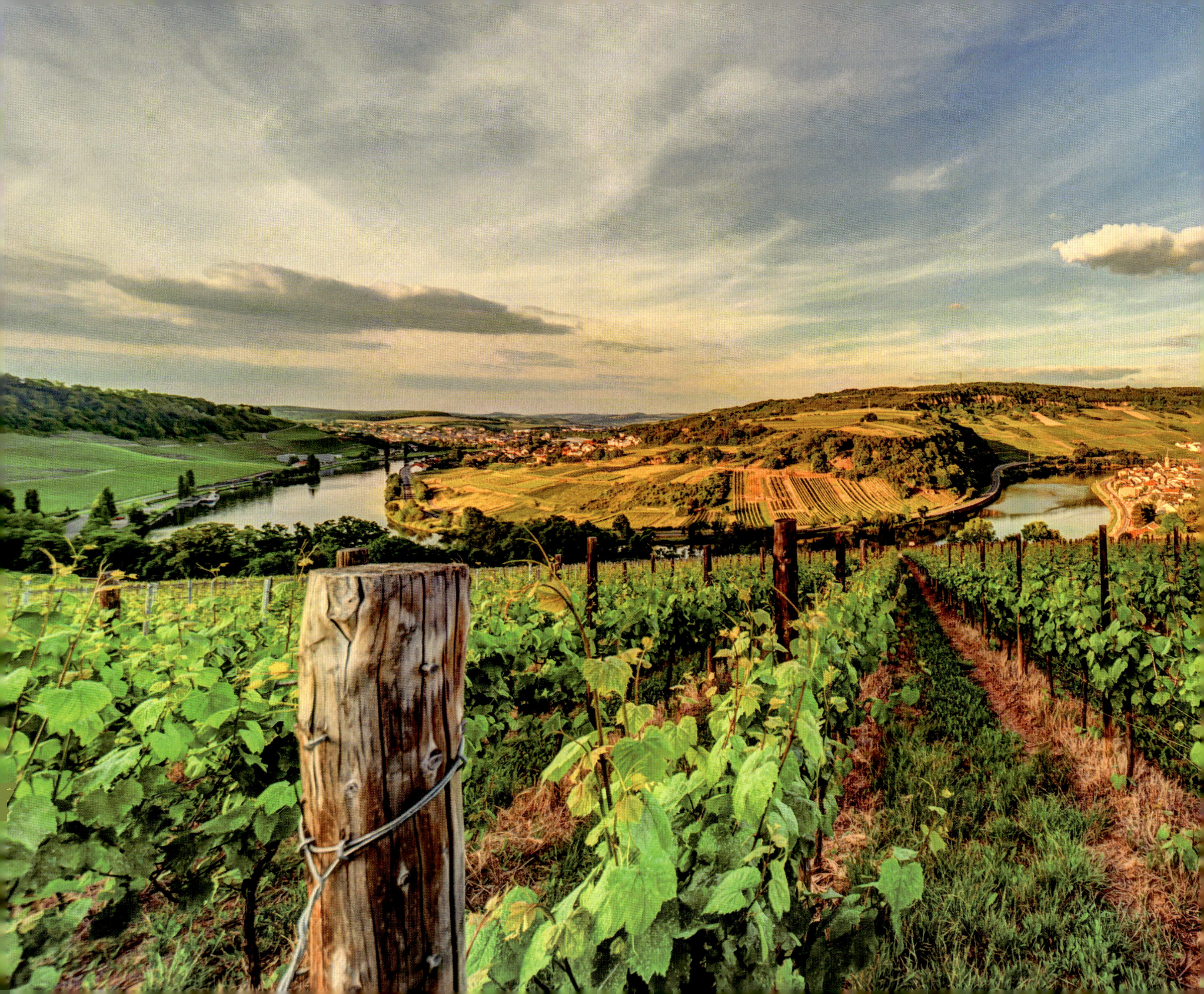

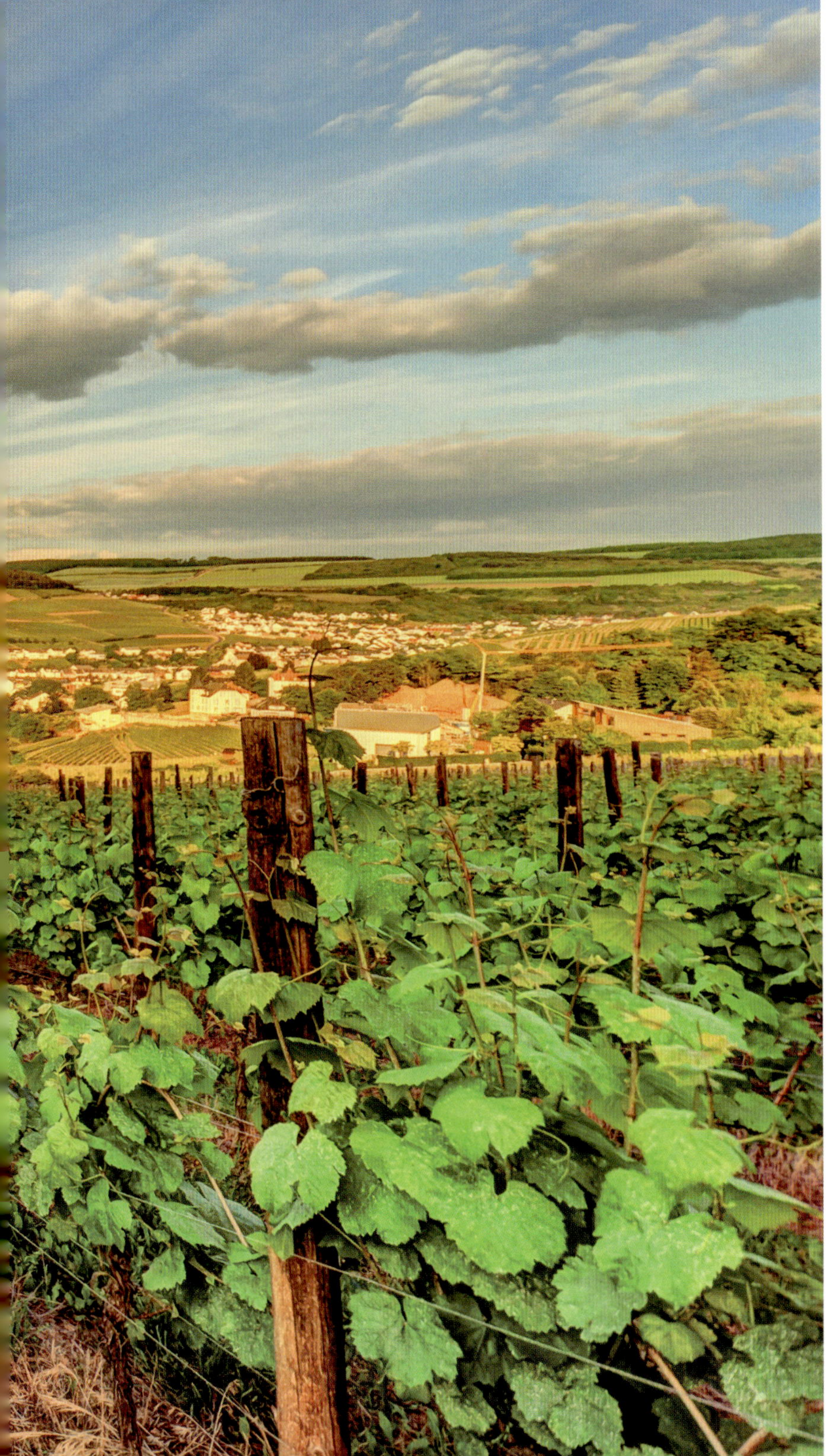

Prägend für Mittelrhein und Mosel sind Weinberge. Weinberge sind bis Ende April noch kahl, werden erst ab Mai grün und gehen dann je nach Art im Herbst in gelbe oder rote Farben über. Manche Hänge ergeben dann eine wahre Farbenpracht. Mit den einzelnen Rebstöcken haben Sie diverse gestalterische Möglichkeiten. Rebstöcke können als Wiederholungen und Muster dienen oder verschiedene Führungslinien darstellen.

Weinberge fotografiere ich gern mit zwei Pfosten links und rechts als Blickstopper und mit den kleiner werdenden Linien als diagonale Linien. Moselschleife zwischen Machtum und Nittel.

12–24 mm 1:4.5–5.6 | 12 mm | 1/1000 s | f/5.6 | ISO 250

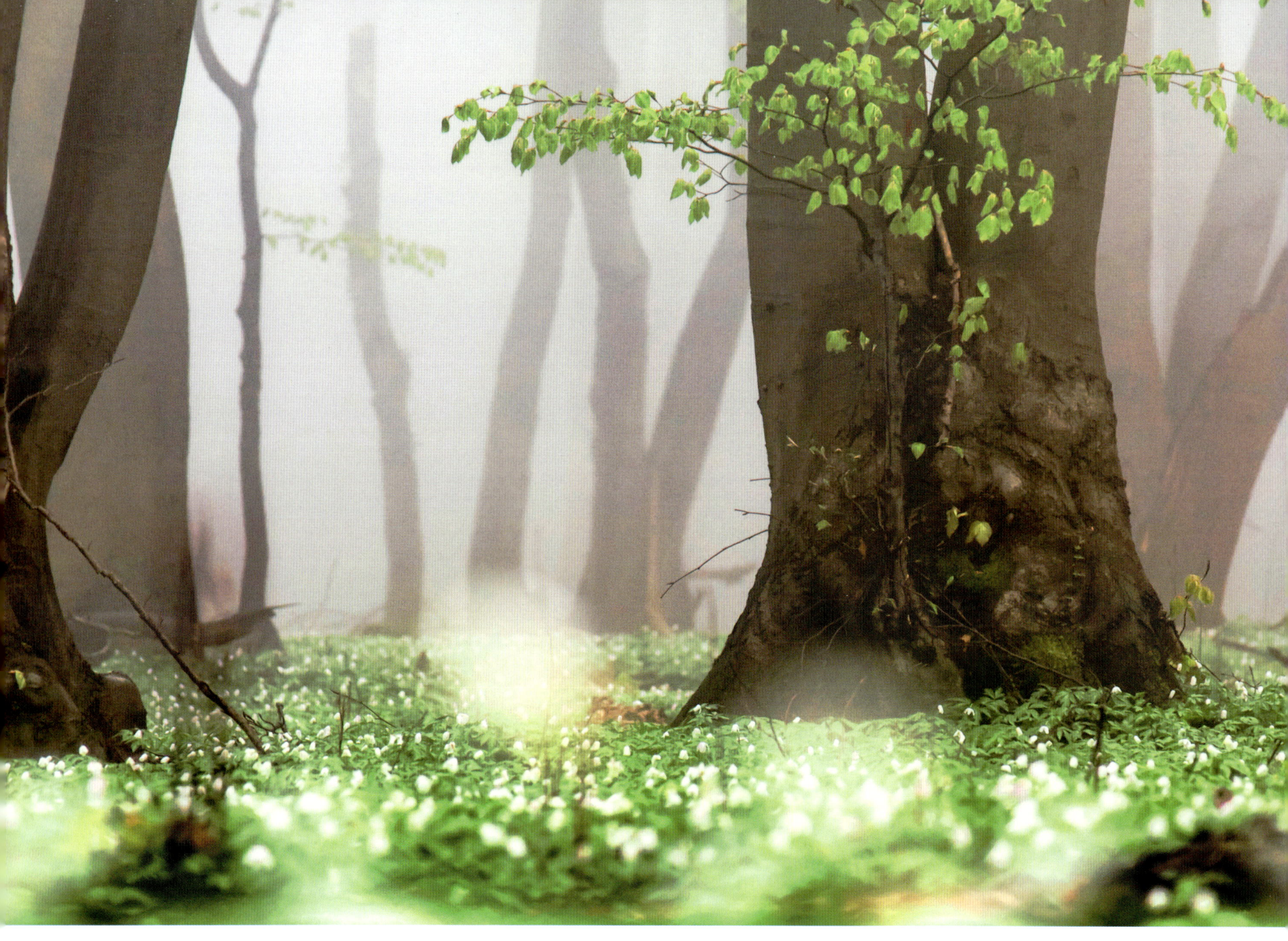

Der Buchenwald der Erpeler Ley mit einem Teppich aus Buschwindröschen.

24–120 mm 1:4 | 120 mm | 1/200 s | f/4 | ISO 640

BÄUME UND **WALD**

Wenn es ein Motiv gibt, das jeder Fotograf in unseren Breiten quasi vor seiner Haustür hat, dann ist es ein Baum. Zwar gibt es nicht überall in Deutschland große, zusammenhängende Waldgebiete, aber es gibt derer einige. Denken Sie nur an den Bayerischen Wald, den Pfälzer Wald, der Harz, den Reinhardswald, den Hainich und viele andere mehr. Befindet sich in Ihrer unmittelbaren Nachbarschaft kein größeres Waldgebiet, finden sich auf jeden Fall kleine Haine, ein Stadtwald oder markante frei stehende Bäume. Bäume durchleben die Jahreszeiten sehr intensiv: mit strahlender Blüte im Frühling, grünend im Sommer, farbig bunt im Herbst und weiß im Winter.

Solitäre und kleine Baumgruppen

Frei stehende Bäume, sogenannte Solitäre, oder kleine Baumgruppen, wie es sie in der Toskana häufig gibt, am besten noch auf einem kleinen Hügel, sind ein dankbares Motiv. Wenn ein Baum frei steht, gibt es weniger andere, störende Objekte. Wenn ich in einer neuen Gegend unterwegs bin, ziehen einzelne Bäume meinen Blick automatisch an. Der Baum kann, je nach Situation, aus verschiedenen Richtungen gegen den Himmel fotografiert werden. Steht er leicht erhöht, können Sie sogar mit dem Goldenen Schnitt und der Bildaufteilung experimentieren. Umrunden Sie den Baum, versuchen Sie wieder, aus verschiedenen Perspektiven und Winkeln zu fotografieren. Probieren Sie auch verschiedene Brennweiten aus. Ein mächtiger Baum aus der Nähe, durch den vielleicht noch die Sonne scheint, ist mit einem Weitwinkelobjektiv fotografiert ein schönes Motiv. Aus einer gewissen Entfernung mit einem Tele fotografiert, ergibt sich wieder eine andere Perspektive.

Mit langen Brennweiten im Wald

Befindet man sich mit der Kamera im Wald, lautet die große Frage: Welche Brennweite nehme ich? In dichtem Wald, vor allem, wenn man Bäume komplett zeigen will, greift man instinktiv zu einem Superweitwinkel – 12 mm an Vollformat. Aber die damit entstehenden Bilder wirken häufig chaotisch, die Bäume werden infolge des Superweitwinkels noch schiefer als normalerweise dargestellt. Mit einem Teleobjektiv fotografierte Ausschnitte wirken gleich viel spannender. Hier greift wieder der Effekt der Verdichtung. Bildebenen kommen näher, die Bäume rücken enger zusammen. Der Wald wirkt damit noch dichter, einzelne Baumriesen im Vordergrund wirken noch bedrohlicher. Probieren Sie selbst verschiedene Brennweiten im Wald aus, der Unterschied auf die Bildwirkung ist enorm.

Im Nebel und nach dem Regen

Nebel und Regen, bzw. kurz nach einem Regenschauer, sind gute Zeiten, um im Wald zu fotografieren. Die Blätter sind schön frisch, das Grün leuchtet. Im Nebel wirken Wälder viel dunkler und mystischer, Details schälen sich durch den trüben Wald. Aber vor allem Farben leuchten im Nebel besonders stark auf.

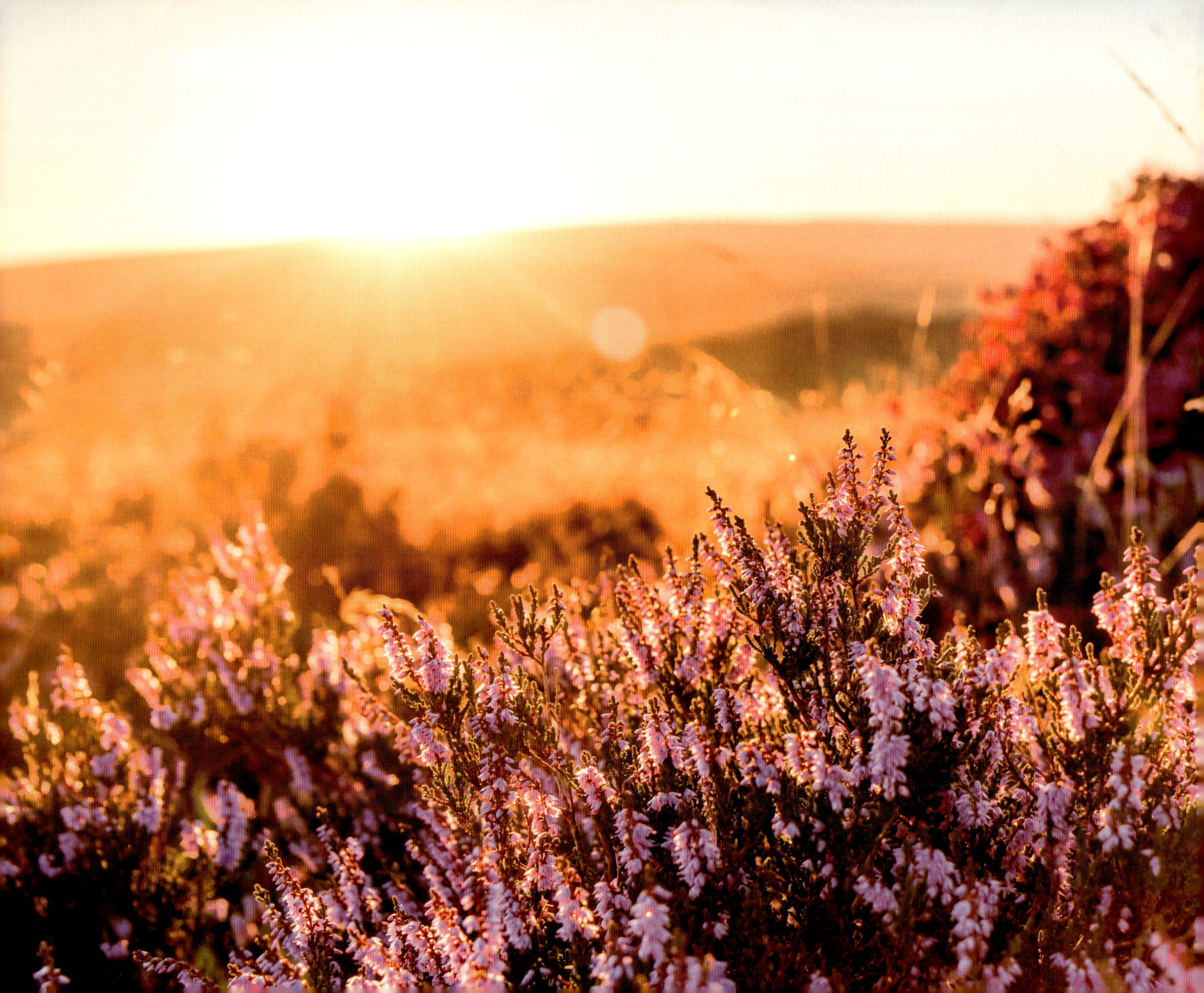

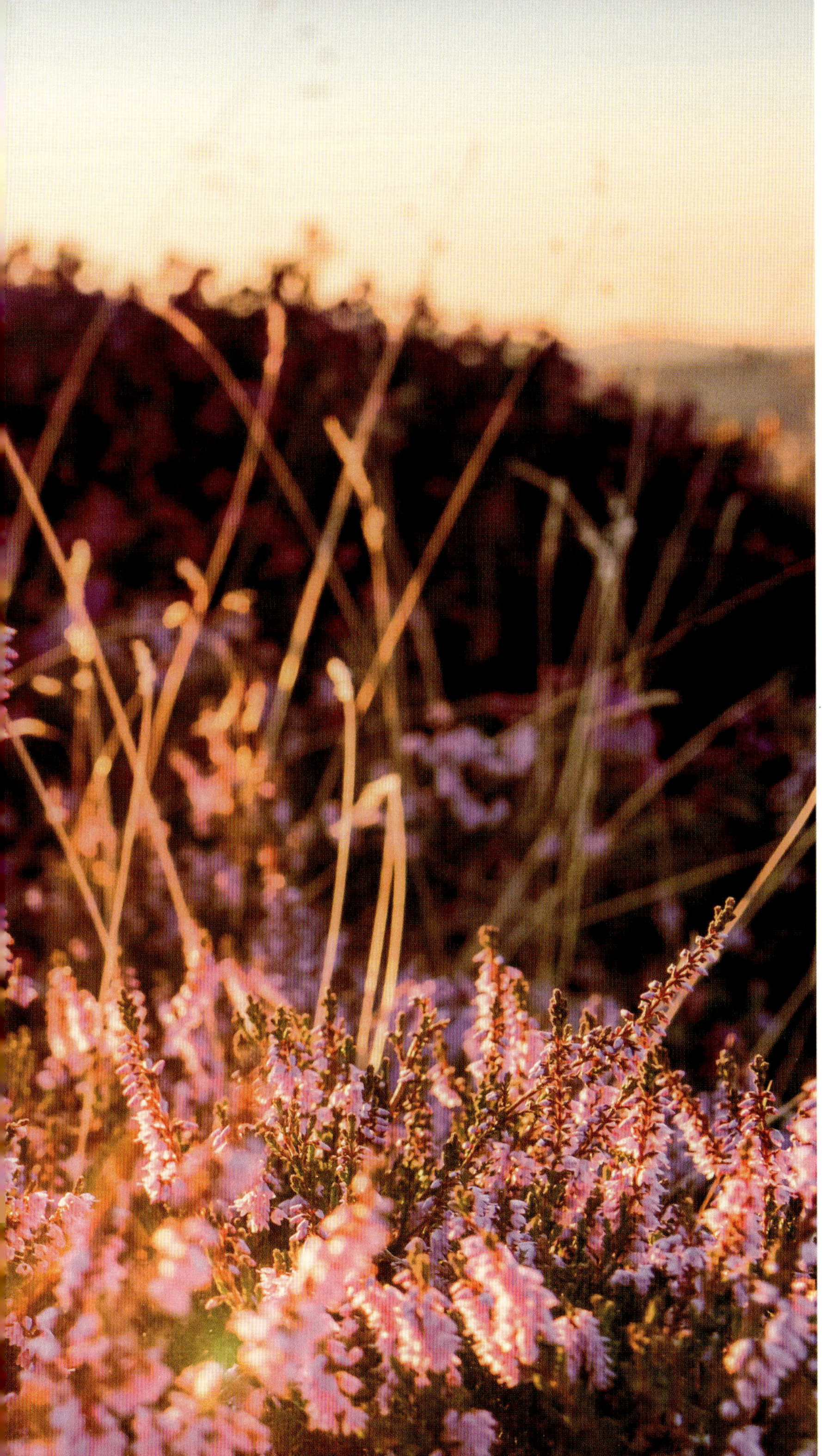

HEIDE UND **MOOR**

Heide und Moorgebiete prägten einst weite Teile Norddeutschlands. Viele Moore sind mittlerweile trockengelegt oder verkleinert worden. Trotzdem gibt es noch einige attraktive Gebiete. Moore gibt es aber nicht nur in der Küstenebene, man findet sie auch in einigen Gebieten in Mittel- und in Süddeutschland. Vielen Fotografen sind diese Landschaften nicht bekannt. Es sind oft kleinere Gebiete, die dazu noch unter Naturschutz stehen.

Heiden sind trockene, karge Landschaften, teils mit Sandböden, teils mit Moorgebieten gemischt. Moore sind sehr feuchte Ebenen, mit dunklem bis schwarzem Torf versetzt und von kleinen Tümpeln geprägt. Moore haben kaum Bewuchs, häufig stehen einzelne Birken im Moor, teilweise sind die Bäume abgestorben. Auch Heiden haben bis auf Sträucher und wenige andere Details kaum Bewuchs. Durch den kargen Bewuchs sind Heide- und Moorgebiete prädestiniert für die Landschaftsfotografie, weil sich dem Fotografen mögliche Hauptmotive wie auf einer Bühne präsentieren.

Heidegebiete sehen im Frühling farblich noch ziemlich mau aus.
Im August hingegen leuchtet die Heide im Dartmoor in violetten Farbtönen.

24–120 mm 1:4 | 40 mm | 1/320 s | f/5.6 | ISO 640

Beide Gebiete verändern im Verlauf des Jahrs ihre Farbe extrem. Im Frühjahr bei viel Regen leuchten sie grün, sonst dominieren braune und monotone Farbtöne. Für beide Gebiete gilt es besondere Zeiten zu beachten. Die Wollgrasblüte findet im Mai statt, wenn im Moor viele weiße Büschel als Farbtupfer und Kontrast in der Landschaft stehen. Die Heide blüht zwischen August und Mitte September. Mein Besuch in der Lüneburger Heide fand Anfang Mai statt, zu dieser Zeit sah die Landschaft noch sehr grau aus. Zur Heideblüte leuchtet das Heidekraut in sattem Violett. Diese Zeit sollten Sie nicht verpassen.

In einigen Moorgebieten sind Stege als Weg verlegt worden. Besucher sollen diese Wege zu ihrer eigenen Sicherheit nicht verlassen. Ehe man sich versieht, ist man schnell bis zu den Knien in schwarzer morastiger Erde versunken. Diese Wege sind aber auch ein schönes Motiv, das als Leitlinien im Bild genutzt werden kann. Und zu guter Letzt sind Heide und Moore auch ein Eldorado für Tierfotografen.

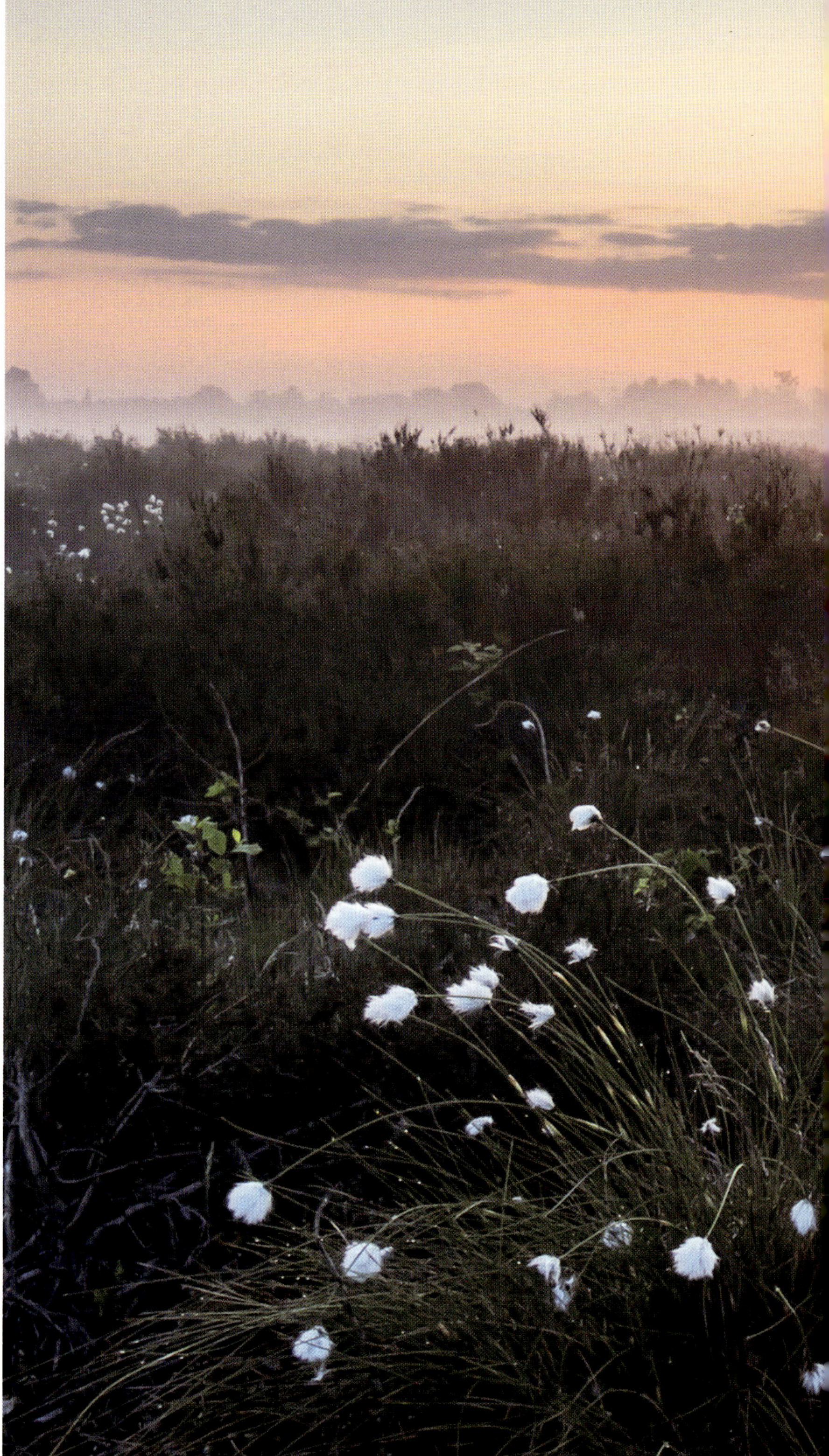

Die feuchten Moorgebiete sollten Sie vor allem frühmorgens besuchen. Zu Sonnenaufgang steigt über der feuchten Erde Bodennebel auf. Das ergibt ein unglaublich weiches Licht und eine zauberhafte Stimmung. Sonnenaufgang mit Bodennebel im Recker Moor.

18–50 mm 1:2.8 | 23 mm | 1/20 s | f/9 | ISO 100

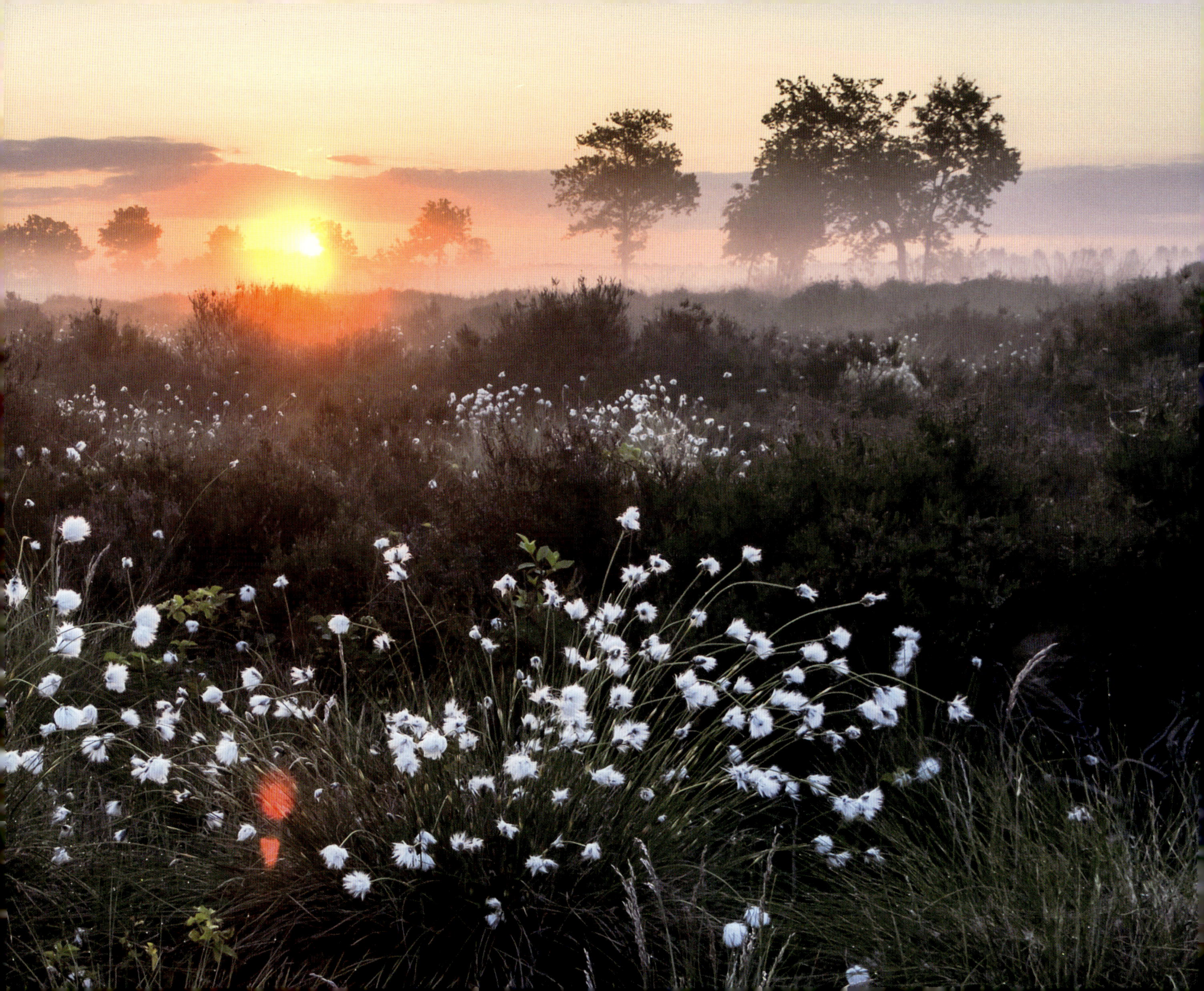

HÜGELLANDSCHAFTEN

Die Toskana und insbesondere das Val d'Orcia ist eine der bekanntesten Hügellandschaften Europas. Die ganze Gegend besteht aus sanften, leicht geschwungenen Hügeln, auf denen mal ein Baum, mal eine kleine Ortschaft thront. Wenn abends tiefe Sonnenstrahlen die Hügel anleuchten, wirken diese fast plastisch, gleich den Proportionen eines üppigen Models. Hier ergibt sich eine Vielzahl von Fotomotiven. Beinahe jeder Blick zeigt ein interessantes Motiv. Für alle, die sich nicht von heute auf morgen in die Toskana aufmachen können, bietet aber auch Deutschland mit seinen Weinbergen in Rheinhessen, mit der Mainschleife oder mit der Lüneburger Heide gute Alternativen.

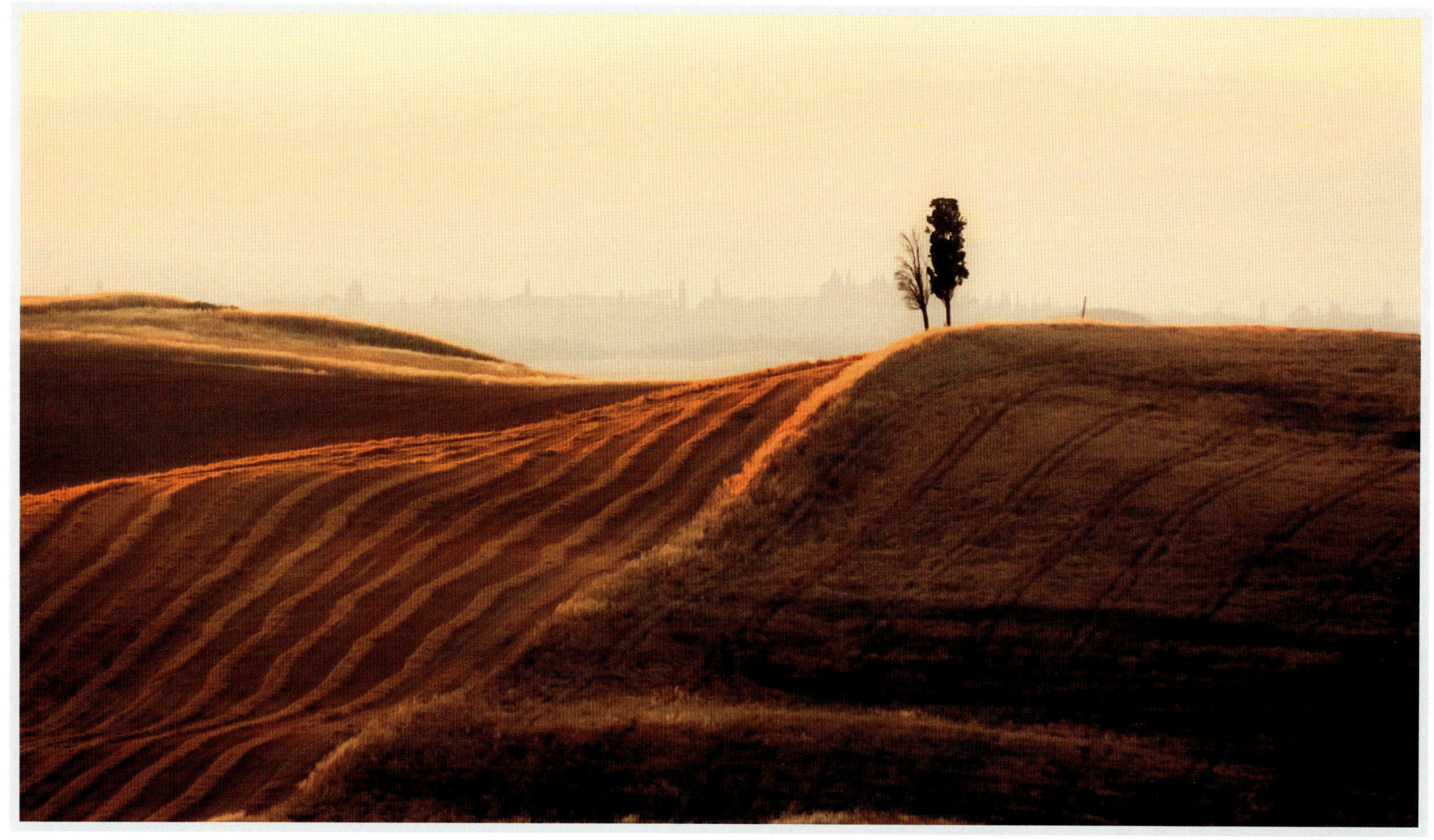

Zypressen im Val d'Orcia, Toskana.

80–200 mm 1:2.8 | 200 mm | 1/570 s | f/4 | ISO 250

ALPINES **GEBIRGE**

Mythos Hochgebirge, der besonders auf Flachländer eine unglaubliche Faszination ausübt. Ich selbst komme aus einer Mittelgebirgslandschaft und eine Fahrt durch das alpine Hochgebirge empfinde ich immer noch als faszinierend und etwas ganz Besonderes. Gewaltige Gipfel, steile Felsen und Schluchten, ein schneller Wetterwechsel, Schatten und Licht, all das gilt es, im Bild festzuhalten. Kontrastunterschiede können vor allem bei Gipfeln, die teilweise mit Schnee bedeckt sind, und starker Sonne immens sein. Hier hilft gegebenenfalls ein Verlaufsfilter, oder Sie müssen es mit einer HDR-Belichtungsreihe versuchen.

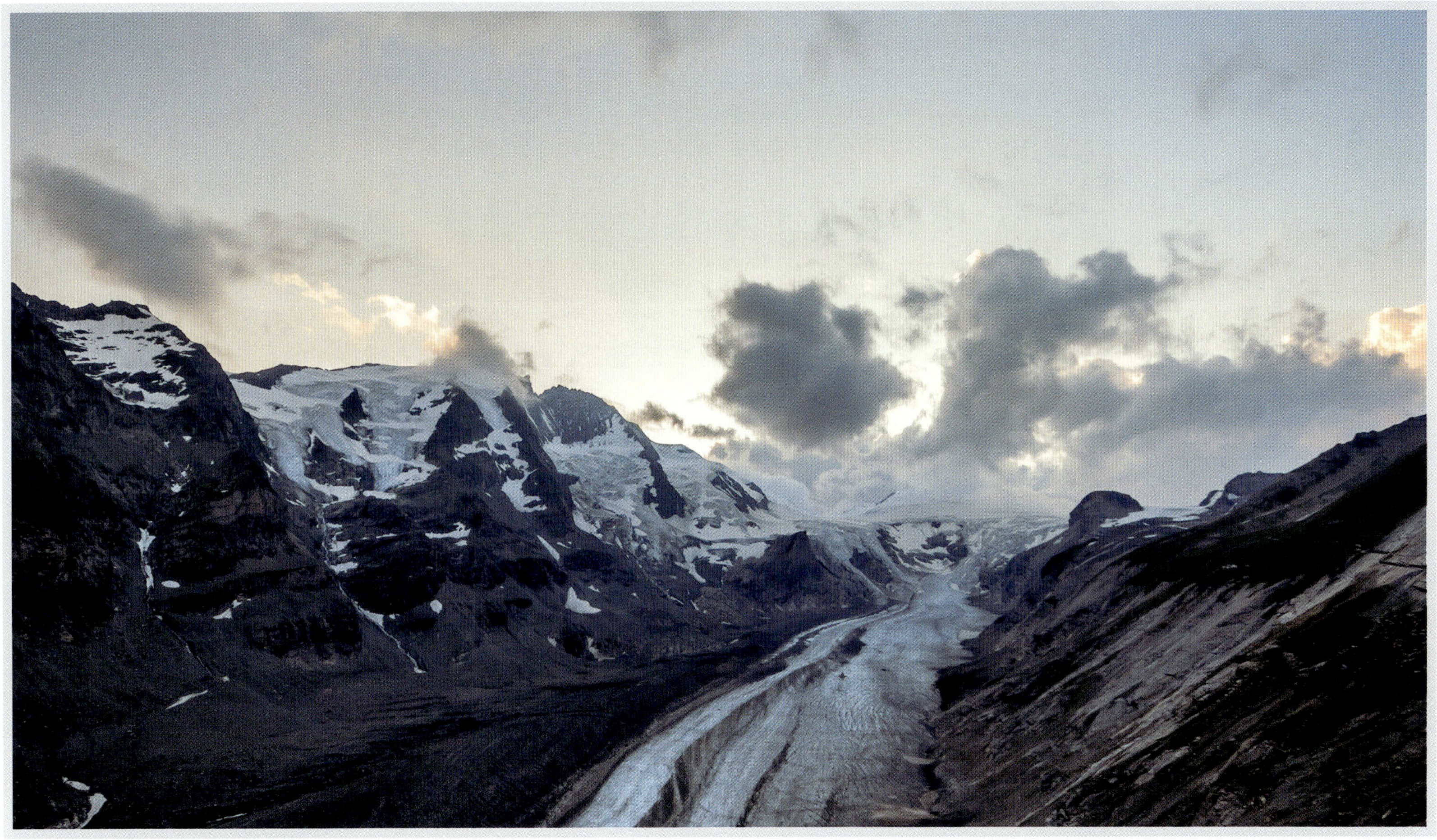

Der Pasterze-Gletscher am Großglockner.

10–20 mm 1:4–5.6 | 13 mm | 1/20 s | f/6.3 | ISO 100

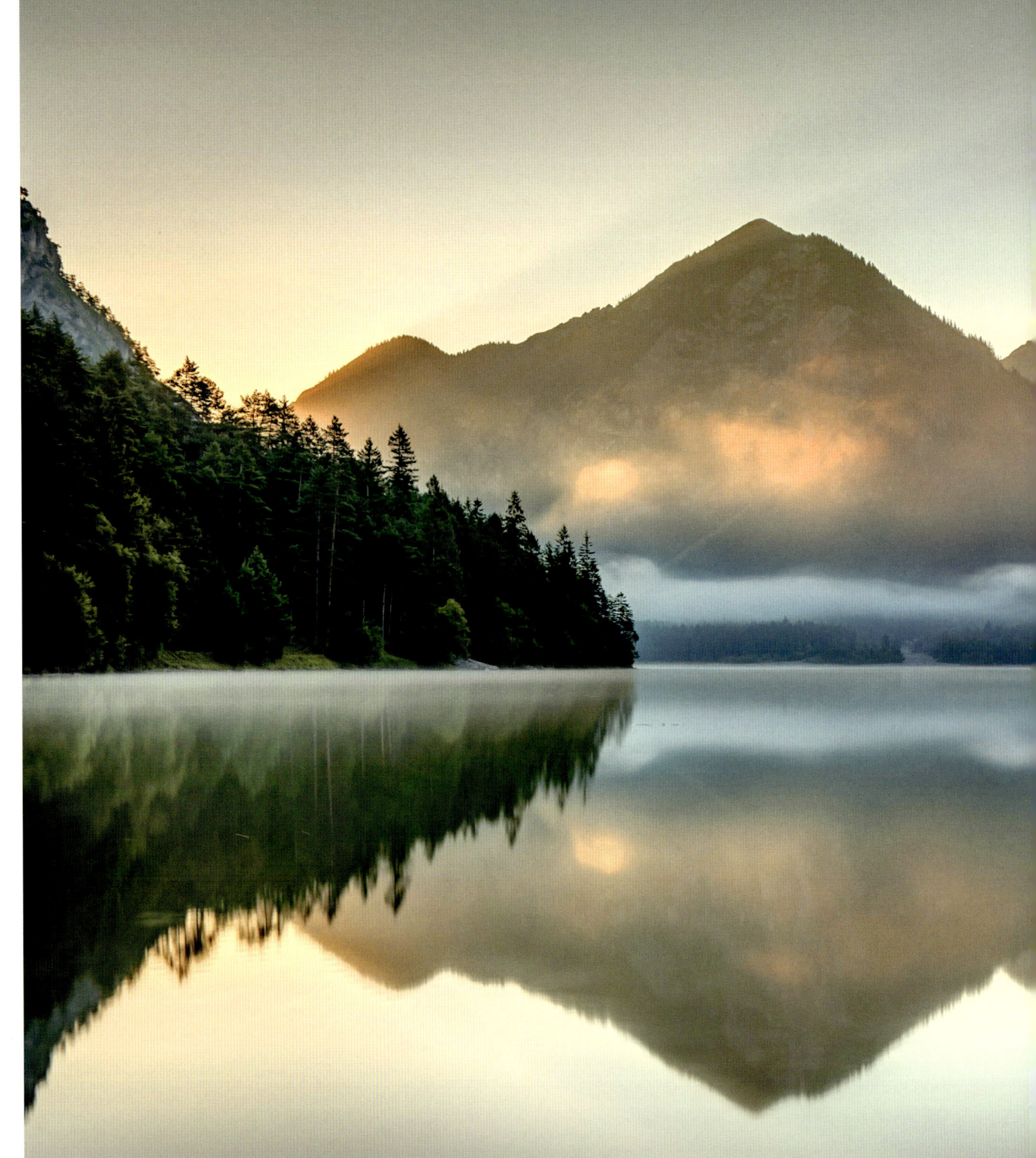

Von Bodennebel getragener Sonnenaufgang am Heiteranger See.

24–120 mm 1:4 | 38 mm | 6 s | f/7.1 | ISO 100

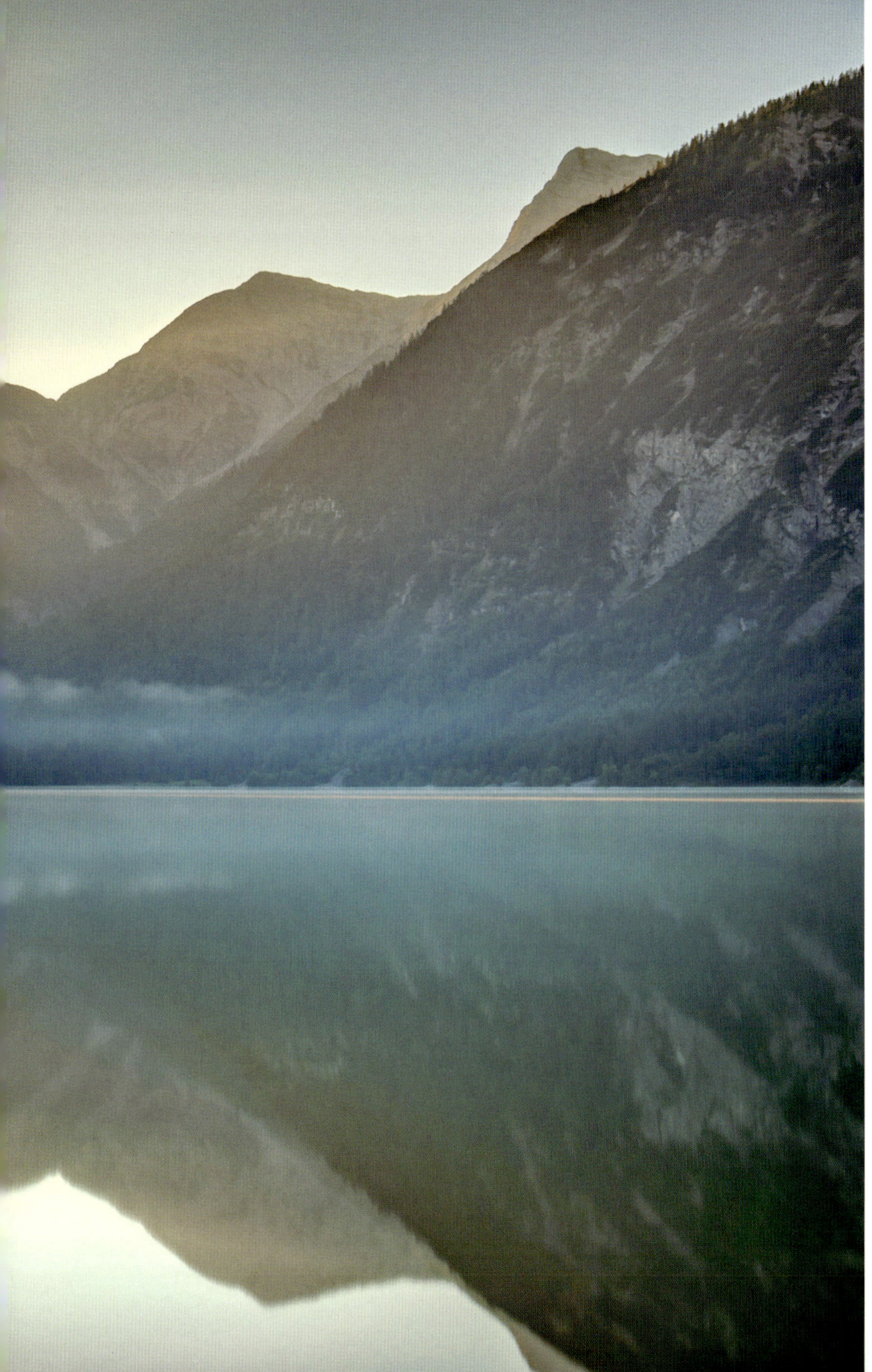

Blickwinkel, Standpunkte und Sichtweisen

Direkt von unten, mit einem Weitwinkel steil nach oben fotografiert, schrumpfen die Gipfel gewaltig. Ein großer Berg verliert etwas von seiner Magie. Falls möglich, sind ein gewisser Abstand zum Berg und ein etwas höherer Standpunkt zu empfehlen. Dadurch werden auch beim Einsatz eines Weitwinkels die Proportionen weniger verzerrt. Ein empfehlenswerter Standpunkt ist ein See. Entweder dient der See als homogener Vordergrund, oder Sie nutzen ihn als eine Art Spiegel. Kleine Steine oder Objekte eignen sich wieder als Verschönerung des Vordergrunds.

Wie bei jedem Objekt sind neue Sichtweisen interessant. Der erhöhte Blick von einem Gipfel ist etwas Besonderes. Leicht nach unten fotografiert oder auf gleicher Höhe entstehen Bilder, die man nicht so häufig sieht. Das Problem ist natürlich, an einen passenden Standort zu kommen, insbesondere für Nicht-Bergsteiger.

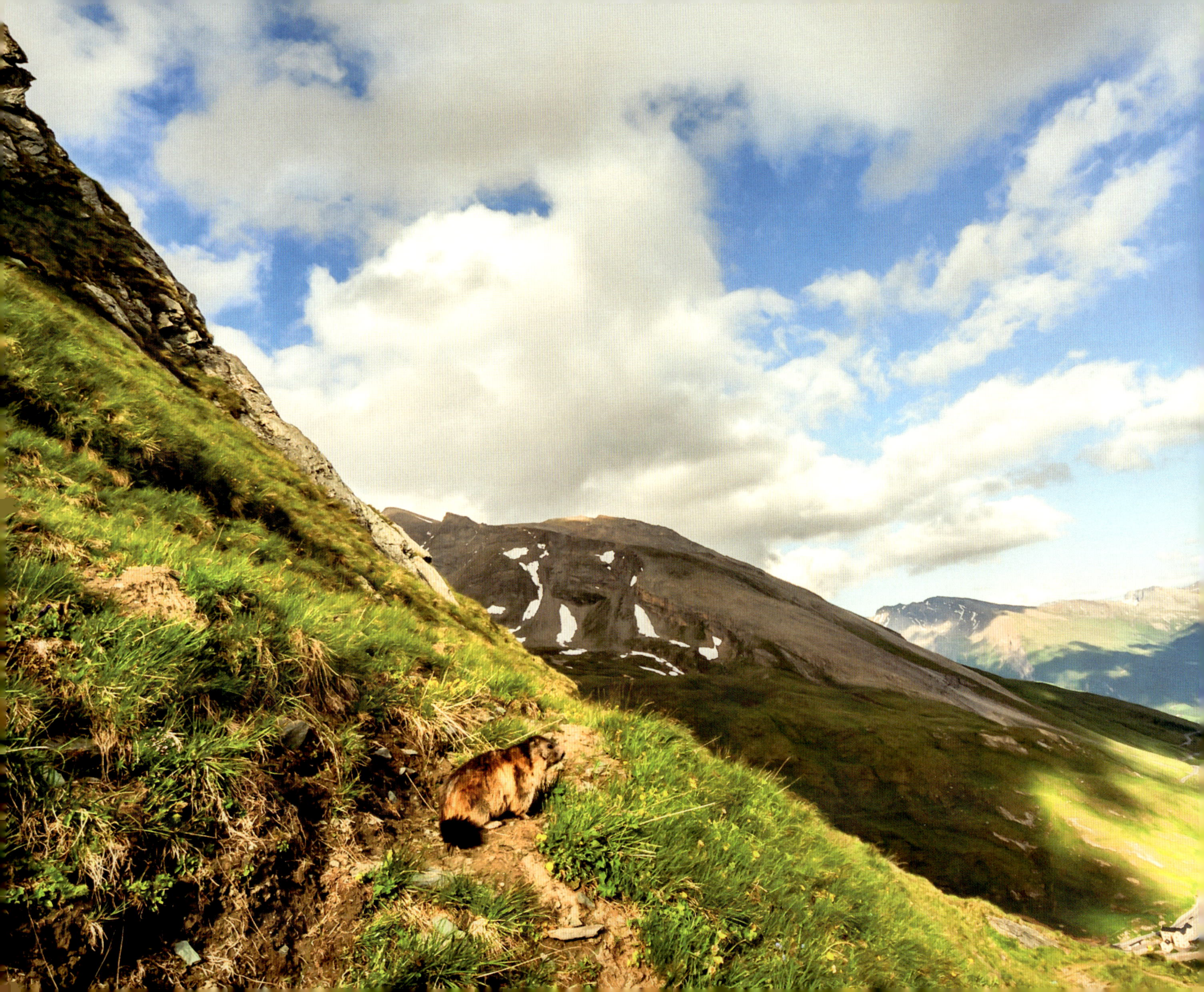

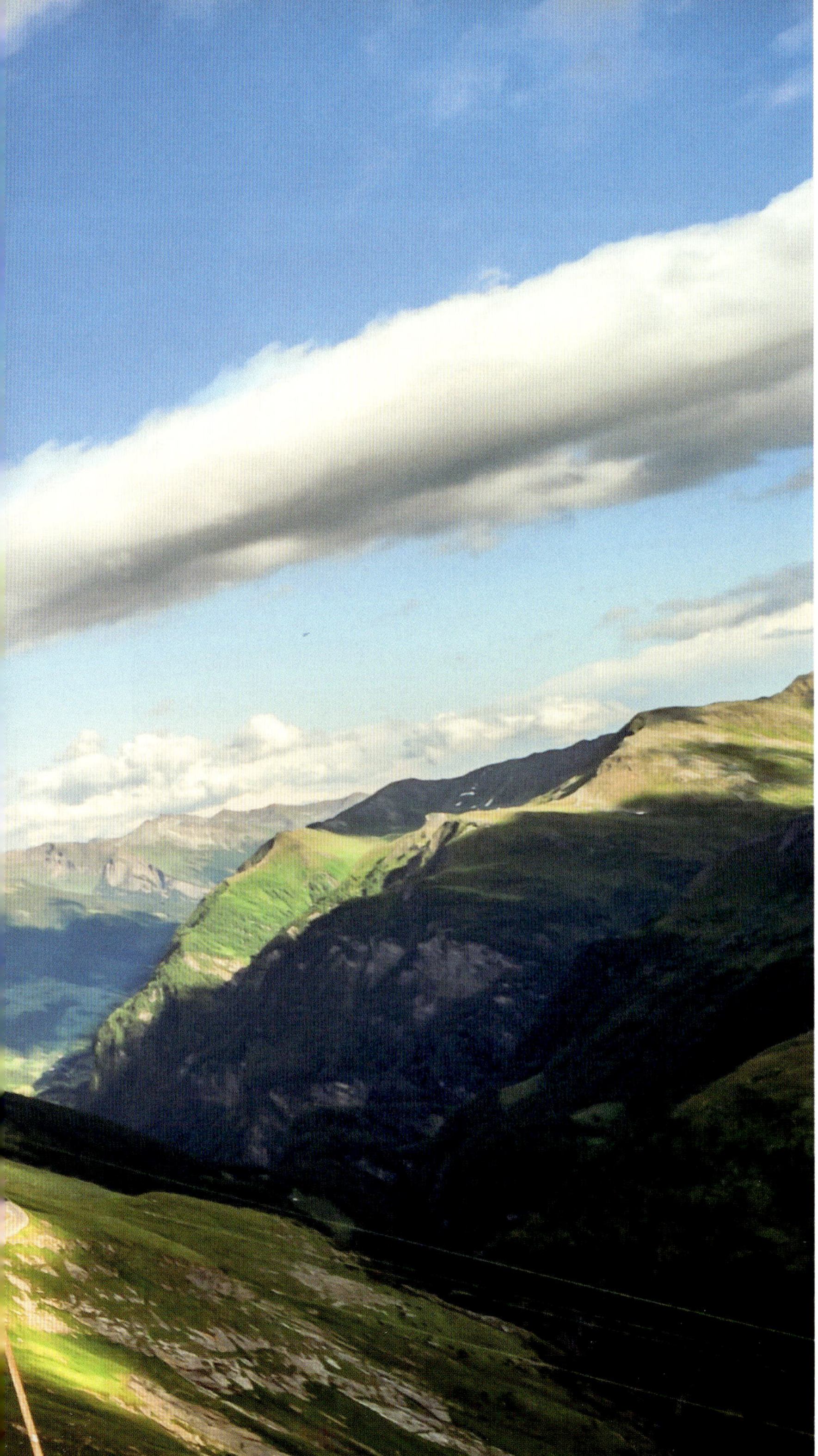

In den österreichischen Alpen ist die Großglockner Hochalpenstraße einen Besuch wert. Auf knapp 2.400 Meter Höhe führt sie zur Kaiser-Franz-Josefs-Höhe, gegenüber dem Großglockner. Dort lässt sich eine Vielzahl von Motiven aus hoher Position fotografieren. Neben der Pasterze, dem größten Gletscher Österreichs, ist dies ein Topspot, um Murmeltiere vor die Linse zu bekommen. Mit etwas Glück gibt es sogar Gämse oder Steinböcke zu sehen.

Murmeltiere nahe der Großglockner Hochalpenstraße.

12–24 mm 1:4.5–5.6 | 12 mm | 1/640 s | f/8 | ISO 500

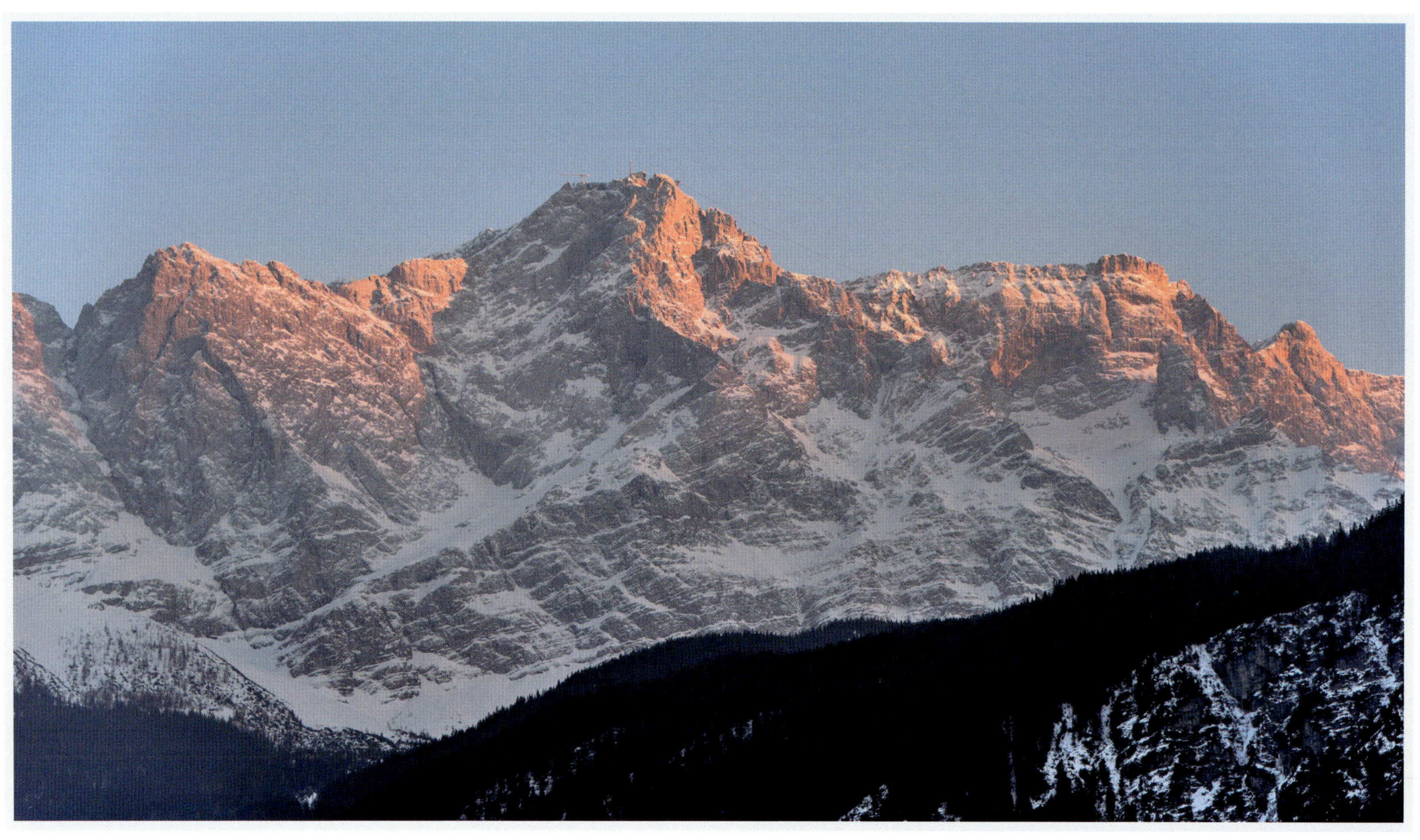

Die letzten Sonnenstrahlen lassen das Wettersteingebirge erleuchten.

24–120 mm 1:4 | 65 mm | 1/200 s | f/4 | ISO 200

Alpenglühen und andere Lichter

Im alpinen Hochgebirge beginnt je nach Winkel zur Sonne morgens oder abends das Glühen der Berge, auch Alpenglühen genannt. Die tief stehende Sonne strahlt die Gipfel in gelben und mit dem letzten Licht in roten Farben an. Bei passendem Wetter sollten Sie sich rechtzeitig an einem guten Fotospot einfinden. Die Sonne muss nicht direkt gegenüberstehen, schräges Licht erzeugt schöne plastische Schatten. Der farbige Schein wirkt sich natürlich auf graue oder schneebedeckte Berge viel stärker aus.

Falls Sie eine tiefe Schlucht oder einen Canyon in der Nähe haben, können sehr interessante Bilder entstehen, wenn die Sonne genau zwischen den Felswänden einfällt.

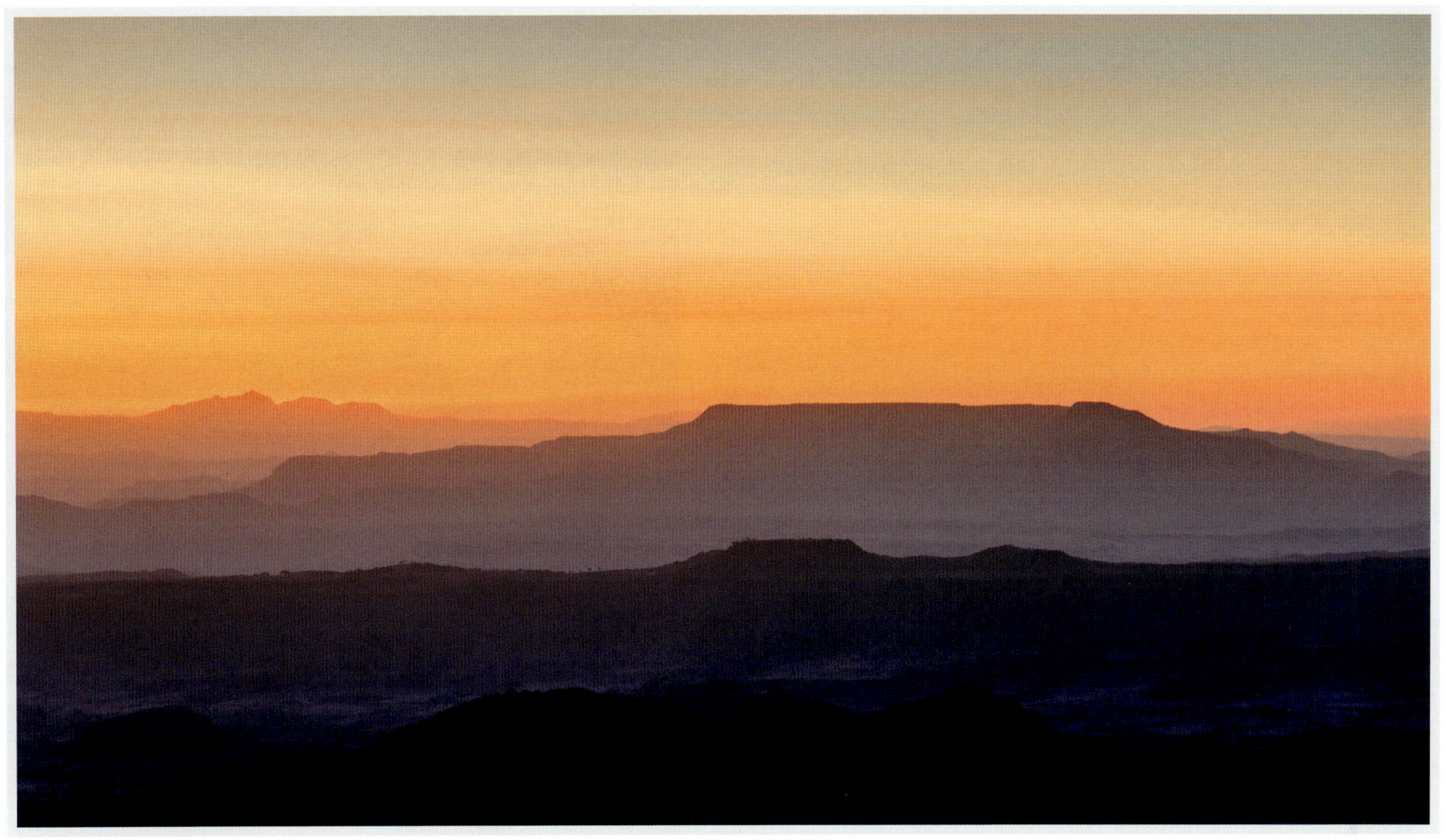

Blick über den Tellerrand nach Afrika. Verdichtete Bergwelt bei Lalibeba in Äthiopien.

24–120 mm 1:4 | 120 mm | 1/2 s | f/5 | ISO 320

Berge verdichten

Ein weiterer schöner Effekt entsteht wieder beim Einsatz von Telebrennweiten, besonders zur Blauen Stunde. Das Verdichten von Bildebenen ist ein Effekt, der besonders in vielen Mittelgebirgen einfach umzusetzen ist. Dabei müssen Sie sich wieder an einer leicht erhöhten Stelle befinden, und die Berge müssen ähnliche Höhen aufweisen.

In den Alpen gibt es teilweise größere Höhenunterschiede. Auch die Form der Gipfel ist teilweise sehr individuell. In den Mittelgebirgen haben Berge eher eine gleichförmige Hügelform, so kann als Gestaltungsmerkmal ein Muster aus gleichen Kuppen aufgebaut werden. Das Auge wird von diesen Wiederholungen von Bergkuppen beruhigt.

FLÜSSE UND **WASSERFÄLLE**

Flüsse sind dauernd in Bewegung, Flüsse sind im Fluss. Der Wasserstand und die Breite eines Flusses sowie seine Farbe ändern sich. Sie verändern damit die Landschaft. Der Rhein kann z. B. in trockenen Monaten direkt im Flussbett fotografiert werden und damit einmalige Bilder ermöglichen. Es lohnt sich, Flüsse und Wasserfälle mehrmals im Jahr anzufahren. Falls ich direkt von der Wasserlinie aus fotografiere, suche ich häufig den typischen Dreier-Aufbau: Steine oder Riffe im Vordergrund, gegebenenfalls schon im Wasser, dann kommt die Wasserebene, und im oberen Drittel folgt der Horizont.

Der Lauf des Flusses

Egal, ob Flüsse oder Bäche, beide schmiegen sich in eine Landschaft und dominieren das Bild. Achten Sie beim Bildaufbau darauf, den Lauf des Wassers harmonisch ins Bild einzubauen. Falls möglich, ist ein erhöhter Standort vorteilhaft. Ich bin froh, dass es an Rhein und Mosel viele Aussichtspunkte gibt, sodass man den Lauf des Flusses eindrucksvoll zeigen kann. Übrigens: Einige Flussschleifen an Rhein und Mosel sind so breit, dass man Superweitwinkelobjektive nutzen muss, um sie komplett aufzunehmen.

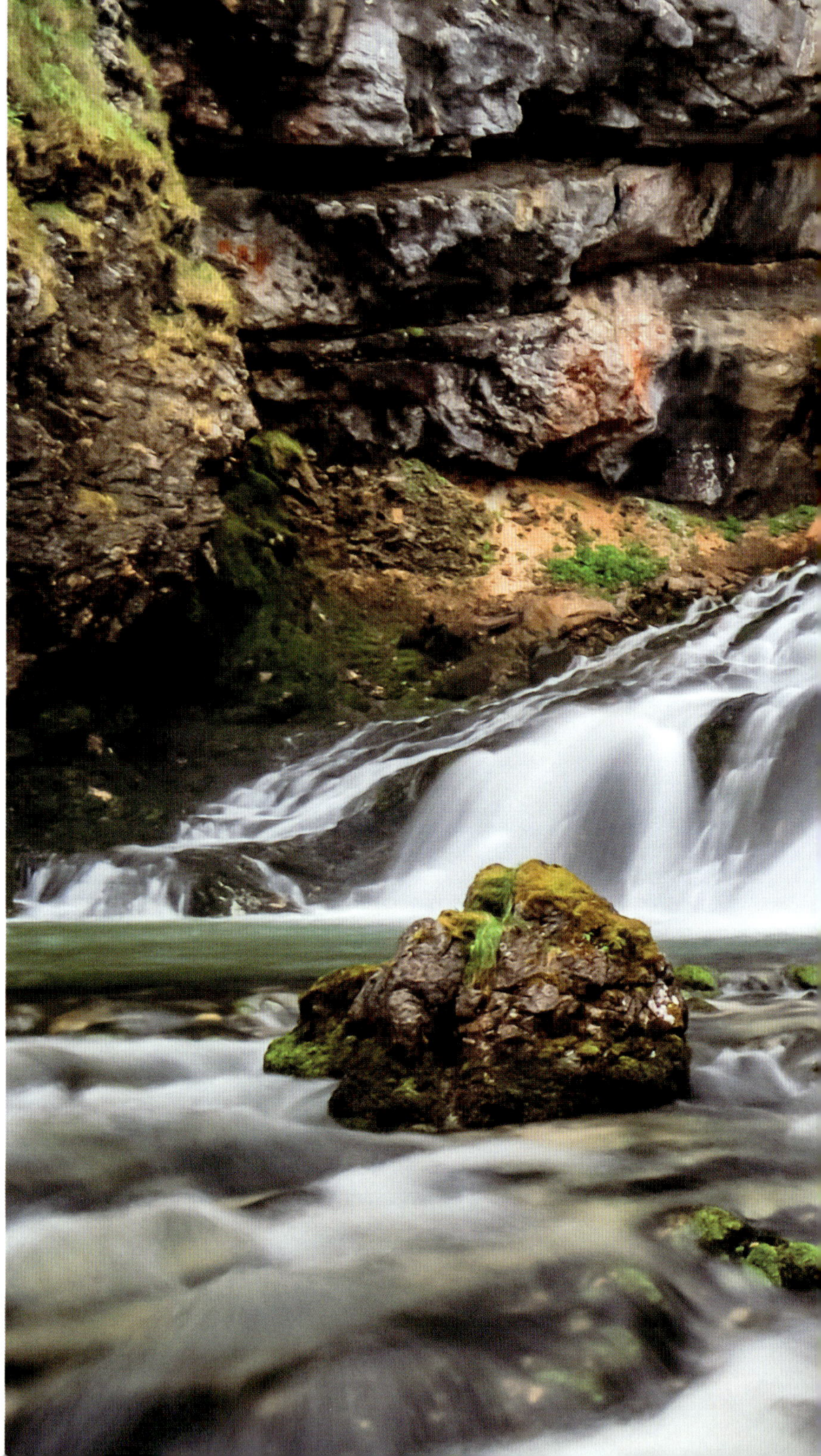

Das Wasser des Gollinger Wasserfalls in Österreich wird schon bei einer Belichtungszeit von einer Sekunde zum weißen Band.

10–20 mm 1:4–5.6 | 10 mm | 1.10 s | f/13 | ISO 100

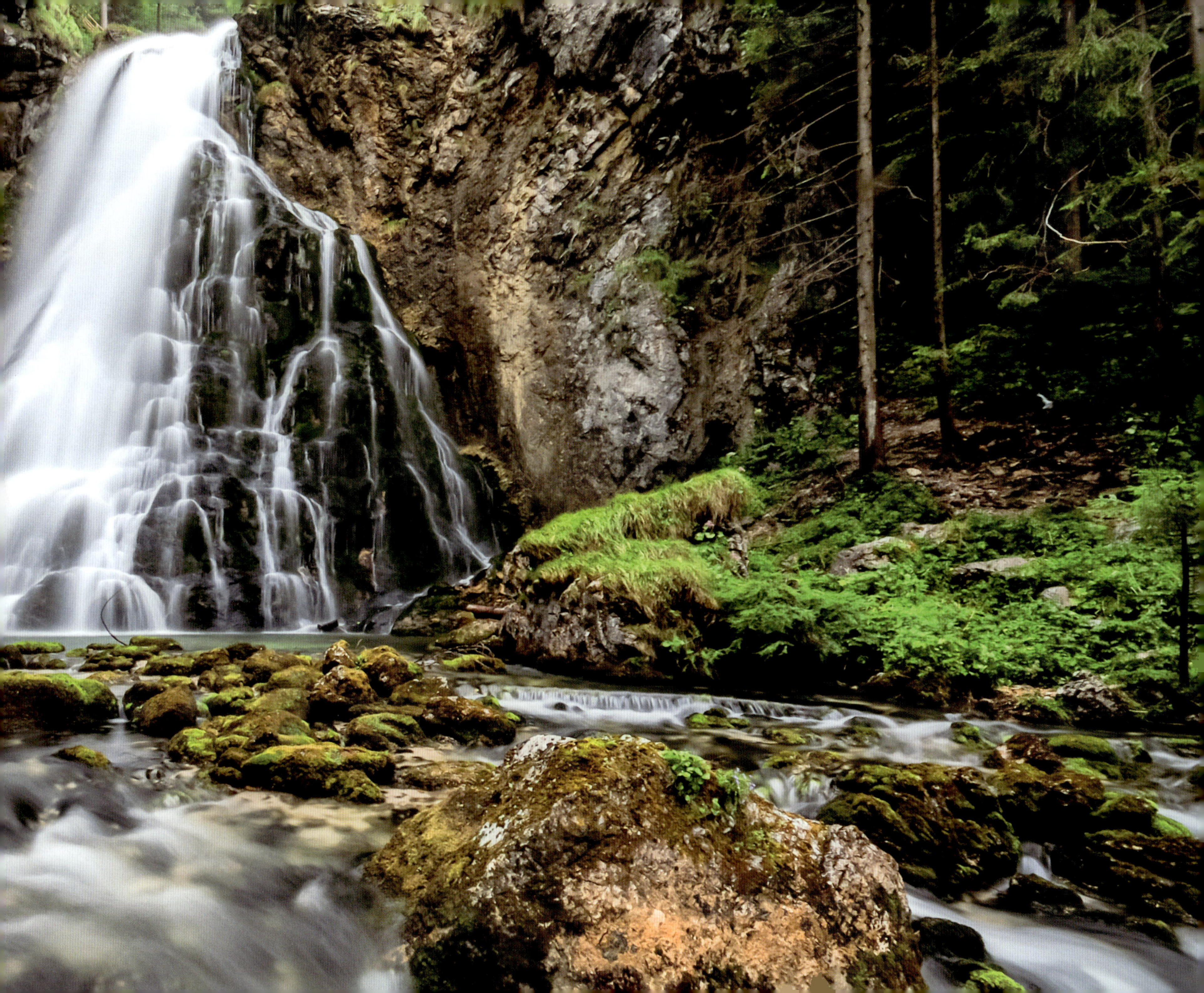

Wasser mit langer Belichtungszeit

An Flüssen und Wasserfällen lohnt sich wieder der Einsatz von Graufiltern oder das Abblenden. Wellenstrukturen wirken häufig unruhig. Wird lange genug belichtet, ändert sich die Struktur eines Flusses zu einem verbindenden Band. Abends kann aus einem unansehnlichen braunen Fluss ein blaues Band werden. Die dafür benötigte Zeit hängt von verschiedenen Faktoren ab. Ein schneller Wasserfall kann schon bei einer Belichtungszeit von einer Sekunde zu einem Band werden. Bei einem breiten, langsamen Fluss werden teilweise über 20 Sekunden benötigt.

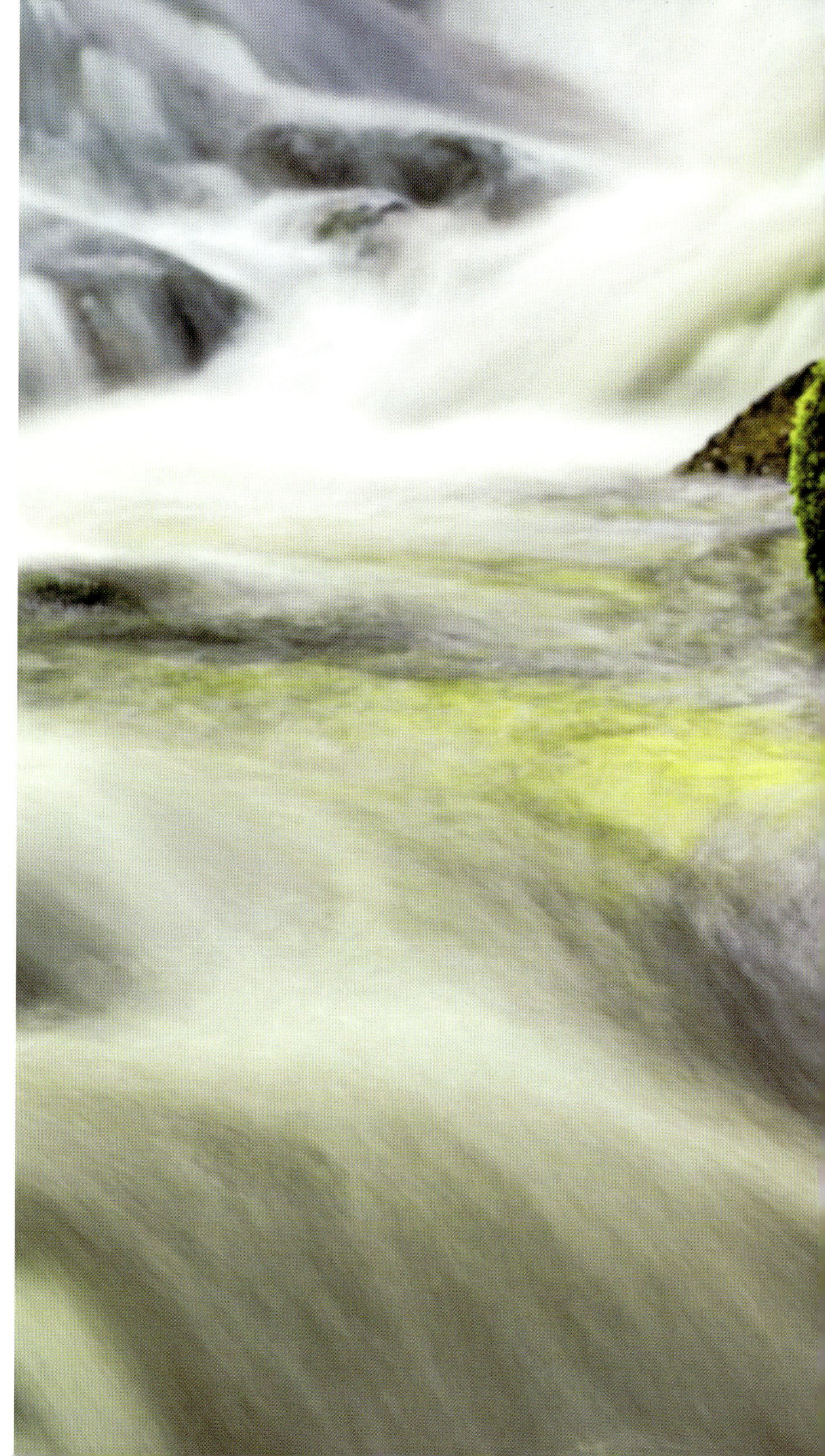

Vor allem Wasserfälle und kleine Bäche im Wald sind häufig chaotisch, sie haben eine Vielzahl von Objekten wie Steine, Blätter, Äste und Bäume um sich herum. Falls Ihnen eine Szene zu unruhig ist, wechseln Sie die Brennweite. Verdichten Sie mit einem Teleobjektiv den Ausschnitt und blenden Sie unruhige Objekte aus, wie hier beim Grobbach im Schwarzwald.

24–120 mm 1:4 | 95 mm | 1.30 s | f/14 | ISO 50

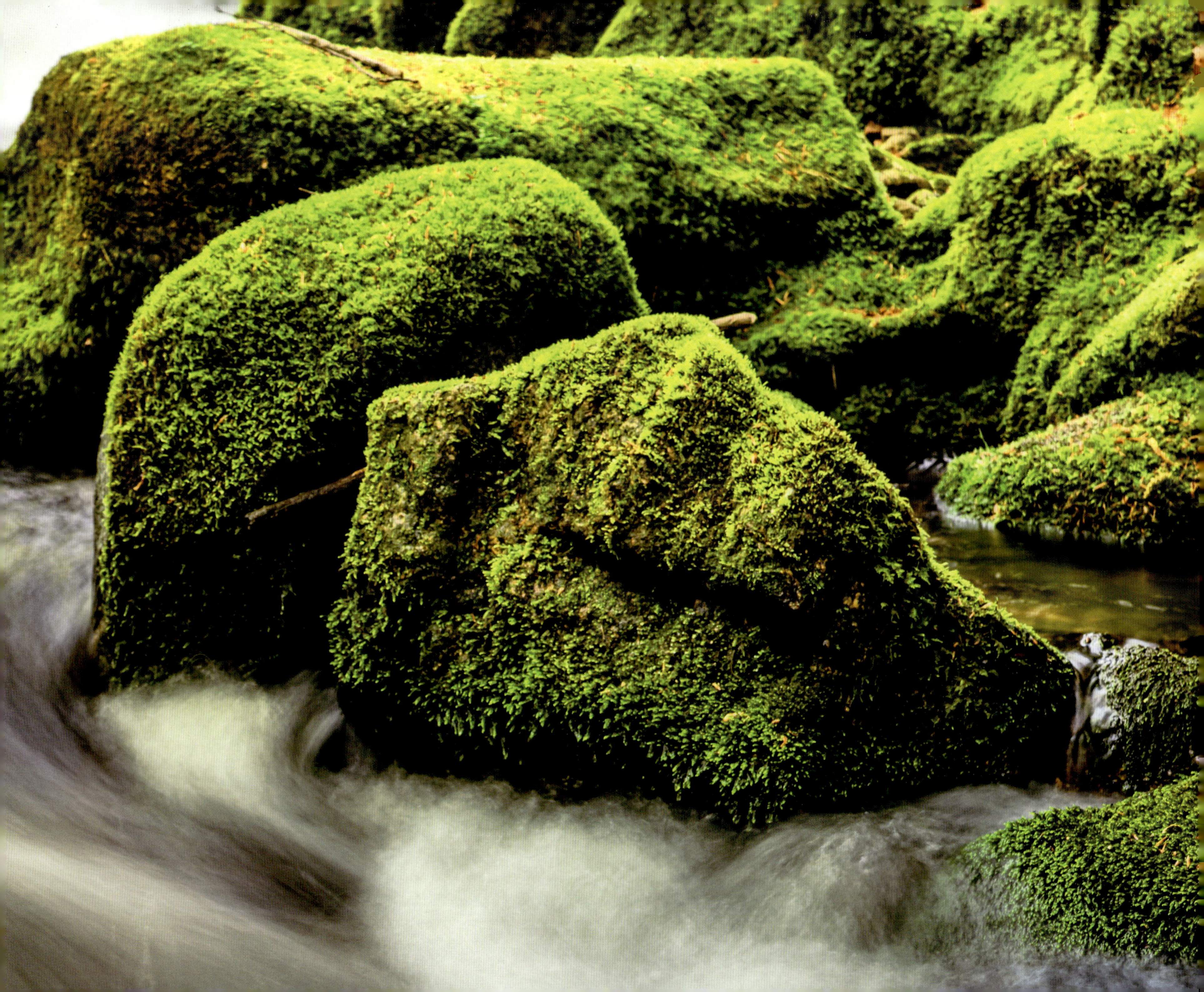

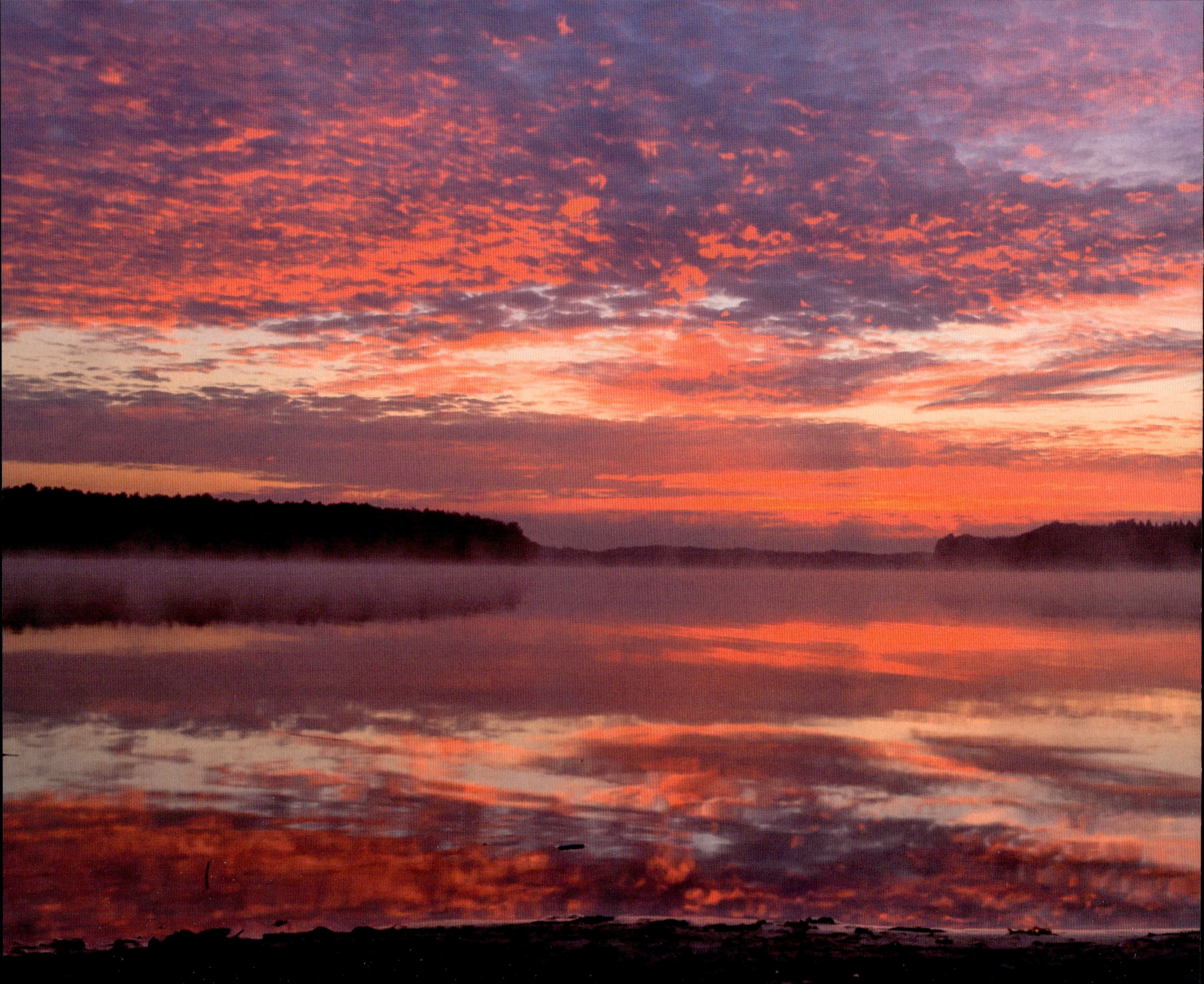

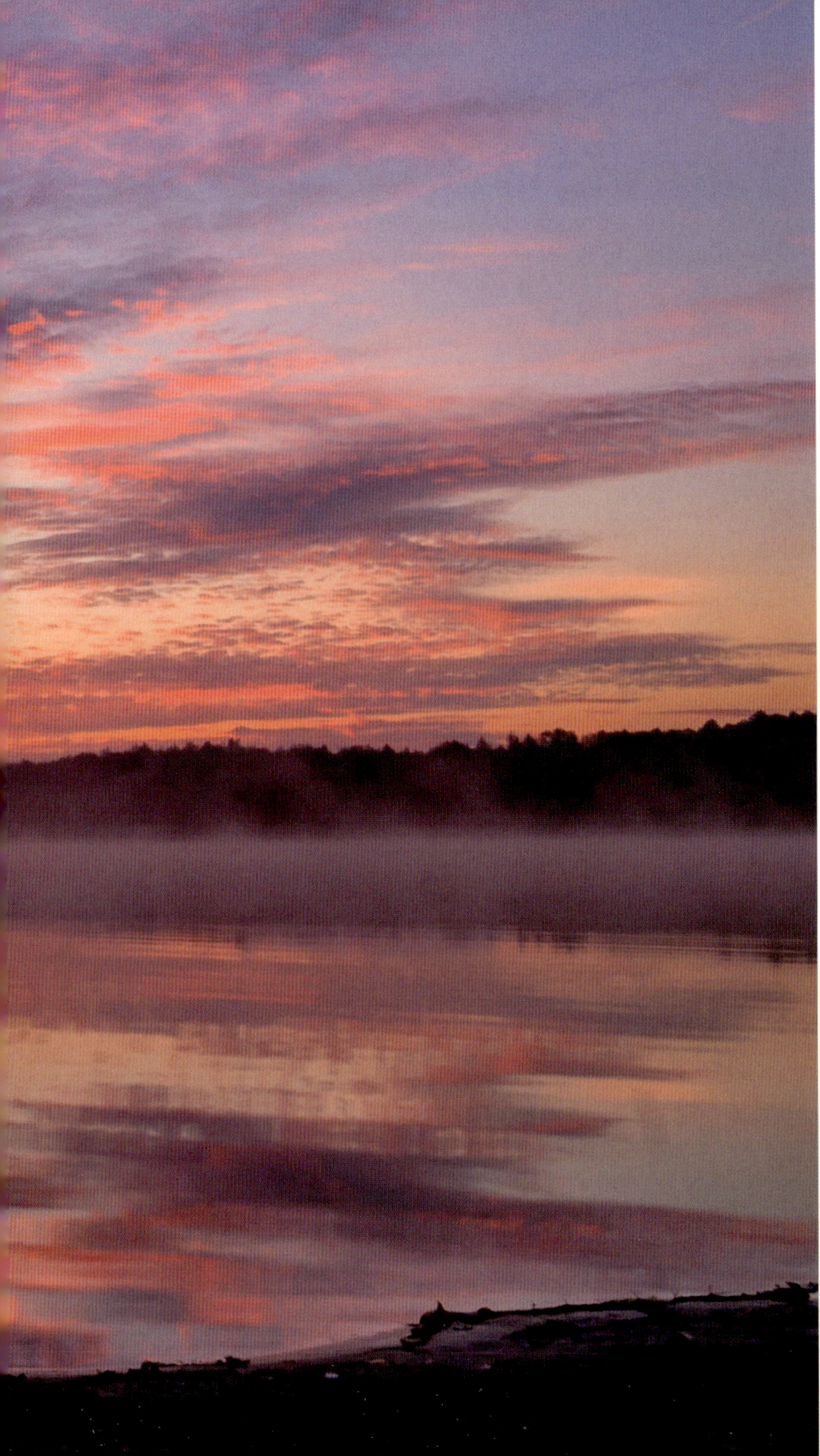

SEEN

Zwar nennt man den Bodensee auch das »Schwäbische Meer« und es gibt einige sehr große Seen, doch Seen weisen gravierende Unterschiede zum Meer auf. Ein See und vor allem kleinere Seen sind viel ruhiger als das Meer und teilweise spiegelglatt. Deshalb kann hier gut mit Spiegelungen experimentiert werden. Ich arbeite bei solchen Motiven auch gern mit dem Horizont genau in der Mitte, statt mit einem Goldenen Schnitt. Beide Bildhälften sind gleich wichtig im Bild. An einem See kann auch ein Polfilter genutzt werden, um die Reflexion des Wassers zu mindern oder ganz zu entfernen. Man kann dann den Grund sehen oder verstärkt als Gegensatz die Spiegelung.

Das Drumherum eines Sees ist aber häufig viel unruhiger als beim Meer. Oft fehlt der leere Horizont, irgendetwas ist gegenüber der Kamera immer zu sehen. Fotogene Berge hinter einem See sind wunderschön, ein unruhiger Hintergrund hingegen ist schwerer ins Bild zu integrieren. Auch die Ränder oder der Vordergrund eines Sees sind häufig unruhiger. Verschiedene Pflanzen, Bäume und Erden sind charakteristisch für viele Seen. Ein homogener feiner Sandstrand ist selten, eher prägt Schlamm den Vordergrund. Dann ist mehr Mühe angesagt, um aus dem natürlichen Chaos ein ruhiges Bild entstehen zu lassen.

Linien und Struktur ins Bild bringen

Wie auch beim Meer sind Objekte wie ein langer Steg, der ins Wasser ragt, wunderschöne Motive, um Linien und Struktur ins Bild zu bringen. Probieren Sie beim Fotografieren eines Stegs wieder alle Varianten aus: Quer- und Hochformat, niedrige, mittlere und hohe Aufnahmepositionen.

Der Templiner See mit einem wunderschönen roten Sonnenaufgang und Nebelstimmung. Leider ist der Vordergrund matschig, auch die Baumlinie gegenüber ist unruhig. Das Bild ist nicht spektakulär, obwohl der Himmel einmalig ist.

17 mm | 1/5 s | f/16 | ISO 80

MEER

Die Fotografie von Küsten und vom Meer wird gern auf flache Strandbilder und Sonnenuntergänge reduziert. Meere sind die größte Landschaft unseres Planeten. Zwei Drittel des Planeten Erde wird vom Wasser, den Gezeiten und der dahinterstehenden Kraft geprägt. Wind und Wetter sind hier in einem steten Wandel. Ozeane und Meeresküsten bieten eine unglaublich Vielfalt von Stimmungen und Emotionen. Das Meer steht für Strand, heiße Tage, Urlaub und Spaß. Es steht auch für Weite, für Herausforderungen und spricht den Entdecker in uns an. Ruhige Meerbilder wirken hingegen fast monoton und sind Balsam für die Seele. Sonnenuntergänge am Strand wecken den Romantiker in uns. Ozeane stehen aber auch für düstere Stimmungen, Gefahr und Dunkelheit. Die Nordfriesen prägten den düsteren Begriff »Blanker Hans«, für die Stürme und weiße Gischt, die sich das Land wiederholen. Schiffsuntergänge, Wracks und die Angst vor dem Meer gehören auch dazu.

Nur Sand, Wasser und Himmel

Strände, die aus purem Sand bestehen und keine Steine oder andere Objekte als Bereicherung haben, sind eine Herausforderung. Dort gibt es im Grunde nur Sand, Wasser und den Himmel. Solche Motive können schnell uninteressant werden. Es bietet sich an, mit unterschiedlichen Wellenstrukturen und Wetterbedingungen zu arbeiten. Je nach Wolkenkonstellation ergeben sich unterschiedliche Stimmungen. Am Meer fotografiere ich viel mit Weitwinkel, um Abenteuer und Weite zu zeigen. Besonders Wolken profitieren von Weitwinkelbrennweiten. Suchen Sie im Sand oder in den Wolken nach Strukturen.

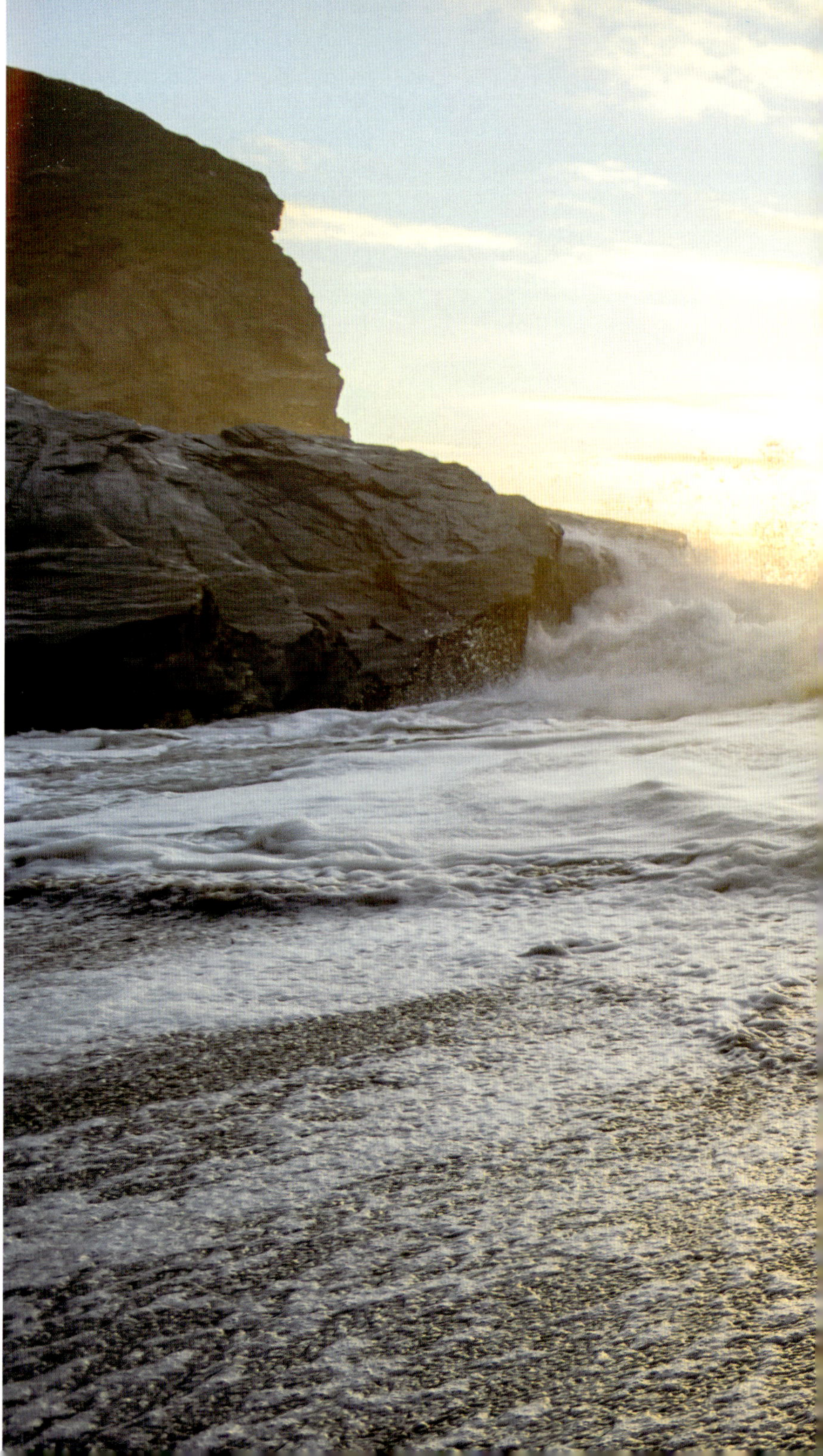

Wildes Meer bei Bedruthan Steps in Cornwall, England.

12–24 mm 1:4 | 12 mm | 1/640 s | f/4 | ISO 400

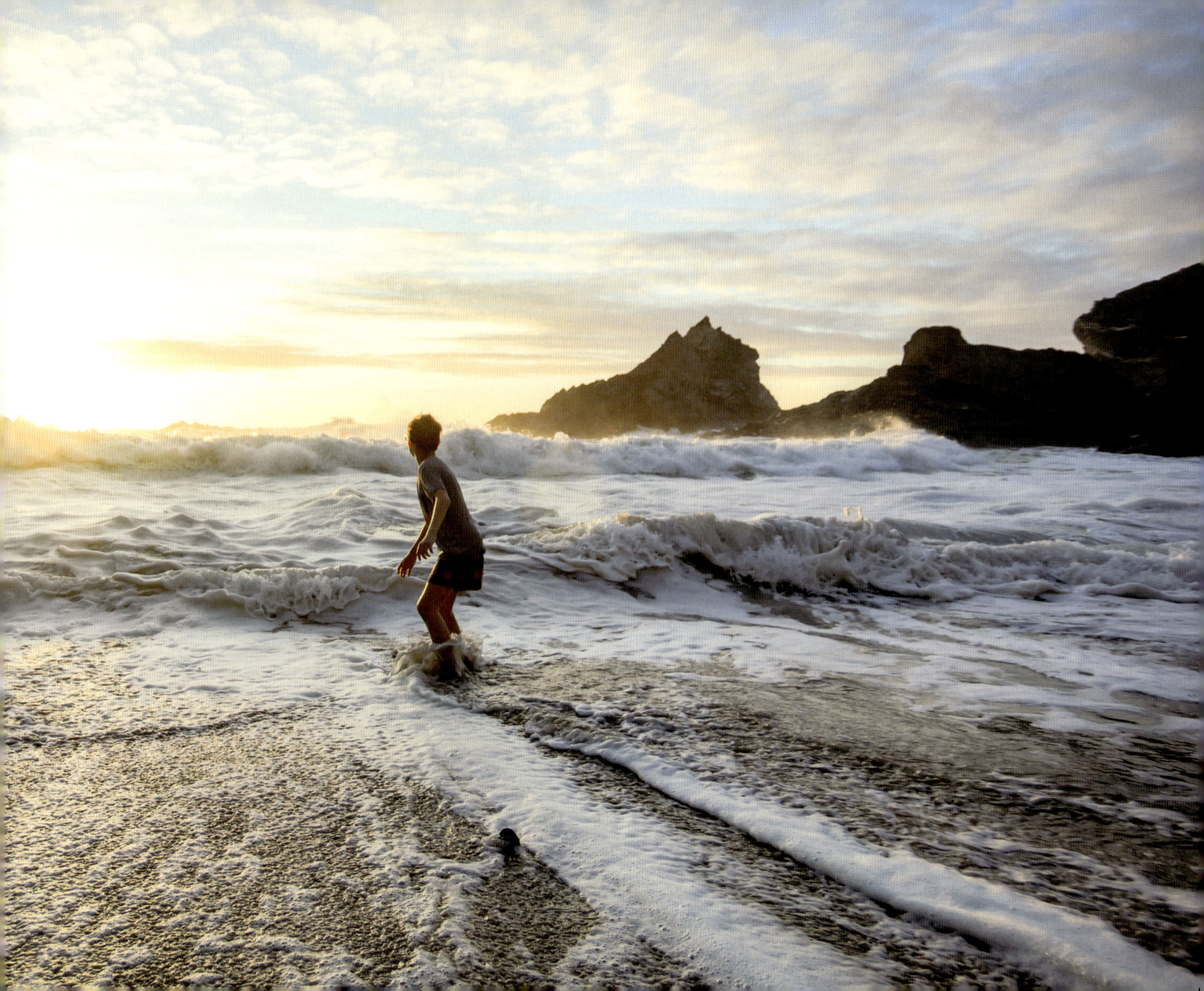

Arbeiten mit Langzeitbelichtung

Wenn Ihnen das Meer zu unruhig ist: Es ist der perfekte Ort, um mit Langzeitbelichtung zu experimentieren. Je nach Belichtungszeit können völlig ruhige und monotone Bilder entstehen. Das Meer wird strukturlos wie ein Nebelmeer. Diese Bilder leben von den beiden Flächen Wasser und Himmel. Es ist auch der perfekte Ort, um mit den Farben der Goldenen und Blauen Stunde zu spielen.

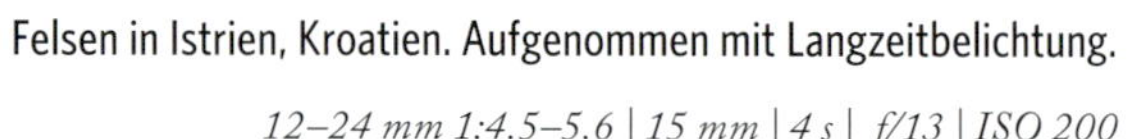

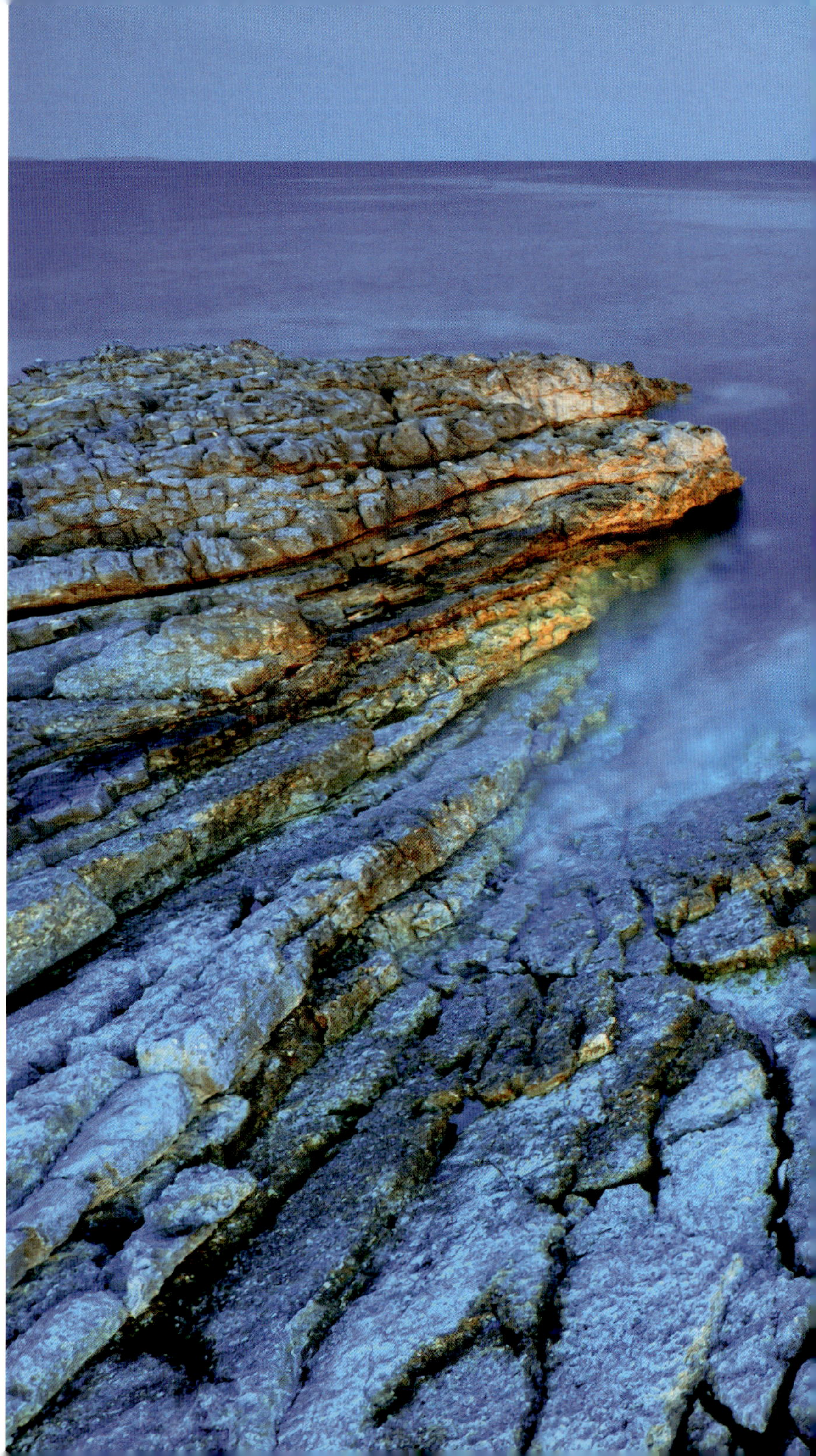

Felsen in Istrien, Kroatien. Aufgenommen mit Langzeitbelichtung.

12–24 mm 1:4.5–5.6 | 15 mm | 4 s | f/13 | ISO 200

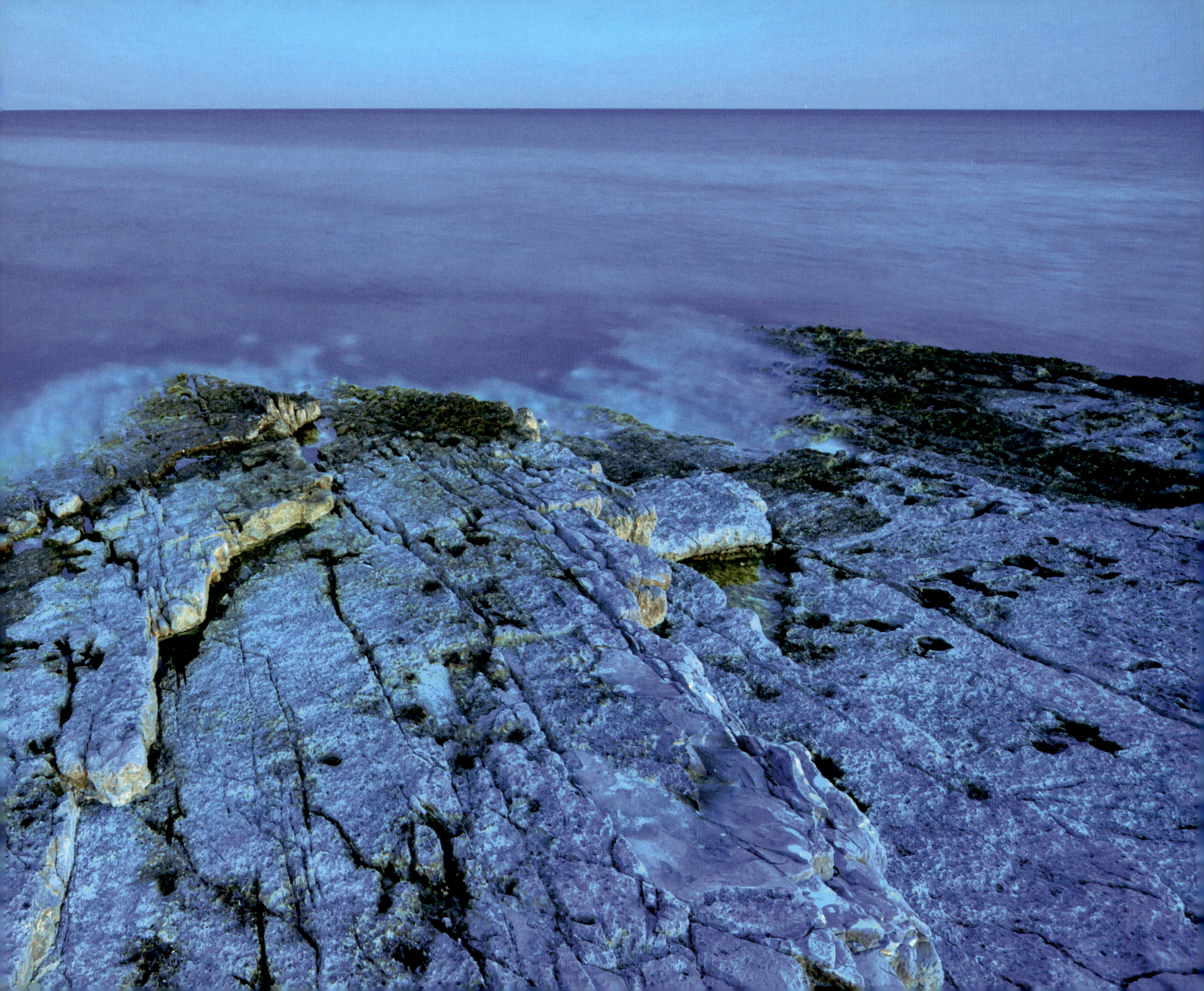

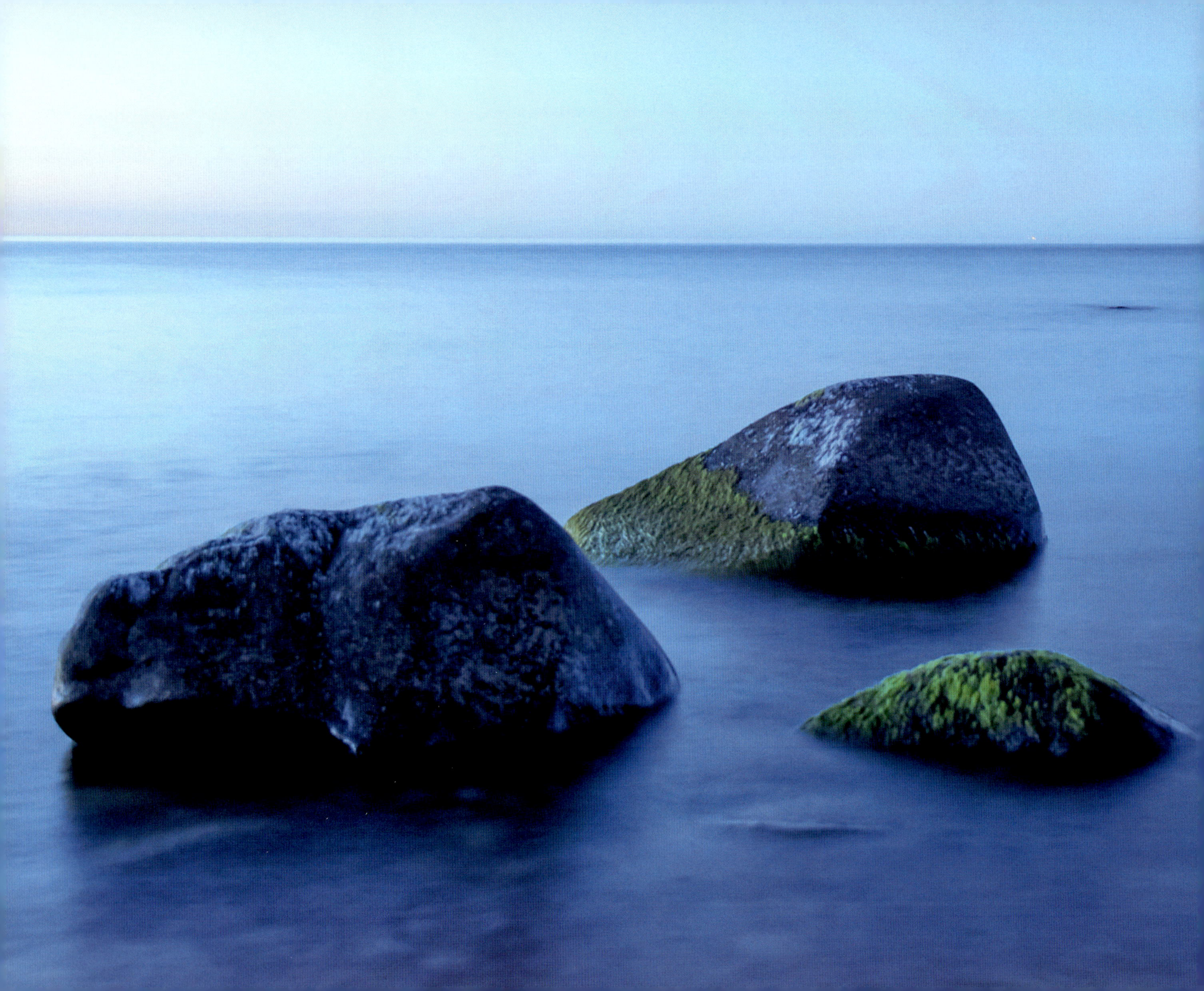

Starke Nebenmotive einbauen

Falls möglich, suche ich am Meer immer nach Nebenmotiven. Mit Buhnen, Stegen oder wenigen Steinen lassen sich diverse Motive aufbauen. Spielen Sie mit Steinen im Wasser, testen Sie verschiedene Bildaufbauten. Weitere Effekte lassen sich mit Schiffen am Horizont erzielen. Bei der Serie vor der Kreideküste in Rügen habe ich mit der längeren Belichtungszeit die Fähre als Lichtstrich eingebaut.

Aufgenommen im Nationalpark Jasmund, Rügen.

24–120 mm 1:4 | 35 mm | 5 s | f/4 | ISO 1600

Wilde Küsten und Buchten

Mit Steilküsten und Buchten lassen sich komplexere Bilder aufbauen. Fotografieren Sie beispielsweise eine aufsteigende Felsküste, lassen sich schöne Bilder mit im Goldenen Schnitt aufsteigender Linie von links nach rechts aufbauen. Fotografieren Sie hingegen zentral aus der Bucht heraus, mit den Felsküsten links und rechts, müssen Sie mit dem Gleichgewicht der einzelnen Blöcke kämpfen. Die Felsen links und rechts können als Rahmen angesehen werden. Sie können aber auch das Auge verwirren, wenn der Blick zwischen der linken und der rechten Ecke pendelt.

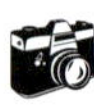

AUF AUGENHÖHE

Auf Augenhöhe ist das Rezept für emotionale Bilder von Menschen und Tieren. Versuchen Sie immer wieder, Fotos auf der Höhe des Bodens oder knapp über dem Wasser zu schießen. Solche Bilder wirken intensiver und spannender.

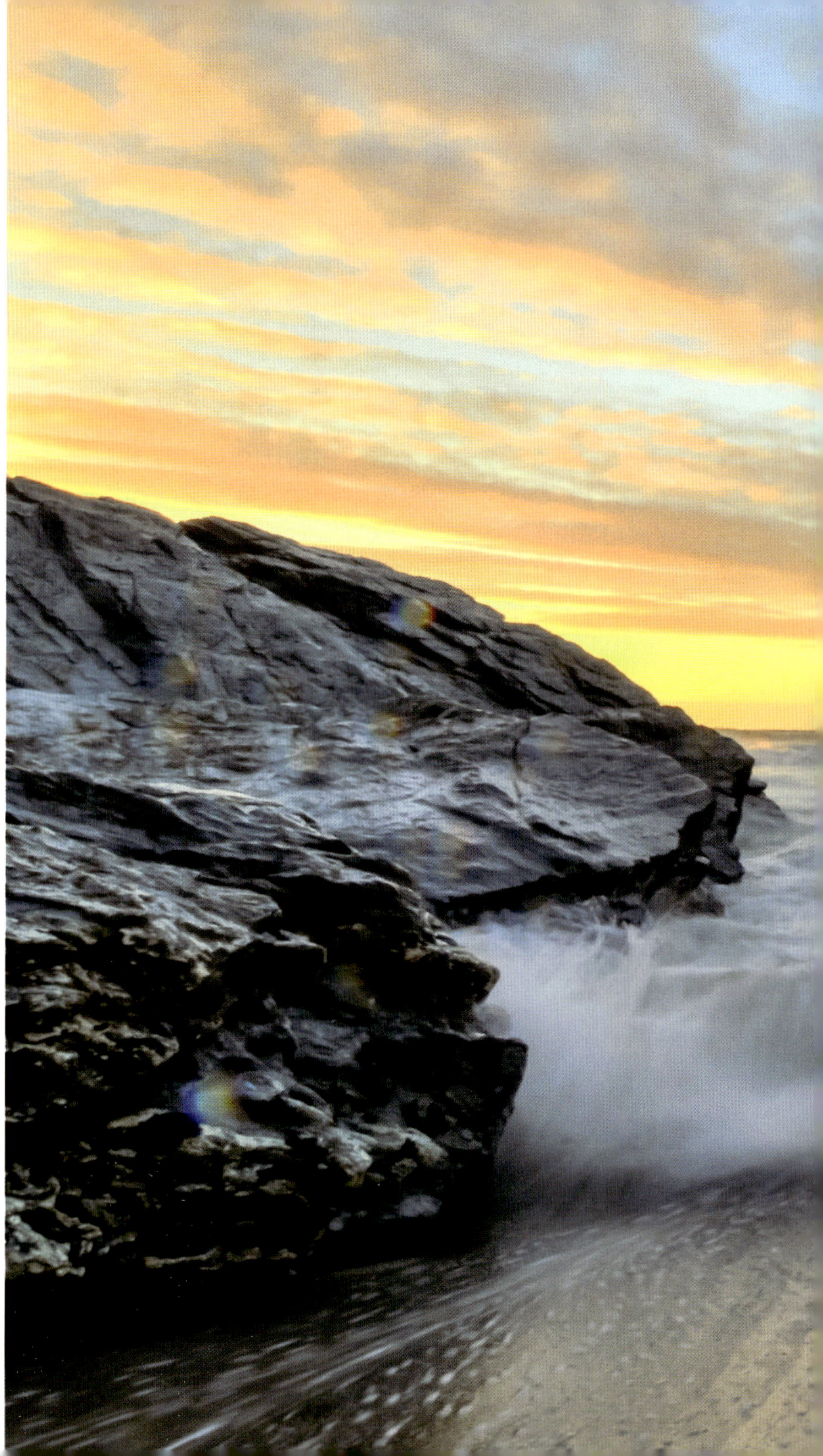

Die Bedruthan Steps in Cornwall zählen zu den schönsten Stränden Cornwalls.

12–24 mm 1:4 | 12 mm | 1/5 s | f/22 | ISO 100

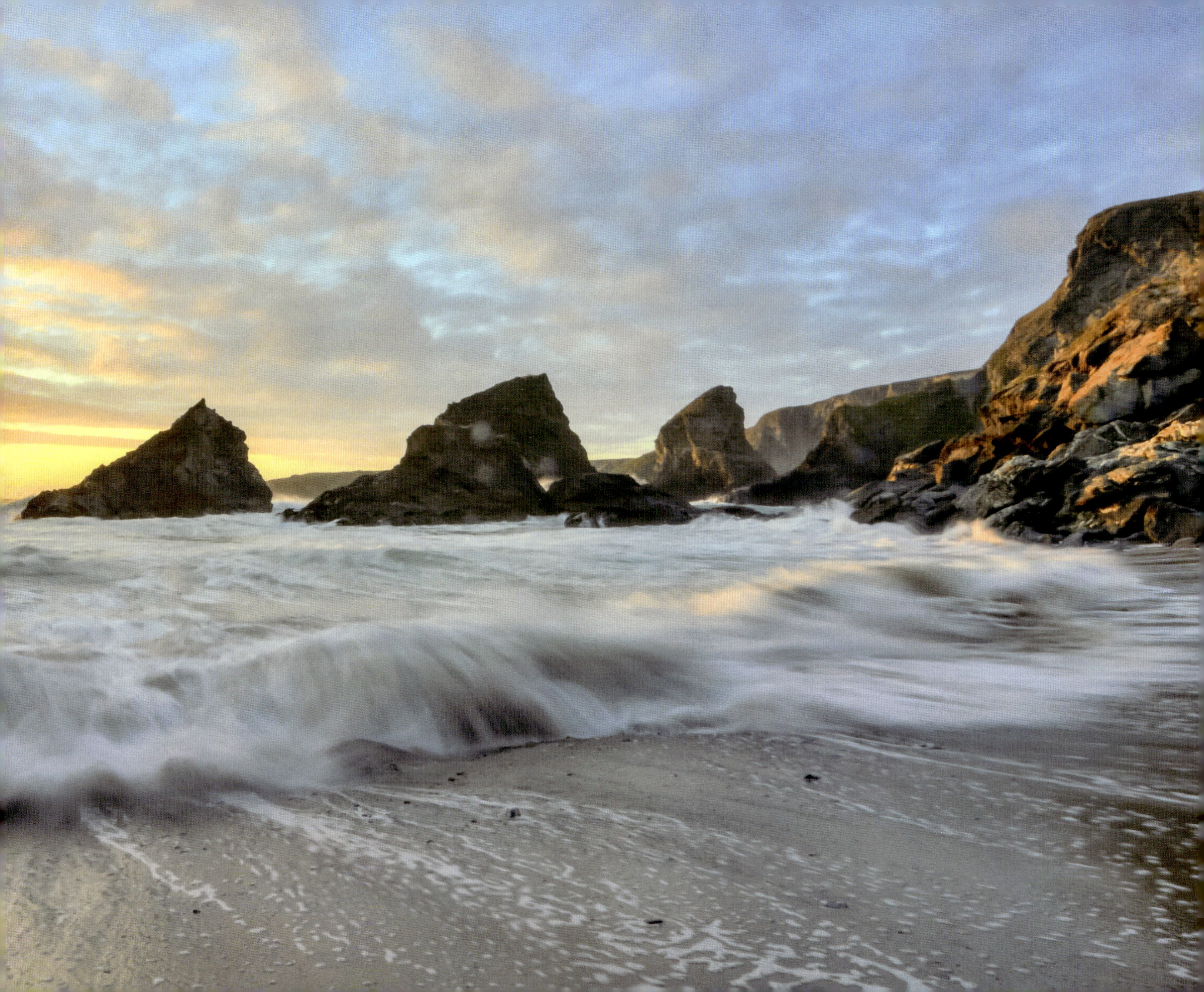

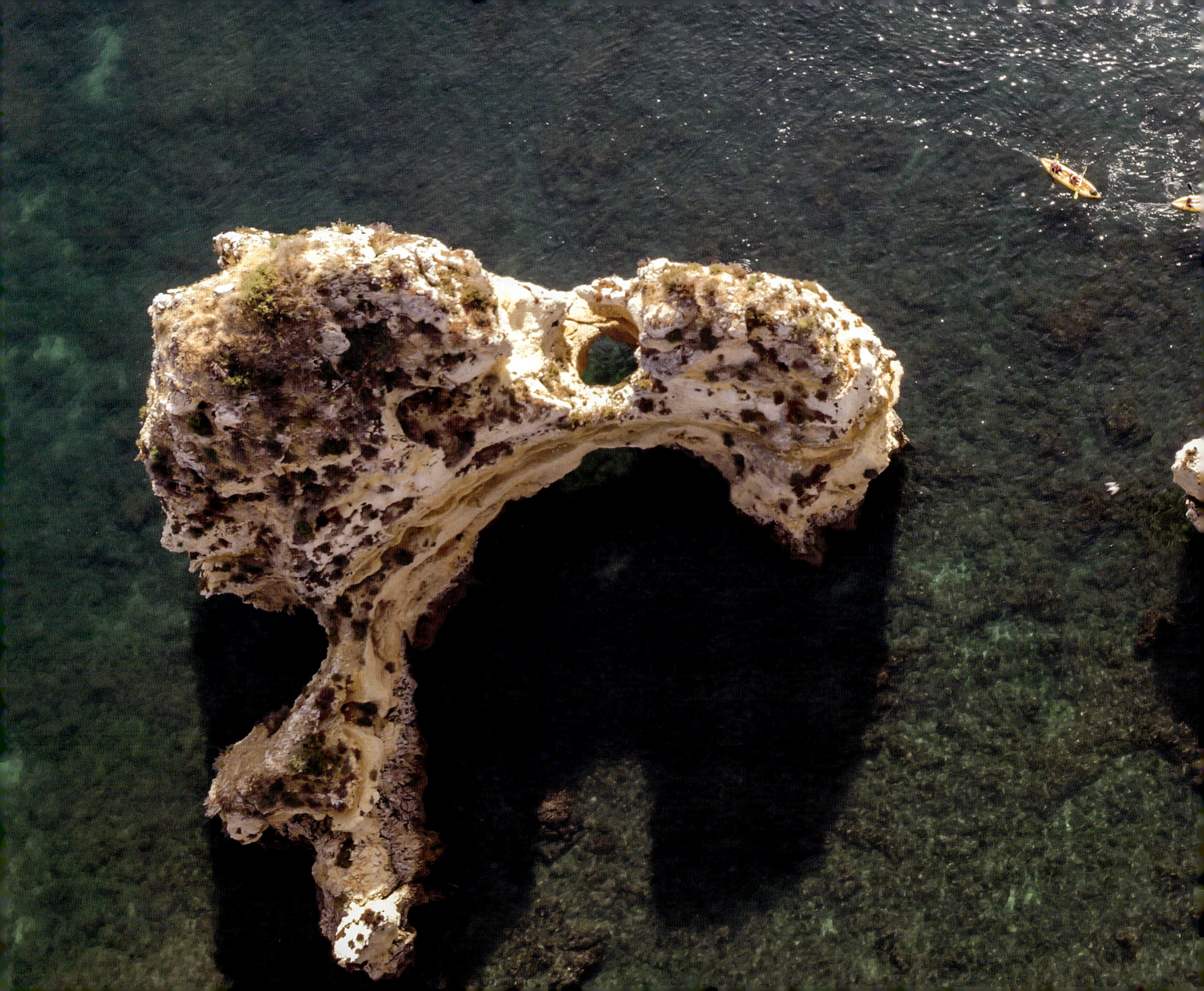

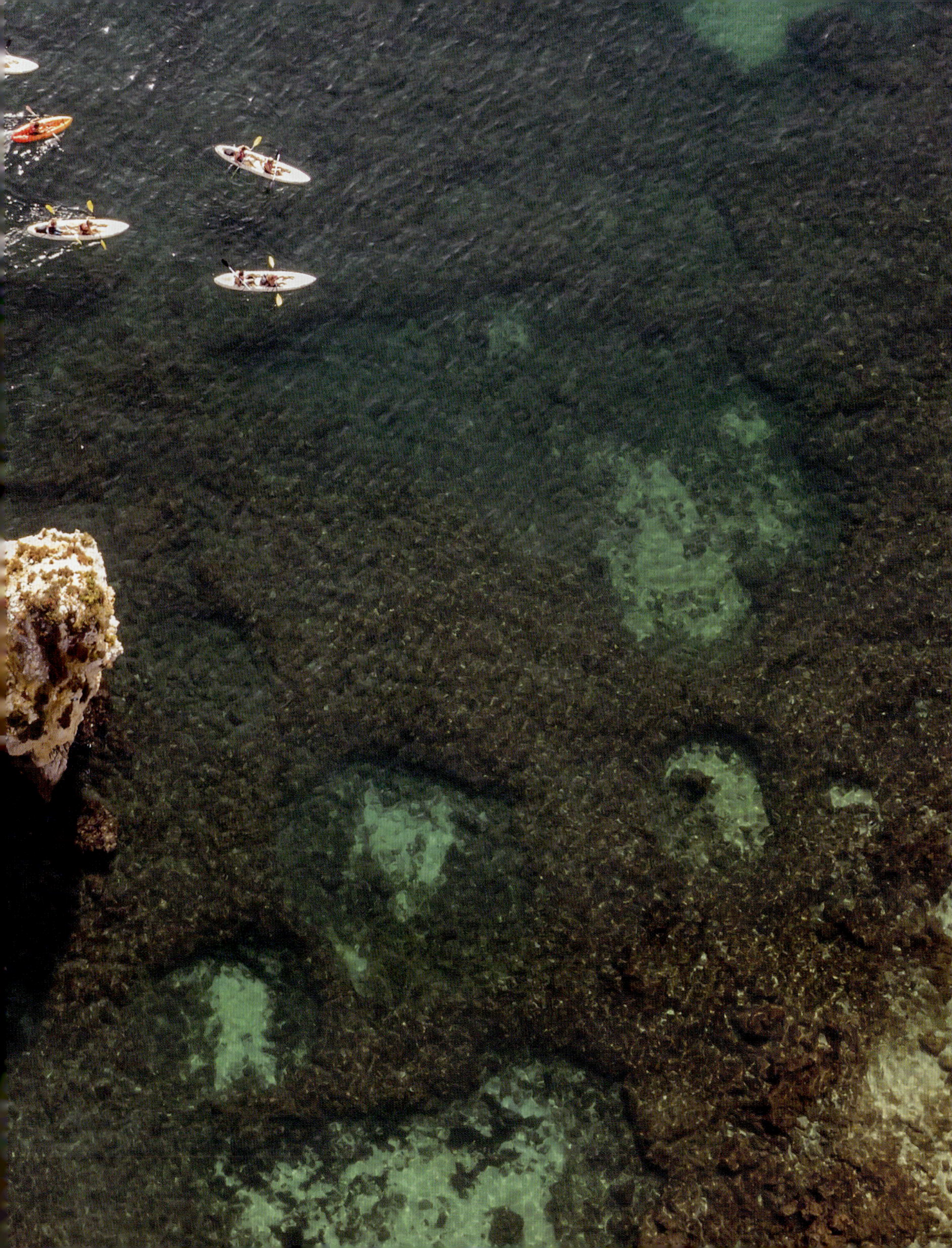

Kapitel 8

AUF ADLERS **SCHWINGEN**

Dieser Wunsch vieler Menschen scheint speziell für Filmer und Fotografen mit Hilfe von Drohnen erfüllt zu werden. Mit den Drohnen, offiziell Quadrokopter genannt, ist ein unglaublicher Boom entstanden. Während früher für viel Geld ein Flugzeug oder Helikopter für Luftaufnahmen gebucht werden musste, kann heute jeder für wenig Geld eine Drohne aufsteigen lassen. Die Bildqualität bietet selbst für Einsteigermodelle GoPro-Niveau und ermöglich - vor allem bei gutem Licht - interessante und neue Ansichten. Und für viele Männer sind Drohnen auch ein tolles neues Spielzeug.

Die Algarve aus der Sicht einer DJI Air-Drohne.

AUS DER **DROHNENPERSPEKTIVE**

■ Die Drohnenfotografie ist zwar keine ruhige Landschaftsfotografie mehr, aber es lassen sich so viele neue Perspektiven einer Landschaft aufnehmen. Wem ist es noch nicht passiert, dass Bäume oder andere Objekte vor einer schönen Landschaft im Weg stehen? Drohnen sind eine Möglichkeit für ungeahnte Perspektiven.

ALLES VON OBEN IST **LANGWEILIG**

Einhergehend mit dem Drohnenboom erscheinen auch immer mehr Fotos und Videosequenzen aus Drohnensicht. Daher die Frage: „Wann passt die Drohnensicht?" Nicht jede Szene ist unbedingt aus Drohnensicht nötig. Manche Videos leben fast nur noch von Drohnensequenzen, ersetzen damit aber nicht eine gute Story. Ebenso verhält es sich bei Fotos; nicht jedes Motiv muss unbedingt aus Drohnensicht fotografiert werden. Drohnenbilder unterscheiden sich von Bildern aus Flugzeugen oder Ultraleichtflugzeugen. Diese fliegen in der Regel viel höher als Drohnen mit ihrer Begrenzung auf 100 Meter. Bilder aus Flugzeugen wirken durch ihre Höhe viel unpersönlicher, geben aber damit auch einen guten Überblick über eine Landschaft. Mit Drohnen hingegen kann man viel näher an das Motiv heranfliegen und Bilder fast auf Augenhöhe schießen. Gerade diese Motive, die dem Betrachter unbekannt sind, und zugleich aber auch eine Nähe, wenn nicht gar Bindung, zeigen, finde ich sehr spannend. Beispielsweise auf Augenhöhe mit einer Burg oder Bäumen oder einem Berggrat, wo Wanderer unterwegs sind. Durch eine leicht erhöhte Position wird aber trotzdem eine neue interessante Sichtweise gezeigt. Bei allen Motiven gelten natürlich hier auch die gleichen Regeln, dass Bilder bei passendem Licht und Himmelkonstellation schöner wirken.

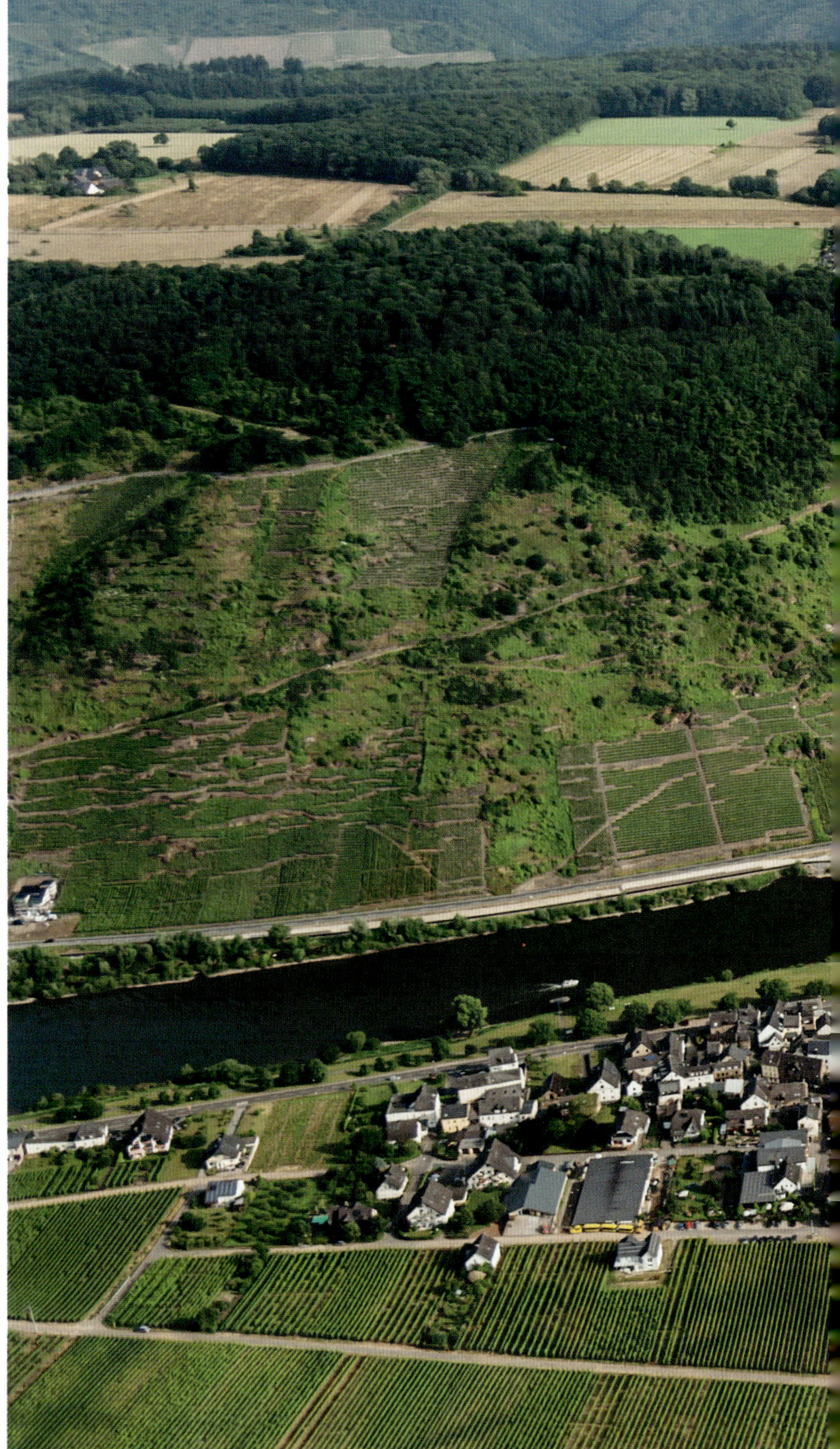

Dieses Foto des Ortes Ernst an der Mosel wurde aus einem Ultraleichtflugzeug aufgenommen. Die Tür war zum Fotografieren ausgehangen, und die Flughöhe betrug ca. 500 Meter.

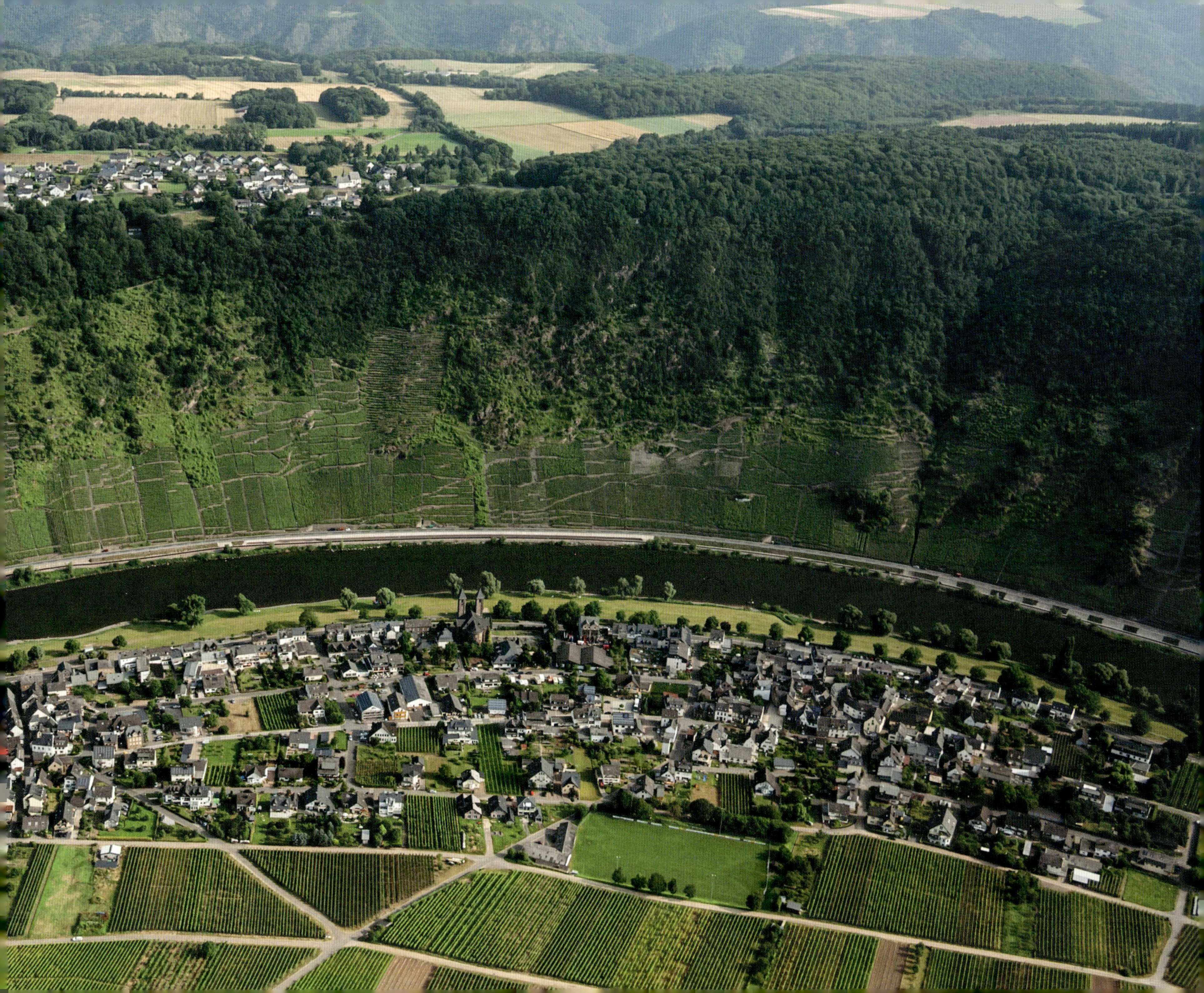

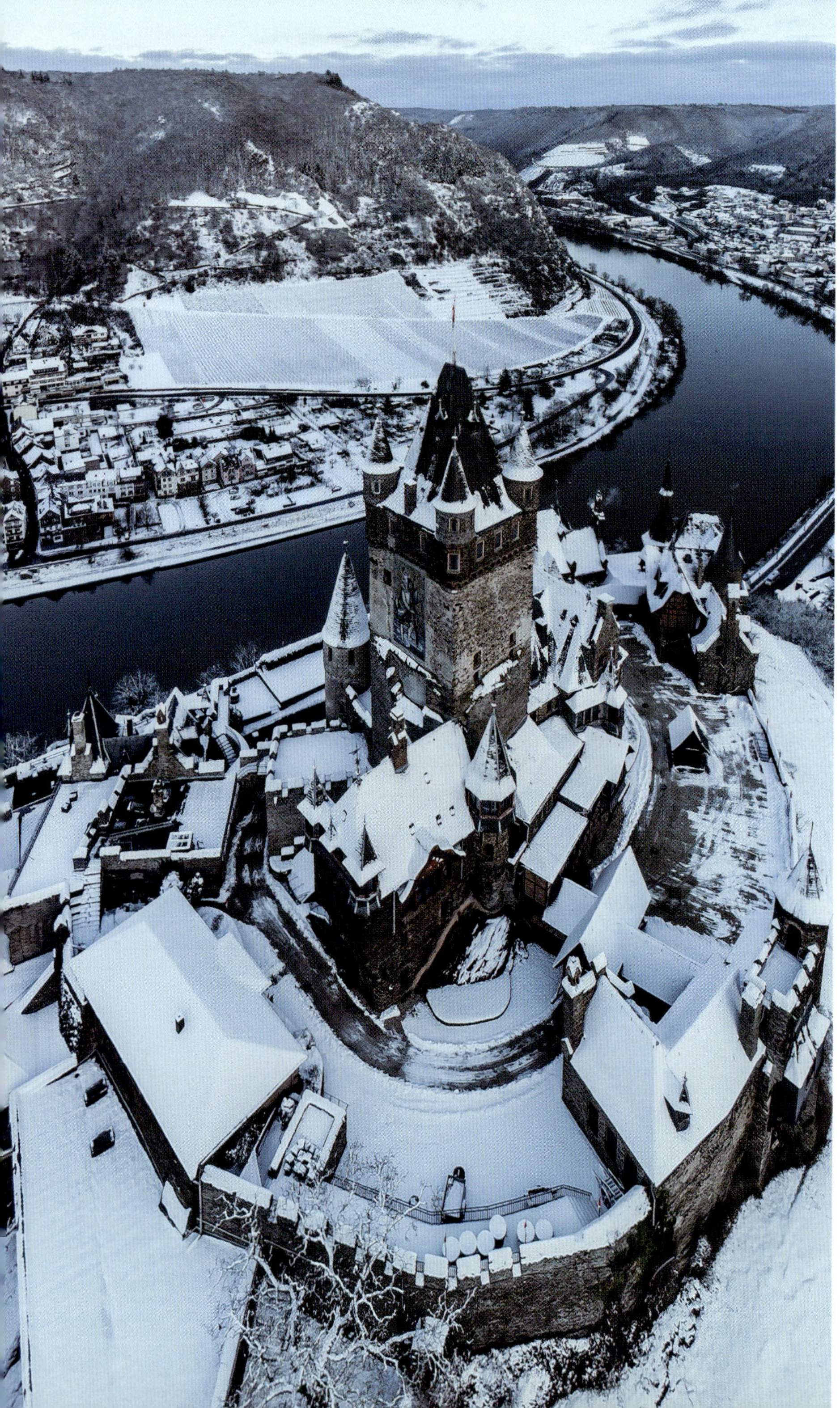

MEINE **DJI MAVIC 2 PRO**

Die Firma DJI dominiert den privaten Drohnenmarkt. Mit der Phantom-3-Reihe wurden Drohnen im Hobby- und auch im professionellen Fotografenbereich ein kommerzieller Erfolg. Während die ersten Versionen noch keine integrierte Kamera hatten, war mit der 3er-Version standardmäßig eine Kamera und ein Gimbal dabei. Die Drohne war zu der Zeit wegweisend: leicht, gut zu steuern und hat gute Fotos und Videos erstellt. Vor allem die Stabilität in der Luft war unglaublich; die Kamera steht fast wie angenagelt im Wind. Kein Konkurrenzprodukt konnte es mit dieser Stabilität aufnehmen. Die Produktion von GoPros einziger Drohnenkamera wurde wieder eingestellt. Nur die Firmen Yunecc und Parrot haben noch alternative Drohnen-Modelle auf dem Markt. Aktuell gehen die Schätzungen von einem DJI-Marktanteil von rund 80 Prozent aus.

Meine erste Drohne war eine Phantom 3 Standard. Danach hatte ich eine DJI Sparc im Einsatz. Für die Landschaftsfotografie war diese schön kompakt, aber das Fehlen des RAW-Formats und die kurze Akkuzeit haben mich dann doch sehr gestört. Die erste Drohne, mit der ich fast glücklich geworden bin, war die DJI Air. Sie war kompakt, und hatte eine lange Flugzeit und schon erste Abstandssensoren. Aber durch das eingesetzte WLAN-Protokoll gab es immer wieder schon bei Entfernungen von weniger als 100 Metern Verbindungsabrisse.

Meine aktuelle Drohne ist die DJI Mavic 2 Pro. Das ist die erste Drohne, mit der ich beinahe zu 100 Prozent zufrieden bin. Sie liegt unglaublich stabil in der Luft und hat fast zu allen Seiten Abstandssensoren. Die Verbindung über die DJI eigene Verbindung OcuSync 2.0 erlaubt Flüge bis zu mehreren Kilometern, ohne dass die Verbindung verloren geht. Und vor allem ist die Kamera unglaublich leistungsfähig. Das Einzige,

Die Reichsburg Cochem wurde mit einer DJI Mavic Air aufgenommen. Es ist ein Panoramabild im Hochformat, bestehend aus drei Einzelbildern. Ich wäre hier gerne noch näher herangeflogen, habe aber den Sicherheitsabstand über dem Gebäude einhalten müssen.

was mich als Landschaftsfotograf noch stört, ist die nahezu doppelte Größe und das Gewicht im Vergleich zur DJI Air. Das muss ich beim Packen meines Rucksackes immer berücksichtigen.

DROHNENKAMERAS UND **RAUSCHEN**

In der Gewichtsklasse der kompakten Drohnen bis 2 Kilogramm haben fast alle Drohnenkameras einen kleinen Sensor auf ungefährem GoPro-Niveau. Der 1/2.3 große Sensor hat dabei eine Auflösung von 12 Megapixeln. Hier gibt es natürlich einen Kritikpunkt. Die Kamera kann zwar bis ISO 1600 aufnehmen, bedingt durch den kleinen Sensor nimmt das Rauschen aber stark zu. Da ich gerne Fotos mit tief stehender Sonne mache, hat die Kamera mit einem stärkeren Rauschen zu kämpfen. Ich versuche, nicht über ISO 400 zu kommen, im Notfall mal bis ISO 800. Das Rauschen ist auf jeden Fall sichtbar.

Ausnahmen sind hier die DJI Air II mit einem 1/2 Sensor und die 1 Zoll großen Sensoren der Phantom 4 Pro und der DJI Mavic 2 Pro. Ich nutze die DJI Mavic 2 Pro und bin über seinen 1 Zoll großen Sensor mit einer Auflösung von 20 Megapixeln begeistert. Das Rauschen ist wesentlich geringer, das Bild ist klarer und detaillierter.

Sonnenuntergang im Westerwald. Ich hatte die Tiefen etwas aufhellen müssen, dementsprechend hat sich auch das Rauschen verstärkt.

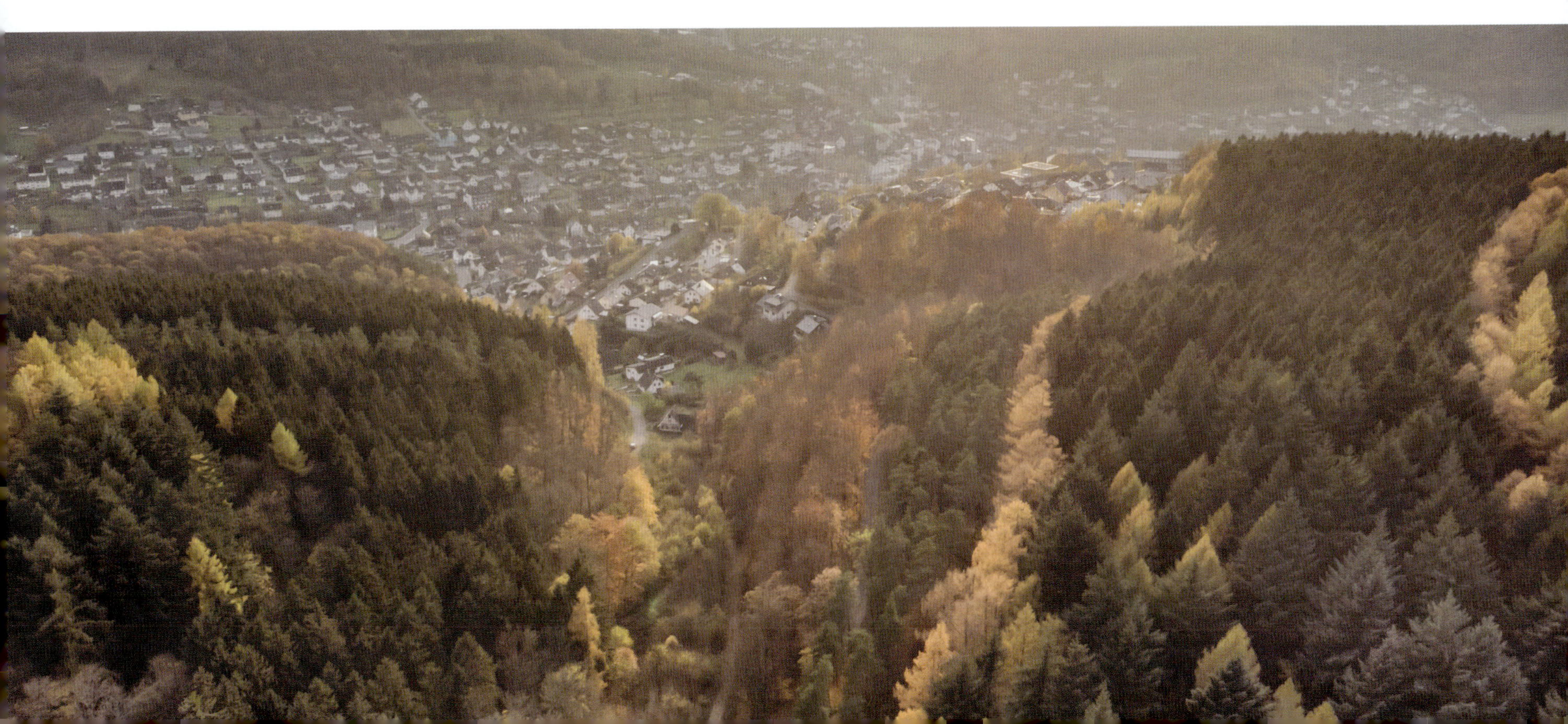

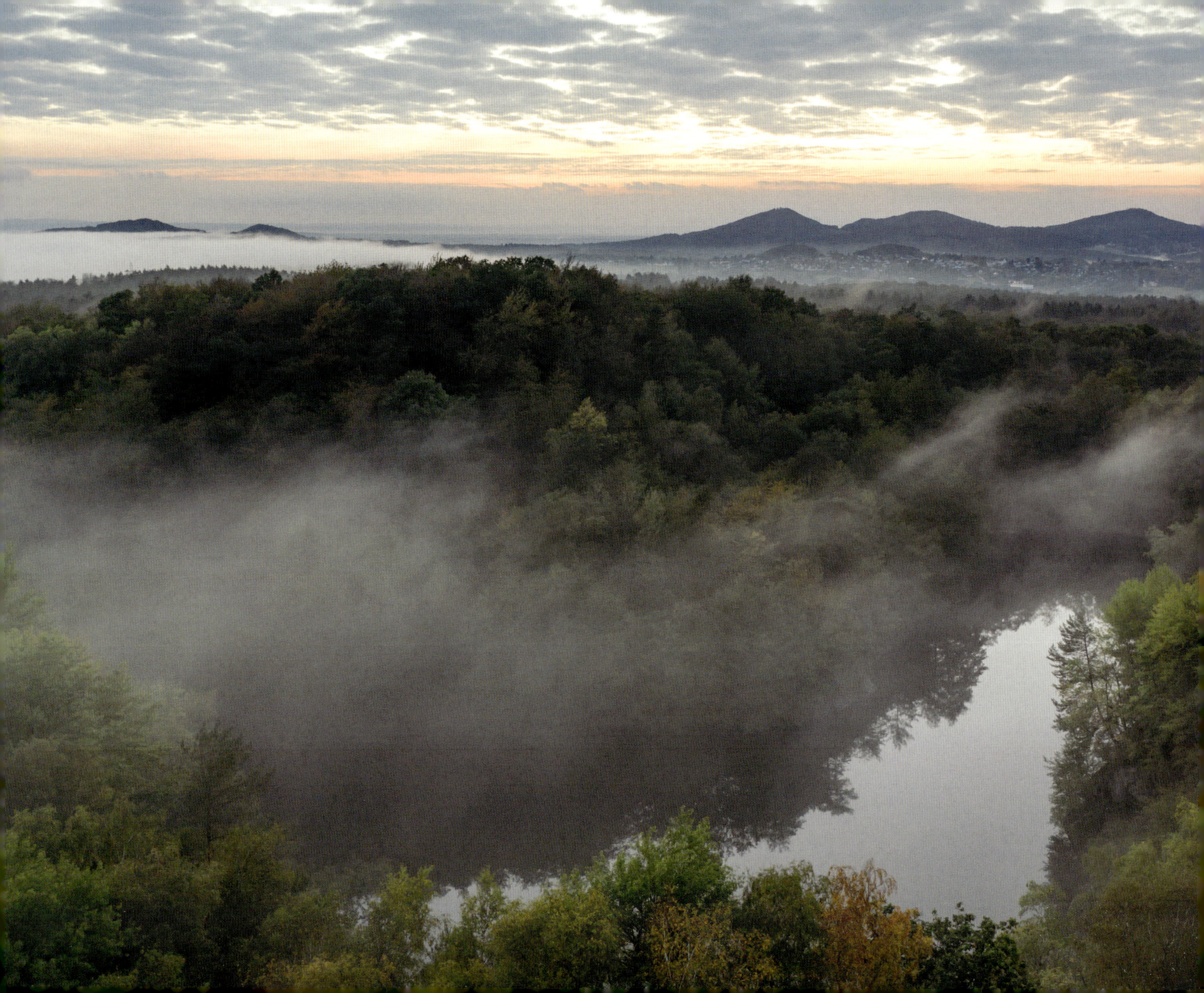

Erstaunlich gut ist auch die Stabilisierung durch den Gimbal. Wenn die Drohne ruhig steht, sind auch Bilder bis zu einer Belichtungszeit von 1/15 Sekunde möglich, ohne dass das Bild verwackelt ist. Die Drohne ist fast wie ein Stativ mit Flügeln. Die neue Drohnen-Generation, wie meine Mavic 2 Pro, kann bei wenig Wind sogar noch länger als eine Sekunde belichten.

Noch mal zurück zum Sensor. DJI bietet seit 2016 für die Inspire ein neues optionales Kameramodul an, das DJI Zenmuse X5. Diese Kamera mit Micro-Four-Thirds-Sensor ist kompatibel mit Objektiven von Panasonic oder Olympus. Preislich schlägt die Kamera jedoch mit 2.000 Euro ohne Objektiv zu Buche. Der Wunsch, Kameras mit noch größerem Sensor zu nutzen, gestaltet sich schwierig. Aktuell gibt es kaum kompakte Drohnensysteme bis fünf Kilogramm Gesamtgewicht. Hier müssen Bausätze oder teure Lösungen eingesetzt werden, um eigene Systemkameras an die Drohne zu montieren.

RECHTLICH GAR NICHT SO EINFACH

Die Regeln zum Einsatz einer Drohne können einem leider die Freude daran verbieten. Weltweit sprießen Drohnenverbote hervor und die Regulierung wird immer enger. Ein gutes Beispiel hierfür ist Island: Während meines letzten Besuches 2015 habe ich nur einmal einen Drohnenpiloten gesehen. Damals war die Nutzung noch nicht reguliert, mittlerweile aber hat Island seit 2017 ein Drohnengesetz. Der Einsatz an vielen fotogenen Stellen ist tabu. Es gibt mehr und mehr No Drone Zone-Schilder. Ich war erstaunt, als ich nach einigen Jahren mal wieder bei dem in meiner Nähe liegenden bekannten Instagram-Spot, der Burg Eltz, war. Die markanten Drohnen-Verbots-Schilder sind nicht zu übersehen.

Die Verbote kommen aber auch nicht zum Spaß. Mit immer günstigeren und leichter zu fliegenden Modellen sind die Verkaufszahlen von Droh-

Das Bild wurde bei Sonnenuntergang über dem Dachsberger See mit einer Dji Mavic 2 Pro bei einer 1/8 Sekunde aufgenommen. Trotz Aufhellung rauschen die Tiefen kaum, das Bild ist klar.

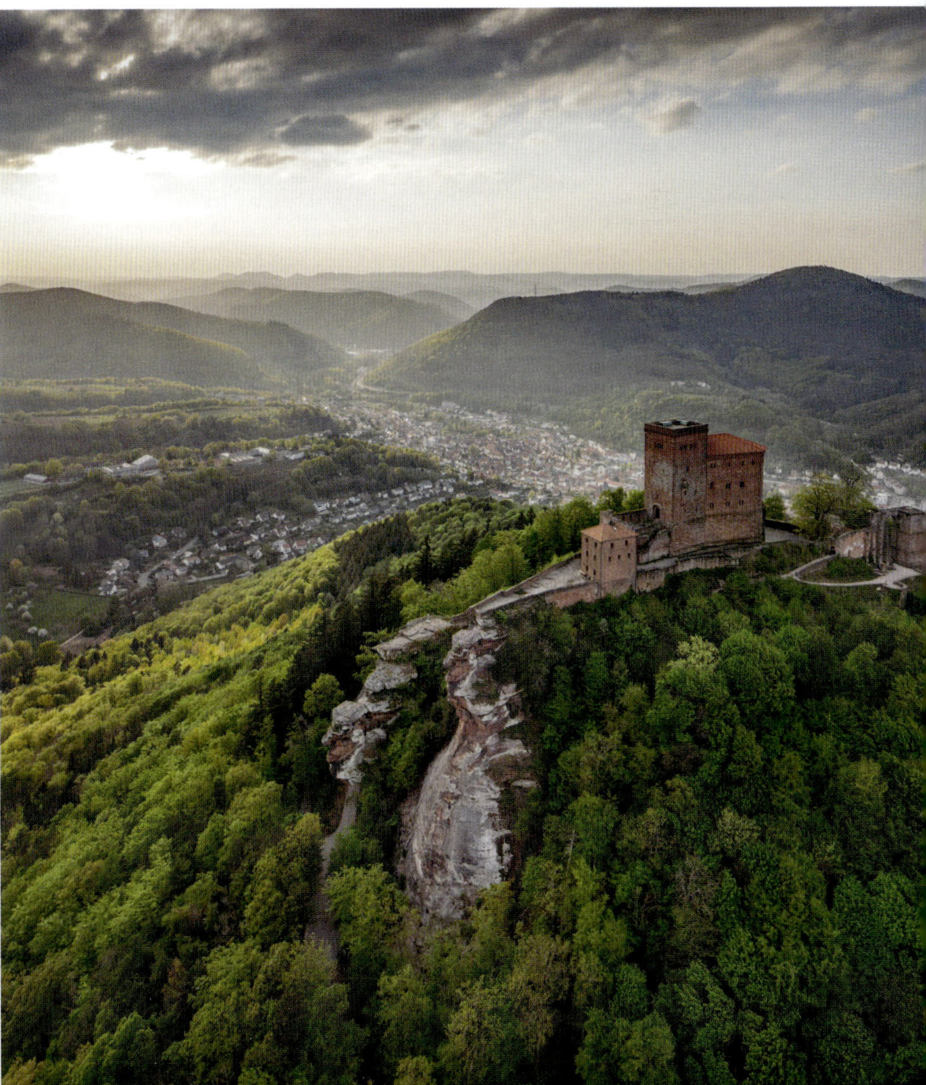

Einer der wenigen Orte, wo eine Drohne offiziell im Pfälzer Wald fliegen darf, ist von der Burgruine Anebos aus, die gegenüber der Burg Trifels liegt.

nen explodiert. Aktuell geht man von an die 500.000 Drohnen alleine in Deutschland aus. Einhergehend damit ist aber auch der häufig unverantwortliche Einsatz von Drohnen, vor allem die Gefährdung von Flugzeugen und anderen Luftfahrzeugen. Viele Bilder auf Instagram wurden in Naturschutzgebieten gemacht. Wenn man sich Drohnenaufnahmen von Top-Spots wie dem Rötzenfelsen oder der Burg Eltz ansieht, dann weiß der Profi meistens, dass hier eigentlich die Drohne nicht genutzt werden darf.

Das aktuelle deutsche Drohnengesetz wurde 2017 verabschiedet und ist von seinen Regeln klar strukturiert. Es sollte bereits im Sommer 2020 von einem einheitlichen EU-Gesetz abgelöst werden, Stand Herbst 2020 ist es aber immer noch nicht final umgesetzt. Deshalb stelle ich zunächst das aktuelle Gesetz in kompakter Form vor.

Die wichtigsten Regeln des deutschen Drohnengesetzes:

- Modelle ab 250 Gramm benötigen eine feuerfeste Plakette mit der Adresse des Besitzers.
- Für Drohnen ab einem Gewicht von 2 kg wird ein Kenntnisnachweis benötigt.
- Es wird eine Haftpflichtversicherung benötigt.
- Der Flug ist nur in Sichtweite, tagsüber und bis 100 Meter Höhe erlaubt.

Es gelten folgende Betriebsverbote:

- Im Radius von 1,5 Kilometern um Flughäfen. Dazu zählen auch der Anflugbereich und kleine Sportflughäfen oder Landeplätze für Hubschrauber.
- Über Bundesfernstraßen, Bundeswasserstraßen und Bahnanlagen.
- Über Naturschutzgebiete.
- Über Menschengruppen und sensiblen Bereichen wie Polizei, Feuerwehr, Krankenhäuser und weiteren Einrichtungen wie Industrie- und Energieanlagen.
- Über fremden Grundstücken und Wohngegenden.

Für den Landschaftsfotografen ist das kritischste Verbot der Flug über Naturschutzgebiete. Dazu zählen auch Nationalparks und Vogelschutzgebiete. Wie bereits erwähnt, können damit viele der schönsten Landschaftsspots nicht beflogen werden. Über Landschaftsschutzgebiete kann in der Regel geflogen werden. Das Regelwerk zu Naturschutzgebieten ist teilweise verwirrend; am einfachsten ist es, vorher die entsprechenden Drohnen-Apps zu kontrollieren – z. B. AirMap und Map2Fly.

Eine wichtige Frage ist: Was mache ich, wenn ich meine Drohne in Bereichen einsetzen will, die verboten sind? Die gute Nachricht ist: Ausnahmen sind möglich. Es muss eine Aufstiegsgenehmigung beantragt werden. Diese ist kostenpflichtig, und es kann bis zu einigen Wochen dauern, um diese zu erhalten. Leider bekommt man gerade für Naturschutzgebiete häufig keine Freigabe.

Einholen einer Aufstiegsgenehmigung

Als praktisches Beispiel zeige ich Ihnen zwei Bilder und was hier an Aufstiegsgenehmigungen nötig waren. Für die Nutzung muss teilweise für jedes Bundesland separat die Aufstiegsgenehmigung eingeholt werden. Die Adressen der Luftfahrtämter finden sich im Internet. Da ich in Rheinland-Pfalz wohne, musste ich mich an den Landesbetrieb Mobilität Rheinland-Pfalz wenden.

Für ein Café wollte ich Bilder von der Stadt Neuwied und dem Rhein fotografieren. Mein Flug lag an einer Bundeswasserstraße und dann im 1,5 Kilometer-Radius des Rettungshubschrauber-Landeplatzes eines

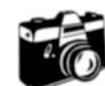

LANDESBETRIEB MOBILITÄT RHEINLAND-PFALZ

Über die aktuelle Webseite *(https://lbm.rlp.de/de/themen/luftverkehr/drohnen-uas-modellflug/)* können die Antragsformulare heruntergeladen werden.

Krankenhauses. In der Nähe verlaufen eine Bundesstraße und ein Naturschutzgebiet, die ich aber nicht überflogen habe. Da ich für Wasserstraßen schon eine ein Jahr geltende Genehmigung hatte, musste ich hier nur eine Erlaubnis für den Flug im 1,5 Kilometer-Radius von Flugplätzen beantragen.

Die Kosten lagen bei 60 Euro. Den Flug selbst musste ich dann noch beim Ordnungsamt, der Polizei und dem Krankenhaus, wo der Hubschrauber landet, anmelden. Für richtige Flughäfen muss die Klärung beim Flughafen selbst erfolgen (Sportflughafen) oder mit der deutschen Flugsicherung geregelt werden.

Ein anderes Beispiel war ein Drohnenflug für das Geysir-Zentrum in Andernach. Der höchste Kaltwassergeysir der Erde liegt in einem Naturschutzgebiet. Und er liegt im 100 Meter-Abstand einer Bundesstraße, einer Bahnlinie und des Rheins. Damit waren erst einmal 3 Aufstiegsgenehmigungen für zusammen 225 Euro fällig. Diese gelten dann aber für 1 Jahr.

Viel schwieriger war es, die Freigabe für das Naturschutzgebiet zu bekommen. Diese muss zuerst von der zuständigen Behörde gegeben werden. Dies war in diesem Fall die Struktur- und Genehmigungsdirektion (SGD) Nord, eine obere Landesbehörde, die auch für den Naturschutz zuständig ist. Meine erste Anfrage wurde zuerst abgelehnt, erst letztes Jahr wäre eine Ausnahmegenehmigung erfolgt.

Damit sieht man, wie schwierig es ist, Freigaben zu bekommen. Erst nachdem mein Kunde begründet hat, warum hier Drohnenaufnahmen nötig sind, habe ich die Flugerlaubnis genau für einen Tag lang bekommen. Die Kosten lagen hier bei zusammen 100 Euro, also insgesamt 325 Euro.

Leider ist es in Deutschland insgesamt nur in Ausnahmefällen möglich, eine Genehmigung in Naturschutzgebieten zu bekommen. Ich hatte schon Anfragen in der Sächsischen Schweiz und anderen Gebieten gestellt, die leider abgelehnt wurden. Auf jeden Fall sollten je nach Antrag eine bis mehrere Wochen im Voraus für eine Ausnahmegenehmigung eingeplant werden..

Umstellung auf das EU-Drohnengesetz

Dieses sollte eigentlich schon im Sommer die nationalen Gesetze ersetzen, bis jetzt ist die Umstellung aber immer noch nicht erfolgt. Aktuell ist nun als Termin der Januar 2021 geplant, der sich aber infolge der Corona-Pandemie womöglich weiter verschieben kann. Vor allem die praktische Umsetzung kann dann immer noch einige Zeit in Anspruch nehmen. Die Idee hinter dem EU-Drohnengesetz ist, einheitliche Regeln zu verabschieden, was uns Drohnenfliegern den Einsatz in den meisten europäischen Ländern vereinfachen würde. Ich empfinde die geplante Matrix aus Risikokategorien für die Flüge und Drohnen-Klassen verwirrend.

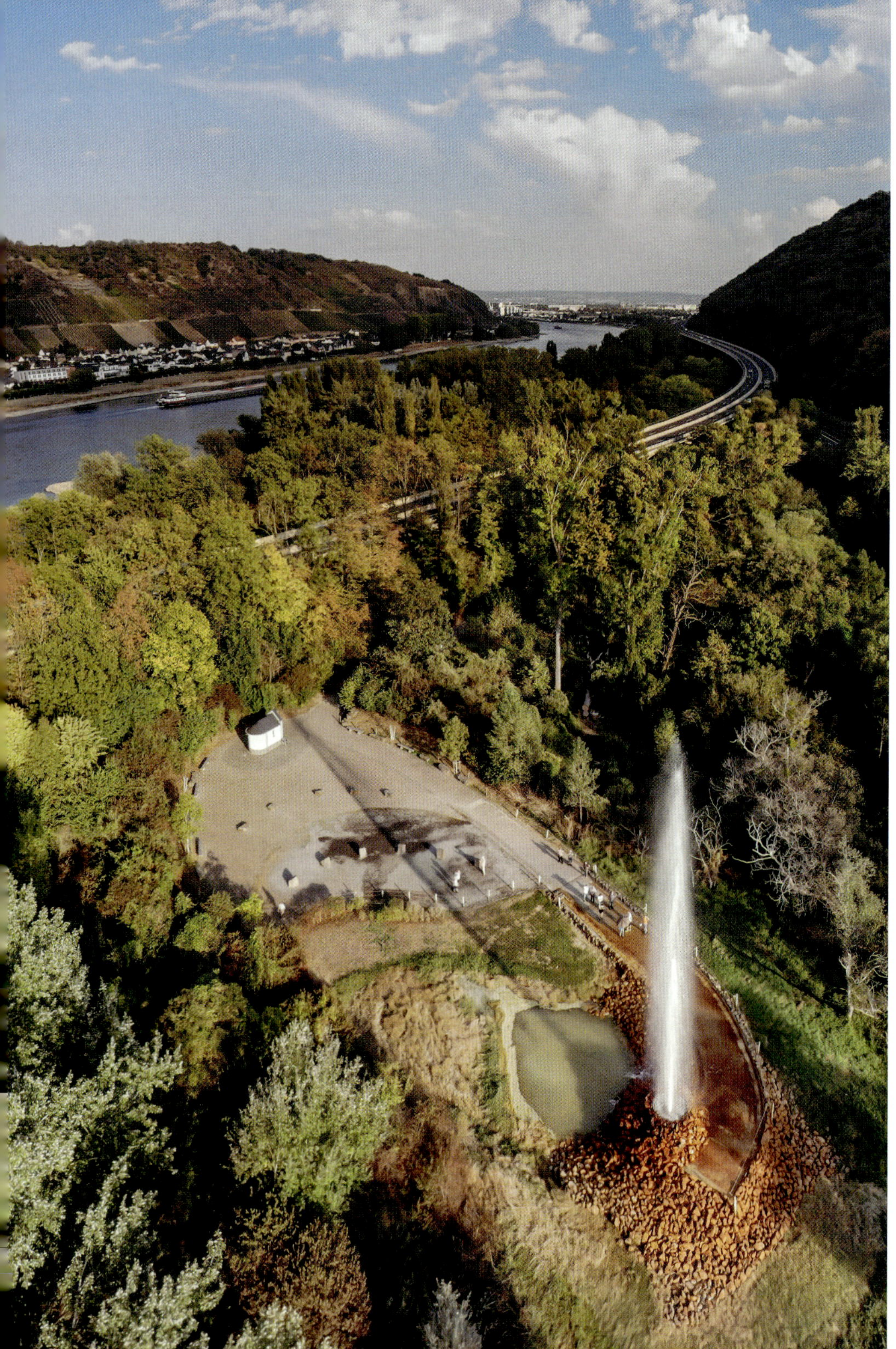

Die wichtigsten Drohnen-Klassen:

- C0: Bis 250 Gramm, wie beispielsweise die DJI Mavic Mini. Hier ist ein Flug über Menschen möglich, eine Registrierung ist nicht notwendig.
- C1: Bis 900 Gramm, wie beispielsweise die DJI Mavic Air 2. Eine Registrierung und ein Online-Test sind Pflicht. Es ist ein bestimmter Abstand zu Menschen einzuhalten.
- C2: Bis 4 Kilogramm, wie beispielsweise die DJI Mavic 2 Pro. Eine Registrierung und ein erweiterter Test sind Pflicht. Es ist ein bestimmter Abstand zu Menschen einzuhalten.

Flüge werden nach Gefahren-Klassen unterschieden: Offen, Speziell und Zulassungspflichtig.

Für die meisten Landschaftsfotografen wird dabei die Kategorie Offen passen. Das sind Flüge unter 120 Metern mit Sichtkontakt und Abstand zu sensiblen Objekten, wie in der aktuellen deutschen Verordnung. Dann wird die Unfallgefahr des Fluges für unbeteiligte Menschen für die Unterklassifizierung genutzt.

Mit meiner DJI Mavic 2 Pro lande ich in der Klasse C2 und muss den kleinen und den großen Drohnenführerschein machen und noch genügend Abstand zu Menschen einhalten. Das klingt vor allem für Piloten, die Events oder Objekte fotografieren müssen, negativ. Zusätzlich kommen noch neue

Hier habe ich mit einer Dji Air 3 Bilder für ein Hochformat-Panorama des Geysirs fotografiert.

Anforderungen an Drohnen, die der Sicherheit dienen sollen. Interessant ist die neue erlaubte Flughöhe von 120 Metern.Es bleibt abzuwarten, wie das neue Drohnengesetz final umgesetzt wird.

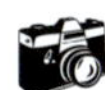

HAFTPFLICHTVERSICHERUNG

Um eine Drohne nutzen zu können, müssen Sie eine entsprechende Haftpflichtversicherung besitzen. Bei privater Nutzung kann es auch erweiterte Haftpflichtversicherungen geben, welche die Nutzung einer Drohne mitversichern. Separate Drohnenversicherungen fangen privat ab ca. 40 Euro an, gewerbliche gibt es je nach Leistung ab ungefähr 100 Euro im Jahr.

Was hochfliegt, kommt auch wieder runter

Neben den rechtlichen Grundlagen gibt es noch eine Reihe weiterer Regeln beim Flugbetrieb. In der Luft stehen Drohnen ganz unten in der Nahrungskette, wie mein Kollege anmerkt. Daher müssen bemannte Objekte - und dazu zählen nicht nur Passagiermaschinen, sondern auch Paraglider oder Heißluftballone - immer ausweichen.

Was hochfliegt, kommt auch wieder runter. Nicht nur Ikarus ist der Sonne zu nahe gekommen und dann abgestürzt. Obwohl Drohnen viel stabiler in der Luft stehen, können auch sie zu einem Unfall führen. Auch von den so sicheren DJI Drohnen gibt es Fälle, wo die Drohne wie ein Stein vom Himmel fiel. Um auch am Boden niemanden zu gefährden, sollten Sie einen ausreichenden Sicherheitsabstand zu Wegen oder Objekten einhalten.

Generell sollten Sie verantwortungsbewusst handeln, damit niemand gefährdet wird. Bei Verstößen gegen die Luftverkehrs-Ordnung (LuftVO) drohen empfindliche Strafen. Bei grob fahrlässigem Verhalten kann auch die Haftpflichtversicherung die Bezahlung eines Schadens verweigern.

TIPPS ZUR **DROHNENSTEUERUNG**

Von meinem Kollegen Dennis Thielert gibt es einige gute Praxistipps zur Drohnensteuerung, die ich Ihnen kurz vorstellen möchte. Dennis beschäftigte sich schon lange vor den DJI-Drohnen mit selbst gebastelten Drohnen-Bausätzen. Gerade die ersten Flugversuche sollten nicht in der Nähe bewohnter Ortschaften, sondern eher auf einem weitläufigen Feld oder einer Wiese stattfinden.

- Viele aktuelle Drohnen können ohne groß zu üben geflogen werden. Der Flugbetrieb ist wesentlich einfacher als beispielsweise das Fliegen eines ferngesteuerten Hubschraubers. Trotzdem sollte der manuelle Flug auch ohne GPS und Höhensensor geübt werden. Dadurch sind Sie in Gefahrensituationen routinierter. Bei den neuesten Drohnen-Modellen kann der manuelle Modus (ATTI), also ein Flug ohne GPS und Sensoren, nicht eingeschaltet werden.

- Ein genügender Sicherheitsabstand zu Menschen, Sachgütern und öffentlichen Verkehrswegen sollte unbedingt eingehalten werden. Planen Sie den Wind oder plötzliche Böen mit ein. Ruhe bewahren und nicht hektisch manövrieren.

- Besondere Vorsicht sollten Sie bei Hochspannungsleitungen oder sonstigen Strommasten und Leitungen einhalten. Elektromagnetische Strahlung kann die Steuerung beeinträchtigen. Ebenso zieht die Drohne bei einem Gewitter gern einen Blitz an, daher sollten Sie dann nicht fliegen.

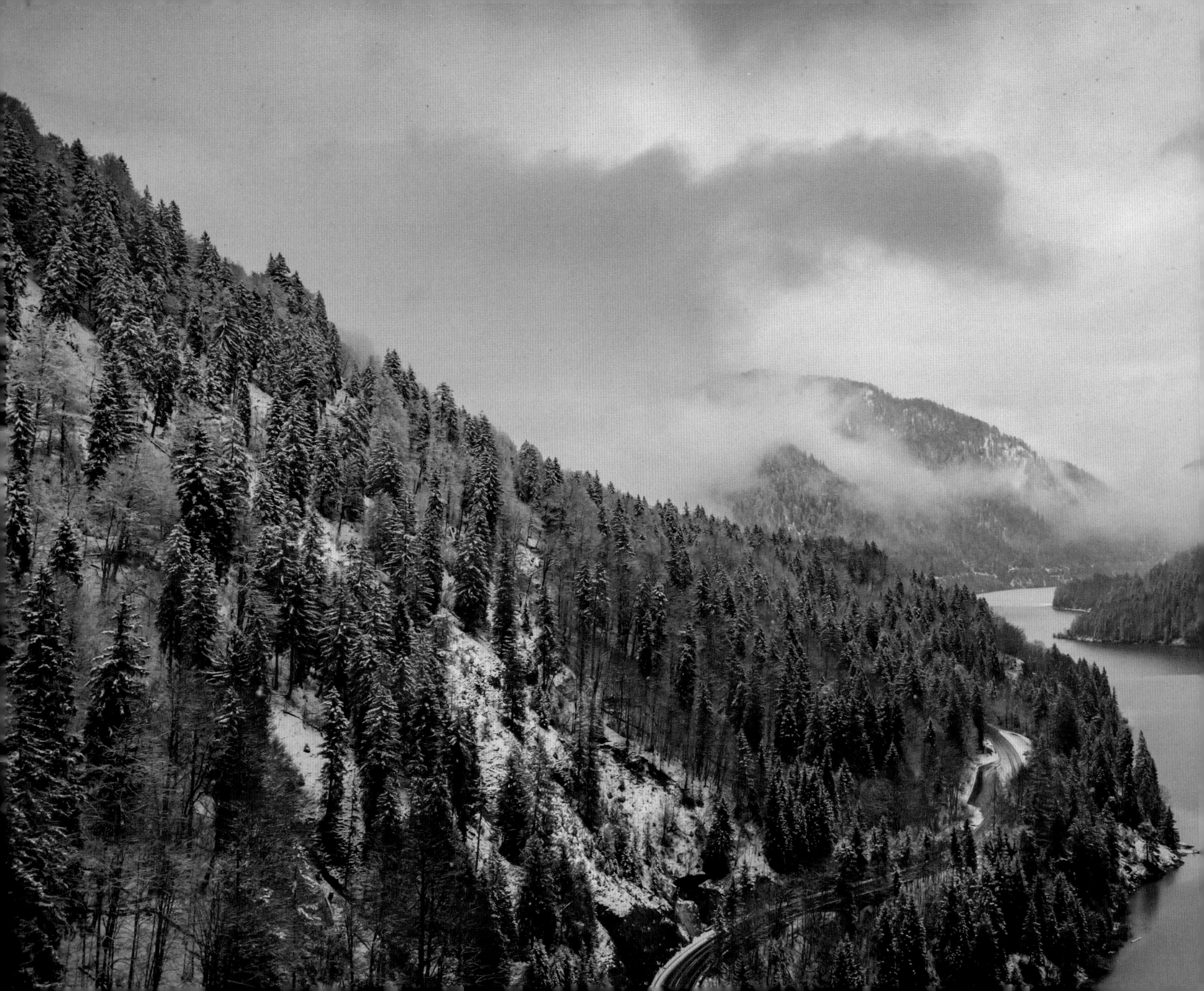

- Und zu guter Letzt: Das Einschätzen von Entfernungen fällt vielen Drohnenpiloten schwer. Ob die Drohne 100 oder 150 Meter weit weg ist oder ein Baum nur noch einen Meter entfernt ist, kann nicht immer genau eingeschätzt werden. Daher noch einmal die Warnung: Am besten immer genügend Sicherheitsabstand einhalten.

Auch ich habe schon einige gefährliche Momente mit meiner Drohne erlebt. Bei meiner DJI Phantom riss in einem engen Tal die Verbindung zum Satelliten ab. Es war sehr windig und mit hoher Geschwindigkeit trieb die Drohne Richtung Landstraße. Ich musste eine Notlandung durchführen. Besonders der Sportmodus sollte vorsichtig eingesetzt werden. Er schaltet die Kollisionssensoren ab und die Geschwindigkeit der Drohne kann dann beispielsweise bei einer DJI Mavic 2 an die 70 Stundenkilometer erreichen. Meine F habe ich im Sportmodus einmal fast in einer gewaltigen Eiche geparkt.

Trotz allen Herausforderungen sind Drohnen für den Landschaftsfotografen eine tolle Bereicherung.

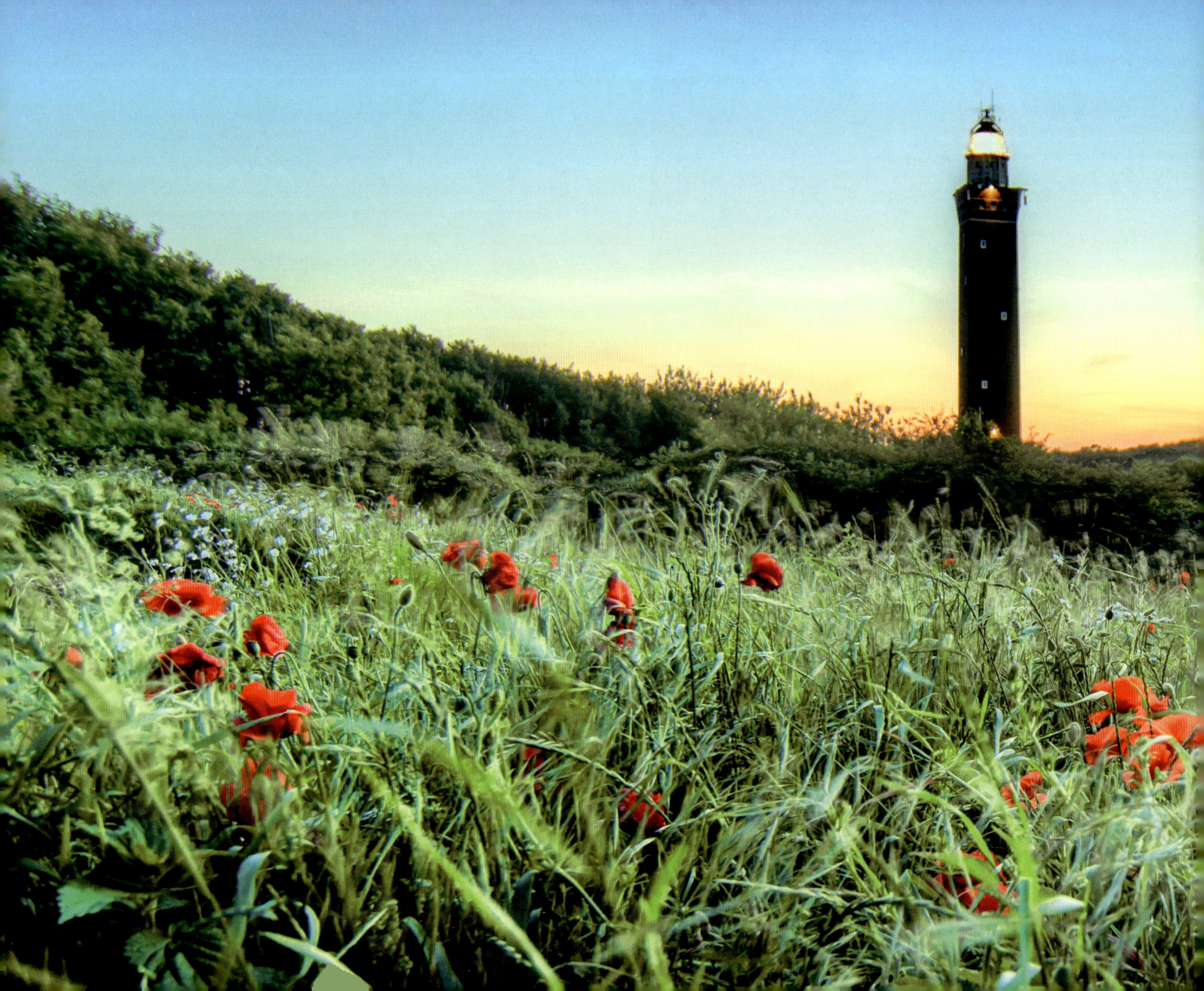

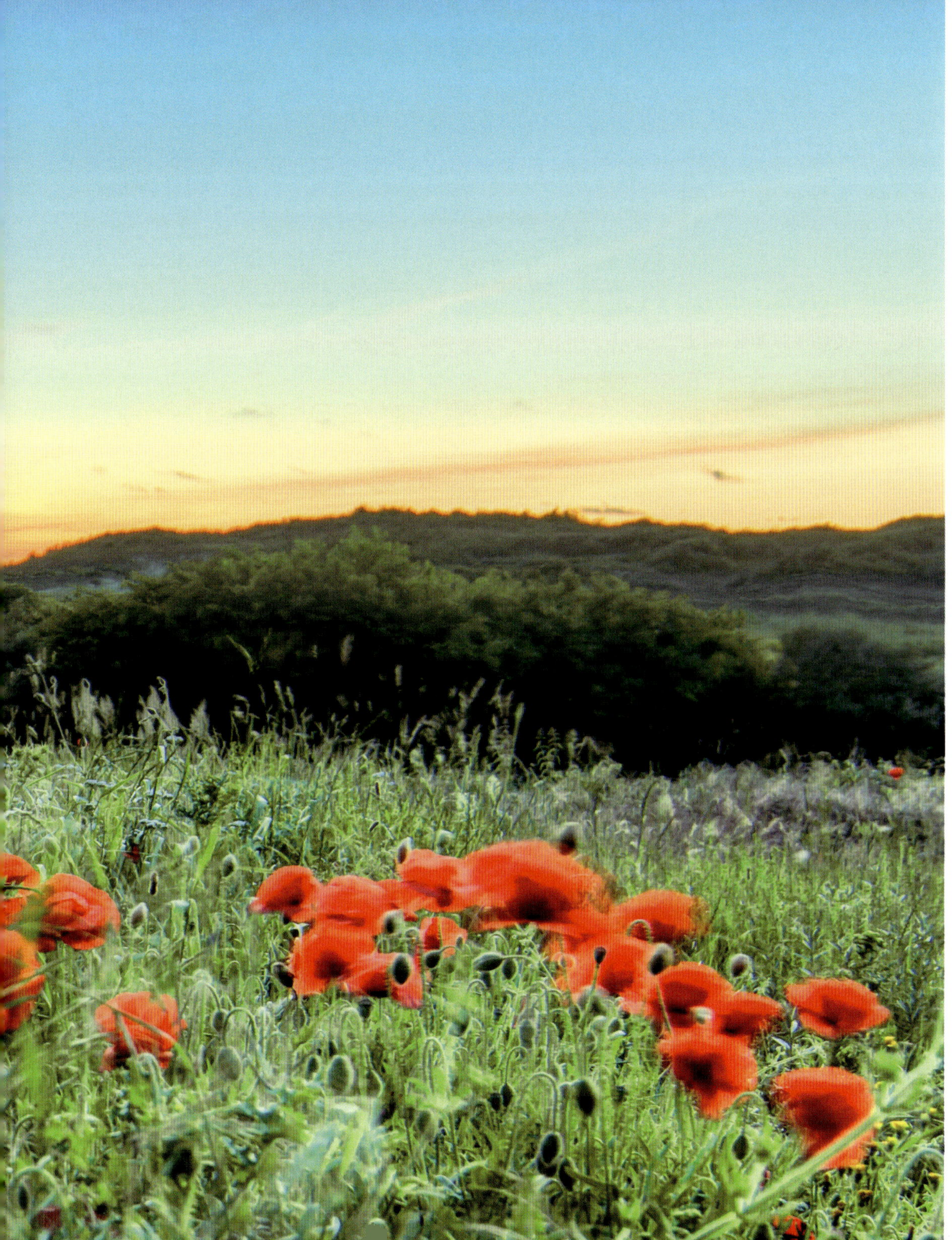

Kapitel 9

MOTIVE
FÜR FOTOAUSFLÜGE

Dass man in Europa und speziell in Deutschland tolle Landschaftsmotive findet, wissen wir. Für den Einstieg in die ambitionierte Landschaftsfotografie möchte ich Ihnen an dieser Stelle des Buchs einige Ziele mit markanten Fotomotiven für das Wochenende oder auch eine verlängerte Fototour vorstellen.

Leuchtturm Ouddorp, Niederlande, HDR

12–24 mm 1:4 | 12 mm | 0.8 s | f/4 | ISO 250

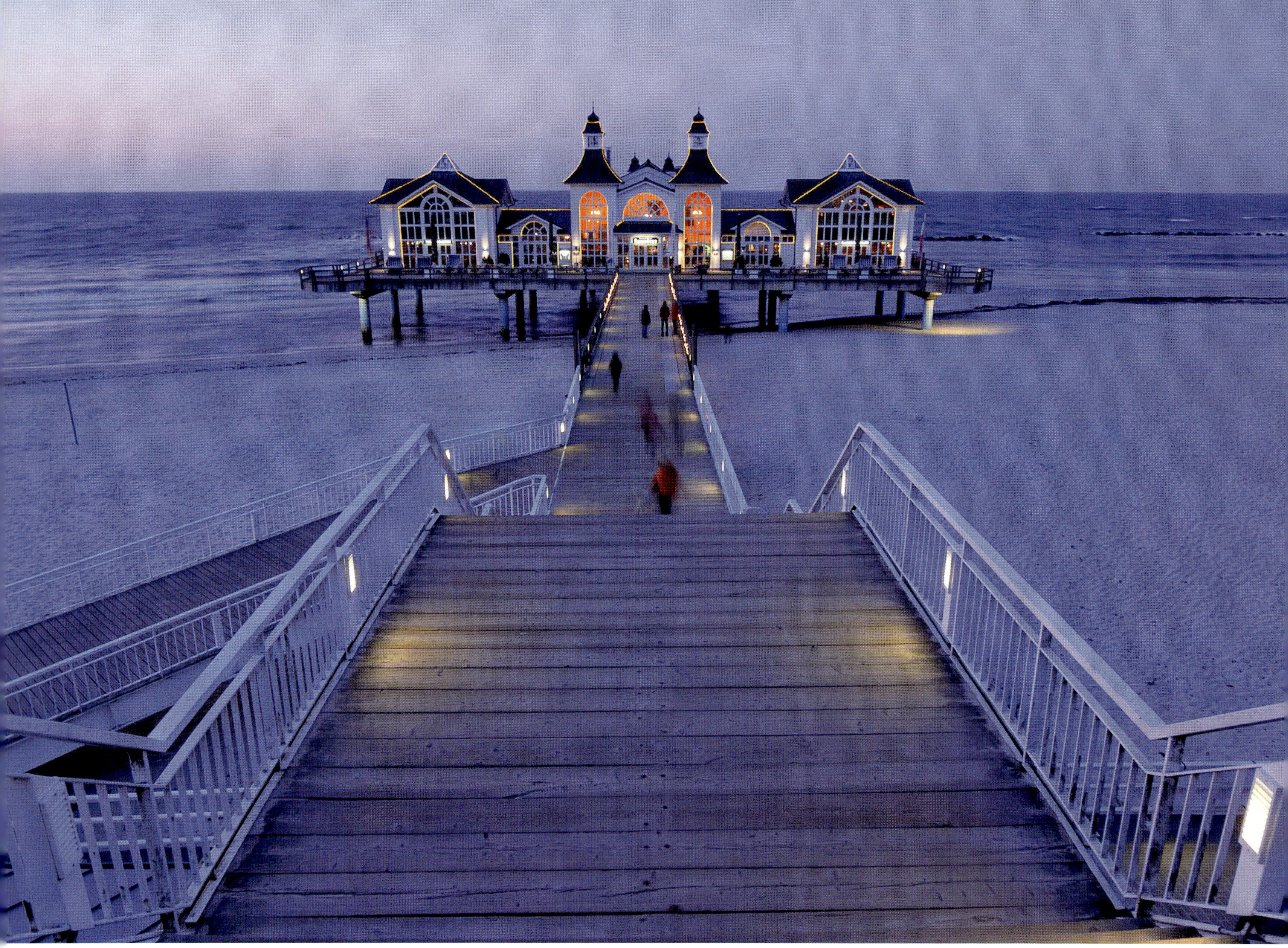

Die Seebrücke Sellin auf Rügen.

12–24 mm 1:4 | 14 mm | 1.30 s | f/6.3 | ISO 100

RÜGEN

Rügen ist die größte deutsche Insel. Über eine Brücke mit dem Festland verbunden, ist sie leicht erreichbar. Neben schönen Stränden und Seebrücken bietet Rügen auch Wälder, romantische Baumalleen und weitere Naturmotive. Die bekanntesten fotografischen Spots sind die Kreidefelsen im Nationalpark Jasmund sowie die Steilküste von Kap Arkona.

Die Kreideküste ist nicht so einfach erreichbar, ein Startpunkt ist der Großparkplatz Hagen in Lohme. Von diesem kostenpflichtigen Parkplatz aus geht es knapp fünf Kilometer zu Fuß durch ein schönes Waldgebiet zur Steilküste. Hier gibt es einige Aussichtspunkte wie die Viktoriasicht sowie einen längeren Abstieg zum Strand. Die Treppen können aber gesperrt sein, wie aktuell seit Mai 2016. Alternative Wege gibt es von Lohme und Sassnitz aus. Am Strand sind Fotos von den Kreidefelsen oder vielen Steinen im Wasser möglich.

Die Steilküste von Kap Arkona liegt im Nordwesten der Insel, der Zugang erfolgt über einen Weg von knapp zwei Kilometern vom Parkplatz in Putgarten aus.

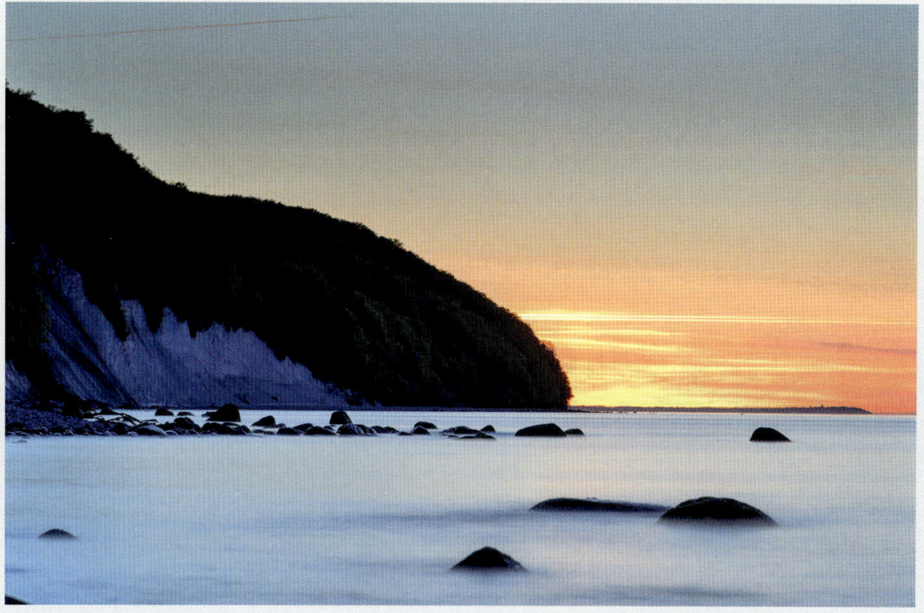

05.05.2016, 21:05 Uhr | Nikon D750 | 24–120 mm 1:4 | 120 mm | 10 s | f/7.1 | ISO 50

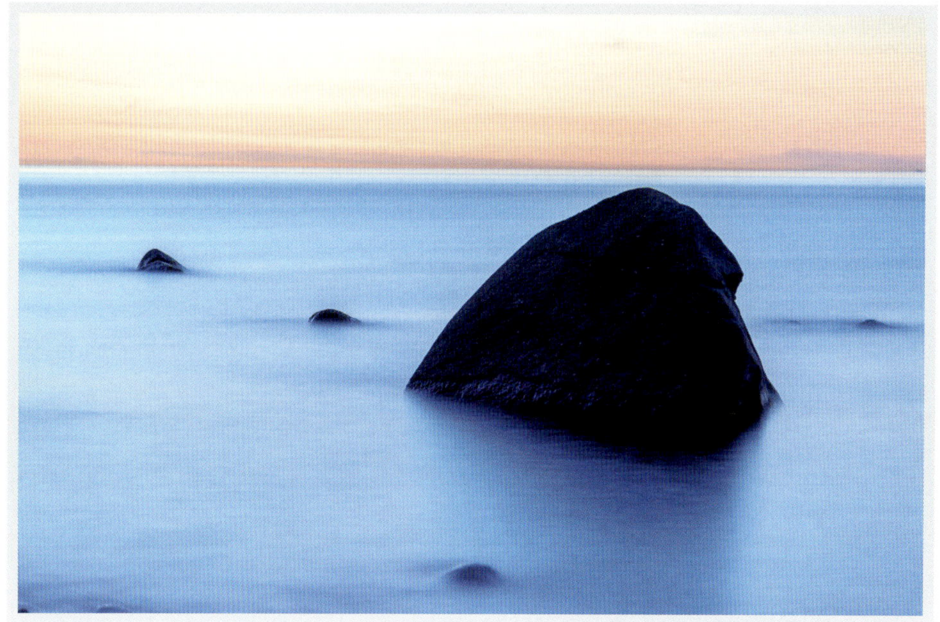

Kreidefelsen und Findlinge im Nationalpark Jasmund.

24–120 mm 1:4 | 110 mm | 25 s | f/4 | ISO 200

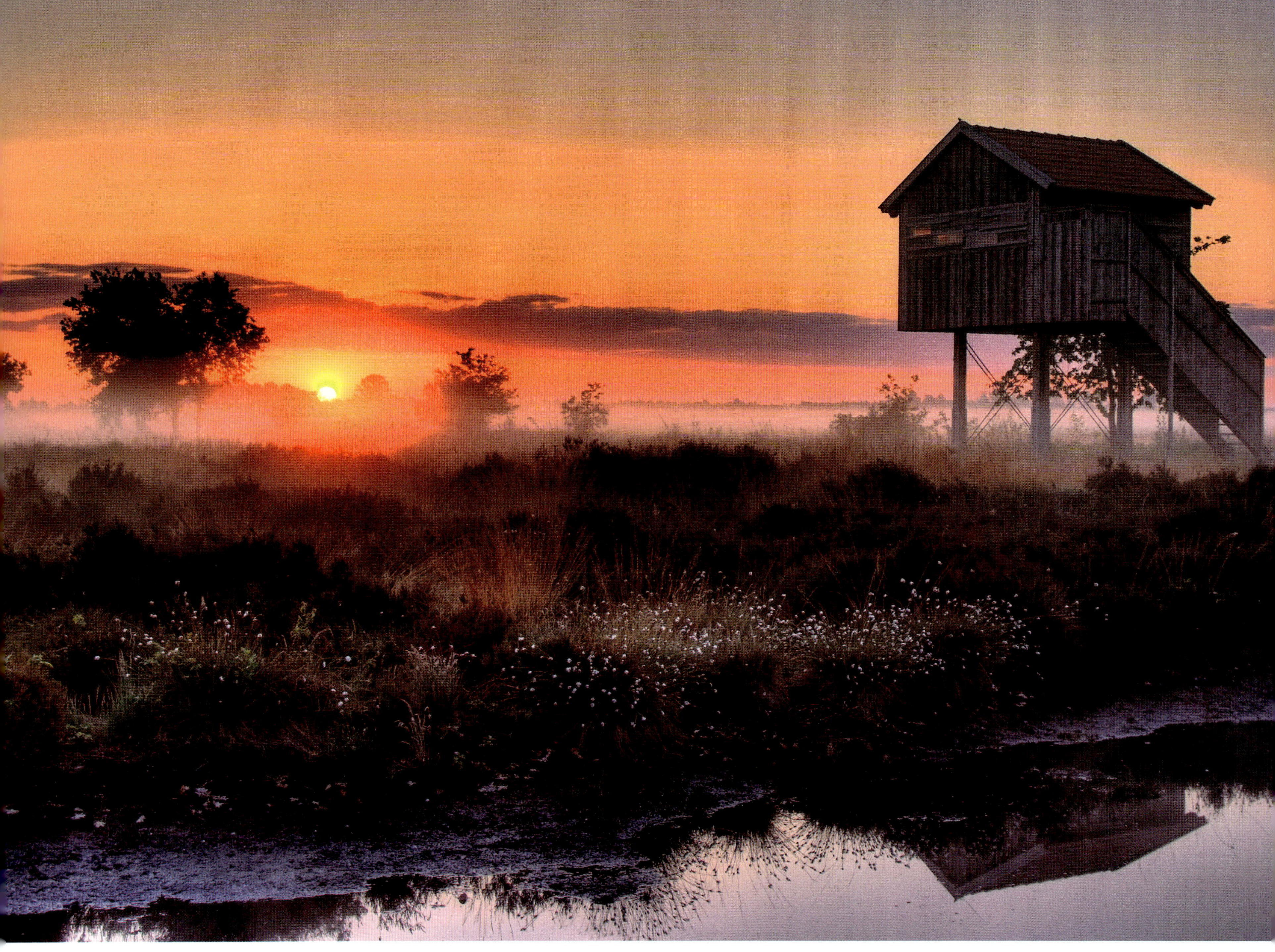

Sonnenaufgang im Recker Moor.

80–200 mm 1:2.8 | 120 mm | 0.6 s | f/5 | ISO 100

RECKER MOOR

Das in der Nähe von Osnabrück gelegene Recker Moor gehört zu den am besten erhaltenen Moorgebieten in Nordrhein-Westfalen. Auf einer Größe von knapp drei Quadratmetern findet sich hier ein einmaliges kleines Moorgebiet mit vielen Vögeln und Tieren. Bei Besuchen am frühen Morgen sahen wir Rehe, Feldhasen, Igel, Bekassinen, Blaukelchen, Weihen, Würger, Eulen und auch einen Wiesel.

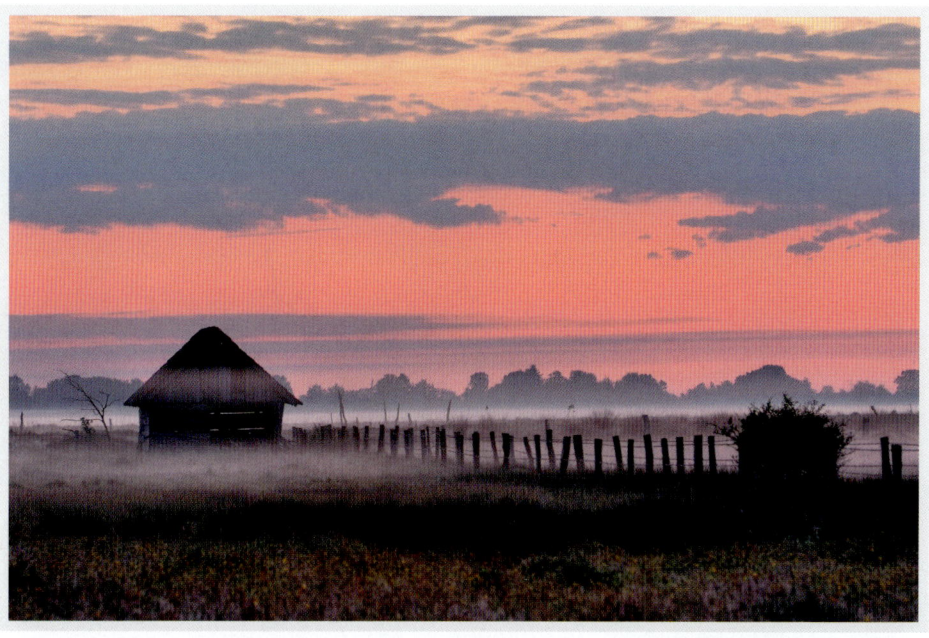

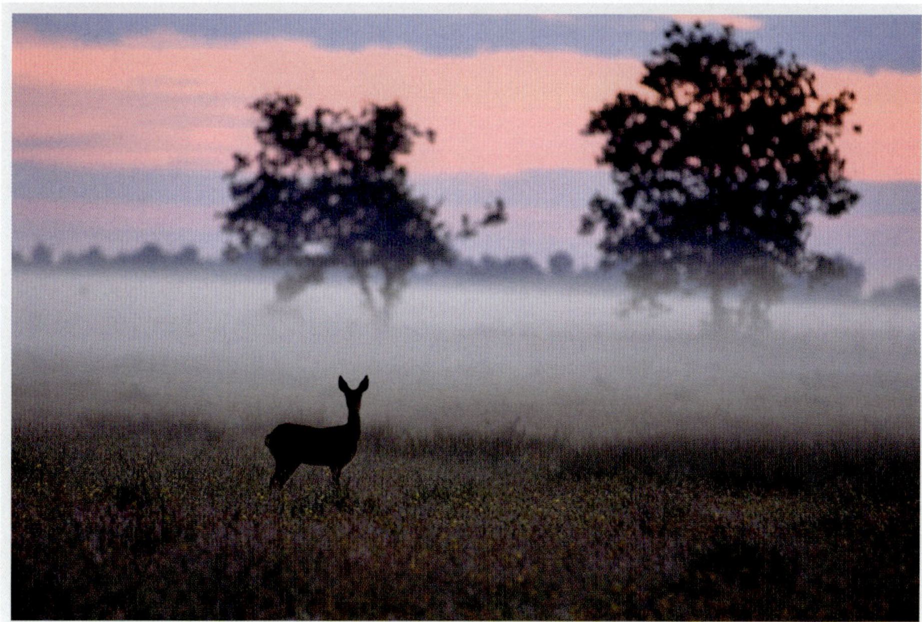

Morgennebel im Recker Moor.

80–200 mm 1:2.8 | 175 mm | 1/5 s | f/2.8 | ISO 800

Ein Reh im Morgennebel.

80–200 mm 1:2.8 | 175 mm | 1/5 s | f/2.8 | ISO 800

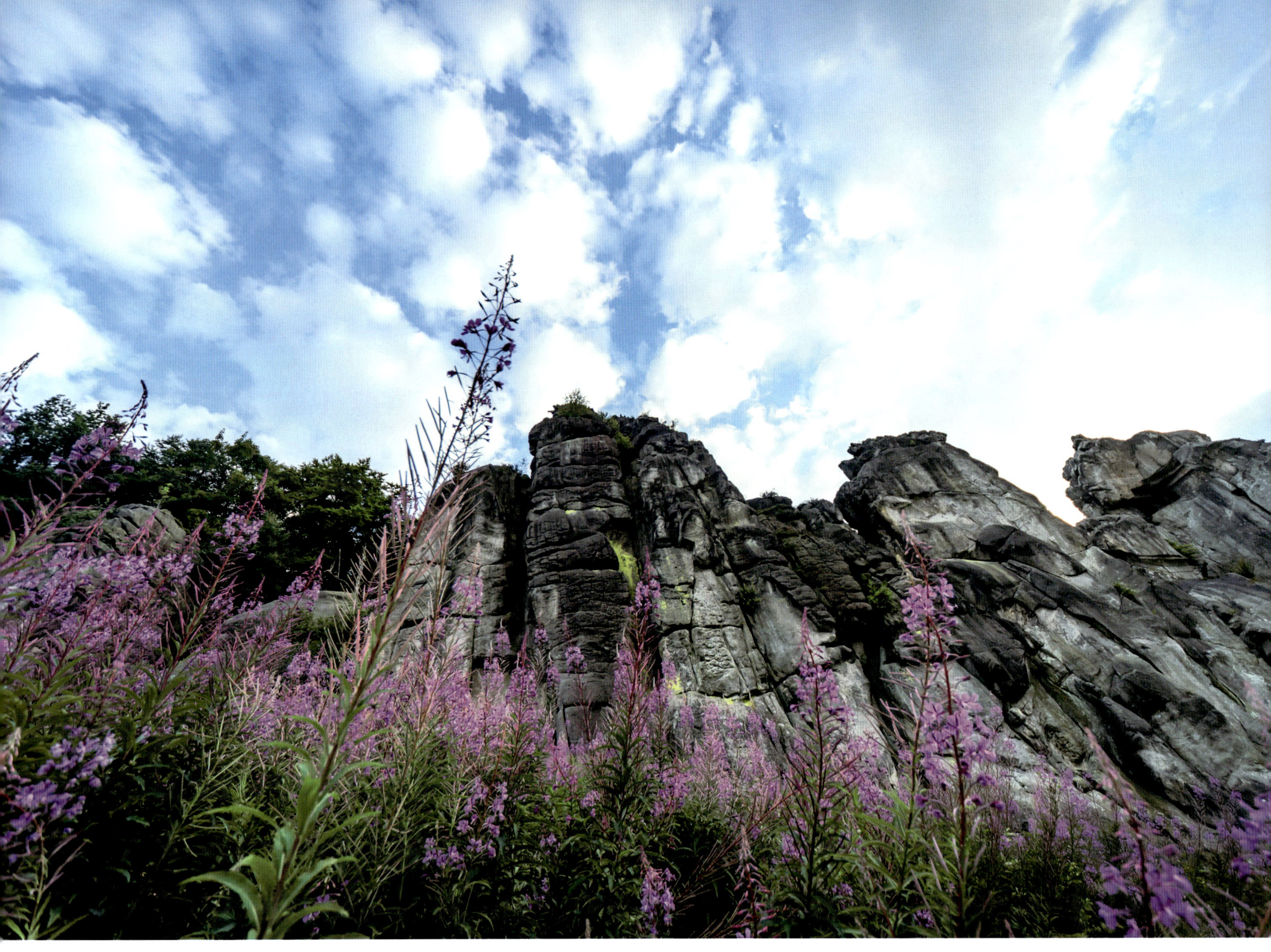

Roter Fingerhut vor den Externsteinen.

12–24 mm 1:4.5–5.6 | 12 mm | 1/200 s | f/5.6 | ISO 400

EXTERNSTEINE

Eines meiner Lieblingsmotive sind Sandsteinformationen. Sandsteine, vor allem Buntsandsteine, bilden oft spektakuläre Felsen, die teilweise frei aus der Landschaft ragen. Sie sind damit starke Hauptmotive, die eine Landschaft prägen. Am bekanntesten sind die roten Sandsteinfelsen in den Vereinigten Staaten, wie das Monument Valley oder der Antelope Canyon. Auch in Deutschland gibt es einige markante Sandsteinformationen. Die Externsteine sind eine der bekanntesten deutschen Sandsteinfelsen. Mythen und Legenden ranken sich um diesen im Teutoburger Wald bei Horn-Bad Meinberg gelegenen Ort. Die Felsen liegen auf einer Lichtung, mit einem kleinen See davor. Die Anlage ist leider nicht völlig natürlich, sondern mit Wegen und teilweise Absperrungen versehen. Trotzdem lassen sich hier starke Bilder fotografieren.

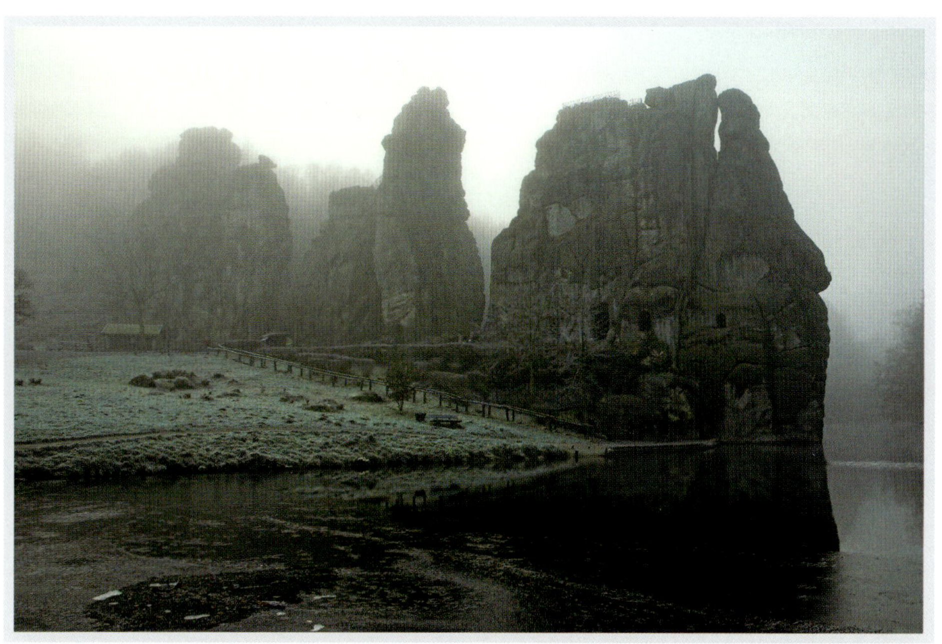

Die Externsteine im Nebel.

18 mm | 1/320 s | f/8 | ISO 400

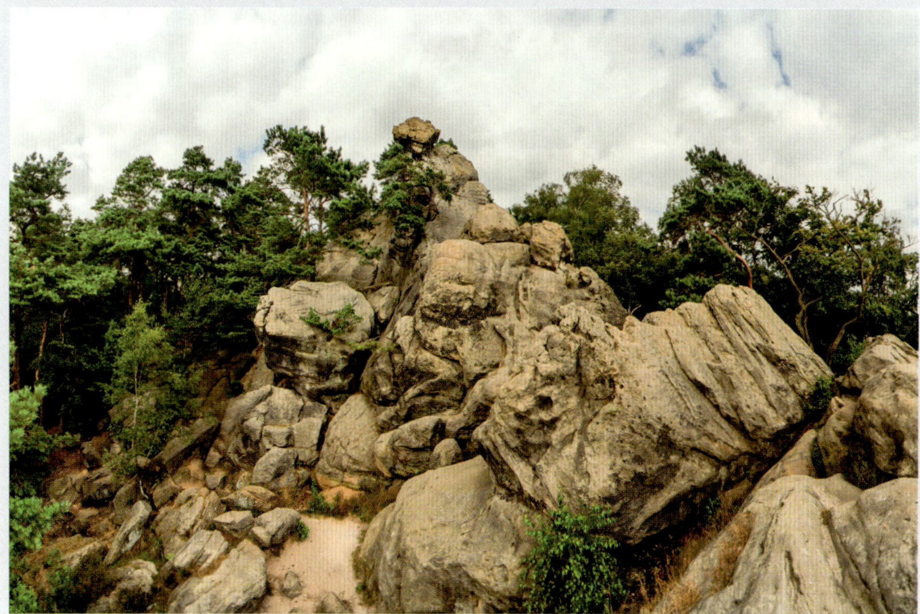

Im Teutoburger Wald gibt es noch mehr Sandsteinformationen, beispielsweise am westlichen Hang des Mittelgebirges die Dörenther Klippen.

12–24 mm 1:4.5–5.6 | 12 mm | 1/640 s | f/5.6 | ISO 250

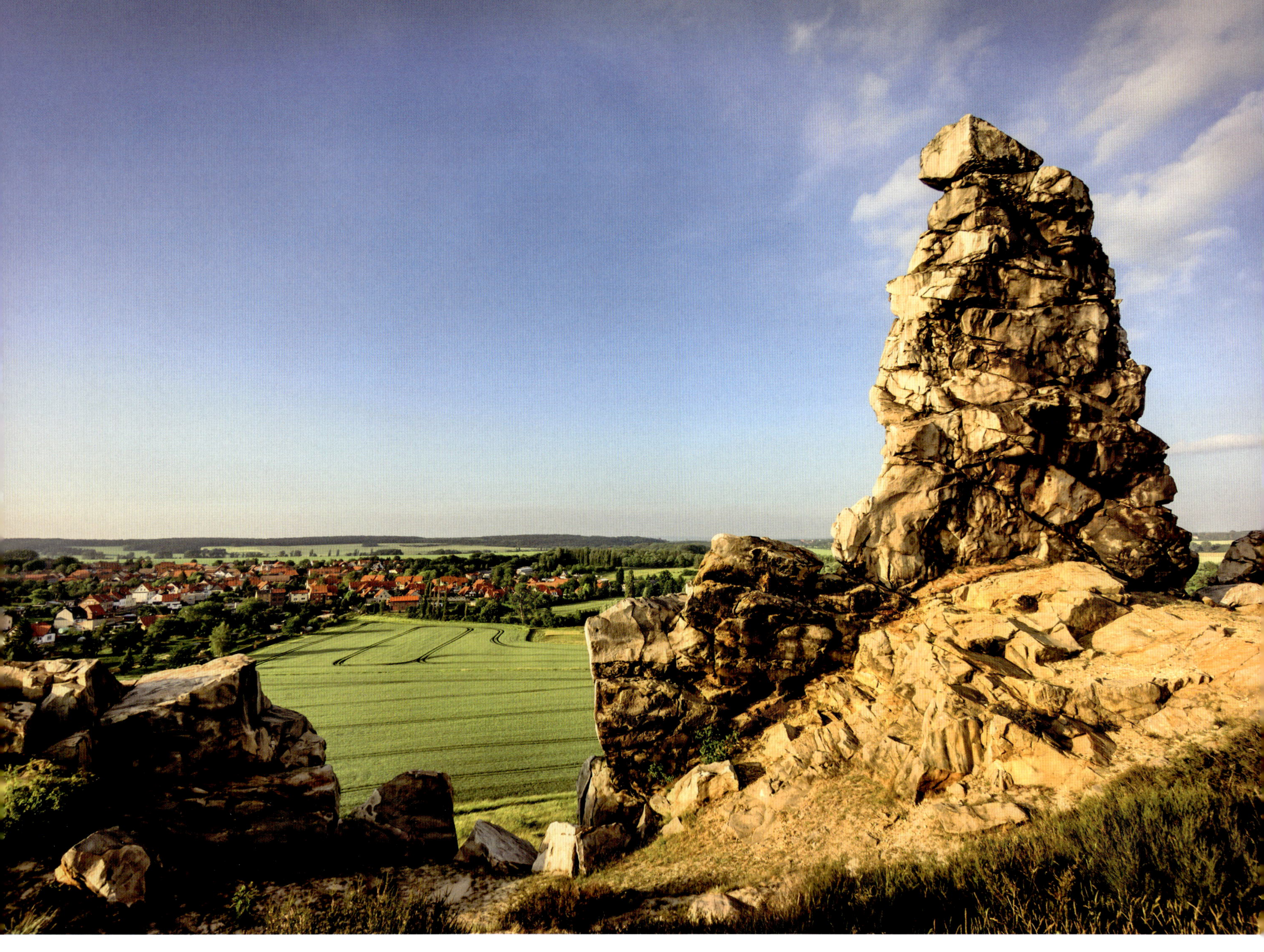

Oberhalb von Weddersleben ragen die Felsen der Mittelsteine gen Himmel.

10–18 mm 1:4 | 10 mm | 1/500 s | f/5 | ISO 100

HARZ

Der Harz ist ein markantes großes Mittelgebirge im Norden Deutschlands, mit seinem höchsten Berg, dem 1.141 Meter großen Brocken. Der Harz bietet viele Fotomotive und bekannte Spots. Zwei besondere Orte sind die nahe beieinanderliegenden Teufelsmauern und das Bodetal rund um Quedlinburg. Zwischen den Orten Blankenburg und Ballenstadt liegen sieben größere Felsgruppen auf freiem Feld oder im Wald. Bei Weddersleben steht die fotogene Gruppe der Mittelsteine und durch einen Feldweg getrennt noch eine weitere Felsformation. Beide Felsformationen können umrundet werden und geben zu allen Himmelrichtungen starke Fotomotive ab.

Einige Kilometer entfernt liegt beim Ort Thale das nur zehn Kilometer lang Bodetal. Das Tal wirkt durch seine steilen Bergwände, die dazu noch stark bewachsen sind, wie eine Schlucht in den südamerikanischen Anden. Die besten Ausblicke gibt es von dem Berg Roßtrappe und dem 450 Meter hohen Hexentanzplatz-Plateau.

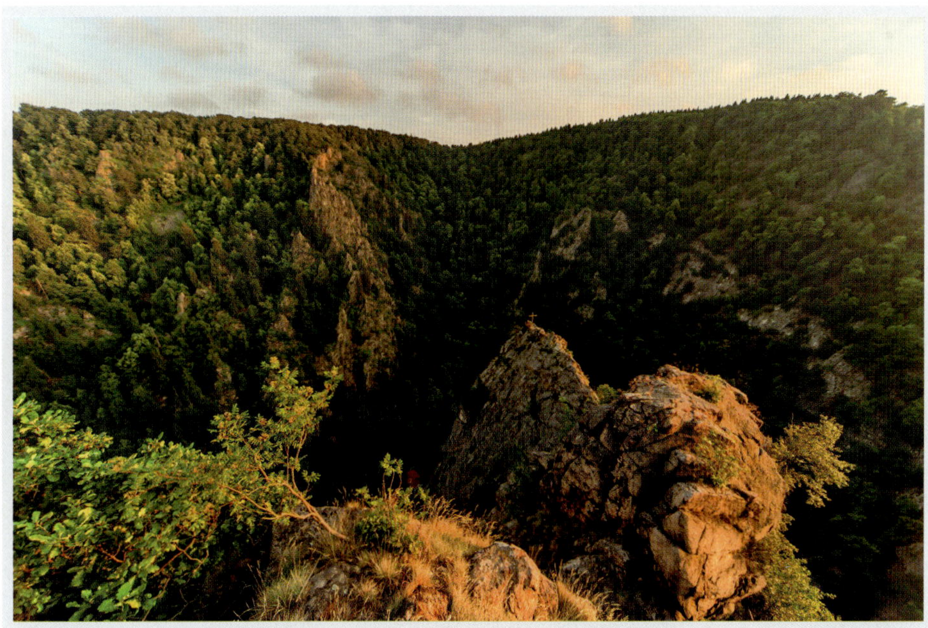

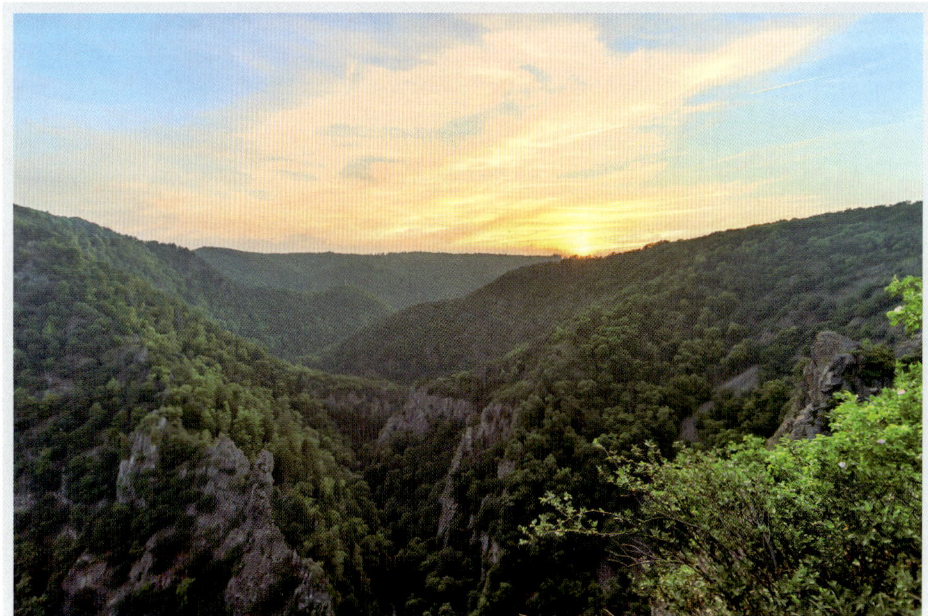

Blick von der Roßtrappe ins Bodetal.

12–24 mm 1:4.5–5.6 | 12 mm | 1/250 s | f/5.6 | ISO 400

12–24 mm 1:4.5–5.6 | 17 mm | 1/400 s | f/5.6 | ISO 500

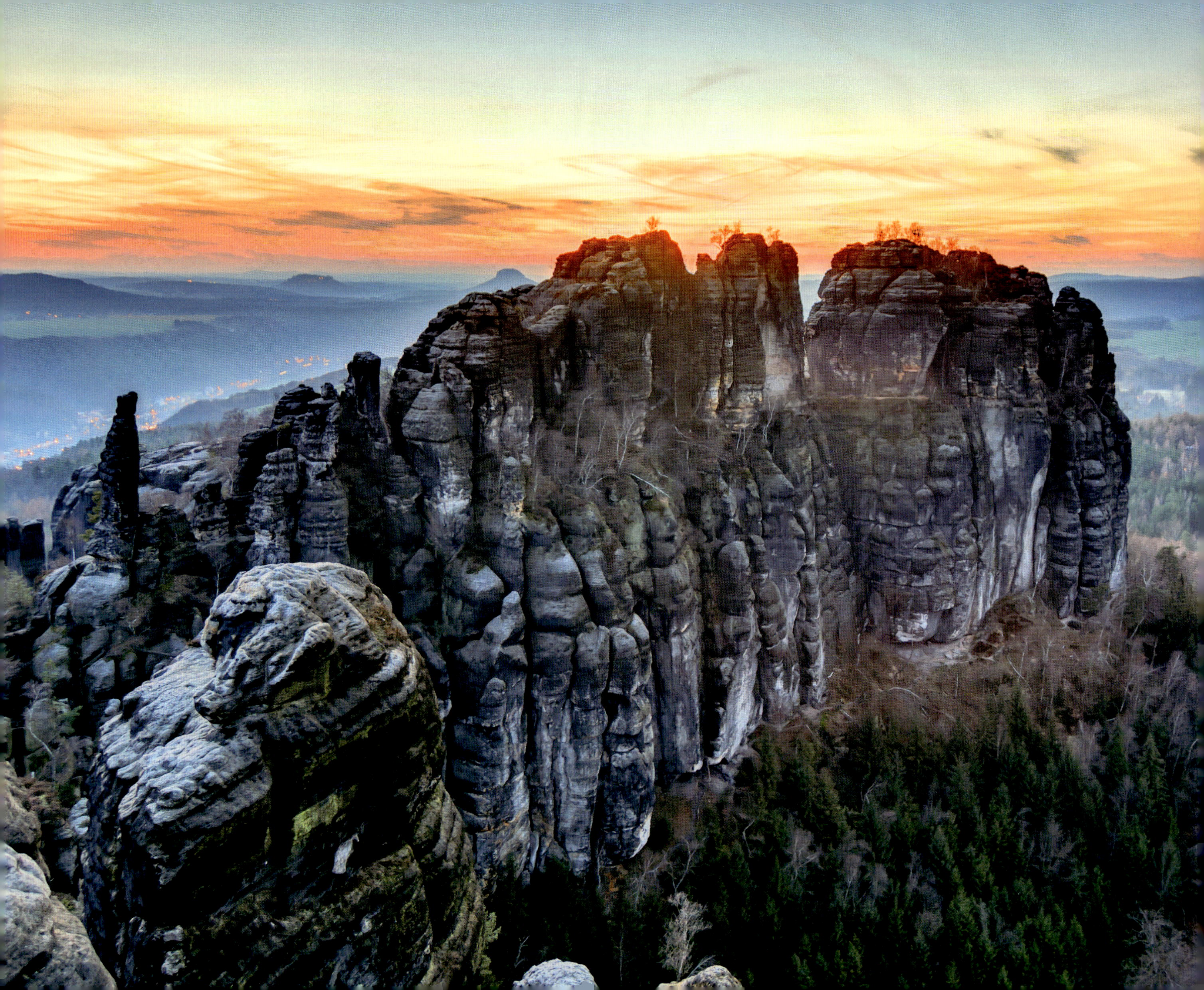

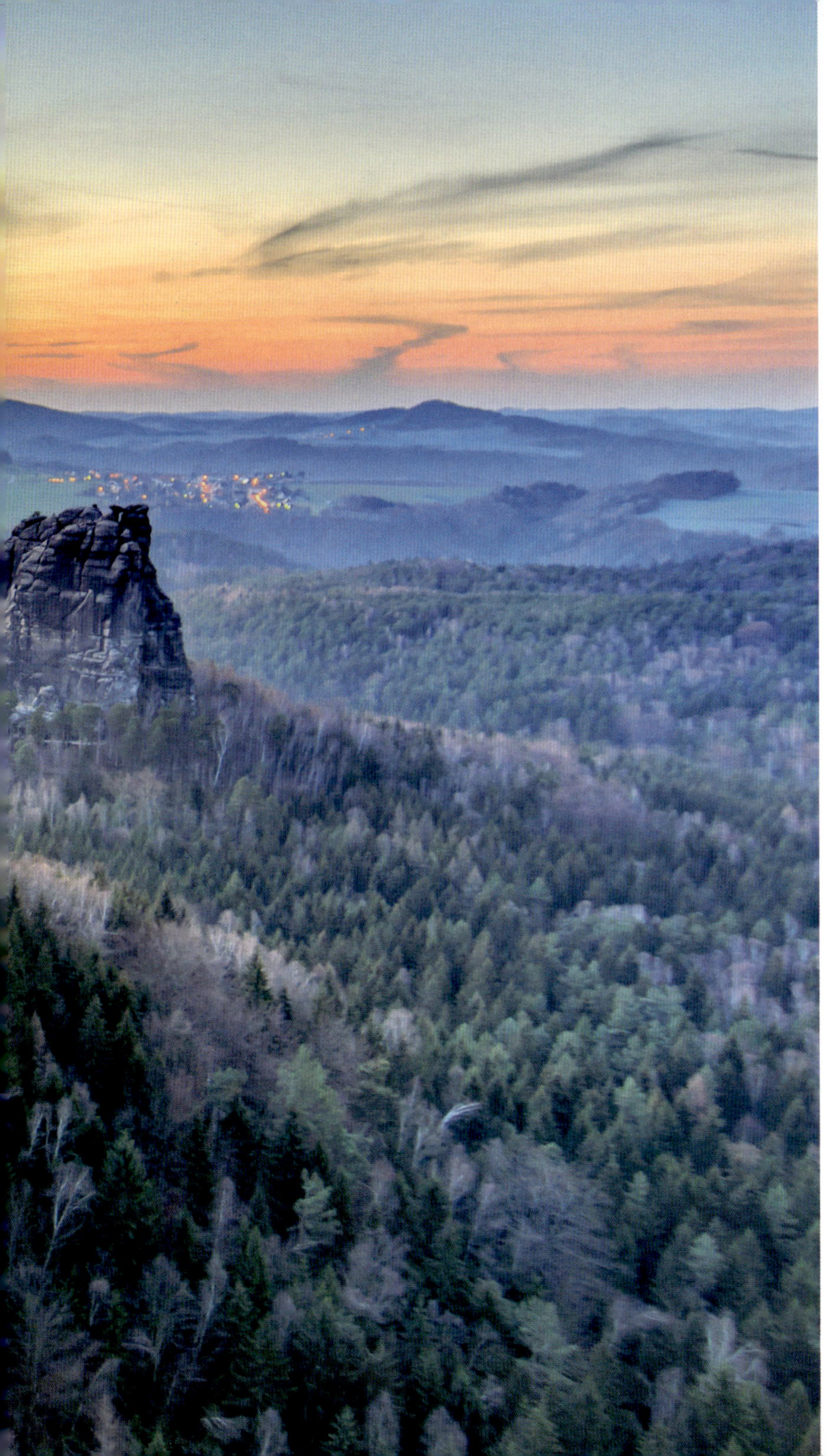

SÄCHSISCHE SCHWEIZ

Die Sächsische Schweiz ist meiner Meinung nach eine der fotogensten Landschaften Deutschlands. Fahre ich die Autobahn an Dresden vorbei Richtung Pirna, begeistert mich immer wieder der Blick, der sich einem bietet. In der Ebene erheben sich die Tafelberge der Sächsischen Schweiz, ein unglaublich erhabener Anblick. Wären die Ebene und die Berge nicht so grün, könnte man sich im Monument Valley in Arizona wähnen.

Felsgruppe der Schrammsteine mit dem Falkenstein.

12–24 mm 1:4 | 12 mm | 4 s | f/4 | ISO 100

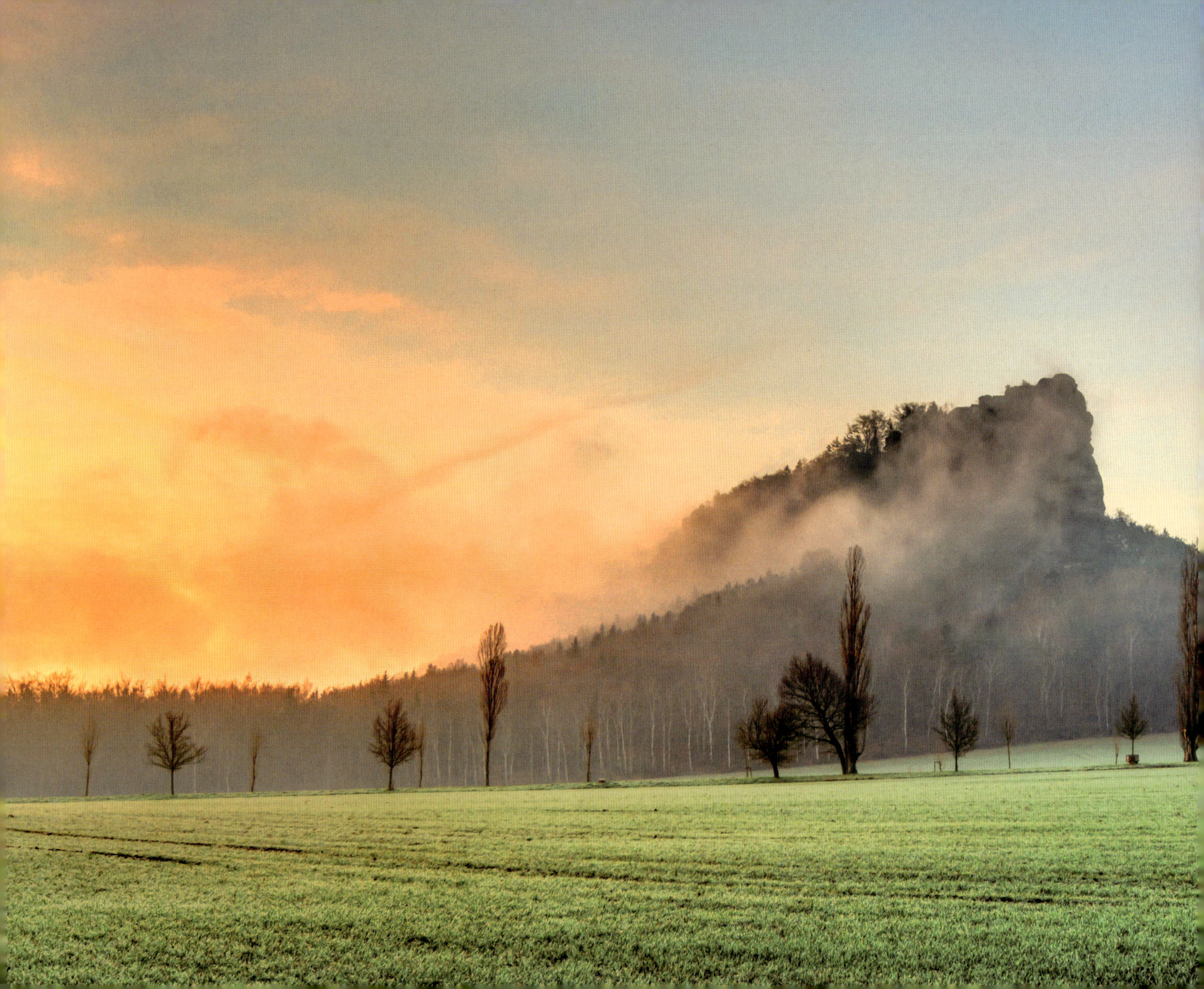

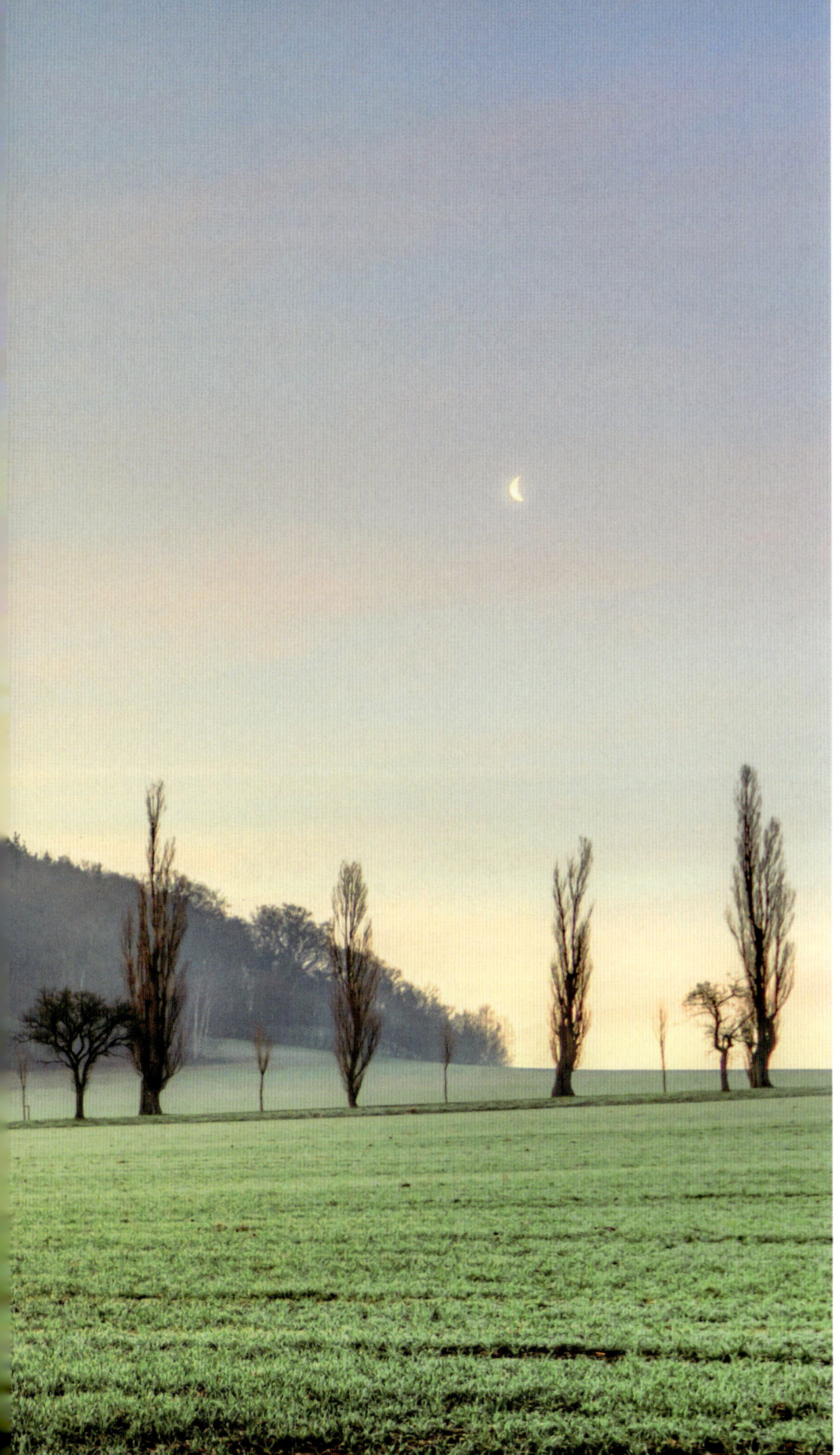

Auf einer Breite von knapp 30 Kilometern, zwischen der Bastei bei der Stadt Wehlen und dem Prebischtor auf der tschechischen Seite, erhebt sich eine Vielzahl von Bergen, Kuppen und Gesteinsformationen. Viele der Berge sind durch Leitern und Seile auch für normale Wanderer erklimmbar. Mit ihren Höhen von um die 400 Meter schauen viele der Tafelberge durch die Wälder und Ebenen hervor. Dazwischen schlängelt sich im Tal die Elbe, oft umgeben Nebelschwaden die Kulisse.

Blick auf den Lilienstein.

12–24 mm 1:4 | 18 mm | 1/13 s | f/4 | ISO 100

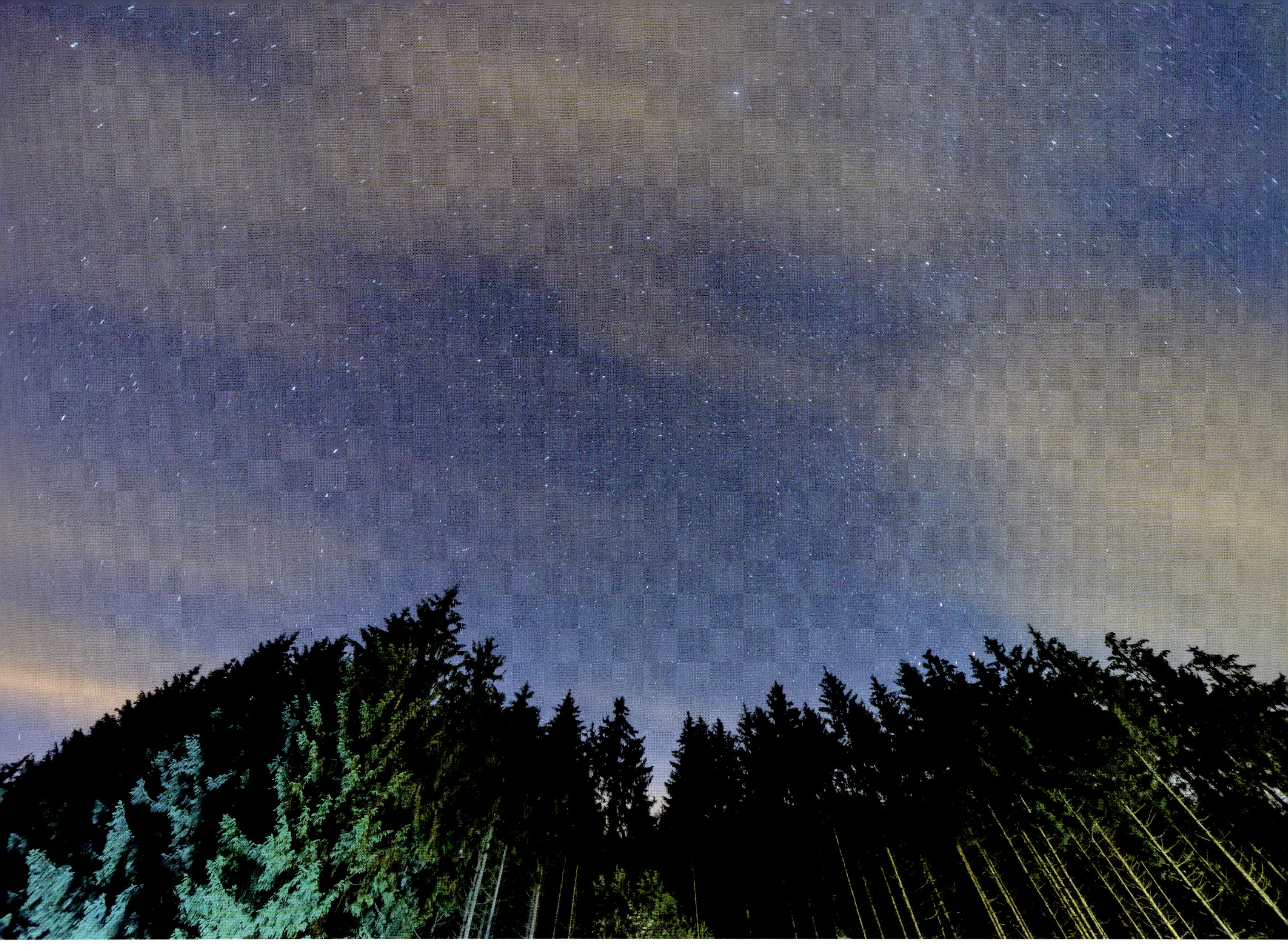

Sterne über der Eifel. Das störende Licht im Bild kommt vom Campingplatz.

12–24 mm 1:4.5–5.6 | 12 mm | 106 s | f/4.5 | ISO 1250

HOHES **VENN-EIFEL**

Der Naturpark Hohes Venn-Eifel ist eine große Hochebene im Grenzgebiet zwischen Belgien und rund um den Ort Monschau. Auf deutscher Seite wird die Landschaft von Buchenwäldern und Stauseen geprägt. Seit 2014 führt der deutsche Teil, der Nationalpark Eifel, die Auszeichnung Sternenpark. Rund um die ehemalige NS-Ordensburg Vogelsang am Urftsee liegt ein Zentrum zur Sternenbeobachtung. Heute wird die Anlage als Ausstellungszentrum genutzt. Vom Parkplatz der Anlage aus können Sie in zwei Kilometern zur Viktor-Neels-Brücke am Urftsee gelangen.

Auf belgischer Seite liegt das größte Hochmoor Europas, das Hohe Venn. In der Nähe des mit 694 Metern höchsten Bergs Belgiens, dem Signal de Botrange, liegt beim Gasthaus Baraque Michelin Jalhay ein guter Startpunkt für Touren ins Moor.

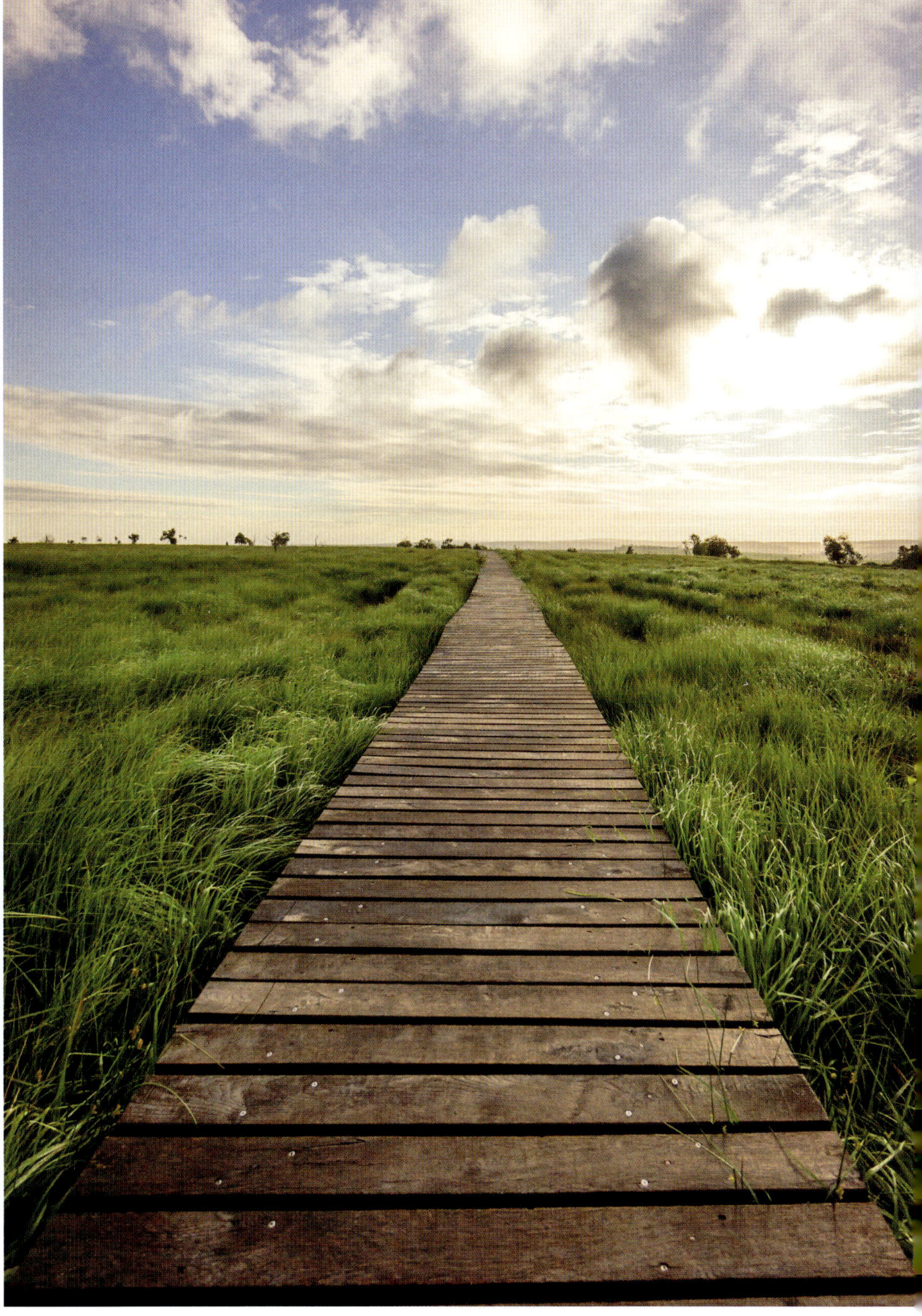

Weg ins Hochmoor Hohe Venn.

10–18 mm 1:4 | 10 mm | 1/1250 s | f/5.6 | ISO 200

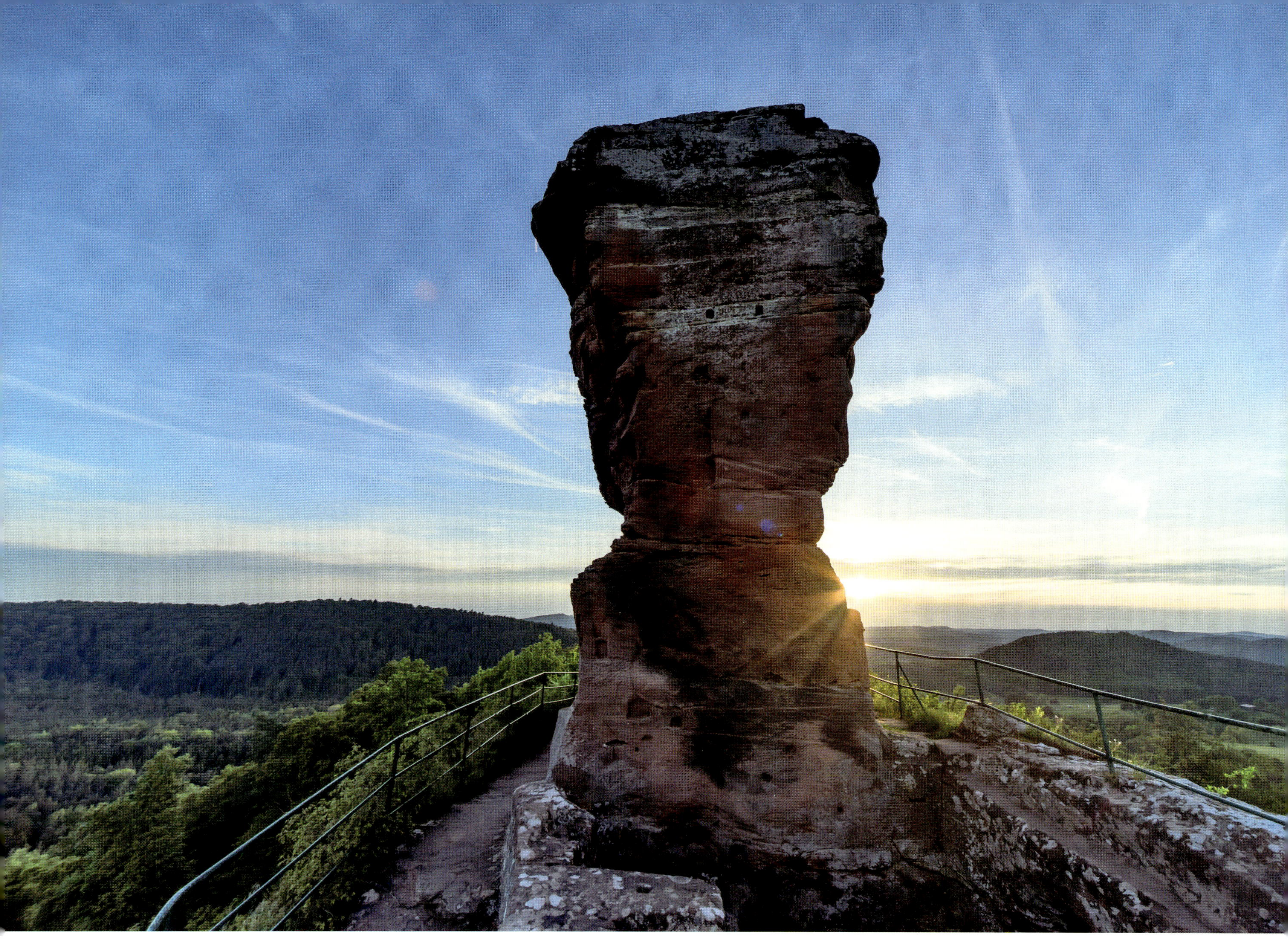

Ruine Drachenfels und Blick auf den Pfälzer Wald bei dem Ort Busenberg.

12–24 mm 1:4.5–5.6 | 12 mm | 1/320 s | f/10 | ISO 500

DAHNER **FELSENLAND**

Mitten im größten Waldgebiet Deutschlands, dem Pfälzer Wald, liegt das Dahner Felsenland. Rund um die Stadt Dahn und an Frankreich grenzend ist eine Vielzahl von bizarren Felsen aus Buntsandstein und Burgen zu sehen. Anders als in der Sächsischen Schweiz sind viele der Felsen stark verwittert und teilweise bewachsen. Die Landschaft wird von dichten Wäldern und einer hügeligen Landschaft geprägt. Ein Startpunkt für Touren ist der Wanderparkplatz in der Eybergstraße in Dahn. Von hier aus sind auf einer Wanderung von zwölf Kilometern die wichtigsten Felsen, wie der Lämmerfelsen oder der Wachtfelsen, erreichbar.

Die Ruine Drachenfels wurde in den roten Sandstein gebaut, auf 368 Metern Höhe gibt es einen schönen Blick über das Dahner Felsenland. Als Startpunkt kann an der Drachenfelshütte in Busenberg, direkt unter der Burg, geparkt werden. Der bekannteste Felsen im Dahner Felsenland ist der sagenumwobene Teufelstisch in Hinterweidenthal. Der Teufelstisch ist eine 14 Meter hohe Felsplatte, die auf einem schmalen Felsen steht. Das Gewicht des Felsens wird auf knapp 300 Tonnen geschätzt.

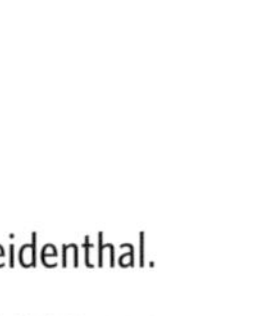

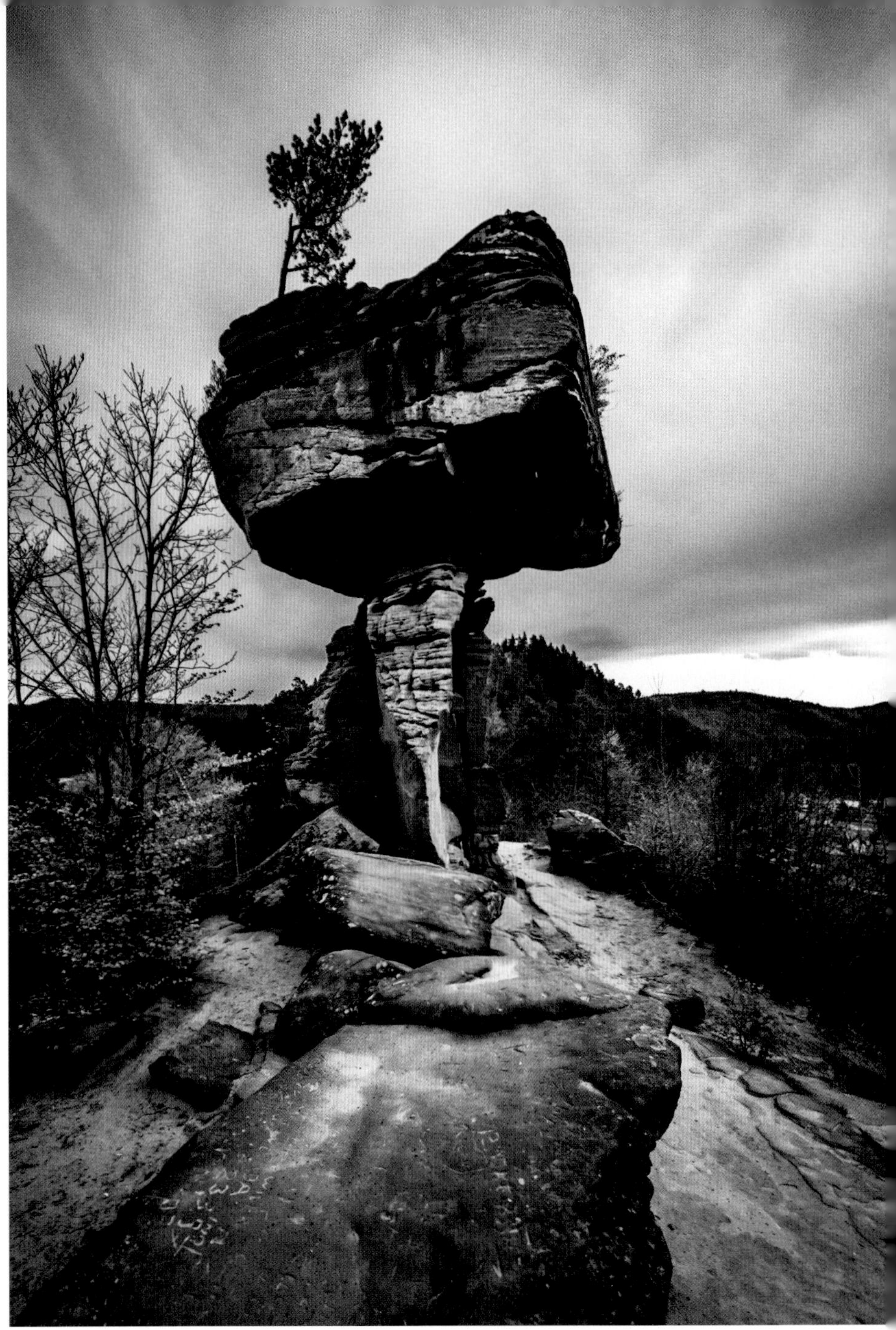

Teufelstisch in Hinterweidenthal.

12–24 mm 1:4.5–5.6 | 12 mm | 1/500 s | f/4.5 | ISO 320

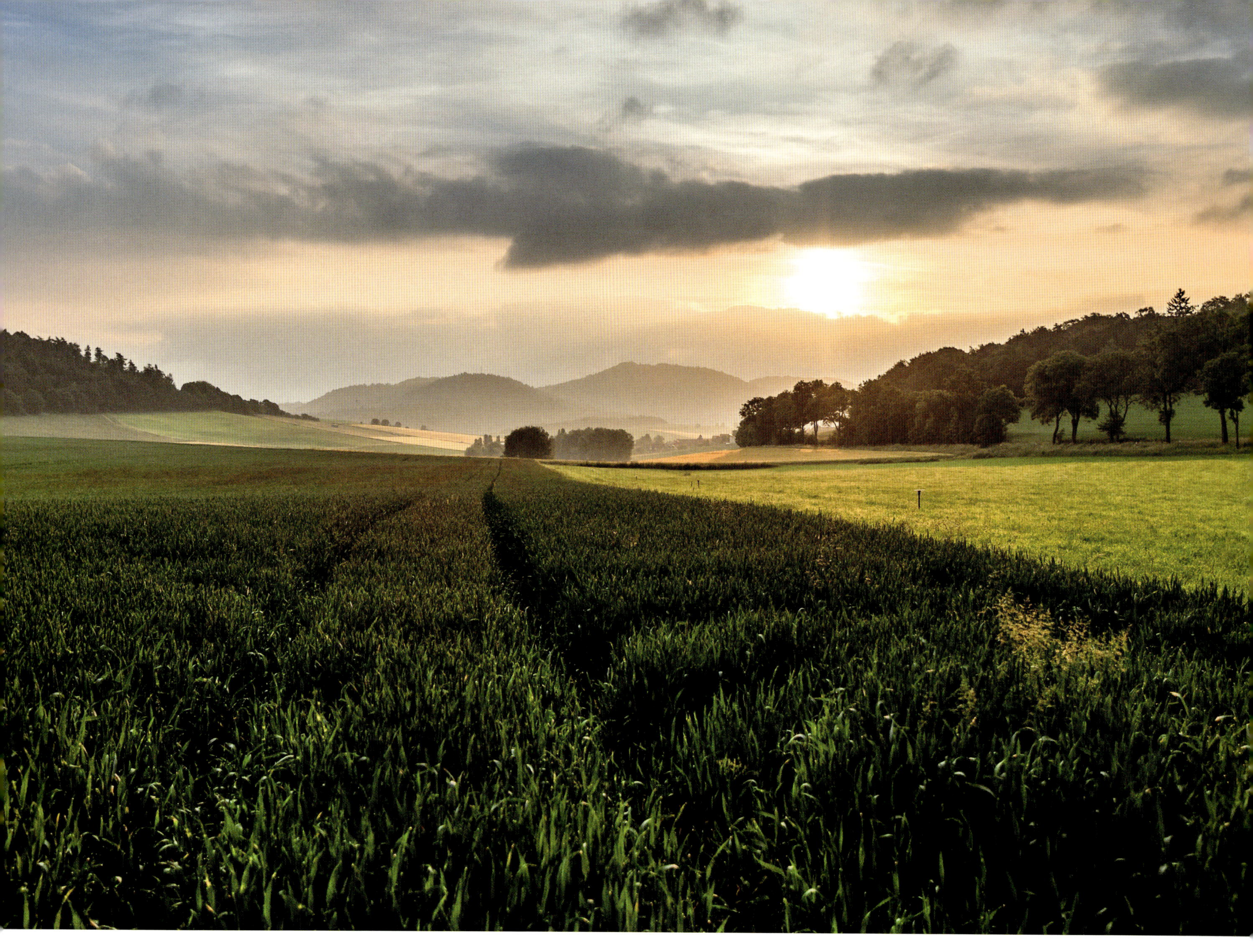

Sonnenaufgang über dem Kellerwald.

24–120 mm 1:4 | 32 mm | 1/1600 s | f/4 | ISO 400

NATIONALPARK **KELLERWALD-EDERSEE**

Der Nationalpark Kellerwald-Edersee ist für seine einzigartigen Buchenwälder bekannt. Viele der Bäume sind über 100 Jahre alt. Der Wald ist sich selbst überlassen. Der Urwald, unterhalb der Talsperre gelegen, ist einer der größten natürlichen Rotbuchenwälder Mitteleuropas. Rund um den Edersee in Waldeck gibt es viele Fotomotive. Nur einige Kilometer entfernt liegt bei Albertshausen der Hutewald Halloh. Ein Hutewald wurde früher zur Ernährung des Viehs genutzt. Die Tiere knabberten den Boden frei, die Folge der Knabberei waren häufig nicht mehr fest verwurzelte Bäume. Einige Eichen im Hutewald Halloh sind über 250 Jahre alt und könnten auch als Baumbart in »Der Herr der Ringe«-Trilogie mitspielen.

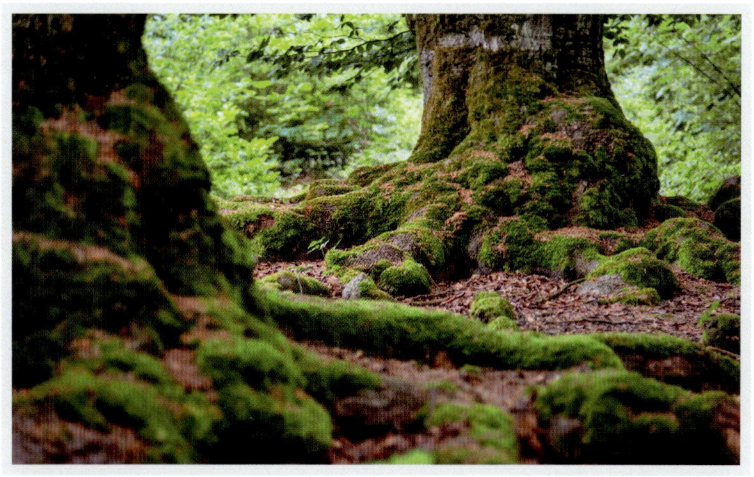

Im Hutewald Halloh.

24–120 mm 1:4 | 95 mm | 1/10 s | f/4 | ISO 1250

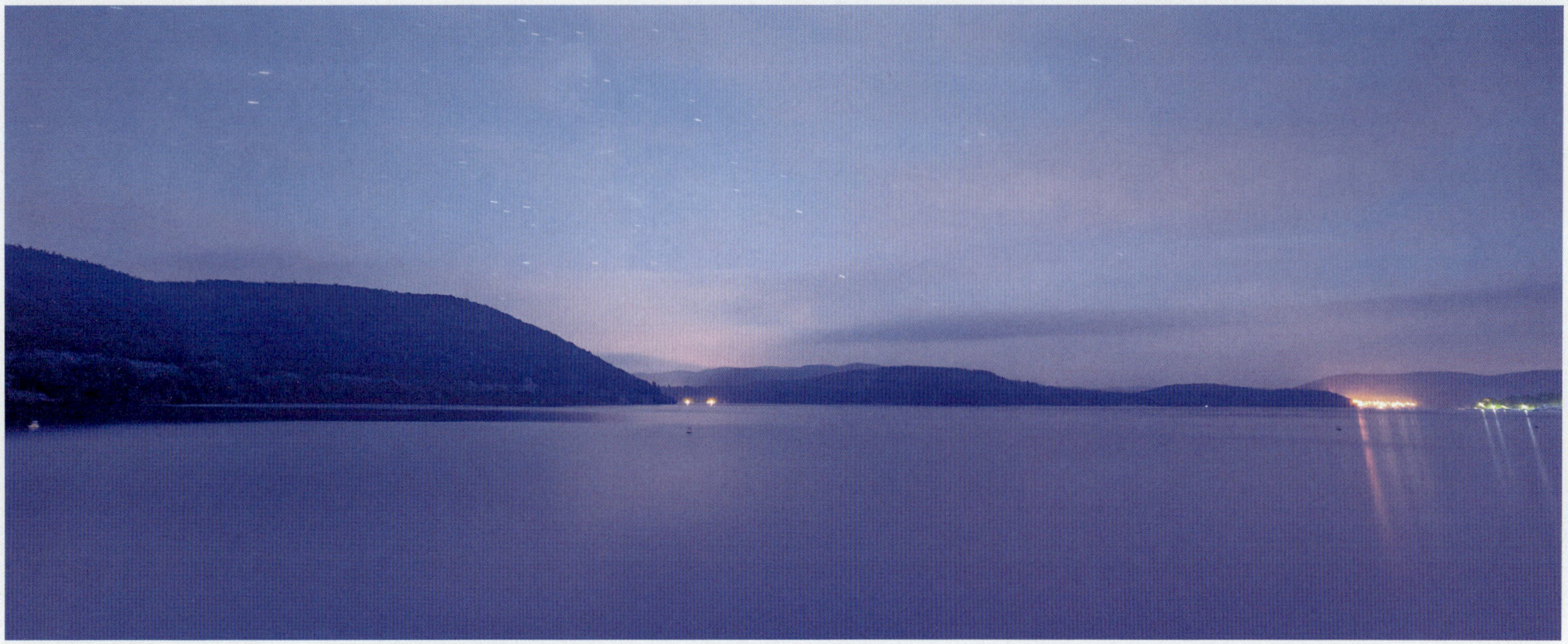

Der Edersee bei Nacht.

12–24 mm 1:4.5–5.6 | 12 mm | 142 s | f/4.5 | ISO 1000

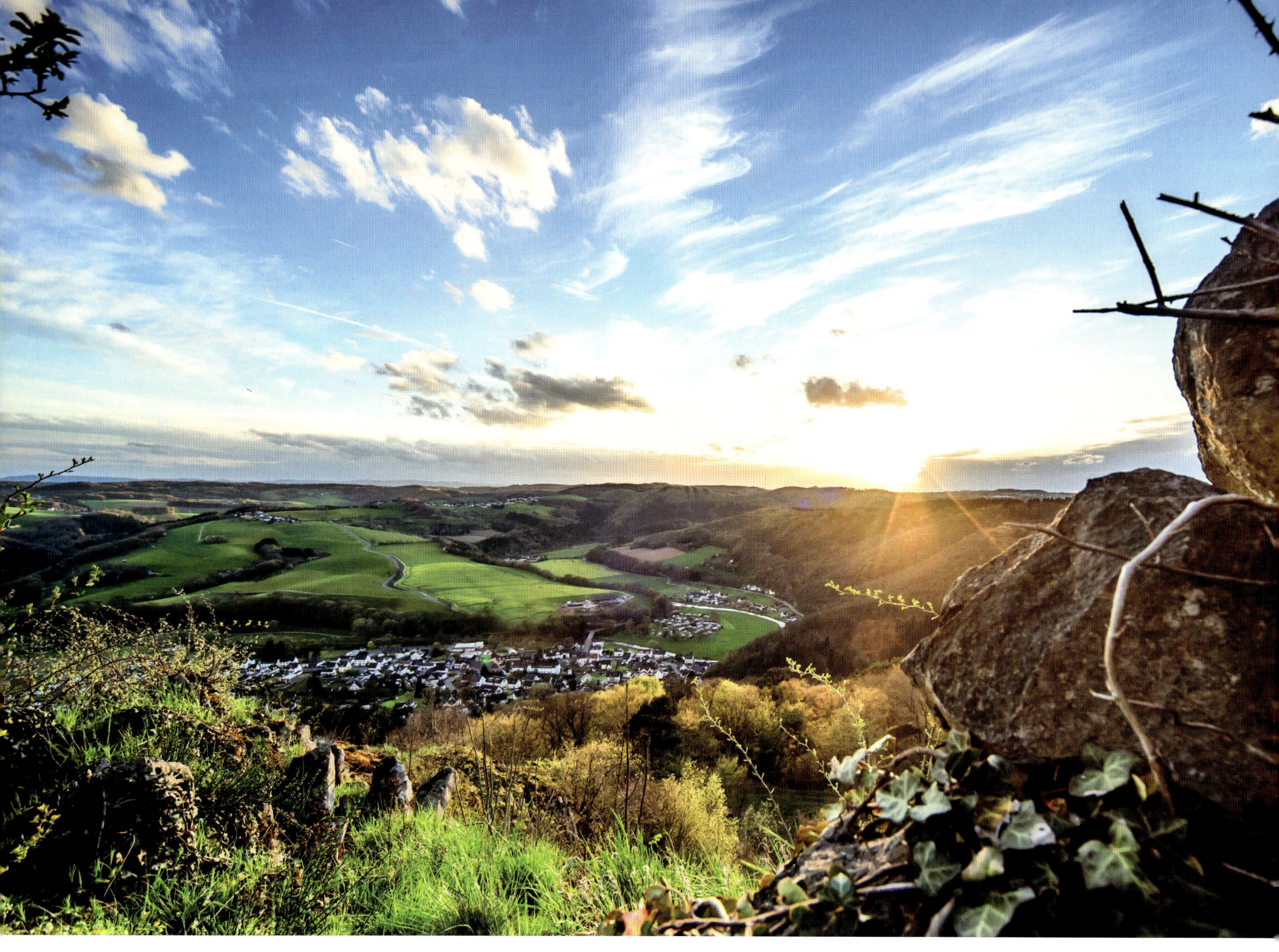

Bick vom Roßbacher Häubchen.

12–24 mm 1:4.5–5.6 | 12 mm | 1/200 s | f/7.1 | ISO 320

WESTERWALD

Der Westerwald ist ein großes Mittelgebirge mit einer Fläche von über 3.000 Quadratkilometern. Er ist waldreich und überaus stark bewachsen. Er wird von den Flüssen Lahn und Sieg begrenzt und reicht vom Rhein im Westen bis zum Fluss Dill im Osten. Bei der Recherche zu möglichen Fotomotiven im Westerwald findet sich eine Vielzahl von unterschiedlichen und interessanten Orten. Vom Aussichtspunkt Roßbacher Häubchen aus gibt es einen schönen Blick auf die Abendsonne im Wiedtal. Im Westerwald gibt es auch eine Vielzahl von kleinen Burgen und Ruinen. Die Ruine Hartenfels bei Herschbach thront über dem kleinen Ort und ist von verschiedenen Seiten sichtbar. Im Oberwesterwald gibt es mit der Westerwälder Seenplatte einige fotogene Gewässer zu fotografieren.

Der Dreifelder Weiher ist einer der größten Weiher im Westerwald. In der Nähe liegt beim Ort Gemünden die fotogene Holzbachschlucht. Im Hochwesterwald gibt es mit dem Ketzerstein und Druidenstein zwei markante Basaltblöcke als Zeugen der vulkanischen Vergangenheit. Während der Ketzerstein in Liebenscheid-Weißenberg eher unspektakulär auf einer Wiese steht, lässt der magische 20 Meter hohe Druidenstein spektakuläre Bilder zu. Schon zur Zeit der Kelten soll er als Kultstätte gedient haben. Während des Dreißigjährigen Kriegs war er weit über die karge Ebene als Landmarke sichtbar. Heute steht er auf einer kleinen Lichtung.

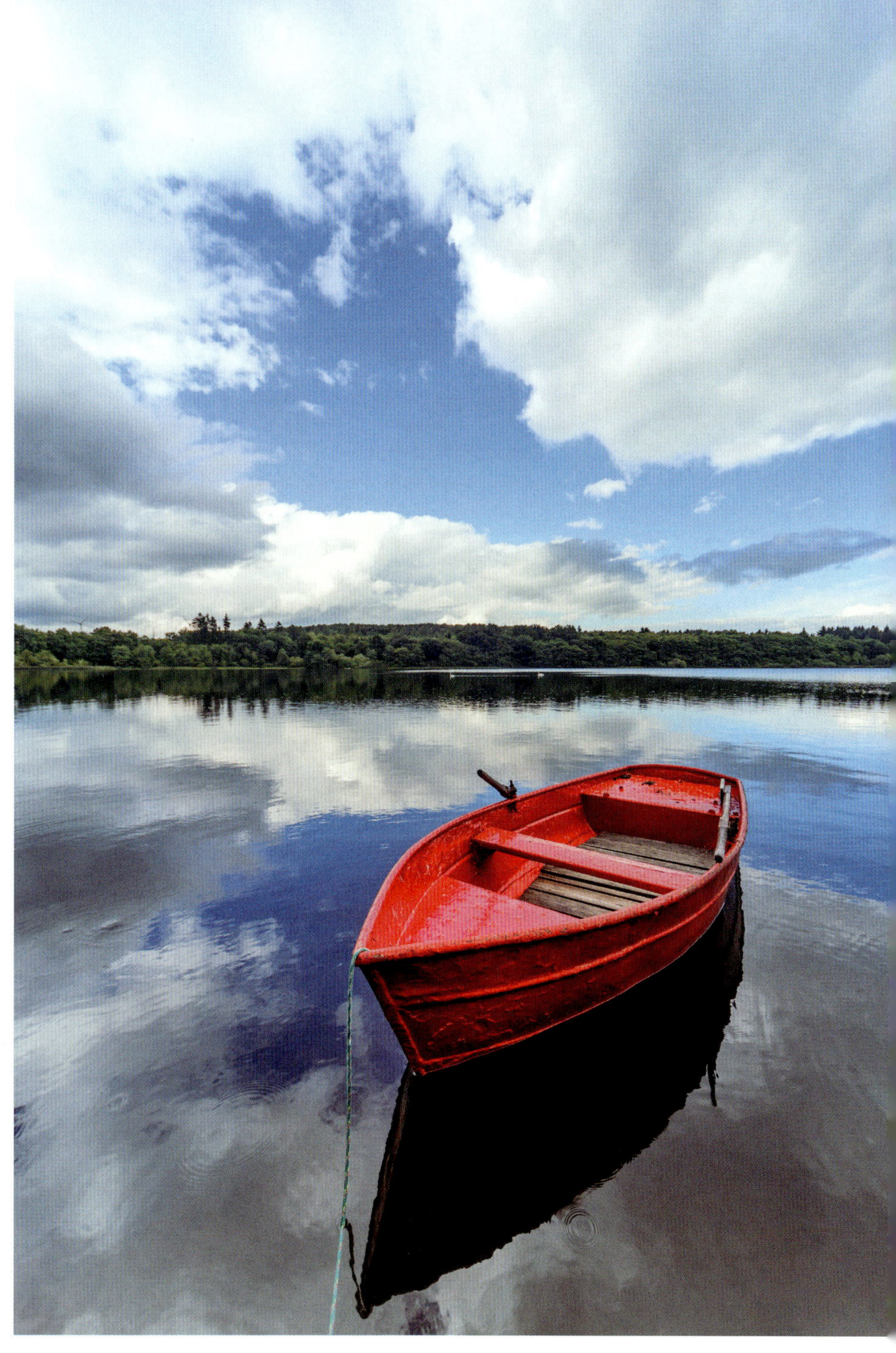

Westerwälder Seenplatte.

12–24 mm 1:4.5–5.6 | 12 mm | 1/320 s | f/5.6 | ISO 100

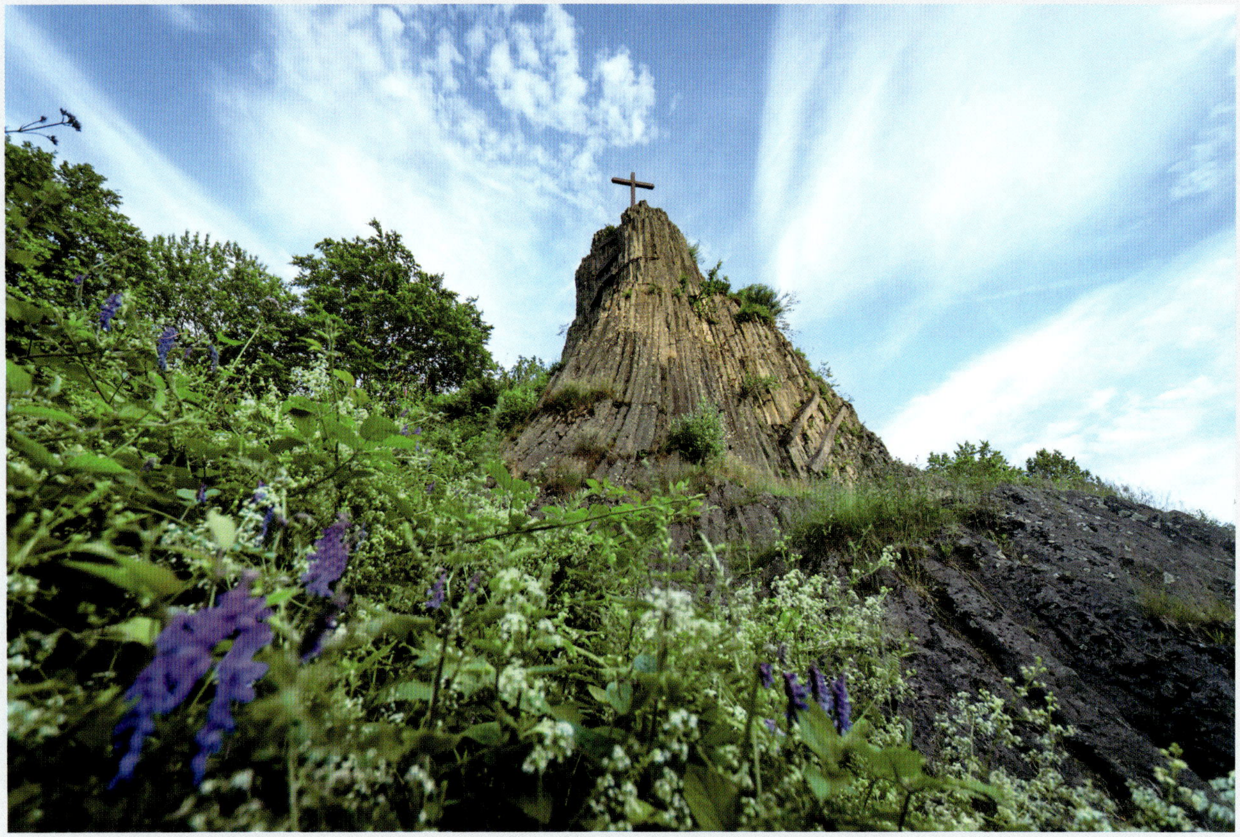

Der Druidenstein im Westerwald.

12–24 mm 1:4.5–5.6 | 12 mm | 1/250 s | f/5.6 | ISO 500

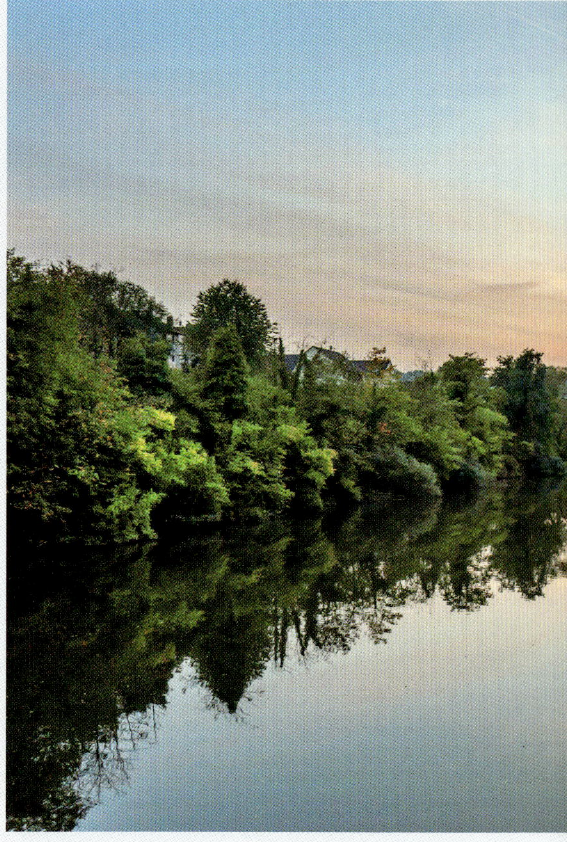

Das Kloster Allerheiligenberg im Lahntal.

24–120 mm 1:4 | 24 mm | 1/40 s | f/9 | ISO 200

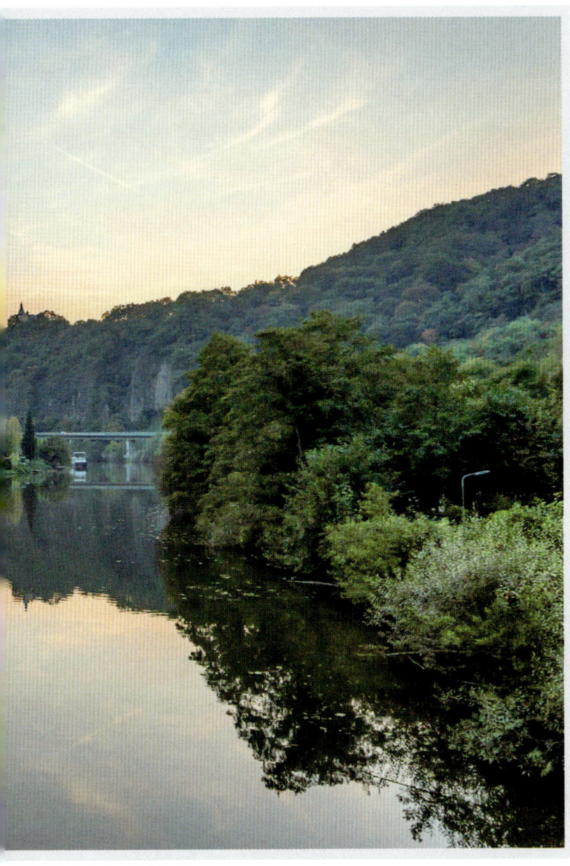

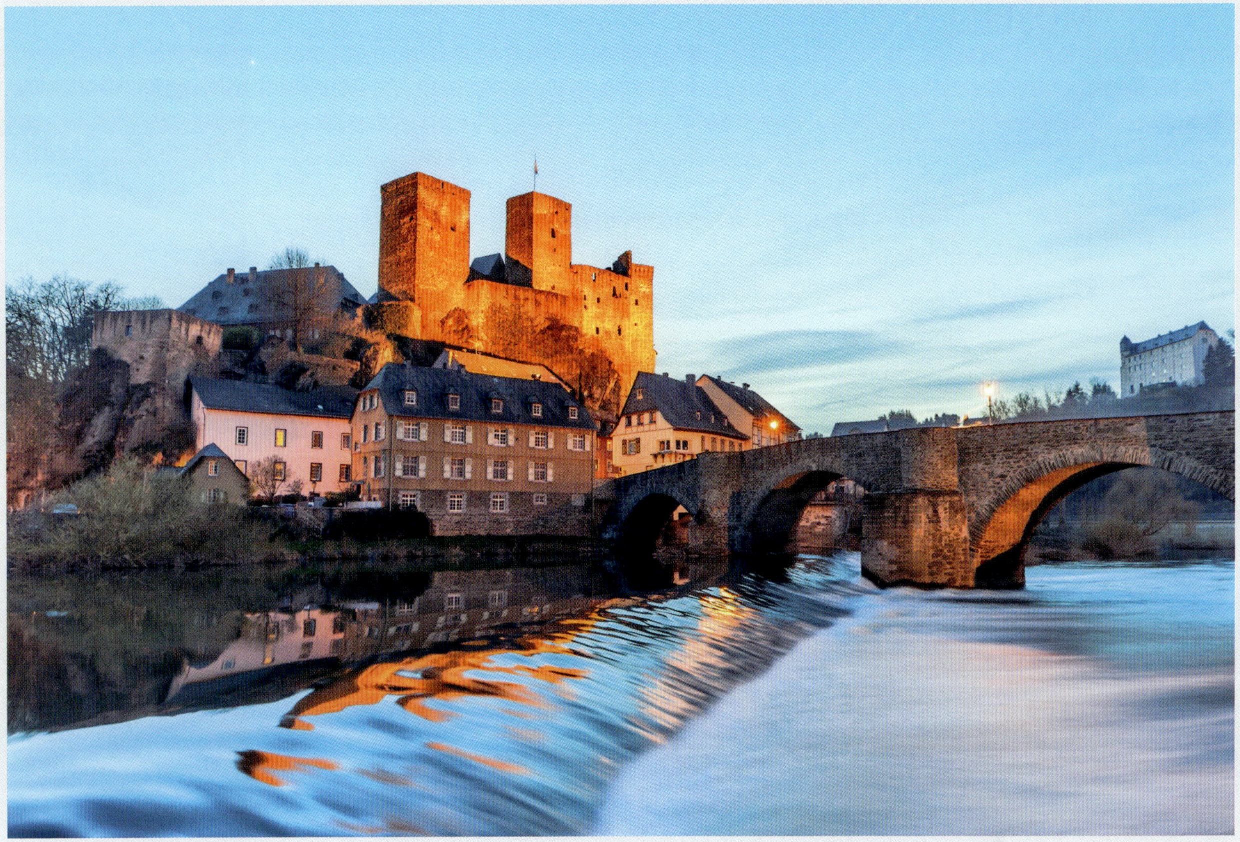

Auf Augenhöhe mit der alten Steinbrücke über die Lahn und im Hintergrund die Burg von Runkel.

12–24 mm 1:4.5–5.6 | 24 mm | 4.10 s | f/6.3 | ISO 200

Auch am Grenzfluss Lahn gibt es viele landschaftlich schöne Punkte. Kurz vor der Mündung in den Rhein steht auf einem Felsensporn das Kloster Allerheiligenberg. Ein weiterer fotogener Ort an der Lahn ist das 60 Kilometer entfernte Städtchen Runkel. Dort bieten sich die alte Steinbrücke und die Burg von Runkel als Motive an.

MOSELSCHLEIFEN

Die Mosel ist mit ihren 545 Kilometern eine der meistbefahrenen Wasserstraßen Europas. Im Vergleich zum Rhein ist sie idyllischer und vor allem im deutschen Teil eine Reise wert. Zwei Drittel des Flusses führen von der Quelle in Bussang in den Vogesen bis zur deutschen Grenze. Im französischen Teil fließt die Mosel über große Ebenen durch Städte wie Nancy und Metz und vorbei an Industrieanlagen wie dem Kernkraftwerk von Cattenom. Ab der deutschen Grenze, und vor allem ab Trier, prägen steile Berge und Weinreben die Landschaft.

Wer gern Flussschleifen fotografiert, ist hier richtig. Beinahe alle paar Kilometer gibt es eine Flussschleife. Vom Felsenpfad oberhalb von Nittel bietet sich ein schöner Blick auf die Schleife zwischen Nittel und Machtum in Luxemburg. Den schönsten Blick auf die Kröver Schleife gibt es unterhalb des Landal-Ferienparks Mont Royal. Bei Bremm liegen die engste Moselschleife und auch der steilste Weinberg Europas, der Calmont.

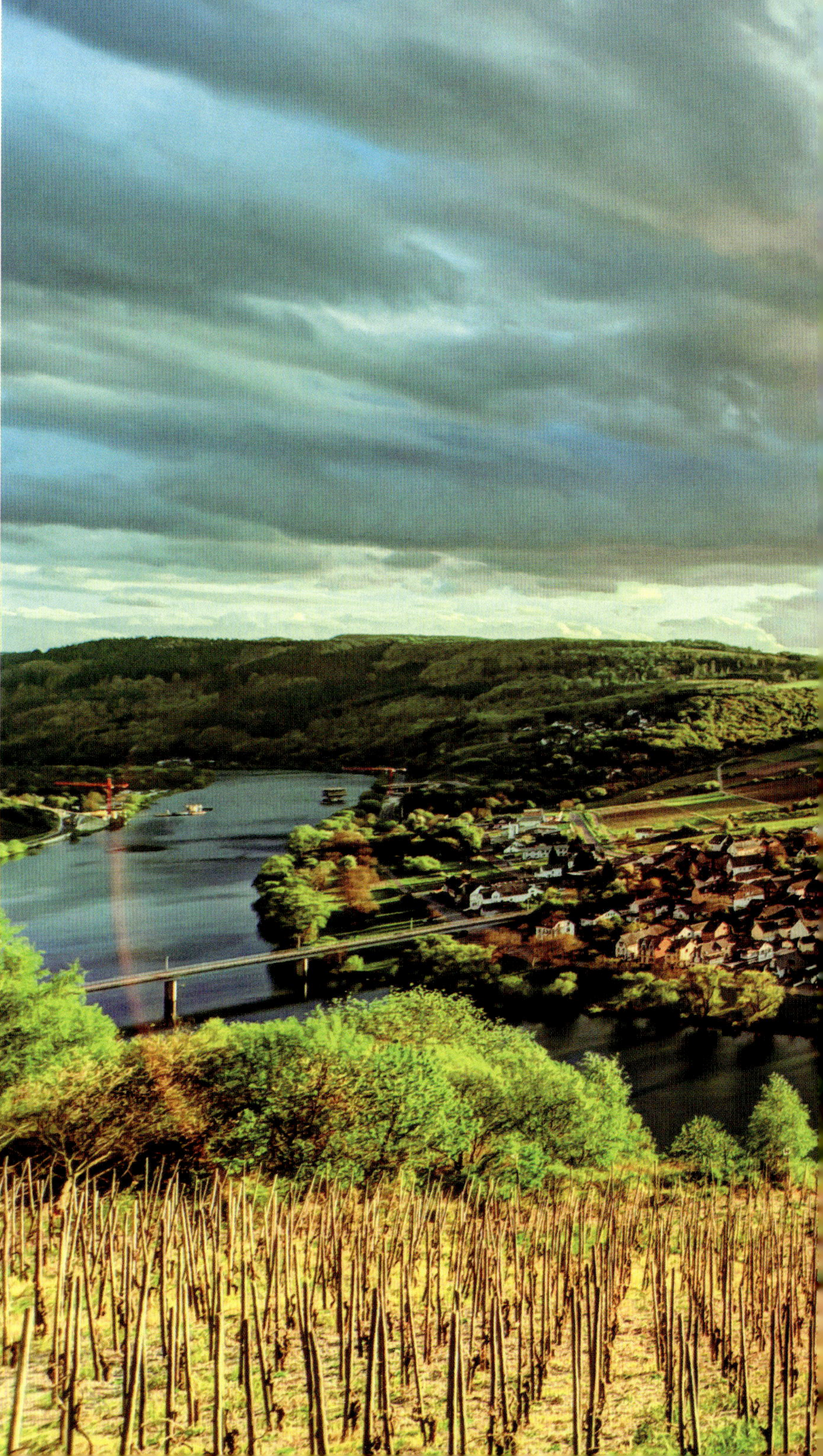

Sonnenuntergang bei der Kröver Moselschleife.

12–24 mm 1:4.5–5.6 |
12 mm | 1/800 s | f/9 | ISO 200

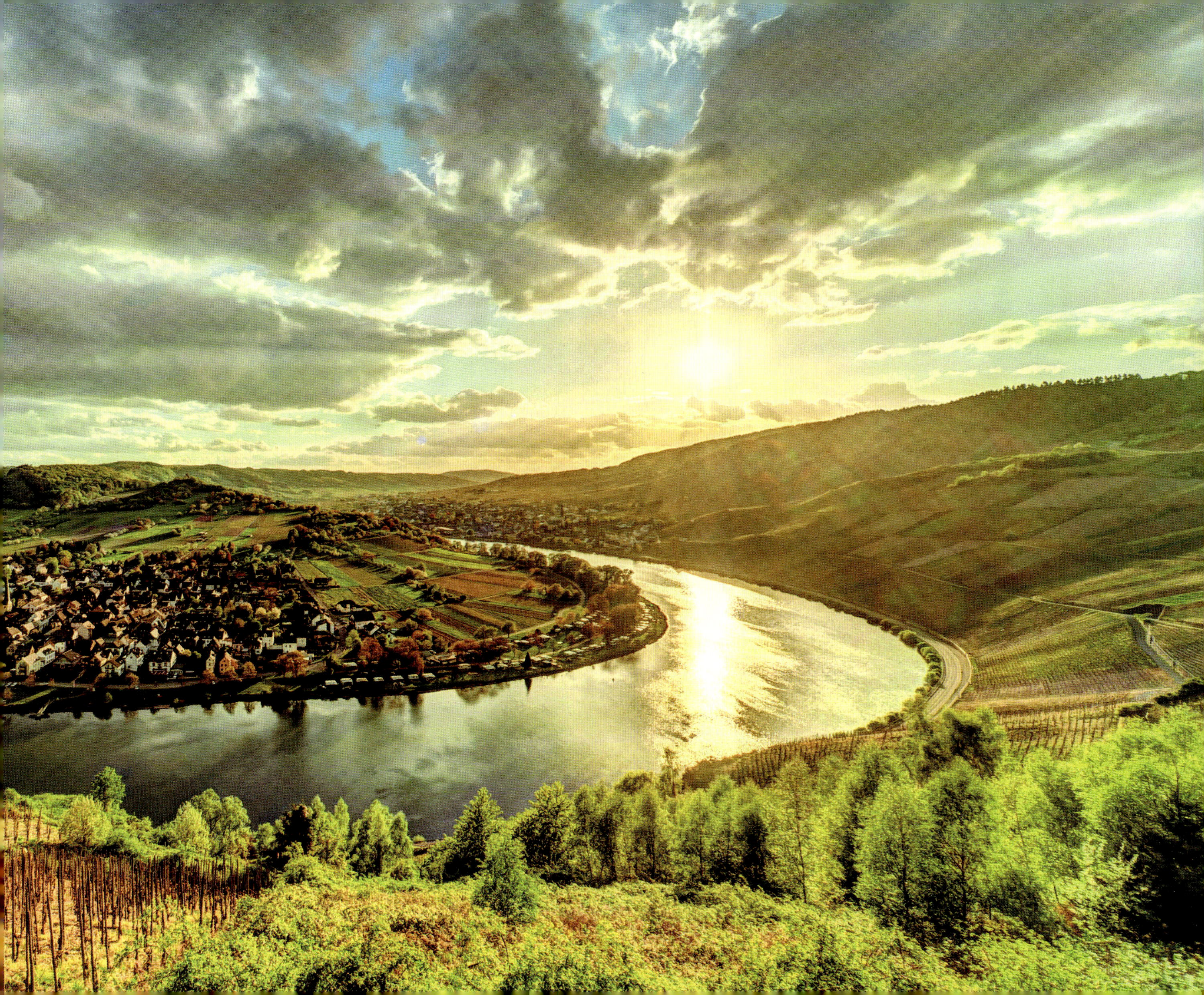

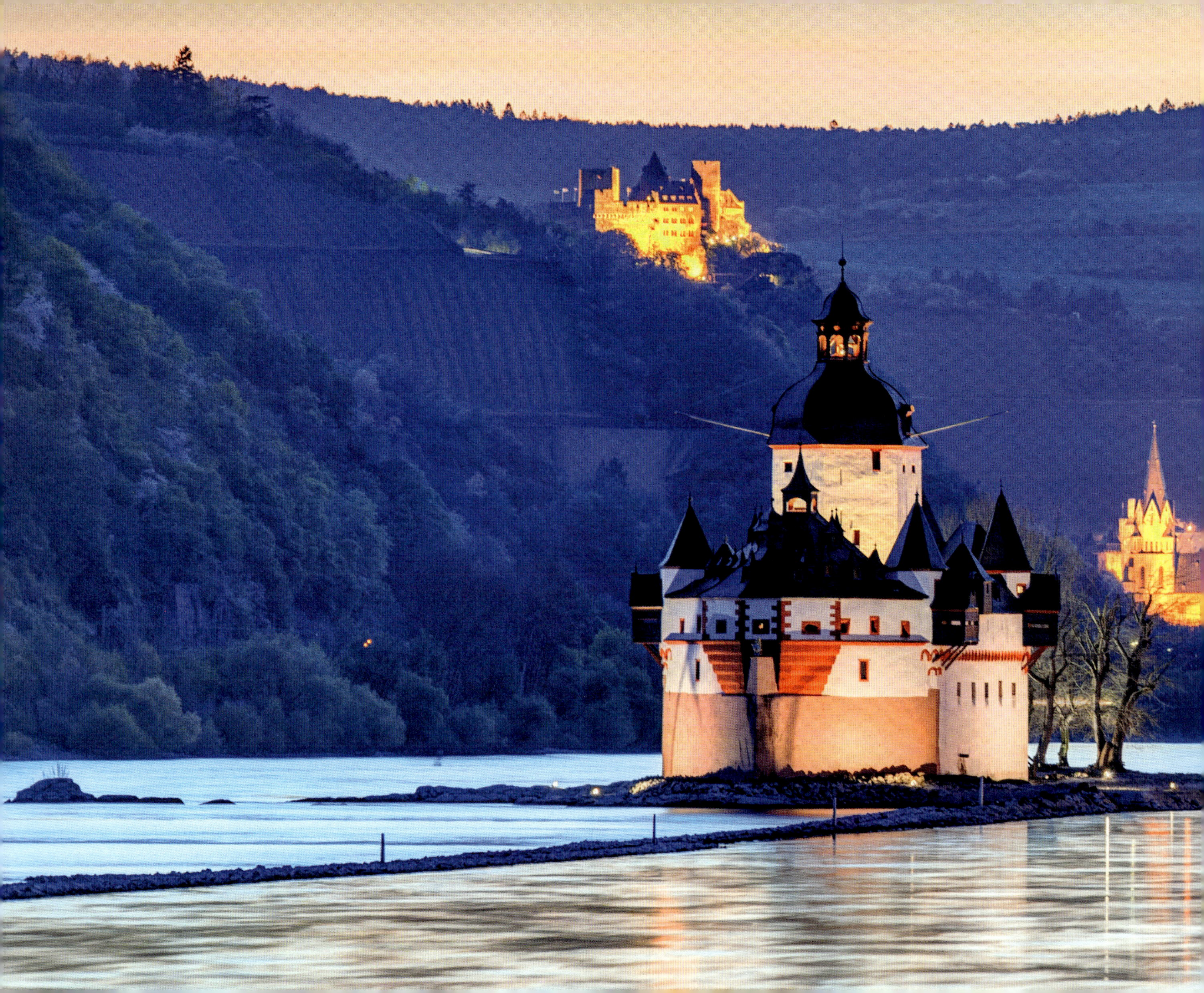

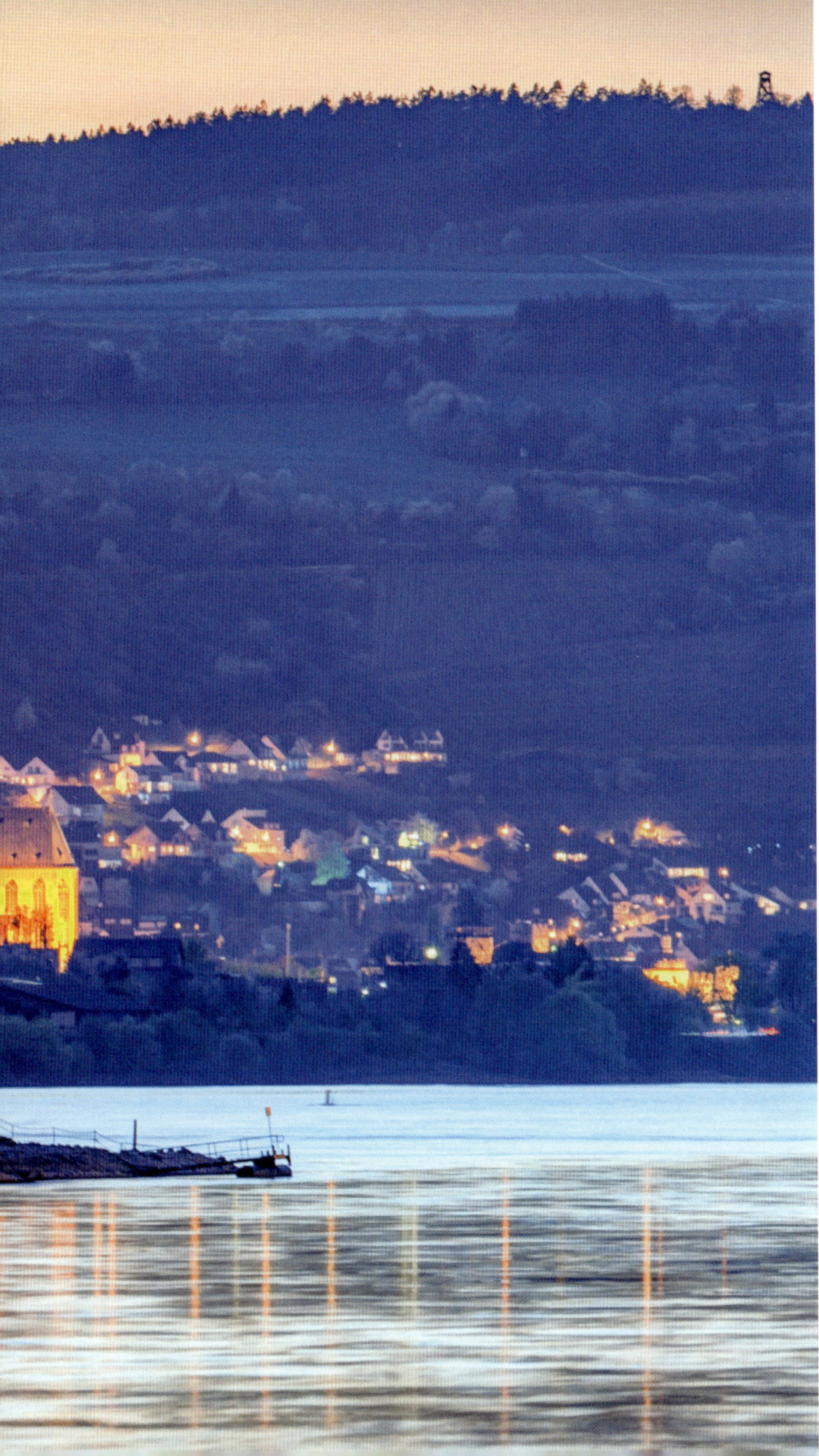

ROMANTISCHER **RHEIN**

Kaum eine andere deutsche Flusslandschaft wurde so oft beschrieben, gemalt und fotografiert wie das Mittelrheintal. Seit dem 18. Jahrhundert steht dieser Abschnitt für die Rheinromantik. Heute ist es vor allem der 65 Kilometer lange Abschnitt zwischen Bingen und Koblenz, der die Fotografen anzieht. Das »Obere Mittelrheintal« wurde in das Weltkulturerbe der UNESO aufgenommen. Zwischen Bingen und Rüdesheim verengt sich das Rheintal wieder. Steile Felsen, allen voran die Loreley und an die 40 Burgen, prägen diesen Abschnitt.

Die stählerne Burg Pfalzgrafenstein mitten im Rhein.

120–400 mm 1:4.5–5.6 | 300 mm | 3.40 s | f/5.6 | ISO 500

Man kann die Fotomotive kaum aufzählen, ein besonderes Motiv ist das Stadtensemble von Bacharach. Von den Weinbergen oberhalb des Orts aus können die Peterskirche, die Wernerkapelle und die Ruine Stahlberg zusammen fotografiert werden. Ein Highlight ist auch die im Rhein liegende Burg Pfalzgrafenstein, die vom Ufer in Kaub in Szene gesetzt werden kann. Mir gefällt hierbei besonders ein südlicher Standpunkt. Mit einem Teleobjektiv, das auch noch den Ort Oberwesel mit ins Bild holt, können schöne Bilder entstehen. Wer die einzige große Rheinschleife fotografieren will, muss in Boppard zum Gasthaus in Gedeonseck fahren. Erst dort oben wird die große Rheinschleife sichtbar. Und natürlich darf die einzige unzerstörte Höhenburg am Rhein, die Marksburg, nicht fehlen. Eine Besonderheit ist ihre fast weiße Farbe.

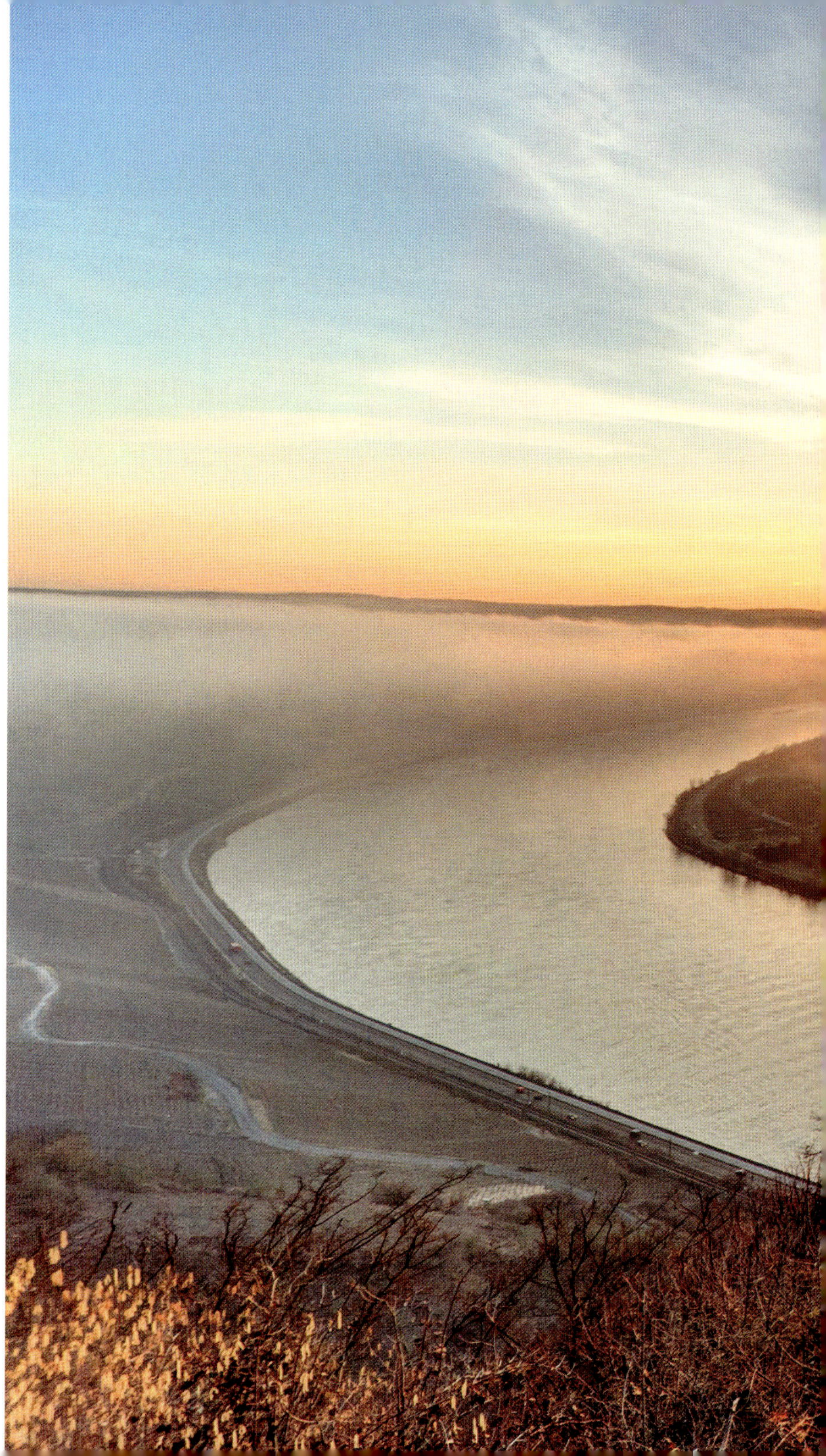

Die Rheinschleife bei Boppard.

12–24 mm 1:4.5–5.6 | 12 mm | 1/2000 s | f/5 | ISO 400

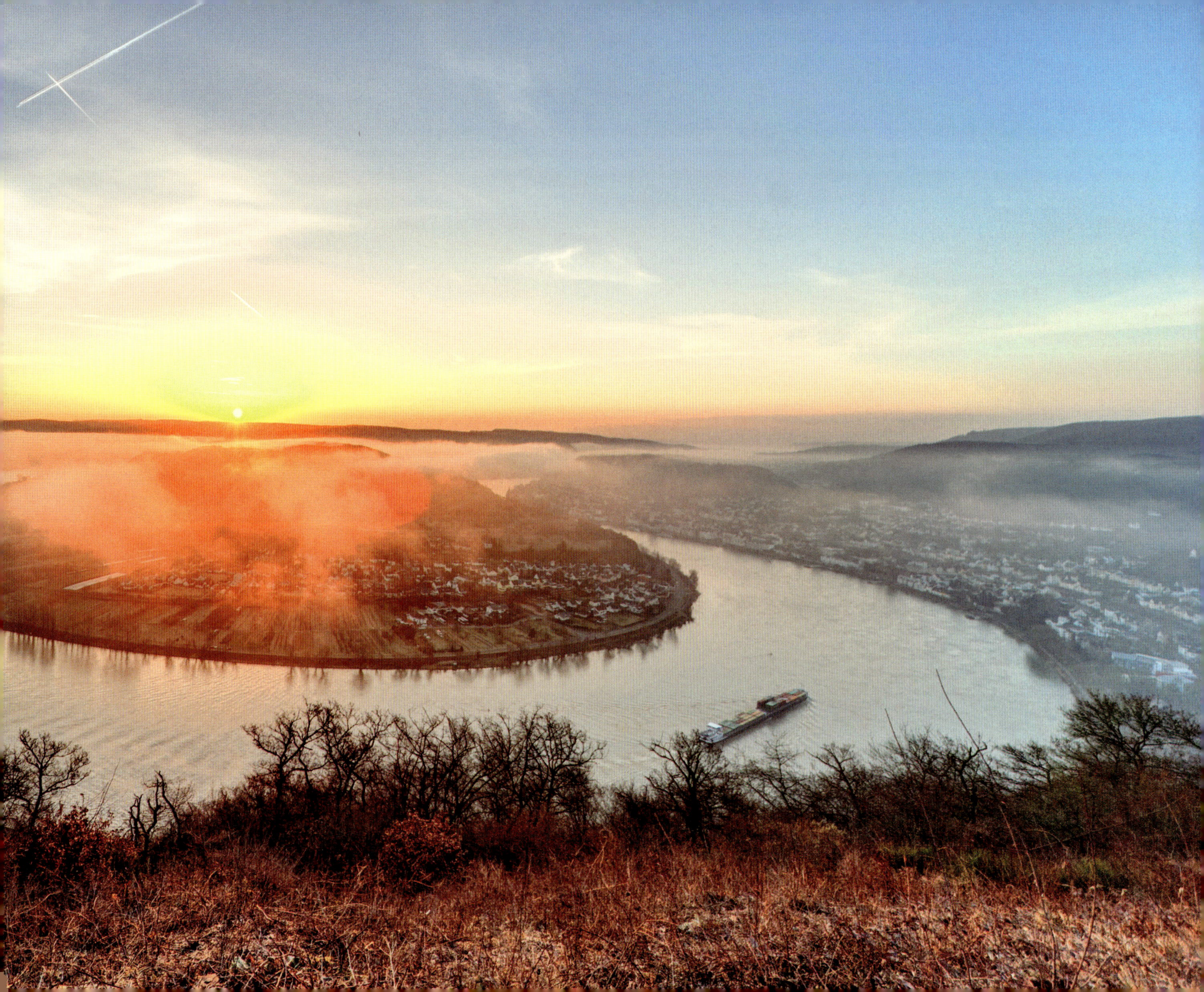

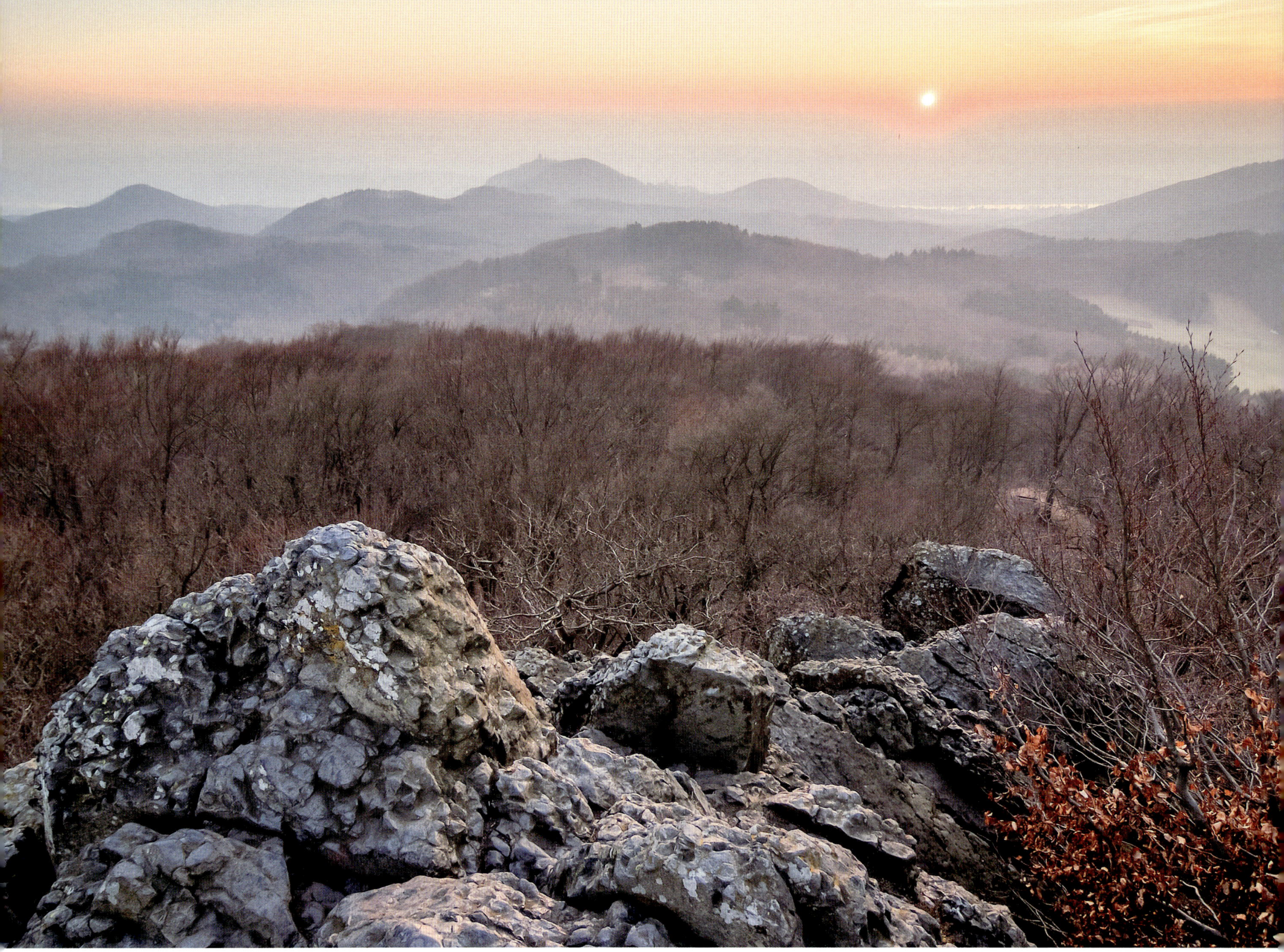

SIEBENGEBIRGE

Eine besondere Landschaft, an die ich mich noch aus der Kindheit erinnere, ist das Siebengebirge. Von der Autobahn A3 sind die markanten Hügel von Weitem zu sehen gewesen. Außerdem fand ich den Namen Siebengebirge immer faszinierend, sieben düstere Berge, die es zu erkunden gilt. Das Siebengebirge ist der kleinste deutsche Naturpark und liegt oberhalb der Stadt Bonn auf der rechten Rheinseite im Süden Nordrhein-Westfalens.

Tatsächlich besteht das Siebengebirge aus mehr als 50 Gipfeln. Der höchste Berg ist der Große Ölberg mit 460 Metern. Neben einem Gasthaus gibt es eine kleine freie Basaltkuppe von nur zwei bis drei Metern Größe. Mit einem Weitwinkel von 12 mm kann diese komplett ins Bild genommen werden. Vom Parkplatz an der Margarethenhöhe in Ittenbach führt ein kurzer Fußmarsch zum Berg. Gegenüber dem Ölberg liegt der ebenfalls über einen Fußweg erreichbare zweithöchste Berg Löwenburg mit der gleichnamigen Ruine. Den besten Überblick über das Siebengebirge gibt es von der linken Rheinseite, und zwar vom Rodderberg aus. Der Blick von dieser Rheinseite zeigt die Gipfel am besten. Einen Nachteil hat das Siebengebirge: Durch die Nähe zum Ballungsraum Bonn und Köln ist es an manchen schönen Tagen völlig überfüllt. Einen Parkplatz auf der Margarethenhöhe zu bekommen ist dann fast unmöglich.

Der Große Ölberg im Siebengebirge.

12–24 mm 1:4 | 12 mm | 1/3 s | f/7.1 | ISO 125

Auf der verschneiten Ruine Löwenburg.

12–24 mm 1:4.5–5.6 | 12 mm | 1/5 s | f/6.3 | ISO 320

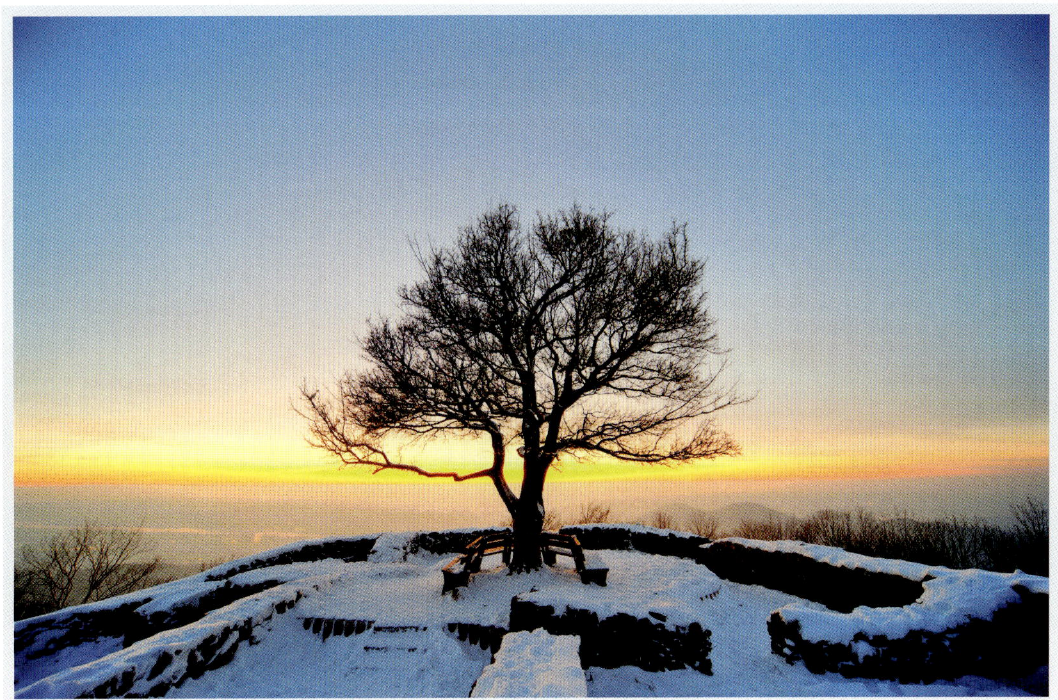

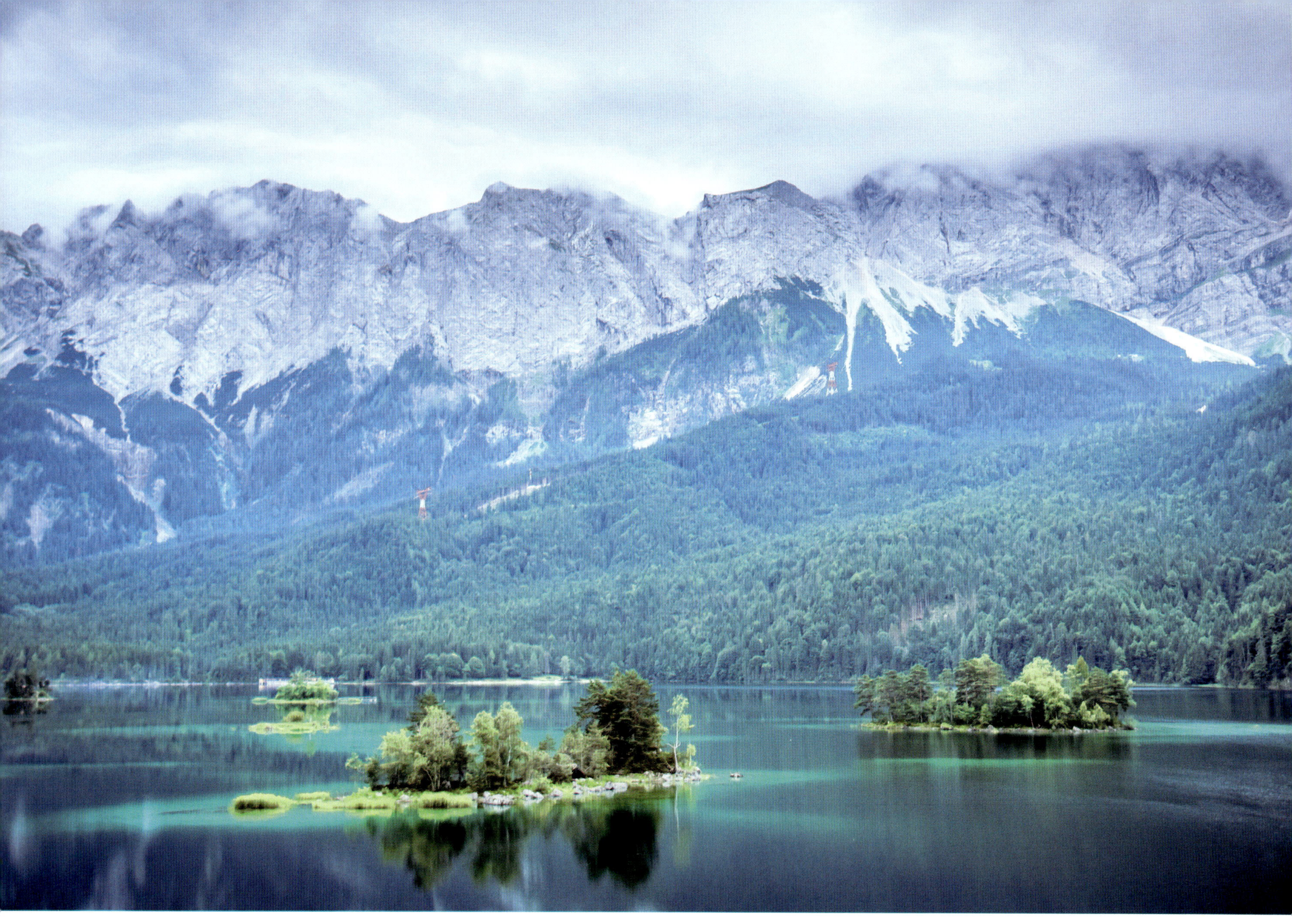

Fast ohne menschliche Relikte, der Eibsee.

24–120 mm 1:4 | 35 mm | 1/160 s | f/4 | ISO 640

BAYERISCHE **ALPEN**

Mit den Alpen haben wir in Mitteleuropa auch ein Hochgebirge quasi vor der Tür. Bei einer Breite von 1.200 Kilometern sind die Fotospots unzählbar. Mit dem Wettersteingebirge bei Garmisch-Partenkirchen und dem Watzmann in den Berchtesgadener Alpen möchte ich auf diese beiden Landschaften kurz eingehen.

Das Wettersteingebirge mit der Zugspitze als höchstem Punkt ist ein Topspot, um Berge zu fotografieren. Es ist ein kompaktes Gebirge und steht zudem ziemlich frei auf ebener Fläche. So gibt es einige Stellen, von denen aus es einfach, auch von Nicht-Bergsteigern, fotografiert werden kann. Zwischen Ehrwald und Lermoos in Österreich gibt es eine große Ebene vor dem Wettersteingebirge. Dort kann von vielen Punkten aus frei auf das Gebirge fotografiert werden. Auf deutscher Seite kann von dem bei Grainau gelegenen Eibsee die Zugspitze mit dem See im Vordergrund fotografiert werden.

Der Eibsee und der knapp acht Kilometer lange Rundweg gelten beide als die schönsten ihrer Art in Bayern. An einigen Stellen kann man seinen Fotostandpunkt so wählen, dass das Hotel und menschliche Relikte weitgehend ausgeblendet werden. Es sind dann Bilder möglich, die den Betrachter an einsame Natur in Kanada denken lassen. Auch ein Besuch der Zugspitze mit der Seilbahn ist zu empfehlen.

Rund um die Berchtesgadener Alpen ist der Watzmann mit seiner markanten Form eines halben Gebisses das bekannteste Fotomotiv. Mit seinen 2.713 Metern überragt er die Landschaft und ist oberhalb von Berchtesgaden aus gut zu fotografieren. Weitere Motive in seiner Umgebung sind der Königssee und eine der am meisten fotografieren Kirchen Deutschlands, die Pfarrkirche St. Sebastian in Ramsau.

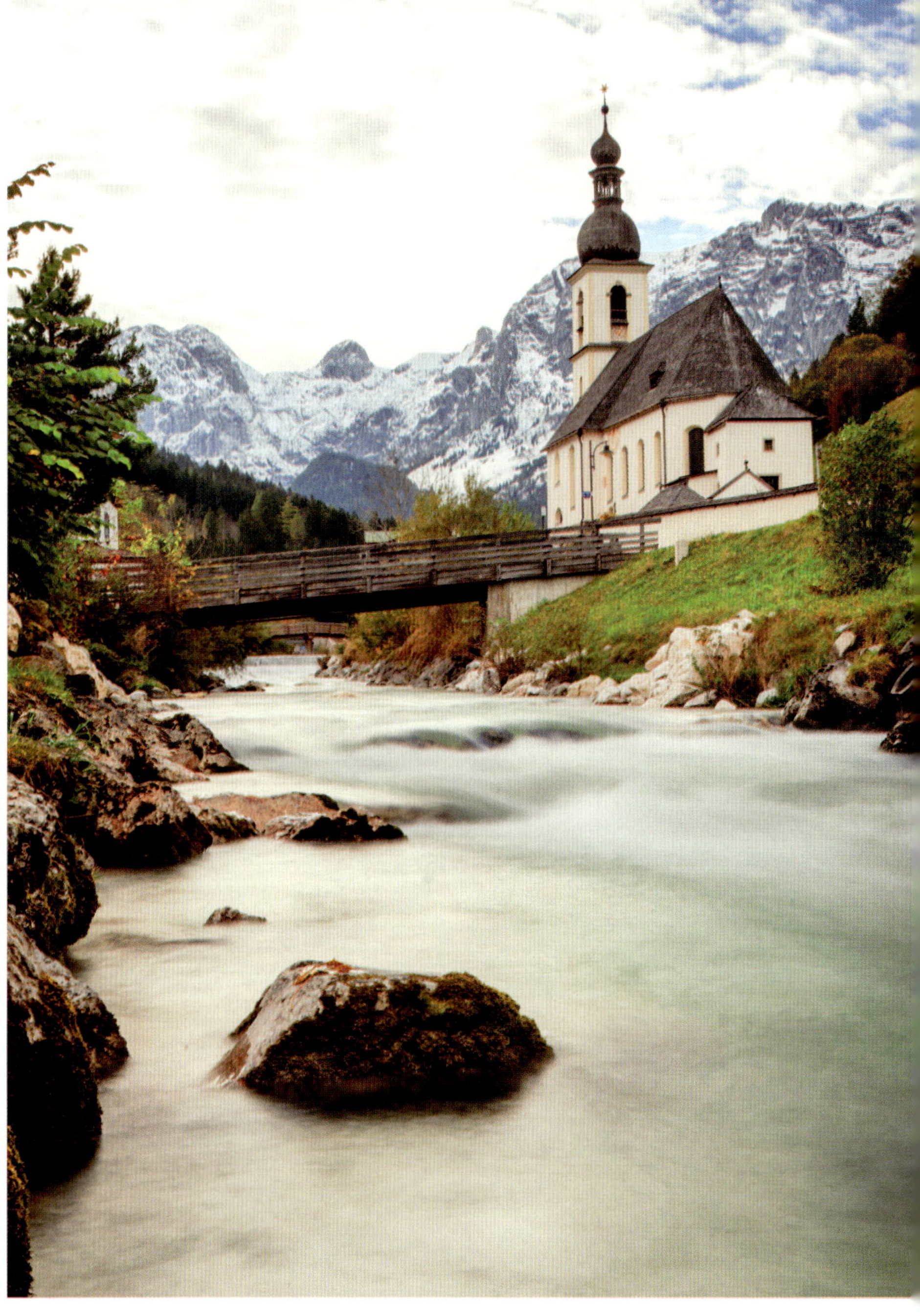

Die Pfarrkirche St. Sebastian in Ramsau.

24–120 mm 1:4 | 44 mm | 3 s | f/22 | ISO 200

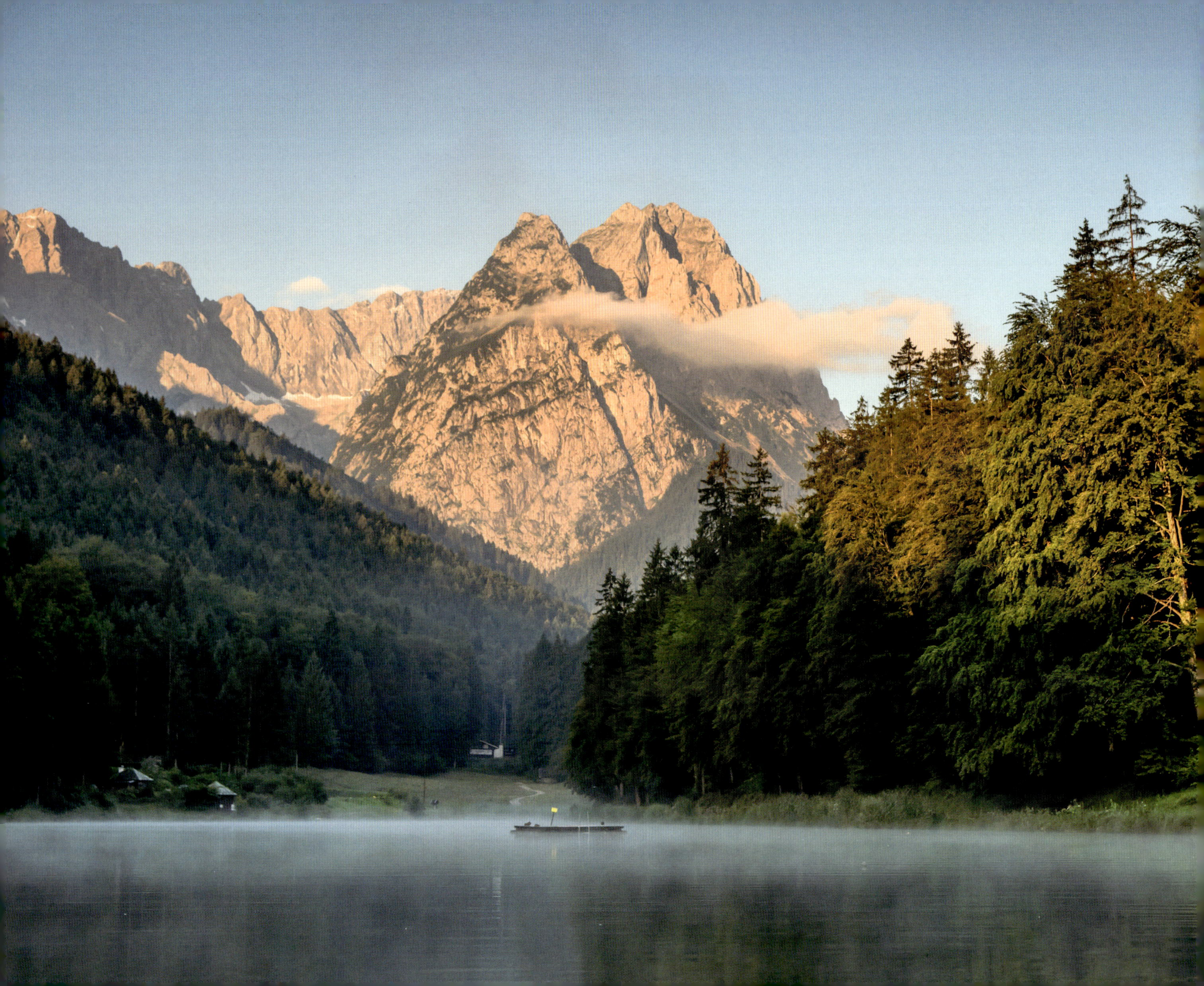

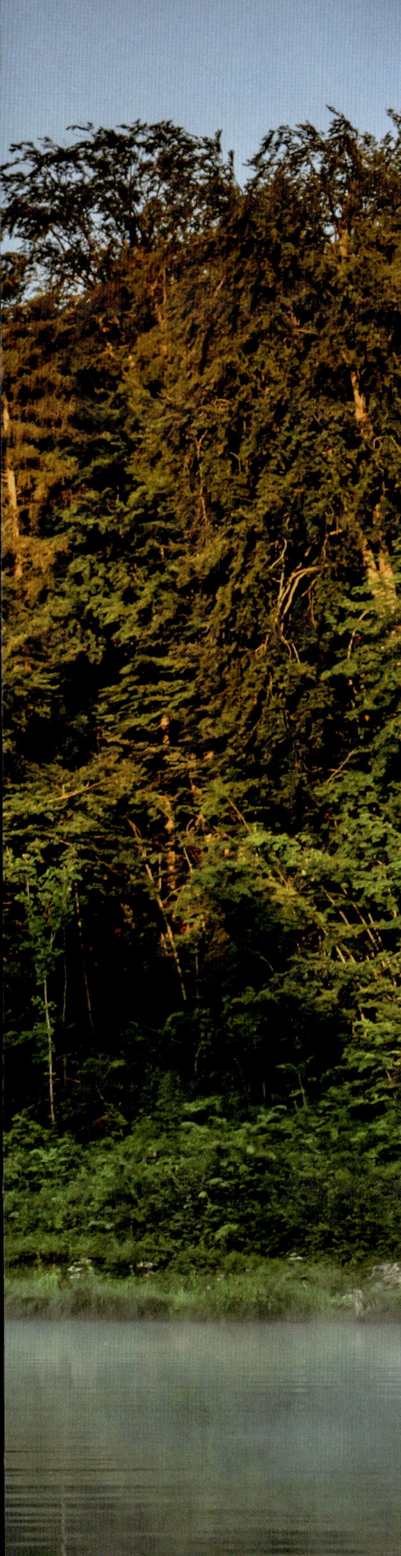

Blick über den Rießersee zum Waxenstein im Wettersteingebirge.

24–120 mm 1:4 | 52 mm | 1/500 s | f/5 | ISO 640

Eine weitere Sehenswürdigkeit ist die Partnachklamm in Garmisch-Partenkirchen.

24–120 mm 1:4 | 24 mm | 1/10 s | f/4 | ISO 50

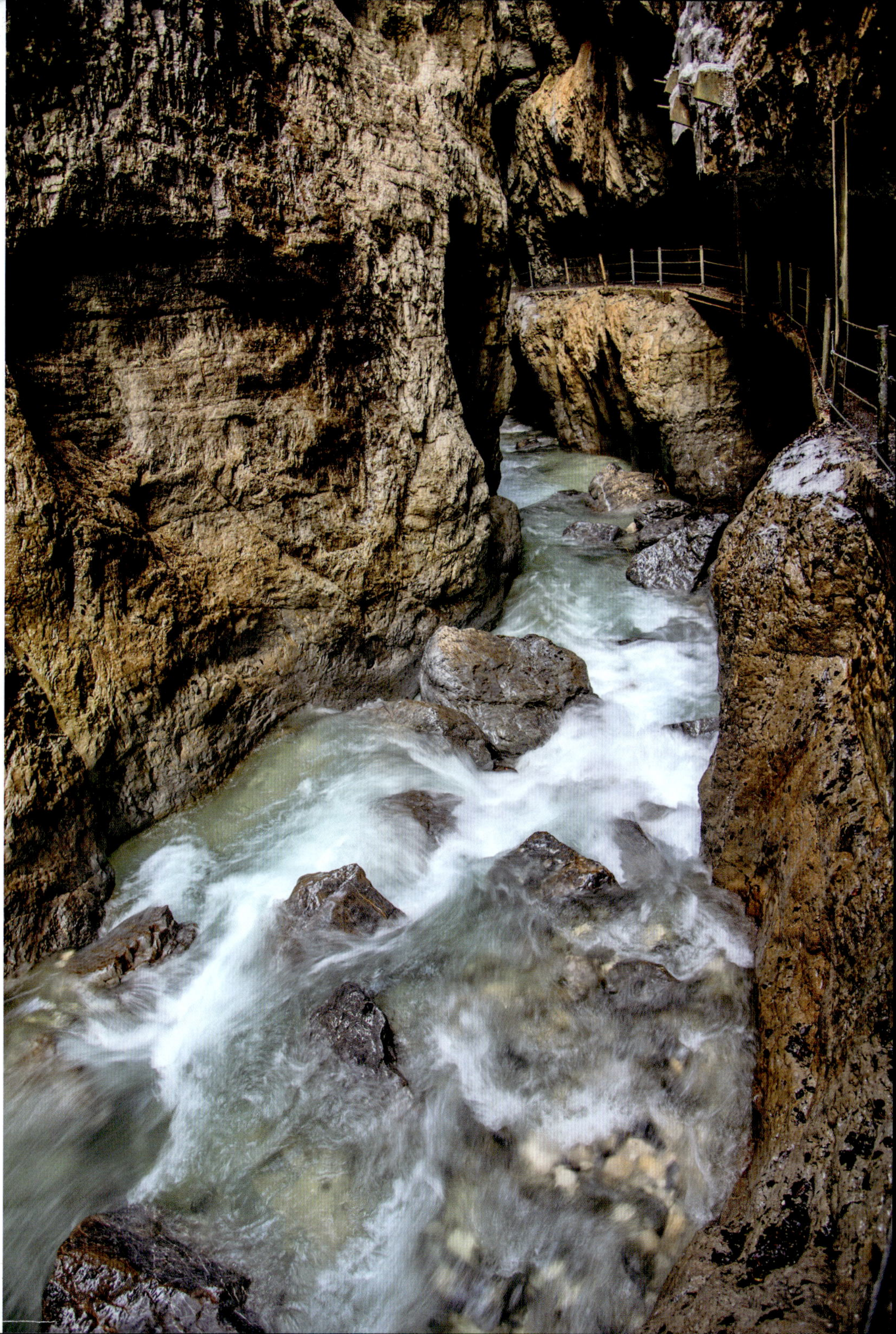

GROSSBRITANNIEN

Vor einigen Jahren bekam ich eine Fotozeitschrift zum Thema Landschaftsfotografie geschenkt. Die Bilder, die dort zu sehen waren, haben mich umgehauen. In der Zeitschrift waren so unglaubliche starke Bilder, die meisten Motive hatte ich vorher noch nie gesehen. Die Zeitschrift stammte aus einem englischen Verlag, und die Bilder wurden auch in Großbritannien gemacht. Neben bekannten schottischen Motiven gab es Bilder aus dem ganzen Königreich. Großbritannien hat einen großen Mix aus Steilküsten, Wäldern, Mooren und Felsen. Außerdem gibt es viele Ruinen oder alte Gebäude. Die Landschaft versprüht einen unglaublichen Charme. Bedingt durch die Insellage, ist das Wetter sehr wechselhaft.

In Schottland sind für Landschaftsfotografen das Glencoe Tal und die Isle of Skye die absoluten Topspots. In Glencoe wurden Filme wie Highlander und James Bonds Skyfall gedreht. Allein auf der Halbinsel Isle of Skye kann man sich als Fotograf gut und gern eine Woche aufhalten. Ein absolutes Muss sind die düsteren Felsnadeln »Old Man of Storr«, die im Alienfilm Prometheus gezeigt werden.

Den meisten Touristen ist die englische Provinz Northumberland nur als Durchfahrt vom Fährhafen in Newcastle upon Tyne nach Schottland bekannt. Northumberland hat die geringste Bevölkerungsdichte Englands und viele einsame Landschaften. Im Norden liegt die als Holy Island bekannte Gezeiteninsel Lindisfarne. Dort fand im Jahr 793 der erste bekannte Wikingerüberfall statt. Die Insel ist voller Ruinen und alter Gemäuer.

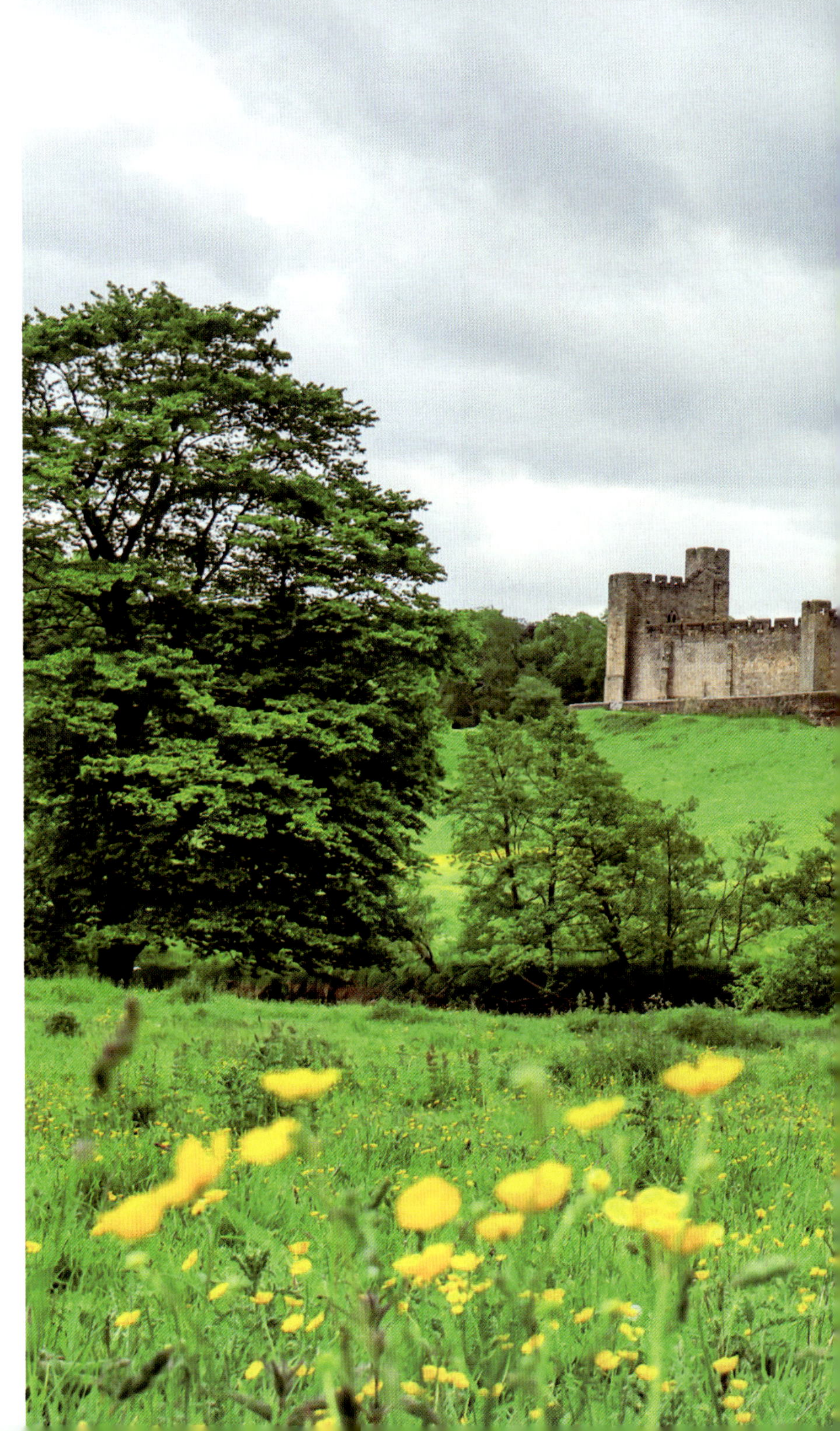

Das Harry-Potter-Schloss Alnwick Castle.

24–120 mm 1:4 | 24 mm | 1/640 s | f/6.3 | ISO 500

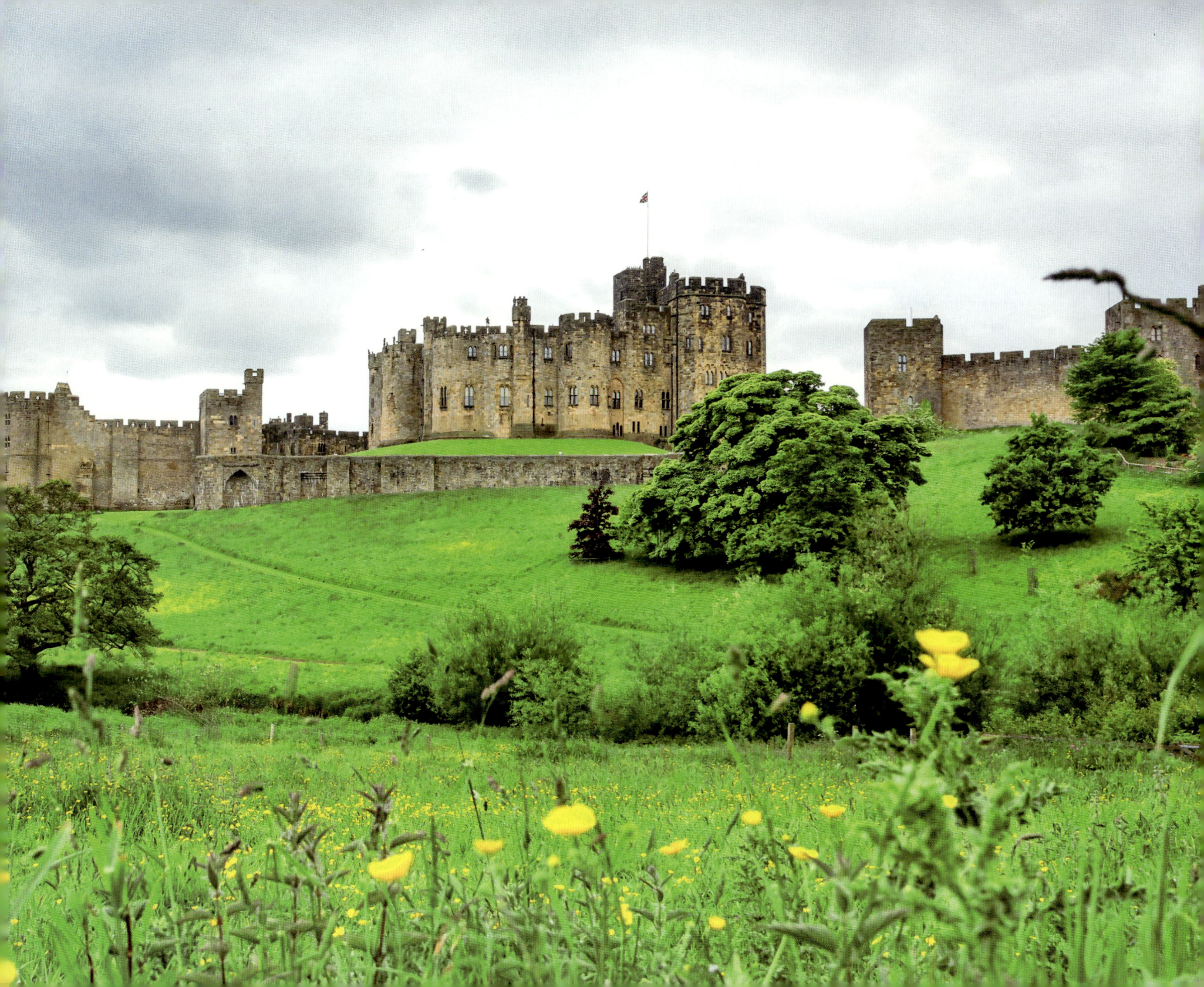

Nur einige Kilometer entfernt liegen die leicht zu erreichenden Farne-Inseln. Sie sind einer der besten Orte, um Papageientaucher zu fotografieren. 2013 wurden 40.000 Paare gezählt. Weitere Motive sind das Harry-Potter-Schloss Alnwick Castle, das Schloss Bamburgh Castle oder das Gegenstück zum germanischen Limes, der Hadrianswall.

Papageientaucher auf den Farne-Inseln.

80–200 mm 1:2.8 | 150 mm | 1/2500 s | f/5 | ISO 800

Holy Island Lindisfarne.

24–120 mm 1:4 | 24 mm | 1/40 s | f/4 | ISO 200

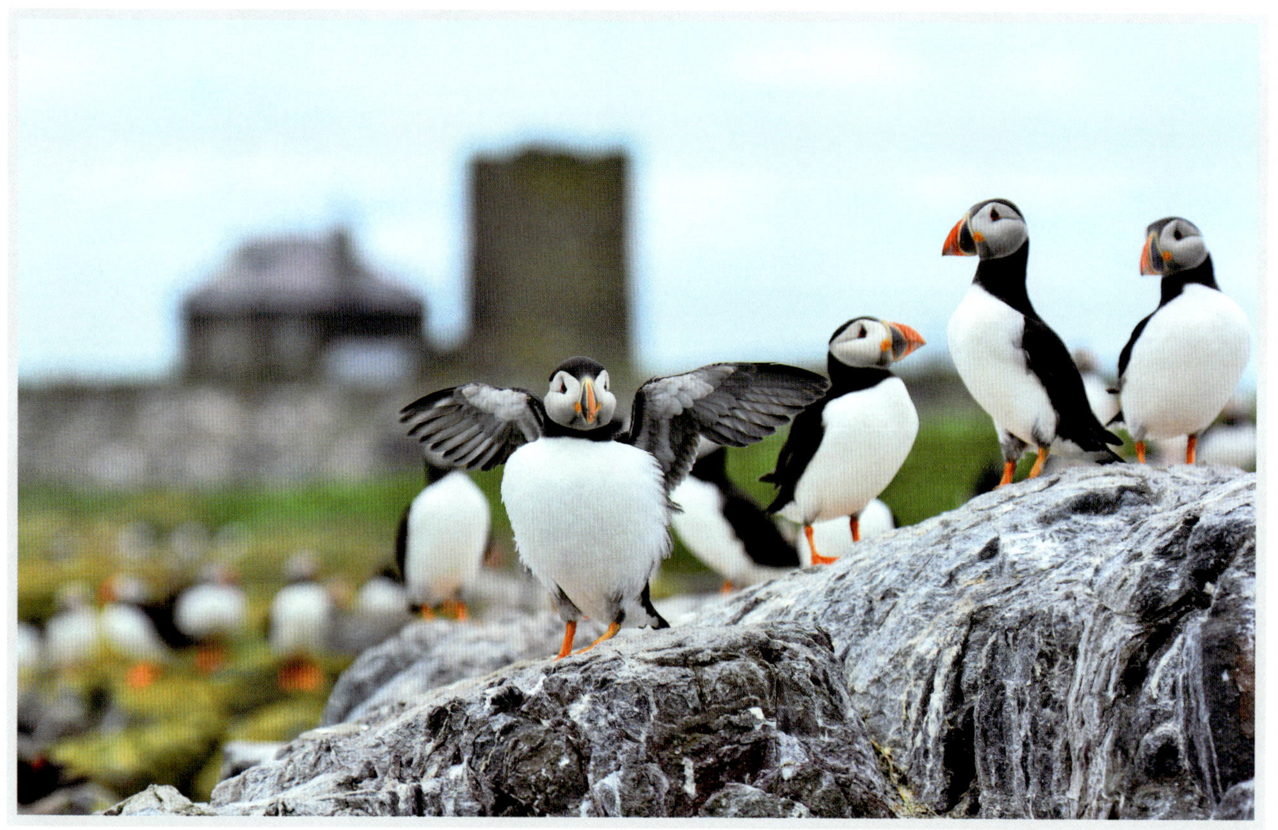

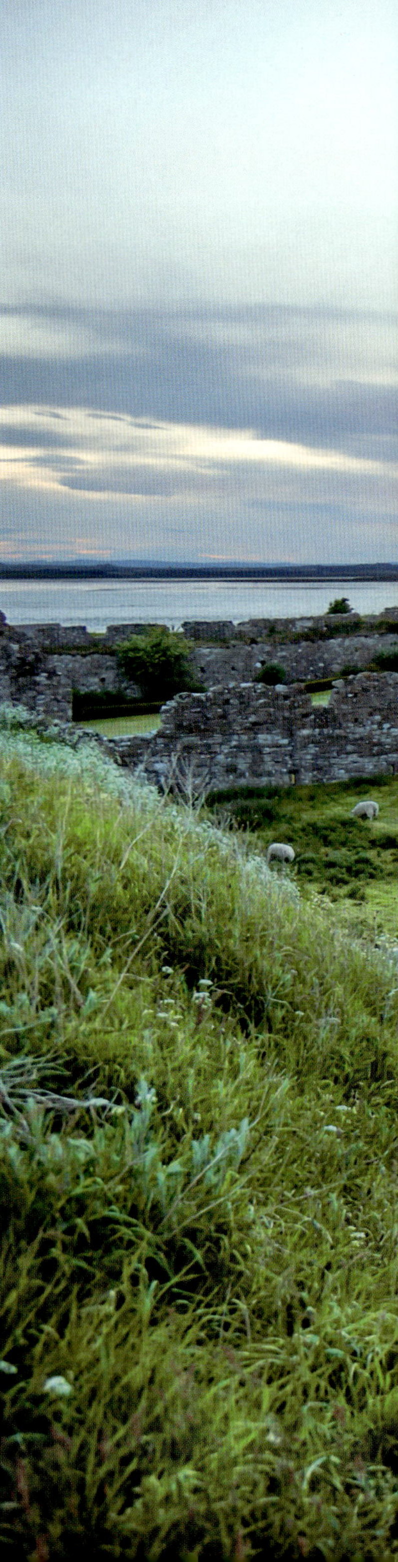

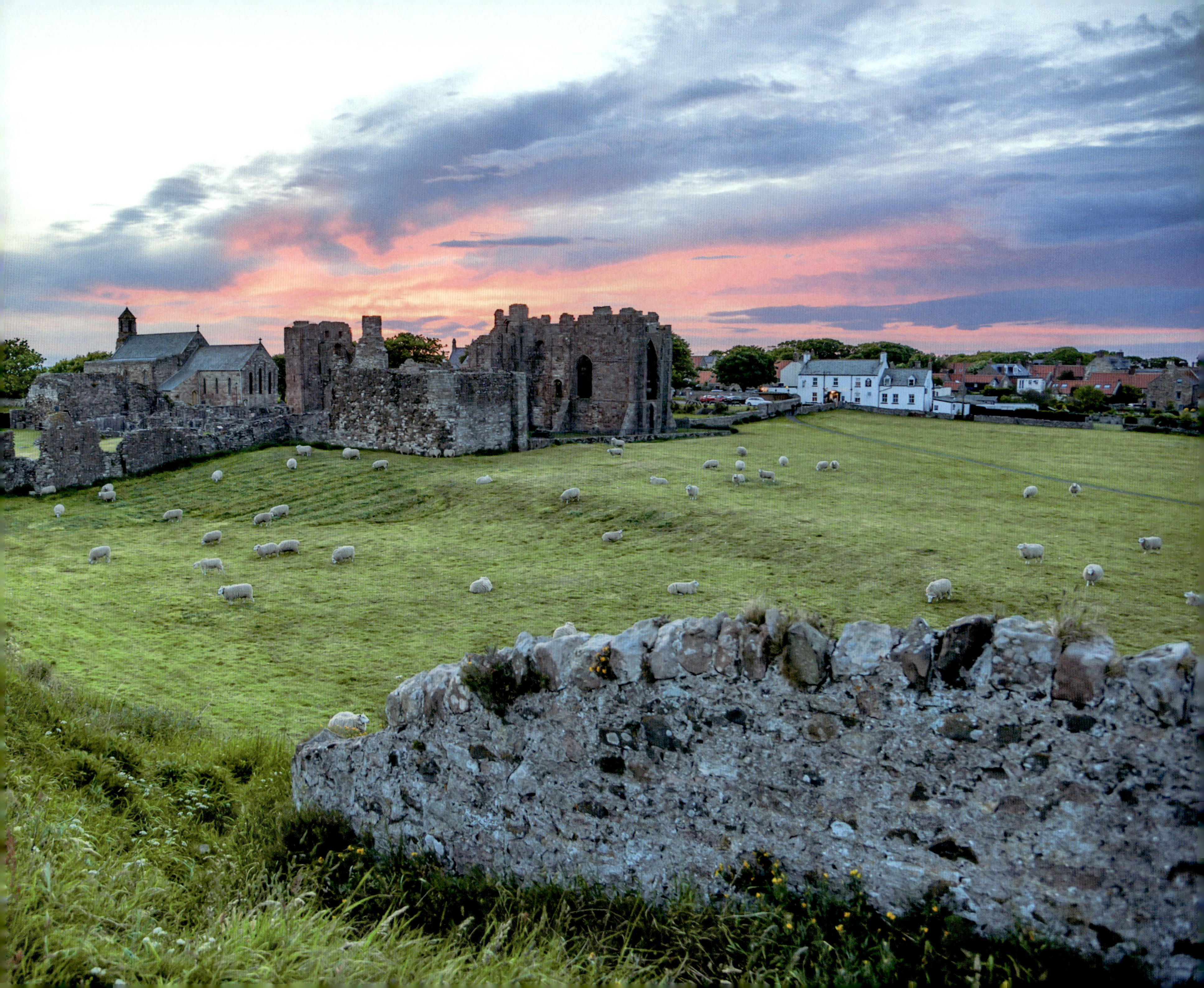

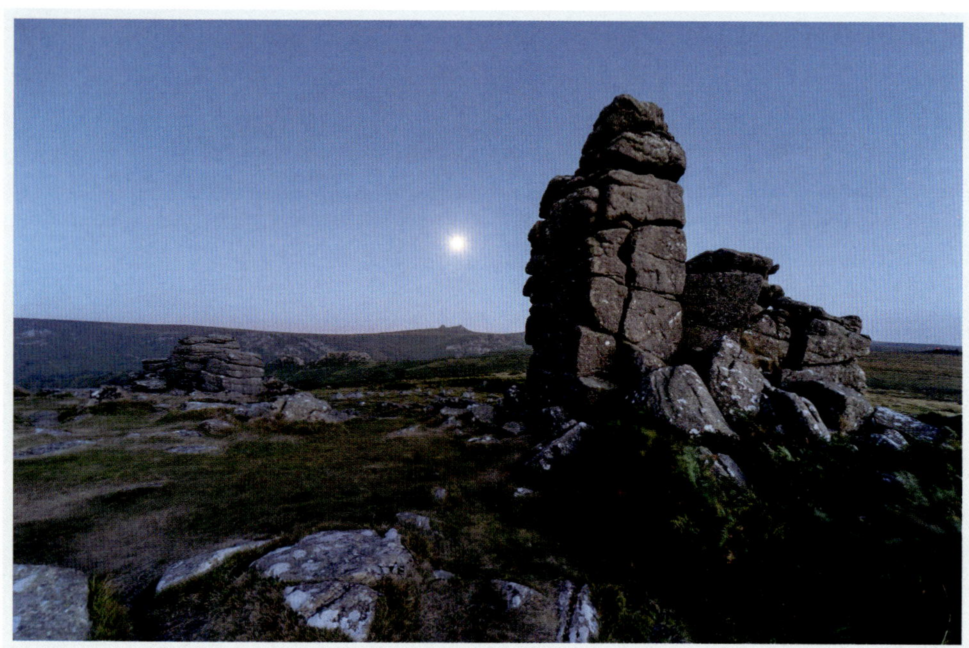

Das im äußersten Südwesten von England liegende Cornwall wurde unter anderem durch die Rosamunde-Pilcher-Filme sehr populär. Cornwall hat ein mildes Klima, teilweise sind sogar Palmen zu finden. Cornwall klang für mich eher wie eine ruhige Rentnergegend. Diese Gegend hat aber unglaublich viele tolle Fotospots und muss sich nicht hinter Schottland verstecken. Um einige Orte zu nennen: der schöne Küstenort St. Ives, die wilde Meeresbucht Bedruthan Steps. Und mit Land's End liegt hier das Ende der Welt beziehungsweise auf jeden Fall das Ende Englands. Sehenswert sind Moore wie das Bodmin Moor oder die Ruinen von Tintagel Castle, wo der Sage nach König Artus gezeugt wurde. Oder Sie gehen in dem im angrenzenden Devon liegenden Dartmoor auf die Suche nach dem Hund von Baskerville.

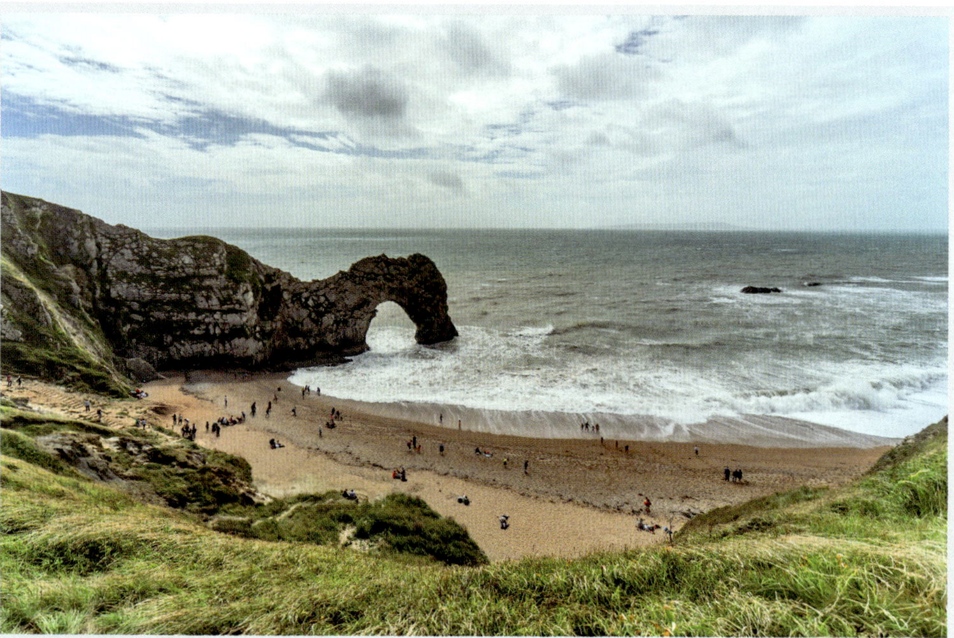

Hound tor im Dartmoor.

12–24 mm 1:4.5–5.6 | 12 mm | 4 s | f/5.6 | ISO 500

Durdle Door, das bekannteste Felsentor Großbritanniens.

12–24 mm 1:4.5–5.6 | 14 mm | 1/2500 s | f/5.6 | ISO 200

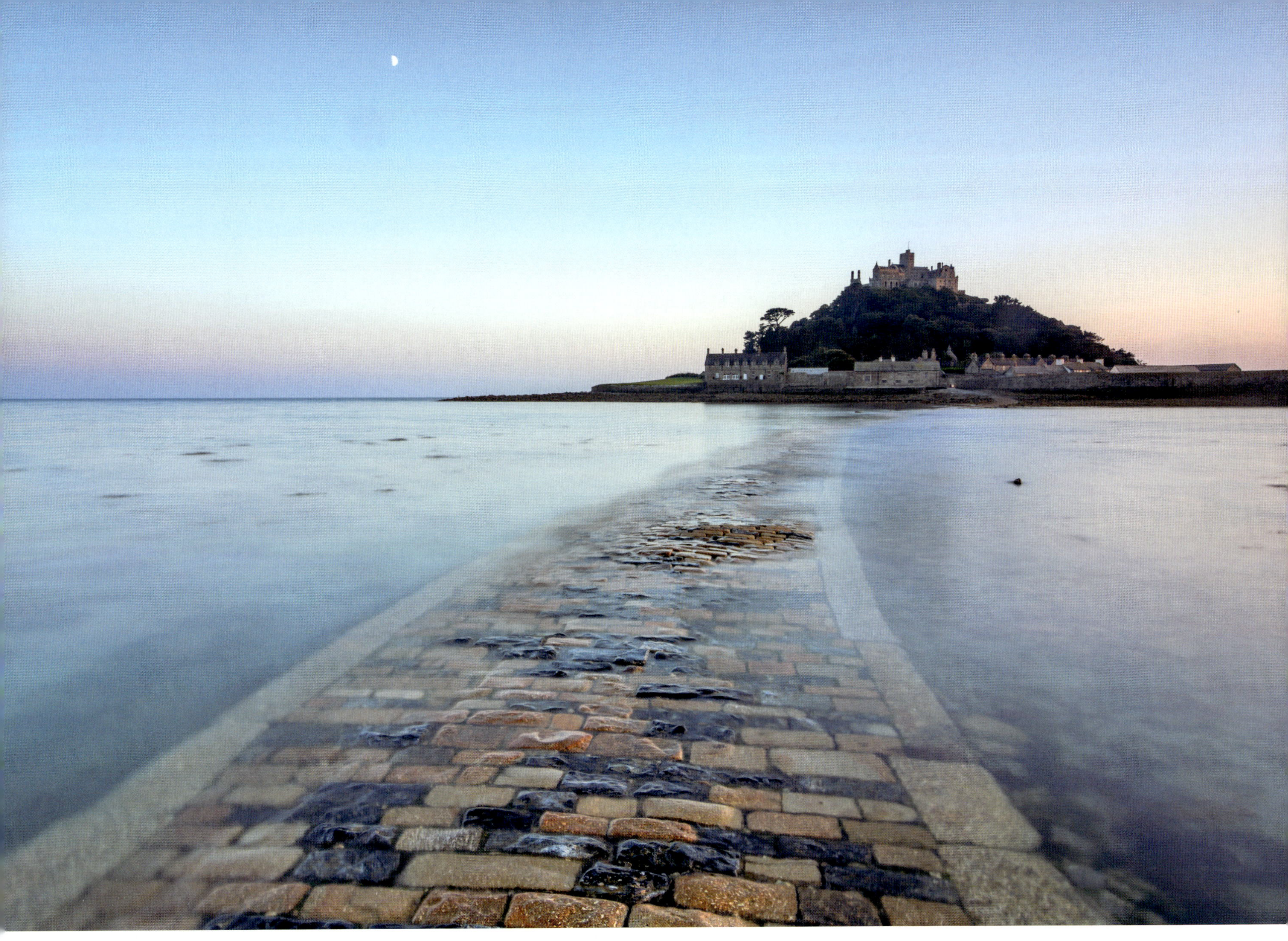

St. Michael's Mount in Cornwall.

12–24 mm 1:4 | 14 mm | 10 s | f/11 | ISO 100

ISLAND

Insel aus Feuer und Eis. Island ist das Land für Landschaftsfotografen. Es gibt keinen anderen Ort mit einer solchen Dichte an Naturwundern. Auf ihrer kleinen Fläche von nur knapp 500 mal 300 Kilometern reihen sich Geysire, Gletscher und Wasserfälle, Berge und Vulkane bis hin zu einem Strand mit Hunderten von Eisbergen aneinander. Island bietet Fotografen unzählige Motive für atemberaubende Bilder. In Island geht im Sommer die Sonne nicht unter, es kann 24 Stunden pro Tag fotografiert werden. Island ist allerdings kein Geheimtipp mehr. Seit der Wirtschaftskrise 2009 sind die Preise wieder stark gestiegen. Ein Leihwagen ist der größte Posten in der Urlaubskasse. Die bekanntesten Punkte sind tagsüber sehr überlaufen, eine Alternative ist eine nächtliche Tour im Sommer.

Falls Sie nur eine Woche Zeit für eine Island-Tour haben, sollten Sie die folgenden drei Gegenden besuchen:

Der bekannteste Ausflug ist die Rundreise um den »Golden Circle«. Sie wird von Reykjavik aus als Tagestour angeboten. Auf 300 Kilometern Länge geht es zu dem Nationalpark Þingvellir mit dem großen Grabenbruch und dem Wasserfall Öxarárfoss. Als Top-Ziele folgen der Geysir Strokkur und der gewaltige Wasserfall Gullfoss. Die ganze Landschaft wird von Vulkanen und Bergen garniert.

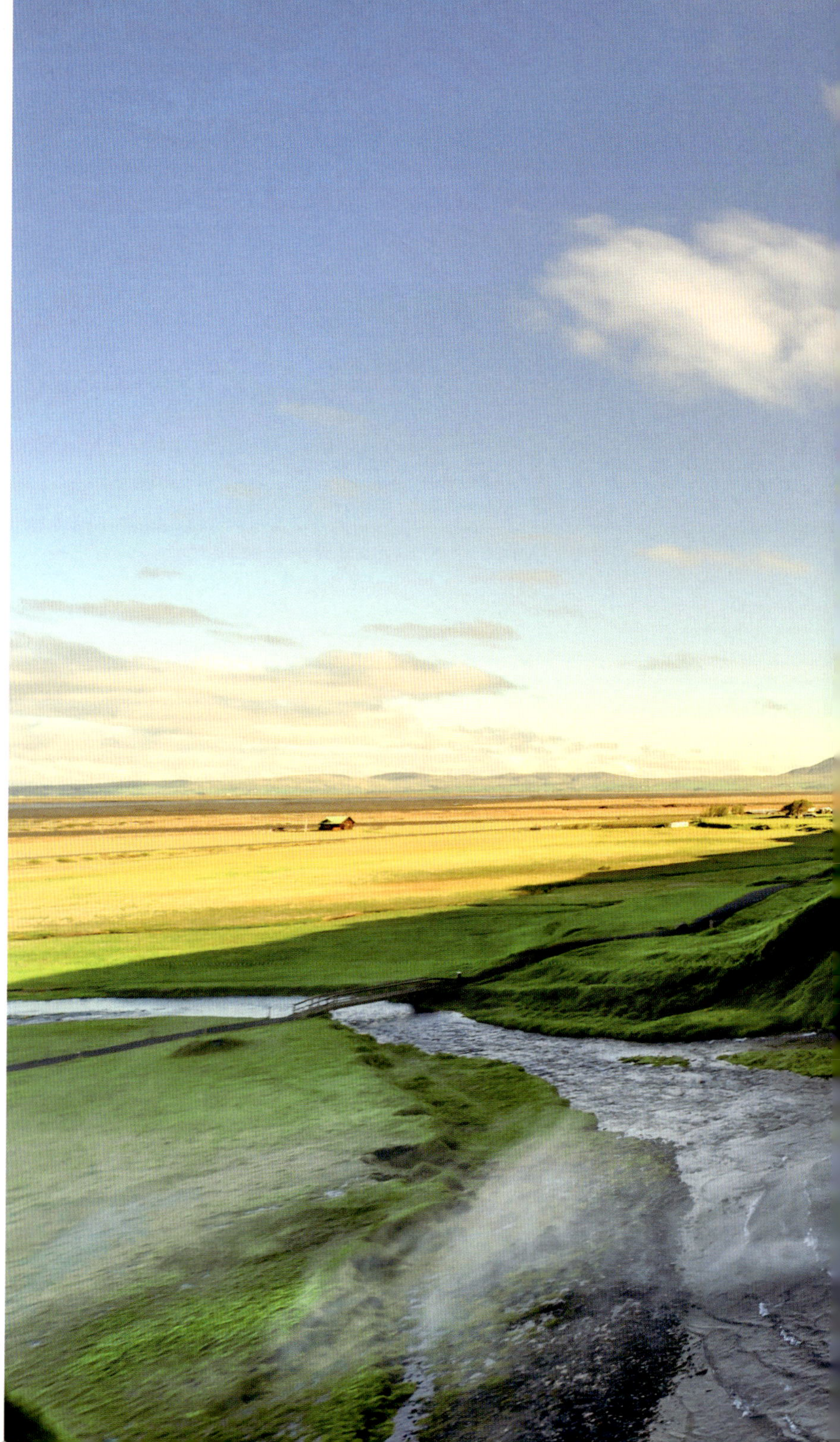

Der Seljalandsfoss-Wasserfall nach leichter HDR-Bearbeitung.

12–24 mm 1:4.5–5.6 | 12 mm | 1/160 s | f/8 | ISO 100

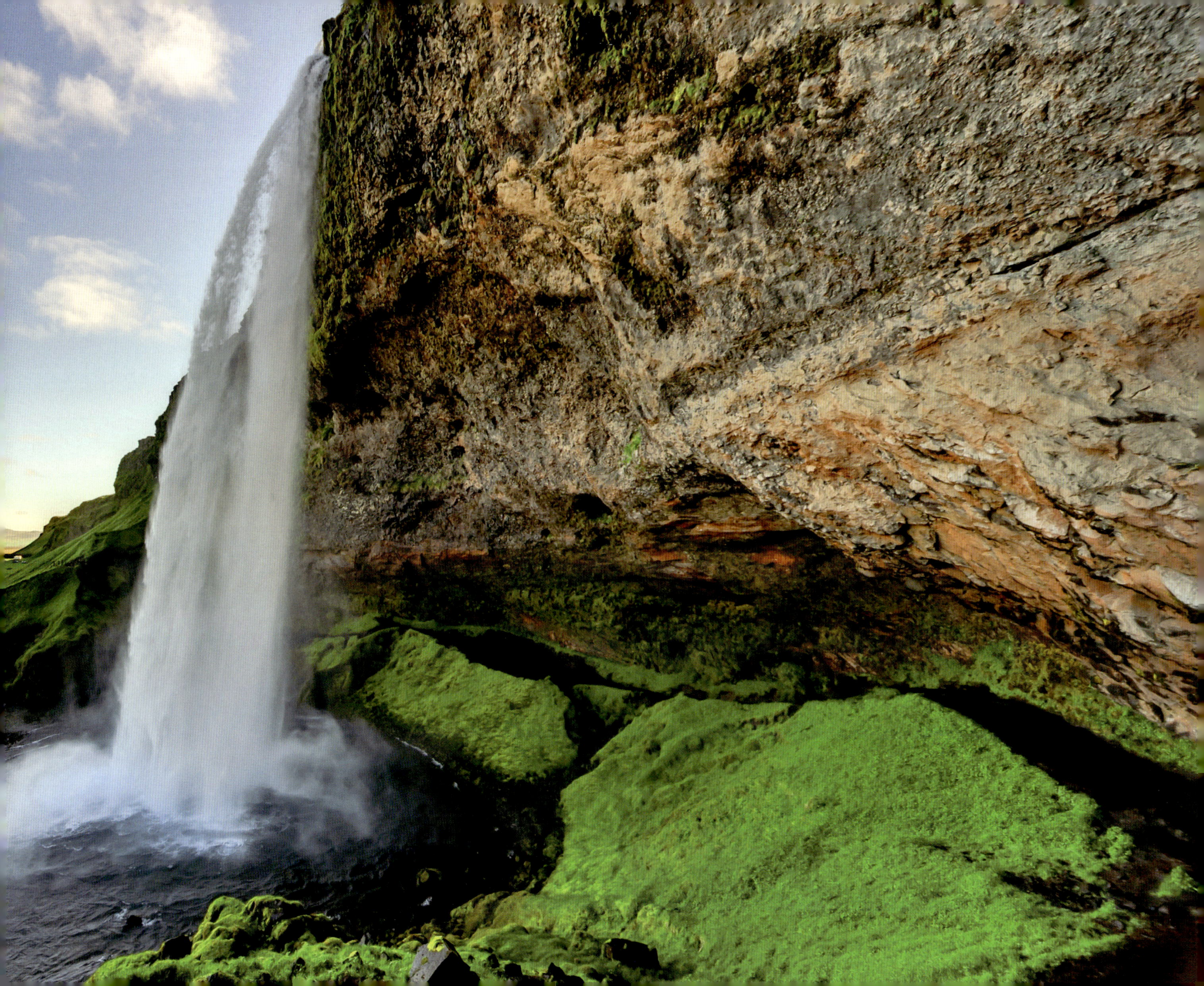

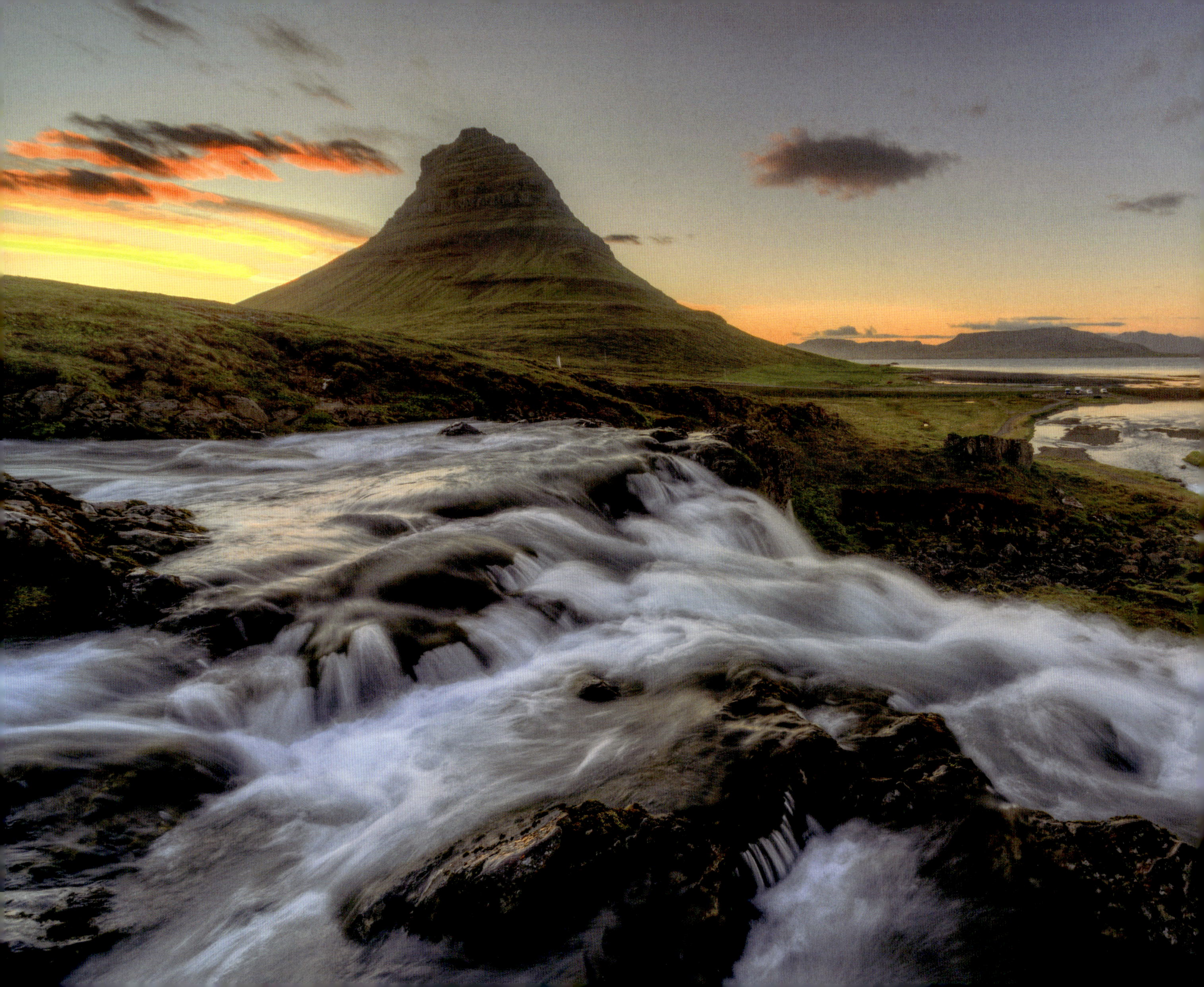

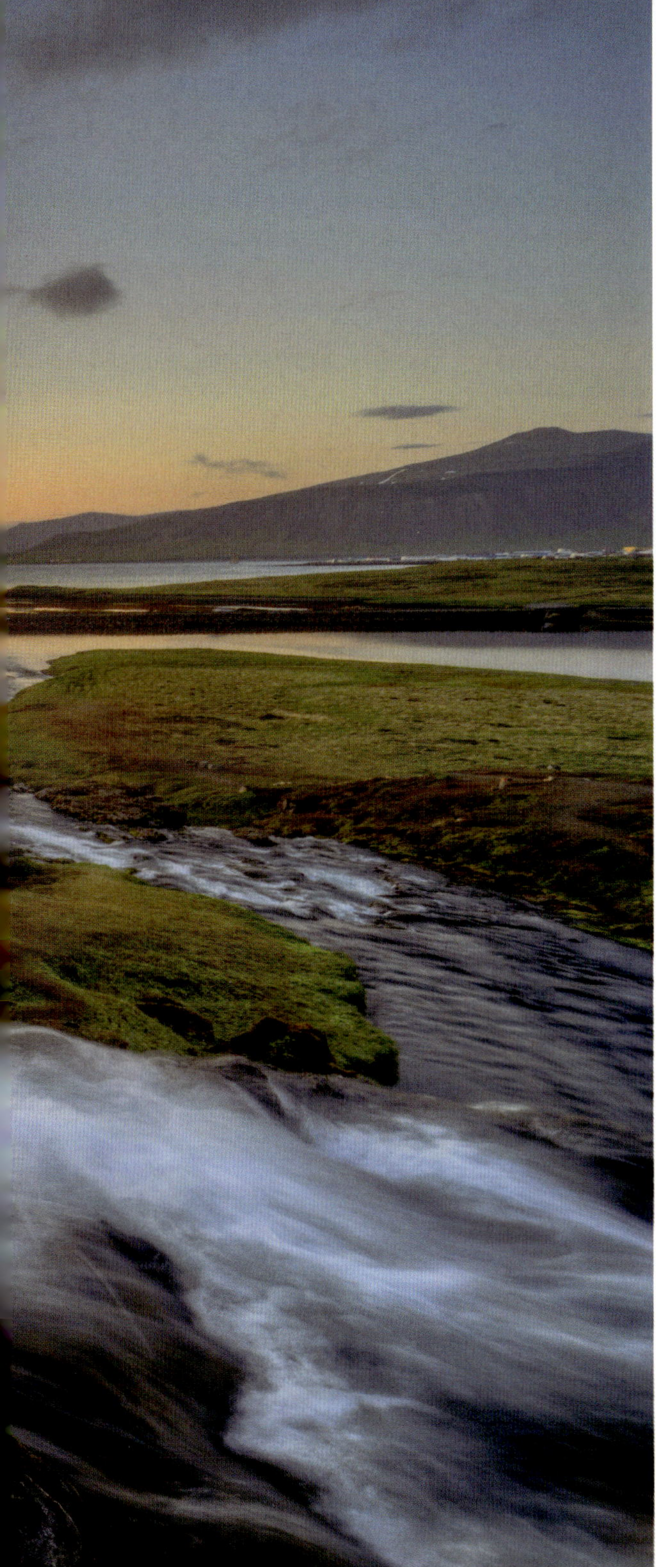

Die Halbinsel Snæfellsnes ist nur 200 Kilometer von der Hauptstadt entfernt und gilt als Mini-Island. Auf der länglichen Fläche von 200 mal 20 Kilometern ist eine Vielzahl von tollen Spots versammelt. Schon von Weitem sichtbar, prägt der schneebedeckte Vulkan Snæfellsjökull die Halbinsel. Es ist auch eine Gletscherwanderung möglich. Im Süden liegt die fotogene schwarze Kirche von Búðir. Im Norden liegt mit dem Vulkan Kirkjufell einer der schönsten Berge Islands. Er kann mit einem Wasserfall im Vordergrund fotografiert werden.

Die dritte Tour führt Richtung Süden. Dort gibt es die beiden großen Wasserfälle Skógarfoss und Seljalandsfoss zu sehen. Beim Seljalandsfoss sind auch Fotos hinter dem Wasserfall möglich. In der Nähe liegt der schwarze Strand von Vik. Noch ein gutes Stück weiter, die Ringstraße entlang, gelangt man zur Gletscherlagune Jökulsárlón. Dieser Ort ist einzigartig: Über der Gletscherzunge des Breiðamerkurjökull lösen sich kleine Eisberge ab und treiben langsam zum offenen Meer. Am Strand liegen vielen Eisbrocken, die wie Diamanten leuchten.

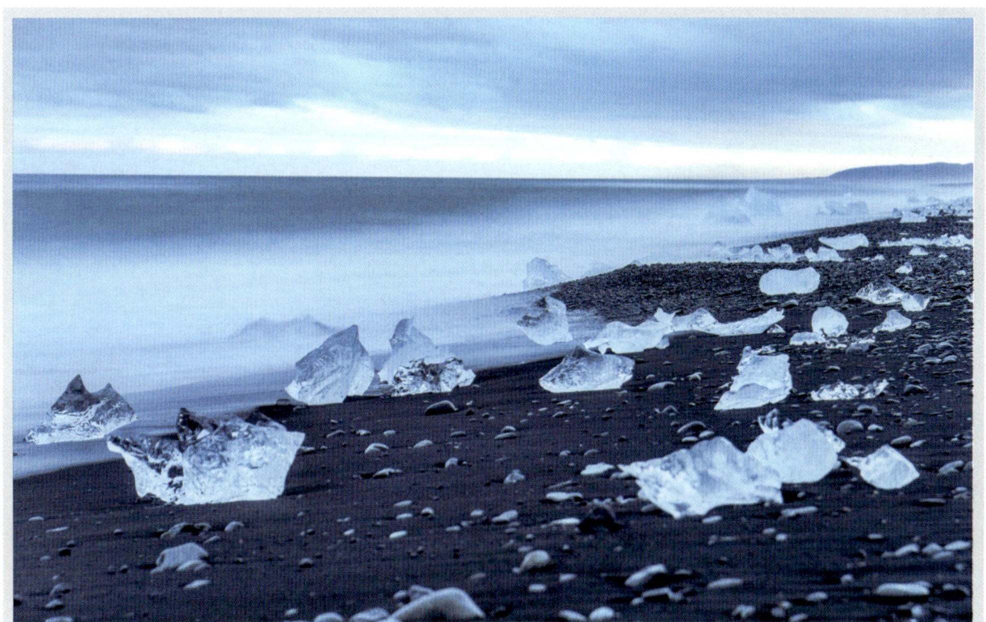

Eisklumpen des Breiðamerkurjökull.

24–120 mm 1:4 | 86 mm | 13 s | f/6.3 | ISO 64

Der Vulkan Kirkjufell, HDR

12–24 mm 1:4.5–5.6 | 12 mm | 1/5 s | f/9 | ISO 50

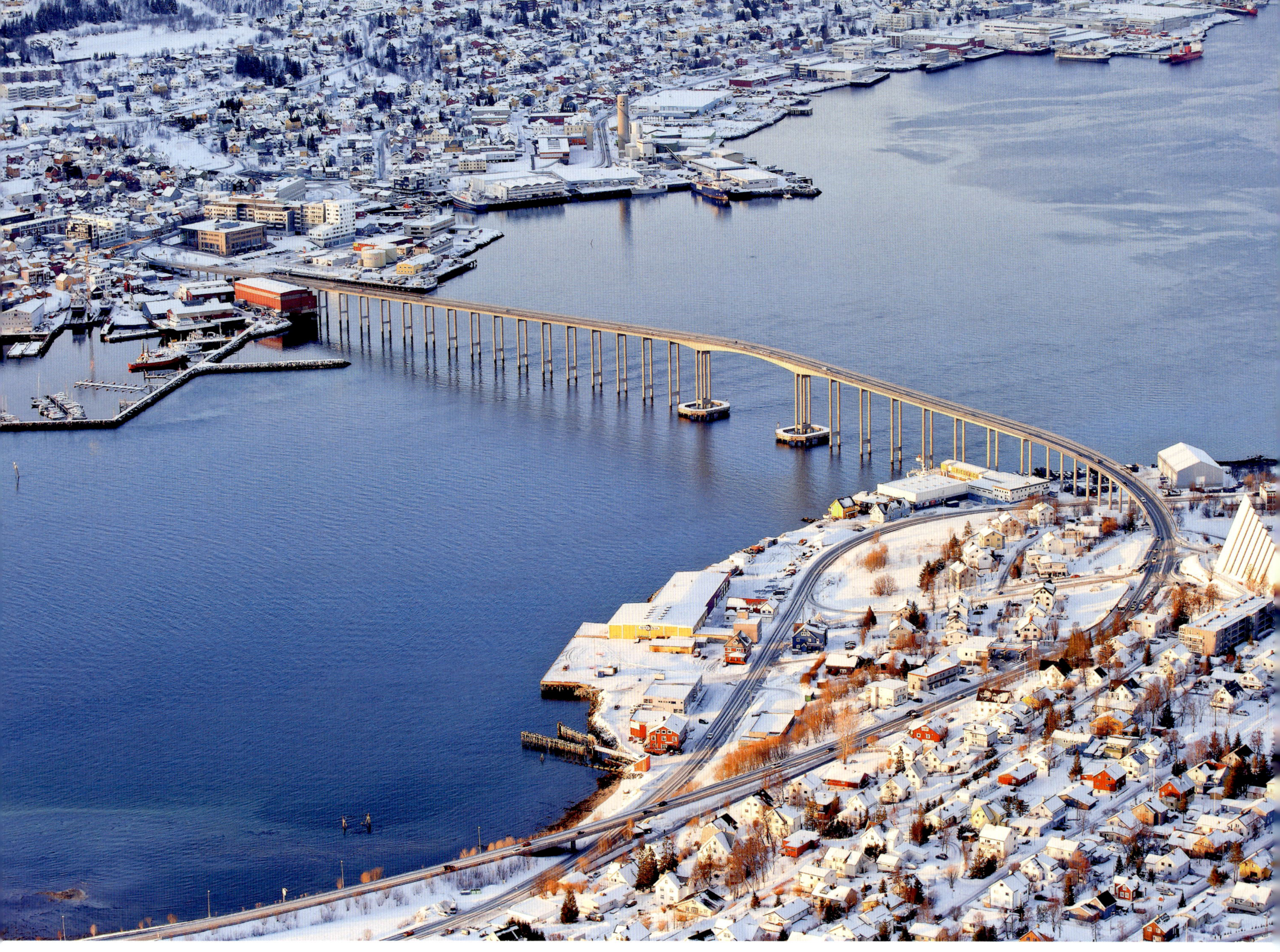

NORWEGEN

Das beste Ziel für Polarlichter in Nordeuropa ist aus meiner Sicht neben Island die norwegische Provinz Troms. Die Provinzhauptstadt Tromsø ist mit dem Flieger in vier Stunden von Deutschland aus erreicht und bietet eine gute Infrastruktur. Tromsø liegt über dem Polarkreis. Während ich Überlandfahrten in Island im Winter durch den starken Wind für nicht ungefährlich halte, ist man rund um Tromsø durch die Fjorde geschützter. Durch die Nähe zum Golfstrom sind auch die Winter milder. Nach einigen Kilometern erreicht man bereits in der nahen Umgebung diverse Inseln und Fjorde, die ein vom Stadtlicht ungestörtes Fotografieren erlauben. Bekannte Fjorde sind hier der Grøtfjord, der Skulsfjord oder das idyllische Sommarøy.

Blick vom Hausberg Storsteinen auf Tromsø.

80–200 mm 1:2.8 | 86 mm | 1/500 s | f/4.5 | ISO 400

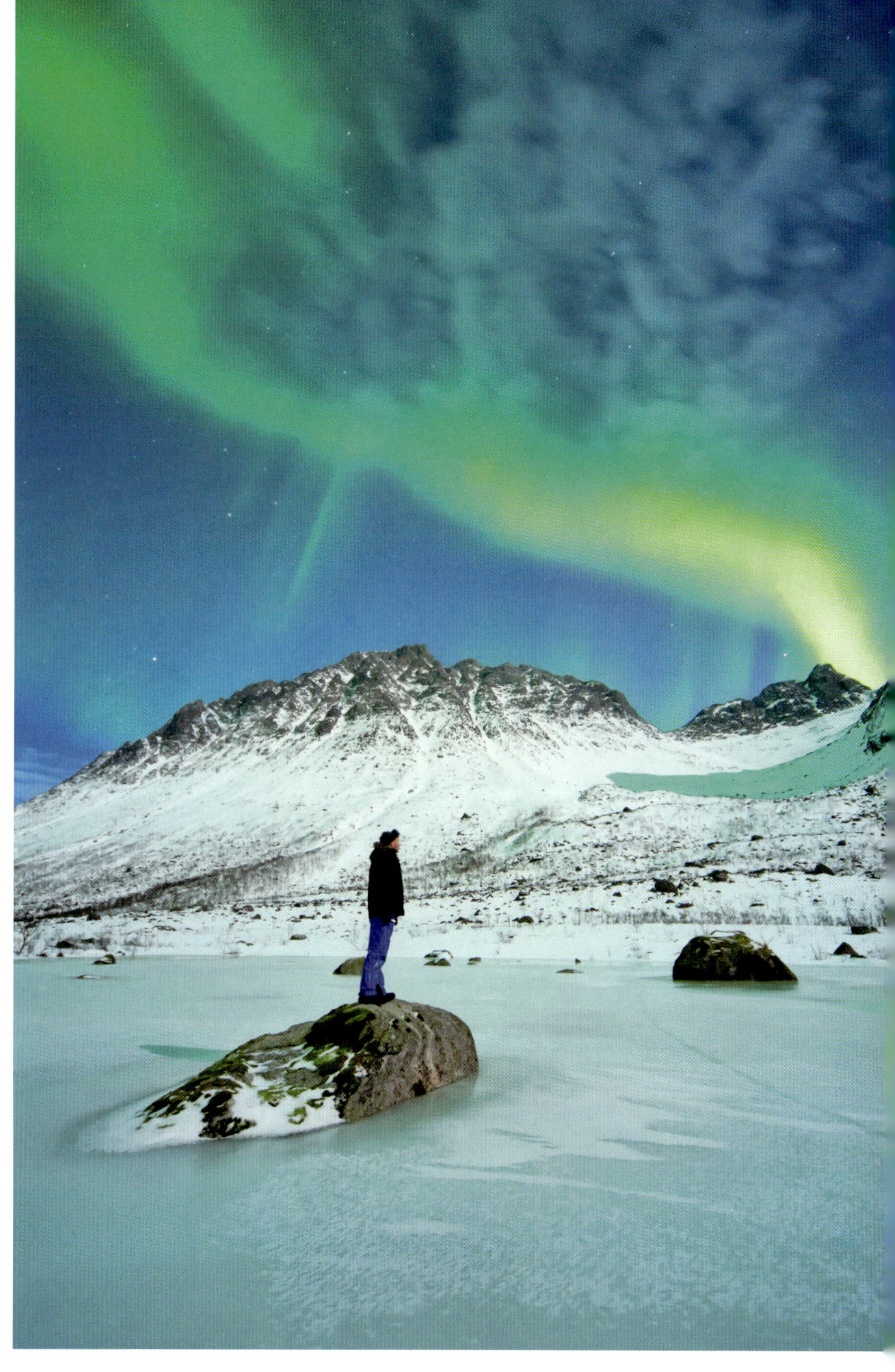

Selfie mit Polarlicht im Grøtfjord.

12–24 mm 1:4.5–5.6 | 14 mm | 13 s | f/4.8 | ISO 1250

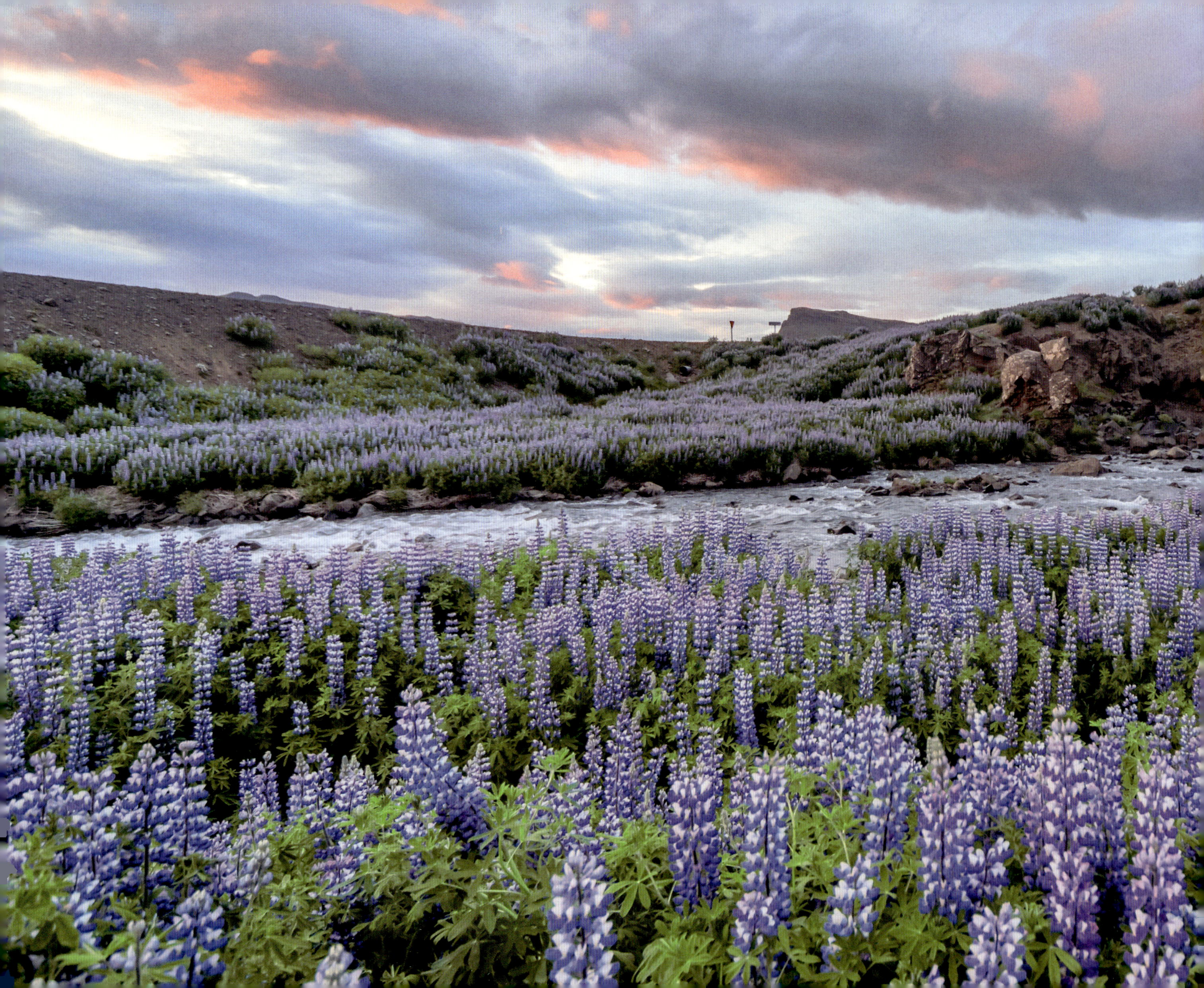

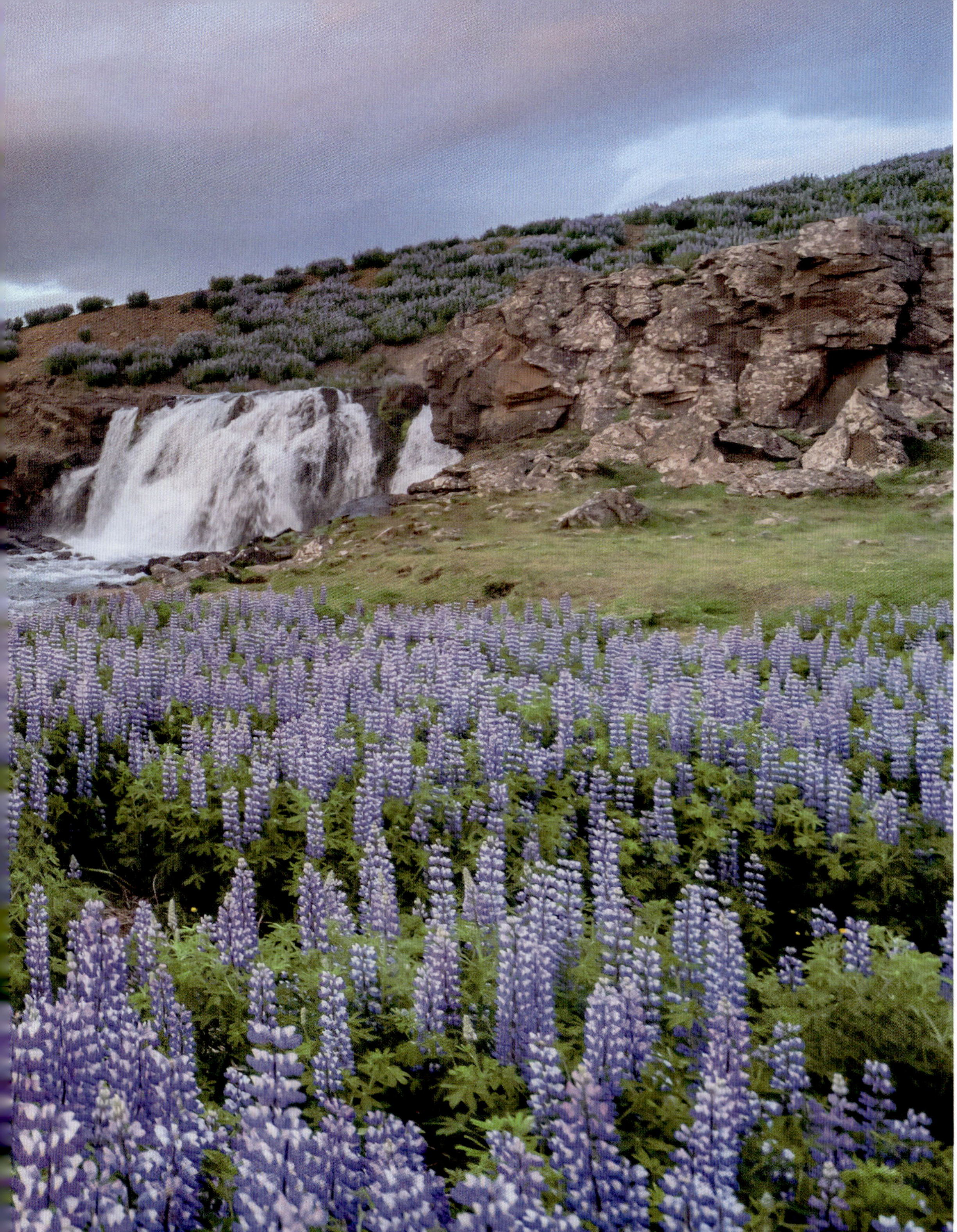

Kapitel 10

BESSER FOTOGRAFIEREN

Ich setze das grundlegende Verständnis Ihrer Kamera, des Fotografierens sowie Kenntnisse über das Zusammenspiel von Blende, Zeit und ISO-Empfindlichkeit voraus. Viele Kameras bieten bei Bedarf auch entsprechende Programmautomatiken wie einen Landschaftsmodus an. Die besten Ergebnisse bekommen Sie aber, wenn Sie im RAW-Modus arbeiten. Nur dann kann die Aufnahme anschließend am Computer mit spezieller RAW-Konverter-Software ohne Qualitätseinbußen gezielt nachbearbeitet werden. Zudem können über- oder unterbelichtete Bilder nur im RAW-Format noch gerettet werden.

Farbexplosion in Island.

12–24 mm 1:4.5–5.6 | 15 mm | 1/40 s | f/5.6 | ISO 640

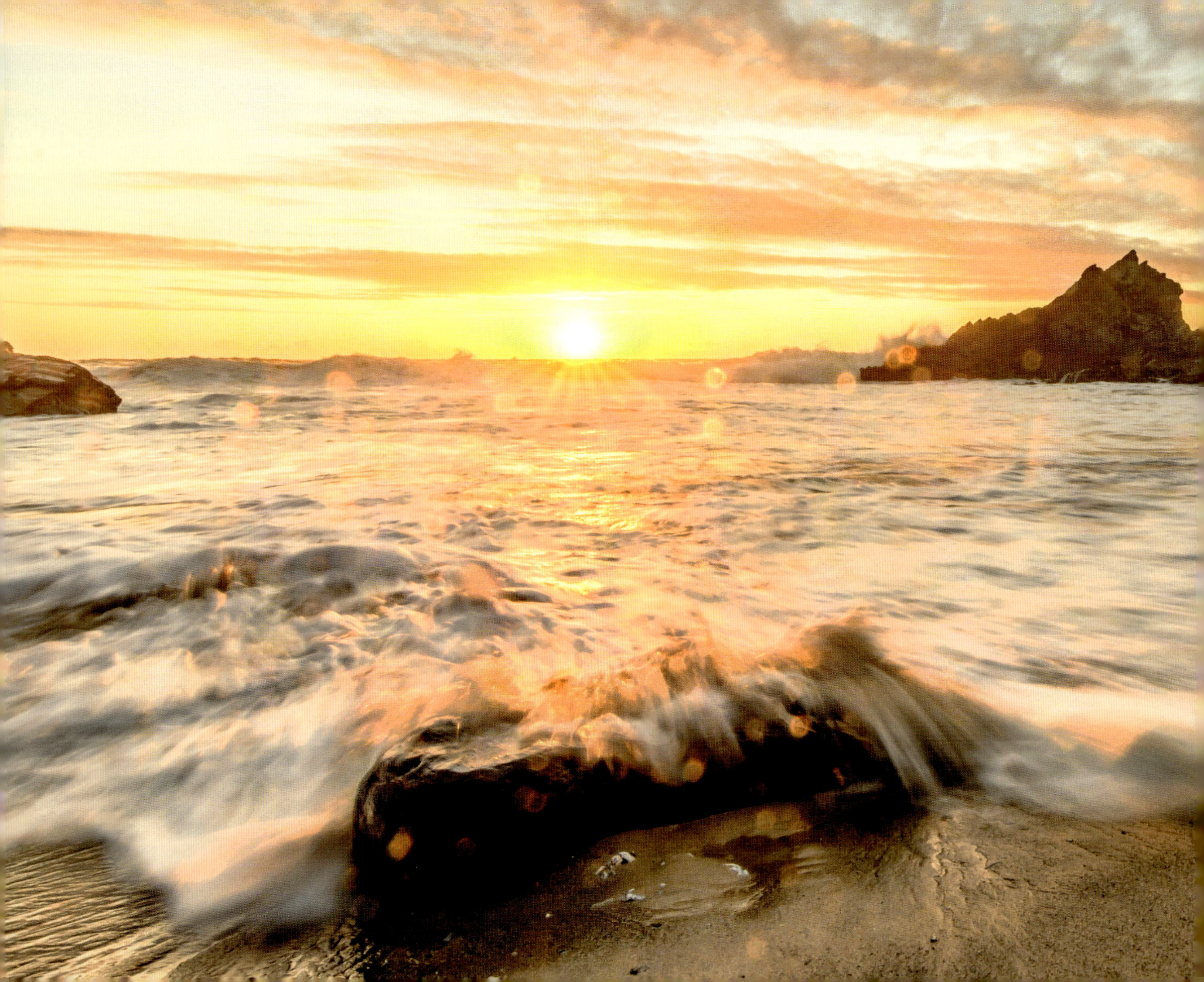

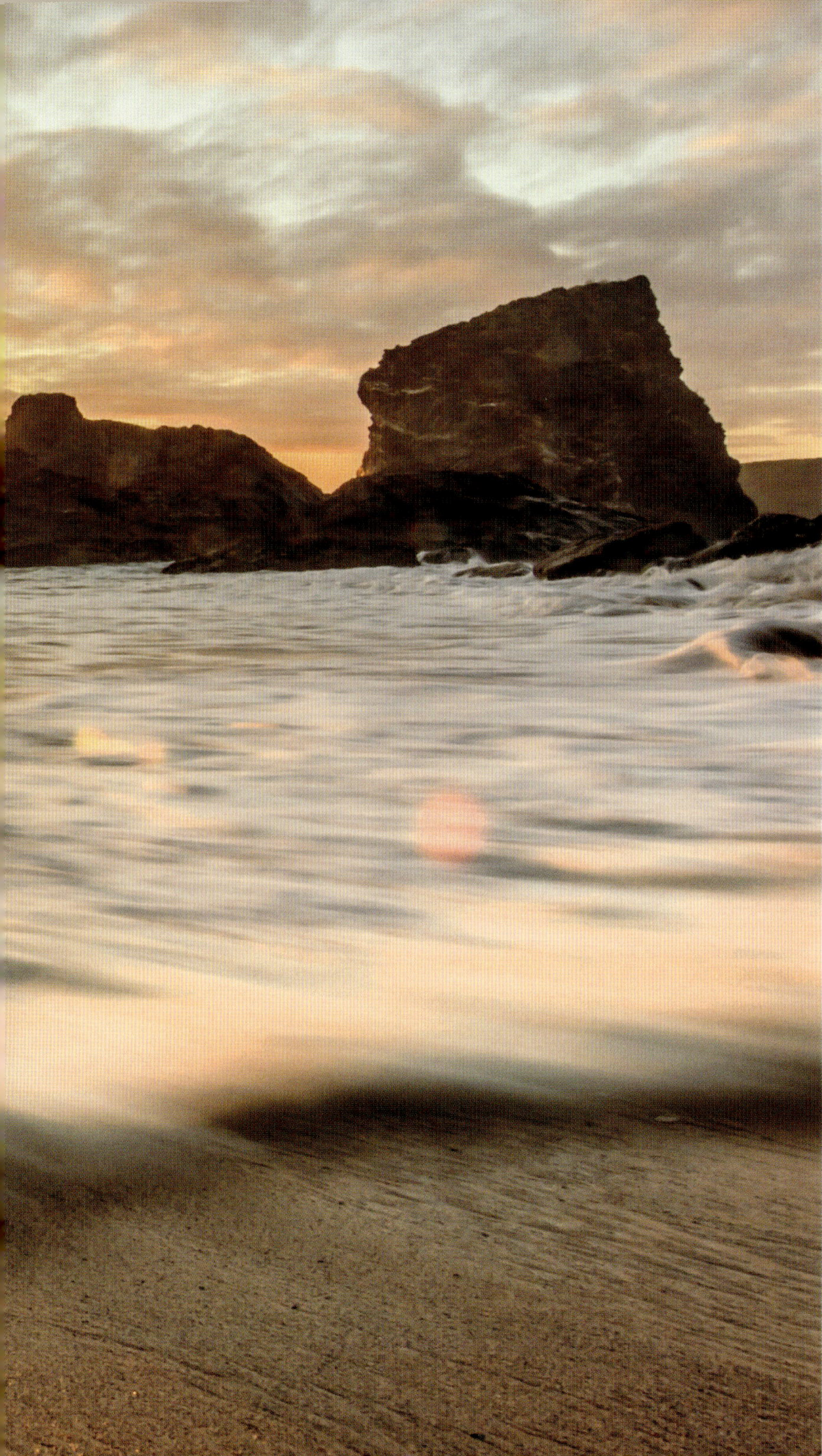

BELICHTUNG UND **MESSMETHODE**

Ich fotografiere meistens mit der Zeitautomatik. Bei der Landschaftsfotografie wähle ich dabei eine Blende zwischen f/4 bis f/6.3. Falls ein Bild bei der Kontrolle nicht passt, korrigiere ich per Belichtungskorrektur Plus/Minus manuell. Bei sehr schwierigen Situationen wie Gegenlicht, Sonne oder große Helligkeitsunterschiede schalte ich in den manuellen Modus um. Manchmal nutze ich auch Belichtungsreihen, um später am Computer ein korrekt belichtetes Bild auszuwählen.

Meine Kameras laufen aktuell alle mit der Matrix-, nur die ältere Nikon D700 noch mit der mittenbetonten Integralmessung. Die Matrixmessung misst einen großen Bereich des Bilds aus und funktioniert bei vielen Lichtsituationen sehr gut. Das Ergebnis kann direkt kontrolliert werden oder ist schon in der Live-View-Vorschau sichtbar.

FOTOGRAFIEREN MIT **FILTERVORSATZ**

Überaus hilfreich bei Landschaftsaufnahmen sind Graufilter, Grauverlaufsfilter und Polfilter, die vor das Objektiv geschraubt werden. Mit einem Graufilter kann man die Belichtungszeit verlängern, der Grauverlaufsfilter sorgt für optimalen Helligkeitsausgleich, und mit dem Polfilter erzielt man sattere Farben und reduziert Reflexionen auf spiegelnden Oberflächen wie z. B. Wasser.

Die Wassertropfen auf der Linse werden bei Blende f/20 zu klar dargestellt. Bedruthan Steps, Cornwall.

12–24 mm 1:4 | 12 mm | 1/8 s | f/20 | ISO 100

Graufilter im Einsatz

Die Verlängerung der Belichtungszeit wurde schon an einigen Stellen im Buch angesprochen. Aus einem Fluss oder Wasserfall kann ein homogenes Band werden. Auch Menschen und Autos erscheinen nach längerer Belichtungszeit als verwischte Objekte. Ich habe früher gern auf den maximal möglichen Blendenwert (f/22 bis f/33, je nach Objektiv) abgeblendet, um lange Belichtungszeiten hinzubekommen. Bei diesem extremen Abblenden treten einige negative Effekte auf. Zum einen sind dies optische Probleme, die Beugungsunschärfe lässt die Pixel matschiger werden - vor allem bei Bildern mit vielen Details. Zum anderen sprechen wir über das Problem, dass Schmutzpartikel auf dem Sensor oder der Linse als störende Punkte zu sehen sind. Das fällt vor allem bei klarem Himmel auf.

In Fällen, in denen ich keinen Graufilter zur Hand habe, arbeite ich wie folgt: Ich fotografiere einmal das Bild mit der maximalen und einmal mit einer normalen Blende. Den Fluss oder Wasserfall schneide ich dann in das klare Bild ein.

Um die Belichtungszeit zu verlängern, wird daher der Einsatz von Graufiltern empfohlen. Gängig sind Filter mit Verlängerungsfaktoren zwischen zwei und zehn Blendenstufen. Bei den Filtern ist die Angabe des Verdunklungsfaktors teilweise verwirrend. Die folgende Tabelle gibt einen Überblick über die möglichen Angaben.

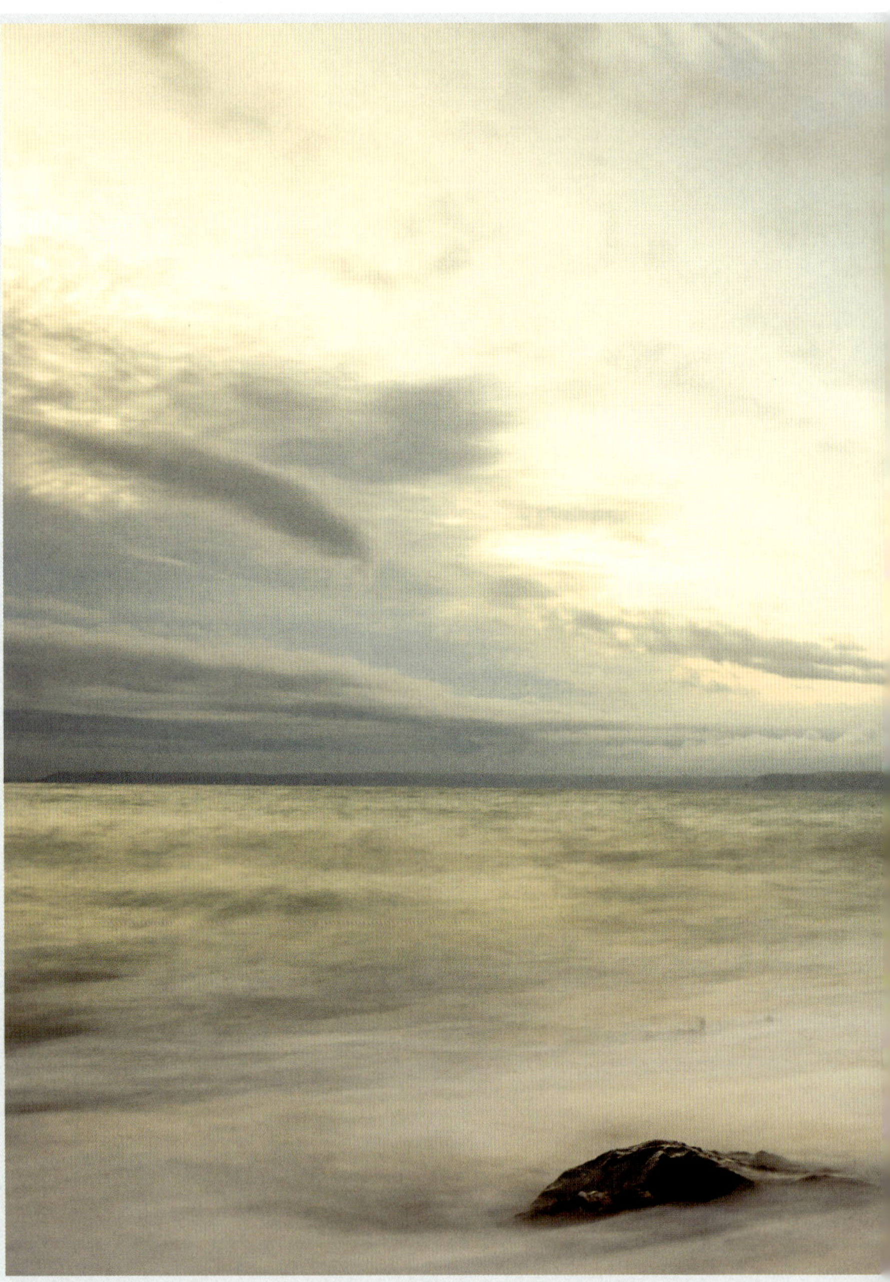

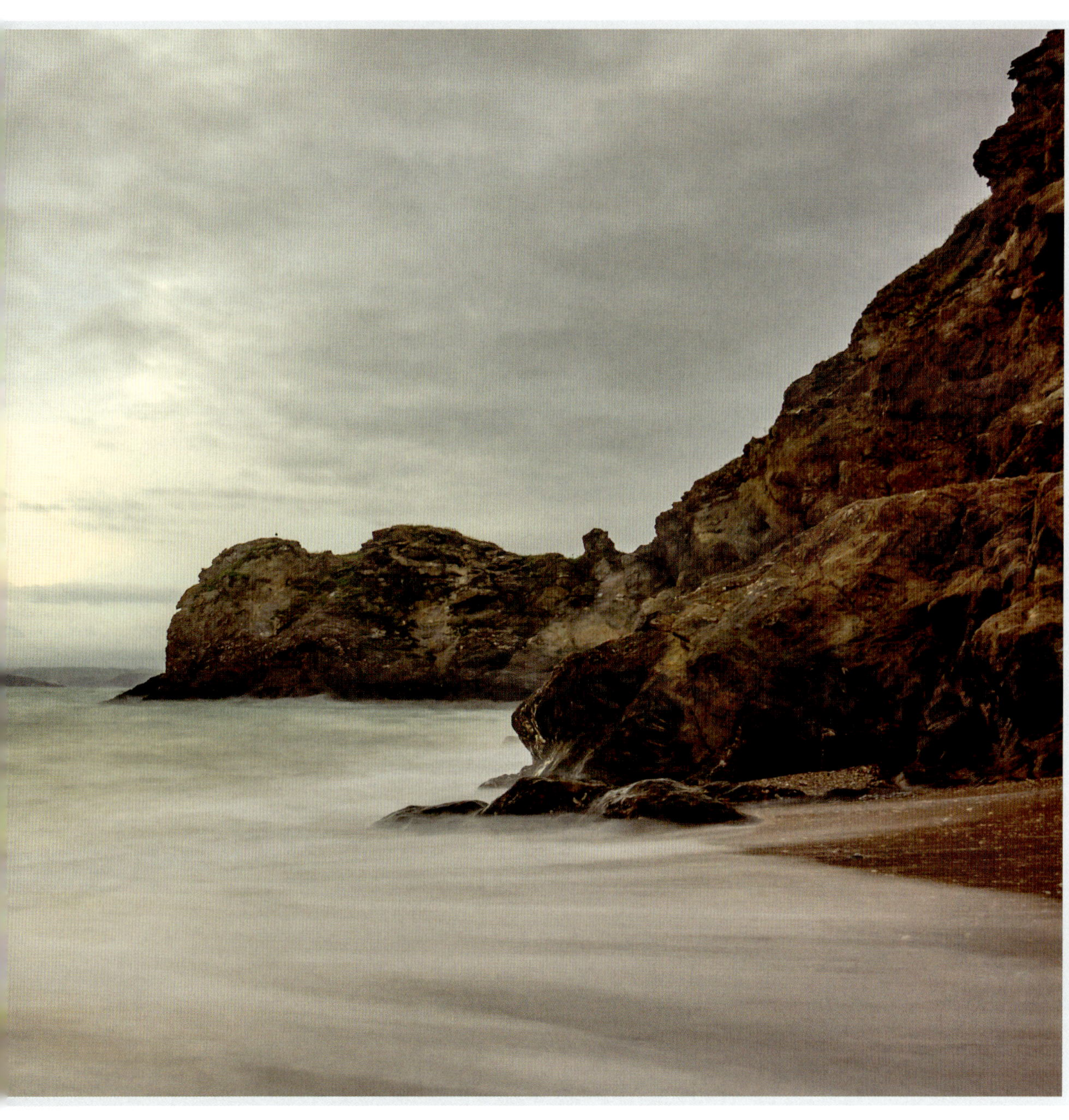

Aus der Belichtungszeit von 1/200 s werden durch den ND-3,0-Filter 5 s.

10–18mm 1:4 | 16 mm | 5s | f/5.6 | ISO 100

ANGABE IN ND	BLENDEN-REDUKTION	VERLÄNGERUNGSFAKTOR DER ZEIT
0,3	-1	2
0,6	-2	4
0,9	-3	8
1,2	-4	16
1,5	-5	32
1,8	-6	64
2,4	-8	256
2,7	-9	512
3	-10	1000

Ein Filter mit einem ND-Wert von 1,8 steht für eine Reduktion von sechs Blendenstufen. Das bedeutet, dass Ihre Kamera z. B. ein Motiv nicht mehr mit einer 250stel, sondern mit einer Viertelsekunde belichtet. Dadurch wird z. B. ein Wasserfall wie ein weicher Nebel dargestellt. Manchmal blende ich noch weiter ab, um die Belichtungszeit abermals zu verlängern und den Effekt zu verstärken. Ich nutze primär einen Graufilter mit einem ND-Wert von 1,8. Er setzt die Belichtung um sechs Blendenstufen herab. Bei diesem Filter kann ich noch etwas im Sucher erkennen. Bei einem ND-3,0-Filter (minus zehn Blendenstufen) sehen Sie im Sucher fast nichts mehr. Und ein Filter, der die Zeit nur um zwei Stufen (ND 0,6) verlängert, bewirkt mir zu wenig.

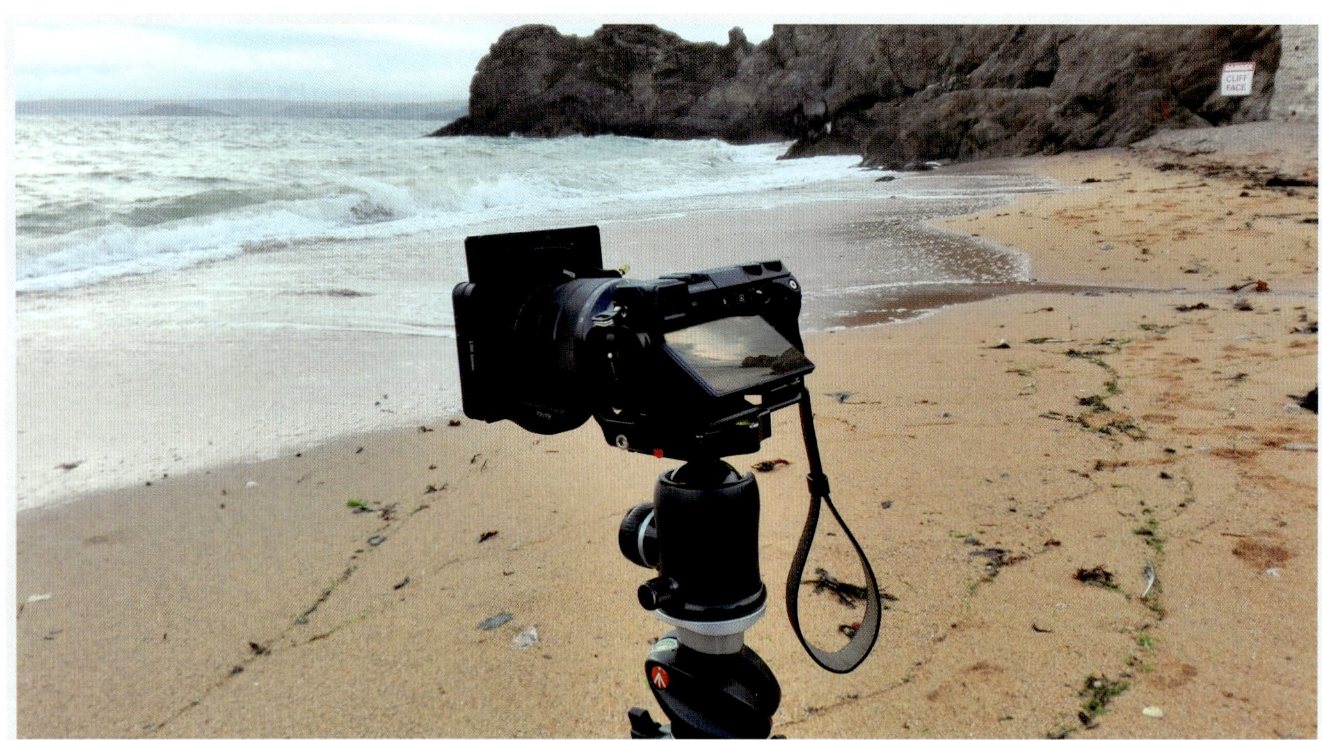

Ein ND-3,0-Filter mit einem Filtersystem von Haida im Einsatz.

Grauverlaufsfilter im Einsatz

Ein häufiges Problem bei der Landschaftsfotografie sind die unterschiedlichen Helligkeiten zwischen Himmel und Erde. Der Himmel ist oft zwei bis drei Blendenstufen heller als die Landschaft darunter. Vor allem bei dunklen Landschaften (Täler, Wälder oder Flüsse) oder bei Dämmerung fällt dieser Effekt auf. Neben einer Belichtungsreihe oder dem Versuch, diese Belichtungsunterschiede per Bildbearbeitung zu retten, können Grauverlaufsfilter eingesetzt werden.

Dabei wird über einen Adapter ein Filterhalter auf die Linse geschraubt und ein Grauverlaufsfilter eingesetzt. Hier ist ein Filter mit der Stärke ND 0,9 Soft zu empfehlen. Er hat einen sanften Übergang zwischen Hell und Dunkel, im dunklen Teil wird der Himmel um drei Blendenstufen abgedunkelt. Dadurch, dass der Filter in den Halter gesteckt wird, kann seine Höhe durch Verschieben beliebig an die Lage des Horizonts angepasst werden. Hier ist auch der Einsatz starker Graufilter (mit ND 3,0) einfach. Zum Einstellen des Motivs wird der Filter hochgeschoben und so anschließend wieder heruntergeschoben.

Ein bekanntes Filtersystem ist Cokin. Cokin-Filter sind aus Kunststoff, daher sind sie sehr kratzempfindlich und weisen teilweise einen lila Farbstich auf. Hochwertigere Filterhaltersysteme gibt es von den Firmen Hitech, Lee oder Haida. Diese Filter sind aus Resin und gelten als die kratzunempfindlichste Alternative zu Glas. Ein Filterset aus einem Filterhalter, einem Objektivadapter, einem Verlaufsfilter und einem ND-3,0-Graufilter liegt preislich bei mehreren Hundert Euro.

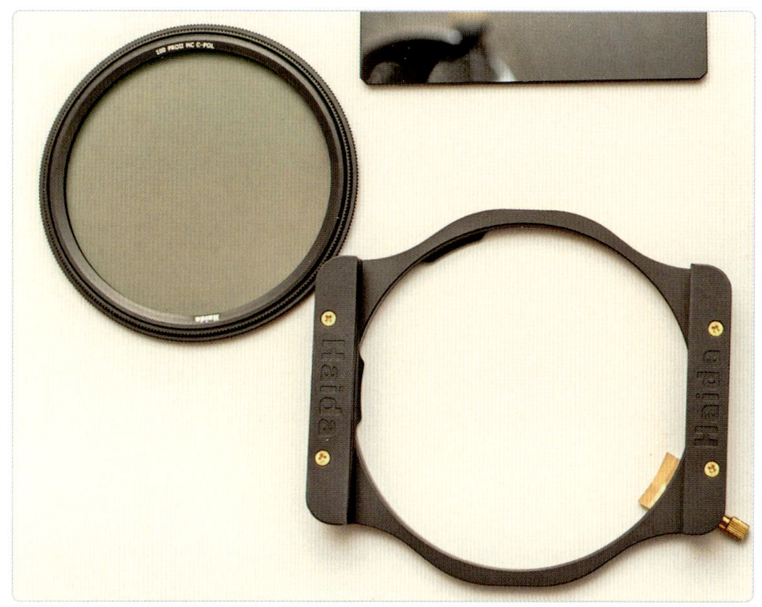

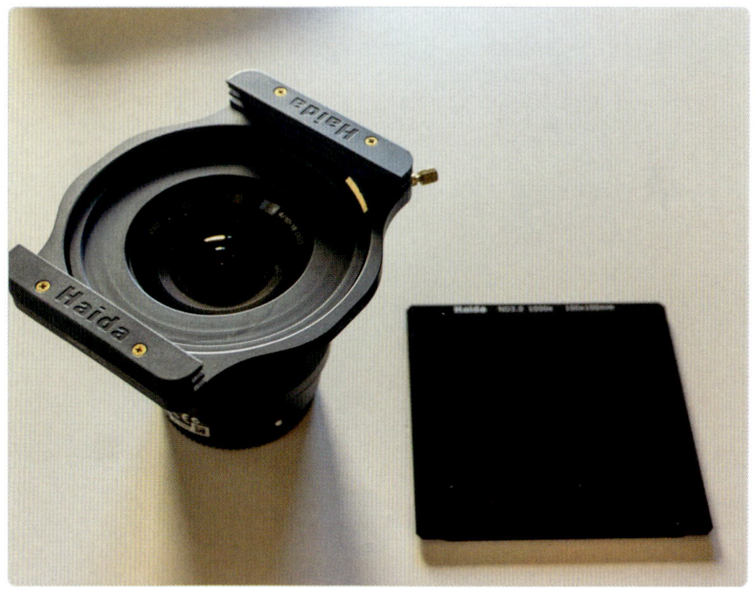

Ich nutze gern das Set von Haida. Der Haida-Adapter ist sehr dünn und passt auch auf mögliche Schutzfilter des Objektivs. Zudem hat der Filterhalter einen Schnellverschluss, er wird nur eingehakt und kann so schneller aufgesetzt werden. Die Filter sind aus Glas und haben eine sehr gute Qualität.

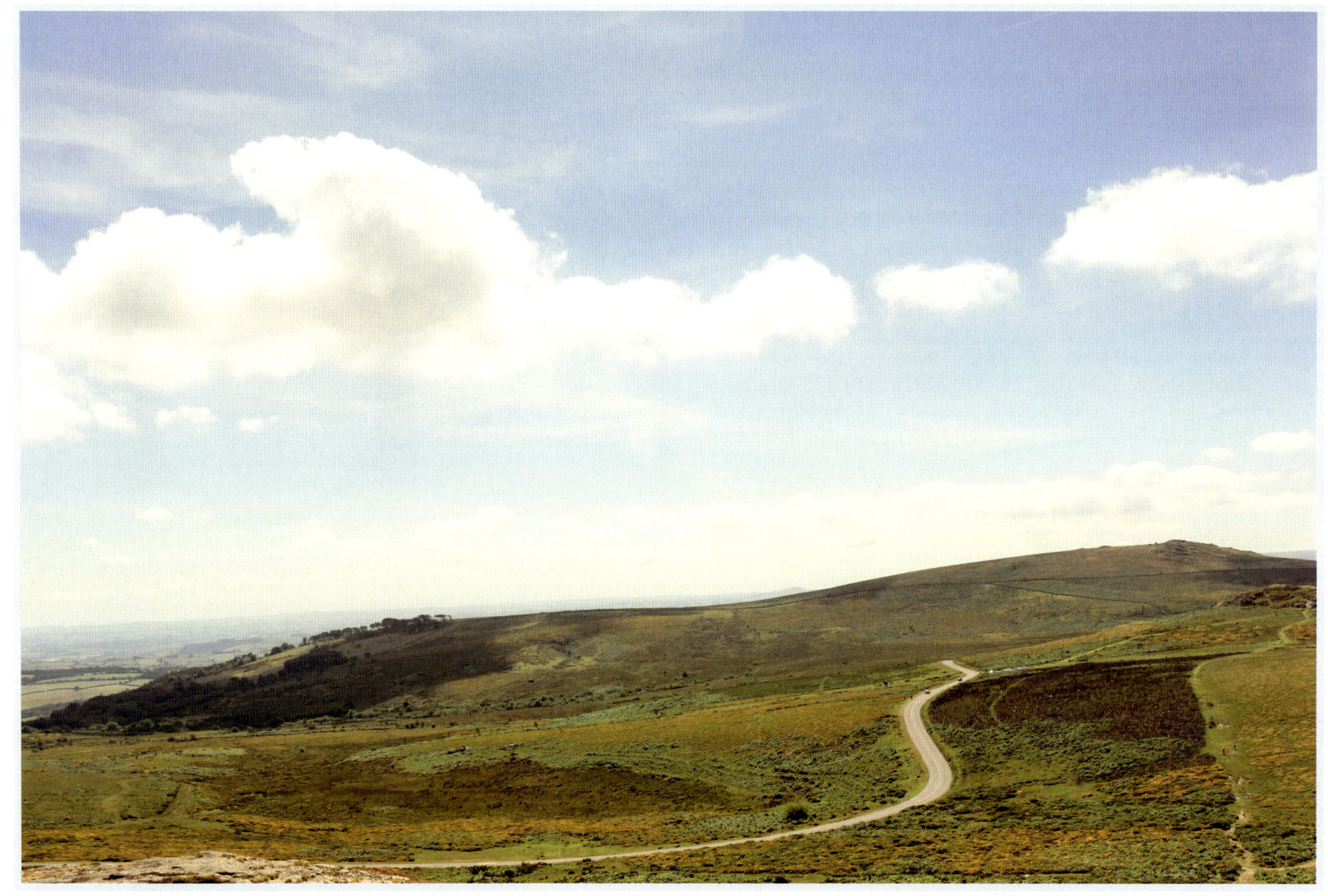

10–18 mm 1:4 | 16 mm | 1/1000 s | f/5.6 | ISO 100

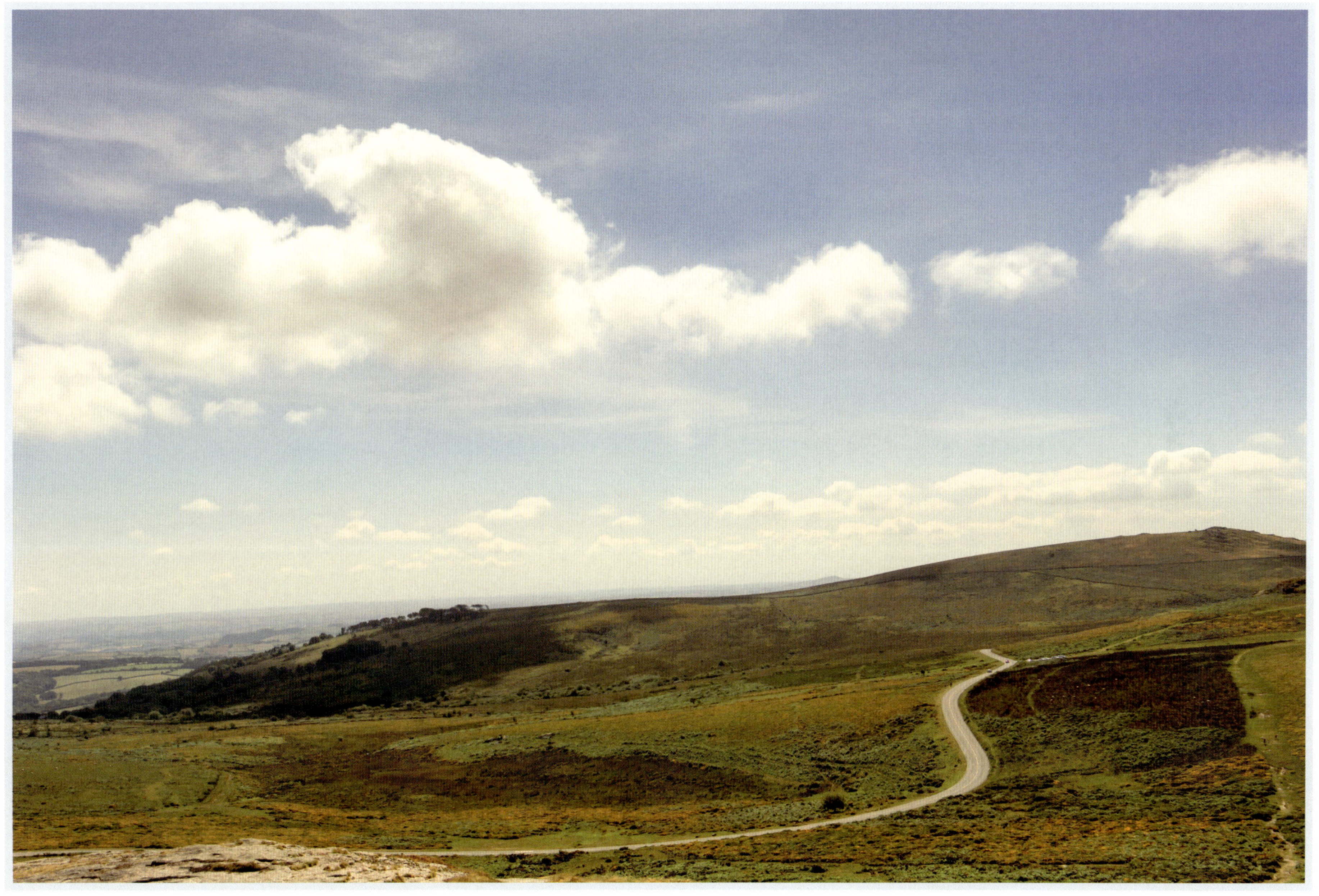

Verlaufsfilter im Einsatz. Beim linken Bild sind die Wolken fast ausgefressen, beim Einsatz eines Verlaufsfilters (Bild links) sind die Wolken passend abgedunkelt.

10–18 mm 1: 4 | 16 mm | 1/800 s | f/5.6 | ISO 100

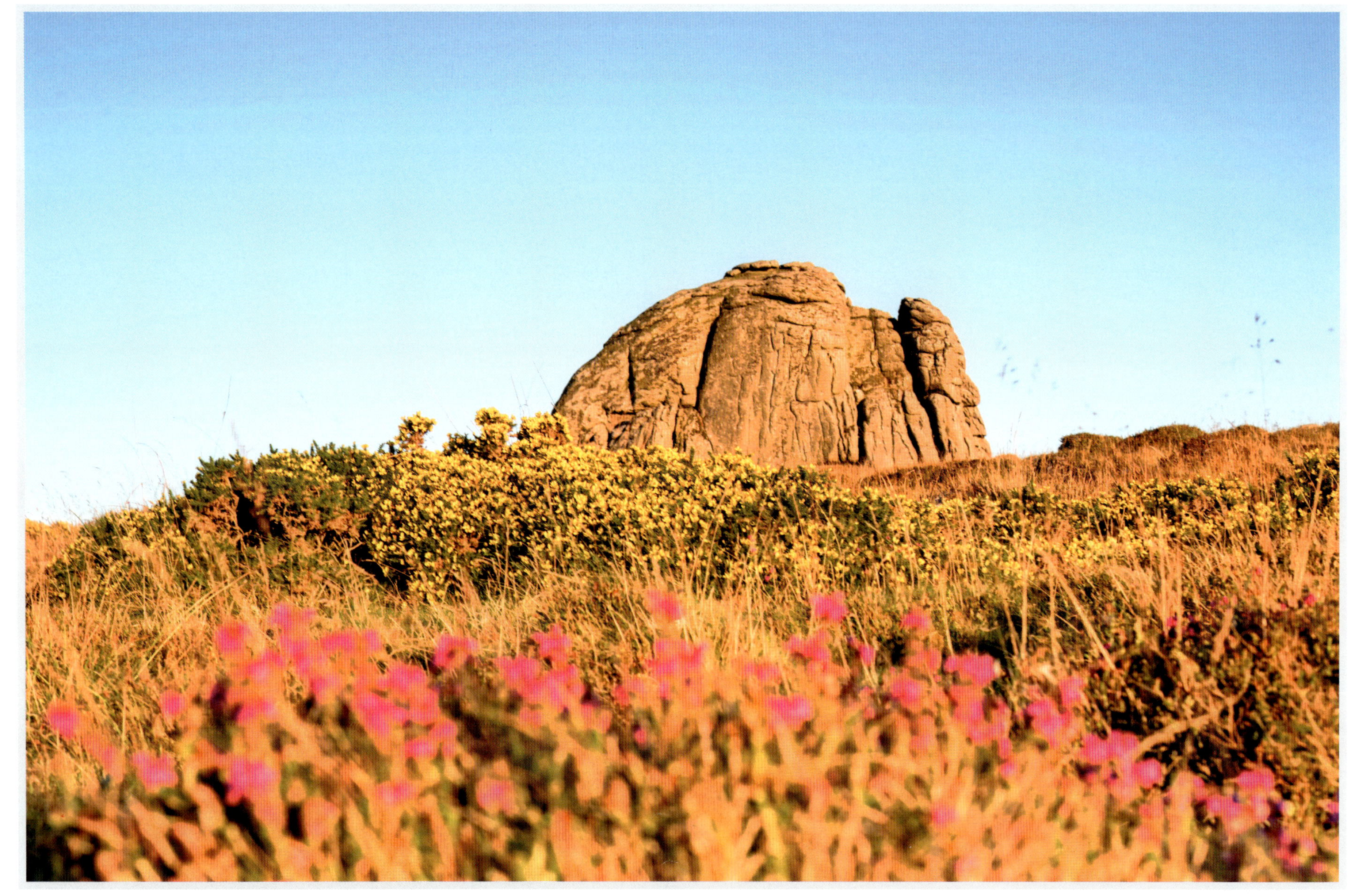

24–120 mm 1:4 | 50 mm | 1/40 s | f/9 | ISO 500

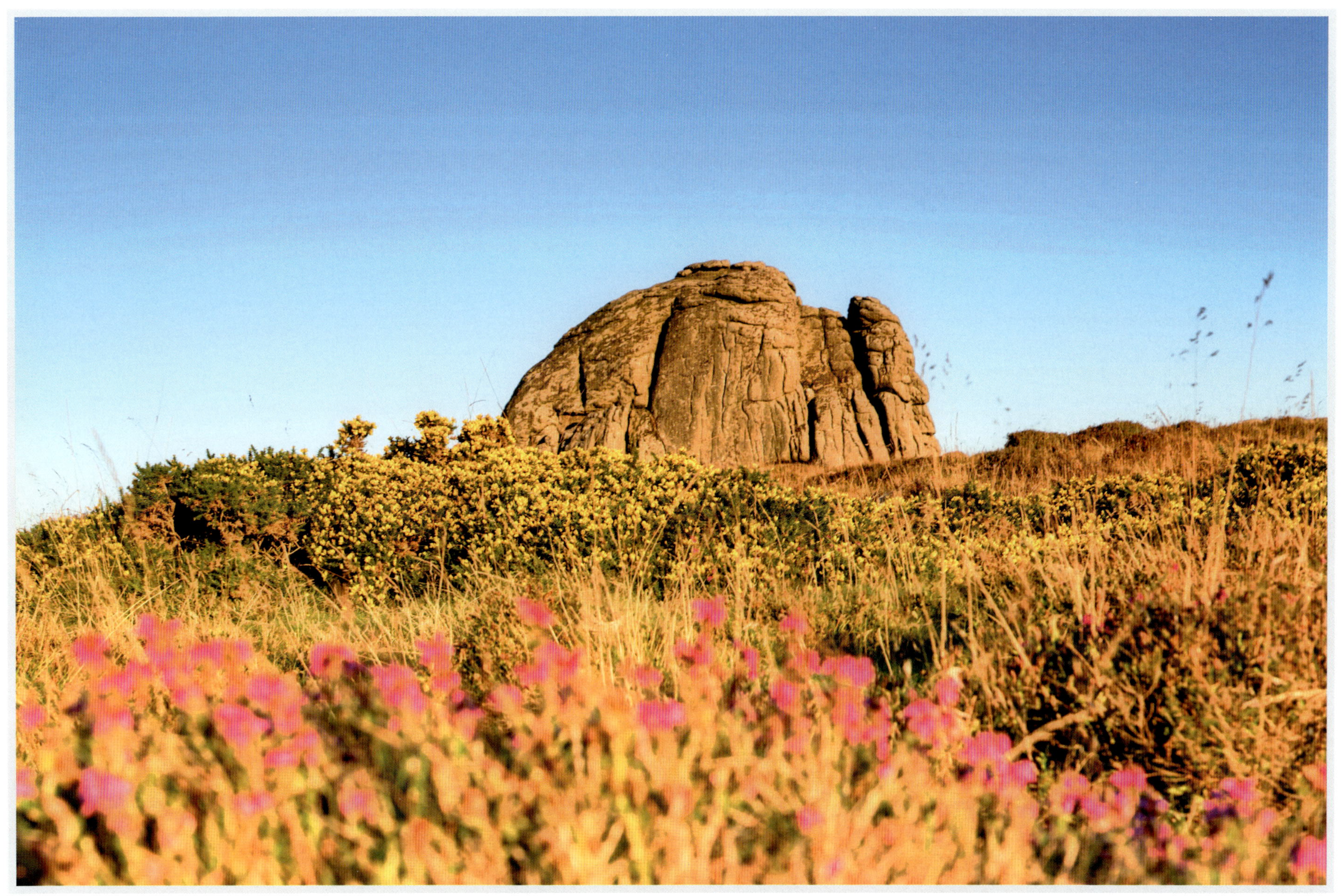

Ein Verlaufsfilter kann auch eingesetzt werden, um dem Himmel, falls dieser wie im linken Bild zu leer ist, einen schönen Verlauf zu geben.

24–120 mm 1:4 | 50 mm | 1/50 s | f/10 | ISO 250

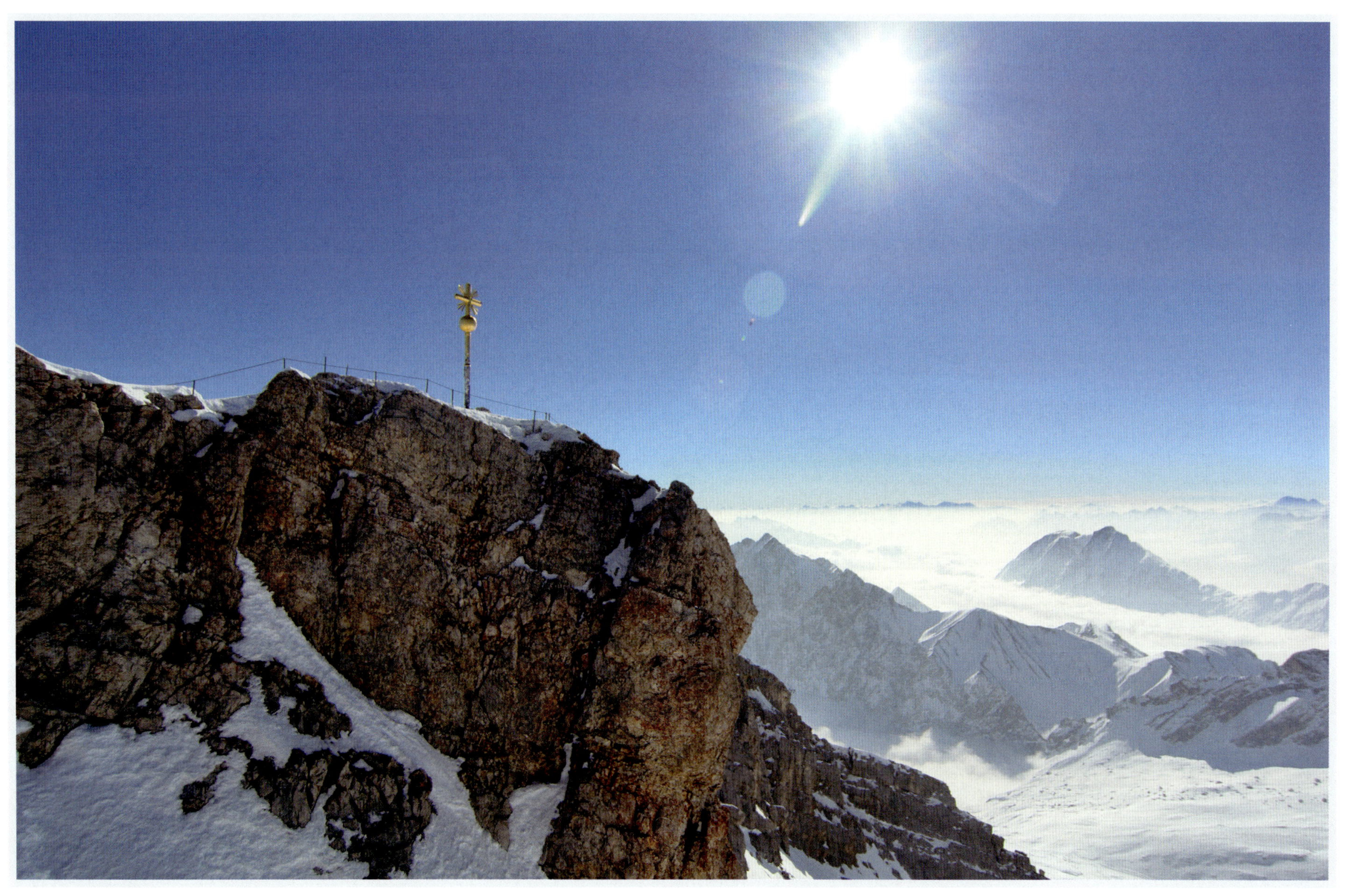

Grauverlaufsfilter helfen auch beim Fotografieren der Sonne. Das Weiß frisst nicht so schnell durch, und die Sonne sieht eher wie ein Sonnenstern aus.

12–24 mm 1:4 | 12 mm | 1/1600 s | f/4 | ISO 100

Polarisationsfilter im Einsatz

In der analogen Fotografie waren Polfilter (Polarisationsfilter) weitverbreitet. Ihr Einsatz galt zwei Effekten: Ein Landschaftsbild mit einem schönen blauen Himmel wurde klarer, es gab schöne Kontraste und Farben, der Himmel wurde blauer. Mit einem Polfilter können Reflexionen durch eine Scheibe oder bei einer Wasseroberfläche minimiert werden. Dadurch kann beispielsweise der Grund eines Sees statt der Reflexion des Himmels gezeigt werden.

Ein Polfilter funktioniert nur in einem bestimmten Winkel zum Licht, daher kann die vordere Scheibe gedreht werden. Das bedeutet, er muss bei jedem Foto passend eingestellt werden. Bei Weitwinkelbildern ist aber der Horizont häufig nicht konstant blau oder ein See nicht gleich hell. Es können teilweise unschöne, unterschiedliche Helligkeitsflecken im Bild entstehen. Daher wird der Einsatz eines Polfilters erst ab 24 bis 28 mm Brennweite empfohlen. Das macht ihn für mich eher unattraktiv. Denn sein erster Effekt, schöne Kontraste und satte Farben bei Landschaftsmotiven, wird heute einfach via Bildbearbeitung erzielt. Trotzdem hat der Polfilter vor allem bei der Fotografie von Gewässern oder durch Scheiben seine Berechtigung.

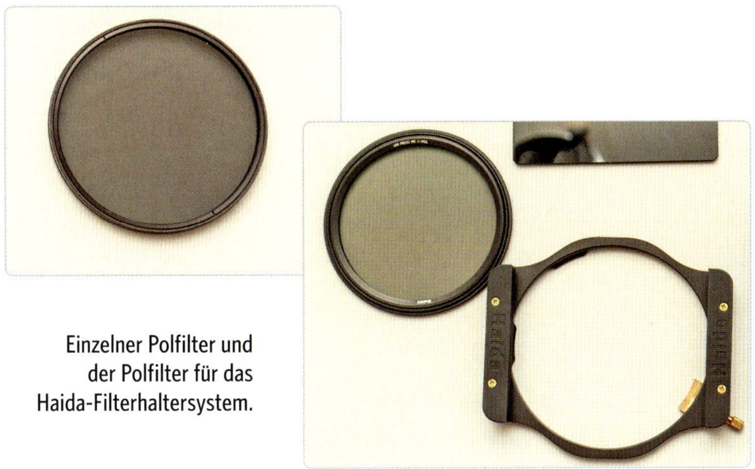

Einzelner Polfilter und der Polfilter für das Haida-Filterhaltersystem.

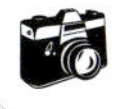

Was zeichnet ein gutes Stativ aus?

Viele Landschaftsfotografen nutzen Stative ganz bewusst, auch bei genügend Licht. Sie wollen das Bild in Ruhe komponieren und aufbauen. Stative entschleunigen die Fotografie.

Ein gutes Stativ sollte auch ohne ausgezogene Mittelsäule eine ausreichende Höhe erreichen und zudem etwas aushalten können. Denken Sie daran, dass eine ausgezogene Mittelsäule die Stabilität verringert. Dann ist da noch die Sache mit den Verschlüssen - ein Punkt, den jeder für sich allein beantworten muss. Ich selbst bevorzuge Schnell- statt Drehverschlüsse.

Neben der Stabilität ist in der Praxis immer wieder ein Punkt wichtig: Wie tief kann ich das Stativ für Bodenbilder ausrichten? Viele meiner Motive entstehen aus dieser Perspektive, und ich bin dabei mit meinem großen Manfrotto-Stativ etwas eingeschränkt. Zwar kann die Mittelsäule quer gelegt werden, damit ist es beispielsweise gut für Makrofotos geeignet, will ich aber z. B. direkt auf der Höhe eines Sees zum Himmel fotografieren, wird es vom Winkel her schwierig. Als Erweiterung habe ich daher eine kurze Mittelsäule angeschafft, mit der tiefer fotografiert werden kann.

Bei den Stativköpfen sind Kugelköpfe derzeit am weitesten verbreitet. Sie können im Vergleich zu 3-D-Neigern einfacher ausgerichtet werden. Einige Kugelköpfe haben neben der Feststellschraube noch eine weitere Drehschraube für die Friktion, mit der der Widerstand der Hauptfeststellschraube eingestellt wird, oder sogar eine Drehschraube für die Neigung. Mir ist das zu kompliziert. Ich nutze am liebsten einen Kugelkopf mit nur einer dicken Feststellschraube. Hier kann ich nichts verwechseln und mit einer einzigen Drehung die Ausrichtung der Kamera horizontal und vertikal durchführen. Viele Hersteller sind in den Angaben zur Tragkraft ihrer Stativköpfe zu optimistisch. Ist sie mit 20 Kilogramm angegeben, liegt sie vor allem in der schrägen Stellung eher bei einem Viertel davon.

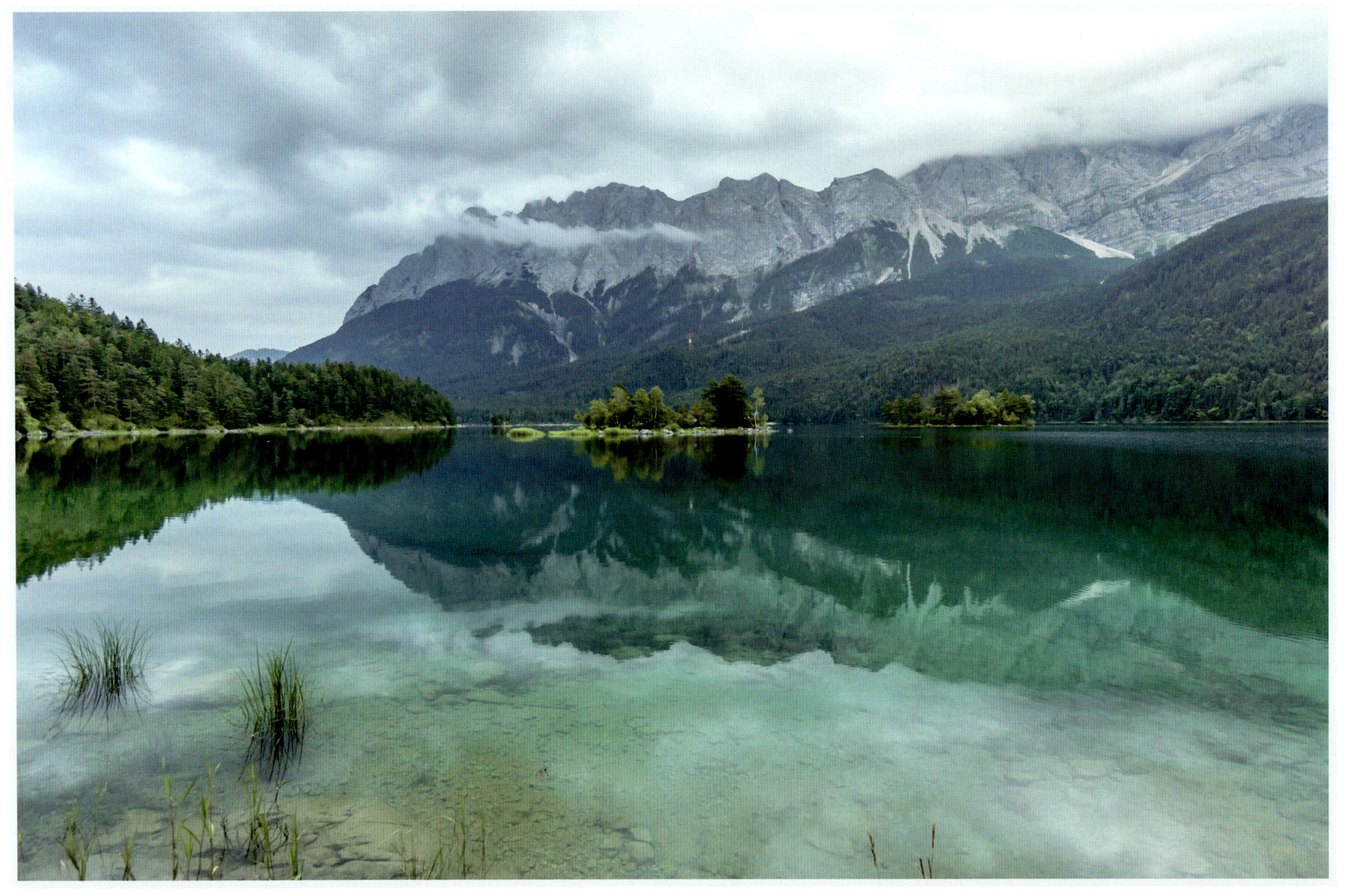

Der Polfilter im Einsatz. Trotz Weitwinkelbrennweite schafft es der Polfilter, die Wasserspiegelung einigermaßen zu reduzieren.

10–18 mm 1:4 | 13 mm | 1/50 s | f/4 | ISO 400

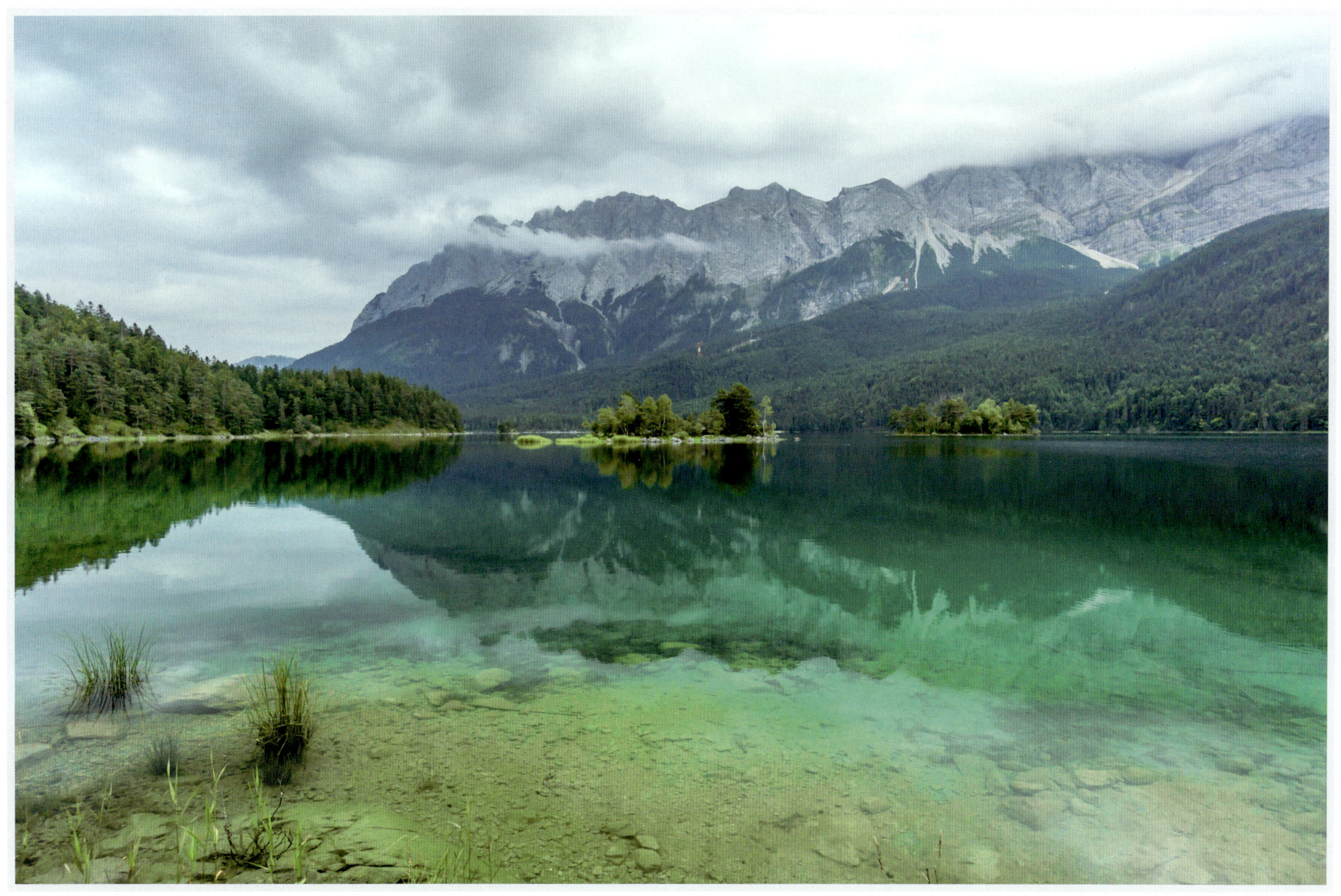

Vor allem das Bild des grünen Eibsees wird dadurch aufgewertet.

10–18 mm 1:4 | 13 mm | 1/40 s | f/4 | ISO 400

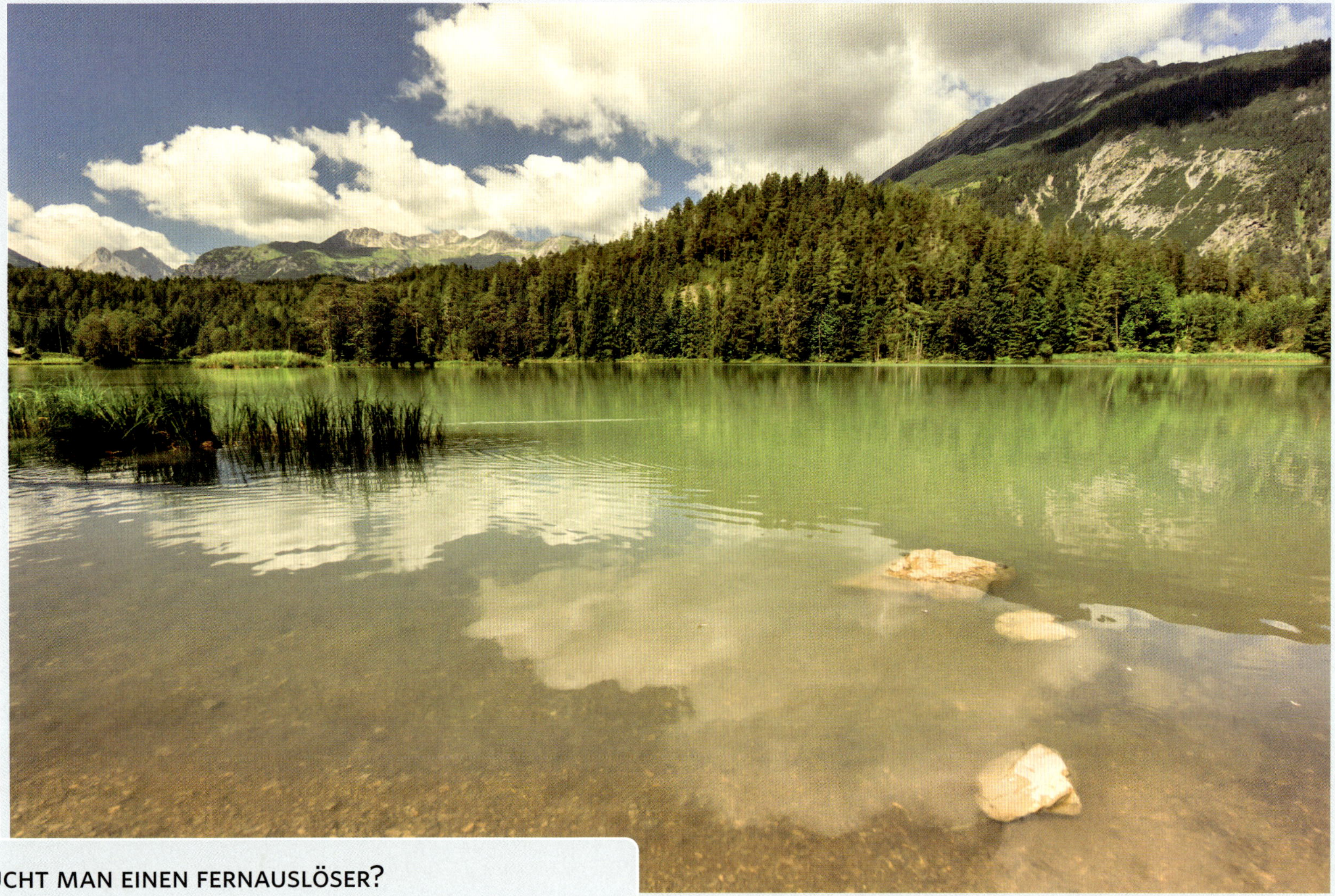

Im linken Bild werden die Wolken klarer dargestellt als im rechten.

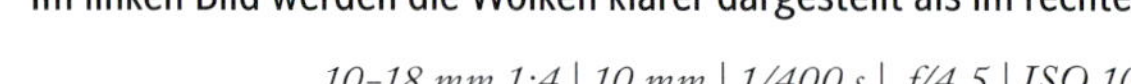

10–18 mm 1:4 | 10 mm | 1/400 s | f/4.5 | ISO 100

BRAUCHT MAN EINEN FERNAUSLÖSER?

Fernauslöser verhindern das Nachvibrieren, wenn man die Kamera auslöst. Auch wenn der Druck auf den Auslöser sanft verläuft, kann es vor allem bei langen Brennweiten zu Verwacklungen kommen. Es gibt Infrarot-, Funk- und kabelgebundene Auslöser. Mir sind am liebsten kabelgebundene Fernauslöser, am besten noch als Spiralkabel. Leider werden sie nur selten angeboten.

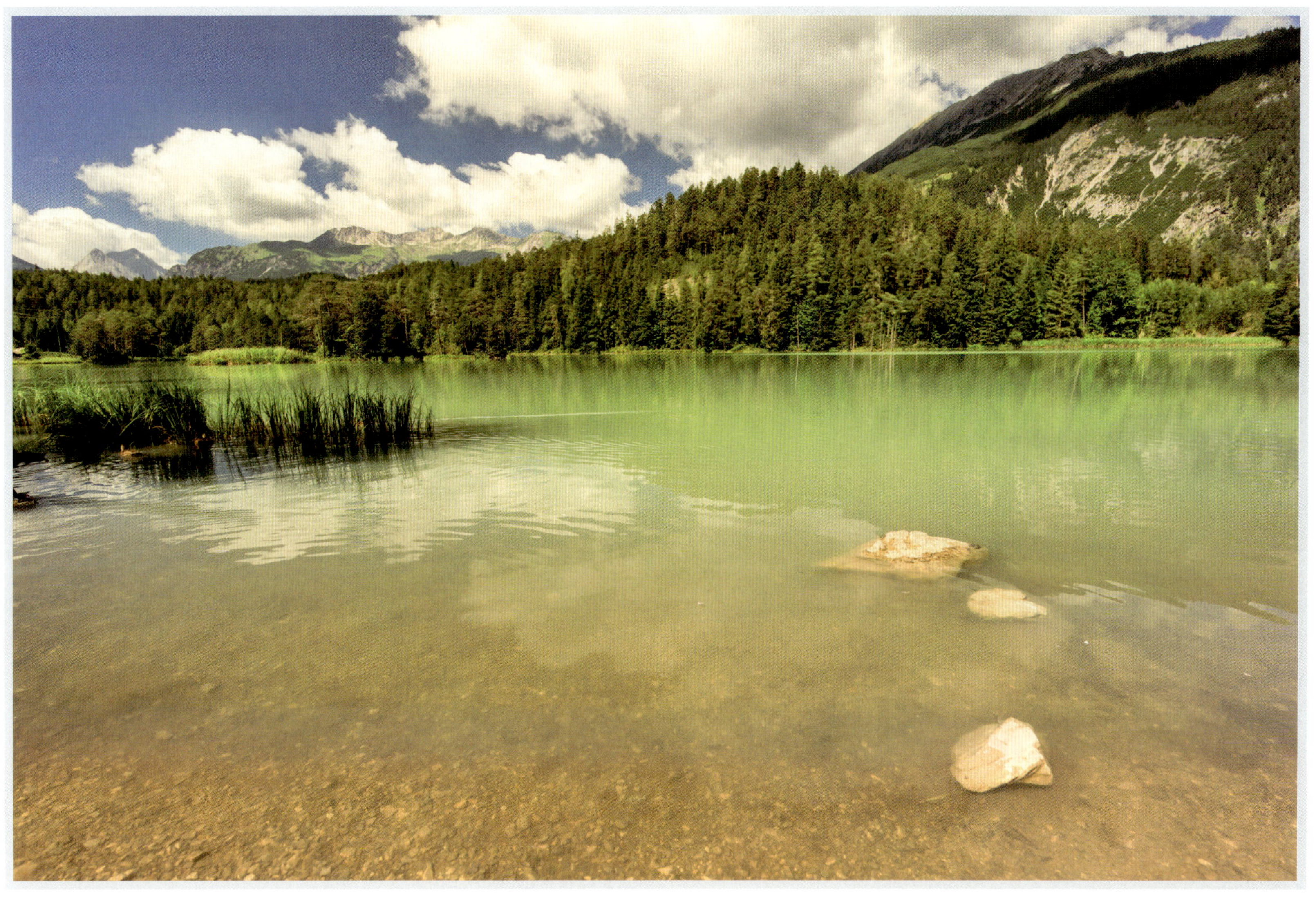

10–18 mm 1:4 | 10 mm | 1/400 s | f/4.5 | ISO 100

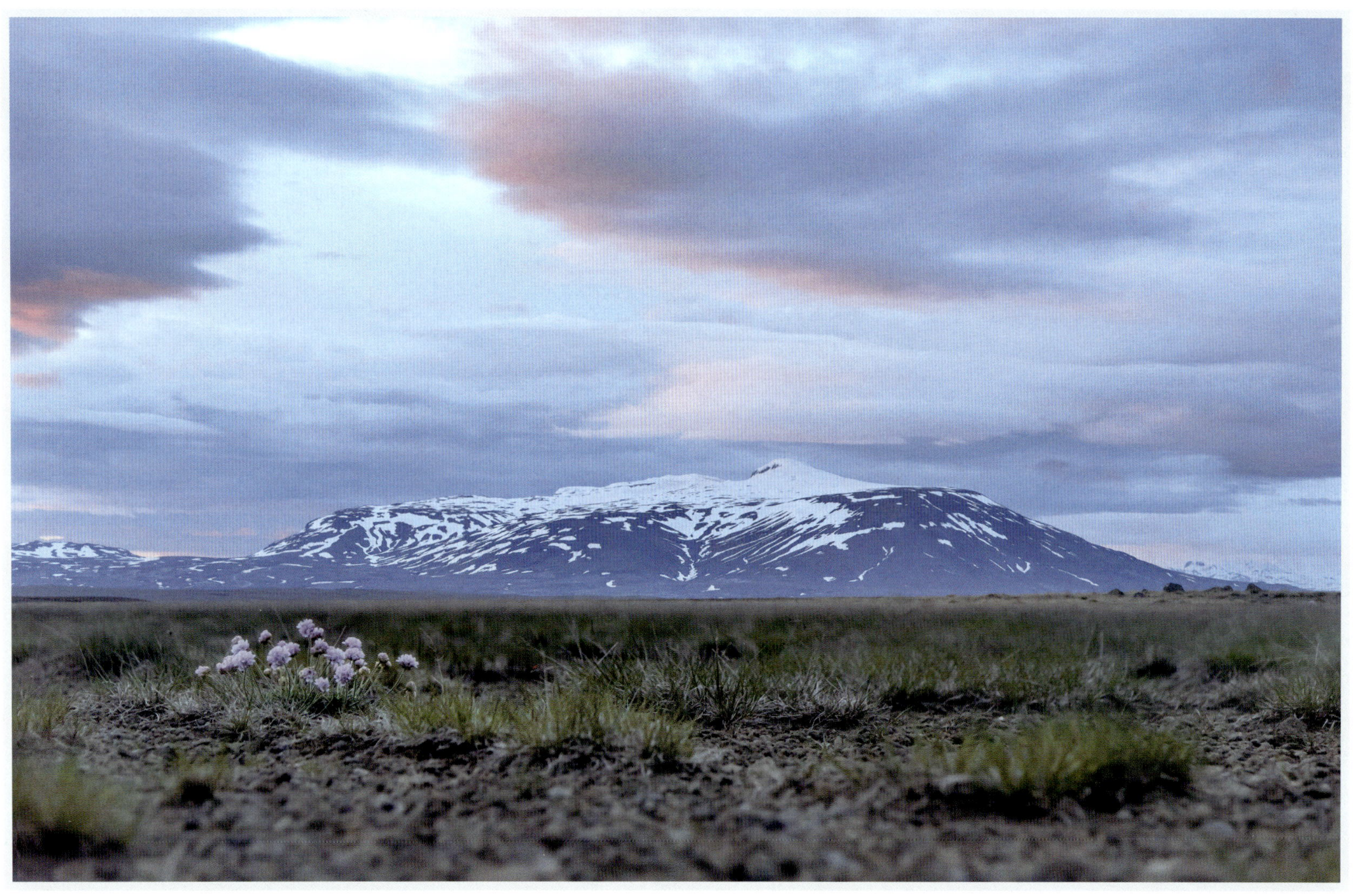

Vulkan 66 mm (links) versus Vulkan 30 mm (rechts), Island.
Bei 66 mm wirkt der Vulkan als Hauptmotiv.

24–120 mm 1:4 | 66 mm | 1/320 s | f/4.5 | ISO 1250

WIRKUNG DER BRENNWEITEN

Passend zum Thema Objektive möchte ich noch einmal auf die Wirkung der Brennweite und der Entfernung zum Objektiv eingehen. Viele Fotografen nutzen ein Objektiv primär wegen des Ausschnitts dessen, was auf dem Bild gezeigt werden soll. Das hängt natürlich auch von der

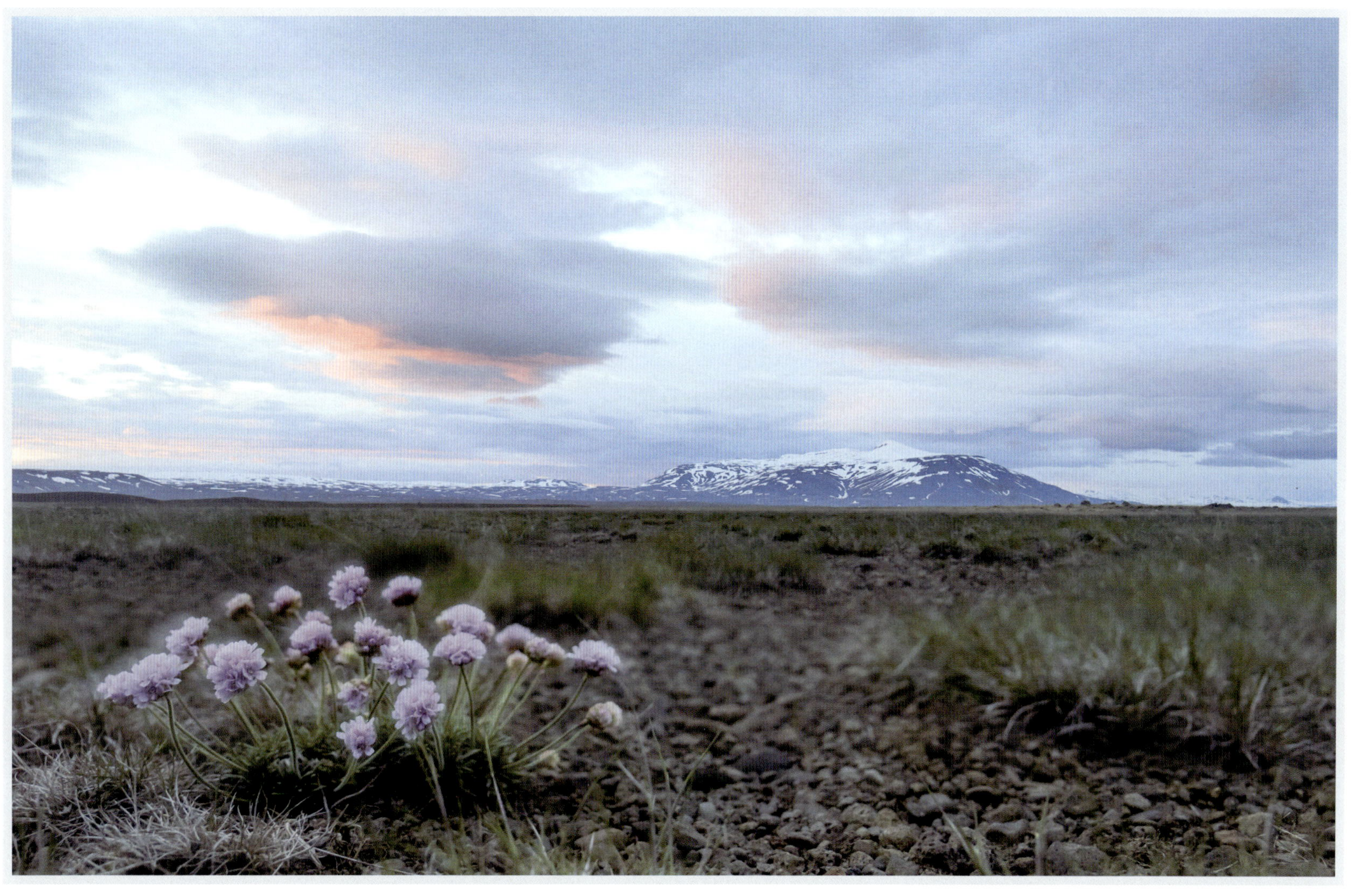

Mit 30 mm nah an der Pflanze, wird sie zum Hauptmotiv.

24–120 mm 1:4 | 30 mm | 1/320 s | f/4.5 | ISO 1250

Entfernung zum Motiv ab. Denken Sie daran, dass die Brennweite des Objektivs und die Entfernung zum Motiv die Wirkung eines Bilds gewaltig verändern können. Obwohl das Motiv gleich bleibt, können sehr unterschiedliche Bilder entstehen. Testen Sie verschiedene Brennweiten und Entfernungen zum Motiv. Bauen Sie das Bild, das Ihnen am besten gefällt.

BILDBEWERTUNG MIT DEM HISTOGRAMM

Häufig ist die Bewertung des fertigen Bilds am Kameradisplay schwierig. Wenn beispielsweise die Sonne stört, die Bildvorschau nicht korrekt eingestellt ist (Helligkeit oder Profile) oder es ein komplexes Bild mit vielen unterschiedlich belichteten Werten gibt, fällt es schwer, das Bild genau zu bewerten. Dann ist das Histogramm eine große Hilfe.

Ein Histogramm zeigt die Verteilung der Tonwerte eines Bilds an. Links stehen die schwarzen, dunklen Teile und gehen nach rechts über zu den hellen, weißen Teilen. Die Höhe einer Säule zeigt aber auch die Häufigkeit eines Tonwerts an, also wie oft ein Tonwert im Bild vorkommt.

Die Tonwerte sollen nicht links und nicht rechts ausfressen, sonst ist das Bild über- oder unterbelichtet, bzw. es fehlen Tonwerte. Hat ein Bild viele mittlere Tonwerte, sieht das Histogramm wie ein Berg aus, der möglichst in der Mitte liegen soll. Gibt es im Bild viele schwarze oder helle Anteile, sollen sie links oder rechts liegen, aber nicht aus dem Histogramm austreten.

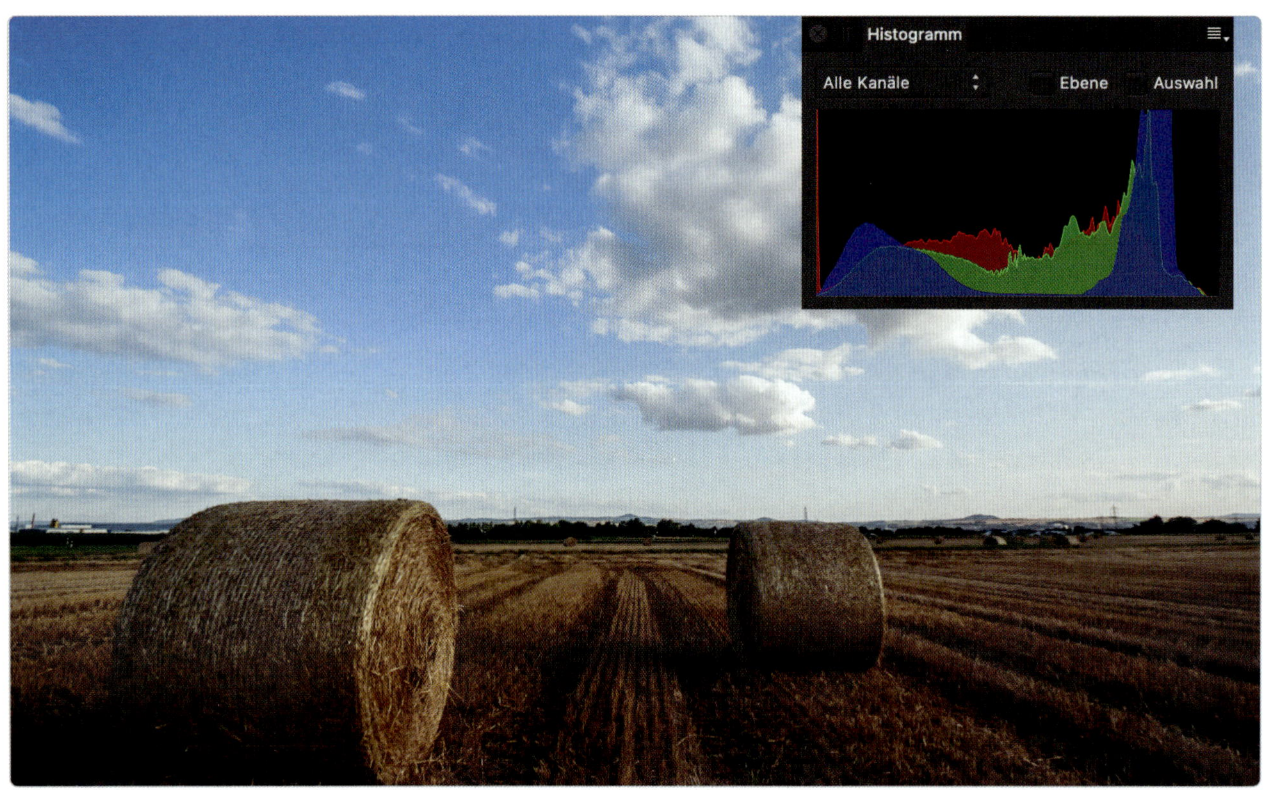

Der helle Himmel, Wolken und das Feld gewichten das Bild eher hell, das Histogramm kurz vor dem rechten Ende sollte daher passen.

NACHT- UND **HDR-**AUFNAHMEN

Bei Stadttouren bin ich gelegentlich ohne Stativ unterwegs. Falls es später wird und die Belichtungszeiten für Freihandaufnahmen zu lang werden, stelle ich als Alternative zum Stativ die Kamera auf eine Mauer oder ein Geländer. Wollen Sie länger als 30 Sekunden belichten, müssen Sie die Belichtung vom Automatikmodus in den manuellen Modus umstellen. Wenn Sie anschließend die Zeit auf Bulb einstellen und den Auslöser arretieren, können Sie beliebig lange belichten.

Wollen Sie eine Belichtungsreihe für ein HDR-Bild aufnehmen, müssen Sie darauf achten, dass die Einzelbilder nicht versetzt sind. Das Stativ darf nicht bewegt werden, damit mehrere deckungsgleiche Einzelbilder aufgenommen werden können. Diese Bilder können anschließend mit einer HDR-Software wie HDR projects 5 professional übereinandergelegt werden. Bei einer HDR-Aufnahme sollten auch keine Parameter (wie Blende oder unterschiedliche Autofokuspunkte) geändert werden.

Vor allem in der Dämmerung hat die Kamera Probleme, die Schärfe zu finden. In diesen Situationen versagt der Kontrast-Autofokus, er fängt an zu pumpen und sucht die Schärfe. Daher stelle ich in diesen Fällen über den normalen Sucher scharf. Dann nutzt die Kamera den stärkeren Phasen-Autofokus. Ein guter Punkt, um die Schärfe zu finden, ist der kontrastreiche Übergang der Landschaft zum Himmel. Ist der Autofokus gefunden und eingestellt, wird die Kamera ausgerichtet und anschließend in den manuellen Fokusmodus umgestellt. Ein weiterer Knopfdruck auf den Auslöser würde sonst den Autofokus wieder neu aktivieren und möglicherweise zu Unschärfe führen.

Um nicht immer den Autofokusmodus-Schalter zu betätigen (Umschalten von Autofokus in den manuellen Modus), nutzen einige Fotografen bei der Landschaftsfotografie die AF-On-Taste. Ich nutze zum Scharfstellen die AF-On-Taste grundsätzlich als Standard. Wo sich ein Objekt viel bewegt (Menschen, Tieren oder Objekte), stelle ich über den Auslöse-Button scharf.

Was ist das Besondere an der AF-On-Taste?
Die Taste wird so eingestellt, dass die Scharfstellung nur über diese Taste erfolgt. Ich stelle also über die AF-On-Taste scharf, kann dann die Kamera auf einen beliebigen Ausschnitt schwenken und auslösen, der Autofokus verändert sich nicht. Erst durch erneutes Drücken der AF-On-Taste wird er wieder verändert. Bei einigen Kameramodellen gibt es diese Taste nicht, aber häufig kann eine andere Taste mit dieser Funktion belegt werden.

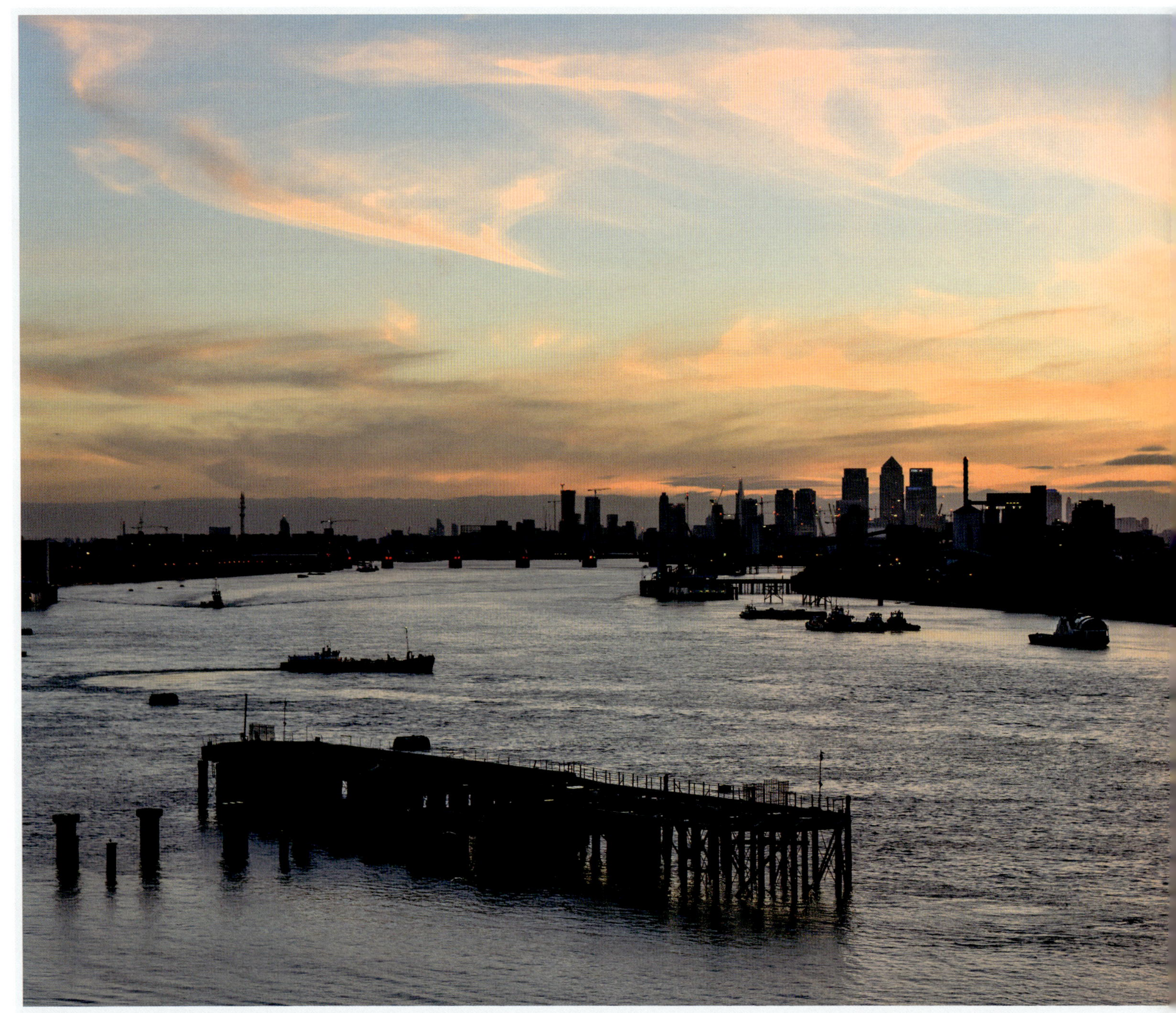

HDR-Serie, Themse, Woolwich, London.

24–120 mm 1:4 | 58 mm | 1/250 s | f/5 | ISO 400

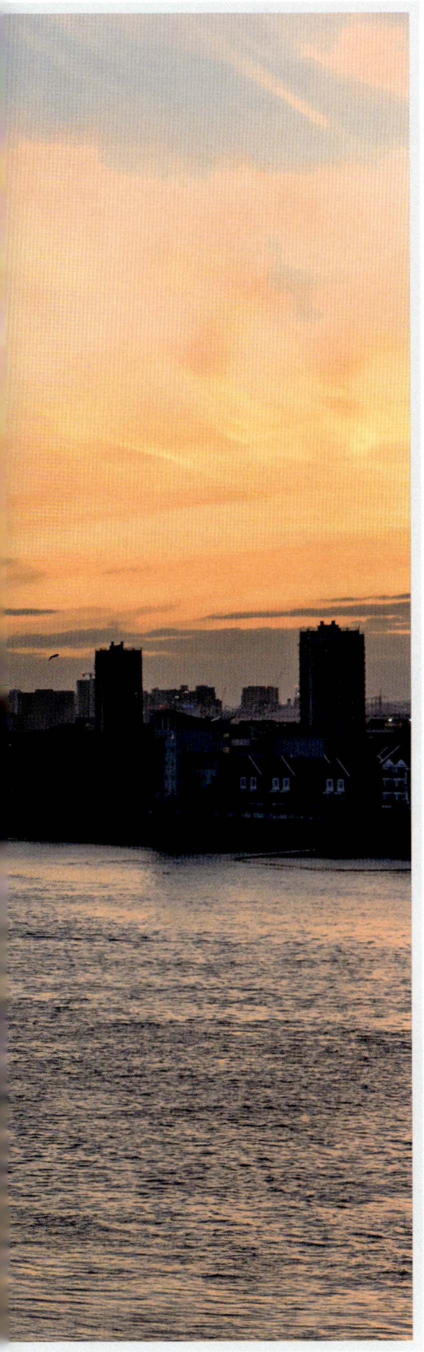

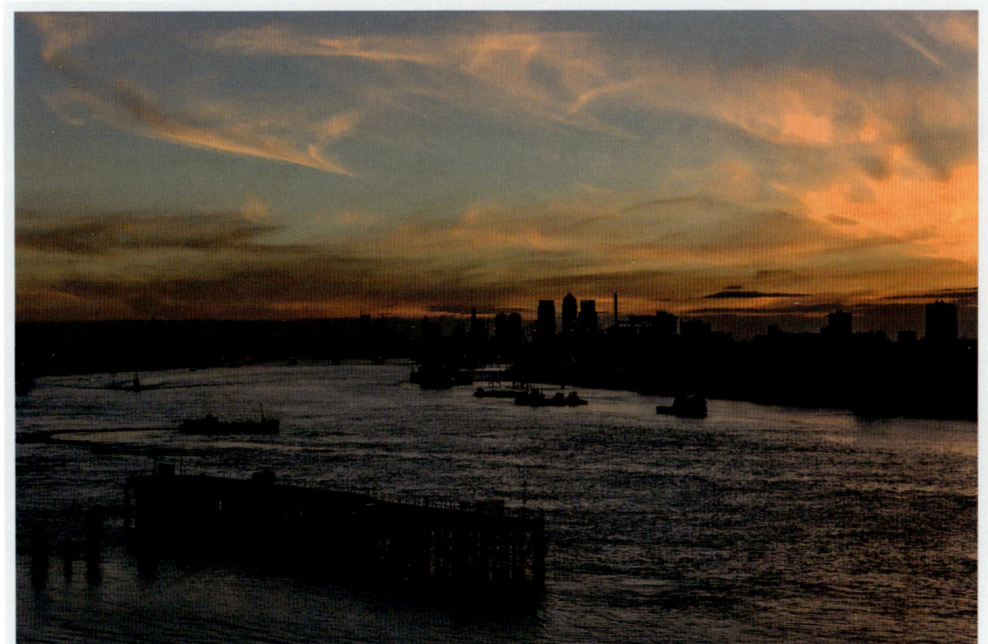

24–120 mm 1:4 | 58 mm | 1/1000 s | f/5 | ISO 400

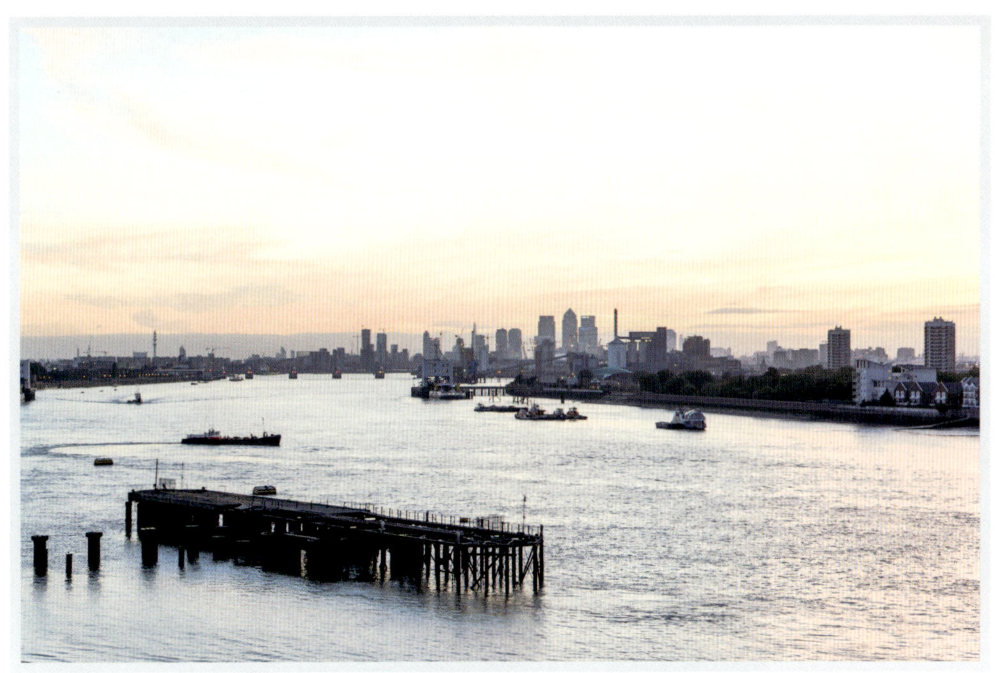

24–120 mm 1:4 | 58 mm | 1/60 s | f/5 | ISO 400

Die Milchstraße über dem Heiteranger See ist noch gut zu erkennen, das Bild ist aber bei ISO 20000 natürlich völlig verrauscht und war nur als Testbild gedacht.

12–24 mm 1:4.5–5.6 | 13 mm | 11 s | f/4.8 | ISO 20000

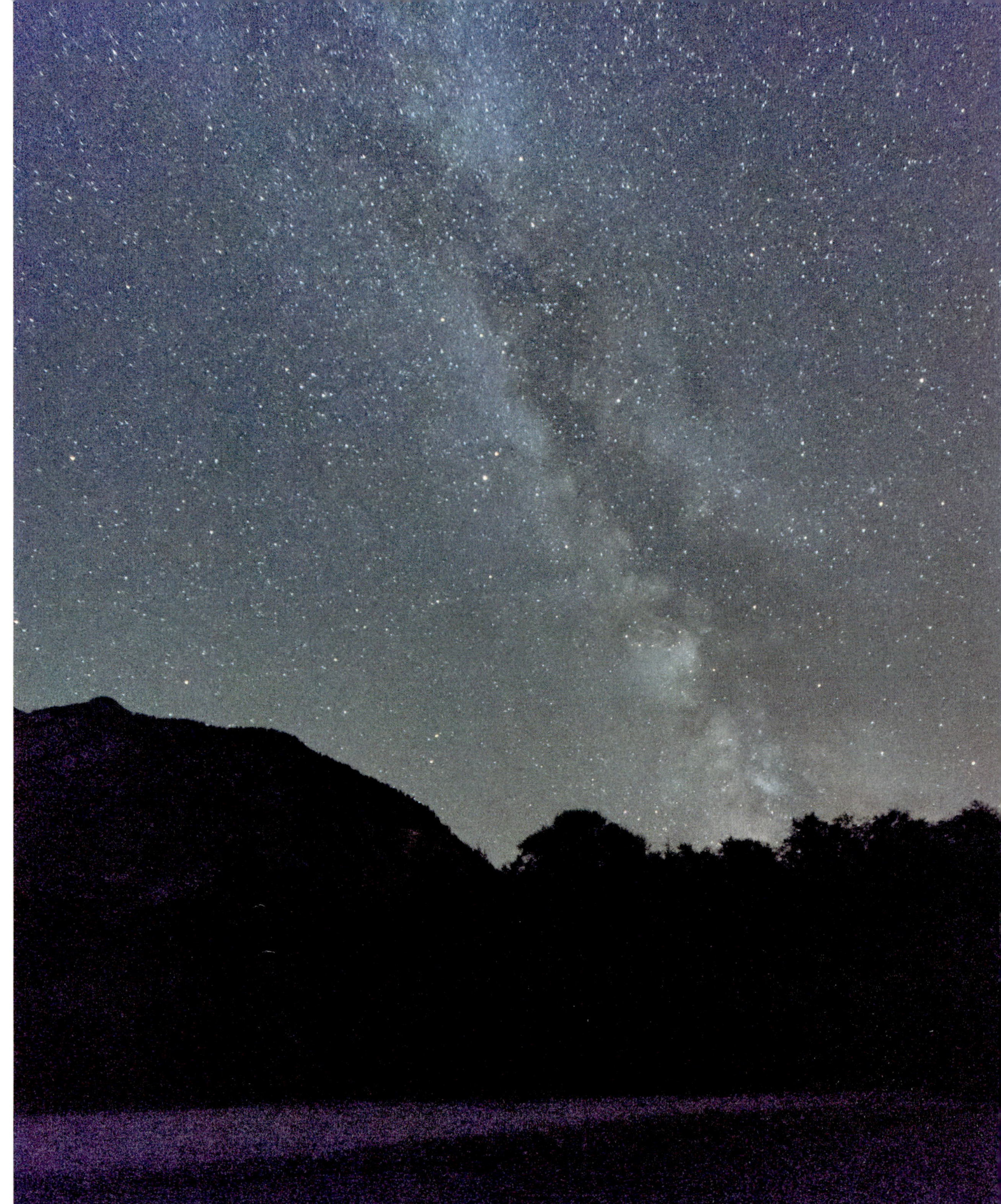

LAMPEN-FOKUS UND HIGH-ISO-CHECK

Eine große Herausforderung ist das Arbeiten in dunkler Nacht. Daher bin ich für Nachtaufnahmen gern bei Vollmond unterwegs. Das garantiert eine gewisse Helligkeit. Die beiden großen Herausforderungen sind das Scharfstellen und das Ausrichten der Kamera auf das Motiv.

In diesen Fällen nutze ich die folgenden Tipps:
Zum Scharfstellen suche ich (falls vorhanden) eine Lichtquelle in der Nähe und stelle auf sie scharf. Notfalls nehme ich auch den Mond oder weiter entfernte Objekte zum Scharfstellen. Falls überhaupt keine Lichtquelle zu sehen ist, beleuchte ich mit einer starken LED-Lampe ein kontrastreiches Objekt (Felsen oder Baum) und versuche, darauf scharf zu stellen. Beim Einsatz eines Weitwinkels sind auch Objekte im Vordergrund scharf.

Wer mag, kann sich gern noch mit dem Thema Hyperfokaldistanz beschäftigen. Das ist die genaue Berechnung, von welchem Punkt bis zum Horizont mit welcher Blende alles scharf ist. Mir ist das aber nicht wichtig, Hauptsache, es entsteht eine gute Stimmung auf dem Bild. Nachts fotografiere ich mit offener Blende, um die Belichtungszeit nicht künstlich zu verlängern.

Ist der Autofokus eingestellt, muss mit der Kamera ein guter Ausschnitt gesucht werden. Da ich diesen in der Dunkelheit aber nur erahnen kann und nicht immer erst einmal lange (30 Sekunden und mehr) belichten will, nutze ich als nächsten Trick – nennen wir ihn High-ISO-Check – eine schnelle Vorschau. Dazu stelle ich die Kamera auf einen maximalen ISO-Wert, z. B. ISO 25000, und löse aus. Nach ein paar Sekunden ist das Bild ausreichend belichtet, und ich kann das Ergebnis sehen. Falls der Ausschnitt nicht passt, korrigiere ich wieder und fotografiere ein weiteres Testbild. Erst wenn ich zufrieden bin, stelle ich auf einen ISO-Wert ein, der weniger stark rauscht (z. B. ISO 800), und fotografiere das endgültige Bild.

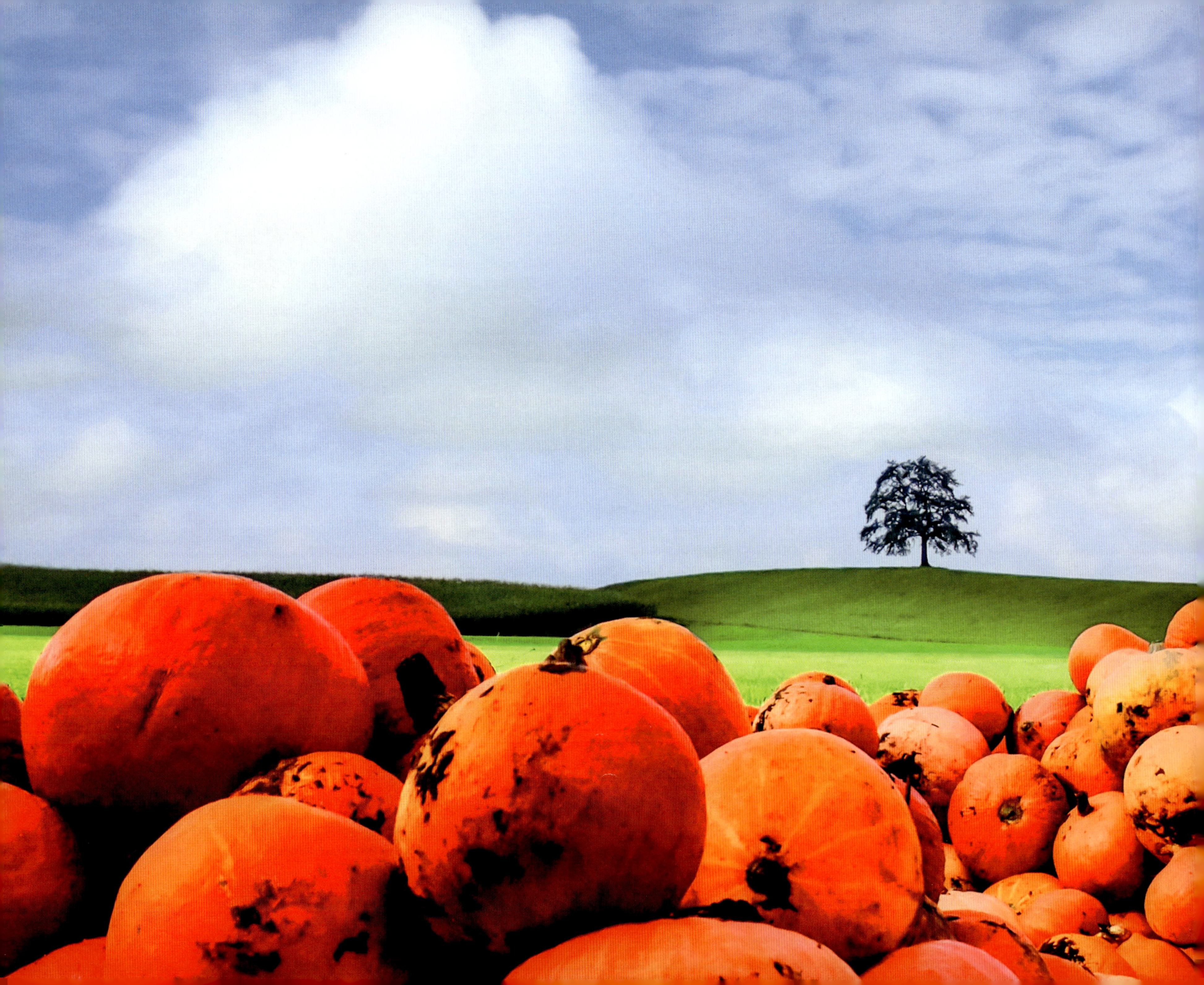

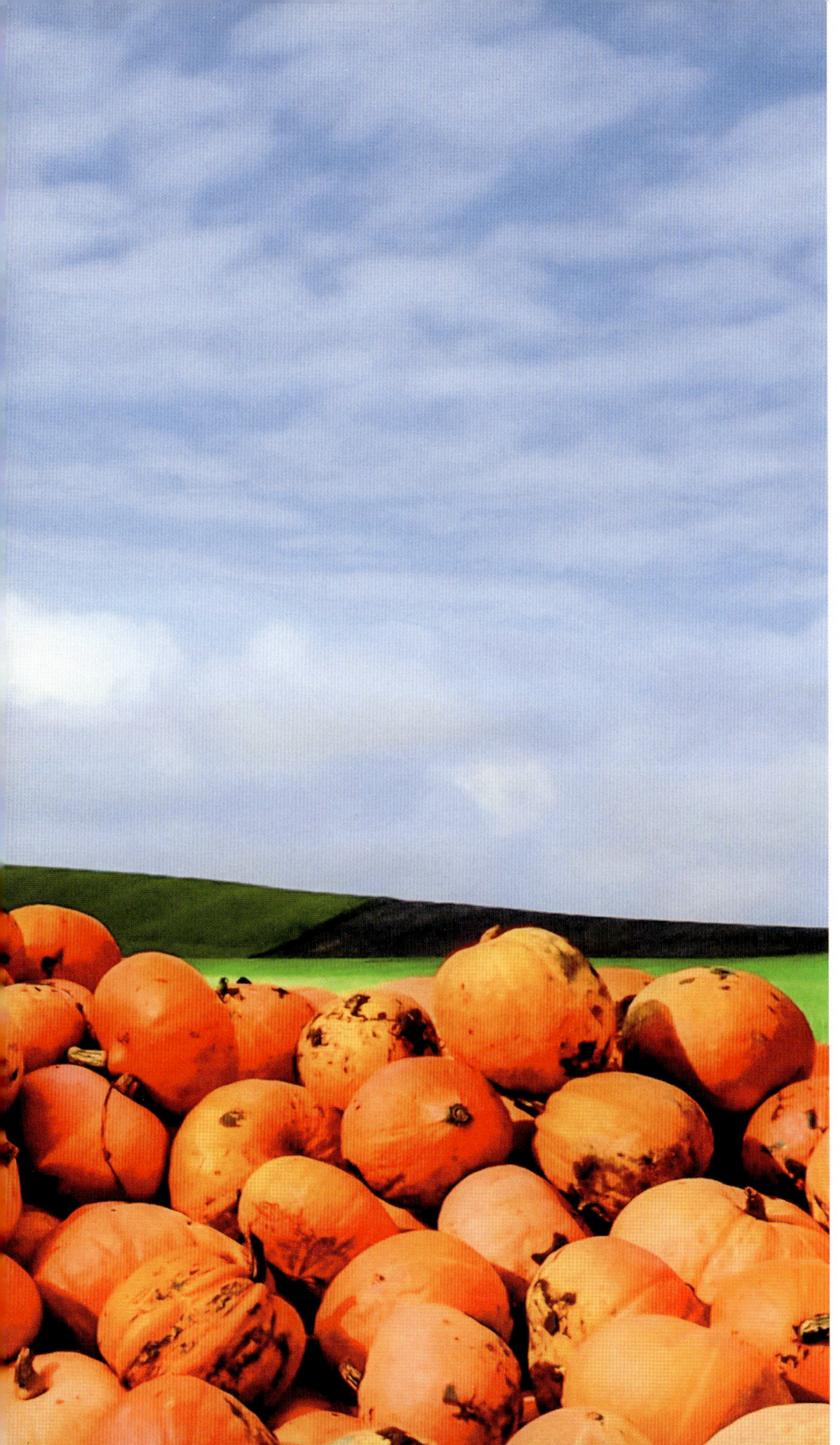

GEHEIMNIS GUTER LANDSCHAFTSBILDER

Landschaftsfotografie ist eine Leidenschaft und eines der schönsten fotografischen Genres. Es gibt nicht einen Weg oder ein Rezept für schöne Landschaftsbilder. Die Frage nach dem Geheimnis schöner Landschaftsbilder ist nicht leicht zu beantworten. Viele Faktoren spielen mit, ob aus einem Foto ein faszinierendes Bild wird. Vieles liegt in Ihrer Hand, einige Punkte, wie das Wetter, können auch Glück oder Zufall sein.

- **Leidenschaft** – Gehen Sie viel nach draußen, lassen Sie sich von einem Sonnenuntergang oder der blauen Stunde begeistern.

- **Inspiration** – Hier gibt es viele Quellen, sich inspirieren zu lassen. Suchen Sie im Internet, in Fotoforen oder Büchern nach einer bestimmten Gegend. Unternehmen Sie eine Wanderung in einer landschaftlich schönen Gegend.

- **Planung** – Falls Sie die Wahl haben: Überlegen Sie die beste Zeit für Ihre Fototrips. Klären Sie, welche Jahreszeit für welchen Ort eine gute Wahl ist. Suchen Sie Ihre Fotospots vorher aus, um keine Zeit zu verlieren.

- **Motivsuche** – Vor Ort ist dann die genaue Positionssuche angesagt. Schon wenige Zentimeter Positionswechsel können einen großen Einfluss auf das Ergebnis haben. Gehen Sie in die Hocke oder auf eine Anhöhe. Seien Sie rechtzeitig da, um einen guten Fotostandpunkt zu finden. Oder – falls möglich – kommen Sie wieder.

Die orangefarbenen Kürbisse dominieren im ruhigen grün-blauen Bild, ein einzelner Baum ergänzt als Eyecatcher die Szene, garniert von schönen Wolken.

Fujinon XC 16–50 mm | 20 mm | 1/250 s | f/9 | ISO 800

- **Licht** – Klären Sie die Lichtverhältnisse: Wo steht die Sonne, und aus welchem Winkel kommt das Licht? Falls Sie nicht gern früh aufstehen, fotografieren Sie abends zur Goldenen und Blauen Stunde.

- **Wetter** – Das Wetter macht, was es will. Dieser Punkt ist leider kaum planbar. Häufig sind Wettervorhersagen nicht länger als 2–3 Tage aktuell. Planen Sie – falls möglich – Puffer ein, wenn Sie bestimmte Wetterverhältnisse wünschen. Ein Beispiel: Wir waren sechs Tage in Norwegen auf Polarlichterjagd. Die Flüge waren lange gebucht. Die ersten drei Tage gab es nur Dauergrau und damit keine Aussicht auf Polarlichter. Die letzten drei Tage gab es jede Nacht Polarlichter zu sehen. Selbst diese sechs Tage waren sehr kurz, teilweise im Internet angebotene Dreitagestouren sind somit leider ein Vabanque-Spiel.

- **Bildgestaltung** – Suchen Sie nach Eyecatchern, Führungslinien, modellieren Sie die Landschaft im Bild. Falls Ihnen die Bildgestaltung noch Probleme macht, üben Sie die verschiedenen Techniken immer wieder. Vieles ist erlernbar, und es ist noch kein Meisterfotograf vom Himmel gefallen. Und noch einmal: Blenden Sie alles Störende aus, beruhigen Sie das Bild.

- **Bildbearbeitung** – Wenn die Grundzutaten stimmen, lässt sich durch gezielte Bildbearbeitung die Suppe – sprich, die Bilder – noch weiter würzen und verfeinern. Wie weit man dabei geht, ist jedem selber überlassen. Puristen lieben JPEGs out of cam, und es gibt auch viele HDR-Fans. Allein schon die dezente Bearbeitung der RAWs in Bezug auf Kontraste und Farbtemperatur kann ein Bild veredeln.

Zu guter Letzt kann ich nur sagen: Gehen Sie raus in die Natur, um unsere wunderschönen Landschaften zu fotografieren!

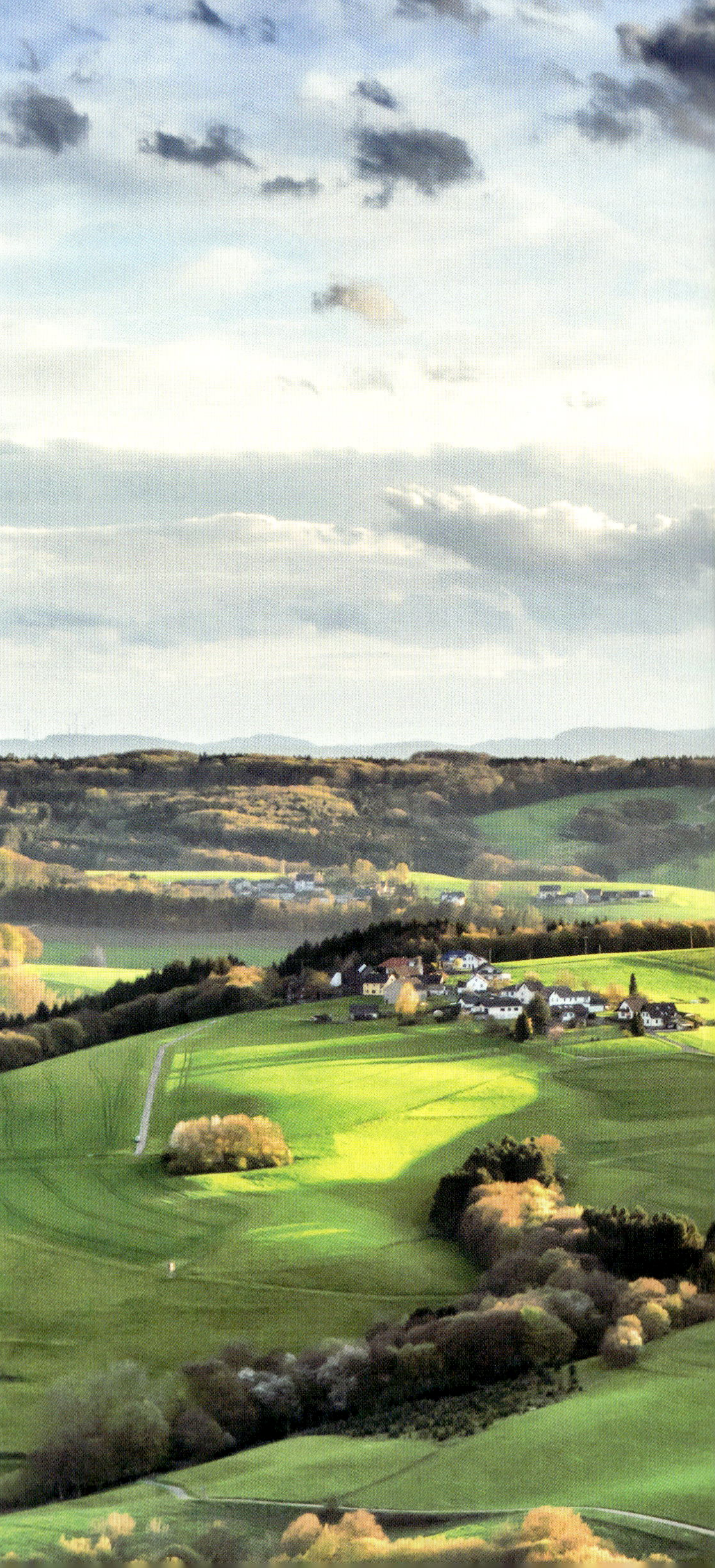

Das Wiedtal bei Roßbach. Die tiefen Sonnenstrahlen modellieren die Landschaft und lassen das Grün plastisch leuchten. Ein Wetterumschwung erzeugte diesen tollen Himmel.

24–120 mm 1:4 | 58 mm | 1/500 s | f/4 | ISO 400

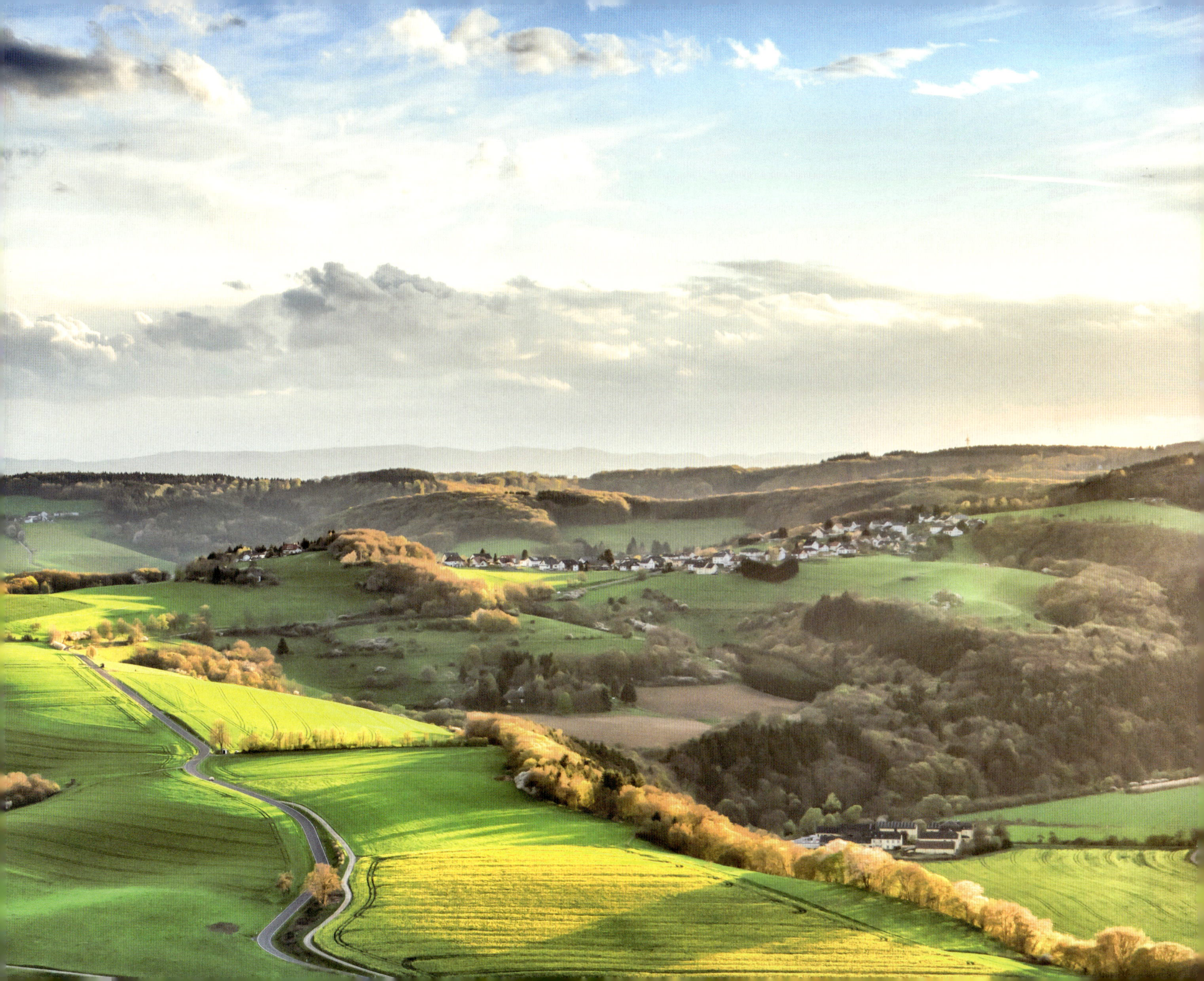

Index

A

Abendhimmel 103
Abtei Rommersdorf 14
Alargave, Portugal 223
Alnwick Castle 272
Alpen 137, 269
Alpenglühen 139, 206
Andernacher Krahnenberg 52
App, PhotoBuddy 125
Aufstiegsgenehmigung 230, 231
Augenhöhe 55, 220

B

Bäche 208, 210
Bad Münster 178
Bamburgh Castle 33
Bäume 195
Bayerische Alpen 269
Bayrischer Wald 51
Bedruthan Steps 214, 220
Belichtungsreihe 305
Berlin 186
Bewegung 83
Big Ben 189
Bildaufbau 61, 86
Bildbearbeitung 312
Bildbewertung 304
Bildgestaltung 59, 312
Bildwirkung 55
Blauer Himmel 107
Blaue Stunde 123, 125, 189
Blende 81
Blendenflecken 142
Blitzableiter 167
Blitze 167
Bodennebel 202
Bodetal 245
Brennweite
  Wirkung 302
Brocken 245
Buchten 220
Burg Are 98
Burg Castle Stalker 24
Burg Drachenfels 27
Burg Hartenfels 180
Burg Maus 40
Burg Pfalzgrafenstein 263, 264
Burgruine Anebos 229
Burg Runkel 259
Buschwindröschen 194

C

Cornwall 214, 220, 276

D

Dachsberger See 229
Dahner Felsenland 253
Dartmoor 172
Datum 13
Deutschland 21
DJI 226
DJI Magic Air 2 235
DJI Mavic 2 Pro 226, 227
DJI Mavic Mini 232
DJI Sparc 226
DJI Zenmuse X5 229
Dolomiten 35
Dörfer 178
Dreifelder Weiher 257
Drei Zinnen 35, 167
Drittelregel 61
Drohnen 223
Drohnenfotografie 224
Drohnengesetz, deutsches 230
Drohnenkameras 227
Drohnenperspektive 224
Drohnensteuerung, Tipps 233
Drohnen-Verbots-Schilder 229
Druidenstein 257

E

Ebbe 46
Edersee 255
Eibsee 11, 50, 153, 171, 268
Eifel 19, 250
Eifelkreuz 145
Eifelvulkane 59
Ernst an der Mosel 224
Erpeler Ley 194
EU-Drohnengesetz 231
Exif-Angaben 13
Externsteine 243

F

Falkenstein 247
Farben 72
Feldberg 36, 97
Felsen 201
Filter 290
Flüge, Gefahrenklassen 232
Flüsse 46, 208
Flussschleifen 260
Flut 46
Focus Stacking 81
Fotograf 13
Frankfurt am Main 104, 127, 185
Friedrich, Caspar David 11
Frühling 40
Frühlingswiese 22

G

Gefühle 27
Geroldsee 137
Getreidefelder 190
Gewitter 167
Gimbal 226, 229
Gipfel 201
Goldener Schnitt 61
Goldene Stunde 107, 117, 123
Gollinger Wasserfall 208
GoPro 227
Graufilter 210, 288
Grauverlaufsfilter 142, 287, 291
Großbritannien 272
Großer Ölberg 267
Großglockner 201
Großglockner Hochalpenstraße 205
Gullfoss 131

H

Haftpflichtversicherung 230
Halos 104
Harz 245
Hauptmotiv 27, 61, 64
HDR-Bild 305
Heide 197, 198
Heimat 14
Heiteranger See 202
Herbst 45
Herbstnebel 45
Himmel 107, 214
Himmelskörper 141
Hochformat 64
Hochgebirge 201, 206
Hochnebel 90
Hohes Venn 251
Hohes Venn-Eifel 251
Holy Island Lindisfarne 46, 274
Horizont 64, 68
Hound tor 276
Hügellandschaft 19, 200
Hutewald Halloh 255

I

Insel Kvaløya 162
Inspiration 11, 311
Island 75, 128, 278, 285

J

Jahreszeiten 36

K

Kaiser-Franz-Josefs-Höhe 205
Kaltwassergeysir 231
Kap Arkona 239

Kellerwald 254
Ketzerstein 257
Kloster Allerheiligenberg 259
Kornblumen 190
Kp-Index 163
Kreidefelsen 239
Kultivierte Landschaft 190
Kunstlicht 171

L

Laacher See 71
Lahn 259
Landschaftsbilder, monochrome 76
Landschaftsfotografie 9, 13, 24, 224
Langzeitbelichtung 216
LED-Leuchten 171
Leidenschaft 311
Leitlinien 71
Leuchtturm 76
Licht 89, 103, 113, 134, 148, 312
Lichteffekte 172
Lichtreflexe 142
Lichtringe 104
Lichtsäule 104
Lichtstreifen 189
Lichtverschmutzung 156
Lilienstein 48
Linien 71, 213
London 111, 189
Loreley 46, 47
Luftaufnahmen 223
Luftverkehrs-Ordnung 233
Lüneburger Heide 200
Lupinen 75

M

Machu Picchu 89
Magisches Licht 103
Magnetfeld 163
Mainschleife 200
Maler 13
Man Ray 113
Marc, Franz 11
Marksburg 44
Mäuseturm 61
Meer 214
Mittagszeit 118
Mittelrhein 193
Mittelrheintal 263
Mohn 33
Mohnblume 86
Mohnfeld 72
Mond 148
Mondaufgang 149
Mondkrater 148
Moor 197
Morgennebel 115
Mosel 90, 101, 193, 208, 260
Moselschleife 260
Motivsuche 311
Muster 72

N

Nacht 127, 128
Nachtaufnahmen 309
Nancy 63, 123
Nationalpark Bayerischer Wald 71
Nationalpark Eifel 251
Nationalpark Jasmund 219, 239
Nationalpark Kellerwald-Edersee 255
Naturfotografie 24
ND-Wert 290
Nebel 11, 28, 93, 195
Nebelmeer 59
Nebenmotive 24, 219
No Drones Zone 229
Nordlicht 157
Northumberland 272
Norwegen 283

O

OcuSync 2.0 226

P

Panoramabild 226
Parrot 226
Partnachklamm 271
Pasterze Gletscher 201
Pfarrkirche St. Sebastian 269
Phantom 3 Standard 226
PhotoBuddy 125
Place Stanislas 63
Planung 33, 311
Points of Interests 24

Polarisationsfilter 297
Polarkreis 283
Polarlichter 128, 157, 161, 162, 165, 283
Polfilter 287

Q

Quadrokopter 223
Querformat 64

R

Rapsfelder 190
Rauschen, Drohnenkamera 227
Recherche 35
Recker Moor 117, 241
Reflexionen 287
Regen 98, 195
Regenbogen 14, 104
Reichsburg Cochem 93, 226
Rhein 46, 208, 264
Rheinromantik 263
Rheinschleife 264
Rheintal 263
Rießersee 271
Roadmap 35
Rodderberg 176
Rotenfels 22, 178
Rügen 219, 239
Ruine Altwied 28
Ruine Drachenfels 252
Ruine Löwenburg 267
Ruine Stahlberg 264

S

Sächsische Schweiz 11, 48, 247
Sand 214
Sandsteinformationen 243
San Quirico d Orcia 120
Schärfe 81
Schloss Stolzenfels 135
Schluchten 201
Schnee 97
Schottland 24
Schrammsteine 247
Schwarzwald 97
Seebrücke Sellin 238
Seen 213
Seljalandsfoss-Wasserfall 278
Sensor, Drohnenkamera 226
Siebengebirge 267
Silhouette 176
Skyline 176
Sommer 43
Sommerøy 165
Sommersonnenwende 115
Sonne 13, 142
Sonnenaufgang 35, 52, 117, 125, 202, 213, 254
Sonnenstern 142
Sonnenstrahlen 71, 117
Sonnenuntergang 27, 35, 95, 96, 117, 125, 133, 147
Sonnenwinde 163
Stadtansichten 176
Stadtlandschaften 176
Stative 297
Steg 56, 198
Steilküsten 220
Sterne 83, 142, 154, 250
Sterneffekt 142
Sternenhimmel 154
Stilmittel 27
Stimmung 13, 27
St. Michael's Mount 277
Straßenbeleuchtung 189
Strokkur 128
Struktur 213
Südlicht 157
Südtirol 35
Superweitwinkel 195

T

Telebrennweite 79
Templiner See 213
Teufelstisch 153, 253
Teutoburger Wald 243
The Shard 111
Torfmoor 95
Toskana 43, 118, 141, 200
Tromsø 159, 283

V
Val d'Orcia 200
Verbote 229, 230
Verdichten 79, 207
Verdichtete Bergwelt 207
Verdichtung 195
Vollmond 153
Vordergrund 27
Vulkaneifel 72
Vulkan Hekla 131

W
Wald 195, 210
Wasser 214
Wasserfälle 208, 210
Wasserstand 46
Waxenstein 271
Weinberge 193
Weißbachfälle 21
Westerwald 227, 257
Westminster Bridge 189
Wetter 89, 101, 312
Wettersteingebirge 50, 206, 271
Wetterumschwung 101
Wied 30
Wiedtal 312
Winter 36
Winterbilder 97
Wintersonnenwende 115
Winterwetter 97
Wolken 108
Wülfersberg-Kapelle 16

Y
Yunecc 226

Z
Zirkelstein 11, 13
Zugspitze 50, 145
Zypressen 200
Zypressengruppe 120
  Santa Maria 120

BILDNACHWEIS

Alle Bilder in diesem Buch wurden von **Andreas Pacek** erstellt.